ESG in der Immobilienwirtschaft

Thomas Veith/Christiane Conrads/Florian Hackelberg (Hrsg.)

ESG in der Immobilien-wirtschaft

Praxishandbuch für den gesamten Immobilien- und Investitionszyklus

1. Auflage

Haufe Group
Freiburg · München · Stuttgart

Bibliografische Information der Deutschen Nationalbibliothek

Die Deutsche Nationalbibliothek verzeichnet diese Publikation in der Deutschen Nationalbibliografie; detaillierte bibliografische Daten sind im Internet über http://dnb.dnb.de/ abrufbar.

Print: ISBN 978-3-648-15078-8   Bestell-Nr. 16082-0001
ePub: ISBN 978-3-648-15084-9   Bestell-Nr. 16082-0100
ePDF: ISBN 978-3-648-15085-6   Bestell-Nr. 16082-0150

Thomas Veith/Christiane Conrads/Florian Hackelberg (Hrsg.)
ESG in der Immobilienwirtschaft
1. Auflage, Dezember 2021

© 2021 Haufe-Lexware GmbH & Co. KG, Freiburg
www.haufe.de
info@haufe.de

Bildnachweis (Cover): © jamesteohart, Adobe Stock

Produktmanagement: Bettina Noé
Redaktion: Gabriele Vogt

Geleitwort

Nachhaltigkeit ist das Gebot der Stunde – Der Wandel im Denken und Handeln wird die Immobilienwelt verändern

So viele Veränderungen, so viele Herausforderungen, so viel Transformation – Klimawandel, Konflikte, Digitalisierung, Pandemie, Lebenspläne, Arbeitsformen und vieles mehr stellen nicht nur die gesamte Weltwirtschaft vor neue Aufgaben, sondern führen auch zu einem Umdenken der Gesellschaft. Die Frage nach Verantwortung und Wirkung wird mit neuen qualitativen und quantitativen Kennzahlen gemessen, die auch die Rahmenbedingungen für die Geschäftsfelder und Produkte in der Immobilienwirtschaft auf den Prüfstand stellen.

Dabei ist die zunehmende Komplexität ein Unsicherheitsfaktor, der die Formulierung zukünftiger Strategien erschwert. Hinzu kommen Impulse aus internationalem und nationalem Geschehen, die regelmäßig zu neuen Einordnungen führen und dies im Kontext von Produkten wie der Immobilie, die auf lange Jahre angelegt sind. Ein schwieriger Balanceakt, die richtige ESG-Strategie für das nachhaltigste und damit auch erfolgsversprechende und gesellschaftlich akzeptabelste Geschäftsmodell zu identifizieren.

Leben, Arbeiten und Erlebnis brauchen Immobilien, doch wie viele und welche? Die Gebäude brauchen Platz, doch wie die Biodiversität sichern? Die Flächen müssen mit Energie und anderen Ver- und Entsorgungsleistungen für die Nutzung bereitgestellt werden, doch woher und wohin und wie klimaneutral? Die Bau- und Bodenpolitik wird einen Wandel erfahren, doch mit welchen Herausforderungen? Die Materialien sollen nachhaltig und möglichst recyclebar sein, doch wie verfügbar und zu welchem Preis? Die Immobilie soll in das Umfeld integriert sein und neue Mobilität und Konnektivität unterstützen sowie einen sozialen und gesellschaftlichen Mehrwert leisten, doch wie alle Stakeholder integrieren? Die Resilienz ist ebenfalls ein wichtiges Kriterium, das durch zunehmende Umweltereignisse neue Risiken in den Blick nimmt. Und nicht zu vergessen, Immobilien sind als Anlage am Kapitalmarkt eine wichtige Assetklasse, die Wohlstand und Performance unterstützt, doch wie mit der Regulierung umgehen?

Sie denken, zu viele Veränderungen zur gleichen Zeit?

Trotzdem hilft kein Beharren auf traditionellen Strukturen, die Immobilienbranche muss lernen, mit dem Wandel umzugehen, und proaktiv Lösungen entwickeln und anbieten.

Noch bestimmt die ungezügelte Nachfrage einzelne Assetklassen und das unbegrenzt verfügbare Kapital die Markttrends, aber wird das von Dauer sein? – Eher nicht, daher gilt es sich auf die kommenden Veränderungen und Anforderungen der Nutzer einzustellen, neu zu planen und verantwortlich zu handeln.

Das Ziel ist klar: Es geht um den Erhalt und die Entwicklung von Vermögenswerten, aber es geht auch darum, ökologische und soziale Standards einzuhalten und mit guter Governance durch Haltung und Transparenz zu punkten. Rendite allein wird nicht ausreichen, um die Transformation zu überstehen. Die Akzeptanz der Stakeholder kann zur Sollbruchstelle werden und die Shareholder werden über die Wirkung ihrer Geschäfte und Entscheidungen nachdenken müssen. Es gilt der Grundsatz: Eigentum verpflichtet!

Die Risiken sind vielfältig: Es geht darum, sich vor dem Hintergrund der Veränderung mit dem Bestand, Projektentwicklungen, dem Betrieb und der Nutzung sowie den Umfeldbedingungen und dem zukünftigen Wert der Immobilien auseinanderzusetzen. Die Kosten für diesen Wandel werden hoch sein. Aber die Chancen werden überwiegen, für die Menschen, für den Planeten, für unser Wachstum und für die gebaute Umwelt.

Ich wünsche Ihnen viele Impulse für Ihre ESG-Strategie bei der Lektüre des Praxishandbuchs und Mut zum rechtzeitigen Handeln.

Ihre

Susanne Eickermann-Riepe, FRICS

Chair of the Board, RICS European World Regional Board & RICS Advisory Board Germany und ICG Institut

Vorwort der Herausgeber

ESG als Lösungskonzept der Kernprobleme des globalen Wandels und die Implikationen für die Immobilienwirtschaft

Der globale Wandel hat gerade seit den 1980er Jahren einen Erkenntnis- und Transformationsprozess von enormer Geschwindigkeit ausgelöst. Die Zunahme der Kernprobleme – etwa des Klimawandels, der Umweltverschmutzung und des sozialen Ungleichgewichts insbesondere in Schwellen- und Entwicklungsländern[1] – hat dazu geführt, dass sich die Idee der Nachhaltigkeit als globales Entwicklungsleitbild etabliert hat[2].

Die wohl bekannteste Definition der Bezeichnung »Nachhaltige Entwicklung« stammt bereits aus dem Jahr 1987 von der sog. Brundtland-Kommission, einer Sonderkommission der UN unter der Leitung des norwegischen Ministerpräsidenten Gro Harlem Brundtland. Sie besagt, dass eine »Entwicklung, die die Bedürfnisse der heutigen Generationen befriedigt, ohne zu riskieren, dass künftige Generationen ihre eigenen Bedürfnisse nicht befriedigen können«, als nachhaltig anzusehen ist[3]. Diesen Grundgedanken aufgreifend wurden 1992 auf der UN-Konferenz über Umwelt und Entwicklung in Rio de Janeiro wichtige Weichen für die Bedeutung einer nachhaltigen Entwicklung gestellt. Seitdem ist anerkannt, dass die möglichst gleichberechtigte Förderung von Umwelt-, Sozial- und Governance-Aspekten (»**ESG**«) die Voraussetzung für eine stabile Gesellschaft ist.

Auch wenn regelmäßig eine weite Auslegung von umweltbezogenen und sozialen Zielen zugrunde gelegt wird, wurden in der Folge Klimaschutzmaßnahmen aufgrund der zunehmenden spürbaren Folgen des Klimawandels (Extremwetterereignisse, Überschwemmungen etc.) priorisiert.

Das Pariser Klimaschutzabkommen ist die erste völkerrechtlich verbindliche Klimaschutzvereinbarung, die im Dezember 2015 auf der Pariser Klimakonferenz (COP21) beschlossen wurde und am 4. November 2016 in Kraft getreten ist. Die fast 190 Vertragsparteien einigten sich darauf, den Anstieg der weltweiten Durchschnittstem-

---

1   Vgl. zu den Kernproblemen des globalen Wandels auch die Jahresberichte des Wissenschaftlichen Beirats der Bundesregierung Globale Umweltveränderungen (WBGU) aus den Jahren 1993 bis 1996 (https://www.wbgu.de).

2   Michelsen, Grundlagen einer nachhaltigen Entwicklung, Leuphana Universität Lüneburg; https://www.dbu.de/OPAC/ab/DBU-Abschlussbericht-AZ-30564-Studienbrief1.pdf, Abruf am 17.08.2021, S. 37.

3   Hauff, Unsere gemeinsame Zukunft: Der Brundtland-Bericht der Weltkommission für Umwelt und Entwicklung, 1987, Greven: Eggenkamp, S. 46.

peratur langfristig auf deutlich unter 2 °C gegenüber vorindustriellen Werten zu begrenzen (Ziel: 1,5 °C).[4]

Bereits im Jahr 2020 war die globale Mitteltemperatur in Bodennähe bereits um mehr als 1,2 °C im Vergleich zum Jahr 1880 angestiegen.[5] Ohne schnelle ambitionierte Maßnahmen droht eine deutliche Verfehlung der nationalen Aktionspläne zur Umsetzung der Pariser Klimaziele, was die befürchtete Instabilität infolge der Auswirkungen des Klimawandels von großen Ausmaßen wahrscheinlicher macht.

Marc Carney, Gouverneur der Bank of England, begann seine bahnbrechende Rede mit dem Titel »Breaking the tragedy of the horizon – climate change and financial stability« vor Vertretern der Versicherungsindustrie in London im September 2015 mit den Worten: »*I am gonna give you a speech without a joke, I am afraid …*« In seiner Rede merkte er an, dass »*wenn der Klimawandel erst einmal zu einem bestimmenden Thema für die Finanzstabilität wird, es bereits zu spät sein könnte*«. Mit Blick auf die bevorstehende Pariser Klimakonferenz wies er auf drei Risiken hin, durch die die finanzielle Stabilität beeinträchtigt werden kann: physische Risiken, wie z. B. Schäden durch Überschwemmungen und Stürme; Haftungsrisiken, die entstehen könnten, wenn diejenigen, die unter den Folgen des Klimawandels leiden, von denjenigen, die sie für verantwortlich halten, Schadensersatz verlangen; und transitorische Risiken, die durch die Neubewertung von Vermögenswerten aufgrund der Umstellung auf eine CO_2-neutrale Wirtschaft entstehen.[6]

Die COVID-19-Pandemie hat weitere Herausforderungen für die Erreichung von Klimaschutzzielen und eine nachhaltige Entwicklung im weiteren Sinne mit sich gebracht: Armut, Hunger und soziales Ungleichgewicht haben weltweit zugenommen und den wirtschaftlichen Ausblick regional deutlich verschlechtert.[7] UN-Generalsekretär António Guterres merkte im Juli 2020 an, dass, wenn die Umsetzung der im September 2015 auf dem UNO-Gipfel in New York veröffentlichten 17 Hauptziele einer nachhaltigen Entwicklung (Sustainable Development Goals – »**SDGs**«) weiter vorangeschritten gewesen wäre, die Welt widerstandsfähiger und besser auf die COVID-19-Pandemie vorbereitet gewesen sei.[8] Wiederaufbaubemühungen müssen das zusätzliche Ziel

4 Europäische Kommission, Übereinkommen von Paris; https://ec.europa.eu/clima/policies/international/ negotiations/paris_de, Abruf 22.08.2021.
5 Met Office Hadley Centre, Climate Research Unit; Modell HadCRUT.5.0.1.0.
6 Bank of England, Speech: Breaking the Tragedy of the Horizon – climate change and financial stability, 2015; https://www.bankofengland.co.uk/-/media/boe/files/speech/2015/breaking-the-tragedy-of-the-horizon-climate-change-and-financial-stability.pdf?la=en&hash=7C67E785651862457D99511147C7424FF5 EA0C1A, Abruf 22.08.2021.
7 United Nations, Secretary General's remarks at Roundtable on Sustainable Development, 2020; https:// www.un.org/sg/en/content/sg/statement/2020-07-01/secretary-generals-remarks-roundtable-sustainable-development-delivered, Abruf 22.08.2021.
8 Ebd.

»of building back better« verfolgen und die Bedeutung der SDGs für den Aufbau nachhaltiger und widerstandsfähiger Gesellschaften widerspiegeln.[9]

Hierbei spielt die Immobilienwirtschaft eine wichtige Rolle. Je nach Schätzung sind bis zu 40 % des weltweiten CO_2-Ausstoßes auf die Errichtung und Bewirtschaftung von Immobilien zurückzuführen.[10] Des Weiteren entfällt die Hälfte des gesamten Energie- und Rohstoffverbrauchs sowie ein Drittel des gesamten Wasserverbrauchs und Abfallaufkommens auf die Bau- und Immobilienwirtschaft.[11]

Neben der Betrachtung von Verursachungsbeiträgen ist zu berücksichtigen, dass die Immobilienwirtschaft gerade auch von den Kernproblemen des globalen Wandels erheblich betroffen ist und somit einen deutlichen Beitrag als Gestalter einer positiven Transformation leisten kann. Als kapital- und flächenintensive Branche hat sie großen Einfluss auf langfristige CO_2-mindernde Maßnahmen und Investitionen, die angesichts der drohenden Verfehlung der Klimaschutzziele zunehmend an Bedeutung gewinnen.

Des Weiteren spielt sie eine wichtige Rolle bei der Förderung sozialer Aspekte. Erwachsene in Mitteleuropa verbringen durchschnittlich etwa 80-90 % ihrer Zeit in Gebäuden,[12] sodass gesunden, umweltfreundlichen und bezahlbaren Lebens- und Arbeitsräumen ein hoher Stellenwert zukommt.

Bedingt etwa durch die zunehmenden Anforderungen von Regulatorik (etwa infolge des EU-Aktionsplans zur Finanzierung nachhaltigen Wachstums[13]) und Stakeholdern legt die Immobilienwirtschaft seit einigen Jahren einen immer größeren Fokus auf die Entwicklung und Umsetzung von ESG-Strategien. Dabei sind mehr oder weniger alle Teilbereiche der Immobilienwirtschaft betroffen, voran Finanzierung, Bau und Betrieb, aber auch Vermögensanlage und Bilanzierung. Bereits die weitgefassten interdisziplinären Auswirkungen zeigen den komplexen und interdependenten Zusammenhang, der sich für die Immobilienwirtschaft in Verbindung mit ESG abzeichnet. Während in einigen Bereichen schon aufgrund regulatorischer Vorgaben das Thema ESG exponentiell an Bedeutung gewonnen hat und bereits heute konkrete Auswirkungen auf die Praxis gegeben sind, werden in anderen Bereichen die weitreichenden

---

9   Ebd.
10 Catella Group, Market Tracker ESG Investment, 2020; https://www.catella.com/globalassets/global/mix-germany-corporate-finance/catella_market_tracker_esg_q1_2020.pdf, Abruf 22.08.2021, S. 2 ff.
11 Ebd.
12 Bundesministerium für Umwelt, Naturschutz und nukleare Sicherheit, Innenraumluft; https://www.bmu.de/themen/gesundheit-chemikalien/gesundheit-und-umwelt/innenraumluft/innenraumluft-was-ist-das-problem/, Abruf 22.08.2021.
13 Europäische Kommission, Aktionsplan: Finanzierung nachhaltigen Wachstums, Brüssel: 2018, COM (2018= 97 final; https://eur-lex.europa.eu/legal-content/DE/TXT/PDF/?uri=CELEX:52018DC0097&from=DE, Abruf 22.08.2021.

Auswirkungen etwa mangels allgemein anerkannter Bewertungsmaßstäbe noch verkannt. Dies wird nicht zuletzt durch die vermeintlich allumfassende, gleichsam aber auch unklare definitorische Begriffsabgrenzung verstärkt, die im Ergebnis noch für einzelne Akteure mit undurchsichtigen Auswirkungen auf Teilbereiche der Immobilienwirtschaft einhergeht.

Ziel des vorliegenden Buches ist es, die Entwicklungen und Auswirkungen von ESG auf die Immobilienwirtschaft – und insbesondere für die unterschiedlichen Teilaspekte der Branche – wissenschaftlich fundiert und gleichzeitig praxisnah zu erläutern und strukturiert aufzuzeigen.

Die einzelnen Buchbeiträge beleuchten das Thema ESG interdisziplinär mit dem jeweiligen Fokus auf die unterschiedlichen rechtlichen, wirtschaftlichen beziehungsweise technischen Dimensionen sowie aus dem Blickwinkel unterschiedlicher Managementperspektiven.

Dieses Buch soll gleichermaßen als Handbuch für Wissenschaft und Praxis dienen, um die ESG-Transformation in der Immobilienwirtschaft transparent zu erläutern und dabei auf die Auswirkungen für einzelne Teilbereiche der Immobilienwirtschaft einzugehen.

Im ersten Teil des Buches werden nach einer grundsätzlichen Einführung der politischen und regulatorischen Rahmenbedingungen die Auswirkungen auf die Immobilienmärkte analysiert. Neben allgemeinen Markttrends und Werttreibern sowie einem internationalen Ausblick wird der Umgang mit Klimarisiken und Benchmarkingmöglichkeiten behandelt und der Beitrag der Digitalisierung dargestellt.

Der zweite Teil befasst sich mit spezifischen regulatorischen Teilaspekten in der Immobilienwirtschaft. Neben Zertifizierungs- und Ratingsystemen stehen steuerliche Aspekte, energierechtliche und -wirtschaftliche Besonderheiten sowie Auswirkungen von ESG auf Immobilienfonds und Versicherungen im Fokus der Betrachtung.

Der dritte Teil beschäftigt sich mit dem Einfluss von ESG auf die immobilienwirtschaftlichen Management-Aspekte. Dies sind neben strategischen Überlegungen und Asset-Management-Aspekten unter anderem der Einfluss von ESG auf die Finanzierung, die Bewertung und den Transaktionsprozess von Immobilien.

Im vierten und letzten Teil des Buches werden die Auswirkungen von ESG auf Stadtentwicklungskonzepte sowie die Projektentwicklung gelegt. Neben prozessualen und bautechnischen Anforderungen werden die rechtlichen Anforderungen an Bau- und Planungsverträge erläutert.

Aufgrund der vielschichtigen Auswirkungen des Themas ESG wäre das vorliegende Buch in seiner Breite und vor allem fachlichen Tiefe ohne das Zusammenspiel der vielen Autorinnen und Autoren aus den unterschiedlichen Teildisziplinen der Immobilienwirtschaft nicht möglich gewesen. Erst durch ihre umfänglichen Kenntnisse und vor allem ihre praktischen Erfahrungen bei der Umsetzung von ESG-Kriterien in ihrem jeweiligen Fachgebiet konnte dieses Buch entstehen. Daher gilt unser besonderer Dank allen Autorinnen und Autoren, die zu diesem Buch beigetragen haben. Ferner geht unser Dank an Bettina Noé vom Haufe Lexware Verlag für ihre unermüdliche Unterstützung und Langmut bei der Durchführung dieses Projektes.

Uns, den Herausgebern dieses Buches, ist es ein großes Anliegen, dass die Internalisierung sozialer und ökologischer Folgekosten in der Immobilienwirtschaft kurzfristig zum Standard wird. Es gilt, dem heute noch vorhandenen Marktversagen durch effektive ESG-Strategien entgegenzuwirken.

Wir wünschen Ihnen viel Freude beim Lesen der Beiträge[14] und vor allem neue Erkenntnisse für die Entwicklung und Umsetzung von ESG-Kriterien in Ihrem immobilienwirtschaftlichen Tätigkeitsfeld.

November 2021

Thomas Veith
Christiane Conrads
Florian Hackelberg

---

14 Da es sich bei dem vorliegenden Gesamtwerk um eine Zusammenstellung von Einzelbeiträgen unterschiedlicher Perspektiven aus Wissenschaft und Praxis handelt, wurden Wiederholungen bewusst in Kauf genommen, sofern diese dem inhaltlichen Zusammenhang des jeweiligen Beitrags dienen. Aus dem zuvor genannten Grund wurde ebenso auf eine Vereinheitlichung von Literaturangaben oder Gendersprache verzichtet, um die unterschiedlichen Darstellungen in den Einzelbeiträgen so authentisch wie möglich beizubehalten. Dennoch möchten wir darauf hinweisen, dass an Stellen, an denen keine weibliche Form verwendet wurde, diese ausdrücklich eingeschlossen wird, aber aus Gründen der vorteilhafteren Lesbarkeit darauf verzichtet wurde.

Inhaltsverzeichnis

ESG und Immobilienmarkt

1 Politik und Regulatorik im Spannungsfeld zwischen Gestaltung der ESG-Transformation und wachsendem Regulierungsdruck

Christiane Conrads

1.1 Einleitung

Insbesondere seit dem UNO-Gipfel für nachhaltige Entwicklung in New York und der Pariser Klimakonferenz im Jahr 2015 haben weltweit politische und regulatorische Initiativen und Maßnahmen zur Förderung von Aspekten der Bereiche Umwelt, Soziales und Governance (»ESG«) zugenommen. Innerhalb der internationalen Staatengemeinschaft, der Europäischen Union (EU) und auch mit Blick auf die einzelnen Nationalstaaten ist das deutliche Bestreben erkennbar, kurzfristig die Umsetzung von ESG-Kriterien in allen Wirtschaftssektoren und -zweigen voranzubringen. Die regulatorischen Neuerungen betreffen alle Teilbereiche der Immobilienwirtschaft und deren gesamten Lebens- und Investitionszyklus. Viele der Regelungen sind (noch) nicht aufeinander abgestimmt und koordiniert. Diese mangelnde Harmonisierung und zum Teil noch unbestimmten Rechtsbegriffe stellen für viele eine große Herausforderung dar.

Der Regulierungsprozess hat zu einem veränderten Verständnis von Nachhaltigkeit geführt[1] und wird häufig als Treiber der ESG-Transformation angesehen. Gerade aber neue Untersuchungsergebnisse, wie der aktuelle Bericht des IPCC (Intergovernmental Panel on Climate Change, Weltklimarat)[2], und die zunehmend spürbaren Auswirkungen des Klimawandels haben zu einem gesellschaftlichen Umdenken geführt. Durch verschiedene Initiativen, die längst nicht mehr nur auf Umweltschutzorganisationen beschränkt sind, hat sich in vielen Ländern die politische Agenda geändert. Der politische Druck auf gesetzgebende Organe, kurzfristig weitere effektive Maßnahmen zum Klima- und Umweltschutz unter Einhaltung sozialer Mindeststandards zu erlassen und für Generationengerechtigkeit zu sorgen, wächst stetig. Die vor Kurzem ergangene Entscheidung des Bundesverfassungsgerichts zum Klimaschutzgesetz[3]

---

[1] Der Begriff »Nachhaltigkeit« wird in diesem Beitrag gleichbedeutend mit dem Begriff »ESG« verwendet.
[2] IPCC, Climate Change 2021: The Physical Science Basis. Contribution of Working Group I to the Sixth Assessment Report of the Intergovernmental Panel on Climate Change, Cambridge University Press, 2021.
[3] BVerfG, Urteil vom 24.03.2021 – 1 BvR 2656/18, 1 BvR 96/20, 1 BvR 78/20, 1 BvR 288/20, 1 BvR 96/20, 1 BvR 78/20.

enthält des Weiteren die eindeutige Anordnung an den Gesetzgeber, konkrete Regelungen zum Klimaschutz für den Zeitraum ab 2030 zu erlassen. Weltweit haben Fälle
der sog. *strategic litigation* an Bedeutung gewonnen. Über den jeweiligen Einzelfall
(und dessen Ergebnis) hinaus soll durch diese Gerichtsprozesse eine gesellschaftliche
Sensibilisierung für die negativen Auswirkungen des Klimawandels und damit Druck
auf politische Entscheidungsträger und Marktteilnehmer erzeugt werden.

Angesichts dieser Entwicklung sind kurzfristig weitere politische und regulatorische
Maßnahmen zur Erhöhung von Nachhaltigkeitsanforderungen zu erwarten. Hierbei
handelt es sich um einen vielschichtigen und dynamischen Prozess. Zentrales Kriterium erfolgreicher ESG-Strategien ist die regelmäßige Analyse von gesellschaftlichen, politischen und regulatorischen Entwicklungen. Nur so können neue bzw.
veränderte Anforderungen von Regulatorik und Stakeholdern frühzeitig erkannt und
im Rahmen von Strategieanpassungen berücksichtigt werden. Die nachfolgende
Darstellung erhebt keinen Anspruch auf Vollständigkeit, sondern soll vielmehr bei
der Einordnung des politischen und regulatorischen Hintergrunds helfen und einen
Überblick über aktuelle Themen – etwa das Phänomen der Klimaschutzklagen – geben, die bei der Erstellung, Implementierung und Anpassung effektiver ESG-Strategien regelmäßig von Relevanz sind. Auch wenn auf internationale und europäische
Meilensteine eingegangen wird, liegt der Fokus der Darstellung auf dem deutschen
Immobilienmarkt.

1.2   Meilensteine auf internationaler, europäischer und nationaler Ebene

1.2.1   Internationaler Rahmen zur Lösung der Kernprobleme des globalen Wandels

Den globalen Rahmen für eine nachhaltige Entwicklung bilden neben völkerrecht-
lich verbindlichen Verträgen gerade diverse Maßnahmen von politischer Relevanz
(sog. soft law). Völkerrechtliche Verträge erfordern oft einen langfristigen Prozess der
Ratifizierung und Umsetzung in das nationale Recht der Vertragsstaaten. Vor dem
Hintergrund der zeitlich drängenden Herausforderungen des globalen Wandels – insbesondere der Umweltverschmutzung und des Klimawandels – und des räumlichen
Auseinanderfallens des Verursacher–Wirkungs-Zusammenhangs haben in den letzten
Jahren politische Erklärungen, Empfehlungen, Resolutionen und Deklarationen der
internationalen Staatengemeinschaft etc. zugenommen. Die nachfolgende Darstellung gibt sowohl einen Überblick über die wesentlichen völkerrechtlichen Vertrags-
werke als auch internationale politische Meilensteine.

1.2.1.1   UNCED-Konferenz in Rio de Janeiro (1992) und ihre Vorläufer

Die erste Umweltkonferenz der Vereinten Nationen fand 1972 in Stockholm statt. Dem Wunsch der Schwellen- und Entwicklungsländer auf eine schnelle Industrialisierung stand das Interesse der Industriestaaten gegenüber, Maßnahmen zur Begrenzung industrieller Umweltverschmutzung und zum Schutz von Ökosystemen zu vereinbaren.[4] Im Ergebnis konnte man sich doch darauf einigen, dass es zwischen Umweltverschmutzung und Entwicklung keinen Widerspruch gäbe[5] und Umweltprobleme nicht ohne Berücksichtigung sozialer und wirtschaftlicher Gesichtspunkte zu lösen seien. Beschlossen wurde der »Action Plan for Human Environment«, zu dessen Umsetzung die Vereinten Nationen die Einrichtung eines eigenen Umweltprogramms (UNEP) mit Sitz in Nairobi, Kenia, vorsahen.[6]

In den 1980er Jahren setzte sich zunehmend das Verständnis durch, dass den Industriestaaten der größte Verantwortungsanteil und damit auch die Hauptlast für die Lösung vieler Umweltfragen und sozioökonomischer Probleme zukomme[7]. Neben der wohl bekanntesten Definition des Begriffs »Nachhaltige Entwicklung« hat der Abschlussbericht aus dem Jahr 1987 der Sonderkommission der Vereinten Nationen unter der Leitung von Gro Harlem Brundtland nach verbreiteter Ansicht die Idee der Nachhaltigkeit erstmals einer breiteren Öffentlichkeit als globales Entwicklungsleitbild nähergebracht[8].

Gegenstand der UN-Konferenz für Umwelt und Entwicklung in Rio de Janeiro im Jahr 1992 war u. a. die Umsetzung des im Brundtland-Bericht aufgezeigten Handlungsbedarfs. Seitdem ist anerkannt, dass wirtschaftliche Effizienz, soziale Gerechtigkeit und Sicherung natürlicher Lebensgrundlagen essenzielle Interessen sind, die gleichwertig sind und sich gegenseitig ergänzen. Die Ergebnisse der Konferenz (d. h. die sog. Rio-Deklaration[9], die Agenda 21[10] sowie drei völkerrechtlich verbindliche Konventionen

---

4   Handl, Declaration of the United Nation Comference on the Human Environment (Stockholm Declaration) 1972 and the Rio Declaration on Environment and Development 1992, 2013.

5   Vgl. die Redewendung »Poverty is the biggest polluter« in Kapur, Pollution as Another Form of Poverty, 2009; https://www.nytimes.com/2009/10/09/world/asia/09iht-letter.html, Abruf 20.08.2021.

6   United Nations, Report of the United Nations Conference on the Human Environment, Stockholm, June 1972.

7   Michelsen, Grundlagen einer nachhaltigen Entwicklung, Leuphana Universität Lüneburg; https://www.dbu.de/OPAC/ab/DBU-Abschlussbericht-AZ-30564-Studienbrief1.pdf, Abruf am 17.08.2021, S. 35. Vgl. the Independent Commission on International Development Issues; Brandt, W.: North South: a programme for survival (»Brandt-Report«) 1980, und Johan Galtung: The Palme Commission Report on Disarmament and Security a Critical Comment (»Palme-Report«), 1983.

8   Michelsen, Grundlagen einer nachhaltigen Entwicklung, Leuphana Universität Lüneburg; https://www.dbu.de/OPAC/ab/DBU-Abschlussbericht-AZ-30564-Studienbrief1.pdf., Abruf am 17.08.2021, S. 47.

9   Rio Declaration on Environment and Development, Jun. 13, 1992.

10   United Nations, Agenda 21: Konferenz der Vereinten Nationen für Umwelt und Entwicklung, Rio de Janeiro, Juni 1992.

zum Klimaschutz[11], Biodiversität[12] und zur Bekämpfung der Wüstenbildung[13]) bildeten zusammen mit der Waldgrundsatzerklärung das Fundament für eine qualitativ neue politische und völkerrechtliche Zusammenarbeit in der internationalen Umwelt- und Entwicklungspolitik.[14]

1.2.1.2   Kyoto-Protokoll

Bei dem 1997 in Japan beschlossenen und am 16. Februar 2005 in Kraft getretenen Kyoto-Protokoll[15] handelt es sich um ein Zusatzprotokoll zur 1992 in Rio de Janeiro verabschiedeten Klimaschutzkonvention (UNFCCC)[16]. Das Protokoll wurde auf der dritten Vertragsstaatenkonferenz der Klimarahmenkonvention in Kyoto 1997 (COP 3) verabschiedet.[17] Es gilt in seiner 2002 endgültig festgelegten Fassung als Meilenstein der internationalen Klimapolitik und enthält erstmals rechtsverbindliche Emissions-reduzierungsverpflichtungen für Industriestaaten. Es sieht drei marktbasierte Mecha-nismen (den Emissionsrechtehandel, Maßnahmen zur gemeinsamen Umsetzung und der »Clean Development Mechanism«) zur Erreichung der Ziele in zwei Verpflichtungs-perioden bis Ende 2020 vor, die von den Vertragsstaaten freiwillig angewendet wer-den können.[18]

Formal wurden die Ziele der ersten Verpflichtungsperiode erreicht, was allerdings nach verbreiteter Ansicht auf die Finanz- und Wirtschaftskrise und den Zusammen-bruch der osteuropäischen Volkswirtschaften sowie auf das Ausscheiden der ur-sprünglichen Vertragsstaaten Kanada und USA zurückzuführen ist. Insgesamt ist der globale CO_2-Ausstoß von 2008 bis 2018 von rund 30 auf 37 Gigatonnen gestiegen.[19] Einer der Hauptkritikpunkte am Kyoto-Protokoll war, dass es nicht gelungen ist, die

---

11   Zu den wichtigen Regelwerken zum Klimaschutz auf völkerrechtlicher Ebene zählen insbesondere die Konvention der Vereinten Nationen über den Klimawandel (1992) (UN General Assembly, United Nations Framework Convention on Climate Change: resolution/adopted by the General Assembly, 20 January 1994, A/RES/48/189), das Kyoto-Protokoll (1997) und das Klimaabkommen von Paris (2015).

12   Das wichtigste internationale Abkommen zum Schutz der Biodiversität: United Nations Convention on Biological Diversity, CBD, Rio de Janeiro, Juni 1992.

13   United Nations, Convention to Combat Desertification, UNCCD, 1994.

14   Bundesministerium für wirtschaftliche Zusammenarbeit und Entwicklung (BMZ), Umweltprogramm der Vereinten Nationen (UNEP); https://www.bmz.de/de/service/lexikon/un-konferenz-fuer-umwelt-und-entwicklung-rio-konferenz-1992-22238, Abruf am 17.08.2021.

15   Kyoto Protocol to the United Nations Framework Convention on Climate Change, Dec. 10, 1997.

16   UN General Assembly, United Nations Framework Convention on Climate Change: resolution/adopted by the General Assembly, 20 January 1994, A/RES/48/189.

17   Bundesministerium für Umwelt, Naturschutz und nukleare Sicherheit (BMU), Kyoto Protokoll; https://www.bmu.de/themen/klimaschutz-anpassung/klimaschutz/internationale-klimapolitik/kyoto-protokoll, Abruf 17.08.2021.

18   BMZ, Kyoto Protokoll; https://www.bmu.de/themen/klimaschutz-anpassung/klimaschutz/internationale-klimapolitik/kyoto-protokoll, Abruf am 17.08.2021.

19   Climate Watch, Global Historical Emissions; https://www.climatewatchdata.org/ghg-emissions?end_year=2018&start_year=1990, Abruf am 13.09.2021.

Staaten, die die größten Mengen an Treibhausgasen ausstoßen, in die Pflicht zu nehmen. Dem wurde durch die Pariser Klimaschutzkonvention aus dem Jahr 2015 für den
Zeitraum ab 2020 Rechnung getragen.[20]

1.2.1.3   UN Sustainable Development Goals

Parallel zu Klimaschutzzielen verfolgten die Vereinten Nationen die Weiterentwicklung der Nachhaltigkeitstransformation im weiteren Sinne. Ein Meilenstein bildet hier
die Agenda 2030 für Nachhaltige Entwicklung mit ihren 17 Hauptzielen einer nachhaltigen Entwicklung (Sustainable Development Goals – »**SDGs**«).[21] Diese wurden im
September 2015 auf dem UNO-Gipfel für nachhaltige Entwicklung in New York veröffentlicht und legen Ziele und Prioritäten bis zum Jahr 2030 fest. Die SDGs sollen eine
gleichmäßige Entwicklung unter gleichberechtigter Berücksichtigung ökologischer,
wirtschaftlicher und sozialer Aspekte ermöglichen und sind seit 2016 mit einer Laufzeit von 15 Jahren in Kraft. Jede der SDGs hat eigene Unterziele, deren Erreichung mit
Indikatoren gemessen wird.[22]

Abb. 1.1: SDG Goals. Quelle: https://www.un.org/sustainabledevelopment/news/communications-
material/.

---

20   Paris Agreement to the United Nations Framework Convention on Climate Change, Dec. 12, 2015, T.I.A.S.
     No. 16-1104.
21   United Nations, Department of Economic and Social Affairs: Sustainable Development, The 17 Goals;
     https://sdgs.un.org/goals, Abruf am 18.08.2021.
22   Ebd.

Die SDGs gelten für Industriestaaten und Schwellen- und Entwicklungsländer, die sie in nationale Aktionspläne, Programme und Initiativen umzusetzen haben. Zwar richten sie sich in erster Linie an Regierungen, doch sind sie so konzipiert, dass sie von verschiedenen Organisationen und Unternehmen für eigene nachhaltige Projekte zugrunde gelegt werden können[23]. Im Rahmen von ESG-Strategieprojekten bilden die SDGs mit ihrer breiten Herangehensweise regelmäßig die Ausgangsbasis und geben den Interpretationsrahmen vor.

Die Agenda 2030 ist im Unterschied zu völkerrechtlichen Verträgen nicht verbindlich, ihr kommt allerdings als sog. soft law eine große politische Bedeutung zu. Die auf faktischer Akzeptanz beruhende Wirkung der SDGs gewinnt zunehmend an normativer Bedeutung (vgl. Freihandelsabkommen zwischen Japan und der EU [JEFTA]).[24]

Im Bereich der Menschenrechte gibt die Agenda 2030 zu einem großen Teil bestehendes Völkerrecht wieder. Ein globaler Ordnungsrahmen entsteht in diesem Bereich darüber hinaus durch die zunehmende Bedeutung von Corporate Social Responsibility (CSR) im privaten Sektor.[25]

1.2.1.4 Das Pariser Klimaschutzabkommen und der 6. Assessment Report des IPCC

Am 12. Dezember 2015 wurde auf der UN-Klimakonferenz (COP21) das Übereinkommen von Paris[26] von 195 Vertragsparteien der UNFCCC mit dem Ziel geschlossen, den Klimaschutz für den Zeitraum nach dem Kyoto-Protokoll zu regeln. Während das Kyoto-Protokoll vor allem die Reduzierung von Treibhausgasemissionen in Industriestaaten zum Gegenstand hat, wurde in Paris auch die zunehmende Leistungsfähigkeit von sich entwickelnden Staaten und deren steigende Emission berücksichtigt. Primäres Ziel des Pariser Klimaschutzabkommens ist die Begrenzung der Erderwärmung im Vergleich zum vorindustriellen Niveau auf deutlich unter zwei Grad, idealerweise auf 1,5 Grad.[27]

---

23 GRI, UN Global Compact und dem World Business Council for Sustainable Development (WBCSD), SDG Compass: Leitfaden für Unternehmensaktivitäten zu den SDGs; https://www.globalcompact.de/fileadmin/user_upload/Dokumente_PDFs/SDG-Compass_German.pdf, Abruf am 17.08.2021, S. 7.
24 Huck, Die Integration der Sustainable Development Goals (SDGs) in den Rohstoffsektor, EUZW 2018, S. 266 ff.
25 Huck, Die Integration der Sustainable Development Goals (SDGs) in den Rohstoffsektor, EUZW 2018, S. 266 ff.; Hommelhoff, NZG 2017, 1361; Eufinger, EuZW 2015, 424 (426); EU-Kommission, Leitlinien für die Berichterstattung über nichtfinanzielle Informationen, ABl. 2017 C 215, 1 zur RL 2014/95/EU.
26 Paris Agreement to the United Nations Framework Convention on Climate Change, Dec. 12, 2015, T.I.A.S. No. 16-1104.
27 Europäische Kommission, Übereinkommen von Paris; https://ec.europa.eu/clima/policies/international/negotiations/paris_de, Abruf am 19.08.2021.

Das Abkommen trat am 4. November 2016 in Kraft, nachdem es von 55 Staaten, die mindestens 55 % der globalen Emissionen verursachen, ratifiziert worden war. Am 13. Mai 2018 hatten 176 Staaten das Abkommen ratifiziert[28]. Die USA traten zunächst unter der Trump-Regierung aus dem Abkommen aus. Präsident Joe Biden machte den Austritt am 20. Januar 2021, dem ersten Tag seiner Amtszeit, wieder rückgängig.[29]

Die Umsetzung erfolgt durch nationale Aktionspläne für die Reduzierung von Emissionen (national festgelegte Beiträge, NDC). Des Weiteren haben die Vertragsstaaten festgelegt, alle fünf Jahre zusammenzukommen, um eine Bewertung vorzunehmen und sich gegenseitig über Fortschritte zu unterrichten.[30]

Das auf der UN-Klimakonferenz (COP24) im Dezember 2018 in Kattowitz angenommene Umsetzungspaket enthält weitere detaillierte Regeln, Verfahren und Leitlinien für die Umsetzung des Pariser Klimaschutzabkommens. Den Parteien wird zudem die Möglichkeit eröffnet, ihre Klimaschutzziele schrittweise zu erhöhen.[31]

Auch wenn das Abkommen im Bereich des Klimaschutzes einen wichtigen Meilenstein darstellt und aufgrund der vorgesehenen Überprüfungsmechanismen auf einer starken politischen Grundlage steht, nimmt in der letzten Zeit die Kritik an den Vereinbarungen zu. Die jeweiligen Maßnahmen gingen nicht weit genug oder seien zu langsam, um die gesteckten Ziele zu erreichen. Eine Überschreitung von Höchstzielen, z. B. bei Emissionen, wäre zudem nicht an Sanktionen geknüpft.[32]

Bis Ende 2020 mussten die Vertragsstaaten ihre neuen Ziele für den Zeitraum bis 2030 vorlegen. Aufgrund der COVID-19-Pandemie musste die 26. UN-Klimakonferenz in Glasgow (COP 26) auf Ende 2021 verschoben werden. An diese Konferenz werden sehr hohe Erwartungen gestellt.[33]

Verstärkt wird diese Erwartungshaltung noch einmal durch den jüngsten Report des IPCC vom 9. August 2021.[34] Dieser, unter der Mitwirkung von 234 Wissenschaftlern ent-

---

28   UNFCCC, Paris Agreement – Status of Ratification; https://unfccc.int/process/the-paris-agreement/status-of-ratification, Abruf am 19.08.2021.
29   UNFCCC, UN welcomes US announcement to rejoin Paris Agreement; https://unfccc.int/news/un-welcomes-us-announcement-to-rejoin-paris-agreement, Abruf am 19.08.2021.
30   Europäische Kommission, Übereinkommen von Paris; https://ec.europa.eu/clima/policies/international/negotiations/paris_de, Abruf am 19.08.2021.
31   Ebd.
32   Weimann, Anspruch und Wirklichkeit: Kann das Pariser Klimaabkommen funktionieren?, ifo Schnelldienst 3/2016 – 69. Jahrgang, Februar 2016, https://www.ifo.de/DocDL/sd-2016-03-weimann-etal-pariser-klimaabkommen-2016-02-11.pdf, Abruf 20.08.2021.
33   UNFCCC, Glasgow Climate Change Conference; https://unfccc.int/process-and-meetings/conferences/glasgow-climate-change-conference, Abruf 19.08.2021.
34   IPCC, Climate Change 2021: The Physical Science Basis. Contribution of Working Group I to the Sixth Assessment Report of the Intergovernmental Panel on Climate Change, Cambridge University Press, 2021.

standene, Report stellt nach Ansicht vieler Medien die bisher eindringlichste Warnung des IPCC dar: Der IPCC rechnet damit, dass die Spanne des wahrscheinlichen Temperaturanstiegs zwischen 1.5 °C und 5 °C betragen wird, wobei ein Anstieg von 1,5 °C wahrscheinlich noch vor 2040 erreicht wird. Es wird zudem erwartet, dass extreme Wetterereignisse entsprechend des Temperaturanstiegs zunehmen und sich gegenseitig verstärken. Hierdurch werden extreme Wetterereignisse größere Auswirkungen auf die Gesellschaft haben. Dem Bericht zufolge kann eine Erwärmung um 1,5 oder 2 Grad nur dann vermieden werden, wenn die Treibhausgasemissionen drastisch gesenkt werden.[35]

1.2.1.5   UN Global Compact

Der Global Compact der Vereinten Nationen ist ein freiwilliger Pakt zwischen Unternehmen, Organisationen und der UNO, der offiziell interessierten Wirtschaftsunternehmen am 31. Januar 1999 auf der Weltwirtschaftskonferenz angeboten wurde. Unter der Schirmherrschaft der UNO verpflichten sich die teilnehmenden Unternehmen und Organisationen, sich für (i) Menschenrechte, (ii) faire Arbeitsbedingungen, (iii) Umweltschutz und (iv) Korruptionsbekämpfung einzusetzen. Der Pakt enthält zehn Prinzipien, zu denen sich die teilnehmenden Unternehmen verpflichten und die durch Initiativen, Projekte, Leitlinien und Bildungsmaßnahmen festgelegt und ständig weiterentwickelt werden.[36]

Der Global Compact verfolgt zwei komplementäre Ziele: Zunächst sollen die zehn Prinzipien weltweit in die Unternehmenspraxis integriert werden. Zudem werden Maßnahmen gefördert, die übergeordnete Ziele der Vereinten Nationen (z. B. SDGs) unterstützen.[37]

Der UN Global Compact hat in erster Linie eine Lern- und Dialogfunktion. Die teilnehmenden Unternehmen haben jährlich ihr gesellschaftliches Engagement in Form von Berichten auf der Global-Compact-Homepage zu veröffentlichen (Communication on Progress – CoP). Neben dem Stand der Umsetzung der zehn Prinzipien haben sie über Aktivitäten zur Förderung einer nachhaltigen Entwicklung in schriftlicher Form zu berichten.[38]

---

35   Ebd.
36   UN Global Compact, About-us; https://www.globalcompact.de/en/about-us, Abruf 21.08.2021.
37   UN Global Compact, The Ten Principles of the UN Global Compact; https://unglobalcompact.org/what-is-gc/mission/principles, Abruf 21.08.2021.
38   UN Global Compact, The Communication on Progress (CoP) in Brief, https://www.unglobalcompact.org/participation/report/cop, Abruf 20.08.2021.

Die Prinzipien werden teilweise als zu schwach und unwirksam angesehen.[39] Zudem wird das Fehlen wirksamer Sanktionen kritisiert.[40] Mit mehr als 17.500 Unternehmen und Organisationen, die den UN Global Compact weltweit unterschrieben haben, ist sie jedoch eine der bekanntesten internationalen Initiativen zur Förderung verantwortungsvoller Unternehmenspraktiken.[41] In der letzten Zeit haben die Prinzipien zunehmend in privatschriftliche Verträge (etwa Dienstleistungs- und Mietverträge) Eingang gefunden und damit über das Zivilrecht deutlich an Bedeutung gewonnen.

1.2.1.6   Principles for Responsible Investment

Ebenfalls zunehmend Eingang in privatwirtschaftliche Verträge finden die Principles for Responsible Investment (PRI), eine freiwillige Selbstverpflichtung von Unternehmen der Finanzindustrie. Hierbei handelt es sich um eine von der UN unterstützte internationale Investoreninitiative, die im April 2006 in einer Kooperation der Finanzinitiative des UN- Umweltprogramms (UNEP) mit dem UN Global Compact gegründet wurde. Die Unterzeichner bekennen sich zu den folgenden sechs Prinzipien für verantwortungsvolle Investments und wollen zu einem nachhaltigen globalen Finanzsystem beitragen:

1. Einbeziehung von ESG-Themen in Investmentanalyse- und Entscheidungsfindungsprozesse;
2. aktive Inhaberschaft und Integration von ESG-Themen in die Eigentümerpolitik und -praxis;
3. angemessene Offenlegung von ESG-Themen bei Unternehmen, in die investiert wird;
4. Vorantreiben der Akzeptanz und die Umsetzung der Grundsätze in der Investmentindustrie;
5. Zusammenarbeit, um Effektivität bei der Umsetzung der Grundsätze zu steigern, und
6. Berichterstattung über Aktivitäten und Fortschritte bei der Umsetzung der Grundsätze.[42]

Die Fortschritte werden jährlich auf der Grundlage von Transparency Reports der beteiligten Unternehmen vom PRI bewertet, wobei u. a. Investmentpraktiken und aktive Interessenwahrnehmung (»Active Stewardship«) berücksichtigt werden. Die PRI wurden bisher von über 3.500 Unternehmen unterzeichnet.[43]

---

39   Vgl. Unmüßig, Freiwilligkeit und ihre Grenzen, Heinrich Böll Stiftung, 2008; https://www.boell.de/de/navigation/struktur-2456.html, und Bundeszentrale für politische Bildung (BPB), UN Global Compact, 2017; https://www.bpb.de/nachschlagen/zahlen-und-fakten/globalisierung/52823/un-global-compact, Abruf 21.08.2021.

40   BPB, UN Global Compact, 2018; https://www.bpb.de/nachschlagen/zahlen-und-fakten/globalisierung/52823/un-global-compact, Abruf 21.08.2021.

41   UN Global Compact, About-us; https://www.globalcompact.de/en/about-us, Abruf 21.08.2021.

42   UNPRI, About the Pri; Https://www.unpri.org/pri/about-the-pri, Abruf 14.08.2021.

43   UNPRI, About the Pri; Https://www.unpri.org/pri/about-the-pri, Abruf 14.08.2021.

1.2.2   ESG-Maßnahmen auf europäischer Ebene

Die EU sieht sich selbst als Vorreiter bei der weltweiten ESG-Transformation.[44] Das Ziel einer nachhaltigen Entwicklung Europas ist in Art. 3 S. 2 des Vertrags über die Europäische Union verankert. Mit Annahme der UN-Agenda 2030 und Annahme des Pariser Klimaschutzabkommens hat sich die EU des Weiteren zu einer nachhaltigen Wirtschaft und Gesellschaft bekannt. Bis 2030 sollen Treibhausgasemissionen in der EU um 55 % im Vergleich zu 1990 gesenkt werden. Die EU hat in den letzten Jahren diverse Maßnahmenpakete auf den Weg gebracht, die alle Wirtschaftszweige betreffen. Verschärft wurden etwa die ESG-Regulierung für die Finanzbranche und die Nachhaltigkeitsvorgaben für Immobilien.[45]

Kennzeichnend für das Recht der EU als supranationale Organisation ist u. a. die Befugnis, Rechtsakte zu erlassen, die unmittelbar Rechtswirkungen (etwa durch Verordnungen) für natürliche und juristische Personen in den Mitgliedstaaten entfalten. Demgegenüber stehen Rechtsakte (etwa Richtlinien), die noch eine Umsetzung in nationales Recht durch die Mitgliedstaaten erfordern.[46] Im Zusammenspiel mit zahlreichen, teilweise parallel dazu bestehenden nationalstaatlichen Initiativen zur Implementierung von eigenen ESG-Zielen hat sich hier ein Regulierungsdschungel ergeben, der von vielen Marktteilnehmern als noch wenig koordiniert und harmonisiert wahrgenommen wird. Ein Ende dieser Entwicklung erscheint nicht absehbar. Vielmehr sind weitere umfassende Maßnahmenpakete zu erwarten. Ebenso wie die Auseinandersetzung mit dem internationalen Rahmenwerk ist daher für eine effektive ESG-Strategie eine intensive Befassung mit den auf europäischer Ebene gegebenen Maßnahmen unerlässlich. Nur so lassen sich neben der Schaffung eines Überblicks über aktuelle Anforderungen auch zukünftige gesetzliche Anforderungen und Marktentwicklungen antizipieren.

Im Folgenden wird ein allgemeiner Überblick über die europäische Finanzmarktregulatorik und deren Auswirkungen auf die Immobilienwirtschaft gegeben. Regelungsvorhaben anderer Wirtschaftszweige, die ebenfalls Auswirkungen auf Immobilieninvestments haben – wie etwa die Energiewirtschaft oder Governance-Anforderungen – werden außen vorgelassen oder teilweise an anderer Stelle dieses Buches näher behandelt.

---

44   Becker, Nachhaltigkeit auf dem Vormarsch: Was bedeutet die ESG Offenlegungsverordnung für Unternehmen in Europa?, 2021; https://www.lexisnexis.de/blog/compliance/esg-offenlegungsverordnung, Abruf 14.08.2021.

45   Bundesministerium für wirtschaftliche Zusammenarbeit und Entwicklung, Die globalen Ziele für nachhaltige Entwicklung; https://www.bmz.de/de/agenda-2030, Abruf 14.08.2021.

46   Europäische Union, Verordnungen, Richtlinien und sonstige Rechtsakte; https://europa.eu/european-union/law/legal-acts_de, Abruf 14.08.2021.

Exkurs

Das Gesetzgebungsverfahren der EU ist ein mehrstufiger, teilweise dynamischer und komplexer Prozess:

Der Basisrechtsakt (Level-1-Gesetzgebung)

Auf der ersten Stufe erlassen das Europäische Parlament und der Rat auf Vorschlag der EU-Kommission einen Gesetzgebungsakt (Erlass und Änderungen von Primärrecht in Form von Verordnungen oder Richtlinien, sog. *Level-1-Gesetzgebung*). Beispiele sind hierfür die nachfolgend überblickartig dargestellten EU-Taxonomie-, EU-Offenlegungs- und die CO_2-Benchmarking-Verordnungen.

Delegierte Rechtsakte und Durchführungsrechtsakte (Level-2-Gesetzgebung)

Primärrechtsakte können des Weiteren eine Befugnisübertragung auf die EU-Kommission vorsehen (delegierte Rechtsakte gem. Art. 290 des Vertrags über die Arbeitsweise der EU, AEUV, oder Durchführungsrechtsakte gem. Art. 291 AEUV). Während delegierte Rechtsakte der Ergänzung oder Änderung bestimmter nicht wesentlicher Vorschriften des Primärrechtsakts dienen, sollen Durchführungsrechtsakte eine einheitliche Durchführung sicherstellen.

Verbindliche technische Standards sowie Leitlinien und Empfehlungen (Level-3-Gesetzgebung)

Die EU-Kommission hat des Weiteren zur Weiterentwicklung und Harmonisierung von Rechtsakten die Befugnis, unter Einbindung der europäischen Aufsichtsbehörden (EBA, EIOPA und ESMA) bindende technische Standards zu erlassen. Diese treten nach Zustimmung des Europäischen Parlaments und Ministerrats in Kraft.

Zudem können die europäischen Aufsichtsbehörden (ESA) ohne Beteiligung der EU-Kommission Leitlinien (Guidelines) und Empfehlungen gem. Art. 16 der jeweiligen ESA-Verordnung erlassen. Diese dienen der Auslegung und Konkretisierung von Level-1- und Level-2-Rechtsakten und zur Sicherstellung einer einheitlichen Anwendung.[47]

---

47 Weber-Rey und Horak, Europäischer Finanzsektor und Gesetzgebungsverfahren – Ein Zwischenbericht, 2012; https://www.cliffordchance.com/content/dam/cliffordchance/briefings/2012/12/europaischer-finanzsektor-und-gesetzgebungsverfahren-ein-zwischenbericht.pdf, Abruf 23.08.2021.

1.2.2.1   EU-Aktionsplan zur Finanzierung nachhaltigen Wachstums

Am 8. März 2018 veröffentlichte die Europäische Kommission ihren Aktionsplan zur Finanzierung nachhaltigen Wachstums[48] mit Empfehlungen für die Finanzierung der Pariser Klimaschutzziele und der SDGs. Mit dem Aktionsplan werden drei Ziele verfolgt: (1) die Umlenkung von Kapitalströmen auf nachhaltige Investitionen; (2) Bewältigung finanzieller Risiken, die sich aus Klimawandel, Umweltzerstörung und sozialen Problemen ergeben; und (3) die Förderung von Transparenz und Langfristigkeit in der Finanz- und Wirtschaftstätigkeit.[49]

Zur Umsetzung werden konkrete Aktionspunkte und wichtige regulatorische Änderungen vorgeschlagen:

1. Etablierung eines einheitlichen Klassifizierungssystems für nachhaltige Aktivitäten (z. B. EU-Taxonomie-Verordnung);
2. Entwicklung von Standards und Labels für grüne Finanzprodukte (z. B. EU-Green-Bond-Standard);
3. Förderung von Investitionen in nachhaltige Projekte (etwa effizientere Gestaltung der Förderungsinstrumente und nachhaltige Infrastrukturprojekte);
4. Berücksichtigung der Nachhaltigkeit in der Finanzberatung (z. B. EU-Offenlegungsverordnung);
5. Entwicklung von Nachhaltigkeits-Benchmarks (d. h. Verbesserung der Transparenz von Methoden und Merkmalen von Climate-Benchmarks);
6. bessere Integration von Nachhaltigkeit in Ratings und Marktforschung;
7. Klärung der Pflichten von institutionellen und Vermögensverwaltern;
8. Einbeziehung der Nachhaltigkeit in die aufsichtsrechtlichen Anforderungen von Banken und Versicherungsgesellschaften;
9. erhöhte Transparenz und Überarbeitung der CSR-Richtlinie und
10. Förderung einer nachhaltigen Unternehmensführung und Abschwächung der Kurzfristigkeit auf den Kapitalmärkten.[50]

---

48   Europäische Kommission, Aktionsplan: Finanzierung nachhaltigen Wachstums, 2018; https://eur-lex. europa.eu/legal-content/DE/TXT/PDF/?uri=CELEX:52018DC0097, Abruf 22.08.2021.
49   Ebd., S. 3.
50   Ebd., S. 5 ff.

Taxonomie	Definition von EU-weiten, einheitlichen Kriterien für die Beurteilung der ökologischen Nachhaltigkeit von **wirtschaftlichen Aktivitäten**. Aktueller Fokus auf umwelt- und klimabezogene Kriterien.
Offenlegungsverordnung	Finanzmarktteilnehmer und -berater müssen Informationen zur Integration von **Nachhaltigkeitsrisiken und Informationen über ihre nachhaltigen Finanzprodukte** veröffentlichen.
Benchmark-Verordnung	Einführung von EU Climate Transition **Benchmarks** (EU CTB) und EU Paris-aligned Benchmarks (EU PAB).
Anpassung MiFID I	Wertpapierdienstleistungsunternehmen müssen **ESG-Präferenzen** in die **Geeignetheitsprüfung** integrieren, in **Entscheidungsprozessen** berücksichtigen und offenlegen, wie diese Präferenzen berücksichtigt wurden.
Anpassung UCITS	Managementgesellschaften und **AIFMs** müssen **Nachhaltigkeit** in die Liste ihrer zu verwaltenden **wesentlichen Risiken** aufnehmen, Nachhaltigkeitsrisiken in **Anlageentscheidungsprozesse** integrieren und bei der **Due Diligence** im Rahmen des **Investmentprozesses** berücksichtigen.
Anpassung AIFMD	
Anpassung IDD	Einbezug der **ESG-Präferenzen** von Kunden durch **Versicherungsvermittler** bei der Beurteilung der **Eignung** von **versicherungsbasierten Anlageprodukten**.
Anpassung Solvency II	Einbezug **klimabedingter Risiken** in das Versicherungsgeschäft und Berücksichtigung der Auswirkungen von Versicherungsunternehmen auf die Umwelt.
BaFin Merkblatt RM Nachhaltigkeit	Alle von der BaFin beaufsichtigten Unternehmen werden (unverbindlich) aufgerufen, **Nachhaltigkeitsrisiken** ganzheitlich in ihre **Geschäfts- und Risikostrategie** aufzunehmen.
ECB Guideline	**Vorgaben der EZB** zum Umgang mit **klima- und umweltbezogenen Risiken**. Zudem wird die **Offenlegung** gemäß den derzeit geltenden aufsichtsrechtlichen Rahmenbedingungen in der Guideline dargestellt.
NFRD Anpassung durch die CSRD	**Veröffentlichungen** zum Geschäftsmodell im Kontext **Nachhaltigkeit (Resilienz, Ziele, Rollen, Richtlinien Risiken)**. Berichtspflicht für kapitalmarktorientierte Unternehmen und große Unternehmen (ab 250 MA, > 20 Mio. Bilanzsummen oder Umsatz von > 40 Mio.)

Abb. 1.2: Regularien der Gesetzgebung, die sich aus dem EU-Aktionsplan zur Finanzierung eines nachhaltigen Wachstums ergeben. Quelle: PwC Legal AG.

Mit dem EU-Aktionsplan hat die Europäische Kommission das Thema Sustainable Finance zum ersten Mal auf die politische Agenda gesetzt. In seiner Folge wurden umfangreiche Legislativprojekte angestoßen, deren vollständige Umsetzung noch einige Zeit dauern wird.[51] Am 6. Juli 2021 veröffentlichte die EU-Kommission eine erneute Strategie zum nachhaltigen Finanzwesen. Mit diesen kündigte die Kommission an, Mindestanforderungen an Art.-8-Produkte der EU-Offenlegungsverordnung[52] entwickeln zu wollen.[53] Zudem schlug sie einen neuen Green-Bond-Standard vor.[54]

1.2.2.2   Der Europäische Grüne Deal

Am 11. Dezember 2019 lancierte die Europäische Kommission den Europäischen Grünen Deal[55], d. h. eine umfassende Wachstumsstrategie für eine klimaneutrale und ressourcenschonende Wirtschaft. Der Grüne Deal sieht insbesondere Ziele und Maßnahmen für die Bereiche (i) Klimaschutz und Klimawandel, (ii) Umweltschutz und -recht, (iii) Energie und (iv) Verkehr vor, wobei der größte Fokus auf dem Klimaschutz liegt. Neben Klimaneutralität im Jahr 2050 sollen die Treibhausgasemissionen in der EU bis zum Jahr 2030 um 50 % bis 55 % gegenüber dem Niveau von 1990 gesenkt werden. Kurz vor der von US-Präsident Joe Biden organisierten virtuellen Klimakonferenz einigten sich Vertreter der Mitgliedstaaten und des EU-Parlaments am 21. April 2021 endgültig und verbindlich auf eine Verschärfung des Klimaziels für 2030, wonach die Treibhausgase der EU um mindestens 55 % gegenüber dem Niveau von 1990 gesenkt werden sollen.[56]

Darüber hinaus soll der Grüne Deal eine effizientere Ressourcennutzung durch den Übergang zu einer sauberen und kreisförmigen Wirtschaft erleichtern und die Wiederherstellung der biologischen Vielfalt und die Bekämpfung der Umweltverschmutzung fördern. Alle Sektoren und Wirtschaftszweige werden aufgerufen, einen aktiven Beitrag zur Erreichung dieser Ziele zu leisten.[57]

---

51   Europäische Kommission, Commission puts forward new strategy to make the EU's financial system more sustainable and proposes new European Green Bond Standard, 2021; https://ec.europa.eu/commission/presscorner/detail/en/IP_21_3405, Abruf 23.08.2021.

52   Verordnung (EU) 2019/2088 des Europäischen Parlaments und des Rates vom 27. November 2019 über nachhaltigkeitsbezogene Offenlegungspflichten im Finanzdienstleistungssektor (EU-Offenlegungsverordnung).

53   Europäische Kommission, Commission puts forward new strategy to make the EU's financial system more sustainable and proposes new European Green Bond Standard, 2021; https://ec.europa.eu/commission/presscorner/detail/en/IP_21_3405, Abruf 23.08.2021.

54   Ebd.

55   Mitteilung der Kommission, Der Europäische Grüne Deal, Brüssel, Dezember 2019; https://eur-lex.europa.eu/legal-content/EN/TXT/?uri=COM%3A2019%3A640%3AFIN, Abruf 23.08.2021.

56   Europäische Kommission, Europäischer Grüner Deal; https://ec.europa.eu/info/strategy/priorities-2019-2024/european-green-deal_de#thebenefitsoftheeuropeangreendeal, Abruf 23.08.2021.

57   Ebd.

Am 14. Juli 2021 präsentierte die EU-Kommission ein umfassendes Paket zusammen-hängender Vorschläge zur Umsetzung des Grünen Deals, welches auf eine umfassen-de Neuausrichtung von Wirtschaft und Gesellschaft ausgerichtet ist.[58] Insbesondere sollen folgende Maßnahmen zum Einsatz kommen:

- Emissionshandel für neue Sektoren und strengere Auflagen für das bestehende europäische Emissionshandelssystem;
- verstärkte Nutzung erneuerbarer Energien;
- mehr Energieeffizienz;
- schnellere Einführung emissionsarmer Verkehrsträger nebst dazugehöriger Infra-struktur und Kraftstoffe;
- Angleichung der Steuerpolitik an die Ziele des Grünen Deals;
- Maßnahmen zur Prävention der Verlagerung von CO_2-Emissionen und
- Instrumente zur Erhaltung und Vergrößerung der natürlichen CO_2-Senken in Europa.[59]

Um den Übergang zu unterstützen, beabsichtigt die EU, sowohl finanzielle Unter-stützung als auch technische Hilfe zu leisten.[60] So sollen beispielsweise im Zeitraum 2021-2027 mindestens 100 Milliarden Euro für die am stärksten betroffenen Regionen mobilisiert werden. Am 7. Juni 2021 hat der Rat der Europäischen Union die Verord-nung zur Errichtung eines Just Transition Fund angenommen, welcher mit 17,5 Milliar-den Euro ausgestattet wird und Staaten und Regionen zugutekommen soll, die durch die Umsetzung des Grünen Deals aufgrund ihrer bisherigen Wirtschaftsstruktur große sozioökonomische Folgen zu befürchten haben. Die Mittel sollen u. a. kleine und mitt-lere Unternehmen (KMU), Start-up-Unternehmen, die Gründung neuer Unternehmen sowie Menschen bei der Arbeitssuche und der Anpassung an neue Beschäftigungsmo-delle sowie bei der sozialen Inklusion unterstützen.[61]

1.2.2.3 EU-Taxonomie-Verordnung

Die am 12. Juli 2020 in Kraft getretene Verordnung (EU) 2020/852 Taxonomie-Verord-nung[62] (»**EU-Taxonomie-Verordnung**«) ist ein Eckpfeiler sowohl des EU-Aktionsplans zur Finanzierung von nachhaltigem Wachstum als auch des Grünen Deals.

---

58 Europäische Kommission, Europäischer Grüner Deal: Kommission schlägt Neuausrichtung von Wirtschaft und Gesellschaft in der EU vor, um Klimaziele zu erreichen, 2021; https://ec.europa.eu/germany/news/20210714-eu-green-deal_de, Abruf 23.08.2021.
59 Ebd.
60 Ebd.
61 Europäische Kommission, The Just Transition Fund; https://ec.europa.eu/info/strategy/priorities-2019-2024/european-green-deal/finance-and-green-deal/just-transition-mechanism/just-transition-funding-sources_en, Abruf 23.08.2021.
62 Verordnung (EU) 2020/852 des Europäischen Parlaments und des Rates vom 18. Juni 2020 über die Einrichtung eines Rahmens zur Erleichterung nachhaltiger Investitionen und zur Änderung der Verordnung (EU) 2019/2088 (EU-Taxonomie-Verordnung).

1.2.2.3.1   Die EU-Taxonomie-Verordnung im Überblick

Die EU-Taxonomie-Verordnung sieht ein Klassifizierungssystem für ökologisch nachhaltige Wirtschaftsaktivitäten vor. Sie bedarf keiner Umsetzung mehr durch nationales Recht und definiert, wann eine wirtschaftliche Tätigkeit und damit auch eine Investition in diese Tätigkeit als »ökologisch nachhaltig« gilt. Zudem bildet die EU-Taxonomie-Verordnung die Grundlage für standardisierte technische Screening- und Offenlegungspflichten.

Der EU-Taxonomie-Verordnung verfolgt die Förderung von Wirtschaftstätigkeiten, die einen positiven Beitrag zu mindestens einem der folgenden sechs Umweltziele leisten:

1. Eindämmung des Klimawandels;
2. Anpassung an den Klimawandel;
3. Nachhaltige Nutzung und Schutz der Wasser- und Meeresressourcen;
4. Übergang zur Kreislaufwirtschaft;
5. Prävention und Kontrolle der Umweltverschmutzung und
6. Schutz und Wiederherstellung von Biodiversität und Ökosystemen.[63]

Investitionen gelten als ökologisch nachhaltig bzw. »taxonomiekonform«, wenn sie
   a) wesentlich zu einem der sechs Nachhaltigkeitsziele beitragen;
   b) keinem anderen Ziel erheblich schaden (»Do Not Significant Harm«-Kriterium);
   c) gewisse soziale Mindeststandards (»Minimum Social Safeguard«-Kriterium, z. B. zum Schutz von Menschen- und Arbeitnehmerrechten) einhalten und
   d) den technischen Prüfkriterien entsprechen.[64]

Die genannten vier Kriterien sind jeweils kumulativ zu erfüllen.

Neben (i) Aktivitäten, die bereits jetzt schon einen wesentlichen Beitrag zu einem Umweltziel leisten, werden von der Taxonomie-Verordnung auch (ii) Übergangsaktivitäten (d.h. Tätigkeiten, für die es noch keine kohlenstoffarme Alternative gibt, die jedoch den Übergang zu einer klimaneutralen Wirtschaft unterstützen) und (iii) ermöglichende Tätigkeiten (d.h. Aktivitäten, die eine der beiden vorgenannten Aktivitäten ermöglichen) umfasst.

---

63   Vgl. Art. 9 EU-Taxonomie-Verordnung.
64   Vgl. Art. 3 EU-Taxonomie-Verordnung.

1.2.2.3.2   Anwenderkreis

Die EU-Taxonomie-Verordnung richtet sich an

(i) die EU-Mitgliedstaaten und die EU selbst,

(ii) Finanzmarktteilnehmer, die Finanzprodukte bereitstellen (einschl. Finanzberater),

(iii) Unternehmen, die verpflichtet sind, nichtfinanzielle Erklärungen (z. B. im Rahmen von Jahresberichten) zu veröffentlichen (d. h. insbesondere europäische Emittenten von an Kapitalmärkten gehandelten Wertpapieren – etwa Aktien und Renten).[65]

Die Taxonomie-Verordnung wird erwartungsgemäß indirekt weitere Unternehmen betreffen, da vom Anwendungsbereich erfasste Unternehmen regelmäßig auf Informationen von Geschäftspartnern und Kunden angewiesen sein werden.

1.2.2.3.3   Transparenzpflichten

Die EU-Taxonomie-Verordnung verpflichtet betroffene Unternehmen zu veröffentlichen, ob und inwiefern taxonomie-konforme Wirtschaftstätigkeiten vorliegen. Bei sonstigen Finanzprodukten[66] sind die vorvertraglichen Informationen und die regelmäßigen Berichte um folgende Angabe zu ergänzen:

> »Die diesem Finanzprodukt zugrunde liegenden Investitionen berücksichtigen nicht die EU-Kriterien für ökologisch nachhaltige Wirtschaftstätigkeiten.«[67]

Wird demgegenüber mit der Nachhaltigkeit geworben, sieht die EU-Taxonomie-Verordnung in den Art. 5 bis 7 in Verbindung mit der EU-Offenlegungsverordnung sowie in Art. 8 in Verbindung mit der CSR-Richtlinie (Richtlinie 2014/95/EU u. a. mit Vorgaben der nichtfinanziellen Berichterstattung)[68] diverse Erklärungs- und Offenlegungsverpflichtungen vor.

Die EU-Kommission veröffentlichte am 6. Juli 2021 einen delegierten Rechtsakt mit Anforderungen an die Berichterstattung für Unternehmen, die verpflichtet sind, eine nichtfinanzielle (Konzern)-Erklärung bzw. einen nichtfinanziellen (Konzern-)Bericht zu veröffentlichen. Der delegierte Rechtsakt präzisiert insbesondere die Berichts-

---

65   Vgl. Art. 7 EU-Taxonomie-Verordnung.
66   Finanzprodukte, die nicht unter Art. 8 oder 9 der EU-Offenlegungsverordnung fallen.
67   Art. 7 EU-Taxonomie-Verordnung.
68   Richtlinie 2014/95/EU des Europäischen Parlaments und des Rates vom 22. Oktober 2014 zur Änderung der Richtlinie 2013/34/EU im Hinblick auf die Angabe nichtfinanzieller und die Diversität betreffender Informationen durch bestimmte große Unternehmen und Gruppen (CSR-Richtlinie).

pflichten, ab 2022 über den ökologisch nachhaltigen Anteil von Umsatzerlösen, Investitions-(CapEx) und ihrer Betriebsausgaben (OpEx) zu berichten.[69]

Die EU-Taxonomie-Verordnung zielt auf einzelne Aktivitäten von Unternehmen und nicht auf das Unternehmen als Ganzes ab. Dies bringt den Vorteil mit sich, dass Unternehmen schrittweise einzelne Bereiche anpassen können.

Für die EU und ihre Mitgliedstaaten gibt die EU-Taxonomie-Verordnung eine Richtung für alle öffentlichen Maßnahmen sowie für die Kennzeichnung von Finanzmarktprodukten vor.

1.2.2.3.4   Erstmalige Anwendung

Die Offenlegungsverpflichtung zu den ersten beiden Zielen (d. h. Klimaschutz und Anpassung an den Klimawandel) gilt ab dem 1. Januar 2022[70] für den Berichtszeitraum 2021. Am 21. April 2021 veröffentlichte die Europäische Kommission ihren finalen delegierten Rechtsakt mit technischen Kriterien für die beiden Klimaschutzziele.[71]

Von besonderer Bedeutung für den Immobiliensektor sind die darin aufgeführten technischen Evaluierungskriterien für die Feststellung, ab wann eine wirtschaftliche Tätigkeit nachhaltig im Sinne der EU-Taxonomie-Verordnung ist. So soll beispielsweise für Neubauten (d.h. Fertigstellung ab dem 1. Januar 2021) gelten, dass der Primärenergiebedarf mindestens 10 % unterhalb der nationalen Vorgaben für Niedrigenergiegebäude liegen muss. Im Bereich »Erwerb und Eigentum« müssen Bestandsbauten einen Energieausweis der Klasse A haben oder alternativ nachweisen, dass sie bzgl. ihres Primärenergiebedarfs zu den besten 15 % des nationalen oder regionalen Gebäudebestands gehören.

Europäisches Parlament und Rat haben nach Veröffentlichung insgesamt vier Monate Zeit zur Überprüfung und, soweit erforderlich, Einlegung eines Widerspruchs. Änderungen sind hingegen nicht möglich. Der Zeitraum kann einmalig um weitere zwei Monate verlängert werden. Sollten sich beide Institutionen in dieser Zeit nicht melden, gilt der Rechtsakt als bestätigt.[72]

---

69 Europäische Kommission, Commission puts forward new strategy to make the EU's financial system more sustainable and proposes new European Green Bond Standard, 2021; https://ec.europa.eu/commission/presscorner/detail/en/ip_21_3405, Abruf 24.08.2021.

70 Gem. Art. 5-7 EU-Taxonomie-Verordnung, nach Art. 8 EU-Taxonomie-Verordnung muss erst später gemeldet werden.

71 Europäische Kommission, Nachhaltiges Finanzwesen und EU-Taxonomie: Kommission unternimmt weitere Schritte, um Geld in nachhaltige Tätigkeiten zu lenken, 2021; https://ec.europa.eu/commission/presscorner/detail/de/ip_21_1804, Abruf 25.08.2021.

72 Das Ergebnis der Überprüfung und ggf. weiterer Schritte wie Einlegung eines Widerspruchs durch das Europäische Parlament und Rat war zum Zeitpunkt der Veröffentlichung noch nicht bekannt.

Ab dem 1. Januar 2023 beginnt die Pflicht zur Offenlegung für die verbleibenden Nachhaltigkeitsziele für den Berichtszeitraum 2022. Im Rahmen eines sog. *Calls for Feedback* hat die EU-Kommission Anfang August 2021 von der Platform on Sustainable Finance erarbeitete Vorschläge für delegierte Rechtsakte für die Ziele (3) Schutz von Wasser- und Meeresressourcen, (4) Kreislaufwirtschaft, (5) Umweltverschmutzung und (6) Biodiversität erlassen.[73] Die Vorschläge enthalten zudem Evaluierungskriterien für acht Wirtschaftszweige, wobei für den Gebäudebereich die Umweltziele Kreislaufwirtschaft und Biodiversität im Fokus stehen. Bzgl. des Ziels Kreislaufwirtschaft wird etwa für Neubauten oder wesentliche Renovierungsvorhaben gefordert, dass min. 90 % (nach Gewicht) des nicht gefährlichen Baustellenmülls für die Wiederverwendung oder das Recycling vorbereitet werden und eine Ökobilanz durchgeführt wird, die jede Phase des Lebenszyklus abdeckt. Hinsichtlich des Kriteriums Biodiversität wird in der Begründung etwa ausgeführt, dass die Verbesserung der biologischen Vielfalt an einem Standort ein räumlich und zeitlich dynamischer Prozess von großer Komplexität ist[74]. Daher sei eine Kombination aus quantitativen Zielvorgaben und qualitativen, praxisbezogenen Kriterien am besten geeignet, um Ergebnisse zu erzielen, die als wesentlicher Beitrag angesehen werden können. Es wird weiter betont, dass in Anbetracht der Komplexität und der zeitlichen Aspekte der Förderung der biologischen Vielfalt im städtischen Umfeld eine Strategie – vergleichbar mit dem Ansatz führender Zertifizierungssysteme – ein wesentlicher Bestandteil für die Erbringung und Sicherung eines essenziellen Beitrags sei.[75]

1.2.2.3.5   Fazit und Soziale Taxonomie

Kapitalmarktteilnehmer riskieren bei einer Nichtanwendung der EU-Taxonomie-Verordnung den Zugang zu Finanzmitteln. Die vorstehenden Ausführungen sollen einen ersten Eindruck über die Komplexität des Vorhabens der EU, ein rechtliches Klassifizierungssystem für nachhaltige Wirtschaftstätigkeiten zu entwickeln, verschaffen. Ungeachtet der sich daraus ergebenden Herausforderungen bietet die EU-Taxonomie-Verordnung eine große Chance, *Greenwashing* zu vermeiden und im Transformationsprozess zu einer nachhaltigen Entwicklung einen bedeutenden Fortschritt zu machen. Des Weiteren bildet die Verordnung auch ein Rahmenwerk für zukünftige Gesetzesinitiativen auf EU-Level, eventuelle Beschränkungen und Steuerungen.

Insbesondere der Zeitplan und der Detaillierungsgrad, der für eine taxonomie-konforme Berichterstattung erforderlich ist, stellen eine große Herausforderung für be-

---

73   Europäische Kommission, Call for feedback by the Platform on Sustainable Finance on preliminary recommendations for technical screening criteria for the EU taxonomy, 2021; https://ec.europa.eu/info/publications/210803-sustainable-finance-platform-technical-screening-criteria-taxonomy-report_en, Abruf 26.08.2021.

74   Platform on Sustainable Finance: Technical Working Group, 2021; https://ec.europa.eu/info/sites/default/files/business_economy_euro/banking_and_finance/documents/210803-sustainable-finance-platform-report-technical-screening-criteria-taxonomy-annex_en.pdf, Abruf 02.09.2021, S. 601.

75   Ebd.

troffene Unternehmen dar. Des Weiteren sind flexible ESG-Strategien und -prozesse erforderlich, um auf bisher unveröffentlichte Details der EU-Taxonomie-Verordnung und künftige (Fort-)Entwicklungen reagieren zu können.

Derzeit liegt der Hauptfokus der EU-Taxonomie-Verordnung noch auf der Bestimmung der ökologischen Nachhaltigkeit einer Wirtschaftstätigkeit, langfristig soll aber auch die Messung sozialer Nachhaltigkeit von Wirtschaftstätigkeiten umfassend geregelt werden. Im Juli 2021 hat die »Subgroup on social taxonomy« der Platform on Sustainable Finance einen Vorschlag für die Erweiterung der Taxonomie auf soziale Nachhaltigkeitsziele vorgelegt. Der Berichtsentwurf betont, dass es angesichts der COVID-19-Pandemie, offener sozialer Fragen im Zusammenhang mit einer voranschreitenden nachhaltigen Entwicklung, anhaltender Menschenrechtsverletzungen und ständig steigender Kosten für Wohnraum wichtig ist, wirtschaftliche Aktivitäten zu identifizieren, die zur Förderung sozialer Ziele beitragen. Auf der Grundlage internationaler Normen und Grundsätze wie den SDGs und den UN-Leitprinzipien für Unternehmen und Menschenrechte würde eine Sozialtaxonomie Investoren helfen, Finanzierungsmöglichkeiten für menschenwürdige Arbeit, integrative und nachhaltige Gemeinschaften sowie erschwingliche Gesundheitsversorgung und Wohnraum zu finden.

1.2.2.4   EU-Offenlegungsverordnung

Als weiterer Baustein des Aktionsplans zur Finanzierung eines nachhaltigen Wachstums trat Ende Dezember 2019 die Verordnung über nachhaltigkeitsbezogene Offenlegungen im Finanzdienstleistungssektor (»**EU-Offenlegungsverordnung**«) in Kraft. Ziel ist die Verschärfung und Harmonisierung nachhaltigkeitsbezogener Offenlegungsverpflichtungen.

Die EU-Offenlegungsverordnung verpflichtet Finanzmarktteilnehmer,

(i) ihre Konzepte zur Einbindung von Nachhaltigkeitsrisiken in ihren Investitionsentscheidungsprozess und

(ii) nachteilige Auswirkungen von Investitionsentscheidungen auf bestimme Nachhaltigkeitsfaktoren (Principal Adverse Impacts on Sustainability, PAIs) – etwa Umwelt-, Sozial- und Arbeitnehmerbelange, die Achtung der Menschenrechte und die Bekämpfung von Korruption und Bestechung – offenzulegen.

Mit diesen Pflichten ist auch eine Ausweitung der nachhaltigkeitsrelevanten Rechnungslegung verbunden.[76]

---

76 Baumüller, Erneuerung der europäischen Sustainable-Finance-Strategie. Inhalte und Implikationen des neuen Konsultationspapiers vom April 2020, NWB Verlag, PiR Nr. 9 vom 11.09.2020, S. 294.

Eine Übersicht zum Beginn der einzelnen Berichtspflichten nach der EU-Offenlegungsverordnung und EU-Taxonomie-Verordnung hat die Bundesanstalt für Finanzdienstaufsicht (BaFin) auf ihrer Webseite zur Verfügung gestellt.[77]

Es ist zwischen der Offenlegung von Informationen auf der Internetseite, Angaben in Verkaufsprojekten und in Jahresberichten bzw. regelmäßigen Berichten zu unterscheiden, wobei sich Verpflichtungen für die Unternehmens- sowie die Produktebene ergeben:

1.2.2.4.1   Offenlegung im Internet

So müssen beispielsweise im Internet veröffentlichte Informationen jeweils auf dem aktuellen Stand sein. Bei Änderungen muss eine eindeutige Erläuterung über den Änderungsumfang hinzugefügt werden.[78] Weiterhin haben die betroffenen Unternehmen zu erklären, ob nachteilige Auswirkungen von Investitionsentscheidungen auf Nachhaltigkeitsfaktoren berücksichtigt oder nicht berücksichtigt werden (»comply or explain«).[79] Im Fall der Berücksichtigung nachteiliger Auswirkungen ist u. a. eine diesbezügliche Erläuterung einschließlich der Angabe getroffener oder geplanter Maßnahmen abzugeben. Sofern keine Berücksichtigung nachteiliger Auswirkungen erfolgt, sind hierfür eindeutige Gründe anzugeben und ggf. darzulegen, ob und wann eine solche Berücksichtigung erfolgen wird.

Kapitalverwaltungsgesellschaften mit mehr als 500 Mitarbeitern müssen zwingend seit dem 30. Juni 2021 auf ihren Internetseiten Erklärungen über Strategien zur Erfüllung ihrer Sorgfaltspflichten im Zusammenhang mit den wichtigsten nachteiligen Auswirkungen von Investitionsentscheidungen auf Nachhaltigkeitsfaktoren (PAIs) geben.

Zudem müssen Kapitalverwaltungsgesellschaften jeweils aktuell angeben, inwiefern ihre Vergütungspolitik mit der Einbeziehung von Nachhaltigkeitsrisiken im Einklang ist.

1.2.2.4.2   Offenlegung in vorvertraglichen Informationen

Gem. Artikel 6 EU-Offenlegungsverordnung sind in vorvertraglichen Informationen Erläuterungen zu Aspekten mit dem Umgang von Nachhaltigkeitsrisiken auf der

---

77   Vgl. BaFin, Übersicht über nachhaltigkeitsbezogene Offenlegungspflichten für Finanzmarktteilnehmer und Finanzberater gemäß Verordnung (EU) 2088/2019 (Offenlegungs-VO) und Verordnung (EU) 2020/852 (Taxonomie-VO), 2021; https://www.bafin.de/SharedDocs/Downloads/DE/Anlage/dl_Uebersicht_Offenlegungspflichten_BJ2102_Sustainable_Finance.html;jsessionid=14CF9B4CD1F9AACE264A117089ED C21E.1_cid502, Abruf 18.09.2021.
78   Vgl. Art. 3 EU-Offenlegungsverordnung.
79   Vgl. Art. 4 EU-Offenlegungsverordnung.

Unternehmensebene, d. h. auf der Ebene der Kapitalverwaltungsgesellschaft, zu geben. Dies umfasst

(i) die Art und Weise der Einbeziehung von Nachhaltigkeitsrisiken bei Investitionsentscheidungen und

(ii) die Ergebnisse der Bewertung der zu erwartenden Auswirkungen auf die Rendite des Investmentvermögens. Sofern Nachhaltigkeitsrisiken als nicht relevant angesehen werden, ist dies entsprechend zu begründen.

Diese Verpflichtungen bestehen für Verkaufsprospekte bereits seit dem 10. März 2021.

Spätestens ab dem 30. Dezember 2022 gelten die Offenlegungsverpflichtungen des Weiteren auch für die Produktebene der betroffenen Unternehmen. Die Informationspflicht umfasst

(i) Erklärungen, ob und – wenn ja – wie in einem Investmentvermögen die wichtigsten nachteiligen Auswirkungen auf Nachhaltigkeitsfaktoren berücksichtigt werden, und

(ii) die Erläuterung, dass Informationen über die wichtigsten nachteiligen Auswirkungen auf Nachhaltigkeitsfaktoren im Rahmen des Jahresberichts offengelegt werden.[80]

1.2.2.4.3   Offenlegungspflichten für bestimmte Produkte

Für Produkte, die mit ökologischen oder sozialen Merkmalen werben[81] oder mit denen positive Auswirkungen auf Umwelt und Gesellschaft angestrebt werden[82], gelten darüber hinaus weitere Transparenzpflichten. Hierbei ist zwischen der Offenlegung in vorvertraglichen Informationen und in regelmäßigen Berichten zu unterscheiden. Die Unterschiede zwischen sog. Artikel-8- und Artikel-9-Produkten liegen in der Gestaltung und Vermarktung, wobei die Merkmale bzw. die Zielerreichung der Nachhaltigkeitswirkung möglichst anhand von Indikatoren quantifiziert und mit einem Index oder einer Benchmark verglichen werden sollen.

1.2.2.4.4   Artikel-8-Produkt

Wird ein Investmentvermögen mit ökologischen oder sozialen Merkmalen oder einer Kombination aus diesen Merkmalen beworben, gilt Folgendes:

---

80   Bafin, Übersicht über nachhaltigkeitsbezogene Offenlegungspflichten für Finanzmarktteilnehmer, 2021; https://www.bafin.de/SharedDocs/Downloads/DE/Anlage/dl_Uebersicht_Offenlegungspflichten_BJ2102_Sustainable_Finance.pdf?__blob=publicationFile&v=5, Abruf 26.08.2021.
81   Vgl. Art. 8 EU-Offenlegungsverordnung.
82   Vgl. Art. 9 EU-Offenlegungsverordnung.

- Sofern die Unternehmen, in die investiert wird, Verfahrensweisen einer guten Unternehmensführung anwenden, bestehen weitergehende vorvertragliche Informationen. Diese umfassen Angaben zur Erfüllung von ökologischen und sozialen Merkmalen. Wurde ein Index (Nachhaltigkeitsindex oder Standardindex) als Referenzwert für das Investmentvermögen bestimmt, sind Angaben aufzunehmen, inwiefern der Index mit diesen Merkmalen vereinbar ist.
- Zudem gelten besondere Informationspflichten im Internet. Beispielsweise muss eine Beschreibung der ökologischen oder sozialen Merkmale enthalten sein. Weiterhin müssen etwa Angaben zu den angewendeten Methoden zur Bewertung, Messung und Überwachung der ökologischen oder sozialen Merkmale gemacht werden.
- Ferner müssen für diese Investmentvermögen im Jahresbericht Erläuterungen zu bestimmten Nachhaltigkeitsaspekten enthalten sein.

Mit ihrer neuen Strategie vom 6. Juli 2021 kündigte die Kommission an, Mindestanforderungen an Artikel-8-Produkte der Offenlegungsverordnung zur Sicherstellung einer einheitlichen Anwendung zu entwickeln.[83]

1.2.2.4.5 Artikel-9-Produkt

Wird mit einem Investmentvermögen eine nachhaltige Investition (z. B. Verminderung von CO_2-Emissionen oder Schaffung von bezahlbarem Wohnraum) angestrebt, gelten folgende Offenlegungsverpflichtungen:
- Wurde ein Nachhaltigkeitsreferenzwert als Referenzwert bestimmt, so gehören zu den vorvertraglichen Informationen insbesondere Angaben dazu, wie der bestimmte Nachhaltigkeitsreferenzwert auf das angestrebte Ziel ausgerichtet ist. Andernfalls müssen die vorvertraglichen Informationen Erläuterungen dazu enthalten, wie das angestrebte Ziel erreicht werden kann.
- Auch hier sind im Internet etwa die ökologischen oder sozialen Merkmale zu beschreiben und Angaben zu den angewendeten Evaluierungsmethoden zu machen.
- Zudem sind für das Investmentvermögen in dem Jahresbericht Angaben zur Erfüllung der ökologischen oder sozialen Merkmale aufzunehmen.

1.2.2.4.6 Principal Adverse Impacts on Sustainability

Betroffene Unternehmen mit mehr als 500 Mitarbeitern (auf Konzernebene)[84] müssen zwingend die PAIs bei ihren Investitionsentscheidungen berücksichtigen. Unternehmen mit einer geringeren Mitarbeiteranzahl haben die Möglichkeit zu erklären, warum

---

83 Europäische Kommission, Commission puts forward new strategy to make the EU's financial system more sustainable and proposes new European Green Bond Standard, 2021; https://ec.europa.eu/commission/presscorner/detail/en/IP_21_3405, Abruf 23.08.2021.
84 Vgl. Art. 4 Abs. 4 EU-Offenlegungsverordnung.

sie die PAIs nicht berücksichtigt haben. Die PAIs werden durch Listen von verpflichtenden und optionalen Indikatoren aus den Bereichen Treibhausgasemissionen, Energieeffizienz, Biodiversität, Wasser, Abfall, Soziales und Mitarbeiter, Menschenrechte und Korruption weiter konkretisiert. Damit werden die drei ESG-Kategorien umfassend abgedeckt. Neben einer Erfassung und Offenlegung notwendiger Daten innerhalb eines Portfolios hat auch eine Priorisierung, eine Festlegung von Schwellenwerten (zum Ausschluss von Investitionen) und ein aktives Engagement zu erfolgen, um eine zukünftige Reduzierung der PAIs zu erreichen.

1.2.2.4.7   Anwenderkreis

Die EU-Offenlegungsverordnung gilt für Finanzmarktteilnehmer und Finanzberater, wobei für Finanzberater verminderte Offenlegungsverpflichtungen bestehen. Finanzmarktteilnehmer sind Personen oder Gruppen, die ein oder mehrere Finanzprodukte (etwa verwaltete Kundenportfolios, alternative Investmentfonds, Versicherungsanlageprodukte, Altersvorsorgeprodukte) anbieten, erstellen oder verwalten. Finanzberater bieten Anlage- oder Versicherungsberatung zu Finanzprodukten an.[85]

1.2.2.4.8   Ergänzendes Reporting nach EU-Taxonomie-Verordnung

Für Finanzprodukte, die einen ökologischen Nachhaltigkeitsaspekt verfolgen, ist ab 2023 ergänzend ein Reporting nach der EU-Taxonomie-Verordnung vorzunehmen.[86]

1.2.2.4.9   Umsetzung

Der Gemeinsame Ausschuss der Europäischen Aufsichtsbehörden (ESAs, bestehend aus ESMA[87], EIOPA[88] und EBA[89]) veröffentlichte am 4. Februar 2021 seinen finalen Bericht zum delegierten Rechtsakt der Offenlegungsverordnung. Im Juli 2021 wurde die Anwendbarkeit der Anforderungen der Level-II-Rechtsakte aufgrund der Länge und technischen Details auf den 1. Juli 2022 verschoben.[90]

---

85   Vgl. Art. 7 EU-Offenlegungsverordnung.
86   Vgl. Art. 8 EU-Offenlegungsverordnung.
87   The European Securities and Markets Authority.
88   The European Insurance and Occupational Pensions Authority.
89   The European Banking Authority.
90   Bundesverband Alternative Investments e. V. (BAI), 4. Sustainable Finance/SFDR: EU-Kommission verschiebt Anwendung von RTS (Level II) erneut, 2021; https://www.bvai.de/en/login/mitglieder/bai-infomails/infomail-v/2021/fonds-und-marktregulierung/sustainable-finance/sfdr-eu-kommission-verschiebt-anwendung-von-rts-level-ii-erneut, Abruf 26.08.2021.

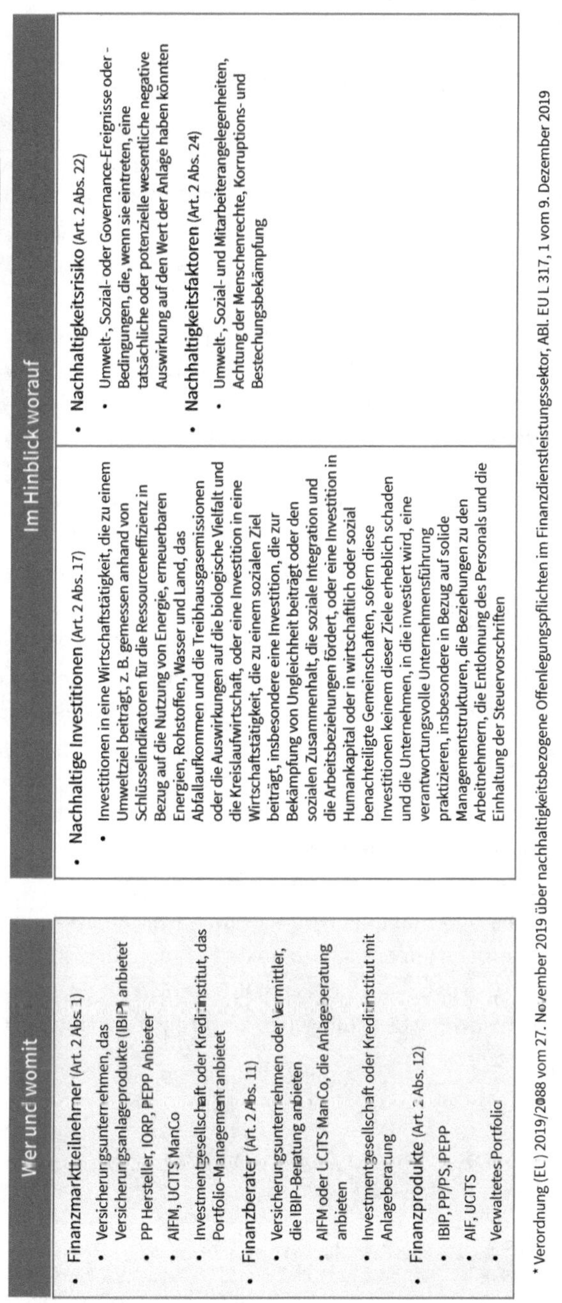

Grundsätzlich ab 10. März 2021 anwenden

Im Hinblick worauf

- Nachhaltige Investitionen (Art. 2 Abs. 17)
  - Investition in eine Wirtschaftstätigkeit, die zu einem Umweltziel beiträgt, z. B. gemessen anhand von Schlüsselindikatoren für die Ressourceneffizienz in Bezug auf die Nutzung von Energie, erneuerbaren Energien, Rohstoffen, Wasser und Land, das Abfallaufkommen und die Treibhausgasemissionen oder die Auswirkungen auf die biologische Vielfalt und die Kreislaufwirtschaft, oder eine Investition in eine Wirtschaftstätigkeit, die zu einem sozialen Ziel beiträgt, insbesondere eine Investition, die zur Bekämpfung von Ungleichheit beiträgt oder den sozialen Zusammenhalt, die soziale Integration und die Arbeitsbeziehungen fördert, oder eine Investition in Humankapital oder in wirtschaftlich oder sozial benachteiligte Gemeinschaften, sofern diese Investitionen keinem dieser Ziele erheblich schaden und die Unternehmen, in die investiert wird, eine verantwortungsvolle Unternehmensführung praktizieren, insbesondere in Bezug auf solide Managementstrukturen, die Beziehungen zu den Arbeitnehmern, die Entlohnung des Personals und die Einhaltung der Steuervorschriften

- Nachhaltigkeitsrisiko (Art. 2 Abs. 22)
  - Umwelt-, Sozial- oder Governance-Ereignisse oder -Bedingungen, die, wenn sie eintreten, eine tatsächliche oder potenzielle wesentliche negative Auswirkung auf den Wert der Anlage haben könnten

- Nachhaltigkeitsfaktoren (Art. 2 Abs. 24)
  - Umwelt-, Sozial- und Mitarbeiterangelegenheiten, Achtung der Menschenrechte, Korruptions- und Bestechungsbekämpfung

Wer und womit

- Finanzmarktteilnehmer (Art. 2 Abs. 1), das
  - Versicherungsunternehmen, das Versicherungsanlageprodukte (IBIP) anbietet
  - PP Hersteller, IORP, PEPP Anbieter
  - AIFM, UCITS ManCo
  - Investmentgesellschaft oder Kreditinstitut, das Portfolio-Management anbietet

- Finanzberater (Art. 2 Abs. 11)
  - Versicherungsunternehmen oder Vermittler, die IBIP-Beratung anbieten
  - AIFM oder UCITS ManCo, die Anlageberatung anbieten
  - Investmentgesellschaft oder Kreditinstitut mit Anlageberatung

- Finanzprodukte (Art. 2 Abs. 12)
  - IBIP, PP/PS, PEPP
  - AIF, UCITS
  - Verwaltetes Portfolio

* Verordnung (EU) 2019/2088 vom 27. November 2019 über nachhaltigkeitsbezogene Offenlegungspflichten im Finanzdienstleistungssektor, ABl. EU L 317, 1 vom 9. Dezember 2019

Abb. 1.3: Die EU-Offenlegungsverordnung. Quelle: PwC Legal AG.

1.2.2.5   EU-Benchmark-Verordnung

Gemeinsam mit der Offenlegungsverordnung wurde im Dezember 2019 die Verordnung (EU) 2019/2089[91] (»**EU-Benchmark-Verordnung**«) im Amtsblatt der EU veröffentlicht. Diese verfolgt das Ziel, verbesserte Informationen über den »CO_2-Fußabdruck« eines Investmentportfolios zu bieten. Neben der Entwicklung von Mindeststandards für CO_2-arme Investitionen wurden zwei neue Kapitel von Referenzwerten eingeführt. Teilweise sind die Vorgaben bereits seit April 2020 anzuwenden.[92]

Die EU-Benchmark-Verordnung hat erhebliche Auswirkungen für die Unternehmensberichterstattung, da die bisherige Berichterstattung von Unternehmen über CO_2-Emissionen noch wenig Aussagekraft hat. Die Verordnung wirkt dem undifferenzierten Vermarkten von Referenzwerten als »CO_2-arm« entgegen, denn die unterschiedlichen Ansätze für Referenzwertmethoden führen zur Fragmentierung und wenig Transparenz. Daher legt die Verordnung Vorschriften für unterschiedliche Arten von Referenzwerten fest.[93]

Die Verordnung regelt u. a. Folgendes:
*   Einführung zweier klimabezogener Referenzwerte (d. h. EU-Referenzwert für den klimabedingten Wandel und Paris-abgestimmter EU-Referenzwert) und
*   Pflicht, u. a. für Referenzwerte offenzulegen, ob und inwiefern die jeweilige Methode ESG-Faktoren berücksichtigt.[94]

1.2.3   Nationale Nachhaltigkeitsmaßnahmen

Im Rahmen dieses Unterkapitels wird – ohne Anspruch auf Vollständigkeit – ein exemplarischer Überblick über den nationalen Rahmen für die ESG-Transformation gegeben. Zunächst wird dabei auf die Nachhaltigkeitsstrategie, welche das Zielbild einer nachhaltigen Entwicklung als politisches Leitprinzip vorgibt, und die Eckpunkte der

---

91   Verordnung (EU) 2019/2089 des Europäischen Parlaments und des Rates vom 27. November 2019 zur Änderung der Verordnung (EU) 2016/1011 hinsichtlich EU-Referenzwerten für den klimabedingten Wandel, hinsichtlich auf das Übereinkommen von Paris abgestimmter EU-Referenzwerte sowie hinsichtlich nachhaltigkeitsbezogener Offenlegungen für Referenzwerte.
92   Hadinek, Nachhaltigkeit in Banken, 2021; https://curentis.com/nachhaltigkeit-in-banken-nachhaltigkeitsbenchmarks/, Abruf 26.08.2021.
93   Ebd.
94   Hadinek, Nachhaltigkeit in Banken, 2021; https://curentis.com/nachhaltigkeit-in-banken-nachhaltigkeitsbenchmarks/, Abruf 26.08.2021.

deutschen Klimaschutzpolitik eingegangen. Des Weiteren wird ein Überblick über den allgemeinen regulatorischen Trend und die dort erkennbaren Tendenzen gegeben sowie exemplarisch das Lieferkettensorgfaltspflichtengesetz vorgestellt. Abschließend werden ausgewählte Orientierungshilfen und Branchenstandards der Immobilienwirtschaft vorgestellt.

1.2.3.1   Nachhaltigkeit als politisches Leitbild

Das erste Umweltschutzprogramm der Bundesregierung datiert bereits auf das Jahr 1971 und galt u. a. der Vorbereitung der ersten Weltumweltkonferenz in Stockholm. Es orientiert sich an den Erfahrungen anderer Länder – etwa dem 1969 in den USA verabschiedeten National Environmental Policy Act – und definiert den Umweltschutz als zentrale Staatsaufgabe. Im Jahr 1994 wurde vor dem Hintergrund der Agenda 21 und dem 5. Umweltprogramm der EU das Prinzip der Nachhaltigkeit als Staatsziel im Grundgesetz verankert[95] (*»Der Staat schützt auch in Verantwortung für die künftigen Generationen die natürlichen Lebensgrundlagen und die Tiere im Rahmen der verfassungsmäßigen Ordnung durch die Gesetzgebung und nach Maßgabe von Gesetz und Recht durch die vollziehende Gewalt und die Rechtsprechung.«*)[96].

Eine erste nationale Nachhaltigkeitsstrategie legte Deutschland 2002 zum UN-Gipfel für nachhaltige Entwicklung in Johannesburg vor (»Nationale Nachhaltigkeitsstrategie«).[97] Fortschrittsberichte der Bundesregierung erschienen in den Jahren 2004, 2008 und 2012.[98] Während in den Jahren 2009 bis 2012 die Entwicklung in den Bereichen Klimaschutz und umweltfreundliche Technologien grundsätzlich positiv bewertet wurden, wurde kritisch gesehen, dass andere Nachhaltigkeitsziele nicht ausreichend berücksichtigt seien[99] und nur einen eingeschränkten Stellenwert in der Exekutive

---

95   Die Bundesregierung, Meilensteine der Umweltpolitik, 2021; https://www.bundesregierung.de/breg-de/themen/klimaschutz/50jahre-umweltprogramm-1934052, Abruf 27.08.2021.

96   Artikel 20a Grundgesetz (GG).

97   Die Bundesregierung, Deutsche Nachhaltigkeitsstrategie – Weiterentwicklung, 2021; https://www.bundes regierung.de/resource/blob/998006/1873516/3d3b15cd92d0261e7a0bcdc8f43b7839/2021-03-10-dns-2021-finale-langfassung-nicht-barrierefrei-data.pdf?download=1, Abruf 27.08.2021, S. 10.

98   BMU, Was ist Nachhaltige Entwicklung?, https://www.bmu.de/themen/nachhaltigkeit-digitalisierung/nachhaltigkeit/was-ist-nachhaltige-entwicklung, Abruf 27.08.2021.

99   Stigson et al., Peer Review zur deutschen Nachhaltigkeitspolitik, 2009; https://www.bundesregierung.de/resource/blob/72444/745380/dfa3abd3caf3a21789262db76324fda8/2009-09-30-peer-review-rne-en-data.pdf?download=1, Abruf 27.08.2021.

und Legislative einnehmen würden.[100] An den Kritikpunkten wurde in den Folgejahren – etwa mit der Neuausrichtung der Nachhaltigkeitsstrategie an den SDGs im Jahr 2016 und der methodischen Weiterentwicklung der Nachhaltigkeitsprüfung im Rahmen der Gesetzesfolgenabschätzung – systematisch gearbeitet. Daraus wurde die Deutsche Nachhaltigkeitsstrategie (»DNS«) abgeleitet und letztmalig am 10. März 2021 in grundlegend weiterentwickelter Fassung veröffentlicht. Aufbauend auf der Agenda 2030 und den SDGs enthält die DNS eine Darstellung politischer Prioritäten sowie exemplarische Maßnahmen zur Umsetzung der SDGs. Hierbei werden sowohl nationale als auch internationale Beiträge vorgesehen. Die DNS in der aktuellen Fassung ist im Wege eines komplexen Dialogprozesses – beispielsweise unter Einbeziehung der interessierten Fachöffentlichkeit, von Verbänden, Organisationen und Einzelpersonen – entstanden.[101]

Die federführende Zuständigkeit für die DNS liegt auf nationaler Ebene beim Staatssekretärausschuss für nachhaltige Entwicklung unter der Leitung des Bundeskanzleramts. Mit der Zuordnung zum Bundeskanzleramt soll aufgrund des Querschnittscharakters die Bedeutung für alle Politikbereiche betont und eine ressortübergreifende Steuerung sichergestellt werden[102]. Die Verantwortung für die Zielerreichung der DNS wird von allen Ressorts gemeinsam getragen. Der Stand der Umsetzung wird alle zwei Jahre seitens des Statistischen Bundesamts in eigener fachlicher Verantwortung überprüft und die Analyse in einem ausführlichen Bericht über die Entwicklung der nationalen Nachhaltigkeitsindikatoren veröffentlicht. Die Weiterentwicklung der DNS erfolgt einmal pro Legislaturperiode.[103]

---

100 WWF, Politikbarometer zur Nachhaltigkeit: Mehr Macht für eine Nachhaltige Zukunft, 2012; https://www. wwf.de/fileadmin/fm-wwf/Publikationen-PDF/WWF_Politikbarometer.PDF, Abruf 27.08.2021.
101 Die Bundesregierung, Deutsche Nachhaltigkeitsstrategie – Weiterentwicklung, 2021; https://www.bundes regierung.de/resource/blob/998006/1873516/3d3b15cd92d0261e7a0bcdc8f43b7839/2021-03-10-dns-2021-finale-langfassung-nicht-barrierefrei-data.pdf?download=1, Abruf 27.08.2021, S. 9 ff.
102 Ebd., S. 14.
103 Ebd., S. 30.

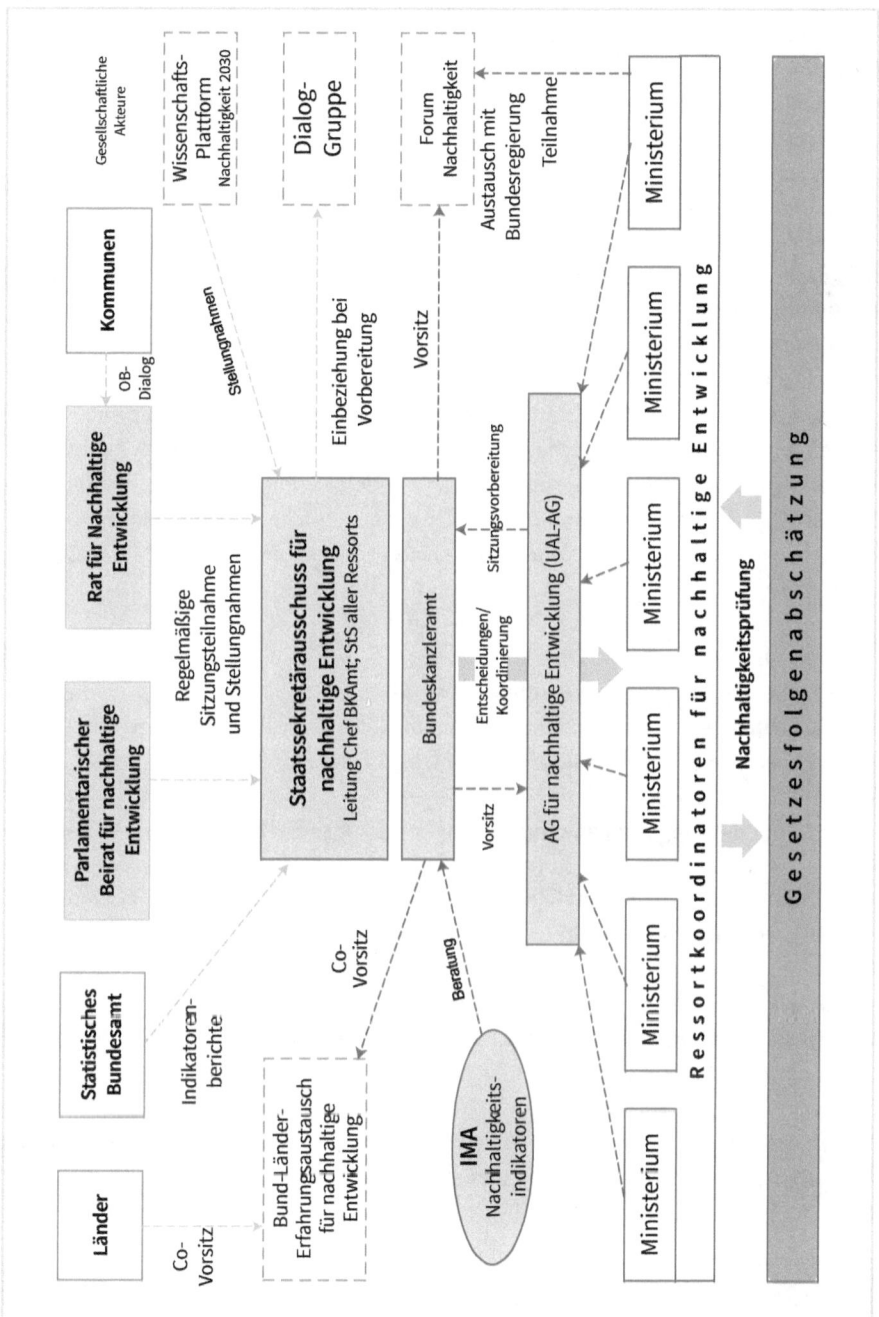

Abb. 1.4: Institutionen und Zuständigkeiten zur Umsetzung der DNS. Quelle: Eigene Abb. in Anlehnung an Die Bundesregierung, Deutsche Nachhaltigkeitsstrategie – Weiterentwicklung, 2021; https://www.bundesregierung.de/resource/blob/998006/1873516/3d3b15cd92d0261e7a0bcdc8f 43b7839/2021-03-10-dns-2021-finale-langfassung-nicht-barrierefrei-data.pdf?download=1, Abruf 27.08.2021, S. 13.

Die DNS basiert auf sechs Nachhaltigkeitsprinzipien, welche im Jahr 2018 von der Bundesregierung festgelegt wurden:

1. Nachhaltige Entwicklung als Leitprinzip konsequent in allen Bereichen und bei allen Entscheidungen anwenden;
2. global Verantwortung wahrnehmen;
3. natürliche Lebensgrundlagen erhalten;
4. nachhaltiges Wirtschaften stärken;
5. sozialen Zusammenhalt in einer offenen Gesellschaft wahren und verbessern und
6. Bildung, Wissenschaft und Innovation als Treiber einer nachhaltigen Entwicklung nutzen.[104]

Ausgehend von diesen Prinzipien ist die DNS ein Steuerungsinstrument mit 75 Indikatoren und Zielen in 39 Bereichen, das den jeweils aktuellen Stand der nachhaltigen Entwicklung und die Grundlage zukünftigen Handelns abbildet. Gemäß Fassung vom 10. März 2021 sind dabei folgende Transformationsbereiche besonders im Fokus:

- Menschliches Wohlbefinden und Fähigkeiten, soziale Gerechtigkeit (SDGs 1, 3, 4, 5, 8, 9 und 10);
- Energiewende und Klimaschutz (SDGs 7 und 13);
- Kreislaufwirtschaft (SDGs 8, 9 und 12);
- Nachhaltiges Bauen und Verkehrswende (SDGs 7, 8, 9, 11, 12 und 13);
- Nachhaltige Agrar- und Ernährungssysteme (SDGs 2, 3, 12 und 15) und
- Schadstofffreie Umwelt (SDGs 3, 6, 8, 11,13, 14 und 15).[105]

Die große Bedeutung der genannten Transformationsbereiche für die Zielerreichung wird u. a. damit begründet, dass Verbesserungen jeweils mehrere SDGs bzw. Indikatoren der DNS betreffen und gleichzeitig Zielkonflikte aufgelöst werden können, die bisher Fortschritte behinderten.

Die Ziele und Indikatoren der DNS sind von den einzelnen Ressorts u. a. im Rahmen der Gesetzesfolgenabschätzung zu Nachhaltigkeit als Prüfungsmaßstab zu berücksichtigen. Gemäß § 44 Abs. 1 S. 4 GGO muss bei jedem Gesetz- und Verordnungsvorschlag vor Beschlussfassung im Rahmen der Gesetzesbegründung eine Nachhaltigkeitsprüfung vorgenommen werden. Seit 2018 steht den Ministerien hierfür im Regelverfahren ein IT-gestütztes Prüftool (elektronische Nachhaltigkeitsprüfung, eNAP) zur Verfügung.[106]

---

104 Ebd., S. 9.
105 Die Bundesregierung sieht hier eine große Bedeutung des Bewertungssystems Nachhaltiges Bauen (BNB).
106 Die Bundesregierung, Deutsche Nachhaltigkeitsstrategie – Weiterentwicklung, 2021; https://www. bundesregierung.de/resource/blob/998006/1873516/3d3b15cd92d0261e7a0bcdc8f43b7839/2021-03-10- dns-2021-finale-langfassung-nicht-barrierefrei-data.pdf?download=1, Abruf 27.08.2021, S. 14.

Zusammenfassend lässt sich festhalten, dass die DNS ein staatliches Nachhaltigkeitsmanagementsystem basierend auf folgenden Elementen darstellt: (1) Prinzipien einer nachhaltigen Entwicklung, (2) Indikatoren und Ziele, (3) Umsetzungsinstrumente und -prozesse (etwa im Rahmen von Gesetzgebungsvorhaben), (4) Monitoring (Berichte zum Stand der Nachhaltigkeitsindikatoren) und (5) einer regelmäßigen Weiterentwicklung.

1.2.3.2   Deutsche Klimaschutzpolitik

Auf dem Weg zu einer nachhaltigen Entwicklung liegt aufgrund der zunehmenden Folgen des Klimawandels und der internationalen sowie europäischer Klimaschutzziele auch in Deutschland ein großer Fokus auf dem Klimaschutz. Im folgenden Abschnitt wird ein allgemeiner Überblick über die Entwicklung der nationalen Klimaschutzpolitik und deren Bedeutung für die Immobilienwirtschaft gegeben.

Ein erster Meilenstein war im Jahr 2011 die von der Bundesregierung verkündete »Energiewende«. Mit dieser wurde neben dem Ausstieg aus der Atomenergie bis zum Jahr 2022 anlässlich der Nuklearkatastrophe in Fukushima am 11. März 2011 u. a. der Ausbau der erneuerbaren Energien bis 2050 beschlossen. Im Jahr 2016 legte die Bundesregierung in ihrem »Klimaschutzplan 2050«[107] bestimmte Sektorziele für die notwendigen Emissionsminderungen fest, um die notwendigen CO_2-Einsparungen zur Erreichung der Pariser Klimaschutzziele erfüllen zu können.[108] Bereits im Oktober 2019 besserte die Bundesregierung mit ihrem »Klimaschutzprogramm 2030«[109] nach und legte ein Maßnahmenpaket vor. Darin wurden u. a. die Bereiche Innovation, Fördermittel (z. B. Förderprogramme für energetische Gebäudesanierungen und Entwicklung energieeffizienter Technologien), die Einführung gesetzlicher Standards und Anforderungen sowie die CO_2-Bepreisung vorgesehen, wodurch eine Verbindung zwischen sog. sektorbezogenen und -übergreifenden Maßnahmen geschaffen werden sollte.

Zur Erreichung der Ziele im Gebäudesektor wird ein Instrumentenmix aus:

(i) verstärkter Förderung (u. a. steuerlicher Förderung der energetischen Gebäudesanierung, Austauschprämie für Ölheizungen, höhere Fördersätze für energetische Sanierungen, neue Bundesförderung für effiziente Gebäude, Förderung der seriellen

107 BMU, Klimaschutzplan 2050: Klimaschutzpolitische Grundsätze und Ziele der Bundesregierung, 2019; https://www.bmu.de/fileadmin/Daten_BMU/Download_PDF/Klimaschutz/klimaschutzplan_2050_bf.pdf, Abruf 29.08.2021.

108 BMWI, Deutsche Klimaschutzpolitik; https://www.bmwi.de/Redaktion/DE/Artikel/Industrie/klimaschutz-deutsche-klimaschutzpolitik.html, Abruf 29.08.2021.

109 BMU, Klimaschutzprogramm 2030: Maßnahmen zur Erreichung der Klimaschutzziele 2030, 2019; https://www.bmu.de/fileadmin/Daten_BMU/Pools/Broschueren/klimaschutzprogramm_2030_bf.pdf, Abruf 29.08.2021.

Sanierung, Aufstockung des Förderprogramms Energetische Stadtsanierung und Fortentwicklung der Forschungsinitiative Zukunft Bau);

(ii) Information und Beratung (z. B. Weiterentwicklung von Konzepten für Energieberatung und Öffentlichkeitsarbeit);

(iii) Nutzung der Vorbildfunktion bei Gebäuden des Bundes in den Bereichen Energieeffizienz, Klimaschutz und Nachhaltiges Bauen;

(iv) CO_2-Bepreisung und

(v) Ordnungsrecht (z. B. Weiterentwicklung energetischer Standards) vorgesehen.[110]

Am 17. Dezember 2019 wurde das Bundes-Klimaschutzgesetz[111] im Bundesgesetzblatt verkündet. Es dient der Erfüllung der nationalen Klimaschutzziele und europäischen Zielvorgaben. Mit Beschluss vom 24. März 2021 erklärte das Bundesverfassungsgericht das Klimaschutzgesetz als mit den Freiheitsgrundrechten jüngerer Generationen insofern unvereinbar, als eine Regelung über die Fortschreibung der Minderungsziele für Zeiträume ab dem Jahr 2031 fehlt. Die novellierte Fassung des Klimaschutzgesetzes wurde am 24. Juni 2021 im Bundestag beschlossen und passierte den Bundesrat am 25. Juni 2021.[112]

Die novellierte Neufassung beinhaltet weitere Verschärfungen der Klimaschutzvorgaben, etwa die Reduzierung des Treibhausgasausstoßes bis 2030 um 65 % (bislang 55 %), die Reduzierung der zulässigen jährlichen CO_2-Emissionsmengen für einzelne Sektoren, konkrete Zielvorgaben für die CO_2-Bindungswirkung natürlicher Senken (Wälder und Moore), und legt das Ziel der Treibhausgasneutralität auf das Jahr 2045 (bislang 2050) vor. Zudem hat sich der Gesetzgeber in der novellierten Fassung zur jährlichen Überprüfung und ggf. Korrektur der vorgegebenen Klimaziele – etwa zur Umsetzung zukünftiger europäischer Vorgaben – verpflichtet.[113]

Für Emissionen aufgrund von Verbrennung von Brennstoffen im Gebäudesektor wird nach der Neufassung ein jährliches Ziel von 67 Millionen Tonnen CO_2-Äquivalente bis 2030 festgeschrieben. Der Gebäudebereich verfehlte im Jahr 2020 als einziger Sektor die Planvorgaben. Auf dem Weg zur Zielerreichung wird gerade bei Bestandsimmobilien ein großer Sanierungsbedarf gesehen. Hierbei ist zu berücksichtigen, dass die

---

110 BMWI, Klimaschutzprogramm 2030; https://www.bmwi.de/Redaktion/DE/Artikel/Industrie/klimaschutzprogramm-2030.html, Abruf 29.08.2021.

111 Bundesgesetzblatt, Gesetz zur Einführung eines Bundes-Klimaschutzgesetzes und zur Änderung weiterer Vorschriften, Jahrgang 2019 Teil I Nr. 48, Bonn, 17 Dezember 2019; http://www.bgbl.de/xaver/bgbl/start.xav?startbk=Bundesanzeiger_BGBl&jumpTo=bgbl119s2513.pdf, Abruf 29.08.2021.

112 Die Bundesregierung, Klimaschutzgesetz 2021: Generationenvertrag für das Klima; https://www.bundesregierung.de/breg-de/themen/klimaschutz/klimaschutzgesetz-2021-1913672, Abruf 29.08.2021.

113 Ebd.

Zielvorgaben für andere Sektoren, etwa der Industrie (Bauindustrie) und Abfallwirtschaft, ebenfalls Implikationen für die Immobilienwirtschaft haben. Im Sinne einer Lebenszyklusbetrachtung wird mithin zukünftig ein größerer Fokus auf vollständig klimaneutral errichteten, betriebenen und zurückbaubaren Gebäuden liegen.[114]

Parallel zur Neufassung des Klimaschutzgesetzes hat der Gesetzgeber als begleitende Unterstützung der im Änderungsentwurf angepassten Ziele am 23. Juni 2021 ein Acht-Milliarden-Sofortprogramm beschlossen. Hiermit sollen die Dekarbonisierung der Industrie, grüne Wasserstoffprojekte, energetische Gebäudesanierung, klimafreundliche Mobilität sowie nachhaltige Wald- und Landwirtschaft unterstützt werden.[115]

1.2.3.3 Rechtssetzungsvorhaben zur Umsetzung der ESG-Transformation

Wie bereits oben geschildert, muss im Rahmen der Gesetzesfolgenabschätzung bei jedem Vorschlag für ein Gesetz oder eine Rechtsverordnung in der Gesetzesbegründung eine Prüfung der Nachhaltigkeitsfolgen durchgeführt werden. Hierdurch soll sichergestellt werden, dass kein Gesetzesvorhaben den Gesichtspunkten einer Nachhaltigen Entwicklung zuwiderläuft. Darüber hinaus hat der Gesetzgeber in der letzten Zeit – insbesondere zur Erreichung der Pariser Klimaschutzziele und der Umsetzung der SDGs bis spätestens zum Jahr 2030 – zahlreiche Gesetzgebungsvorhaben für alle Sektoren und Wirtschaftszweige auf den Weg gebracht. Diese Vorhaben erfolgen teilweise zur Umsetzung europäischer Vorgaben (z. B. mit dem Fondstandortgesetz die Umsetzung der Richtlinie (EU) 2019/1160[116]), teilweise gehen sie der europäischen Entwicklung zeitlich voraus (z. B. die Verabschiedung des Lieferkettensorgfaltspflichtengesetz (LkSG)[117]).

Im Rahmen dieses Unterkapitels wird zunächst kurz auf den allgemeinen Rechtssetzungstrend und die maßgeblichen Zielsetzungen zur regulatorischen Umsetzung der ESG-Transformation eingegangen. Im Anschluss werden stellvertretend für die zahlreichen regulatorischen Neuerungen die Eckpunkte des LkSG dargestellt. Dieses Gesetz dient der Verbesserung sozialer Mindeststandards und Umweltschutzanforderungen in globalen Lieferketten. Mit kodifizierten unternehmerischen Sorgfaltspflichten gehen hohe und zum Teil noch unklare Anforderungen an das Risikomanagement der betroffenen Unternehmen einher. Damit deckt das Lieferkettensorgfaltspflichtengesetz

---

114 Die Bundesregierung, Bauen und Wohnen; https://www.bundesregierung.de/breg-de/themen/klimaschutz/klimafreundliches-zuhause-1792146, Abruf 29.09.2021.
115 Die Bundesregierung, Klimaschutzgesetz 2021: Generationenvertrag für das Klima; https://www.bundesregierung.de/breg-de/themen/klimaschutz/klimaschutzgesetz-2021-1913672, Abruf 29.08.2021.
116 Richtlinie (EU) 2019/1160 des Europäischen Parlaments und des Rates vom 20. Juni 2019 zur Änderung der Richtlinien 2009/65/EG und 2011/61/EU im Hinblick auf den grenzüberschreitenden Vertrieb von Organismen für gemeinsame Anlagen.
117 Lieferkettensorgfaltspflichtengesetz vom 16. Juli 2021 (BGBl. I S. 2959).

die Bereiche Umwelt, Soziales und Unternehmensführung ab. Zudem vermittelt es einen Eindruck, welche Erwartungen der Gesetzgeber zukünftig an Unternehmen für die Einhaltung von Sozial- und Umweltstandards in der gesamten Liefer- und Wertschöpfungskette stellen wird.

1.2.3.3.1   Allgemeiner regulatorischer Trend

Für die Immobilienwirtschaft sind hier insbesondere

(i) die zunehmenden Anforderungen an die energetischen Eigenschaften von Gebäuden einschließlich der Verwendung erneuerbarer Energiequellen;

(ii) die zuvor dargestellte Finanzmarktregulatorik;

(iii) Arbeitnehmerschutzvorschriften;

(iv) steuerrechtliche Neuerungen (z.B. Änderungen des Gewerbesteuerrechts durch das Fondstandortgesetz oder die Einführung der CO_2-Bespreisung von Emissionen fossiler Brennstoffe);

(v) steigende Berichts- und Reportinganforderungen bei gleichzeitig zunehmenden; und

(vi) Vorgaben an Datenschutz und die Sicherheit von sensiblen Informationen relevant.[118]

Die Regelungen sind häufig (noch) wenig miteinander harmonisiert und ein Ende des Trends hin zu mehr gesetzlichen Vorschriften zur Umsetzung der ESG-Transformation ist derzeit nicht absehbar. Gerichtsentscheidungen wie der zuvor erwähnte Beschluss des Bundesverfassungsgerichts vom 24. März 2021[119], wonach das Gericht das Klimaschutzgesetz insofern beanstandet, als eine Regelung über die Fortschreibung der Minderungsziele für Zeiträume ab dem Jahr 2031 fehlt, lassen erwarten, dass die Anzahl regulatorischer Regelungen zukünftig deutlich zunehmen wird. Den Regelwerken ist gemeinsam, dass sie möglichst
1. ganzheitlich alle Dimensionen der ESG-Transformation abdecken,
2. eine verbesserte Nachhaltigkeitsqualität sowie
3. eine erhöhte Transparenz und Überprüfbarkeit

zum Ziel haben.[120]

---

118 PwC, Real Estate Benchmark Studie 2021: ESG – Der große Wandel in der Immobilienbranche, PwC, 2021; https://www.pwc.de/de/real-estate/real-estate-benchmark-studie-2021.pdf, Abruf 29.08.2021.
119 BVerfG, Urteil vom 24.03.2021 – 1 BvR 2656/18, 1 BvR 96/20, 1 BvR 78/20, 1 BvR 288/20, 1 BvR 96/20, 1 BvR 78/20.
120 PwC, Real Estate Benchmark Studie 2021: ESG – Der große Wandel in der Immobilienbranche, PwC, 2021; https://www.pwc.de/de/real-estate/real-estate-benchmark-studie-2021.pdf, Abruf 29.08.2021, S. 14 ff.

Gerade aufgrund regelmäßig komplexer Ursache-Wirkungs-Zusammenhänge ist zu erwarten, dass diese Entwicklung noch zunehmen wird. Dies ist etwa dann der Fall, wenn sich im Rahmen der zweijährigen Überprüfung der Zielerreichung der DNS durch das Statistische Bundesamt herausstellt, dass die getroffenen Maßnahmen nicht ausreichen oder die Bundesregierung die DNS – wie beabsichtigt – einmal pro Legislaturperiode weiterentwickelt. Mit weiteren Novellierungen ist etwa zur Vornahme formaler Korrekturen der teilweise sehr kurzfristig zum Ende der Legislaturperiode erlassenen Vorschriften und zur Harmonisierung parallel erlassener, nicht aufeinander abgestimmter Vorschriften verschiedener Sektoren und Wirtschaftszweige zu rechnen.

Das sich in dieser Entwicklung manifestierende transitorische Risiko erfordert von allen Marktteilnehmern ein hohes Maß an Aufwand, Sorgfalt und Flexibilität. Während Compliance-Management-Systeme die regulatorische Entwicklung monitoren und berücksichtigen müssen, gilt es im Rahmen der ESG-Strategie, eigene Kernziele zu definieren und zukünftige Entwicklungen zu antizipieren. Dabei sollten insbesondere die jeweilige Intention der DNS sowie die drei vorgenannten Gesetzgebungsziele berücksichtigt werden.

1.2.3.3.2   Ausgewähltes Beispiel: Lieferkettensorgfaltspflichtengesetz

Am 22. Juli 2021 wurde das LkSG[121] im Bundesgesetzblatt verkündet. Es soll die Einhaltung sozialer Mindeststandards und umweltbezogener Pflichten in globalen Lieferketten sicherstellen.[122] Unternehmen haben Sorgfaltspflichten zu beachten, die insbesondere der Einhaltung von zumutbaren Arbeitsbedingungen und Mindestlöhnen, der Verhinderung von Kinderarbeit, Sklaverei, Zwangsarbeit und Menschenhandel dienen. Des Weiteren gilt es, umweltbezogene Sorgfaltspflichten zu beachten, die vorrangig der Verwendung von Quecksilber oder persistenten organischen Schadstoffen entgegenwirken.[123]

Die Bundesregierung hatte in ihrem Nationalen Aktionsplan Wirtschaft und Menschenrechte aus dem Jahr 2016 (NAP)[124] bereits die Verantwortung deutscher Unternehmen für die Achtung der Menschenrechte betont. Der NAP basiert wiederum auf

---

121 Lieferkettensorgfaltspflichtengesetz vom 16. Juli 2021 (BGBl. I S. 2959).

122 BMWI, Lieferkettensorgfaltspflichtengesetz, 2021; https://www.bmwi.de/Redaktion/DE/Gesetze/ Wirtschaft/lieferkettensorgfaltspflichtengesetz.html, Abruf 30.08.2021.

123 BMAS, Gesetz über die unternehmerischen Sorgfaltspflichten in Lieferketten, 2021; https://www.csr-in-deutschland.de/DE/Wirtschaft-Menschenrechte/Gesetz-ueber-die-unternehmerischen-Sorgfaltspflichten-in-Lieferketten/gesetz-ueber-die-unternehmerischen-sorgfaltspflichten-in-lieferketten-art.html;jsessionid =336091255931838901588567 8DFD9F7A, Abruf 30.08.2021.

124 Auswärtiges Amt, Nationaler Aktionsplan Umsetzung der VN-Leitprinzipien für Wirtschaft und Menschenrechte, 2017; https://www.auswaertiges-amt.de/blob/297434/8d6ab29982767d5a31 d2e85464461565/nap-wirtschaft-menschenrechte-data.pdf, Abruf 30.08.2021.

den UN-Leitprinzipien für Wirtschaft und Menschenrechte von 2011 (UNGP)[125], die die Einhaltung der Menschenrechte in Wirtschaftsbezügen zum Ziel haben. Die Bundesregierung hatte zunächst auf die freiwillige Beachtung des NAP gesetzt, sich dann aber nach Bekanntgabe eines Monitorings aus dem Jahr 2020, wonach lediglich 13-17 % der untersuchten Unternehmen freiwillig die NAP-Anforderungen erfüllten, für die Einführung verbindlicher gesetzlicher Vorschriften entschieden.[126]

1. **Anwendungsbereich**

    Das Gesetz findet ab 1. Januar 2023 auf alle Unternehmen ungeachtet ihrer Rechtsform Anwendung, die ihren Sitz im Inland haben und mindestens 3000 Mitarbeiter beschäftigen. Ab dem 1. Januar 2024 wird die Schwelle auf 1000 Mitarbeiter gesenkt. Zweigniederlassungen ausländischer Unternehmen sind umfasst, wenn sie über die entsprechende Anzahl an Mitarbeitern in Deutschland verfügen.[127] Innerhalb von Konzernstrukturen sind die im Inland beschäftigen Mitarbeiter sämtlicher verbundener Unternehmen[128] zu berücksichtigen. Kontrollierte Tochtergesellschaften im Ausland werden zum Geschäftsbereich hinzugerechnet und gelten nicht als Zulieferer. Unternehmen, die die Schwellenwerte nicht erreichen, werden ebenfalls betroffen sein, da die unmittelbar verpflichteten Unternehmen vertraglich die Einhaltung der Anforderungen des LkSG an sie weitergeben werden.

2. **Regelungsgehalt**

    Das Gesetz unterscheidet zwischen menschenrechts- und umweltbezogenen Sorgfaltspflichten. Diese haben das Ziel, menschenrechtliche oder umweltbezogene Risiken zu verhindern bzw. zu minimieren. Neben einem Katalog an relevanten Menschenrechtsverletzungen etwa in den Bereichen Arbeitnehmerschutz, Schutz von Lebensgrundlagen, Schutz vor dem Einsatz von Sicherheitskräften (z. B. zur Verhinderung von Folter oder einer Beeinträchtigung der Vereinigungs- und Koalitionsfreiheit) wurde im Bereich sozialer Mindeststandards ein Auffangtatbestand aufgenommen, wenn eine Verletzung geschützter Rechtspositionen »bei verständiger Würdigung aller in Betracht kommender Umstände offensichtlich ist«[129]. Die umweltbezogenen Pflichten fokussieren sich etwa auf das Verbot der Herstellung von mit Quecksilber versetzten Produkten, das Verbot der Produktion und der Verwendung bestimmter Chemikalien sowie Verbote gegen die Ausfuhr und Einfuhr gefährlicher Stoffe. Ein Auffangtatbestand ist für die umweltbezogenen Pflichten nicht vorgesehen.[130]

---

125 Deutsches Global Compact Netzwerk, UN-Leitprinzipien für Wirtschaft und Menschenrechte, 2020; https://www.globalcompact.de/migrated_files/wAssets/docs/Menschenrechte/Publikationen/leitprinzipien_fuer_wirtschaft_und_menschenrechte.pdf, Abruf 30.08.2021.

126 BMZ, Hintergrund: Lieferketten und Lieferkettengesetz; https://www.bmz.de/de/entwicklungspolitik/lieferketten/hintergrund-lieferketten-lieferkettengesetz, Abruf 30.08.2021.

127 BMAS, Gesetz über die unternehmerischen Sorgfaltspflichten in Lieferketten, 2021; https://www.csr-in-deutschland.de/DE/Wirtschaft-Menschenrechte/Gesetz-ueber-die-unternehmerischen-Sorgfaltspflichten-in-Lieferketten/gesetz-ueber-die-unternehmerischen-sorgfaltspflichten-in-lieferketten-art.html;jsessionid=336091255931838901558856 78DFD9F7A, Abruf 30.08.2021.

128 Vgl. § 15 Aktiengesetz (AktG).

129 § 2 Abs. 12 LkSG.

130 Vgl. § 2 und 3 LkSG.

Die Verantwortung erstreckt sich auf (i) den eigenen Geschäftsbereich, (ii) direkte Vertragspartner und auch (iii) für mittelbare Zulieferer. Der Begriff des eigenen Geschäftsbereichs ist weit zu verstehen und erfasst jede unternehmerische Tätigkeit zur Erreichung eines Unternehmensziels.[131] Je nach Stufe der Lieferkette und dem Einflussvermögen auf den Verursacher der Menschenrechtsverletzung gilt ein abgestufter Maßstab an diese Sorgfaltspflichten. Bei klaren Hinweisen auf Verstöße sind Unternehmen dazu verpflichtet, tätig zu werden.

Das Lieferkettengesetz begründet sog. Bemühenspflichten. Mit diesen verlangt der Gesetzgeber von den betroffenen Unternehmen gerade keine grundsätzliche Verhinderung von Menschenrechtsverstößen. Vielmehr müssen die betroffenen Unternehmen nachweisen, alles dafür getan zu haben, um die menschenrechts- oder umweltbezogenen Risiken in der Lieferkette zu verringern.[132] Die vorgesehenen Sorgfaltspflichten stehen unter dem Vorbehalt der Angemessenheit, d. h. gemäß Gesetzesbegründung, dass »von keinem Unternehmen [...] etwas rechtlich und tatsächlich Unmögliches verlangt werden«[133] darf. Hierbei handelt es sich um einen unbestimmten Rechtsbegriff, der in seiner Auslegung offen ist und mit dem verfassungsrechtlichen Bestimmtheitsgrundsatz bei strafbewerten Vorschriften[134] in Abwesenheit weiterer Konkretisierungen kritisch zu sehen ist.

Die verpflichteten Unternehmen müssen ein angemessenes und wirksames Risikomanagement einrichten,[135] welches neben einer Risikoanalyse geeignete Maßnahmen – etwa risikominimierende Beschaffungs- und Einkaufsstrategien – und die entsprechende Umsetzung in Vertragsklauseln mit Lieferanten und sonstigen Geschäftspartnern vorsieht. Letztlich gilt, je stärker die Einflussmöglichkeit eines Unternehmens und je größer die zu erwartende Schwere der geschützten Rechtsposition, desto höher ist der an die Sorgfaltspflichten anzulegende Maßstab.

3. **Dokumentation und Beschwerdeverfahren**

Die verpflichteten Unternehmen haben eine Grundsatzerklärung über ihre Menschenrechtsstrategie abzugeben[136] und fortlaufend zu dokumentieren, ob und in welcher Form sie ihre Sorgfaltspflichten erfüllen. Die entsprechenden Dokumente sind mindestens sieben Jahre aufzubewahren.[137] Zudem haben sie die Umsetzung ihrer Pflichten in Jahresberichten einschließlich eines Menschenrechtsberichts auf ihren Internetseiten zu veröffentlichen[138] und beim Bundesamt für Wirtschaft

---

131 Vgl. § 2 Abs. 6 LkSG.
132 Rödl & Partner, Das neue Lieferkettengesetz im Detail: Sorgfaltspflichten und was nun zu tun ist, 2021; https://www.roedl.de/themen/lieferkettengesetz-unternehmen-details-sorgfaltspflichten-was-zu-tun-ist, Abfrage 29.08.2021.
133 Deutscher Bundestag, Beschlussempfehlung und Bericht des Ausschusses für Arbeit und Soziales (11. Ausschuss) – zu dem Gesetzentwurf der Bundesregierung, 2021; https://dserver.bundestag.de/btd/19/305/1930505.pdf, Abfrage 29.08.2021.
134 Vgl. Art. 103 Abs. 2 GG.
135 Vgl. § 4 Abs. 1 LkSG.
136 Vgl. § 6 Abs. 2 LkSG.
137 Vgl. § 10 Abs. 1 LkSG.
138 Vgl. § 10 Abs. 2 LkSG.

und Ausfuhrkontrolle (BAFA) einzureichen. Bei Veröffentlichungen haben die Unternehmen Betriebs- und Geschäftsgeheimnissen »gebührend Rechnung zu tragen«.[139] Letztlich haben die Unternehmen ein wirksames Beschwerdeverfahren zu implementieren[140] und einen Menschenrechtsbeauftragten zu benennen[141].

4. **Kontrolle und Sanktionen**

Die Kontrolle und Durchsetzung des Gesetzes obliegt der BAFA, welche bei Verstoß gegen die Sorgfaltspflichten ein Ordnungswidrigkeitenverfahren einleitet.[142] Der Bußgeldrahmen beläuft sich auf bis zu 800.000 Euro[143] oder bei Unternehmen mit mehr als 400 Millionen Euro Jahresumsatz auf bis zu zwei Prozent des weltweiten Umsatzes[144]. Zudem droht bei einer Geldbuße von mehr als 175.000 Euro, dass Unternehmen bis zu drei Jahren von öffentlichen Ausschreibungen ausgeschlossen werden.[145]

5. **Zivilrechtliche Haftung und Prozessstandschaft**

Eine Sorgfaltspflichtverletzung nach dem LkSG begründet keine zivilrechtliche Haftung; allerdings werden die nach geltendem Recht bestehenden Haftungsansprüche nicht ausgeschlossen.[146] Letztlich wird eine gewillkürte Prozessstandschaft für inländische Gewerkschaften und Nichtregierungsorganisationen bei Verletzungen von »überragend wichtigen Rechtspositionen« im Bereich der Menschenrechte vorgesehen,[147] sofern sich diese nicht gewerbsmäßig und nicht nur vorübergehend zum Schutz von Menschenrechten einsetzen. Die geltenden Regelungen des Internationalen Privatrechts werden durch das Gesetz nicht berührt.[148]

6. **Ausblick**

Die Umsetzung des LkSG stellt für Unternehmen eine große Herausforderung dar. Neben der Einführung weitreichender Organisations-, Prüfungs-, Handlungs- sowie Dokumentations- und Berichtspflichten, werfen auslegungsbedürftige Begriffe im Gesetzestext – wie das Kriterium der Angemessenheit – viele Fragen auf.[149] Rechtsunsicherheit und komplexe Wertschöpfungsketten stellen vor dem Hintergrund des beachtlichen Bußgeldrahmens des Gesetzes ein hohes Haftungsrisiko dar.

Andere Länder haben bereits vergleichbare gesetzliche Regelungen eingeführt (u. a. Frankreich, die Niederlande und das Vereinigte Königreich) und auch auf europäischer Ebene wird an einer harmonisierenden Regelung gearbeitet. Es gibt Empfehlungen des Europäischen Parlaments an die EU-Kommission vom 10. März

---

139 Vgl. § 10 Abs. 4 LkSG.
140 Vgl. § 8 LkSG.
141 Vgl. § 4 Abs. 3 LkSG.
142 Vgl. § 19 LkSG.
143 Vgl. § 24 Abs. 1 LkSG.
144 Vgl. § 24 Abs. 3 LkSG.
145 Vgl. § 22 LkSG.
146 Vgl. § 3 Abs. 3 LkSG.
147 Vgl. § 11 LkSG.
148 Deutscher Bundestag, Gesetzentwurf der Bundesregierung Entwurf eines Gesetzes über die unternehmerischen Sorgfaltspflichten in Lieferketten, RegE, BT-Drs. 19/28649, 2021; https://dserver.bundestag.de/btd/19/286/1928649.pdf, Abruf 30.08.2021, S. 52.
149 Vgl.§ 3 Abs. 2 LkSG.

2021 für eine Richtlinie[150], die über das deutsche LkSG hinausgeht. So sehen diese Empfehlungen etwa vor, dass auch kleinere und mittlere Unternehmen umfasst werden und ein größerer Fokus auf die globale Einhaltung von Umweltstandards gelegt wird.[151] Des Weiteren soll eine originäre zivilrechtliche Haftung bei Sorgfaltspflichtverletzungen begründet werden[152].

Auch ohne verpflichtende gesetzliche Regelungen verlangen interne und externe Stakeholder (etwa Beschäftigte, Kunden, Lieferanten, Investoren, Gewerkschaften, Medien) vermehrt Transparenz bzgl. der Einhaltung von Sorgfaltspflichten im Zusammenhang mit sozialen und umweltbezogenen Standards. So werden von Geschäftspartnern regelmäßig Informationen zur ihrem Risikomanagement und zur Einhaltung von Mindeststandards im eigenen Geschäftsbetrieb sowie in der gesamten Wertschöpfungs- bzw. Lieferkette gefordert. Die zur Verfügung gestellten Anlagen werden zunehmend auch in Verträgen (z. B. Property- und Facility-Management-Verträgen und Mietverträgen) als Mindeststandard verbindlich vereinbart.

Der ZIA hat 2020 in seinem Leitfaden »Nachhaltigkeit in der Wertschöpfungskette«[153] umfassende Orientierungshilfen für die Immobilienwirtschaft zum Umgang mit den steigenden Anforderungen von Markt und Regulatorik im Zusammenhang mit globalen Lieferketten gestellt. In diesem Leitfaden werden die wesentlichen Wertschöpfungsketten in der Immobilienwirtschaft in die folgenden drei Gruppen aufgegliedert:

1. Entwicklung / Planung;
2. Bau / Revitalisierung / Rückbau; und
3. Betrieb / Management / Verwertung.[154]

Mithilfe der nachfolgenden Abbildung sollen alle Aktiven der Immobilienwirtschaft in die Lage versetzt werden, ihren Platz in den drei wesentlichen Wertschöpfungsketten zu bestimmen, um im Anschluss entsprechende Rückschlüsse hinsichtlich ihres Grads der Betroffenheit vom Lieferkettensorgfaltspflichtengesetz ziehen zu können:

---

150 Europäisches Parlament, Entschließung des Europäischen Parlaments vom 10. März 2021 mit Empfehlungen an die Kommission zur Sorgfaltspflicht und Rechenschaftspflicht von Unternehmen (2020/2129(INL)), 2021; https://www.europarl.europa.eu/doceo/document/TA-9-2021-0073_DE.html, Abruf 01.09.2021.
151 Ebd., Art. 15.
152 Ebd., Art. 19.
153 ZIA Zentraler Immobilien Ausschuss e. V., Leitfaden: Nachhaltigkeit in der Wertschöpfungs- bzw. Lieferantenkette, 2020; https://zia-deutschland.de/wp-content/uploads/2021/07/zia_broschuere_lieferketten_2021.pdf, Abruf 01.09.2021.
154 Ebd., S. 10.

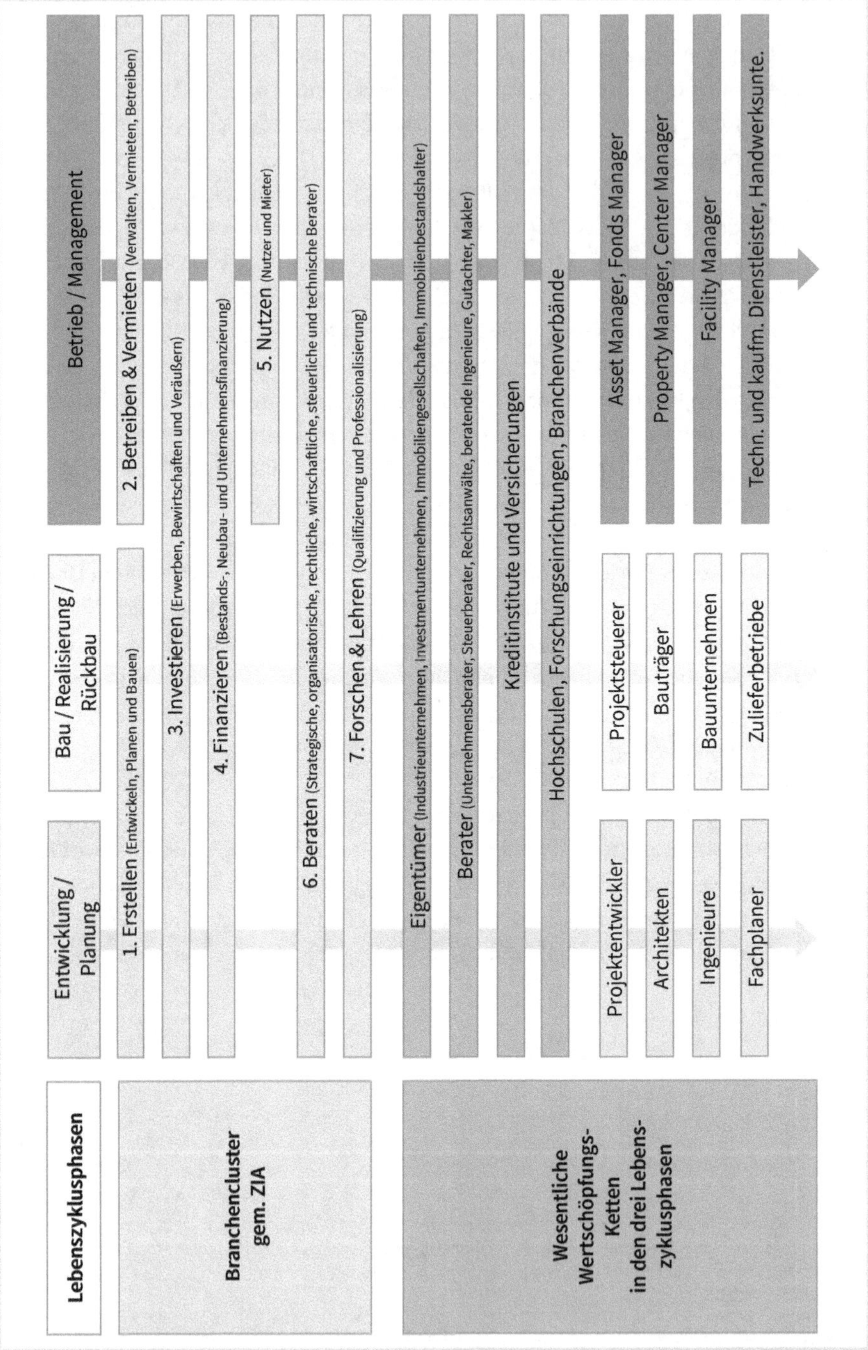

Abb. 1.5: Wertschöpfungskette in der Immobilienwirtschaft. Quelle: Eigene Abb. in Anlehnung an ZIA Zentraler Immobilien Ausschuss e. V., Leitfaden: Nachhaltigkeit in der Wertschöpfungs- bzw. Lieferantenkette, 2020; https://zia-deutschland.de/wp-content/uploads/2021/07/zia_broschuere_lieferketten_2021.pdf, Abruf 01.09.2021, S. 10.

Insgesamt werden die Anforderungen im Bereich Lieferkettenmanagement für alle Marktteilnehmer kurz- bis mittelfristig zunehmen. Angesichts steigender Transparenzanforderungen und wachsender Haftungsrisiken ist eine frühzeitige Befassung mit der Thematik und Anpassung von Prozessen und Vertragswerken dringend geboten, auch wenn eine unmittelbare Betroffenheit durch das LkSG (noch) nicht gegeben ist.

1.2.3.4 Orientierungshilfen und Branchenstandards

Parallel zur politischen und regulatorischen Entwicklung gibt es zahlreiche Initiativen verschiedener Organisationen, Interessensverbände und auch staatlicher Einrichtungen, die sich die Erarbeitung von Orientierungshilfen und Branchenstandards zum Ziel gesetzt haben. Hierdurch sollen regelmäßig nicht nur regulatorische Vorgaben praxistauglich konkretisiert und Unklarheiten beseitigt werden. Vielmehr geht es häufig auch darum, zukünftige Entwicklungen zu antizipieren und maßgeblich zu beeinflussen und so eine Brücke zwischen Politik, Regulatorik und Praxis zu schaffen. Drei dieser zahlreichen Initiativen werden nachfolgend exemplarisch vorgestellt.

1.2.3.4.1 Merkblatt der BaFin zum Umgang mit Nachhaltigkeitsrisiken

Die BaFin veröffentlichte am 20. Dezember 2019 die finale Fassung ihres Merkblatts[155] zum Umgang mit Nachhaltigkeitsrisiken. Auch wenn es sich hierbei vorrangig um eine Orientierungshilfe und ein »Kompendium unverbindlicher Verfahrensweisen«[156] handelt, deutet dieses Merkblatt darauf hin, dass das Thema Nachhaltigkeit in der Finanzbranche zunehmend an aufsichtsrechtlicher Bedeutung gewinnen wird. Sowohl auf nationaler als auch auf europäischer Ebene ist hier zukünftig mit verbindlichen Vorgaben zu rechnen.[157]

Mit zahlreichen Beispielen und Leitfragen soll das Merkblatt die von der BaFin beaufsichtigten Unternehmen (v. a. Kreditinstitute, Versicherungsunternehmen und Pensionsfonds, Kapitalverwaltungsgesellschaften und Finanzdienstleistungsinstitute mit Sitz im Inland, einschließlich ihrer Zweigniederlassungen im Ausland) insbesondere im Bereich des Risikomanagements unterstützen. Hierbei erwartet die BaFin von den beaufsichtigten Unternehmen eine Auseinandersetzung mit Nachhaltigkeitsrisiken, d. h. physischen und transitorischen Risiken jeweils ganzheitlich bezogen auf alle drei Dimensionen von ESG. Dies ist jeweils sicherzustellen und entsprechend zu dokumen-

---

155 BaFin, Merkblatt zum Umgang mit Nachhaltigkeitsrisiken, 2019.
156 Ebd., S. 9.
157 Ebd.

tieren, wobei die Auswahl von Ansätzen und Methoden von der BaFin nicht vorgegeben wird.[158]

Die beaufsichtigten Unternehmen haben im Sinne des Proportionalitätsansatzes ein
ihrem Geschäftsmodell und Risikoprofil angemessenes Risikomanagement zu entwickeln, zu dokumentieren und zukünftig bei Bedarf anzupassen.[159] Dementsprechend
sind bei einem schwächeren Risikoprofil einfachere Strukturen und Prozesse ausreichend. Je erheblicher die Nachhaltigkeitsrisiken, umso aufwändiger sollten Strukturen, Prozesse und Methoden sein.

Die BaFin lehnt die Einordnung von Nachhaltigkeitsrisiken als separate Risikoka-
tegorie ab, da eine Abgrenzung kaum möglich sei. Nachhaltigkeitsrisiken könnten
vielmehr auf alle bekannten Risikoarten – etwa das Kreditrisiko, Markt(preis)risiko, Li-
quiditätsrisiko, Operationelles Risiko, Versicherungstechnisches Risiko, Strategisches
Risiko und das Reputationsrisiko – einwirken und als Faktor zur Wesentlichkeit dieser
Risikoarten beitragen.[160]

Die Verantwortung für die Bereiche Strategie, Kommunikation, Umsetzung im Unternehmen und Institutionalisierung sieht die BaFin vorrangig bei der Geschäftsleitung.[161]
Diese habe zudem ein Verständnis für Nachhaltigkeitsrisiken zu entwickeln, Verantwortlichkeiten für das Management der Risiken innerhalb der Geschäftsorganisation
zuzuweisen und ihrer Vorbildfunktion (z. B. durch eine Verknüpfung von Management-
vergütung und Nachhaltigkeitsrisiken) nachzukommen.

Des Weiteren führt die BaFin verschiedene Methoden zur Steuerung und/oder Begrenzung von Nachhaltigkeitsrisiken an. Diese umfassen beispielsweise die Festlegung
von Ausschlusskriterien, Positivlisten, der Verfolgung eines Best-in-Class-Ansatzes,
ein normbasiertes Screening und die Nutzung von Tools.[162] Hinsichtlich der Nutzung
von im Markt verfügbaren Tools führt die BaFin aus, dass diese von den beaufsichtigten Unternehmen grundsätzlich bei der Risikoidentifizierung genutzt werden können.
Eine eigene Risikobeurteilung könne hierdurch aber nicht ersetzt werden.

Das Merkblatt enthält zahlreiche weitere detaillierte Ausführungen (z. B. bzgl. Stress-
tests einschließlich Szenarioanalysen und zu Besonderheiten für beaufsichtigte
Unternehmen nach VAG, dem KAGB und dem KWG, zur Auslagerung und Gruppen-
sachverhalten).[163]

---

158 Ebd., S. 10.
159 Ebd., S. 11.
160 Ebd., S. 18.
161 Ebd., S. 22.
162 Ebd., S. 27.
163 Ebd., S. 31.

Zwar bezeichnet die BaFin das Merkblatt selbst lediglich als unverbindliche Orientierungshilfe. Aus den vereinzelt gewählten Formulierungen wird aber deutlich, welche
Mindestanforderungen die BaFin an die von ihr beaufsichtigten Unternehmen stellt
(z. B. die Auseinandersetzung mit Nachhaltigkeitsrisiken). Des Weiteren spricht der
hohe Detailliertheitsgrad für die grundlegende Bedeutung des Merkblatts bei der Auslegung bestehender Vorschriften.

Letztlich entfaltet das Merkblatt auch mittelbare Wirkung für weitere Marktteilnehmer der Immobilienwirtschaft, da es wesentliche Bereiche wie Finanzierung und Versicherung sowie institutionelle Eigenkapitalgeber abdeckt.

1.2.3.4.2   Nachhaltigkeitsleitfaden des ZIA

Der Zentrale Immobilien Ausschuss e.V. (ZIA) legte 2011 auf der Expo Real seinen
ersten Leitfaden »Nachhaltigkeit – Kodex, Berichte und Compliance« für die Immobilienwirtschaft vor, der initiiert durch und in enger Kooperation mit dem Institut für
Corporate Governance in der deutschen Immobilienwirtschaft e.V. (ICG) entstanden
ist. Die vierte überarbeite Fassung von Juli 2015[164] enthält neben einem Nachhaltigkeitskodex mit Selbstverpflichtungen Handlungsempfehlungen, insbesondere
Ausführungen zu Green Leases, zum Branchenreporting, zur Messung von Nachhal-
tigkeitseigenschaften sowie Instrumente zur Corporate Governance und Corporate
Social Responsibility.

Die Veröffentlichung des Nachhaltigkeitskodexes im Jahr 2011 stellte einen bedeutenden Schritt für die Immobilienwirtschaft dar. Mit dem Kodex wurden erstmals allgemeine, internationalen Standards entsprechende Handlungsempfehlungen zur Förderung
einer nachhaltigen Entwicklung in der Immobilienwirtschaft veröffentlicht.[165] Den
Ausgangspunkt bilden zehn übergeordnete Selbstverpflichtungen, die sich an alle
Unternehmen der Immobilienwirtschaft richten. Dieser Katalog wird erweitert durch
branchenspezifische Verpflichtungen entsprechend des jeweiligen Tätigkeitsfelds eines
Unternehmens entlang des Lebens- und Investitionszyklus (Cluster).[166]

Ausgehend von dem Drei-Säulen-Modell der nachhaltigen Entwicklung, d.h. der
möglichst gleichberechtigten Förderung umweltbezogener, sozialer und wirtschaftlicher Aspekte, zielt der Kodex auf die Erreichung über die gesetzlichen Mindestanforderungen hinausgehender Nachhaltigkeitsstandards in allen Geschäftsprozessen
und die Steigerung von Transparenz und Messbarkeit (z. B. durch die Offenlegung von

---

164   ZIA Zentraler Immobilien Ausschuss e. V., Leitfaden: Nachhaltigkeit: Kodex, Berichte und Compliance,
       2015; https://zia-deutschland.de/project/zia-nachhaltigkeitsleitfaden/, Abruf 01.09.2021.
165   Ebd.
166   Ebd., S. 17 ff.

Kennzahlen in Nachhaltigkeitsberichten). In den branchenspezifischen Clustern werden diese Ziele ergänzt und teilweise konkretisiert (vgl. beispielsweise die Erklärung, Green-Lease-Vertragsklauseln zu prüfen und sukzessive einzuführen).[167]

Der Kodex bietet Immobilienunternehmen eine Unterstützung bei der Erarbeitung eines Leitbildes, welches neben wirtschaftlichen Aspekten auch die umweltbezogenen und sozialen Dimensionen der Nachhaltigkeit berücksichtigt. Die Selbstverpflichtungen greifen grundlegende Aspekte der nachhaltigen Entwicklung auf und fassen diese für die Immobilienwirtschaft in abstrakter allgemeingültiger Form zusammen. Der Kodex hat auch angesichts der zahlreichen politischen und regulatorischen Initiativen (etwa der Einführung der SDGs) der letzten Jahre nicht an Relevanz verloren. Vielmehr bildet er weiterhin die Basis des Nachhaltigkeitsleitbildes für die Immobilienwirtschaft und wird zunehmend in Verträgen (z. B. Miet- und Property-Management-Verträgen) als von den jeweiligen Vertragsparteien einzuhaltender Standard vereinbart.

Der ZIA hat sich bei neuen Entwicklungen die Fortschreibung des Leitfadens insgesamt vorbehalten. Allerdings sind die zehn an alle Branchenteilnehmer gerichteten Selbstverpflichtungen so allgemein und abstrakt gehalten, dass sie auch zukünftig im Wesentlichen unverändert fortgelten dürften. Hinsichtlich des branchenspezifischen Teils des Kodex sowie der übrigen Bereiche des Leitfadens (Praxisberichte, Ausführungen zu Nachhaltigkeitskennzahlen und Instrumente zur Corporate Social Responsibility etc.) bleibt abzuwarten, inwiefern diese vom ZIA weiterentwickelt werden. Ein Update der Publikation wird noch in 2021 erwartet.

1.2.3.4.3   Leitlinien des ICG

Weitere Orientierungshilfen und Leitlinien mit besonderem Fokus auf den »S«- und »G«-Aspekten der ESG-Transformation finden sich in den diversen Publikationen des im Jahr 2002 gegründeten Institut für Corporate Governance in der deutschen Immobilienwirtschaft e. V. (ICG). Ziel des ICG ist es, Grundsätze und Standards einer guten Corporate Governance auf freiwilliger Basis in der Immobilienwirtschaft zu etablieren und dabei auch internationale Entwicklungen aufzugreifen bzw. eine Vernetzung herzustellen. Darüber hinaus befasst sich das ICG mit der Förderung sozialer und gesellschaftlicher Verantwortung von Unternehmen der Branche sowie dem Stakeholder Fokus und Dialog. Adressat der verschiedenen Initiativen sind vorrangig die Gremien, die eine Implementierung in alle Prozesse sicherzustellen und selbst ihrer Vorbildfunktion nachzukommen haben.[168]

---

167 Ebd., S. 17 ff.
168 ICG, Institut für Corporate Governance in der Deutschen Immobilienwirtschaft; https://icg-institut.de/de/, Abruf 30.08.2021.

Für den Bereich der Unternehmensführung wurden beispielsweise neben einem Code of Ethics und einem Compliance-Management auch Empfehlungen zum Wertemanagement sowie ein Prüfsystem zur Zertifizierung entwickelt.[169] Die entwickelten Leitlinien und Instrumente sind das Ergebnis der Zusammenarbeit von Vertretern der Branche und der Wissenschaft. Das ICG ist zudem Gründungsmitglied des UN-Projektes International Ethics Standards,[170] einer globalen Initiative zur Etablierung eines einheitlichen ethischen Standards für die Immobilienwirtschaft.

Im September 2016 veröffentlichte das ICG gemeinsam mit dem ZIA einen Praxisleitfaden für soziales und gesellschaftlich-verantwortungsvolles Handeln.[171] Dieser soll Unternehmen dabei unterstützen, ihr soziales und gesellschaftliches Engagement strategischer auszurichten und deutlich zu steigern. Als Handlungsfelder werden hier u. a. die Bereiche (i) Arbeiten in Vielfalt, (ii) Vereinbarkeit Beruf und Privatleben, (iii) lebenslanges Lernen und Kompetenzentwicklung, (iv) das Zusammenleben (z. B. im Sozialbau, im Quartier und in der Stadt sowie der Generationen) und (v) altersgerechtes Wohnen identifiziert.[172]

Einen weiteren Schritt zur zielgerichteten Förderung von sozialen und gesellschaftlichen Belangen ging das ICG im Februar 2021 mit der Veröffentlichung des Praxisleitfadens Social Impact Investing. In diesem werden die Grundzüge und Mechanismen des Social Impact Investings dargestellt, wobei die nicht-finanziellen Wirkungen von Investitionen geplant, gemessen und zielgerichtet verfolgt werden. Mit marktwirtschaftlichen Instrumenten sollen Immobilieninvestitionen und -produkte mit einem hohen ökologischen Standard einen sozialen und gesellschaftlichen Mehrwert schaffen. Aufgrund der erweiterten Zielsetzung über reine Renditeerwartungen hinaus, handelt es sich damit beim »Impact Investing« bzw. »wirkungsorientierten Investieren« um eine innovative Form der Kapitalanlage. Der Leitfaden stellt ausgehend von den SDGs detailliert verschiedene Ansätze zur Überprüfung und Messbarkeit der Investmentfolgen dar und berücksichtigt dabei international anerkannte Richtlinien und Standards. Neben der Schaffung und Erhaltung bezahlbaren Wohnraums und nachhaltiger Quartiere werden auch die Bereiche Infrastruktur, Bildung und Gesundheitswesen als Impact-Investment-Kategorien angesprochen.[173] Ziel des ICG ist die Entwicklung einer Richtschnur für Social Impact Investing in Anlehnung und Ergänzung an den Rahmen für Green und Social Bonds sowie eine deutliche Steigerung der Anzahl solcher Projekte in Deutschland. Letztlich werden in dem Leitfaden nationale und internationale Praxisbeispiele vorgestellt.

---

169 ICG, Downloads; https://icg-institut.de/de/downloads/, Abruf 30.08.2021.
170 https://ies-coalition.org.
171 ZIA und ICG, Verantwortung übernehmen – der Praxisleitfaden für wirksames soziales-gesellschaftliches Handeln in der deutschen Immobilienwirtschaft, 2016; https://zia-deutschland.de/project/csr-praxisleitfaden/, Abruf 30.08.2021.
172 Ebd., S. 7.
173 Ebd., S. 25.

In den USA und UK liegt bereits ein großer Fokus auf Impact Investments[174]. Das Global Impact Investing Network (GIIN) schätzt, dass derzeit ca. über 1.340 Organisationen 502 Milliarden USD (428 Mill. EUR) an Impact Investing-Vermögenswerten weltweit verwalten.[175] Nach Angaben der Bundesinitiative Impact Investing (BII) beträgt das Volumen des Impact-Investmentmarktes in Deutschland rund 6,5 Mrd. EUR.[176] Wie oben in Kapitel 1.2.2.3.5 bereits angesprochen, beabsichtigt die EU ebenfalls, langfristig die Messung sozialer Nachhaltigkeit von Wirtschaftstätigkeiten umfassend zu regeln, und hat bereits mit der Entwicklung einer Sozialen Taxonomie begonnen. Des Weiteren emittierte die EU im Oktober 2020 selbst einen 17-Milliarden-Euro-Social-Bond. Vor diesem Hintergrund ist zu erwarten, dass das Thema auch in Deutschland in den nächsten Jahren zunehmend an Bedeutung gewinnen wird.

1.3   Zunehmende Bedeutung von Nachhaltigkeit in Gesellschaft, Wissenschaft und Rechtsprechung

Die Aspekte einer nachhaltigen Entwicklung haben in den letzten Jahren weit über die Bereiche Politik und Regulatorik hinaus in Zivilgesellschaft, Wissenschaft und Rechtsprechung an Bedeutung gewonnen.

Neben allgemeinen Tendenzen lassen sich aus diesen Entwicklungen u. a. wertvolle Erkenntnisse für die eigenen Zielsetzungen, die Entwicklung und Umsetzung von ESG-Strategien und für den Umgang mit Haftungsrisiken im Rahmen des Risikomanagements entnehmen. In diesem Zusammenhang wird folgend ohne Anspruch auf Vollständigkeit ein erster allgemeiner Überblick über aktuelle Entwicklungen in Gesellschaft, Wissenschaft und Rechtsprechung gegeben.

1.3.1   Gesellschaftliches Umdenken

Die globale ESG-Transformation ist mit einem erheblichen gesellschaftlichen Veränderungsprozess verbunden. Diesem gesellschaftlichen Veränderungsprozess kommen dabei mehrere Schlüsselpositionen zu. Zum einen wären die vorstehend dargestellten politischen und regulatorischen Maßnahmen ohne gesellschaftliche Akzeptanz zum Scheitern verurteilt. Zum anderen ist die Zivilgesellschaft mit zunehmenden Forderungen nach weltweiten Sozial- und Umweltstandards und der Schaffung von Generationengerechtigkeit ein essenzieller Treiber der nachhaltigen

---

174 ICG, Social Impact Investing: Der Praxisleitfaden für Immobilienwirtschaft, 2021. S. 25.
175 GIIN, Sizing the Impact Investing Market, 2019; https://thegiin.org/assets/Sizing%20the%20Impact%20 Investing%20Market_webfile.pdf, Abruf 28.08.2021.
176 ICG, Social Impact Investing: Der Praxisleitfaden für Immobilienwirtschaft, 2021. S. 20.

Entwicklung. Die wesentliche Bedeutung der Zivilgesellschaft kommt auch in der seit der UN-Konferenz in Rio de Janeiro zunehmenden Rolle von Nichtregierungsorganisationen bei internationalen Konferenzen der UN zum Ausdruck. In Deutschland wird die besondere Bedeutung der Zivilgesellschaft beispielsweise dadurch deutlich, dass die Bundesregierung mit der aktuellen DNS die Stärkung der Zusammenarbeit mit gesellschaftlichen Akteuren und z. B. die gesellschaftliche Beteiligung bei der Erstellung des freiwilligen Staatenberichtes an die Vereinten Nationen vorsieht.[177]

Ein Zeichen für das verstärkte Interesse der Gesellschaft an Nachhaltigkeit ist die Nachfrage nach nachhaltigen Produkten, Dienstleistungen und Geldanlagen, die in den letzten Jahren deutlich zugenommen hat. Diverse Umfragen und Studien belegen hier ein gesellschaftliches Umdenken. Zum Beispiel erhebt das Umweltbundesamt regelmäßig Daten zu Umwelteinstellungen und Umweltverhalten und stellt diese in Zusammenhang mit der gesellschaftlichen Entwicklung.[178] Nach der Veröffentlichung vom 21. Juli 2021 gaben 65 % der Befragten an, dass Umwelt- und Klimaschutz ein sehr wichtiges Thema für sie ist. Mehr als die Hälfte aller Befragten einer von Statista Anfang 2021 durchgeführten Studie stimmten der Aussage zu, durch ihr tägliches Verhalten dazu beitragen zu können, Umweltprobleme anzugehen. Zudem waren lediglich 15 % der Befragten der Ansicht, »Nachhaltigkeit« sei ein Modewort und werde wieder an Bedeutung verlieren.[179]

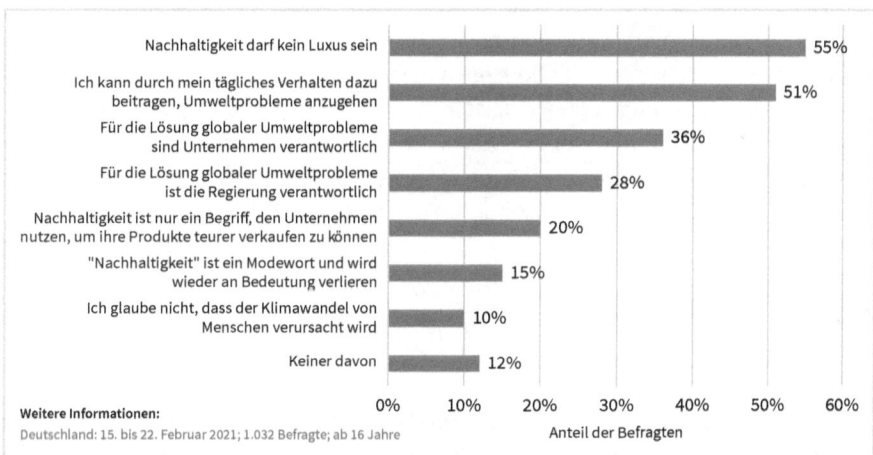

Abb. 1.6: Umfrage zum Thema Nachhaltigkeit. Quelle: Eigene Abb. in Anlehnung an Statista Global Consumer Survey, 2021.

---

177 Die Bundesregierung, Deutsche Nachhaltigkeitsstrategie – Weiterentwicklung, 2021; https://www.bundesregierung.de/resource/blob/998006/1873516/3d3b15cd92d0261e7a0bcdc8f43b7839/2021-03-10-dns-2021-finale-langfassung-nicht-barrierefrei-data.pdf?download=1, Abruf 27.08.2021, S. 17.
178 Umweltbundesamt, Umweltbewusstsein in Deutschland, 2021; https://www.umweltbundesamt.de/themen/nachhaltigkeit-strategien-internationales/umweltbewusstsein-in-deutschland, Abruf 31.08.2021.
179 Ebd.

Die Umfrage unterstreicht, dass das Thema Nachhaltigkeit ein gesamtgesellschaftliches Anliegen und aus der öffentlichen Diskussion nicht mehr wegzudenken ist. Insbesondere die zunehmend spürbaren Folgen des Klimawandels, weltweite Klima- und Umweltschutzproteste und eine vermehrte Aufklärung und Berichterstattung in den Medien führen zu einem Bewusstseinswandel, der mehr und mehr veränderte Konsummuster und Lebensstile mit sich bringt.

Eine von der Bundesregierung Ende 2020 durchgeführte Umfrage zur Einführung eines Lieferkettensorgfaltspflichtengesetzes zeigt zudem, das gesellschaftlich nicht nur regulatorische Maßnahmen, sondern auch die Übernahme umfassender Verantwortung von Unternehmen für ihre Wirtschaftstätigkeiten gefordert werden. Bei der Befragung hatten sich 75 % der Teilnehmer für die Einführung des Gesetzes ausgesprochen;[180] zudem wurde von der Mehrheit eine zivilrechtliche Haftung der betroffenen Unternehmen für Sorgfaltspflichtverletzungen verlangt.[181]

1.3.2   Die Etablierung der Nachhaltigkeitswissenschaft

Die Anfänge der heutigen Nachhaltigkeitswissenschaften werden in der Forschung zum Globalen Wandel in den späten 1980er Jahren gesehen. Zu einer verstärkten Berücksichtigung der Wechselwirkungen zwischen Gesellschaft und Umwelt, die zu einem interdisziplinären Forschungsansatz führten, der neben Naturwissenschaften auch sozialwissenschaftliche Disziplinen umfasst, kam es allerdings erst in den 1990er Jahren. Die Einbeziehung der Geisteswissenschaften erfolgte zu einem noch späteren Zeitpunkt.[182] In den letzten Jahren hat sich hier ein eigener Wissenschaftszweig etabliert, der sich von klassischen Forschungsansätzen unterscheidet und den komplexen und dynamischen Prozess der Transformation zu einer nachhaltigen Entwicklung reflektiert.

Zusammenfassend werden die Hauptelemente der Nachhaltigkeitswissenschaften regelmäßig wie folgt beschrieben:
* intra- und interdisziplinäre Forschung;
* disziplin- und fachbereichsübergreifende Zusammenarbeit von Vertretern von Wissenschaft und Gesellschaft (sog. transdisziplinäre Koproduktion);

---

180 Initiative Lieferkettengesetz, Repräsentative Umfrage, 2020; https://lieferkettengesetz.de/pressemitteilung/umfrage-drei-viertel-der-bevolkerung-fur-lieferkettengesetz/, Abruf 01.09.2021.
181 Ebd.
182 Michelsen, Grundlagen einer nachhaltigen Entwicklung, Leuphana Universität Lüneburg; https://www.dbu.de/OPAC/ab/DBU-Abschlussbericht-AZ-30564-Studienbrief1.pdf., Abruf am 17.08.2021, S. 123.

- systematische Betrachtung der sich wechselseitig beeinflussenden, komplexen Systeme von Umwelt und Gesellschaft;
- Lernen durch Ausprobieren (»learning-by-doing«) sowie reflexives Lernen (»learning-by-learning«, d. h. eine problemerkennende und -lösende Handlungskompetenz).[183]

All diese Aspekte lassen sich auf ESG-Strategieprojekte übertragen und stellen inhaltlich große Herausforderungen dar, die mit erheblichem Managementaufwand verbunden sind. Die Beratungspraxis zeigt, dass die Transformation von Organisationen hinsichtlich ESG deutlich aufwändiger und neben allem Zuspruch auch konfliktbehaftet sein kann. Wichtig ist hier der Fokus auf

(i) eine regelmäßige Wissensvermittlung;

(ii) die Entwicklung von Prozessen für fächerübergreifende Schnittstellen;

(iii) die Schaffung von Entscheidungs- und Kommunikationsstrukturen, die dem Integrationsgedanken Rechnung tragen und

(iv) die Integration und Sensibilisierung aller Teammitglieder.

Nur so kann Komplexität und Dynamik der aktuellen politischen und regulatorischen Entwicklung hinreichend Rechnung getragen werden.

1.3.3   Klima- und Umweltschutzrechtsprechung

Der globale Klimaschutz beschäftigt weltweit zunehmend auch die Gerichte. Nach einem Bericht des UNEP des Umweltprogramms der Vereinten Nationen aus Januar 2021[184] haben Klagen im Zusammenhang mit der globalen Erderwärmung in den letzten Jahren deutlich zugenommen. Lag die Anzahl der Klagen im Jahr 2017 noch bei insgesamt 884, steigerte sich diese auf insgesamt 1550 im Jahr 2020.[185]

Der globale Klimaschutz wird primär als eine Aufgabe des Völkerrechts und des öffentlichen Rechts und dort vorrangig als Aufgabe des Gesetzgebers angesehen. Dem Pri-

---

183 Ebd., S. 128.
184 UNEP, Surge in court cases over climate change shows increasing role of litigation in addressing the climate crisis, 2021; https://www.unep.org/news-and-stories/press-release/surge-court-cases-over-climate-change-shows-increasing-role, Abruf 02.09.2021.
185 Ebd.

vatrecht und den Zivilgerichten kommt allerdings zunehmend eine wichtige politische Rolle und Komplementärfunktion auf dem Weg zu höheren Klimaschutzmaßnahmen zu.

Nach dem Bericht des UNEP sind im Zusammenhang des Klimawandels insbesondere die folgenden drei Tendenzen erkennbar:

1. Die Verfahren stützen sich zunehmend auf Verstöße gegen »Klimarechte«, d.h. auf grundlegende Menschenrechte wie das Recht auf Leben, Gesundheit, Nahrung und Wasser;
2. des Weiteren richten sich viele Klagen gegen Regierungen, denen Versäumnisse bei der Durchsetzung ihrer Verpflichtungen im Zusammenhang mit den Umweltzielen Klimaschutz und Anpassung an den Klimawandel vorgeworfen werden;
3. letztlich nehmen auch Klagen gegen Unternehmen wegen »Greenwashing« oder mangelnder Transparenz zu, in denen den Unternehmen falsche oder irreführende Informationen über die Auswirkungen des Klimawandels vorgeworfen werden.[186]

In den kommenden Jahren rechnet das UNEP mit einer Zunahme von Klimaprozessen in nationalen und internationalen Verfahren, insbesondere in Bezug (i) auf Unternehmen, die Klimarisiken falsch darstellen, (ii) Regierungen, die es versäumen, sich an extreme Wetterereignisse anzupassen und (iii) Klagen zur Durchsetzung früherer Gerichtsentscheidungen. Ein Anstieg wird (iv) auch in Fällen erwartet, in denen Menschen durch die Auswirkungen des Klimawandels vertrieben wurden. Letztlich ist darüber hinaus zu erwarten, dass die Anzahl der Klimaklagen gegen Großunternehmen die nächsten Jahre zunehmen wird. Auch wenn derzeit der Fokus dieser Verfahren auf dem Klimawandel liegt, lassen sich die Fallgestaltungen auf andere Nachhaltigkeitsthemen übertragen.[187]

Die Verfahren werfen viele komplexe rechtliche Fragestellungen auf. So ist beispielsweise zu klären welches Gericht zuständig ist (z.B. Zuständigkeit des Gerichts am Handlungs- oder am Erfolgsort) und welches Recht Anwendung findet. Bei zivilrechtlichen Klagen gegen Unternehmen sind weiterhin Kausalität und Zurechenbarkeit zu prüfen. Hier ist etwa problematisch, dass durch die Vielzahl an Emittenten allenfalls eine Mitursächlichkeit besteht. Weiterhin ist beispielsweise zu klären, ob und unter welchen Voraussetzungen ein Einzelner isoliert haftbar gemacht werden kann.

Im internationalen Vergleich sind die Niederlande Vorreiter im Bereich menschenrechtsbasierter Klimaklagen. So hatte der Hague District Court beispielsweise in seiner Entscheidung vom 26. Mai 2021 den Royal Dutch Shell (RDS) Konzern dazu verurteilt, den Ausstoß von CO_2 im Jahr 2030 um netto 45 % im Vergleich zu 2019 zu sen-

---

186 Ebd.
187 Ebd.

ken[188]. Die Richter erklärten in ihrem Urteil, RDS obliege eine eigenständige Pflicht, seine CO_2-Emissionen entsprechend der Ziele des Pariser Klimaabkommens 2015 anzupassen und zu reduzieren. Diese Pflicht, so die Auffassung der Richter, ergebe sich aufgrund einer entsprechenden nach niederländischem Recht bestehenden Sorgfaltspflicht für Unternehmen. Den RDS treffe aufgrund seiner »corporate policy« und einer marktherrschenden Stellung zudem eine besondere Verantwortung hinsichtlich der Emissionen ihrer Zuliefererunternehmen und Endabnehmer. Die Argumentation von RDS, einzelne Unternehmen könnten aufgrund der fehlenden Bestimmbarkeit hinsichtlich der Effektivität ihrer Einsparungen nicht zur Senkung ihrer CO_2-Emissionen verpflichtet werden, wies das Gericht damit ausdrücklich zurück. Schon 2015 hatte der Hague District Court erstinstanzlich entschieden, die Niederlande treffe eine menschenrechtliche Verantwortung in Bezug auf die Einhaltung der Ziele des Pariser Klimaabkommens und sei daher verpflichtet, seine CO_2-Emissionen zu senken.[189] Das Urteil wurde später vom höchsten niederländischen Gericht bestätigt.[190]

Folgende aktuelle Beispiele zeigen, dass auch seitens der deutschen Gerichte ein Umdenken stattgefunden hat und die Justiziabilität des Klimawandels grundsätzlich bejaht wird:

- Mit Beschluss vom 24. März 2021[191] erklärte das Bundesverfassungsgericht Teile des Bundes-Klimaschutzgesetzes, insbesondere die darin aufgeführten zulässigen Jahresemissionsmengen bis zum Jahr 2030, insofern mit Grundrechten unvereinbar, weil hinreichende Maßnahmen für die weitere Emissionsreduktion ab dem Jahr 2031 fehlen. Als intertemporale Freiheitssicherung schützen die Grundrechte vor einer Freiheitsgefährdung durch einseitige Verlagerung der durch Art. 20a GG aufgegebenen Emissionsminderungslast in die Zukunft. Es sei die Verantwortung des Gesetzgebers, einen freiheitsschonenden Übergang in die Klimaneutralität zu gewährleisten. Die Entscheidung ist historisch, erklären doch die Karlsruher Richter: »*Danach darf nicht einer Generation zugestanden werden, unter vergleichsweise milder Reduktionslast große Teile des CO_2-Budgets zu verbrauchen, wenn damit zugleich den nachfolgenden Generationen eine radikale Reduktionslast überlassen und deren Leben umfassenden Freiheitseinbußen ausgesetzt würde.*«[192] Daher sei der Gesetzgeber verpflichtet, die Fortschreibung der Minderungsziele der Treib-

188 The Hague District Court, Urteil vom 26. Mai 2021, C/09/571932 / HA ZA 19-379.

189 The Hague District Court, Urteil vom 24. Juni 2016, C/09/456689 / HA ZA 13-1396.

190 Legal Tribune Online, Niederlande müssen mehr gegen den Klimawandel tun, 2018; https://www.lto.de/recht/nachrichten/n/urteil-niederlande-muessen-co2-ausstoss-drastisch-reduzieren-klimawandel/, Abruf 01.09.2021.

191 BVerfG, Urteil vom 24.03.2021 – 1 BvR 2656/18, 1 BvR 96/20, 1 BvR 78/20, 1 BvR 288/20, 1 BvR 96/20, 1 BvR 78/20.

192 BVerfG, Verfassungsbeschwerden gegen das Klimaschutzgesetz teilweise erfolgreich: Pressemitteilung Nr. 31/2021 vom 29. April 2021; https://www.bundesverfassungsgericht.de/SharedDocs/Pressemitteilungen/DE/2021/bvg21-031.html, Abruf 01.09.2021.

hausgasemissionen für die Zeiträume nach 2030 bis zum 31. Dezember 2022 näher zu regeln.

- Noch nicht entschieden ist das derzeit in II. Instanz beim OLG Hamm anhängige Verfahren des peruanischen Bergbauers Saúl Luciano Lliuya gegen den deutschen Energieversorger RWE.[193] Der Landwirt möchte, dass RWE anteilig die Kosten für Schutzmaßnahmen gegen drohendes Gebirgsschmelzwasser für sein Haus und Dorf mitträgt. RWE trage durch seine CO_2-Emissionen mit zum Klimawandel bei, dessen Folge ein Abschmelzen der Gletscher sei. In der mündlichen Verhandlung hatten die Richter bereits signalisiert, einen Entschädigungsanspruch nach § 1004 BGB für schlüssig begründet zu erachten, und eine Beweisaufnahme in Peru angeordnet.

Durch diese Verfahren steigt der Druck auf den Gesetzgeber, striktere Klimaschutzmaßnahmen zu treffen. Die Relevanz der Thematik für die Immobilienwirtschaft ergibt sich etwa daraus, dass sie als kapitalintensive Branche mit bis zu 40 % des weltweiten CO_2-Ausstoßes einen erheblichen Verursachungsbeitrag zum Klimawandel leistet.[194] Aufgrund der globalen Auswirkungen des Klimawandels droht derzeit eine potenzielle Haftung nach jedem Recht der Welt. Die Entwicklung der nationalen und internationalen Rechtsprechung sollte daher als Bestandteil des Risikomanagements von Unternehmen genau beobachtet werden.

1.4 Zusammenfassung und Ausblick

António Guterres, Generalsekretär der Vereinten Nationen, rief bei der UN-Klima- und Nachhaltigkeitskonferenz 2019 in New York eine weltweite Dekade des Handelns aus[195]. Andernfalls liefe die Welt Gefahr, die Ziele der Agenda 2030 für eine nachhaltige Entwicklung zu verfehlen[196]. Alle Staaten seien aufgerufen, die Umsetzung der Agenda 2030 voranzutreiben[197]. Auch die Bundesregierung zeigt sich in ihrem Bericht zur Weiterentwicklung der DNS von März 2021 besorgt, dass das bisherige Handeln bei Weitem nicht ausreicht, um einen nachhaltigen Entwicklungspfad einzuschlagen.[198]

---

193 LG Essen, Urteil vom 15. Dezember 2016 (Az. 2 O 285/15), derzeit in II. Instanz anhängig vor dem OLG Hamm, vgl. https://germanwatch.org/de/13437. Das OLG Hamm hat bereits einen Beschluss in Bezug auf Schadensersatz wegen Folgen des Klimawandels erlassen, vgl. OLG Hamm, Beschluss vom 30. November 2017 (Az. I-5 U 15/17).

194 Catella Group, Market Tracker ESG Investment, 2020; https://www.catella.com/globalassets/global/mix-germany-corporate-finance/catella_market_tracker_esg_q1_2020.pdf, S. 2 ff.

195 United Nations, Secretary General, Remarks to High-Level Political Forum on Sustainable Development, 2019; https://www.un.org/sg/en/content/sg/speeches/2019-09-24/remarks-high-level-political-sustainable-development-forum, Abruf 02.09.2021.

196 Ebd.

197 Ebd.

198 Die Bundesregierung, Deutsche Nachhaltigkeitsstrategie – Weiterentwicklung, 2021; https://www.bundesregierung.de/resource/blob/998006/1873516/3d3b15cd92d0261e7a0bcdc8f43b7839/2021-03-10-dns-2021-finale-langfassung-nicht-barrierefrei-data.pdf?download=1, Abruf 27.08.2021, S. 3.

Bestätigt wird diese Einschätzung durch die eindringliche Warnung des IPCC von August 2021, dass die Folgen des Klimawandels in den kommenden Jahrzenten überall auf der Welt weiter zunehmen werden.[199]

Ungeachtet aller bisherigen Errungenschaften wächst der Druck seitens Gesellschaft und Rechtsprechung auf Gesetzgeber, den gesetzlichen Rahmen in Bezug auf ESG weiter zu (ver)schärfen und bestehende Regelwerke zu harmonisieren und konkretisieren. Es nehmen die Stimmen zu, die international einheitliche verbindliche Lösungen fordern und das Völkerrecht und Internationale Privatrecht anpassen wollen.

Dieser Beitrag soll neben einem Überblick über den aktuellen politischen und regulatorischen Hintergrund der ESG-Transformation einen Eindruck der Vielschichtigkeit und Dynamik der Materie vermitteln. Viele weitere wichtige Aspekte für die Immobilienwirtschaft – etwa die Themen Datenbeschaffung und -management, Bewertung, Energie und Mobilität – werden in diesem Praxishandbuch behandelt. Eine intensive und wiederholte Auseinandersetzung mit den folgenden Themen im Rahmen von ESG-Strategieprojekten und deren Implementierung ist für alle Marktteilnehmer unerlässlich. Andernfalls drohen nicht nur Fehlinvestitionen, sondern auch Gesetzesverstöße und Haftungsrisiken. Einzelne Regelwerke, Tool-Lösungen und Zertifizierungen können hier Klarheit schaffen und unterstützend herangezogen werden, ersetzen aber keine eigene ESG-Strategie.

Die ESG-Transformation der Immobilienwirtschaft ist erst am Anfang. Komplexe globale sowie branchen- und sektorenübergreifende Ursache-Wirkungs-Zusammenhänge erfordern von allen Marktteilnehmern ein hohes Maß an Aufwand, Sorgfalt und Flexibilität. Im Sinne einer »Dekade des Handelns« lassen die aktuellen Entwicklungen in Politik, Regulatorik, Gesellschaft und Rechtsprechung durchweg die zunehmenden Forderungen nach qualitativ höheren Nachhaltigkeitsstandards – jeweils ausgehend von den SDGs bzw. der DNS – in den Bereichen Umwelt, Soziales und Unternehmensführung und diesbezügliche Transparenz erkennen.

Die Internalisierung sozialer und ökologischer Folgekosten wird nur durch eine Kombination aus marktwirtschaftlichen Lösungen – wie der CO_2-Bepreisung – und regulatorischer Rahmensetzung erreicht werden können. Dabei gilt es, den Zielkonflikt zwischen drohender Überregulierung einerseits und Regulierungsdruck andererseits durch zielorientierte und möglichst partizipative Rechtssetzungsprozesse aufzulösen.

---

199 IPCC, Climate Change 2021: The Physical Science Basis. Contribution of Working Group I to the Sixth Assessment Report of the Intergovernmental Panel on Climate Change, Cambridge University Press, 2021.

2 Markttrends und Werttreiber

Christopher Jäger, Dr. Mareen Benning-Linnert

2.1 Einleitung

Markttrends und Werttreiber beeinflussen das gesamte Real Estate Management. Einleitend scheint es deshalb zunächst geboten, für diesen Abschnitt kurz begrifflich das Real Estate Management zu beleuchten und abzugrenzen. Hierzu werden auf Basis der grundlegenden Veröffentlichung der Gesellschaft für immobilienwirtschaftliche Forschung e. V. (Hrsg.) (2004) und den Spezifikationen von Teichmann (2007) die bekannten strategischen Disziplinen Real Estate Investment Management (REIM), Real Estate Portfolio Management (REPM) und Real Estate Asset Management (REAM) umrissen (vgl. Abb. 2.1).

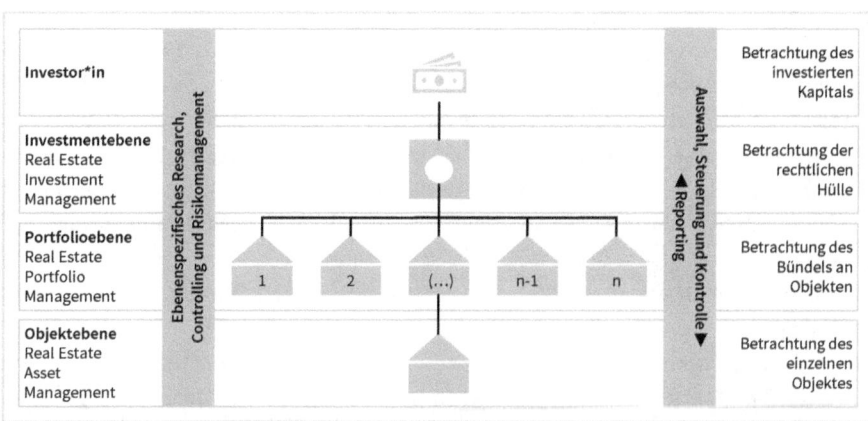

Abb. 2.1: Strategische Disziplinen des Real Estate Managements. Quelle: Eigene Darstellung i. A. a. Teichmann (2007), S. 15; Gesellschaft für immobilienwirtschaftliche Forschung e. V. (Hrsg.) (2004), S. 4.

Dieses grundsätzlich als hierarchisch zu interpretierende, wenngleich ebenfalls prozessorientierte Modell dient sowohl als Grundlage für die Abgrenzung interner Leistungserstellungsprozesse als auch für die externe Vergabe von Dienstleistungen. Die hierarchische Grundhaltung des Modells basiert auf der Tatsache, dass den jeweils höheren Ebenen eine Auswahl-, Steuerungs- und Kontrollfunktion gegenüber den jeweils niedrigeren Ebenen inhärent ist – et vice versa haben die jeweils niedrigeren Ebenen den jeweils höheren Ebenen über ihre Leistung Bericht zu erstatten. In der Praxis wird zunehmend versucht, die einzelnen Disziplinen nicht streng hierarchisch, sondern angelehnt an Matrixorganisationen kooperativer zusammenarbeiten zu lassen.

Ein ESG-orientiertes Real Estate Management muss ganzheitlich interpretiert werden. Folglich sind alle Ebenen des Real Estate Managements, ob als interne oder externe Leistungseinheit organisiert, ESG-konform auszurichten. Um der Ganzheitlichkeit der Betrachtung zu genügen, erscheint es an dieser Stelle des vorliegenden Sammelwerkes sinnvoll, noch nicht allzu konkret auf die ESG-Implikationen der Einzeldisziplinen einzugehen, sondern eher abstrakt die Markttrends und Werttreiber aller Hierarchieebenen zu formulieren. Dabei können die einzelnen Real-Estate-Managementebenen entweder

- als Unternehmen (zumeist als eine der jeweils höheren Ebene produktanbietende externe Einheit) oder
- als Unternehmung (zumeist als ein der jeweils höheren Ebene extern angebotenes Produkt und folglich als interne Einheit)

angesehen werden. Sowohl Unternehmen als auch Unternehmung des Real Estate Managements sind aufgefordert, in einem sich (fundamental) wandelnden Marktumfeld ihre Wettbewerbsposition zu sichern oder auszubauen. Die (fundamentalen) Wandlungen des Marktumfeldes lassen sich im Hinblick auf die gesellschaftlichen Anforderungen und Bedürfnisse sowie auf die (entsprechenden) rechtlichen Weichenstellungen beleuchten. Sowohl i. S. einer Ursache-Wirkungs-Beziehung als auch davon losgelöst haben Unternehmen und / oder Unternehmungen einen tiefgreifenden technologischen Wandel zu vollziehen. Diese Gemengelage mündet in einer herausfordernden und gleichzeitig chancenreichen Transformation der Wirtschaft. Die Transformation der Wirtschaft ist eng verbunden mit einem sich revolutionierenden Finanzwesen, dessen Bestandteil auch die Immobilienwirtschaft ist. Die Immobilienwirtschaft muss ihr Nachhaltigkeitsbestreben auf eine höhere Stufe heben und in einem gesellschaftsbezogenen Shared-Value- bzw. umweltbezogenen Environmental-Ansatz neue Wertschöpfungsprozesse implementieren und so moderne Elemente der werthaltigen Unternehmens- und / oder Unternehmungsführung verfolgen.

Dieser Beitrag ist klassisch am strategischen Marketing ausgerichtet. Basierend auf einer vereinfachten Betrachtung des Zusammenhangs zwischen dem Vermögen bzw. Kapital, dem Wert und dem Kaufpreis eines Unternehmens und / oder einer Unternehmung sollen zunächst über die bekannte Zielhierarchie aus normativen und strategischen Zielen grundsätzliche Strategien im Kontext von ESG abgeleitet werden. Auf Basis dieser abgeleiteten Strategien ergibt sich die operative Zielebene, deren Ziele folglich in einer ESG-orientierten Produkt-, Preis- und Kommunikationspolitik münden. Bei der Darstellung ausgewählter Auswirkungen von ESG auf die Unternehmens- und / oder Unternehmungspolitik wird stets die Idee verfolgt, die ökonomischen Werttreiber für nachhaltige Unternehmens- und / oder Unternehmungswerte, aber insbesondere die Faktoren bzw. Additive einer modernen Finanzfunktion in einem komplexen Ursache-Wirkungs-Komplex zu fokussieren.[1]

---

1   Vgl. Abb. 2.2.

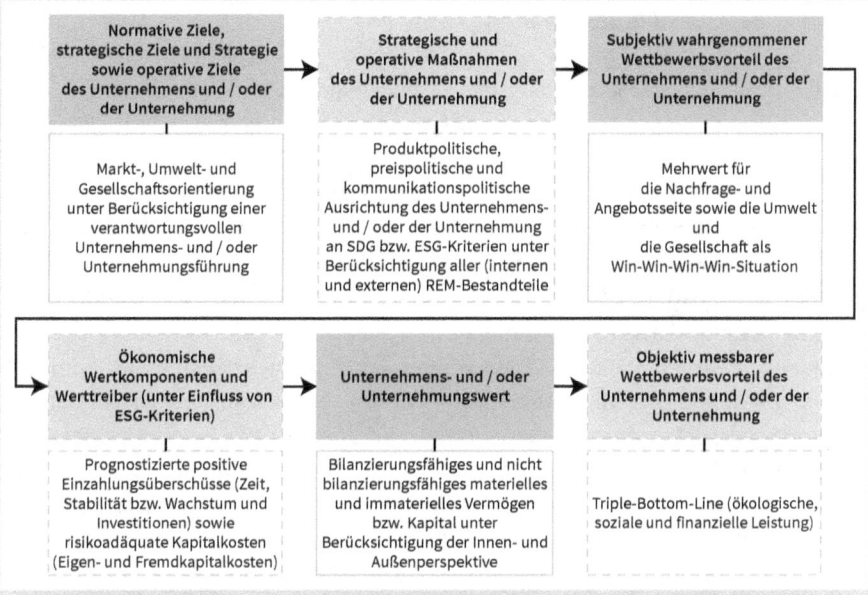

Abb. 2.2: Marktorientiertes und werthaltiges Real Estate Management. Quelle: Eigene Darstellung i. A. a. Wunder (2017a), S. 13; Hungenberg (2014), S. 78; Hungenberg (2014), S. 81; Europäische Kommission (Hrsg.) (2018), S. 22.

Aufgrund der hier eingenommenen Metabetrachtung können die nachfolgenden Ausführungen lediglich als Auswahl aller wesentlichen ESG-Implikationen mit Bezug zu Markttrends und Werttreiber und als eine Art Einführung für die nachfolgenden spezifischen Beiträge in diesem Sammelwerk angesehen werden.

2.2 Marktorientiertes Real Estate Management

2.2.1 Exogene Einflussparameter auf ein sich revolutionierendes Finanzwesen

Bereits seit Mitte des 20. Jahrhunderts ist dem Menschen bewusst, dass er mit seiner Lebens- und vor allem Wirtschaftsweise die Umwelt und damit auch sich selbst schwer belastet. Um die daraus folgenden Entwicklungen abzuwenden, ist zwingend ein Überdenken bisheriger ökonomischer Zielsysteme notwendig. Die Verantwortung liegt in den Händen der international tätigen Unternehmen und / oder Unternehmungen, der Politik sowie der Wissenschaft.[2]

---

2   Vgl. Schulz (2017a), S. 67.

2.2.1.1 Gesellschaft und Recht

Somit lautete auch das Motto der ersten Umweltkonferenz der Vereinten Nationen 1972 in Stockholm »Only one Earth«. Die Ergebnisse dieser Konferenz sind nicht weiter herauszustellen; gleichwohl erschien im selben Jahr der Bericht an den sog. »Club of Rome« mit dem Titel »Grenzen des Wachstums« von Meadows / Meadows / Zahn et al. (1972), der mit seinem erstmalig rechnergestützten Globalansatz aufzeigte, dass unsere Ressourcen endlich sind und die Erde ein ständiges Bevölkerungs- und materielles Produktionswachstum auf lange Sicht nicht tragen kann.[3] Seit dieser Zeit entwickeln Wissenschaft und Wirtschaft fortlaufend ihr nachhaltiges Leitbild neu. Es resultiert im heutigen Begriff des »sustainable development«. Den wichtigsten Beitrag zur Erläuterung dieses Begriffs lieferte die von der norwegischen Ministerpräsidentin Gro Harlem Brundtland geleitete Weltkommission für Umwelt und Entwicklung (WCED) in ihrem 1987 veröffentlichten Abschlussbericht »Our Common Future«[4]. Dieser Bericht befürwortet ein weltweites wirtschaftliches Wachstum und zeigt nichtsdestotrotz Wege für nachhaltige Formen der Entwicklung auf. Er macht zudem unmissverständlich klar, dass sich unsere Wirtschafts- und Finanzsysteme nur dann nachhaltig entwickeln können, wenn heutige und zukünftige Generationen konsequent ihre privaten, gesellschaftlichen und wirtschaftlichen Zielsysteme auf eine nachhaltige Entwicklung ausrichten. Die internationalen Staatenverbünde müssen diese Entwicklungen aktiv unterstützen.[5] Die Annahme des »Pariser Klimaschutzübereinkommens«[6] sowie die Erarbeitung von Konzepten wie der »UN-Agenda 2030 für nachhaltige Entwicklung«[7] sind ein deutliches politisches Zeichen für mehr Nachhaltigkeit und das Ziel einer globalen Wirtschaftsentwicklung.[8]

Die EU und Deutschland interpretieren in diesem Zusammenhang ihre Aufgabe als Schaffung »einer emissionsarmen, ressourcenschonenderen Kreislaufwirtschaft«[9]. Die EU hat sich als Konsens aus dem »Brundtland-Bericht« einer Entwicklung verpflichtet, die es der Gegenwart ermöglicht, ihre Bedürfnisse zu befriedigen und gleichzeitig künftigen Generationen Optionen zu schaffen, ihre eigenen Bedürfnisse ebenfalls befriedigen zu können.[10] Hierfür ist ein systemisches Umdenken notwendig.[11]

---

3 Vgl. Meadows / Meadows / Zahn et al. (1972).
4 Vgl. Hauff (1987). Der Abschlussbericht »Our Common Future« ist eher bekannt als »Brundtland-Bericht«.
5 Vgl. Hauff (1987).
6 Vgl. United Nations (Hrsg.) (2015).
7 Vgl. Bundesministerium für wirtschaftliche Zusammenarbeit und Entwicklung (Hrsg.) (2021); Europäische Kommission (Hrsg.) (2018).
8 Vgl. Bundesministerium für wirtschaftliche Zusammenarbeit und Entwicklung (Hrsg.) (2021). Die 17 Ziele der UN-Agenda 2030 (Sustainable Development Goals) stehen für eine nachhaltige, stabile und sozialgerechte Entwicklung.
9 Europäische Kommission (Hrsg.) (o. J.).
10 Vgl. Europäische Kommission (Hrsg.) (2018).
11 Vgl. hierzu auch Brüssel / Kronenberg (Hrsg.) (2018).

1. Der Schlüssel für die Gestaltung nachhaltiger Entwicklungskonzepte liegt in der Auseinandersetzung mit menschlichen Bedürfnissen, sowohl der gegenwärtigen als auch zukünftiger Generationen (intergenerative Gerechtigkeit).
2. Gleichzeitig ist hiermit die ethische Forderung nach einem Ausgleich zwischen Industrie- und Entwicklungsländern verbunden (intragenerative Gerechtigkeit) und
3. die Einsicht verknüpft, dass ökonomische, soziale und ökologische Entwicklungen notwendig als eine innere Einheit zu sehen sind (integrative Gerechtigkeit).

Diese Forderungen klingen zunächst trivial, in der Umsetzung liegt aber eine erhebliche Brisanz, weil ökonomische, ökologische und soziale Interessen schon im Allgemeinen und erst recht im besonderen Bezug zu Industrie- und Entwicklungsländern nicht zielkonform sind. Hinzu kommt, dass die Bedürfnisse künftiger Generationen heute nur bedingt abschätzbar sind. Nichtsdestotrotz bleiben die Erkenntnis aus dem Bericht an den Club of Rome sowie die zunehmenden, deutlich sicht- und spürbaren Veränderungen des Klimas und die Häufigkeit und Heftigkeit, mit denen Naturkatastrophen auftreten, die uns zu einem nachhaltigeren privaten, gesellschaftlichen und wirtschaftlichen Handeln zwingen.[12]

Für unsere Wirtschafts- und Finanzsysteme bedeutet nachhaltiges Handeln eine Renaissance der Einbeziehung des Faktors »Natur« in das theoretische Konzept der ökonomischen Produktionsfunktionen. Ausgehend von der neoklassisch geprägten Umwelt- und Ressourcenökonomie[13] haben sich in der neueren Umweltökonomie und mit der Ökologischen Ökonomie[14] mehrere Denkrichtungen ausgebildet, die sich mit der Beziehung zwischen natürlichen Beständen (Naturkapital) und (künstlichem) Kapital befassen. Dabei bestehen auf makroökonomischer Ebene unterschiedliche Auffassungen darüber, inwieweit Naturkapital durch künstliches Kapital substituiert werden darf. Die Spannweite der Konzepte reicht vom nachhaltigen Wirtschaftswachstum bis zu Nachhaltigkeitsvorstellungen, die jedweden Eingriff in die globalen Ökosysteme ausschließen.[15] Vor dem Hintergrund der international fortschreitenden Entwicklung aller Volkswirtschaften ist zudem zu hinterfragen, inwieweit eine nachhaltige Wachstumsstrategie tatsächlich stetig wachsende Nationaleinkommen be-

---

12 Vgl. Europäische Kommission (Hrsg.) (2018).
13 Vgl. Rogall (2008), S. 53-115.
14 Vgl. Bartmann / Geldsetzer (1996); Binder (1999); Costanza / Cumberland / Daly et al. (Hrsg.) (2001); Endres (2007); Faucheux / Noël (2001); Feess (2007); Frey / Staehelin-Witt / Blöchliger (1993); Hampicke (1991); Schaltegger (Hrsg.) (2000); Stephan / Ahlheim (1996).
15 Vgl. hierzu die Diskussion zur »schwachen Nachhaltigkeit« sowie »strikten oder starken Nachhaltigkeit«.

inhalten muss. Vielmehr ist sicherzustellen, dass die Ziele der Nachhaltigkeit auch dann weiterverfolgt werden, sollten die Wachstumsraten der führenden Industrienationen auf Stagnation wechseln.

Auf der Metaebene kommt in allen Vorstellungen dem Finanzsystem eine Schlüsselrolle zu. Das Finanzsystem benötigt also eine Vision und eine Strategie für die Schaffung eines »nachhaltigen Finanzwesens«, das laut Zielsetzung der Europäische Kommission (Hrsg.) (2018) zwei dringende Forderungen erfüllen sollte:

1. Verbesserung des Beitrags des Finanzsektors zu nachhaltigem und integrativem Wachstum durch Finanzierung der langfristigen Bedürfnisse der Gesellschaft;
2. Stärkung der Finanzstabilität durch Berücksichtigung der Faktoren Umwelt, Soziales und Governance (ESG) bei Investitionsentscheidungen.[16]

Wenngleich globale Lösungsansätze gefordert sind, so kommt den nationalen, regionalen und lokalen Ansätzen eine Schrittmacherfunktion zu. Eine nachhaltige Entwicklung kann nur als partizipativer Prozess gestaltet werden. Die »Agenda 21«[17] fordert daher die Stärkung und Beteiligung verschiedener gesellschaftlicher Gruppen. Durch das direkte Erfahren der Folgen individuellen Handelns wird auch das Bewusstsein in der Bevölkerung sowie bei den institutionellen und politischen Akteur*innen am ehesten sensibilisiert. Voraussetzung für nachhaltige Entwicklung ist die Integration von Umwelt- und Nachhaltigkeitszielen in die Entscheidungsfindung auf strategischer Ebene. Der Politik und Gesellschaft kommt hierbei die Aufgabe zu, auf den verschiedenen Ebenen (Nationen, Regionen, Kommunen, gesellschaftlichen Gruppen) Nachhaltigkeitsziele für die relevanten Problemfelder nach dem jeweiligen Subsidiaritätsprinzip zu konkretisieren. Solche Ziele sollten aus angestrebten und / oder wissenschaftlich begründeten wirkungs- bzw. schutzgutbezogenen Qualitätsunterzielen gebildet werden, indem daraus zeitlich definierte, quantifizierte und messbare akteur*innen- und belastungsbezogene Handlungsziele abgeleitet werden. Das Leitbild der Gesellschaft muss dem »sustainable development« entsprechen, damit es insbesondere in den Bevölkerungen der Industrienationen zu einem Umdenken in ihrem Investitions- und Konsumverhalten kommt.

---

16 Vgl. Europäische Kommission (Hrsg.) (2018).
17 Vgl. United Nations (Hrsg.) (1992).

	1950	1975	1990	2005	2020
Marktperspektive	• Angebots-orientierter Knapp-heitsmarkt	• Produkt-orientierter Sättigungs-markt	• Nachfrage-orientierter Konsum-markt	• Kund*innen-orientierter Überfluss-markt	• Nutzen-orientierter Verantwort-ungsmarkt
Unternehmens- und Unternehmungs-ausrichtung	• Kostenfokus • Versorgungs-sicherheit	• Design • Produktdif-ferenzierung	• Segmentierung • Innovation	• Customizing • Konsum-erlebnis	• Vernetzung • Nachhaltigkeit
Organisation und Führung	• Taylorismus • Top-down-Hierarchie	• Sparten-orientierung • Top-down-Vernetzung	• Matrix-orientierung • Bottom-up-/ Top-down-Vernetzung	• Kund*innen-zentrierung • Bottom-up-Vernetzung	• Netzwerk-zentrierung • Integration
Kommunikation und Versprechen	• Frontal • Preis (und Qualität)	• Top-down mit Vernetzung • Differen-zierung	• Funktional • Spezialisierung	• Bedarfs-weckend • Individuali-sierung	• Mehr-dimensional • Mehrwert
ESG-Kontext	• Ignorierung von ESG-Themen • Minimalisieren der menschlichen Verantwortung • Schwerpunkt auf traditioneller Ökonomie	• Minimalisierung von ESG-Themen • Erkennen der menschlichen Verantwortung • Schwerpunkt auf der Preispolitik mit ESG als Kostenfaktor	• Politisierung von ESG-Themen • Erkennen der eigenen Verantwortung • Schwerpunkt auf der Kommunikations-politik mit CSR-Welle	• Institutionalisierung von ESG-Themen • Maximalisieren der eigenen Verantwortung • Schwerpunkt auf der Produktpolitik mit ESG als Wertfaktor	
	„It is not a problem!"	„It is a problem!"	„Let us solve the problem!"	„It is a opportunity to solve the problem!"	

Abb. 2.3: ESG-Kontext im Zeitablauf. Quelle: Eigene Darstellung i. A. a. Osburg (2017), S. 142; Glauner (2017), S. 353.

Wie in Abb. 2.3 visualisiert, haben sich die Märkte unseres Wirtschaftssystems in den letzten Jahrzehnten konsequent gewandelt. Der ursprüngliche Verkäufer*innen-markt aus der Nachkriegszeit, der allein auf kostenorientierte Nachfragedeckung ausgerichtet war, ist längst abgelöst. Spätestens seit der Jahrtausendwende agieren Unternehmen und / oder Unternehmungen international auf den sog. Überfluss- und Hyper-Märkten; eine Entwicklung, die sowohl die Innovationspotenziale der Unter-nehmen und / oder Unternehmungen herausfordert, als auch immer deutlicher die Konzentration auf jede*n individuelle*n Kund*in verlangt. Diese Marktform ist so fordernd, dass ihr schlussendlich die gesamte Führung der Unternehmen und / oder Unternehmungen unterworfen werden muss. Wer im internationalen Wettbewerb der kommunikationsgetriebenen Hyper-Märkte bestehen und seine Position bestätigen will, der muss seine Kund*innen und Stakeholder mit kontinuierlichen Aktivitäten an sich binden.

Mit dem Wandel des Marktes geht ein Wandel des Kund*Innenpotenzials einher, wel-cher sich durch sämtliche Gesellschaftsschichten zieht und das Bild der Konsumieren-den auf immer verändert. Trotz der steigenden Ich-Bezogenheit der Konsumierenden und der damit verbundenen Individualisierung der Unternehmens- und / oder Unter-nehmungsleistungen zeichnet sich seit 2020 ein neuer Trend deutlich ab: Der Konsu-ment*innenmarkt fordert mehr Verantwortung seitens der Unternehmen und / oder Unternehmungen im Umgang mit seiner Umwelt und den vorhandenen Ressourcen. Erste Anzeichen eines Umdenkens und Umlenkens der Konsumstrukturen sind erkennbar. Im Global Consumer Survey[18] wird deutlich, dass Konsumierende Produkte von Unternehmen, die nicht erkennbar nachhaltig agieren, ablehnen. Dieses Verhalten läutet eine neue Marktentwicklung ein: der nutzenorientierte Verantwortungsmarkt[19].

Diese Marktform wird sich dadurch kennzeichnen, dass die auf ihr agierenden Wirtschaftssubjekte der ursprünglichen Maxime der Nutzenmaximierung, wie sie seit Zeiten von Adam Smith und der Neoklassik diskutiert wird, einer bislang scheinbar vergessenen Dimension des Nutzens vermehrt Beachtung schenken: Nutzenmaximierung ist auch Wohlfahrtsmaximierung und Wohlfahrt ist mehr als die Summe individueller Nutzenoptimierungen. Es ist ein eigenständiges Maximierungsproblem, welches sich nur dann erfolgreich zum Abschluss bringen lässt, wenn die Gesellschaft als solche sich dieser Aufgabe stellt. Ein Abrücken vom rein pekuniär gemessenen Individualnutzen und ein Hinwenden zu einem gesellschaftlich verantwortungsvollen Handeln, welches ökonomisch in einem Pareto-Optimum resultieren könnte, muss das Ziel sein.[20]

Die Debatte um die Nachhaltigkeit, die schlussendlich auch einen Megatrend für die Immobilienwirtschaft ausgelöst hat, ist ein deutliches Zeichen dieses Umdenkens und Umlenkens seitens der Konsumierenden. Die Anbietenden der Märkte können sich diesem Trend nur unterwerfen, wollen sie ihre Unternehmen und / oder Unternehmungen langfristig im Wettbewerb halten. Die Wissenschaft bekommt hierbei einen integrativen Charakter. Sie soll sich an der Entwicklung von Nachhaltigkeitszielen und Indikatoren beteiligen und insbesondere interdisziplinäre, problemorientierte Forschung vorantreiben, um dabei zu helfen, die bisher weitgehend isoliert betrachteten ökonomischen, ökologischen und sozialen Dimensionen in die Problemlösungen zu integrieren.

2.2.1.2   Technologie und Wirtschaft

Unternehmen und / oder Unternehmungen sowie die Finanzwirtschaft werden für den Umsetzungsprozess nachhaltiger Ziele der Gesellschaft eine aktive Rolle einnehmen. Sie sind Orte sozialer, ökonomischer und ökologischer Innovationen und damit potenzielle Problemlöser. Sie agieren global und stellen durch Fusionen immer größe-

---

18   Vgl. Statista Ltd. (Hrsg.) (o. J.).
19   Vgl. Osburg (2017), S. 142.
20   Vgl. hierzu auch den Diskussionsansatz des »Creating Shared Value« von Porter / Kramer (2011). »[...] shared value is the policy and practices that accompany and that are employed to bring about competitive advantage while addressing a social problem. [Three forms:] The first form is reconceiving products and markets. [...] Second is redefining productivity in the value chain. [...] The third form is what we call ›enabling local clusters‹.« [Hallman (2012)]. Weitere Diskussionen bietet Schormair / Gilbert (2017).

re Machtzentren dar, welche nicht nur über ihre Produktionstätigkeit, sondern auch über ihren Einfluss auf Lebensstile und Konsummuster die Nutzung von Ressourcen und die Freisetzung von Stoffen und Energien und damit den Grad der Umsetzung nachhaltiger Strategien prägen.

Nachhaltig ausgerichtete Unternehmen und / oder Unternehmungen gelten insbesondere als langfristig wettbewerbsfähiger und wertstabiler. Da ihnen die Verantwortung für ökologische und soziale Auswirkungen ihrer Geschäftstätigkeit voll zugewiesen wird, müssen sie bereit sein, diese zu übernehmen. Die Übernahme dieser Verantwortung drückt sich meist in für die eigenen Aktivitäten gesetzten Selbstverpflichtungen und Standards (Codes of Conduct oder Verhaltenskodizes) aus, welche die der Geschäftstätigkeit zugrundeliegenden Verhaltensgrundsätze offenlegen.

Mit fortschreitender Implementierung internationaler Qualitätsmanagementsysteme wie dem Ansatz nach DIN EN ISO 9000 übernehmen insbesondere multinationale Unternehmen und / oder Unternehmungen nicht mehr nur die Verantwortung für ihr eigenes Handeln, sondern auch für ihre vor- und nachgelagerten Wertschöpfungsstufen und Lieferketten. Doch auch für Unternehmen und / oder Unternehmungen stellt das Konzept der nachhaltigen Entwicklung zunächst »nur« ein normatives Leitbild dar, das die weitere Konkretisierung noch offenlässt. Leitbilder sind das Ergebnis der Visionen der Gründenden und bilden somit die grundsätzlichen Voraussetzungen unternehmerischer Tätigkeiten. Mit ihrer Hilfe werden theoretische Konzepte im täglichen Wirtschaften eines Unternehmens und / oder einer Unternehmung zunächst strategisch und anschließend operativ umgesetzt.

Für Unternehmen und / oder Unternehmungen ist es also wie für die Gesellschaft wichtig, das Leitbild einer nachhaltigen Entwicklung in die eigene Kultur, Strategie, Strukturen und Prozesse zu integrieren und ein Gestaltungsmodell abzuleiten. Die spezifische Aufgabe eines nachhaltigen REM besteht in diesem Kontext nicht darin, nur ein Problem zu erkennen und es lösen zu wollen, sondern in diesem Problem eine Chance zu sehen, Strukturen und Prozesse für die Zukunft so zu verändern, dass sie in Kosteneinsparungen, höheren Erträgen und gesellschaftlich verantwortlichen Wertvorstellungen resultieren. Hieraus entsteht mit wachsender Akzeptanz in der Gesellschaft wiederum ein Mehrwert für die Unternehmen, der ökonomisch genutzt werden kann.[21]

---

21   Vgl. Abb. 2.3.

2.2.2   ESG-orientiertes Real Estate Management im Kontext der Revolution des Finanzwesens

Das Finanzwesen dient in seiner intermediären Funktion vornehmlich der Beratung, Unterstützung und Finanzierung ökonomischer Transaktionen. Zur Vorbereitung von Investitionsentscheidungen werden bis dato häufig Faktoren, die auf nachhaltigen und sozialen Einschätzungen beruhen, nicht ausreichend gewürdigt. Es fehlt offenbar die Erkenntnis, dass die langfristigen Nachhaltigkeitsbelange ökonomisch sinnvoll und optimierbar sind. Die Renditeabsichten der Anleger*innen müssen dadurch nicht zwingend verändert werden.[22]

Laut Europäische Kommission (Hrsg.) (2018) zielt ein nachhaltiges Finanzwesen insbesondere darauf ab,
1. die Kapitalflüsse auf nachhaltige Investitionen umzulenken, um ein nachhaltiges und integratives Wachstum zu erreichen;
2. finanzielle Risiken, die sich aus dem Klimawandel, der Ressourcenknappheit, der Umweltzerstörung und sozialen Problemen ergeben, zu bewältigen;
3. Transparenz und Langfristigkeit in der Finanz- und Wirtschaftstätigkeit zu fördern.[23]

2.2.2.1   Creating Shared Value

Das gesellschaftliche Zielsystem ist ausgerichtet auf Nutzenmaximierung über positive interne wie externe Effekte gesellschaftlicher Interessengruppen sowie Mitarbeitende in den Unternehmen und / oder Unternehmungen. Die Übertragung dieser Vorstellungen auf das REM in der Immobilienwirtschaft zeigt deutlich, dass die Diskussion zu vermehrten Investitionen in langfristige, nachhaltige Geschäftsmodelle führen muss.

Andernfalls kommt es zu Zielkonflikten. Die derzeitige Marktpraxis legt ihren Fokus zu häufig auf die Erzielung kurzfristig hoher Renditen. Die zentrale Aufgabe der Intermediäre muss es deshalb sein, durch die Schaffung von mehr Transparenz am Markt die mittlerweile als unangemessen angesehenen Forderungen kurzfristiger Renditen zu reduzieren. Die Anleger*innenseite – sowohl Unternehmens- und / oder Unternehmungsinvestor*innen als auch Kleinanleger – fordern, besser fundierte und somit verantwortungsbewusstere Investitionsentscheidungen treffen zu können.[24] Der Blick muss einzig auf die Erzielung langfristiger Renditen gerichtet sein.

---

22   Vgl. Europäische Kommission (Hrsg.) (2018).
23   Vgl. Europäische Kommission (Hrsg.) (2018).
24   Vgl. Europäische Kommission (Hrsg.) (2018).

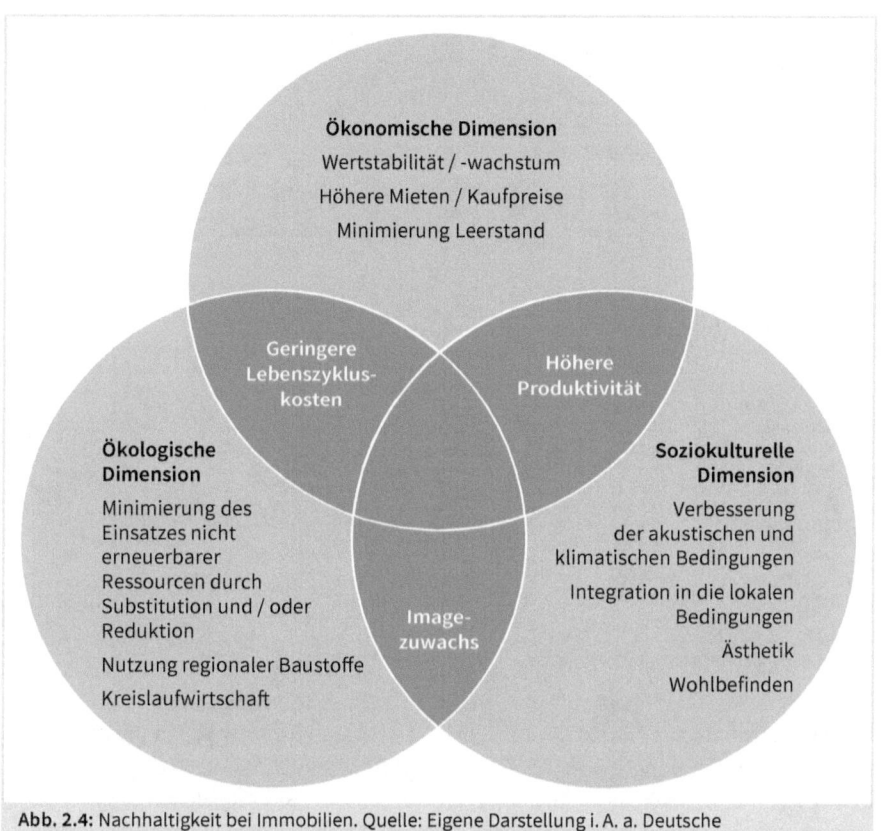

Abb. 2.4: Nachhaltigkeit bei Immobilien. Quelle: Eigene Darstellung i. A. a. Deutsche Hypothekenbank AG (Hrsg.) (2012), S. 17; Schormair / Gilbert (2017), S. 98.

Gleichsam bedarf es der Anpassung des Ziel- und Bewertungssystems an den Klimawandel und dessen Folgen sowie an allgemeine Umweltaspekte[25] und deren Risiken (z. B. Naturkatastrophen). Darüber hinaus geht es auch um die Bewertung von Fragen im Zusammenhang mit Ungleichheit, Teilhabe, Beschäftigungsverhältnissen sowie Investitionen in Menschen und Gemeinschaften. Die einhergehenden Zielkonflikte sind offensichtlich, da bestehende soziale Ungleichheiten durch den Klimawandel und seine Folgen noch verschärft werden können.[26]

---

25 Vgl. Hildebrandt (Hrsg.) (2020).

26 Vgl. Brüssel / Kronenberg (Hrsg.) (2018); Wunder (Hrsg.) (2017b); Europäische Kommission (Hrsg.) (2018).

Ökonomische Verantwortung	Corporate Responsibility			Corporate Citizenship
	Environmental, Social, Governance (ESG) Ansatz			
	Umwelt	Soziales	Governance	
• Langfristiges Wert-schöpfungs-ketten-management • Profitabilität durch Markt-chancen • Ertrags-optimierung und Kosten-effizienz • Risiko-management • Sicherung der Marktanteile • Kund*innen-bindung • etc.	• Klimaschutz • Umwelt-management • Nachhaltig-keits-zertifizierung bzw. -Controlling • Ressourcen- und Material-effizienz • Kreislauf-wirtschaft • Abfall-management • Green-IT • Travel-management • etc.	• Mitarbeiter* innenorien-tierung bzw. -verant-wortung • Work-Life-Balance • Healthcare (Sicherheit und Gesundheit am Arbeitsplatz) • Beschäfti-gungssicherheit • Lebenslanges Lernen • etc.	• Deutscher Corporate Governance Kodex • Compliance und Korruptions-bekämpfung • Code of Conduct • Diversity • Transparenz • Management-, Entwicklungs- und Vergütungs-systeme • etc.	• Spenden • Sponsoring • Stiftungen • Gemein-nütziges Engagement • Kultur-förderung • Bildungs-projekte • Humanitäre Hilfsprojekte • Corporate Volunteering • etc.
	Stakeholder Dialog			

Abb. 2.5: Gesamtunternehmerische Verantwortung. Quelle: Eigene Darstellung i. A. a. Mayer (2020), S. 34; Zentraler Immobilien Ausschuss e. V. (Hrsg.) (2015a), S. 62.

In Anlehnung an Porter / Kramer (2011) erscheint es daher sinnvoll, das Optimierungs-kalkül zur Implementierung nachhaltiger Ziele im Sinne des »Creating Shared Va-lue«-Ansatzes zu betrachten. Ausgehend von der Corporate Social Responsibility, die zunächst nach dem Motto »Tue Gutes und rede darüber« eher extrinsisch getrieben die Unternehmen und / oder Unternehmungen in die soziale Verantwortung zwingt, geht der »Creating Shared Value«-Ansatz einen großen Schritt weiter. »Value« bedeu-tet nicht länger, aufgrund des gesellschaftlichen Drucks »Gutes zu tun«. »Value« be-deutet, ökonomische und soziale (und ökologische) Erträge relativ zu ihren Kosten zu maximieren. Gesellschaft sowie Unternehmen und / oder Unternehmungen sollen im Verbund wertschöpfend- und damit wohlfahrtsmaximierend agieren.

Porter / Kramer (2011) beschreiben einen ganzheitlichen Ansatz, dessen Agenda unternehmens- und / oder unternehmungsspezifisch und aus intrinsischem, eigenem Antrieb ausgebildet wurde. Die Unternehmen und / oder Unternehmungen richten sich mit der Gesellschaft auf ein neues, gemeinsames Zielsystem aus. In diesem Ziel-system kann der kapitalistische Gedanke annahmegemäß als Vehikel zur Erfüllung menschlicher Bedürfnisse, verbesserter Effizienz, Arbeitsplatzbeschaffung sowie Wohlstandsmehrung dienen. Doch bisherige Konzeptionen einer zu engen kapitalis-tischen Auslegung des Zielsystems haben Unternehmen und / oder Unternehmungen daran gehindert, die vollen Erträge ihres eigentlichen Potenzials abzuschöpfen, in dem auch gesellschaftliche Herausforderungen angenommen werden. Die Chancen dieses Handelns waren immer offensichtlich, wurden aber bislang übersehen oder zu wenig beachtet. Dabei geht es nicht darum, Unternehmen und / oder Unternehmungen zu Wohltäter*innen umzuerziehen, sondern ihre innewohnende Kraft als Wertschöpfer*innen zu nutzen, um die dringenden Fragen anzugehen, deren wir uns als Gesellschaft gegenübersehen.

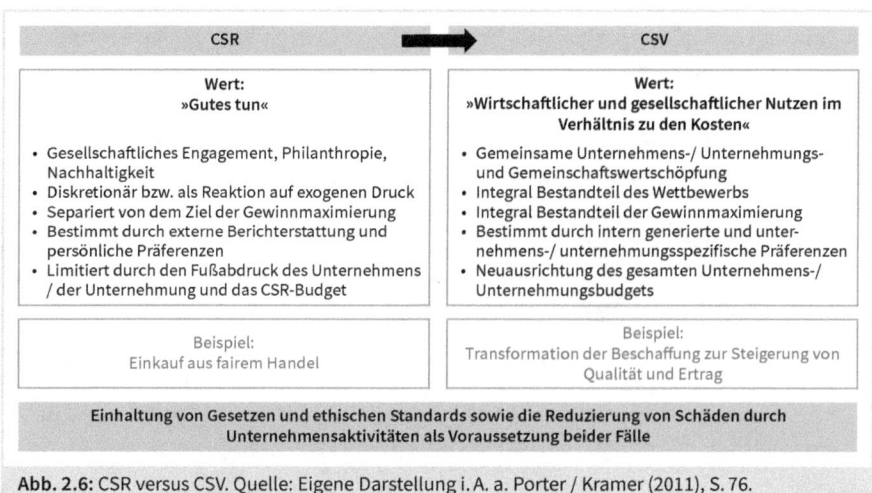

Abb. 2.6: CSR versus CSV. Quelle: Eigene Darstellung i. A. a. Porter / Kramer (2011), S. 76.

In der Implementierung und Umsetzung nachhaltiger Strukturen in der Immobilienwirtschaft und im Real Estate Management liegt der Fokus weiterhin in der Balance zwischen heutiger und zukünftiger Bedürfnisbefriedigung. Dabei geht es nicht darum, dass aus heutiger Sicht schon zukünftige Bedürfnisse maximal befriedigt werden können, sondern dass zukünftige Generationen ihre Optionen an der Möglichkeit optimaler Bedürfnisbefriedigung nicht verlieren – ein Gedanke, der insbesondere im Investment-Banking geläufig ist. Die Erhaltung solcher Quasi-Optionen ist aber nur möglich, wenn die heutige Generation bei ihrem Investitionsverhalten ihren Zeithorizont erweitert. Die kurze Sicht der reinen Rendite-Maximierenden wird hier nicht zur Anwendung kommen können.

Der vorgeschriebene Zeithorizont, wie ihn z. B. immobilienwirtschaftliche Zertifizierungen vorschreiben, muss auch hier als Maßstab herangezogen werden. Mit der Ausdehnung dieses Zeithorizontes ist klar, dass auch die Beurteilung innewohnender zukünftiger Risiken der Investitionsobjekte zu einer »Quasi-Option« wird. Hier hält sich oftmals noch die Ansicht, dass nachhaltige Investitionsobjekte höhere Risiken in sich tragen, die aus dem erweiterten Zeitfaktor herrühren. Diese Bedenken lassen sich aber relativ leicht abmildern, denn im Zuge der fortschreitenden Digitalisierung der Bau- und Immobilienwirtschaft durch Modelle wie Building Information Modeling (BIM) lassen sich die Sanierungs- und Modernisierungszyklen von Immobilien so genau planen, dass auch eine entsprechende Risikoeinschätzung über längere Zeiträume möglich wird.

Die Berücksichtigung sozialer Aspekte lässt auch die Sukzessionskreisläufe dieser Dimension abschätzbarer werden. Diese, dem Lebenszyklus der Immobilien angepassten, Kalkulationen ermöglichen es, insbesondere die Kostenseite der Investitionen genauestens über lange Zeiträume zu planen und frühzeitig zu beeinflussen. Zudem können aus nachhaltiger Sicht Lebenszykluskosten i. w. S. nicht nur sichtbar gemacht, sondern auch in die gängigen Modelle zur Risikoeinschätzung für Investitionsentscheidungen implementiert werden.[27]

2.2.2.2   Environmental-Ansatz

Wie unterschiedlich sich umweltpolitische Aspekte und Ansätze in Unternehmen und / oder Unternehmungen durchsetzen, lässt sich sehr plakativ (und ungefiltert) an zwei Beispielen demonstrieren:

- Tim Cook (Apple Aktionärsversammlung, 2014): »When we work on making our devices accessible by the blind, I don't consider the bloody ROI.« Gleiches gelte auch für erneuerbare Energien und andere Projekte aus dem einfachen Grund, weil sie richtig seien. Cook war aufgrund der Nachfrage eines Interessenvertreters verärgert: »If you want me to do things only for ROI reasons, you should get out of this stock.« Ziel Apples sei es, »to leave the world better than we found it«.[28]
- 2019 demonstrierten über 8.000 Amazon-Mitarbeitende in einem offenen Brief gegen die Unternehmenspolitik ihres Arbeitgebers – wohlwissend, dass sie dieses Verhalten den Arbeitsplatz kosten konnte. In diesem Brief forderten sie Jeff Bezos auf, Stellung zu beziehen und gemeinsam Verantwortung in der Klimakrise zu übernehmen. Es gründete sich ein Mitarbeiter*innenzusammenschluss unter dem Titel »Amazon Employees for Climate Justice 2019«. Die Transparente, die sie auf den Aktionstagen dieses Zusammenschlusses trugen, waren eindeutig: »Jeff Bezos, we're ready to lead, are you?«[29]

Dieser Vergleich soll keinesfalls anklagen und auch keines der beiden Unternehmen in ungerechtfertigter Weise diskreditieren. Er zeigt nur eins deutlich: Stakeholder und Shareholder fordern Führungsverantwortung durch ethische Grundsätze. Die Dimension, die die Nachhaltigkeitsdebatte im 21. Jahrhundert angenommen hat, ist nicht vergleichbar mit der des 20. Jahrhunderts. Im Zuge der Entwicklung unserer Wirt-

---

27   Unter Lebenszykluskosten (life cycle cost, whole-life costs, total costs of ownership) werden alle relevanten Kosten verstanden, die mit dem Erwerb oder dem Besitz eines Gutes verbunden und für eine Berechnung systematisch zu erfassen sind. Diese Sichtweise beinhaltet implizit den gesamten Lebenszyklus eines Gutes. Diese Idee ist nicht neu; Vordenker waren die französischen Physiokraten Anne Robert Jaques Turgot und Francois Quesney, die Ende des 18. Jahrhunderts die Begriffe »Investition« und »rückläufige Erträge« prägten, die dann von Adam Smith weitergeführt wurden.

28   Vgl. Chaffin (2014).

29   Vgl. Kreß (2020), S. 271-272.

schaftssysteme kam es aufgrund der notwendigen Arbeitsteilung, die uns ohne Frage größte Profite brachte, im ethischen Sinne zur Trennung der Leitmotive der Unternehmen und / oder Unternehmungen und ihrer Interessengruppen. Während die einen sich der Profitmaximierung zuwandten und die Wissenschaft sich der Erkenntnismaximierung widmete, blieben gesellschafts- und wohlfahrtsmaximierende Leitmotive wenig beachtet. Eine solche Entwicklung ist nur so lange zu dulden, wie das gewinnmaximierend angetriebene ökonomische Subsystem nicht droht, alle weiteren Subsysteme existenziell zu bedrängen. Die fortdauernde Umweltzerstörung, mit der wir uns aber konfrontiert sehen, droht unsere globale Kultur, Gesellschaft und Wertschöpfung zum Zusammenbrechen zu bringen.[30]

Die Schlüsselfrage laut Mayer (2020) lautet, ob Umwelt- und Sozialkapital überhaupt monetarisiert werden können, denn eben »diese Monetarisierung beeinflusst auch die Bewertung des Unternehmens und / oder der Unternehmung durch Investor*innen und Analyst*innen und ist essenziell für die Beurteilung der Auswirkungen auf Stakeholder und Umwelt«.[31] Diese Frage muss unter Beachtung aller damit verbundenen Bewertungsschwierigkeiten bejaht werden, wenn die Auswirkungen und Kosten der eigenen Geschäftstätigkeit über die gesamte Wertschöpfungskette hinweg internalisiert werden sollen. Eine solche Berechnung sowie ein darauf aufbauendes, optimiertes Risikomanagement sind äußerst komplex und hängen von so vielen betriebs- wie auch volkswirtschaftlichen Faktoren sowie Annahmen ab, dass aktuell nur wenige Unternehmen und / oder Unternehmungen in der Lage sind, sie optimal zu nutzen.[32]

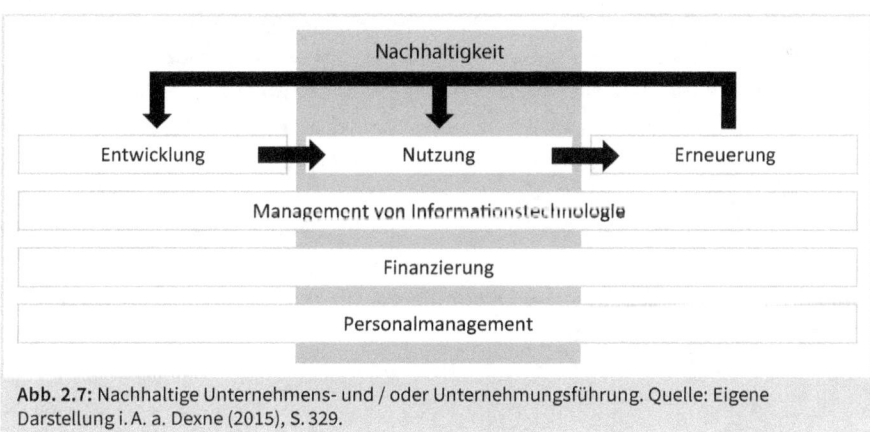

Abb. 2.7: Nachhaltige Unternehmens- und / oder Unternehmungsführung. Quelle: Eigene Darstellung i. A. a. Dexne (2015), S. 329.

Die Immobilienwirtschaft muss nun nachhaltige Qualitäten schaffen, indem ihre Unternehmen und / oder Unternehmungen die gesamte Wertschöpfungskette auf

---

30 Vgl. Kreß (2020), S. 272; zur Diskussion vgl. Spratt / Dunlop (2018).
31 Mayer (2020), S. 73.
32 Vgl. Mayer (2020), S. 73.

dieses Ziel ausrichten.[33] Dabei geht es um nichts Geringeres als die strategische »Neuausrichtung der Unternehmens[- und / oder Unternehmungs]führung sowie der sämtlicher Funktionsbereiche und die Angleichung von Managementprinzipien«.[34] Dabei gilt es, ESG-Kriterien in bestehende Entscheidungs- wie Investitionsprozesse einzubinden. Um hierbei den zwangsläufigen Interessenkonflikten zwischen den beteiligten Unternehmens- und / oder Unternehmungsbereichen vorzubeugen, müssen zunächst wesentliche Handlungsfelder und Rollen in der Organisations- und Ablaufstruktur verankert und zugeordnet werden.[35]

Für die Implementierung entsprechender CG- und ESG-Strukturen lässt sich auf etablierte Methodik wie die der internationalen Norm ISO 14001 zurückgreifen. Die Norm definiert international anerkannte Anforderungen an den Aufbau, die Methode sowie den Inhalt von Umweltmanagementsystemen mit Blick auf die kontinuierliche Verbesserung der ökologischen Aufstellung von Unternehmen und / oder Unternehmungen.[36] Ausgehend von der Systematik der ISO 14001 können nun bei Bedarf ökonomische wie soziale Qualitäten in die strategische und operative Unternehmens- und / oder Unternehmungsplanung wie Investitionsentscheidungen, Immobilien-Portfoliostrukturierungen sowie Immobilien-Asset-, Property- und Facility Managementleistungen integriert werden.[37]

Es liegt auf der Hand, dass diese Planungen sowohl die Erwartungen von Share- und Stakeholdern des Unternehmens und / oder der Unternehmung ebenso widerspiegeln als auch gesetzliche Anforderungen und darüber hinaus öffentliche Interessen erfüllen müssen. Dabei gilt es, die Angemessenheit und Realisierbarkeit der geplanten Zielvorgaben im Sinne der optimierten Ausnutzung der eigenen Ressourcen nicht aus den Augen zu verlieren. Zu hohe oder übertriebene Nachhaltigkeitsziele führen zu gesteigertem Konfliktpotenzial zwischen Unternehmen und / oder Unternehmung und Share- wie Stakeholdern und wirken sich zielmindernd und sogar imageschädigend aus. Daher sollten zunächst die Kernprozesse mit realisierbaren Nachhaltigkeitszielen beplant werden. Dasselbe gilt auch für die organisatorischen Einheiten besonders bei multinationalen Unternehmen und / oder Unternehmungen.[38] In der kurzen Frist helfen kontrollier- und steuerbare Zwischenziele, um den nachhaltigen Prozessen eine stabile Richtung zu geben. In mittlerer Frist erfolgt die Quantifizierung der Nachhaltigkeitsausrichtung auf Immobilien-Investment-, -Portfolio- und

---

33   Vgl. Dexne (2015), S. 328.
34   Vgl. Weiss / Friedemann (2011).
35   Vgl. Mayer (2020), S. 69.
36   Vgl. Weiss / Friedemann (2011).
37   Vgl. Weiss / Friedemann (2011).
38   Wie z. B. Joint Ventures, Tochterunternehmen sowie Subunternehmen [vgl. Weiss / Friedemann (2011)].

-Asset-Ebene. Auf lange Sicht gilt es, die ökonomischen Implikationen der Nachhaltigkeitsperformance nachzuweisen und dadurch die Transparenz gegenüber Share- und Stakeholdern sowie deren Vertrauen in das Unternehmen und / oder die Unternehmung zu stärken.[39]

2.3   Werthaltiges Real Estate Management

2.3.1   Vereinfachter Zusammenhang zwischen dem Vermögen bzw. Kapital, dem Wert und dem Kaufpreis eines Unternehmens und / oder einer Unternehmung

Auf allen Hierarchieebenen des Real Estate Managements sind der Werterhalt, respektive die Wertsteigerung, sowie möglichst stabile positive Einzahlungsüberschüsse elementare Ziele des wirtschaftlichen Handelns – abhängig vom Investmentstil mit Tendenzen zu der einen oder anderen Erfolgsgröße. Regelmäßig wird bei der Konkretisierung des Wertbegriffes auf unterschiedliche Kenngrößen und -zahlen verwiesen. Diese Kenngrößen und -zahlen fokussieren häufig das Eigenkapital bzw. (durchschnittlich) gebundene Kapital und dessen Rentabilität. Dabei spiegelt das Eigenkapital eine bilanzielle bzw. buchhalterische Kenngröße wider. Das (durchschnittlich) gebundene Kapital hingegen wird i. d. R. und überwiegend durch eine Marktwert- oder Preisgröße und folglich mittels Bewertung oder Transaktion determiniert.

Hierbei ist zu konstatieren, dass die marktbedingte Bewertung eines Unternehmens oder einer Unternehmung unter Berücksichtigung des Fremdkapitals von der nominalen Höhe des tatsächlichen Eigenkapitals abweichen kann. Diese Abweichungen basieren überwiegend auf den wirtschaftssubjektiven Einschätzungen endogener und exogener Rahmenbedingungen als Ursache für die Zukunftsaussichten eines Wirtschaftsobjektes. Die Zukunftsaussichten eines Wirtschaftsobjektes sind ökonomisch wiederum eng verbunden mit der vermuteten Höhe und Entwicklung der etwaig zurückfließenden Zahlungsströme und der Einschätzung über die als Diskontierungszinssatz Verwendung findende Hurdle Rate als risikoadäquate Mindestverzinsung für das Investment in ein Unternehmen oder eine Unternehmung.[40]

---

39   Vgl. Weiss / Friedemann (2011); Kysberg (2015).
40   Vgl. Hungenberg (2014), S. 379.

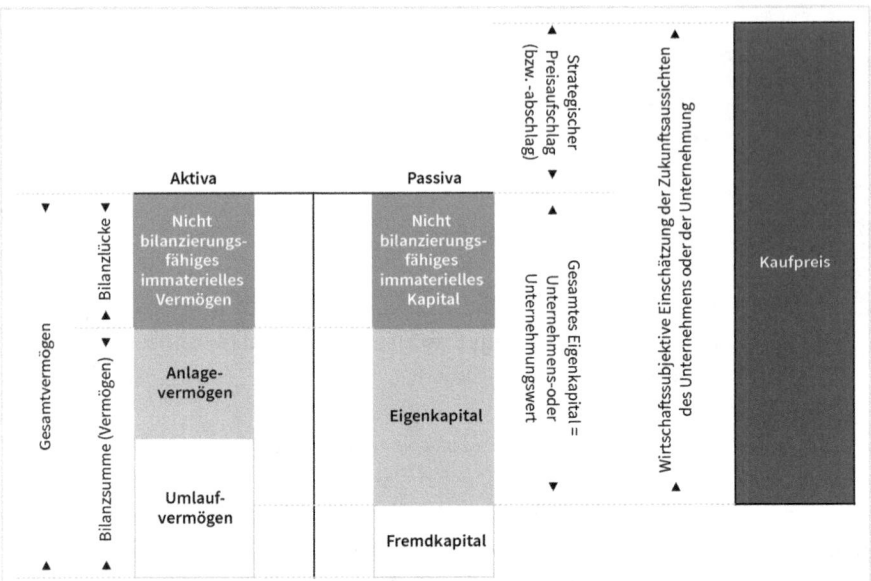

Abb. 2.8: Vereinfachter Zusammenhang zwischen den Aktiva und Passiva einer Bilanz, dem Wert sowie dem Kaufpreis eines Unternehmens oder einer Unternehmung. Quelle: Eigene Darstellung i. A. a. Schulz (2017b), S. 161.

Werden sehr vereinfacht die etwaig zurückfließenden Zahlungsströme mit dem (prognostizierten) Unternehmens- bzw. Unternehmungsergebnis und die risikoadäquate Mindestverzinsung eines Investments mit der Entlohnung für das einzugehende (prognostizierte) Unternehmens- bzw. Unternehmungsrisiko gleichgesetzt, verdichten sich die Größen über kapitalmarktorientierte Bewertungsmethoden zu einem Unternehmens- bzw. Unternehmungswert. Der so ermittelte Unternehmens- bzw. Unternehmungswert subsummiert folglich sowohl das bilanzielle Eigenkapital als auch ein nicht bilanzierungsfähiges immaterielles Kapital des Unternehmens bzw. der Unternehmung (vgl. Abb. 2.8). Unter Berücksichtigung eines etwaigen strategischen Preisaufschlags oder -abschlags ergibt sich wiederum ein möglicher Kaufpreis für das Unternehmen bzw. die Unternehmung.[41]

Basierend auf den dargestellten vereinfachten Zusammenhängen kann angenommen werden, dass diese Umstände auch für Unternehmen und Unternehmungen des Real Estate Managements gelten. Demgemäß liegen die Herausforderungen eines werthaltigen Real Estate Managements in der Planung, Steuerung und Kontrolle

---

41 Vgl. Becker (2019); Schulz (2017b), S. 160. Schulz (2017b) weist zudem darauf hin, dass eine einfache Subtraktion des Eigenkapitals vom Unternehmenswert nicht als abschließende Bewertungsmethodik des nicht bilanzierungsfähigen immateriellen Kapitals dienen sollte, und verweist auf Reimsbach (2011) [vgl. Schulz (2017b), S. 163].

- nachhaltiger[42] Einzahlungsüberschüsse und
- der marktorientierten[43] risikobedingten[44] Außen- und Innenwirkung

des Unternehmens und / oder der Unternehmung. Diese Erkenntnisse sind nicht neu, allerdings im Kontext der ESG-Materie aktueller denn je. Studien außerhalb der Immobilienwirtschaft belegen vielzählig, dass Unternehmenswerte häufig, überwiegend und zunehmend von dem (zunächst) nicht bilanzierungsfähigen immateriellen Kapital abhängig sind.[45] Hieraus folgt, dass sich der Fokus des (Real Estate) Managements von betriebswirtschaftlichen Hard- hin zu (noch) Soft-Facts verschieben sollte. Denn werden die Begriffe »nachhaltig«, »markorientiert« und »risikobedingt« unternehmerisch mit Leben gefüllt, ist sowohl von einer unmittelbaren als auch von einer mittelbaren Wertbeeinflussung des Unternehmens und / oder der Unternehmung auszugehen. Im Folgenden werden die strategischen, operativen und kontrollorientierten Dimensionen für die unmittelbare und mittelbare Wertbeeinflussung durch die konsequente Implementierung eines ESG-orientierten Real Estate Managements abzuleiten versucht.

2.3.2   Strategische Dimension eines werthaltigen Real Estate Managements

Aktuell liegt ausschließlich die ESG-Taxonomie für den Bereich »Environmental« vor[46] – es ist allerdings davon auszugehen, dass zeitnah auch für die Bereiche »Social« und »Governance« entsprechende Taxonomien folgen werden. Für diese Bereiche lassen sich allerdings zunächst existierende Leitsätze für eine verantwortungsvolle Unternehmensführung, z. B. von der Organisation für wirtschaftliche Zusammenarbeit und Entwicklung (Hrsg.) (2011), von der ILO Vertretung in Deutschland (Hrsg.) (1998) oder des United Nations Global Compact (Hrsg.) (2014), adaptieren.[47] Werden die Elemente des nicht bilanzierungsfähigen immateriellen Kapitals und entsprechende Investitionen in dieses Kapital sowie die (z. T. angenommene) ESG-Taxonomie verglichen, entstehen zahlreiche Interdependenzen, Überschneidungen und Wechselwirkungen. Folglich bietet es sich an, die ESG-Kriterien im Rahmen der strategischen Positionierung des Real Estate Managements in Ziele und Strategien zu transformie-

---

42   Unter »nachhaltig« sind hier die Zukunftsaussichten im Hinblick auf die Stabilität bzw. das Wachstum der Einzahlungsüberschüsse zu verstehen [vgl. Schulz (2017b), S. 175].

43   Für nähere Erläuterungen zur Marktorientierung vgl. Kapitel 2.2.

44   Unter »risikobedingt« ist hier eine hohe Resilienz des Unternehmens und / oder der Unternehmung gegenüber Krisen zu verstehen [vgl. Schulz (2017b), S. 175].

45   Vgl. hierzu beispielhaft die Verweise von Schulz (2017b), S. 162; Reimsbach (2011), S. 139. I. d. R. wird dem nicht bilanzierungsfähigen immateriellen Kapital als Passivum ein entsprechendes nicht bilanzierungsfähiges immaterielles Vermögen als Aktivum in der Bilanz gegenübergestellt.

46   Vgl. Verordnung (EU) 2020/852.

47   Vgl. Bundesanstalt für Finanzdienstleistungsaufsicht (Hrsg.) (2021a).

ren und dabei gleichermaßen umweltrelevante, gesellschaftsbezogene und unternehmensethische Aspekte zu berücksichtigen.

Für die Transformation der ESG-Kriterien in ein unternehmerisches Handeln ist sinnvollerweise zunächst unabhängig von existenten Unternehmens- und / oder Unternehmungszielen eine Zielhierarchie aus einer normativen, strategischen und operativen Ebene zu formulieren.[48] Als Bindeglied zwischen den strategischen und den operativen Zielen wirken die abgeleiteten Strategien – die operativen Ziele münden wiederum in der eigentlichen Umsetzung von Maßnahmen, Projekten und Arbeitspaketen.[49] Je nachdem wie hoch der Deckungsgrad der existenten Unternehmens- und / oder Unternehmungsziele mit den unter Berücksichtigung der ESG-Kriterien formulierten (neuen) Zielen ist, desto geringer fällt der Aufwand für einen Change-Management-Prozess ins Gewicht.

2.3.2.1   Normative Zielebene

Die normative Zielebene dient zur Formulierung einer Vision bzw. Mission und eines Leitbildes sowie zur Fixierung von Normen und Werten[50] mit folgenden beispielhaften Fragestellungen:

- Wohin wollen wir?
- Wofür wollen wir stehen?
- Wie wollen wir nach Außen und nach Innen wirken?

Die normative Zielebene wird häufig außerhalb der strategischen Dimension gesehen, gleichwohl erscheint es geboten, diese Ebene im Dreiklang der Ziele zu erwähnen, da hier bereits zahlreiche Implikationen auf den ESG-Kontext aufkeimen. Die Implikationen auf den ESG-Kontext lassen sich sowohl in eine Innen- als auch in eine Außenperspektive gliedern.[51]

Als Innenperspektive lässt sich anführen, dass durch eine ESG-konforme Unternehmens- und Unternehmungsausrichtung ein hohes Maß an Zufriedenheit sowie damit an Motivation und Identifikation der Mitarbeitenden einhergeht. Materiell kann dieser Umstand Auswirkungen auf eine geringere Fluktuationsrate und folglich geringere

---

48   Mitunter wird in Change-Management-Prozessen zunächst die Analyse der Ist-Situation des Unternehmens bzw. der Unternehmung vorangestellt – eine Analyse gestaltet sich allerdings unter Berücksichtigung der Zielvorstellungen mitunter deutlich gerichteter.

49   Für nähere Erläuterungen zur operativen Umsetzung vgl. Kapitel 2.3.3.

50   Vgl. Wunder (2017a), S. 23.

51   Vgl. Hungenberg (2014), S. 419-420.

Personalwechselkosten[52] sowie auf die Arbeitsproduktivität und folglich auf die Stabilisierung der Personalkosten bei gleichzeitiger Umsatzsteigerung[53] haben, (zunächst) immateriell steigt die Attraktivität des Unternehmens bzw. der Unternehmung im »War for Talents«[54]. Studien zeigen, dass sich der in Deutschland bereits vielzählig kolportierte Fachkräftemangel durch die demografische Veränderung der Gesellschaft nochmals verstärkt und damit nicht nur fähige Mitarbeitende gehalten, sondern durch die Attraktivitätssteigerung eines Unternehmens bzw. einer Unternehmung die aktiven und passiven Personalrekrutierungen inländischer und ausländischer Talente befördert werden sollten.[55] Die Förderung der aktiven bzw. passiven Personalrekrutierung gelingt folglich zum einen durch effektives Employer Branding und zum anderen durch die Weiterentwicklung zu einem effizienteren Employee Branding, bei dem Corporate Influencer eine herausragende Unternehmens- und / oder Unternehmungsphilosophie aus einer intrinsischen Motivation heraus verbreiten.[56] Beides, Employer und Employee Branding, können eine gesteigerte Resilienz des Unternehmens und / oder der Unternehmung gegenüber sich verändernden Rahmenbedingungen erzeugen, was sich explizit in der (prognostizierten) Stabilität zukünftig zurückfließender Zahlungsströme und / oder implizit in der Reduzierung des Risikoaufschlags im Diskontierungszinssatz niederschlagen würde.[57]

In der Außenperspektive ist eine ESG-konforme bzw. -übererfüllende Unternehmens- und Unternehmungsausrichtung in einem sich entwickelnden Marktumfeld ein wichtiger Leitgedanke zur Bindung bestehender und zur Gewinnung neuer Kund*innengruppen – drastischer formuliert ist es fraglich, ob ein Unternehmen und / oder eine Unternehmung ohne eine konsequente Philosophieausrichtung an ESG-Aspekten nicht früher oder mindestens später mit einem stark schwindenden Kund*innenstamm zu agieren und sich folglich existenzielle Fragen zu stellen hat.[58] Diese äußerst materiellen Konsequenzen lassen sich dadurch ergänzen, dass eine vorauseilende ESG-Ausrichtung des Unternehmens bzw. der Unternehmung in einem sich noch im Megatrend befindlichen Marktumfeld zur Hebung von Kostensenkungspotenzialen in der Kundenakquise und im Vertrieb führen kann, da (zumindest vorerst) ein Wettbewerbsvorteil generiert werden würde.[59] Ein derartiger vom Markt wahrgenommener

---

52   Unter Personalwechselkosten werden alle monetären Aufwendungen verstanden, die bei einer Neubesetzung einer Stelle anfallen können – hierunter lassen sich Effizienz- und Effektivitätseinbußen der Arbeitsleistung zwischen (innerer bzw. tatsächlicher) Kündigung und dem Austritt und etwaige Abfindungszahlungen scheidender Mitarbeitenden sowie Anwerbungs-, Auswahl-, Einstellungs- und Einarbeitungskosten neuer Mitarbeitenden sowie sonstige administrative Kosten subsumieren.
53   Vgl. Schulz (2017b), S. 172.
54   Vgl. Krys (2017), S. 58-59.
55   Vgl. Eichener / Kamis (2018), S. 37.
56   Vgl. Kilubi (2019); Immobilien Manager Verlag IMV GmbH & Co. KG (Hrsg.) (2021).
57   Vgl. Schoiswohl (2016), S. 37-41.
58   Für nähere Erläuterungen zum Marktumfeld vgl. Kapitel 2.2.
59   Vgl. Eichener / Kamis (2018), S. 37-38.

Wettbewerbsvorteil kann sich in einer hohen Ausprägung des Unternehmens- bzw. Unternehmungswertes widerspiegeln, insbesondere in dem immateriellen, (zunächst) nicht bilanzierungsfähigen Teil – es entsteht also bereits über die normative Zielebene ein fundierter Markenwert[60]!

In der Konsequenz des prozessorientierten Hierarchiekonzeptes des Real Estate Managements folgt aus dieser Argumentationslinie, dass die jeweils niedrigere Hierarchie- bzw. vorgelagerte Prozessebene im Sinne einer Lieferantenbeziehung (bzw. Wertschöpfungskette) ebenfalls die ESG-Thematik umzusetzen hat, was damit einhergeht, dass ESG nur dann wirklich funktioniert, wenn alle Ebenen mitwirken.[61] Beispielhaft würde ein ESG-gelabelter Immobilienfonds nicht laufen, wenn in diesem kein Immobilien-Portfolio ESG-orientiert gemanagt wird und / oder das Immobilien-Portfolio wiederum nicht aus nach ESG-Kriterien selektierten Immobilien besteht – bei Bekanntwerden eines derartiges Real Estate Managements wäre dieses sogenannte »Green-Washing« mit Reputations- und Rufschädigung, Loyalitäts- und Vertrauensverlust gegenüber allen (auch nicht direkt betroffenen) Hierarchieebenen bzw. Prozessbestandteilen sowie Rückgang des Unternehmens- und / oder Unternehmungswertes verbunden.[62] Folglich besteht top-down und bottom-up die Managementaufgabe auch darin, Zieldivergenzen und / oder -konflikte der unterschiedlichen Managementdisziplinen auszuräumen – je weniger des gesamten Real Estate Managements inhouse durchgeführt wird, desto weniger trivial ist auch diese Managementaufgabe, da sie zum einen mit erheblichen Auswahl-, Steuerungs- und Kontrollaufgaben in die eine Richtung sowie mit veränderten Reportingaufgaben in die andere Richtung verbunden ist!

Die sich aus diesen nicht trivialen Managementaufgaben ergebenden Rechte und Pflichten einzelner Unternehmens- bzw. Unternehmungsbestandteile im Kontext der normativen Zielebene werden u. a. zunächst über eine Verfassung und ein Leitbild fixiert. Die Verfassung dient als ein Unternehmen bzw. eine Unternehmung nach innen und außen konstituierender Ordnungsrahmen, das Leitbild wiederum als ein richtungsweisender und mitunter limitierender Handlungsrahmen.[63] Dieser Handlungsrahmen wird in strategische Ziele und darauf basierende Strategien überführt.

---

60 Dieser Markenwert ist entsprechend der handelsrechtlichen und / oder steuerrechtlichen Vorgaben zu bilanzieren bzw. nicht zu bilanzieren – zur Vereinfachung wird auf diesen Aspekt nicht gesondert eingegangen.
61 Vgl. Bundesverband Investment und Asset Management e. V. (Hrsg.) (2016), S. 2.
62 Vgl. Wunder (2017a), S. 25.
63 Für nähere Erläuterungen zur Herleitung der normativen Zielebene inkl. Vision, Mission und Leitbild und zu den Anforderungen an diese im immobilienwirtschaftlichen Kontext vgl. Eichener / Kamis (2018), S. 38-49.

2.3.2.2   Strategische Zielebene

Auf Basis des Leitbildes dient die strategische Zielebene der Ableitung von langfristig ausgerichteten Vorgehensweisen zur Erreichung der normativen Ziele mit folgenden beispielhaften Fragestellungen:

- Wie wollen wir uns generisch produktpolitisch im Kontext der sich verändernden Rahmenbedingungen positionieren?
- Welches Preissegment wollen wir auf Basis der Implikationen der produktpolitischen Ausrichtung anstreben?
- Welche Konsequenz können wir aus Produkt- und Preispolitik für die Kommunikation ableiten?

Häufig ist eine (im Sinne der Theorie) rationale Ableitung von strategischen Zielen und hierauf basierenden Strategien äußerst herausfordernd. Glauner (2017) beschreibt diesen Umstand mit der Opazität der Gegenwart (keine vollständigen Informationen über die aktuellen Umweltzustände), der Opazität der Zukunft (keine vollständigen Informationen über die künftigen Umweltzustände) und der Opazität des Ursache-Wirkungs-Geflechts in komplexen Systemen (keine eindeutige Ergründung von Vorgängerereignissen und deren Zusammenhänge sowie folglich keine eindeutige Prognose von Nachfolgereignissen und wiederum deren Zusammenhänge). Nichtsdestotrotz sollte ausdrücklich der Versuch unternommen werden, sich ein strategisches Zielbild über die Positionierung des Unternehmens und / oder der eigenen Unternehmungen im Wettbewerb zu geben. Die strategische Positionierung kann als Sicherung der Wettbewerbsvorteile von morgen angesehen werden und wird häufig als Königsdisziplin der Unternehmens- und Unternehmungsführung bezeichnet.[64] Im Rahmen der strategischen Positionierung sind neben der produktpolitischen insbesondere auch die preis- und kommunikationspolitischen Ziele (nicht die eigentliche Umsetzung) zu formulieren[65], die zum einen langfristig orientiert und zum anderen prognoseadaptierend sein sollten – gerade im Hinblick auf radikale und neuartige sowie sprungfixe und exponentielle Veränderungen der Rahmenbindungen[66]. Dabei ist zu konstatieren, dass es im Zeitablauf stets Wechselwirkungen zwischen der eigentlichen Strategie und den strategischen Handlungen geben wird, also folglich nicht zwangsläufig eine Strategie zeitlich vor einer strategischen Handlung existiert (ex ante), sondern sich ggf. eine Strategie erst zeitlich mit oder nach einer langfristig orientierten Handlung herausbildet (ex post).[67] Dies ist auch der Grund, dass mitunter in der Praxis ein Verschmelzen der strategischen Analyse, der Strategieformulierung und der Strategieimplementierung bzw. -umsetzung beobachtet werden kann.[68]

---

64   Vgl. Glauner (2017), S. 341-342.
65   Vgl. Stehr / Struve (2017), S. 3.
66   Vgl. Glauner (2017), S. 341.
67   Vgl. Wunder (2017a), S. 29.
68   Vgl. Wunder (2017a), S. 31.

Von einer radikalen und neuartigen sowie sprungfixen und exponentiellen Veränderung der Rahmenbedingungen ist beim Blick auf die historische Entwicklung des
Themas ESG und auf den (eher integrativen) Vorläufer CSR sowie auf die (eher nicht integrativen) Einzelentwicklungen auf umwelt-, sozial- und arbeitspolitischer sowie aufsichtsrechtlicher Ebene nicht konsequenterweise zu sprechen. Gleichwohl erscheint
der gesellschaftliche Wandel und die damit einhergehenden regulatorischen Rahmenbedingungen für viele Unternehmen und / oder Unternehmungen irgendwie überra-
schend, denn sie bedeuten ein Ende des (semi-) freiwilligen Handelns zugunsten eines
verpflichtenden Engagements, konkretisiert mit einer zeitlichen Vorgabe der Umsetzung. Die Aufgabe der Unternehmen und ihrer Unternehmungen ist, das Ende der
(Semi-) Freiwilligkeit als Chance zu begreifen und eine Abkehr von einer selbstbezogenen, ertragsfixierten Unternehmens- und Unternehmungsführung mit der Ziellogik
eines Monopols und damit von einem kurzfristigen, nicht-gesellschaftsorientierten
Denken zu forcieren. Dieser Schritt kann mit der Formulierung langfristiger und ganzheitlich verantwortlicher Ziele i. S. d. Triple-Bottom-Line-Ansatzes (Ökologie, Ökonomie, Sozialaspekte) funktionieren.[69]

Die Positionierung des Unternehmens und / oder der Unternehmung im Wettbewerb
über entsprechende strategische Ziele wird in der klassischen Literatur i. d. R. flankiert
mit der Herausbildung von Unterscheidungsmerkmalen gegenüber der Konkurrenz.[70]
Zur Herausbildung von Unterscheidungsmerkmalen lässt ein Marktumfeld mit weit
gezogenen Grenzen viele strategische Spielräume zu – werden die Grenzen enger gesteckt, verringern sich die Spielräume und damit auch die Chance zur Herausbildung
von Unterscheidungsmerkmalen: Es entwickelt sich ein neuer »Standard«.[71] Daraus ließe sich ableiten, dass die Umsetzung einer ESG-Konformität im Wettbewerb langfristig keinen relativen Mehrwert für das Unternehmen liefert, da alle Unternehmen und
Unternehmungen verpflichtend ESG-konform zu agieren haben werden – gleichzeitig
ist allerdings festzuhalten, dass eine Nicht-Umsetzung absehbar zum Verschwinden
der Unternehmens- und / oder Unternehmungsberechtigung führt und damit eine
Wertminderung gen Null akzeptiert werden würde (zukünftig zurückfließende Einzahlungsüberschüsse sinken und kommen irgendwann zum Erliegen und zeitgleich steigt
die Risikoprämie im Diskontierungszinssatz, beides mit der Folge des Abschmelzens
der immateriellen und materiellen Wertbestandteile des Unternehmens und / oder

---

69   Vgl. Glauner (2017), S. 343-346.
70   Im Allgemeinen kann eine herausragende Positionierung des Unternehmens und / oder
     der Unternehmung im Wettbewerb über die operative Exzellenz (bessere Durchführung der
     unternehmerischen Aktivitäten als der Wettbewerb) und durch strategische Exzellenz (Durchführung
     anderer unternehmerischer Aktivitäten als der Wettbewerb) gelingen [vgl. Wunder (2017a), S. 17].
71   Vgl. Buchelt / Stephan / Dobberow (2021), S. 9.

der Unternehmung). Besteht also ein Interesse am Fortbestand des Unternehmens und / oder der Unternehmung, ist im ESG-Kontext die Fragestellung nicht mehr nach dem »ob«, sondern nach dem »wann« und »wie« eine Umsetzung erfolgen soll.

Dieser Umsetzungsdruck ist zum einen im Sinne der mit der Einführung von ESG verbundenen politischen Nachhaltigkeitsziele aus gesellschaftlicher Perspektive wünschenswert, aus unternehmerischer Perspektive allerdings mitunter diffizil. Zum anderen sinken die Halbwertszeiten und folglich die langfristige Orientierung von Strategien durch die digitalisierungsgetriebenen, rasch voranschreitenden Transformationsmegatrends

- Prozessbeschleunigung,
- Internationalisierung und
- Disruption

sowie durch die schnelle Adaptierbarkeiten von Strategien durch andere Unternehmen und / oder Unternehmungen. Die Kombination aus dem zeitlichen und dem qualitativen Umsetzungsdruck schafft ein schwieriges Umfeld für eine erfolgversprechende Strategieentwicklung.[72] Hieraus lässt sich ableiten, dass strategische Ziele zwar einerseits eine lang- oder längerfristige Ausrichtung des Unternehmens und / oder Unternehmung darstellen sollen, aber andererseits auch ausreichend flexibel sein müssen, um auf geänderte Umweltbedingungen reagieren zu können. Bereits im Rahmen der normativen Zielebene wurde darauf verwiesen, dass eine rasche Umsetzung der ESG-Konformität oder – i. S. der voranstehenden Ausführungen – vermeintlich sinnvollerweise ESG-Übererfüllung Zeit- und damit Wettbewerbsvorteile[73] sichern und sich folglich kurz- und mittelfristig über ein Preis- und Profitabilitätspremium[74] sowie nachhaltig auf den Unternehmens- und / oder Unternehmungswert auswirken könnte.

Der Ursache-Wirkungs-Beziehung folgend, dass das Herausbilden und Aufrechterhalten von Wettbewerbsvorteilen entscheidend für die Bildung des Unternehmens- und / oder Unternehmungswertes sind, ist bei der Formulierung strategischer Ziele

---

72 Vgl. Wunder (2017a), S. 20.
73 Unterscheidungsmerkmale zu anderen Unternehmen und / oder Unternehmungen werden dann zum Wettbewerbsvorteil, wenn diese Unterscheidungsmerkmale darin münden, dass die Nachfrageseite bereit ist, für die angebotene Leistung den aufgerufenen Preis zu zahlen – folglich ist es für die strategische Ausrichtung eines Unternehmens und / oder einer Unternehmung nicht entscheidend, objektiv ein besseres Preis-Leistungs-Verhältnis bzw. einen höheren Nutzwert vorzuweisen, sondern subjektiv aus Sicht der Nachfrageseite mit einem besseren Preis-Leistungs-Verhältnis bzw. einem höheren Nutzwert wahrgenommen zu werden – die Wahrnehmung drückt sich demgemäß im Preisunterschied (niedriger Preis bei gleicher Leistung bzw. gleichem Nutzen) und / oder im Leistungsunterschied (bessere Leistung bzw. höherer Nutzen bei gleichem Preis) aus [vgl. Hungenberg (2014), S. 78-79].
74 Vgl. Wunder (2017a), S. 18.

(erneut) das (ökonomische) Bindeglied zwischen Wettbewerbsvorteil und Unternehmens- und / oder Unternehmungswert zu fokussieren – dieses Bindeglied sind die Werttreiber. Basierend auf den Ausführungen in Kapitel 2.3.1 sind diese Werttreiber die

- Stabilität bzw. das Wachstum der prognostischen positiven Einzahlungsüberschüsse als Marge zwischen Einzahlungen und Auszahlungen,
- die Investitionsfähigkeit in das Vermögen bzw. (durchschnittlich) gebundene Kapital eines Unternehmens und / oder einer Unternehmung unter Berücksichtigung der Mittelherkunft (Eigen- und Fremdkapital) sowie
- die Mindestverzinsung als Diskontierungszinssatz hergeleitet aus den Kapitalkosten, bestehend aus der (entgangenen) Eigenkapitalverzinsung (aufgrund der Nicht-Investition in Alternativen i. S. d. risikoadjustierten Opportunitätskostenbetrachtung) und den risikoadäquaten Fremdkapitalzinsen.[75]

Diese Werttreiber ließen sich weiter untergliedern und damit auch auf der operativen Zielebene und in der eigentlichen Umsetzung nutzen.[76]

Bei den genannten Werttreibern ist zu konstatieren, dass der direkte Einfluss des Real Estate Managements auf die Wertentwicklung des Unternehmens- bzw. der Unternehmung im Vergleich zur indirekten marktbedingten Werteinschätzung wesentlich geringer ist. Auf der Ebene des Immobilienmarktes zeigt sich dieser Umstand sehr deutlich daran, dass die Volatilität bei Immobilienrenditen auf Marktebene (Gesamtrendite) nahezu ausschließlich aus den alternierenden Werteinschätzungen der Wirtschaftssubjekte hinsichtlich der mit den Immobilien verbundenen Zahlungsströme und deren Diskontierung entstammen (Wertänderungsrendite), nicht jedoch aus den Zahlungsströmen selbst (Mietrendite) – diese können marktorientiert als relativ konstant angesehen werden. Gleichwohl bedarf es zur positiven Werteinschätzung eines Unternehmens bzw. einer Unternehmung als Grundlage i. d. R. prognostisch positive Einzahlungsüberschüsse, denen insbesondere in einem sich fundamental zu ändernden Marktumfeld vermeintlich kluge strategische Entscheidungen vorangehen – diese vermeintlich klugen strategischen Entscheidungen münden in der indirekten positiven Einschätzung über die Werthaltigkeit dieser i. d. R. prognostisch positiven Einzahlungsüberschüsse.

---

75 Vgl. Hungenberg (2014), S. 78.
76 Für nähere Erläuterungen zur operativen Zielebene und zur operativen Umsetzung vgl. Kapitel 2.3.3 sowie die spezifischen Beiträge in diesem Sammelwerk.

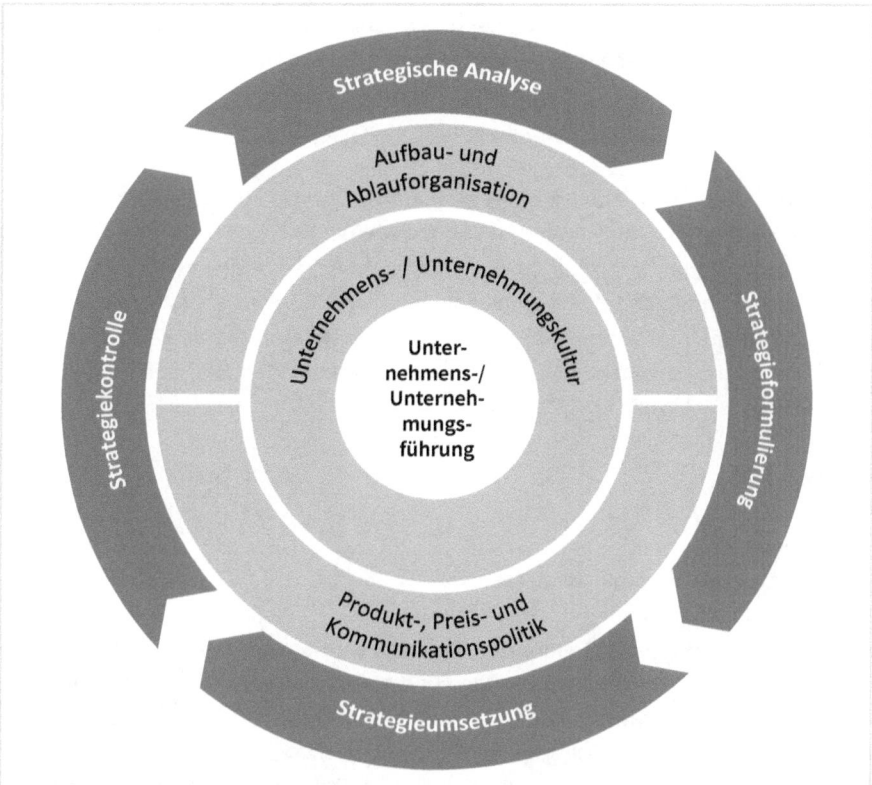

Abb. 2.9: Perspektiven des strategischen Managements. Quelle: Eigene Darstellung i. A. a. Wunder (2016), S. 57.

Als Grundlage für die Formulierung strategischer Ziele sollte eine Analyse und Filterung der Implikationen der über die Sustainable Development Goals (SDGs)[77] und die bestehenden und die aus tangierenden Dokumenten ableitbaren ESG-Taxonomien[78] proklamierten Nachhaltigkeitsthemen auf die Werttreiber erfolgen. Die Wichtigkeit einer Analyse und Filterung (i. S. e. Priorisierung) der Implikationen der Nachhaltigkeitsthemen auf die Werttreiber ergibt sich aus der (anfänglichen) Komplexität der produktpolitischen Umsetzung der ESG-Thematik[79], der (anfänglich) preispolitischen

---

77   Vgl. A/RES/70/1.

78   Vgl. Verordnung (EU) 2020/852; United Nations Global Compact (Hrsg.) (2014); Organisation für wirtschaftliche Zusammenarbeit und Entwicklung (Hrsg.) (2011); ILO Vertretung in Deutschland (Hrsg.) (1998).

79   Ein Auflösen der Komplexität in einzelne Bausteine und das konsequente schrittweise Erarbeiten dieser Bausteine erhöht die Geschwindigkeit und Effizienz bei der Umsetzung [vgl. Schulz (2017b), S. 156]. Für nähere Erläuterungen zu den produktpolitischen Auswirkungen vgl. Kapitel 2.3.3.2.

Wirkung bei der Berücksichtigung der ESG-Kriterien[80] sowie der (anfänglich erforderlichen) kommunikationspolitischen Fokussierung auf wesentliche ESG-Themen[81]. Die Analyse kann qualitativ über eine SWOT-[82] und / oder Nutzwertanalyse erfolgen, für die Priorisierung kann eine Materialitätsmatrix Verwendung finden.

Die SWOT- und / oder Nutzwertanalysen sollten vorrangig auf die gesellschaftlichen Bedürfnisse ausgerichtet sein und das Unternehmen und / oder die Unternehmung auf den Grad der Bedürfnisbefriedigung hin untersuchen. Insbesondere im Hinblick auf die Unternehmungen sind diejenigen mit einem niedrigen Grad an gesellschaftlicher Bedürfnisbefriedigung aus dem (Produkte-)Portfolio zu eliminieren.[83] Diejenigen mit einem zumindest mittleren Grad an gesellschaftlicher Bedürfnisbefriedigung sind dahingehend zu analysieren,

- ob,
- wie,
- mit welchem Aufwand,
- bis wann und
- mit welchem vermeintlichen Ergebnis

durch Korrekturen ein höherer Grad an gesellschaftlicher Bedürfnisbefriedigung erreicht werden kann – eine Orientierung an anderen Branchen kann hierbei durchaus helfen.[84] Transponierend analysiert können die über die Bewertungsdeterminanten der SWOT- und / oder Nutzwertanalysen untersuchten ESG-Themen in ein Ranking überführt werden, das folglich diejenigen ESG-Themen hochrangig ausweist, die über alle Bestandteile des (Produkt-)Portfolios großen Einfluss auf eine vermeintliche Ergebnisverbesserung (ökonomische Wirkung) haben et vice versa.[85] Demzufolge ist eine Analyse der Produktivität (Effektivität und / oder Effizienz) im Hinblick auf Stei-

---

80 Zwar geht gemäß vielzähligen Studien ESG-Konformität mit höheren Unternehmens- und / oder Unternehmungswerten sowie -profitabilitäten einher, nichtsdestotrotz belasten investive Maßnahmen ggf. zunächst die laufenden Einzahlungsüberschüsse, sodass folglich etwaige Preisanpassungen erforderlich sein könnten. Für nähere Erläuterungen zu den preispolitischen Auswirkungen vgl. Kapitel 2.3.3.3.

81 Eine anfängliche Ausrichtung der Kommunikation und damit der vorherigen Informationssammlung auf die rechtlichen Mindestanforderungen an die Berichtspflicht eines Unternehmens und / oder einer Unternehmung erscheint sinnvoll [vgl. Schulz (2017b), S. 156]. Für nähere Erläuterungen zu den kommunikationspolitischen Auswirkungen vgl. Kapitel 2.3.3.4.

82 Die Abkürzung SWOT steht für die Beschreibung von »Strengths« (Stärken), »Weaknesses« (Schwächen), »Opportunities« (Chancen) und »Threats« (Risiken) [vgl. Wunder (2017a), S. 16]; sinnvollerweise werden die Elemente der SWOT-Analyse in eine TOWS-Matrix überführt, in der die als unternehmens- und / oder unternehmungsexogenen angesehenen Risiken und Chancen den als unternehmens- und / oder unternehmungsendogenen angesehenen Schwächen und Stärken gegenübergestellt werden und in der entsprechenden Kombination von Risiken und Stärken bzw. Schwächen sowie Chancen und Stärken bzw. Schwächen folglich zu unterschiedlichen Normstrategien führen (ST- bzw. WT-Strategie sowie SO- bzw. WO-Strategie) [vgl. Weihrich (1982)].

83 Es wird angenommen, dass erforderliche Korrekturen bei niedrigem Grad der gesellschaftlichen Bedürfnisbefriedigung im qualitativen, zeitlichen und monetären Umfang sowie in einer etwaigen Ergebnisausprägung ökonomisch nicht sinnvoll sind.

84 Vgl. Wunder (2017a), S. 22.

85 Vgl. Schormair / Gilbert (2017), S. 99.

gerungspotenziale durch die Integration von ESG-Aspekten bei gleichzeitiger Reduzierung ökonomischer Kosten zu forcieren.[86] Hierbei ist zu konstatieren, dass sich gesellschaftliche Bedürfnisse und damit eine adäquate Bedürfnisbefriedigung durchaus regional- und / oder sektorspezifisch ausprägen. Diese regionalen und sektoralen Bedürfnisse münden folglich im Rahmen der Bedürfnisbefriedigung in einer entsprechenden Produktdifferenzierung und angepassten Wertschöpfungsketten. In der Immobilienwirtschaft ist dieser Umstand geläufig unter »Real Estate is a local and people business«. Gleichwohl können regionale und / oder sektorspezifische Ausprägungen äußerst interessante Implikationen auf sonstige Standardunternehmungen liefern.[87]

Die Materialitätsmatrix nutzt wiederum die Ergebnisse aus dem Ranking und stellt die Wichtigkeiten der ESG-Themen im Hinblick auf deren ökonomische Wirkungen den Einflüssen auf die Unternehmens- und / oder Unternehmungsbewertungen und Entscheidungen der Stakeholder gegenüber[88] – die (zunächst) relevanten und folglich zu fokussierenden Faktoren für eine hohe ESG-Performance finden sich im oberen rechten Quadranten, (zunächst) weniger relevante und folglich eher (vorerst) zu vernachlässigende Faktoren für eine hohe ESG-Performance finden sich im unteren linken Quadranten.[89]

Die erforderliche rasche Umsetzung – insbesondere der (zunächst) zu fokussierenden ESG-Themen – mündet in der Formulierung (neuer) strategischer Unternehmens- und / oder Unternehmungsziele. Die Formulierung (neuer) strategischer Unternehmens- und / oder Unternehmungsziele ist mitunter deshalb erforderlich, da eine Loslösung oder additive Berücksichtigung der ESG-Themen von den etwaig bereits vorhandenen strategischen Zielen und den darauf basierenden Strategien wenig sinnvoll erscheint. Stattdessen ist eine Einbettung bzw. integrative Berücksichtigung der ESG-Themen durch Umwidmung bzw. Substitution etwaig bestehender Ziele anzuraten, um die (ökonomischen) Werttreiber nachhaltig zu beeinflussen.[90]

Bei der Formulierung der (neuen) strategischen Unternehmens- und / oder Unternehmungsziele kann es wertvoll sein, die Stakeholder einzubeziehen[91], um so bereits im Rahmen der strategischen Ausrichtung die Grundlagen zur Generierung von Shared Values durch eine neuartige Auseinandersetzung mit Märkten und Produkten und mit

---

86   Für konkrete Beispiele vgl. Kapitel 2.3.3.

87   Vgl. Wunder (2017a), S. 27-28.

88   Vgl. Global Reporting Initiative (Hrsg.) (2013), S. 8-13.

89   Vgl. Wunder (2017a), S. 31; Schulz (2017b), S. 156.

90   Vgl. Glauner (2017), S. 346; Schaltegger (2017), S. 90; Schormair / Gilbert (2017), S. 99; Wunder (2017a), S. 18-19.

91   Vgl. Wunder (2017a), S. 31. Ein Beispiel aus der Immobilienwirtschaft für die Einbeziehung der Stakeholder ist die BVT Unternehmensgruppe, die einen ESG-Unternehmensbeirat installiert hat [vgl. Immobilien Manager Verlag IMV GmbH & Co. KG (Hrsg.) (2020)].

der Wertschöpfungskette sowie durch den Aufbau neuer Cluster zu legen[92]. Zudem ist die Integration von Anreizsystemen (Bonus und Malus) durchaus ein adäquates Mittel, Ziele mit einer entsprechenden Vehemenz zu verfolgen. Grundsätzlich sollten die Unternehmens- und / oder Unternehmungsziele u. a. wie folgt formuliert werden:

- Spezifikation i. S. v. Klarheit und Präzision sowie Verständlichkeit und Nachvollziehbarkeit, aber auch Lösungsneutralität (konkrete Lösungsansätze finden sich in der operativen Zielebene im Kontext von Projekten und Arbeitspaketen) (Was soll erreicht werden?);
- Messbarkeit nach vorher festgelegten Kriterien mit Bezug auf eine unmittelbar positive Wirkung oder auf eine mittelbar positive Wirkung (Vermeidung einer negativen Wirkung) (Welcher Umfang soll erreicht werden?);
- Ambition und Anspruchsniveau mit einer erreichbaren, aber auch motivierenden Ausprägung (Welche kurz-, mittel- und langfristigen Meilensteine sind zu erreichen?);
- Realisierbarkeit (Wodurch bzw. womit und durch wen soll das Ziel erreicht werden?);
- Terminierung (Bis wann soll das Ziel erreicht werden?).[93]

Insbesondere die letzten beiden Punkte und Fragestellungen ließen sich auch erst in der operativen Zielebene ergänzen und damit in Verbindung mit einer kleinteiligeren Ausgestaltung der ersten drei Punkte und Fragestellungen durch entsprechende Maßnahmen und erfüllende Organisationseinheiten konkretisieren.

2.3.2.3 Strategieableitung

Bevor es allerdings in die Konkretisierung und Operationalisierung im Hinblick auf die produkt-, preis- und kommunikationspolitische Ausrichtung geht, können generische Strategien zur Herausbildung und / oder Stärkung der Wettbewerbsposition formuliert werden. Mögliche generische Strategien lassen sich im Wesentlichen in

- die Lock-In-Strategie,
- die Best-Product-Strategie und
- die Complete-Customer-Solution-Strategie sowie

Kombinationen unterschiedlicher Erfolgsmechanismen der zuvor genannten Strategien unterscheiden (vgl. Abb. 2.10).

---

92   Vgl. Schormair / Gilbert (2017), S. 99. Für nähere Erläuterungen zum Shared-Value-Konzept vgl. Kapitel 2.2.2.1.
93   Vgl. Ant (2018), S. 175-176.

Abb. 2.10: Generische Wettbewerbsstrategien. Quelle: Eigene Darstellung i. A. a. Wunder (2017a), S. 21.

Die **Lock-In-Strategie** zeichnet sich insbesondere durch die Erfolgsmechanismen des proprietären Standards, der komplementären Produkte sowie der Exklusivität in der Kund*innennähe aus. Proprietäre Standards ergeben sich i. d. R. durch urheber*innenrechtlich geschützte Produkte, die nicht ohne Weiteres durch Wettbewerber*innen kopiert werden dürfen. In Verbindung mit einer hohen Marktdurchdringung entstehen so monopolistische oder bei wenigen verfügbaren Substitutionsprodukten mit ähnlichen Charakteristika zumindest oligopolistische Strukturen, die hohe Markteintrittsbarrieren für Neuentwicklungen darstellen. Gerade im Kontext digitaler Angebote finden sich hierzu zahlreiche Beispiele, deren Erfolge durchaus projizierbar auf z. B. immobilienwirtschaftliche Softwareprodukte sein können.

Komplementäre Produkte ergänzen wiederum ein Primärprodukt, bestenfalls i. V. m. einem proprietären Standard, sodass das Sekundär- bzw. Ergänzungsprodukt lediglich mit dem Primärprodukt genutzt werden kann. Auch hierfür existieren im Konsumgütermarkt unzählige Beispiele, die Projektionen auf immobilienwirtschaftliche Zusammenhänge zuließen.

Proprietäre Standards und komplementäre Produkte bzw. Exklusivität in der Kund*innennähe insbesondere im Dienstleistungssektor führen folglich zu einer ausgeprägten Kund*innenbindung, da die monetären Wechselkosten und psychischen Wechselbarrieren den objektiv ermittelbaren bzw. subjektiv wahrgenommen Grenznutzen überragen. Die ESG-Regulatorik als rechtlicher Rahmen für eine gesellschaftliche Verantwortung scheint insbesondere diese Art der generischen Wettbewerbsstrategie zu konterkarieren, da tendenziell eher ein miteinander denn ein gegeneinander Wirtschaften angestrebt wird, was aber gerade der Lock-In-Strategie widerspricht.

Die **Best-Product-Strategie** wiederum ist durch die Erfolgsmechanismen der geringsten Kosten, des höchsten Nutzen oder der besten Kosten-Nutzen-Relation als Kombination aus den beiden zuvor genannten gekennzeichnet. Im Allgemeinen sind im Rahmen der Kosten nicht nur Herstellungs- / Produktions- bzw. Anschaffungskosten zu fokussieren, sondern bei den Kosten auf den gesamten Lebenszyklus eines Unternehmens und / oder einer Unternehmung zu rekurrieren – folglich ist das billigste Produkt deutlich nicht immer das günstigste. Gerade die Lebenszykluskostenbetrachtung von Immobilien ist Beispiel dafür, dass erhöhte, aber lebenszykluskostensenkende Anfangsinvestitionen bei Herstellung und Produktion, aber auch bei investiven Maßnahmen (i. S. v. Renovierungs-, Sanierungs- und Modernisierungs- sowie Redevelopment-, Revitalisierungs- und Refurbishmentleistungen) über die sich anschließende Nutzungsphase im Immobilienlebenszyklus zu einer besseren Performanz führen (können). Im ESG-Kontext ist gleichwohl der Kostenbegriff weiter zu fassen und aus der rein ökonomischen und damit sehr individuellen Betrachtung um eine gesellschaftlich- und ökologisch-soziale und damit um eine kollektive Komponente zu ergänzen.

Diese kollektive Komponente ist auch dem Nutzen institutioneller Wirtschaftssubjekte inhärent, denn auch dieser sollte bezogen auf die bereits angesprochenen Werttreiber – dabei insbesondere bezogen auf die Einschätzung der Stabilität der prognostisch zurückfließenden positiven Einzahlungsüberschüsse mittels der Höhe des Diskontierungszinssatzes – nicht ausschließlich aus der individuellen Orientierung an der Gewinnmaximierung resultieren. Stattdessen wird der höchste Nutzen aus der Perspektive der institutionellen Nachfrageseite zunehmend durch die (zunächst) nicht-monetären Komponenten bestimmt. Damit tendiert der höchste Nutzen aus der Perspektive der institutionellen Nachfrageseite vermeintlich zunehmend in die Richtung der in der Theorie überwiegend mit der Nachfrage privater Haushalte in Verbindung gebrachten Nutzenmaximierung. Eine Erweiterung der in der Theorie dem Handeln eines Unternehmens bzw. einer Unternehmung häufig unterstellten Gewinnmaximierung um Komponenten der an privaten Wirtschaftssubjekten orientierten Nutzenmaximierung würde die Berücksichtigung qualitativer und (zunächst) nicht objektiv quantifizierbarer Rahmenbedingungen, zu denen die ESG-Konformität gezählt werden kann, zulassen. Auf diese Weise entsteht der Nutzen eines institutionellen Wirtschaftssubjektes über die Gewinnmaximierung i. V. m. den Charakteristika eines Wirtschaftsobjektes, z. B.

- funktionale Eigenschaften (Effektivität bei der Zweckerfüllung der Unternehmung),
- wirtschaftliche Eigenschaften (Effizienz bei der Zweckerfüllung der Unternehmung),
- prozessbezogene Eigenschaften (Ablauforganisation),
- emotionale Eigenschaften (ausgelöste Gefühle im individuellen Kontext) sowie
- gesellschaftlich- und ökologisch-soziale Eigenschaften (ausgelöste Gefühle im kollektiven Kontext),

im Abgleich mit den Zweckvorstellungen der institutionellen Wirtschaftssubjekte. Folglich dient die Gründung eines Unternehmen und / oder einer Unternehmung zum einen der Notwendigkeit der Kooperation und Interaktion im Wertschöpfungsprozess und zum anderen entsprechend der voranstehenden Ausführungen zur Stiftung eines komplexen Nutzens.[94]

Werden der wirtschaftliche und gesellschaftliche Nutzwert in Relation zu den Kosten gesetzt, ließe sich aus den Ergebnissen eine aus den Präferenzrelationen determinierte Rangfolge bilden und eine Präferenzordnung ableiten. So können volkswirtschaftlich unter idealisierenden Annahmen über die Präferenzen und unter Nutzung idealisierter betriebswirtschaftlicher Funktionen Folgerungen hinsichtlich des Angebots und der Nachfrage sowie der resultierenden Preise gezogen werden. Betriebswirtschaftlich ist es für das Real Estate Management im Rahmen der Best-Product-Strategie folglich von hoher Bedeutung, dass das Unternehmen und / oder die Unternehmung aus der Sicht der Nachfragenden einen Wettbewerbsvorteil gegenüber der Konkurrenz erlangt.[95]

Die **Complete-Customer-Solution-Strategie** kann insbesondere über die Erfolgsmechanismen der Kombination aus Produkt und Service, eines ausgeprägten Customizings und eines hohen Differenzierungsgrades beschrieben werden. In dieser generischen Wettbewerbsstrategie wird der Versuch unternommen, das Angebot durch eine breite und tiefe Produktauswahl (Differenzierung), ergänzt durch zusätzliche Services und Anpassungen an (die individuellen) Wünsche der Nachfrageseite, möglichst so umfassend zu gestalten, dass daraus eine intensive Kundenbindung resultiert. Diese intensive Kundenbindung wird im Vergleich zur Lock-in-Strategie allerdings nicht über eine besondere Marktmacht generiert, sondern eher durch das ausgeprägte Zentrieren der Wünsche und Bedürfnisse der Nachfrageseite bei der Ausrichtung der Produktpalette. Die Complete-Customer-Solution-Strategie ist folglich eher mit der Best-Product-Strategie zu arrangieren, bei der auch der Nutzwert des Produktes aus Sicht der Nachfrageseite eine elementare Rolle spielt. Der Unterschied ist allerdings, dass die Best-Product-Strategie den Fokus (jeweils) auf ein Produkt legt, während die Complete-Customer-Solution-Strategie das Zusammenwirken eines Produktportfolios zur Maximierung des Nutzwertes aus Sicht der Nachfrageseite zu bespielen versucht.

Auf Basis der Erkenntnisse lässt sich subsummieren, dass eine strategische ESG-orientierte Unternehmens- und / oder Unternehmungsausrichtung auch im Real Estate Management zu einem nachhaltigeren Wirtschaften und zu einer nachhaltigeren

---

94 Vgl. Glauner (2017), S. 348.
95 Die Argumentation bezieht sich auf B2B-Geschäfte; im Kontext des Real Estate Managements finden insbesondere im Wohnimmobilienmarkt klassische B2C-Geschäfte statt, für die die Argumentation direkt aus der Perspektive der Nutzenmaximierung privater Haushalte formuliert werden könnte.

Wirtschaft beitragen kann, ohne dabei die ökonomische Zielorientierung zu vernachlässigen. Im Gegenteil böten sich durch neue Technologien (insbesondere im Kontext der Digitalisierung) und durch Innovationen Möglichkeiten, die eigenen Geschäftsmodelle umfänglich anzupassen und damit die Leistungs- und Wettbewerbsfähigkeit und folglich den Unternehmens- und / oder Unternehmungswert in materieller und immaterieller Hinsicht zu steigern. Insbesondere das immaterielle Kapital bzw. Vermögen ist dabei von besonderer Bedeutung, da dieses deutlich wesentlicher bei der Schaffung dauerhafter Wettbewerbsvorteile ist.[96] Hierfür sind auf Basis der normativen Zielebene

- strategische Ziele zu formulieren,
- strategische Handlungscluster bzw. Maßnahmen zur Erreichung der strategischen Ziele zu determinieren,
- diese strategischen Handlungscluster bzw. Maßnahmen als materielle oder immaterielle Investitionen umzusetzen und
- durch die materiellen und immateriellen Investitionen Einfluss auf die Treiber des Unternehmens- und / oder Unternehmungswertes über die kapitalmarktorientierten Bewertungsmodelle auszuüben.

Flankierend durch ein geändertes Risikobewusstsein im Hinblick auf die Fristigkeit der Managemententscheidungen erscheint in diesem Zuge die Abkehr von kurzfristigen, stark renditegetriebenen hin zu langfristigen, multidimensionalen Erwägungen von hoher Wichtigkeit.[97] Unter Berücksichtigung der Fristigkeit beginnt mit der Umsetzung strategischer Handlungscluster bzw. Maßnahmen die Grauzone zwischen der abgeleiteten Strategie und der operativen Dimension eines werthaltigen Real Estate Managements.

2.3.3   Operative Dimension eines werthaltigen Real Estate Managements

Auf Grundlage der grundsätzlichen strategischen Ausrichtung des Unternehmens und / oder Unternehmung einschließlich der strategischen Ziele und den daraus abgeleiteten Strategien ist für die Transformation der ESG-Kriterien in ein originäres unternehmerisches Handeln die operative Dimension, bestehend aus der operativen Zielebene sowie den produkt-, preis- und kommunikationspolitischen Auswirkungen eines ESG-orientierten werthaltigen Real Estate Managements, zu beleuchten.

---

96   Vgl. Wunder (2017a), S. 31-32.
97   Europäische Kommission (Hrsg.) (2018), S. 13-14. Durch die Europäische Kommission initiierte Analysen sollen diesbezüglich auf verschiedenen Ebenen und in verschiedenen Dimensionen über notwendige Verpflichtungen im Rahmen eines Rechtsrahmens Aufschluss geben [vgl. Europäische Kommission (Hrsg.) (2018), S. 14].

2.3.3.1   Operative Zielebene

Im Rahmen der operativen Zielebene werden die als Bindeglied zwischen den strategischen und den operativen Zielen wirkenden Strategien aufgenommen und in kleinteiligere und präzisere Ziele für Einzelmaßnahmen, Projekte und Arbeitspakete überführt. Für die operativen Ziele gelten die gleichen Maßgaben zur Formulierung wie für die strategische Zielebene.[98] Als wesentliche Unterschiede sind allerdings der Konkretisierungsgrad und die Fristigkeit zu nennen. Während die strategische Zielebene überwiegend auf Metaebene der Ableitung von langfristig ausgerichteten Vorgehensweisen zur Erreichung der normativen Ziele auf Basis des Leitbildes dient, werden auf der operativen Zielebene die tendenziell abstrakter formulierten strategischen Ziele nun sehr viel konkreter. Des Weiteren sind die operativen Ziele eher kurz- bis mittelfristig orientiert und dienen damit als Meilensteine zur Erreichung der strategischen Ziele.

- Womit starten wir, was sind »Muss-Kriterien« und was »Kann-Kriterien«?
- Was sind die täglichen zu lösenden Herausforderungen?
- Wie können wir unsere (Teil-)Erfolge messen?
- Wer ist für welche Maßnahme, welches Projekt und welches Arbeitspaket verantwortlich?
- Wann sollen welche Erfolge erzielt werden?

Insbesondere auf der operativen Zielebene und bei den damit verbundenen Einzelmaßnahmen, Projekten und Arbeitspaketen ist eine Differenzierung nach den unterschiedlichen Real-Estate-Managementebenen und den daraus resultierenden jeweiligen Wertschöpfungsfunktionen anzuraten.[99] Dieser Aspekt impliziert auch, dass bezogen auf die ESG-orientierte Unternehmens- und / oder Unternehmungsführung im Rahmen der operativen Zielebene die entsprechenden Bestandteile des Change-Management-Prozesses zu implementieren sind. Der Aufwand für das Change-Management richtet sich nach dem Deckungsgrad der existenten normativen und strategischen Unternehmens- und / oder Unternehmungsziele mit den unter Berücksichtigung der ESG-Kriterien formulierten (neuen) Zielen.[100]

2.3.3.2   Produktpolitische Auswirkungen von ESG

Das momentane öffentliche und private Investitionsniveau genügt für die Transformation in ein ökologischeres, sozialeres und ethischeres Wirtschaftssystem nicht. Die Europäische Kommission (Hrsg.) (2018) konstatiert, dass der Investitionsstau zur Transformation nicht zuletzt an der fehlenden einheitlichen Auffassung der Wirt-

---

98   Für nähere Erläuterungen zu den Maßgaben zur Formulierung strategischer Ziele vgl. Kapitel 2.3.2.2.
99   Vgl. Zentraler Immobilien Ausschuss e. V. (Hrsg.) (2015b), S. 66-68.
100   Für nähere Erläuterungen zum Change-Management vgl. Pfannstiel / Steinhoff (Hrsg.) (2020).

schaftssubjekte auf dem Kapitalmarkt, also auch auf dem Immobilienmarkt, über ein nachhaltiges Wirtschaftssystem liegt.[101] Diesem Umstand soll durch ein einheitliches Klassifikationssystem abgeholfen und damit ein gleichartiges Verständnis von Nachhaltigkeit formuliert werden. Die Grundlage für das einheitliche Klassifikationssystem stellt die ESG-Taxonomie dar.[102] Die ESG-Taxonomie geht allerdings (noch) in weiten Teilen wenig konkret und wenig operativ auf die unterschiedlichen Wirtschaftszweige ein.[103] Folglich verbleibt die Aufgabe der Ausformulierung des Verständnisses von Nachhaltigkeit und die daraus abzuleitenden operativen Auswirkungen (zunächst) bei den unterschiedlichen Wirtschaftszweigen selbst.[104] In der Immobilienwirtschaft hat sich hierzu u. a. der ZIA umfassend positioniert.[105] Diese Positionierungen dienen als Grundlage für die Darstellung ausgewählter operativer produktpolitischer Maßnahmen auf den unterschiedlichen Real-Estate-Managementebenen und tangierenden immobilienwirtschaftlichen Disziplinen.

2.3.3.2.1 ESG-Kriterien berücksichtigende Immobilien-Projektentwicklung

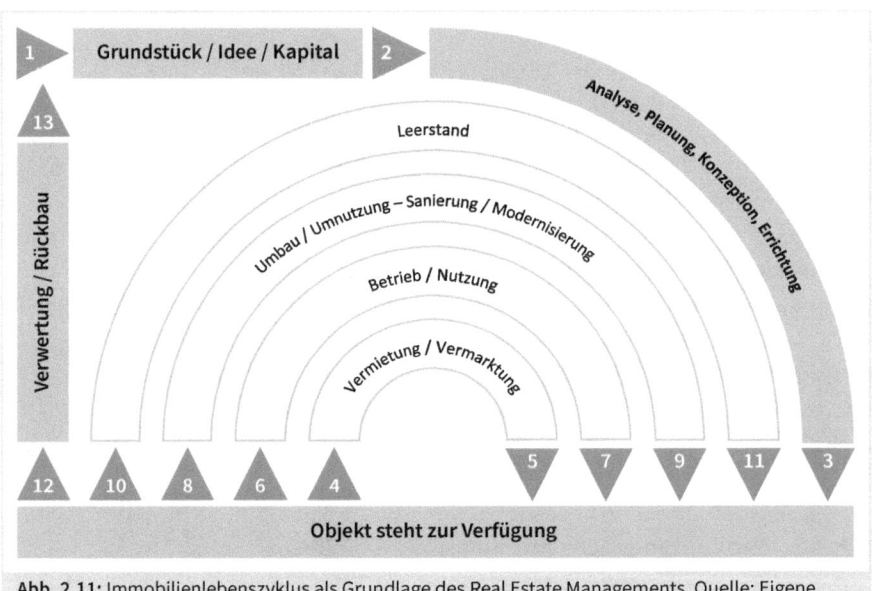

Abb. 2.11: Immobilienlebenszyklus als Grundlage des Real Estate Managements. Quelle: Eigene Darstellung i. A. a. Quante (2011), S. 45; Pelzeter (2006), S. 42.

---

101 Vgl. Europäische Kommission (Hrsg.) (2018), S. 3.
102 Vgl. Bundesanstalt für Finanzdienstleistungsaufsicht (Hrsg.) (2021b); Europäische Kommission (Hrsg.) (2018), S. 5.
103 Vgl. World Economic Forum (Hrsg.) (2020).
104 Vgl. Orthmann / Kolodzik (2021).
105 Vgl. Zentraler Immobilien Ausschuss e. V. (Hrsg.) (2015g); Zentraler Immobilien Ausschuss e. V. (Hrsg.) (2015h).

Aufgrund der langen Immobilienlebenszyklen erscheint es sinnvoll, dass das Real Estate Management bereits während der Leistungsphasen der Immobilien-Projektentwicklung i. w. S.[106] eingebunden wird, denn insbesondere hier werden die größten Einflussmöglichkeiten und folglich die ausgeprägteste Verantwortung bei der Umsetzung der ESG-Kriterien gesehen.[107] So kann das REM entscheidend bei der Schaffung nachhaltiger Immobilien mitwirken. Bereits im Rahmen der Initiierungsphase der Immobilien-Projektentwicklung und damit bei der Wahl des Makro-, Mikro- und Meso-Standortes[108] bieten sich zahlreiche Möglichkeiten, Nachhaltigkeitskriterien ins Kalkül einzubeziehen, z. B.

- (Abbruch und) Neubau- versus Bestandsentwicklung,
- Innenverdichtung versus Außenbebauung,
- Flächenrecycling (hier auch Brownfield und Konversion) versus neuer Flächenversiegelung.

In der nachgelagerten Konzeptionierungsphase der Immobilien-Projektentwicklung liegt der Schwerpunkt darin, die Projektierungsidee am gewählten Standort in ein Flächenkonzept zu transportieren. Maßgeblich sind hierbei basierend z. B. auf der DIN EN 15643, der ISO 41011 und / oder der ISO 15392 insbesondere

- die nachhaltige Auswahl der Gebäudetypologie / Nutzungsartenbausteine,
- die nachhaltige Innenraumkonzeption,
- die nachhaltige Ausgestaltung der primären, sekundären und tertiären Gebäudestruktur.

Bei der nachhaltigen Auswahl der Gebäudetypologie / Nutzungsartenbausteine ist auf eine multidimensionale Durchmischung zu achten, gerade bei größeren Objekten bzw. Quartieren. Multidimensional bedeutet in diesem Kontext zum einen divergente, gleichwohl aber synergetische Nutzungsarten miteinander zu kombinieren, zum anderen aber auch innerhalb der jeweiligen Nutzungsart eine Ausgewogenheit im Hinblick auf die gesellschaftlichen und sozialen Ansprüche zu honorieren.[109] Eine nachhaltige Innenraumkonzeption zeichnet sich durch Flexibilität in der Raumgestaltung und der damit verbundenen Drittverwendungsfähigkeit aus. Diese Prämissen werden bereits über Jahrzehnte postuliert, gleichzeitig lässt sich aber beobachten, dass sich die üblichen wirtschaftlichen Gesamtnutzungsdauern jüngerer Immobilien (vermutlich) aufgrund des rascheren Fortschreitens des gesellschaftlichen Wandels verkürzen – dies gilt sowohl für die Immobilie im Allgemeinen als auch und insbesondere für

---

106 Unter Immobilien-Projektentwicklung i. w. S. wird sowohl der Neubausektor (Immobilien-Projektentwicklung i. e. S.) als auch der Revitalisierungs-, Redevelopment- und Refurbishmentsektor verstanden.

107 RICS Europe Sustainability Task Force (Hrsg.) (2013), S. 5.

108 Als Makro-Standort wird die Stadt/der Stadtteil/das Umland, als Mikro-Standort das direkte Umfeld und als Meso-Standort das eigentliche Grundstück beschrieben.

109 Gerade bei der Nutzungsart Wohnen sind vielerorts Gentrifizierungsprozesse präsent, die sich im Zeitablauf von Immobilie zu Immobilie und im Folgenden auf ganze Quartiere und Stadtteile ausweiten können.

Mieter*innenausbauten.[110] Es muss künftig (wieder) wirtschaftlich und aufgrund der Außenwirkung des Unternehmens sinnvoller sein, eine 30 Jahre alte Immobilie im Bestand zu entwickeln als abzubrechen und neu zu bauen – hierfür müssen bereits beim Neubau die Weichen gestellt werden!

Die nachhaltige Ausgestaltung der Gebäudestruktur zeigt sich als Erstes in den konstruktiven Komponenten eines Gebäudes, also in der Tragwerksstruktur bzw. im Rohbau (primäre Gebäudestruktur). Es bleibt auch unter Berücksichtigung von ESG-Kriterien weiterhin erforderlich, dass die Muss-Aufgabe des Lastenabtrags unter Einhaltung der Gebrauchsfähigkeit von der primären Gebäudestruktur zu leisten ist. Allerdings können die ESG-Kriterien bereits bei den Soll-Aufgaben der primären Gebäudestruktur ihre Wirksamkeit entfalten. Zu diesen Soll-Aufgaben zählt der Anspruch, dass die primäre Gebäudestruktur einen Beitrag zur ökonomischen, ökologischen und sozialen Gestalt und Funktion des Gebäudes leisten möge. Hierunter kann z. B. eine barrierefreie vertikale und horizontale Erschließungsstruktur fallen. Auch die Verwendung von nachwachsenden Rohstoffen im Tragwerk (beispielsweise Holz) spielt (wieder) eine zunehmend wichtigere Rolle. Werden darüber hinaus die Kann-Aufgaben der primären Gebäudestruktur berücksichtigt, z. B. die Übernahme von bauphysikalischen Aufgaben, kann bereits intensiv in den Diskurs im Hinblick auf die Nachhaltigkeit von Gebäuden eingestiegen werden.

Der Diskurs im Hinblick auf die Nachhaltigkeit von Gebäuden zeigt sich vornehmlich in der tertiären i. V. m. der sekundären Gebäudestruktur. Die sekundäre Gebäudestruktur umfasst i. W. den Innenausbau und die Innenausstattung einer Immobilie. Hierunter fallen Decken-, Wand- und Bodenaufbauten und -bekleidungen. Insbesondere in diesem Segment werden momentan und im Allgemeinen noch immer wenig Wert auf den Einsatz von nachhaltigen Materialien gelegt, sondern überwiegend die Funktionalität und die Kosten betrachtet – spätestens im Zuge von großflächigeren Rückbaumaßnahmen wird allerdings genau diese Fokussierung bei der Entsorgung und der mangelnden Recyclingfähigkeit zur Herausforderung. Massivwände aus Porenbeton und Leichtbauwände aus Gipskarton sind beispielsweise in ihrer Anschaffung mitunter deutlich günstiger als in ihrer Entsorgung. Es scheint also geboten, bei der Zulassung von Baumaterialien deutlich stärker auf das Ziel der Kreislaufwirtschaft abzustellen.[111] Für die Aufrechterhaltung von flexiblen und dennoch funktionalen

---

110 Dieser Umstand lässt sich auch an den sich verkürzenden wirtschaftlichen Gesamtnutzungsdauern in der Immobilienbewertung erkennen – diese Entwicklung ließe sich durch ein Life-Cycle-Assessment (LCA) als Methode des ökologischen Monitorings von Input- und Output-Stoffströmen sowie ein Life-Cycle-Costing (LCC) als Methode des ökonomischen Monitorings von Zahlungsströmen (Herstellungs-, Nutzungs- sowie Rückbau- und Entsorgungskosten) in den Ansätzen vermeiden, zumindest aber reduzieren [vgl. Zentraler Immobilien Ausschuss e. V. (Hrsg.) (2015e), S. 296-297]

111 Gleichwohl existieren hier Anstrengungen einiger Hersteller*innen, wobei die vorausgesetzte sortenfreie Trennung auf der Baustelle häufig ein großes Hindernis darstellt – gerade in diesem Kontext sollten Verfahren entwickelt werden, die dezentral die Baustellenprozesse durch gröberes Mischen von Baustellenabfällen entlasten und eine zentrale Trennung der Werkstoffe ermöglichen.

Flächenzuschnitten im Immobilienlebenszyklus bieten sich hohle Decken- und / oder Bodenaufbauten an, wenngleich hier die Themen Brand- und Schallschutz sowie die technische Gebäudeausstattung mitunter limitierend wirken.

Mit der technischen Gebäudeausstattung (TGA) wird auch die tertiäre Gebäudestruktur beschrieben. Im Zusammenwirken mit den zuvor genannten nutzungsartenbausteinorientierten Innenraumkonzeptionierungen und der primären und sekundären Gebäudestruktur sowie der Einzelkomponenten der TGA untereinander wird maßgeblich die Nachhaltigkeit von Immobilien im Allgemeinen und die Energieeffizienz im Konkreten beeinflusst. Kernelemente der TGA sind vor allem

- die Klimatisierung bzw. Raumluftkonditionierung (Temperaturregelung, Be- und Entlüftung, Be- und Entfeuchtung, Filterung) sowie
- die Belichtung (natürlicher Tageslichteinfall) i. V. m Sonnenschutz bzw. Blendschutz und Beleuchtungstechnik (künstliche Belichtung)

der Immobilie. Unter Berücksichtigung einer intelligenten Ver- und Entsorgung lassen sich Immobilien als dezentrale »Kraftwerke« errichten, die z. B. mehr elektrische Energie produzieren, als sie verbrauchen.

Eine kluge Projektkonzeptionierung und -konkretisierung induzieren häufig höhere Planungs- und Herstellungskosten, gleichwohl lassen sich so auch explizit mittel- und langfristig Bewirtschaftungs- und Investitionskosten und implizit das Risiko im Immobilienlebenszyklus im Sinne der Investierenden und der Mietenden reduzieren und so zu einem werthaltigen Real Estate Management beitragen.[112] Künftig werden Kooperationen bzw. Kollaborationen der Bauwirtschaft (Planung, Steuerung, Realisierung) und der Immobilien-Projektentwicklung i. w. S. sowie des Real Estate Managements zur Vermeidung von Widersprüchen in den Nachhaltigkeitsauffassungen von deutlich höherer Bedeutung sein.[113] Dabei können Konzepte der integralen Planung und des Building Information Modellings (BIM) ebenso hilfreich sein wie Forschungs- und Entwicklungsprojekte als Bestandteil eines zielgerichteten Innovationsmanagements in Zusammenarbeit mit Universitäten bzw. Hochschulen sowie anderen Forschungsinitiativen und weiteren Stakeholdern (z. B. das sog. »Corporate Citizenship«).[114]

2.3.3.2.2 ESG-Kriterien berücksichtigendes Real Estate Management

Nach der Immobilien-Projektentwicklung i. e. S. sind die Real-Estate-Managementdisziplinen federführend, eine nachhaltige und damit verantwortungsbewusste

---

112 Vgl. Schade (2021).
113 Für nähere Erläuterungen zur vertraglichen Fixierung von ESG-Kriterien im Rahmen von Bewirtschaftungsverträgen vgl. PRI Association (Hrsg.) (2013).
114 Vgl. Zentraler Immobilien Ausschuss e. V. (Hrsg.) (2015d), S. 292; Zentraler Immobilien Ausschuss e. V. (Hrsg.) (2015e), S. 298-300; Lützkendorf / Lorenz (2014), S. 345.

Bewirtschaftung der Immobilie sicherzustellen. Trotz der angedeuteten größten Einflussmöglichkeiten und folglich der ausgeprägtesten Verantwortung bei der Umsetzung der ESG-Kriterien in den Leistungsphasen der Immobilien-Projektentwicklung i. e. S. liegt aufgrund des Bestandsmarktcharakters des Immobilienmarktes der Schwerpunkt einer nachhaltigen Immobilienwirtschaft auf der ESG-orientierten Immobilien-Bestandsbewirtschaftung der Real-Estate-Managementdisziplinen. Basierend auf dem in Abb. 2.11 gezeigten Immobilienlebenszyklus sind bei der Betrachtung des Real Estate Managements folgende Aspekte von besonderer Relevanz:

- ESG-orientiertes Transaktionsmanagement (An- und Verkauf) als Sekundärprozess des Real Estate Asset Managements nach Maßgabe der Immobilien-Investment- und -Portfoliostrategie,
- ESG-orientiertes strategisches Instandhaltungs- und Investitionsmanagement als Faktor für eine stetige Nachhaltigkeitsoptimierung der Immobilien durch das Real Estate Asset Management sowie
- ESG-orientiertes strategisches Mietvertragsmanagement als Grundlage des nachhaltigen Bewirtschaftens einer Immobilie durch das Real Estate Asset Management.

2.3.3.2.2.1   ESG-orientiertes Transaktionsmanagement (An- und Verkauf) als Sekundärprozess des Real Estate Asset Managements nach Maßgabe der Immobilien-Investment- und -Portfoliostrategie

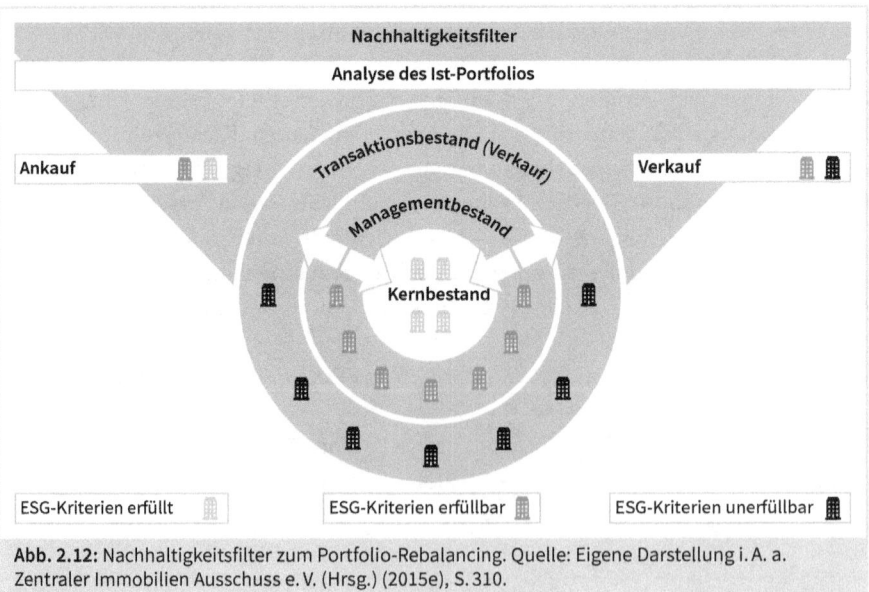

Abb. 2.12: Nachhaltigkeitsfilter zum Portfolio-Rebalancing. Quelle: Eigene Darstellung i. A. a. Zentraler Immobilien Ausschuss e. V. (Hrsg.) (2015e), S. 310.

Wird das Real Estate Asset Management weit gefasst, lassen sich zu den Primärprozessen des Immobilien-Bestandsmanagements, die zwischen den An- und Verkaufszeitpunkten zu finden sind, auch die Sekundärprozesse des Transaktionsmanagements, die per se die An- und Verkaufszeitpunkte betreffen, zählen. Bereits im Transaktionsprozess und damit in der Selektion können durch die Implementierung einer ESG-Prüfung in die Ankauf-Due-Diligence entscheidende Grundlagen für die nachhaltige Ausrichtung eines Immobilien-Portfolios gelegt werden.[115] Für die konsequente Berücksichtigung der ESG-Prüfung bietet es sich an, einen formalisierten Ankaufprozess auf Ebene des Real Estate Investment Managements und / oder Real Estate Portfolio Managements zu entwickeln und mit der Umsetzung das Real Estate Asset Management (bzw. das Transaktionsmanagement) zu beauftragen. Die in den Ankaufprozess integrierte ESG-Prüfung sollte anhand der auch im Immobilien-Bestandsmanagement Verwendung findenden KPIs erfolgen. Entsprechend der verfolgten Immobilien-Investment- und Portfoliostrategie sind die KPIs durch die potenziellen Ankaufsobjekte unmittelbar zu erfüllen (Core-Strategien) bzw. unter Berücksichtigung kleinerer und mittlerer (Value-Add-Strategie) oder größerer Optimierungspotenziale (Opportunistic-Strategie) als künftig erfüllbar einzustufen.[116]

Die im Immobilien-Bestandsmanagement Verwendung findenden KPIs dienen auch für die Ist-Portfolioanalyse und damit als Grundlage für das Rebalancing des Immobilien-Portfolios zu einem ESG-orientierten Plan- bzw. Soll-Portfolio[117] (vgl. Abb. 2.12).[118] Diejenigen Immobilien, die (u. a.) die ESG-Kriterien erfüllen, werden zum Kernbestand des Immobilien-Portfolios gezählt. Diejenigen Immobilien, die durch aktives Management basierend auf weiteren Analysen potenziell (u. a.) die ESG-Kriterien erfüllen, zählen zunächst zum Managementbestand und nach erfolgreicher Potenzialhebung (optimalerweise) zum Kernbestand. Et vice versa werden diejenigen Immobilien des Managementbestands, bei denen die weiteren Analysen eine Potenzialhebung auf Grundlage der Portfoliostrategie als nicht sinnvoll einstufen, dem Transaktionsbestand zugeordnet. Dem Transaktionsbestand per se werden diejenigen Immobilien zugerechnet, bei denen aufgrund ihrer Charakteristika die Erfüllung (u. a.) der ESG-Kriterien als unmöglich gesehen wird. Über eine festgelegte Zeit entsteht so ein ESG-orientiertes Rebalancing des Portfolios. Durch die Integration der ESG-Prüfung in das Transaktions- und Bestandsmanagement erfolgt die Zusammenstellung der Immobilien-Portfolios nicht (mehr) nur bzw. i. W. nach sektoraler und / oder regio-

---

115 Vgl. Stäcker (o. D.).
116 Vgl. Zentraler Immobilien Ausschuss e. V. (Hrsg.) (2015e), S. 305-306.
117 Als Plan-Portfolio wird ein kurz- bis mittelfristig und als Soll-Portfolio ein mittel- bis langfristig umzusetzendes Zielportfolio determiniert.
118 Vgl. EU Technical Expert Group on Stustainable Finance (Hrsg.) (2020), S. 28.

naler, sondern durch eine multifaktorielle Diversifikation (Factor Investing).[119] Der Ausgangspunkt für eine ESG-Prüfung ist immer die einzelne Immobilie bzw. die einzelne Mietfläche.[120]

Wird in diesem Zusammenhang der Blickwinkel von der Mittelverwendung zur Mittelherkunft verschoben, ist im Sinne einer Wirkungskette leicht zu erahnen, dass bereits auf Seiten der Kapitalgebenden (großanlegende institutionelle Investierende sowie Finanzinstitute) mit klar formulierten Richtlinien die Kapitalallokation durch Reglementierungen und Limitierungen gelenkt werden kann, z. B. können Versicherungen und Pensionskassen »ESG-orientierte Renten- und Lebensversicherungen« auflegen sowie Finanzinstitute »ESG-Funds«, »ESG-Bonds« und »ESG-Loans« ausgeben bzw. zumindest ESG-Orientierung in der Konditionengestaltung berücksichtigen. Bei vielzähligen Investmentvehikeln sind kleinanlegende private Investierende der Beginn der Wirkungskette – ein klar verständliches und Assetklassen-übergreifendes Kennzeichnungssystem muss es dieser Gruppe ermöglichen, einer ESG-basierenden Investitionspräferenz folgen zu können.[121] Zwar haben Kleinanlegende als Individuen und damit jeweils für sich zunächst ein äußerst geringen Wirkungsgrad auf die Veränderung eines Finanzsystems – allerdings entsteht aktuell aus vielen Individuen vermeintlich ein Kollektiv, das mit seiner äußerst ähnlich gerichteten Grundhaltung sehr wohl »ein« bedeutender Player auf den Finanzmärkten im Allgemeinen und den Immobilienmärkten im Konkreten ist bzw. sein wird. Sowohl die ESG-orientierte Strukturierung der Mittelherkunft als auch die ESG-orientierte Auseinandersetzung mit rechtlichen und steuerlichen Themen sind entscheidende Bausteine zur Entwicklung einer durchgängig nachhaltigen Wertschöpfungskette und damit wesentliche Aufgaben des Real-Estate-Investmentmanagements im Kontext des Financial Engineerings.[122] Nicht ESG-orientierte Real-Estate-Investment-Strategien und folglich Produkte (Unternehmungen) werden zwar ausdrücklich nicht verboten, müssen aber als solche kenntlich gemacht werden – bei ESG-Orientierung ist zwischen Unternehmungen, die leidglich mit ökologischen Merkmalen ausgestattet sind, und denjenigen, die mit originären ESG-Zielen und Strategien agieren, zu unterscheiden.[123] Diese Kennzeichnungspflicht ist wesentlich, damit Anlegende die Möglichkeit haben, die Investment- und Portfoliostrategie mit ihrem Zielsystem (Anlageprofil) abzugleichen.[124] Vermutlich werden insbesondere die Unternehmungen, die mit originären ESG-Zielen

---

119 Vgl. Schleich (2012), S. 97-108; PRI Association (Hrsg.) (2013); Property Working Group of the United Nations Environment Programme Finance Initiative (Hrsg.) (2012). Einige Studien zeigen, dass ESG-Faktoren in der vergangenen Jahren deutlich an Relevanz zur Erklärung von Rendite und Risiken auf den Kapitalmärkten zugenommen haben [vgl. MSCI Inc. (Hrsg.) (2021); Giese / Kumar / Nagy et al. (2021)].
120 Vgl. Bundesverband Investment und Asset Management e. V. (Hrsg.) (2016), S. 2.
121 Vgl. Europäische Kommission (Hrsg.) (2018), S. 6.
122 Vgl. Dellemann / Schneider (2021).
123 Vgl. Eggert (2021); Buchelt / Stephan / Dobberow (2021), S. 7-8.
124 Vgl. Bundesverband Investment und Asset Management e. V. (Hrsg.) (2019), S. 9; PRI Association (Hrsg.) (2019), S. 4.

und Strategien agieren, langfristig das Rennen in der Konkurrenz um Anlagegelder machen. Aus diesem Grund erscheint es sinnvoll, sich die im strategischen Kontext angesprochenen Wettbewerbsvorteile durch eine zügige Umsetzung oder Übererfüllung der ESG-Kriterien auf- oder auszubauen und zu sichern.

2.3.3.2.2.2   ESG-orientiertes strategisches Instandhaltungs- und Investitionsmanagement als Faktor für eine stetige Nachhaltigkeitsoptimierung der Immobilien durch das Real Estate Asset Management

Im Zuge von baulichen Maßnahmen sind umfassende Revitalisierungs-, Redevelopment- und Refurbishmentmaßnahmen häufig nicht zwangsläufig erforderlich. Studien zufolge können bereits durch kleine und mittlere Maßnahmen an den Bestandsimmobilien per se (insbesondere an der sekundären und tertiären Gebäudestruktur)[125] und in den Prozessen (insbesondere in denen des Real Estate Asset und Property Managements) signifikante Reduktionen beim Ressourcenverbrauch erzielt werden.[126] Im Übrigen gelten im Rahmen der kleinen und mittleren Maßnahmen an den Bestandsimmobilien per se analoge Überlegungen wie bei den größeren Maßnahmen, die unter der ESG-Kriterien berücksichtigenden Immobilien-Projektentwicklung erläutert wurden.[127] Die stetige Ausrichtung der Immobilie an ESG-Kriterien kann in einer Verlängerung der (wirtschaftlichen und nachhaltigen) Nutzungsphase resultieren. Als Beispiel sei an dieser Stelle angeführt, dass von 18 Millionen Wohnimmobilien in Deutschland rund 70 % vor dem Jahr 1980 errichtet wurden und sich vermutlich weit von einem ESG-konformen Standard befinden werden. Damit scheint insbesondere in der Bestandsentwicklung, ob als mittlere oder größere investive Maßnahme, ein hohes Potenzial zur Erreichung der ESG-Ziele zu liegen – unterbleiben ESG-orien-

---

125 Unter kleinen und mittleren Maßnahmen werden in diesem Zusammenhang die Begrifflichkeiten Instandhaltung (Inspektion und Wartung sowie Instandsetzung) als (häufig) nicht umgelegte Bewirtschaftungskosten sowie Renovierung, Sanierung und Modernisierung als objektbezogene Investitionen subsumiert. Für nähere Erläuterungen zur sekundären und tertiären Gebäudestruktur vgl. Kapitel 2.3.3.2.1.

126 Vgl. Schleich (2012), S. 24; Property Working Group of the United Nations Environment Programme Finance Initiative (Hrsg.) (2012), S. 17. Sog. »Low-hanging-fruits« sind z. B. Energieeffizienz-, Wassermanagement- und Abfallreduzierungsmaßnahmen [vgl. Global Investor Coalition on Climate Change (Hrsg.) (2013), S. 43]. Weitere Ansatzpunkte für ein Sustainable Real Estate Asset und Property Management im Umgang mit ihren zu betreuenden Immobilien sind exemplarisch die Entwicklung und Implementierung von Standards bei Mieterausbauten zur Förderung der Verwendung von nachhaltigen Baustoffen sowie Erhöhung der Grundstücksanteile von grünen und öffentlich nutzbaren Flächen zur Reduktion der Flächenversiegelung und zur Steigerung der Sozialverträglichkeit von Grundstückseigentum [vgl. Capita Property and Infrastructure Limited (Hrsg.) (2015); Cushman & Wakefield (Hrsg.) / Deutsches Privates Institut für Nachhaltige Immobilienwirtschaft (Hrsg.) / DLA Piper (Hrsg.) (2013)].

127 Vgl. Alexis FIGEAC Sustainable Investors LLP (Hrsg.) / Hell / Ehrenberger (2021), S. 11. Für nähere Erläuterungen zur ESG-Kriterien berücksichtigenden Immobilien-Projektentwicklung i. w. S. vgl. Kapitel 2.3.3.2.1.

tierte mittlere und größere investive Maßnahmen im Bestandsimmobilienmarkt, wird voraussichtlich die Anzahl an sog. »Stranded Assets« stetig ansteigen.[128]

Die Auseinandersetzung mit den Gründen von (potenziellen) »Stranded Assets« und eine auf die Gründe angepasste Objektstrategie und operative Umsetzung bergen jedoch eine große Chance. Alexis FIGEAC Sustainable Investors LLP (Hrsg.) / Hell / Ehrenberger (2021) unterscheiden bei den Gründen für (potenzielle) »Stranded Assets« in

- funktionale (Verlust der ursprünglichen Funktion aufgrund von Standort- und Umfeldveränderungen, der Aufgabe des Objektes wegen der Limitierung bei einer erforderlichen baulichen Erweiterung, eines bestehenden Flächenbedarfsdrucks konkurrierender Nutzungsarten, von Anspruchsveränderungen im Hinblick auf Größe, Zuschnitt und Grundrissanordnungen sowie von makroökonomischen Faktoren),
- physisch-technische (Verbau von gesundheitsschädlichen und risikobehafteten Baumaterialen, architektonische, bautechnische oder -physikalische Überalterung, erheblich erhöhte Lagerisiken im Zuge einer klimatischen Veränderung) sowie
- wirtschaftliche (mangelnde Energieeffizienz, hohe umgelegte und / oder nicht umgelegte Bewirtschaftungskosten, insbesondere Betriebskosten, geringe Net-to-Mieteinnahmen und Wertwachstumspotenziale, ungenügende Finanzierbarkeit durch hohes Risiko).[129]

Bei funktionalen Gründen für »Stranded Assets« sind i. d. R. kreative Ideen für Umnutzungskonzepte gefragt (bspw. Loft-Wohnungen, moderne Büronutzungen oder Kulturzentren in historischen Industrie- und Produktionsimmobilien; bspw. Indoor-Spielplätze, Boulder-Anlagen, Soccer- oder Sport-Parks in verwaisten Logistikimmobilien).[130] Zu häufig wird an bestandenen Nutzungsarten bzw. Nutzungsartenbausteinen im Rahmen einer mittleren oder größeren investiven Maßnahme festgehalten, weil es zunächst vermeintlich am einfachsten erscheint, gleichzeitig wird dabei aber nicht erkannt, dass sich eine Nutzungsart bzw. ein Nutzungsartenbaustein bzw. die konkrete Ausgestaltung derjenigen am Standort und über die Zeit überholt hat. Kreativität sollte ein wesentlicher Einstellungsfaktor für Asset-Manager*innen werden, um funktionale Mismatches als Chance für eine Veränderung zu sehen.

---

128 Vgl. Wolfram (2020).
129 Vgl. Alexis FIGEAC Sustainable Investors LLP (Hrsg.) / Hell / Ehrenberger (2021), S. 11-15.
130 Sofern eine Umnutzung nach intensiven Analysen nicht sinnvoll ist, sollte bei einem Abbruch der Bestandsimmobilie i. S. der Kreislaufwirtschaft zumindest über das Recycling der abzubrechenden Baustoffe nachgedacht werden [vgl. Alexis FIGEAC Sustainable Investors LLP (Hrsg.) / Hell / Ehrenberger (2021), S. 12].

Bei physisch-technischen Gründen für »Stranded Assets« sind bereits durch kleine und mittlere investive Maßnahmen, z. B. durch den Austausch veralteter in zeitgemäße Baustoffe, Modernisierung der gebäudetechnischen Anlagen, Sanierung der Gebäudefassade, Abbau von Instandhaltungsstaus etc., gute Ergebnisse in Richtung einer ESG-konformen Ausrichtung der Immobilie zu erzielen. Bei der Behebung insbesondere der technischen Mismatches sind in der Erweiterung der ESG-Taxonomie bereits einige zu berücksichtigende Kriterien formuliert. Bei Neubauten (Errichtungsdatum ab dem 01. Januar 2021) gilt eine ESG-Konformität erfüllt, wenn in der Kategorie »Wesentliche Beträge zum Klimaschutz« eine zehnprozentige Unterschreitung des Primärenergiebedarfes eines nationalen Niedrigstenergiegebäudestandards erzielt wird, der in Deutschland über das GEG definiert ist. Bei größeren Neubauten (ab 5.000 m²) sind zudem die Luftdichtheit, die thermische Integrität und die Berechnung des Lebenszyklustreibhauspotenzials wesentliche Faktoren zur ESG-Konformität.[131]

Bestandsimmobilien (Errichtungsdatum vor dem 31. Dezember 2020) werden als ESG-konform eingestuft, wenn sie zu den 15 von 100 energieeffizientesten Gebäuden im nationalen bzw. regionalen Kontext zählen oder über eine Energieeffizienz gem. Energy Performance Certificate A verfügen.[132] Bei Renovierungs-, Sanierungs- und Modernisierungs- oder Revitalisierungs-, Redevelopment- und Refurbishmentmaßnahmen muss der Primärenergiebedarf um 30 % reduziert werden, um ESG-konform zu handeln.[133] Sowohl für Neubauten, für Bestandsimmobilen und für investive Maßnahmen in Bestandsimmobilien[134] sind zudem konkrete Vorgaben in den Kategorien der Delegiertenverordnung[135] formuliert. Zur Behebung insbesondere der technischen Mismatches erscheinen eine enge Kooperation bzw. Kollaborationen zwischen Asset und Property Management sowie technischen Beratungs- und qualifizierten Installationsunternehmen sinnvoll.

Sowohl die funktionalen als auch die physisch-technischen Gründe induzieren mitunter auch die wirtschaftlichen Gründe für »Stranded Assets«. Aus Sicht der Nut-

---

131 Vgl. Abschnitt 7.1 C(2021) 2800 ANNEX 1.
132 Vgl. Abschnitt 7.7 C(2021) 2800 ANNEX 1.
133 Vgl. Abschnitt 7.2 C(2021) 2800 ANNEX 1.
134 Neben diesen drei Bereichen fallen in den das »Baugewerbe und Immobilien« betreffenden Abschnitt 7 C(2021) 2800 ANNEX 1 zudem »Installation, Wartung und Reparatur von energieeffizienten Geräten«, »Installation, Wartung und Reparatur von Ladestationen für Elektrofahrzeuge in Gebäuden (und auf zu Gebäuden gehörenden Parkplätzen)«, »Installation, Wartung und Reparatur von Geräten für die Messung, Regelung und Steuerung der Gesamtenergieeffizienz von Gebäuden« sowie »Installation, Wartung und Reparatur von Technologien für erneuerbare Energien«.
135 Vgl. Abschnitt 7.1, Abschnitt 7.2 und Abschnitt 7.7 C(2021) 2800 ANNEX 1; Kapitel 1 des vorliegenden Sammelwerkes.

zenden erscheint in diesem Zusammenhang das Relativ zwischen den umgelegten Bewirtschaftungskosten (die sog. »Zweite Miete«) und den Warmmieten von besonderem Interesse. Durch die Überalterung der Bestandsimmobilien und dem zeitgleichen Anstieg der Kosten für noch häufig Verwendung findende fossile Heizenergieträger (vornehmlich Heizöl) und der Strompreise finden sich vornehmlich bei den Betriebskosten Potenziale zur wirtschaftlichen bei gleichzeitig ökologischer und damit in Verbindung stehender sozialer Optimierung. Zur Senkung der Betriebskosten existieren vielzählige Möglichkeiten, z. B. die verstärkte Nutzung von Regenwasser als Grauwasser oder zur Außenanlagenbewässerung oder der Verbau von regenerativen Energiequellen für die Stromerzeugung und zur Unterstützung der Heizanlagen. Exemplarisch kann der Verbau von regenerativen Energiequellen für die Stromerzeugung und zur Unterstützung der Heizanlagen die Reduzierung des Carbon-Footprint durch geringere Strom- und Heizenergieverbräuche bei gleichzeitiger Reduzierung der Betriebskosten – und damit der Chance zur Erhöhung der Netto-Kaltmieten bei konstanten Warmmieten bzw. zur parallelen Erhöhung der Netto-Kaltmieten bei Reduzierung der Warmmieten – als Win-Win-Situation für Vermietende und Mietende herbeiführen.[136]

Sofern hierzu keine Regelungen in etwaig Verwendung findenden »Green Leases«[137] getroffen werden, die eine wirtschaftliche Entlastung auf Seiten der Immobilieneigentümer*innen bei investiven Maßnahmen generieren, bieten sich Energie-Contracting-Konzepte an. Inzwischen gehen diese Konzepte weit über ein Anlagen-Contracting hinaus und bilden umfassende Maßnahmenpakete ab (Planung, Umsetzung, Finanzierung, Garantien, Controlling und Instandhaltung).[138] Über diesen Weg werden die für investive Maßnahmen aufzuwendenden monetären Mittel nicht mehr klassisch als kapitalbindende Investitionen verauslagt, sondern als laufende (umlagefähige) Bewirtschaftungskosten. Die (ggf. i. T. einsparungsgebundene) Contractor-Fee, die garantierte Verbrauchskosteneinsparung für die Mietenden sowie die geringere Kapitalbindung und die etwaige Möglichkeit zur Erhöhung der Netto-Kaltmiete für die Vermietenden resultieren in einer Win-Win-Win-Situation, die es allerdings jeweils im Einzelfall zu prüfen gilt.

---

136 Vgl. Schormair / Gilbert (2017), S. 100.
137 Für nähere Erläuterungen zu »Green Leases« vgl. den weiteren Verlauf dieses Kapitels.
138 Vgl. Deutsche Energie-Agentur GmbH (Hrsg.) (o. D.).

2.3.3.2.2.3   ESG-orientiertes strategisches Mietvertragsmanagement als Grundlage des nachhaltigen Bewirtschaftens einer Immobilie durch das Real Estate Asset Management

Grundsätzliches	Nachhaltige Nutzung als Mieter*innenverantwortung	Nachhaltige Bewirtschaftung als Vermieter*innenverantwortung
• Formulierung einer Präambel zur Nachhaltigkeit • Begriffsbestimmung der nachhaltigen Nutzung und Bewirtschaftung • Implementierung einer Zertifizierung bzw. statisch oder dynamisch definierter KPIs unter beidseitiger Mitwirkung mit klaren Verantwortlichkeiten • Gegenseitige Bereitstellung erforderlicher Daten (Input- und Output-Stoffströme, Mitarbeiter*innenkapazitäten auf der Mietfläche) • Implementierung eines Nachhaltigkeitshandbuches (»Grüne Hausordnung«) • Implementierung eines Nachhaltigkeitsausschusses • Allgemeiner Nachhaltigkeitsmaßstab für bauliche Maßnahmen • Anlage der Zertifizierung bzw. KPIs sowie des Nachhaltigkeitshandbuchs zum Mietvertrag • Verpflichtung zum Erhalt der Zertifizierung bzw. zur beidseitigen Einhaltung der KPIs • Verpflichtung zur Anzeige bei Verstoß gegen mietvertragliche Bestimmungen • Festlegung von Vertragsstrafen bei Verstoß gegen mietvertragliche Bestimmungen	• Förderung der Nutzung öffentlicher Verkehrsmittel • Durchführung einer nachhaltigen Reinigung • Durchführung eines nachhaltigen Abfallmanagements • Nutzung regenerativer Energiequellen • Einsatz energieoptimierter Elektrogeräte	• Stetige Anpassung der Mietfläche an die Vorgaben des EnEG, der EnEV und des EEWärmeG bzw. des GEG und weiterer ESG-tangierender Bestimmungen • Geringhalten der Flächenversiegelung • Verwendung energiesparender Leuchtmittel • Reduzierung der Lichtimmissionen • Verzicht auf künstliche Klimatisierung • Bereitstellung von Fahrradeinstellplätzen und Stromtankstellen

• Strikte Umlage der Bewirtschaftungskosten nach tatsächlichen Verbräuchen
• Proaktive Regelungen zur Umlage von etwaigen staatlich eingeführten Abgaben (z. B. CO_2-Steuer)
• Bonus-Malus-Regelung zur Incentivierung eines besonders günstigen Mitarbeiter*innenkapazitäten-Mietflächen-Verhältnisses
• Erlaubnis zur Abweichung vom Wirtschaftlichkeitsgebot bei umgelegten Bewirtschaftungskosten zugunsten der Nachhaltigkeit
• Erlaubnis für Zertifizierungsstufen erhöhende bzw. KPIs verbessernde Maßnahmen (ggf. nähere Erläuterungen etwaiger Maßnahmen zur Erhöhung der Nachhaltigkeit; mieter*innenseitige Duldungspflicht ggf. mit Einschränkungen; Umlagefähigkeit der Maßnahmen bei mieter*innenseitiger Wirkung nach Kosten bzw. Einsparungen)
• Außerordentliches Kündigungsrecht bei Nicht-Implementierung oder Wegfall einer Zertifizierung bzw. Nicht-Implementierung von KPIs oder regelmäßiger Verfehlung von KPIs entsprechend der Verantwortung diametral
• Recht zur Mietminderung bei Wegfall der Zertifizierung bzw. regelmäßiger Verfehlung von KPIs in Vermieter*innenverantwortung
• Verbot von die Zertifizierung gefährdenden bzw. regelmäßige Verfehlung von KPIs induzierenden Ein- und Umbauten (Anforderungen an mieter*innenseitige (bauliche) Maßnahmen bzw. Kleinreparaturen und Endrenovierung)

Abb. 2.13: Regelungsempfehlungen zu »Green Leases«. Quelle: Eigene Darstellung i. A. a. Freshfields Bruckhaus Deringer (Hrsg.) (2012), S. 65-69; Zentraler Immobilien Ausschuss e. V. (Hrsg.) (2015e), S. 304.

Stärker als zuvor ist es zur Erfüllung definierter KPIs auf Objektebene und damit zumeist als Aggregation der idealtypisch darüberliegenden bzw. vorgelagerten Managementebenen von Bedeutung, dass die Eigentümer*innen bzw. deren Vertreter*innen und die Nutzenden kooperierend bzw. kollaborierend agieren – ohne die jeweils andere Partei ist eine erfolgreiche Umsetzung ausgeschlossen oder zumindest hochgradig erschwert.[139] Für eine derartige Kooperation bzw. Kollaborationen bieten sich »Green Leases« an, in denen sich beide Parteien zu bestimmten Nachhaltigkeitszielen und maßnahmen verpflichten.[140] Zur operativen Umsetzung von »Green Leases« hat Freshfields Bruckhaus Deringer (Hrsg.) (2012) in Zusammenarbeit mit Expert*innen aus der immobilienwirtschaftlichen Praxis einen Katalog mit konkreten Regelungsempfehlungen erarbeitet, die in Abb. 2.13 geclustert und partiell überarbeitet dargestellt sind.

»Green Leases« lösen neben (einigen) ESG-Zielsetzungen auch einen wirtschaftlichen Konflikt zwischen den Vermietenden und Mietenden bzgl. der Kapitalallokation per se und der Wirkung der Kapitalallokation. Sowohl das Ergebnis einer ESG-Kriterien berücksichtigenden Immobilien-Projektentwicklung als auch eines ESG-Kriterien berücksichtigenden Real Estate Managements induzieren i. d. R. monetär höhere investive Maßnahmen auf der Vermietendenseite bei gleichzeitig geringeren (zumeist) umgelegten Bewirtschaftungskosten, insbesondere Betriebskosten, auf der Mietendenseite. Durch die Anwendung der Regelungsempfehlungen zu »Green Leases« wird dieser wirtschaftliche Konflikt durch mietvertragliche Rechte und Pflichten sowie Gebote und Verbote, vornehmlich durch transparent vereinbarte Kostenverteilungen, (zumindest größtenteils) ausgeräumt.[141]

Im Kontext des Mietvertragsmanagements sollte versucht werden, eine durch Fairness und Transparenz induzierte hohe Zufriedenheit der Mietenden und folglich eine langfristige Mieter*innenbindung zu generieren und so die Fluktuation auf den Mietflächen und den damit zumeist einhergehenden Tausch der Mieter*innenein- und ausbauten zu verringern – über die langfristige Vermietung werden folglich sowohl monetäre Aufwendungen und Risiken reduziert[142] als auch Ressourcen geschont.[143] Im Zuge einer Wiedervermietung ist aus gesellschaftlichen und sozialen Gesichtspunkten darauf zu verzichten, spekulative Leerstände zu produzieren, sondern rasch die Mietflächen dem Markt wieder zur Verfügung zu stellen.

2.3.3.2.3   ESG-Kriterien gestützte Kapitalallokation als primäre Zieldimension

Zusammenfassend ist festzuhalten, dass ein zentrales Ziel der ESG-Taxonomie die Lenkung der (privatwirtschaftlichen) Kapitalströme in Richtung nachhaltiger Unter-

---

139 Vgl. Kabisch (2014), S. 294-295; Zentraler Immobilien Ausschuss e. V. (Hrsg.) (2015d), S. 292.
140 Vgl. Bundesverband Investment und Asset Management e. V. (Hrsg.) (2016), S. 3; Binkowski (2014), S. 314.
141 Vgl. Zentraler Immobilien Ausschuss e. V. (Hrsg.) (2015e), S. 305. Eine aktuelle Diskussion zur Kostenverteilung ist im Zusammenhang mit dem CO_2-Preis auf Öl und Gas als Heizträger entbrannt [vgl. Haufe Online Redaktion (Hrsg.) (2021).
142 Wenngleich durch langfristige Vermietung auch Chancen z. B. auf Hebung von Mietanpassungspotenzialen limitiert werden.
143 Vgl. Zentraler Immobilien Ausschuss e. V. (Hrsg.) (2015e), S. 301.

nehmen und / oder Unternehmungen ist. Die Lenkung der (privatwirtschaftlichen) Kapitalströme bezieht sich dabei nicht nur auf das reine Transaktionsgeschäft, sondern eben auch auf die bereits zuvor angesprochenen investiven Maßnahmen in das materielle und immaterielle Kapital bzw. Vermögen eines Unternehmens und / oder einer Unternehmung und damit im Kontext des Real Estate Managements auf die gesamte Wertschöpfung und bezogen auf die Immobilie per se auf den gesamten Immobilienlebenszyklus. Im Hinblick auf die produktpolitische Wertschöpfung gelten nach einer Studie von PriceWaterhouseCoopers (Hrsg.) (2009) als Nachhaltigkeitstreiber

- eine gesteigerte Sensibilität der Verbrauchenden für die Qualität der Produkte und deren Herstellungs- und Distributionsprozesse, insbesondere im Hinblick auf die Herkunft der Werkstoffe, deren Zusammensetzung und der Liefersicherheit,
- angelehnt an die gesteigerte Sensibilität der Verbrauchenden ein zunehmendes kritisches Monitoring von Nichtregierungsorganisationen,
- wachsender Druck durch den (globalen) Wettbewerb sowie
- vermehrte Haftungsrisiken.[144]

Unter Berücksichtigung dieser Nachhaltigkeitstreiber sollte sich die produktpolitische Ausrichtung folglich und stärker denn je an weit mehr orientieren als nur an dem objektiven Grundnutzen der Unternehmung. Vielmehr rücken die subjektiven Zusatznutzen einer Unternehmung in den Fokus der Betrachtung. So definiert sich eine Unternehmung und das mit dieser in Verbindung stehende Unternehmen nicht nur über die Summe der Einzelteile, sondern eben über das Gesamtgefüge der Charakteristika der Unternehmung und des Unternehmens.[145] In sich transformierenden Märkten stellt sich dabei die Herausforderung, dass ehemalige Standardleistungen diesem Gesamtgefüge nicht mehr genügen und damit die Immobilie und das mit der Immobilie in Verbindung stehende Leistungsprogramm stetig modifiziert werden sollte. Die Modifikation kann sich in einer Produktinnovation, -variation oder -eliminierung äußern.[146] Im Rahmen der strategischen Dimension wurden mit der SWOT- und / oder Nutzwertanalyse zur Untersuchung der Relevanz der ESG-Themen Werkzeuge vorgestellt, die wichtige Erkenntnisse für die grds. Ausrichtung der Modifikation der Immobilie und des mit der Immobilie in Verbindung stehenden Leistungsprogramms liefern. Im Rahmen der operativen Dimension sind diese Erkenntnisse folglich in umsetzungsfähige Einzelmaßnahmen, Projekte und Arbeitspakete zu überführen. Die Ansatzpunkte sind so vielzählig wie die Immobilien heterogen und die Branche interdisziplinär. Aus diesem Grund kann sich hier lediglich übergeordnet und einer sehr kleinen Auswahl an Beispielen dem Thema zugewandt werden.[147]

---

144 Vgl. Zentraler Immobilien Ausschuss e. V. (Hrsg.) (2015d), S. 288-289.
145 Vgl. Streibich (2018), S. 72.
146 Vgl. Hellerforth (2012), S. 67-68.
147 Für nähere Erläuterungen vgl. die spezifischen Beiträge in diesem Sammelwerk.

Übergeordnet sehen zahlreiche EU-Rechtsvorschriften[148] eine treuhänderische Pflicht institutioneller Investierenden im Sinne der Endanlegenden vor. Wird angenommen, dass die ESG-Taxonomie (auch) ihre Ursache in einer sich wandelnden Gesellschaft und in einem sich justierenden Zielsystem der Endanlegenden hat, spiegeln die aktuellen Normen dieses Interesse weder deutlich noch über die unterschiedlichen Assetklassen kohärent wider. Folglich fließen in die Investitionskalküle der treuhänderisch Anlegenden weiterhin Nachhaltigkeitskriterien und -risiken deutlich zu wenig und / oder deutlich zu unsystematisch ein.[149] Die Unternehmen und Unternehmungen der Immobilienwirtschaft sollten die aktuellen Entwicklungen als Chance begreifen und aus intrinsischer Motivation heraus ihr bzw. das zu managende Kapital systematisch nachhaltig allokieren und so zu einem stabileren Wirtschaftssystem beitragen.

Zwar werden im Rahmen der ESG-Taxonomie nicht alle anbietenden Wirtschaftssubjekte der Immobilienwirtschaft direkt adressiert, gleichwohl ist davon auszugehen, dass die Vorgaben auf die gesamte Immobilienwirtschaft entscheidende Implikationen liefern und damit auch nicht direkt adressierte anbietende Wirtschaftssubjekte von den Entwicklungen betroffen sein werden, z. B. durch eine in den kommenden Jahren zunehmende Miet- und Kaufpreisdivergenz zwischen ESG-konformen und nicht ESG-konformen Unternehmungen, die sich folglich in Divergenzen in den Unternehmens- und / oder Unternehmungswerten niederschlagen werden.[150]

2.3.3.3 Preispolitische Auswirkungen von ESG

Die Umsetzung der ESG-Taxonomie mittels der als Auswahl dargestellten produktpolitischen Ausrichtungen der Unternehmen und / oder Unternehmungen erfordert einen mitunter umfassenden Transformationsprozess. Zwar geht gemäß vielzähligen Studien ESG-Konformität mit höheren Unternehmens- und / oder Unternehmungswerten sowie -profitabilitaten einher, nichtsdestotrotz wirkt sich der Transformationsprozess kurz- bis mittelfristig durch die erforderlichen investiven Maßnahmen ggf. zunächst belastend auf die laufenden Einzahlungsüberschüsse aus, sodass folglich etwaige Preisanpassungen erforderlich sein könnten, um die Rendite von Unternehmen und / oder Unternehmungen zu bewahren.

---

148 Z. B. Solvency II, Institutions for occupational retirement provision (IORP II), Undertakings for Collective Investments in Transferable Securities (UCITS), Alternative Investment Fund Managers Directive (AIFMD) und Markets in Financial Instruments Directive (MiFID II).
149 Vgl. Europäische Kommission (Hrsg.) (2018), S. 10.
150 Vgl. Orthmann / Kolodzik (2021); Stäcker (o. D.).

2.3.3.3.1   ESG-orientierte Investitionen und ihre Auswirkungen auf Rendite und Wert

Wird die Rendite ex post auf Ebene der Immobilien bzw. des Immobilien-Portfolios approximiert mithilfe des geldgewichteten Total Returns gemessen, ergibt sich zunächst im Zähler der

$$\text{Erfolg}_{it} = \text{WÄ}_{it} + \text{NM}_{it} = (\text{MW}_{it} + \text{NKPV}_{it} - \text{MW}_{it-1} - \text{BKPZ}_{it} - I_{it}) + \text{NM}_{it} \text{ bzw.}$$

$$\text{Erfolg}_{Pt} = \sum [\text{WÄ}_{it} + \text{NM}_{it} = (\text{MW}_{it} + \text{NKPV}_{it} - \text{MW}_{it-1} - \text{BKPZ}_{it} - I_{it}) + \text{NM}_{it}].^{[151]}$$

Aus dieser Berechnungsvorschrift zeigt sich ceteris paribus, dass sich mittlere und größere investive Maßnahmen in eine Immobilie bzw. in ein Portfolio (I_{it})[152] nur dann negativ auf den Erfolg in einer Periode t auswirken, wenn die Wertänderung i. w. S.[153] kleiner ist als die investiven Maßnahmen et vice versa. Anders und ceteris paribus ausgedrückt induziert eine mittlere und größere investive Maßnahme nur dann eine Wertänderung i. e. S.[154], wenn »der Markt« über den Wert der investiven Maßnahme anderer Auffassung ist, als der tatsächliche Preis der investiven Maßnahme war. Kleine investive Maßnahmen[155] wirken hingegen, sofern sie nicht umgelegte Bewirtschaftungskosten sind, direkt belastend in den Netto-Mieteinnahmen, können allerdings z. B. bei der Beseitigung eines Instandhaltungsstaus wiederum durchaus eine (positive) Wertänderung induzieren und sich über diesen Weg ebenfalls (mindestens) neutralisieren.

---

151 Mit WÄ$_{it}$ = Wertänderung i. e. S. in der Betrachtungsperiode t; NM$_{it}$ = Netto-Mieteinnahmen in der Betrachtungsperiode t; MW$_{it}$ = Marktwert am Ende der Betrachtungsperiode t; MW$_{i(t-1)}$ = Marktwert am Ende der Vorperiode t–1; I$_{it}$ = Investitionen in der Betrachtungsperiode t, die das übliche Maß der Instandhaltung überschreiten (mittlere und größere investive Maßnahmen); BKPZ$_{it}$ = Brutto-Kaufpreise der Zukäufe in der Betrachtungsperiode t (als Substitut für den in einer Ankaufsperiode aus Perspektive der Ankaufenden nicht bekannten Marktwert am Ende der Vorperiode t–1); NKPV$_{it}$ = Netto-Kaufpreise der Verkäufe in der Betrachtungsperiode t (als Substitut für den in einer Verkaufsperiode aus Perspektive der Verkaufenden nicht bekannten Marktwert am Ende der Betrachtungsperiode t).

152 Unter kleinen Maßnahmen werden in diesem Zusammenhang die Begrifflichkeiten Instandhaltung (Inspektion und Wartung sowie Instandsetzung) als (häufig) nicht umgelegte Bewirtschaftungskosten subsumiert.

153 Mit Wertänderung i. w. S. = (MW$_{it}$ + NKPV$_{it}$ – MW$_{i(t-1)}$ – BKPZ$_{it}$) als aktiv (durch das REM) und passiv (durch den »Markt«) herbeigeführte Wertänderung.

154 Mit Wertänderung i. e. S. = (MW$_{it}$ + NKPV$_{it}$ – MW$_{i(t-1)}$ – BKPZ$_{it}$ – I$_{it}$) als lediglich passiv (durch den »Markt«) herbeigeführte Wertänderung.

155 Unter mittleren und größeren Maßnahmen werden in diesem Zusammenhang die Begrifflichkeiten Renovierung, Sanierung und Modernisierung sowie Revitalisierungs-, Redevelopment- und Refurbishmentmaßnahmen als objektbezogene Investitionen subsumiert – kleine Maßnahmen betreffen die Instandhaltung (Inspektion und Wartung sowie Instandsetzung) als (häufig) nicht umgelegte Bewirtschaftungskosten.

Wird nun die Betrachtung des approximativen geldgewichteten Total Returns um den Nenner

$$dgK_{it} = MW_{i(t-1)} + (ZT_{it} / 365 - 1) \cdot BKPZ_{it} - (VT_{it} / 365 - 1) \cdot MWV_{i(t-1)} + 0,5 \cdot I_{it} - 0,5 \cdot NM_{it} \text{ bzw.}$$

$$dgK_{Pt} = \sum [MW_{i(t-1)} + (ZT_{it} / 365 - 1) \cdot BKPZ_{it} - (VT_{it} / 365 - 1) \cdot MWV_{i(t-1)} + 0,5 \cdot I_{it} - 0,5 \cdot NM_{it}]^{[156]}$$

ergänzt, zeigt sich auch eine Erhöhung des durchschnittlich gebundenen Kapitals durch mittlere und größere investive Maßnahmen. Wird zunächst angenommen, dass keine Netto-Mieteinnahmen in der Betrachtungsperiode t vereinnahmt werden (NM_{it} = 0 Euro) und sich beispielsweise eine Wertänderung i. w. S. von 2.500.000 Euro bis -2.500.000 Euro ergibt, wirken die ggf. durch mittlere und größere investive Maßnahmen induzierten Wertänderungen i. w. S. aufgrund der Funktionsvorschrift in Abhängigkeit von angenommenen Marktwerten am Ende der Vorperiode t–1 beispielsweise von 5.000.000 Euro bis 50.000.000 Euro auf den Total Return (vgl. Abb. 2.14). Dabei lassen sich als wesentliche Erkenntnisse festhalten, dass

- sich bei einer Bewertung der mittleren und größeren investiven Maßnahmen vom »Markt« zum tatsächlichen Preis (Wertänderung i. w. S. = 0 Euro) unabhängig vom Marktwert am Ende der Vorperiode t–1 ein geldgewichteter Total Return i. H. v. 0,00 % ergibt;

- je höher der Marktwert am Ende der Vorperiode t–1 bei gleichbleibenden mittleren und größeren investiven Maßnahmen angenommen wird, desto flacher ist der Verlauf der sich ergebenen geldgewichteten Total Returns;

- der Verlauf der Kurven durch den Nullpunkt i. V. m. der Reduzierung der Steigung in Abhängigkeit vom Marktwert am Ende der Vorperiode t–1 in einerseits kleineren Spannen der sich ergebenen geldgewichteten Total Returns zwischen den extremen Ausprägungen der Wertänderungen i. w. S. sowie andererseits in steigenden geldgewichteten Total Returns bei den negativen Ausprägungen der Wertänderungen i. w. S. et vice versa resultiert.[157]

---

[156] Mit dgK_{it} bzw. dgK_{Pt} = durchschnittlich gebundenes Kapital eines Objektes i bzw. eines Portfolios P in der Betrachtungsperiode t; $MW_{i(t-1)}$ = Marktwert am Ende der Vorperiode t–1; ZT_{it} = Tag des Zukaufes in der Betrachtungsperiode t; $BKPZ_{it}$ = Brutto-Kaufpreise der Zukäufe in der Betrachtungsperiode t (als Substitut für den in einer Ankaufsperiode aus Perspektive der Ankaufenden nicht bekannten Marktwert am Ende der Vorperiode t–1); ZT_{it} = Tag des Verkaufes in der Betrachtungsperiode t; $MWV_{i(t-1)}$ = Marktwert am Ende der Vorperiode t–1 der Verkäufe in der Betrachtungsperiode t (mit $MWV_{i(t-1)}$ = 0 bei durchgängigen Bestandsobjekten oder bei angekauften Objekten in der Betrachtungsperiode t, $MWV_{i(t-1)}$ = $MW_{i(t-1)}$ bei verkauften Objekten in der Betrachtungsperiode t oder $MWV_{i(t-1)}$ = $BKPZ_{it}$ bei an- und verkauften Objekten in der Betrachtungsperiode t); I_{it} = Investitionen in der Betrachtungsperiode t, die das übliche Maß der Instandhaltung überschreiten (mittlere und größere investive Maßnahmen); NM_{it} = Netto-Mieteinnahmen in der Betrachtungsperiode t.

[157] Der geldgewichtete Total Return ergibt sich aus der Addition der Wertänderungsrendite und der Netto-Mietrendite. Da bei der Annahme, dass keine Netto-Mieteinnahmen vereinnahmt werden, die Netto-Mietrendite 0,00 % ist, entspricht die Darstellung hier lediglich der Wertänderungsrendite.

Die Berücksichtigung von Netto-Mieteinnahmen löst bei konstantem Marktwert am Ende der Vorperiode t–1 lediglich eine Parallelverschiebung der jeweiligen Kurve der geldgewichteten Total Returns aus. Diese Betrachtungen lassen die Ableitung zu, dass ein großes Augenmerk auf die Bepreisung und Bewertung der investiven Maßnahmen durch den »Markt« gelegt werden sollte.

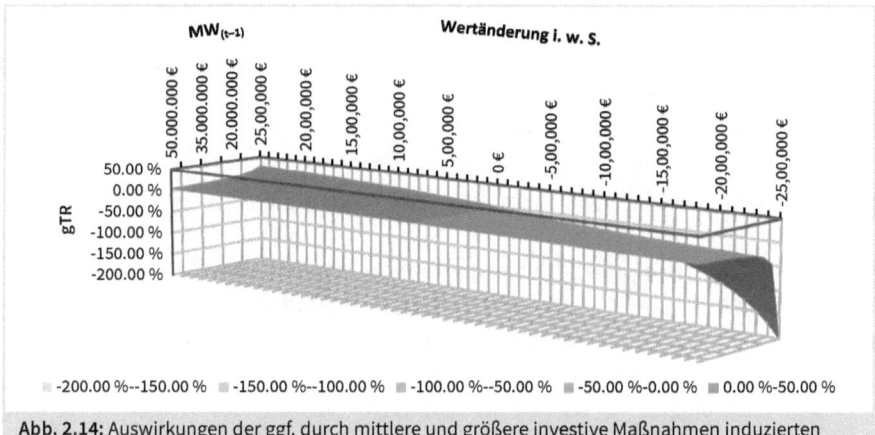

Abb. 2.14: Auswirkungen der ggf. durch mittlere und größere investive Maßnahmen induzierten Wertänderung i. w. S. in Abhängigkeit vom Marktwert am Ende der Vorperiode t–1 bei unterschiedlichen Netto-Mieteinnahmen. Quelle: Eigene Darstellung.

In Aktienmärkten, insbesondere in denen von Europa, scheinen sich bereits Preisunterschiede von ESG-orientierten und weniger ESG-orientierten Unternehmen zu manifestieren. Eine direkte Projektion auf immobilienwirtschaftliche Unternehmen und / oder Unternehmungen ist zwar nicht valide,[158] gleichwohl ist die Immobilienwirtschaft aufgrund ihres enormen Anteils an der weltweiten CO_2-Emission tendenziell prädestiniert für eine Einpreisung bzw. Einwertung ESG-orientierter Aktivitäten, insbesondere im Hinblick auf die ökologische Dimension.[159]

Die ertragswertorientierte Bewertung von Unternehmen und / oder Unternehmungen richtet den Fokus weniger auf die Vergangenheit, sondern mehr auf die Zukunft. Bei der Betrachtung der für die ertragswertorientierten Bewertung von Unternehmen und / oder Unternehmungen relevanten und ex ante formulierten Einzahlungsüberschüsse

$$EÜ_{it} = NM_{it} - I_{it}^{160}$$

---

158 Es existieren allerdings einige Studien auf den unterschiedlichen Betrachtungsebenen Objekt, Portfolio und Unternehmen, die der Immobilienwirtschaft ähnliche Eigenschaften nachsagen [vgl. Zentraler Immobilien Ausschuss e. V. (Hrsg.) (2015f)].

159 Vgl. MSCI Inc. (Hrsg.) (o. D.).

160 Mit $EÜ_{it}$ = Einzahlungsüberschüsse in der Betrachtungsperiode t; NM_{it} = Netto-Mieteinnahmen in der Betrachtungsperiode t; I_{it} = Investitionen in der Betrachtungsperiode t, die das übliche Maß der Instandhaltung überschreiten (mittlere und größere investive Maßnahmen).

am Beispiel einer Immobilie entfalten sowohl kleinere als auch mittlere und größere investive Maßnahmen direkt ihre Wirkung.[161] Für die Bewertung sind die Stabilität bzw. das Wachstum der prognostischen positiven Einzahlungsüberschüsse über den Bewertungszeitraum ein wichtiges Kriterium – die investiven Maßnahmen sorgen allerdings in der anfallenden Periode häufig für negative, mindestens aber für alternierende Einzahlungsüberschüsse. Durch die Diskontierung der zukünftigen Einzahlungsüberschüsse auf den Bewertungsstichtag ist zunächst vereinfacht betrachtet eine investive Maßnahme möglichst weit in die Zukunft zu legen, damit der negative Barwert möglichst wenig ins Gewicht fällt. Dies ergibt sich aus der vereinfacht ausgedrückten Funktion des Marktwertes

$$MW_{i0} = \sum EÜ_{it} \cdot (1 + WACC_{i0})^{-t} + EÜ_{iT} / WACC_{iT} \cdot (1 + WACC_{i0})^{-T}.[162]$$

Allerdings induzieren aufgeschobene investive Maßnahmen vermutlich eine implizite Berücksichtigung im Diskontierungszinssatz. Zudem böte sich bei einer frühen investiven Maßnahme auf Ebene der Immobilien die Möglichkeit, von sich etwaig erhöhenden Netto-Mieteinnahmen aufgrund steigender Brutto-Mieteinnahmen und / oder sinkender nicht umgelegter Bewirtschaftungskosten zu partizipieren. Folglich ist eine mittlere und größere investive Maßnahme nur dann wertbelastend, wenn sie sich geringer »verzinst«[163] als der angenommene Diskontierungszinssatz. »Verzinst« sich die mittlere oder größere investive Maßnahme zum Diskontierungszinssatz, resultiert daraus ceteris paribus keine Wertbeeinflussung – unter dieser Maßgabe ist es irrelevant, wann die investive Maßnahme im Bewertungszeitraum durchgeführt wird. Bewirkt die mittlere oder größere investive Maßnahme sogar eine höhere »Verzinsung« als der angenommene Diskontierungszinssatz, wird der Wert positiv beeinflusst.

Es darf hinsichtlich der (Über-)Erfüllung der ESG-Kriterien angenommen werden, dass sich die prognostischen Einzahlungsüberschüsse zum einen absolut (also bezogen auf ein Unternehmen und / oder Unternehmung), aber zum anderen und insbesondere relativ (also im Vergleich zwischen Unternehmen und / oder Unternehmungen) trotz erforderlicher investiver Maßnahmen mittel- bis langfristig positiv bzw. positiver entwickeln werden. Diese Annahme stützt sich auf der wachsenden Verzahnung

---

161 Es wird hier auf die in Deutschland nicht normierte Investmentwert-orientierte Discounted Cashflow Methode rekurriert – das normierte Ertragswertverfahren würde prognostizierte mittlere und größere investive Maßnahmen über die Restnutzungsdauer, den Liegenschaftszinssatz und / oder über sonstige wertbeeinflussende Umstände indirekt berücksichtigen.

162 Mit MW_{i0} = Marktwert zum Bewertungsstichtag; $EÜ_{it}$ = Einzahlungsüberschüsse in der Betrachtungsperiode t; $WACC_{i0}$ = Weighted Average Cost of Capital zum Bewertungsstichtag als Diskontierungszinssatz; $EÜ_{iT}$ = Einzahlungsüberschüsse in der Betrachtungsperiode T zur Berechnung des (kalkulatorischen) Exits; $WACC_{iT}$ = Weighted Average Cost of Capital in der Betrachtungsperiode T zur Berechnung des (kalkulatorischen) Exits.

163 Bei der Betrachtung einer Immobilie beispielsweise explizit durch die prognostische Erhöhung der Netto-Mieteinnahmen.

der ESG-Kriterien mit dem (finanziellen) Erfolg eines Unternehmens und / oder einer Unternehmung. Diese Verzahnung bewirkt ein stärkeres auf die Sensibilität der Stakeholder abgestimmtes Monitoring. Durch das an die ESG-Kriterien angepasste Monitoring und die damit verbundene Erhöhung der Transparenz und Konnektivität sowie folglich dem Abbau von Informationsasymmetrien lassen sich langfristig wirkende Entscheidungen einfacher fundieren und so die Investitionsfähigkeit in das Vermögen bzw. (durchschnittlich) gebundene Kapital eines Unternehmens und / oder einer Unternehmung unter Berücksichtigung der Mittelherkunft (Eigen- und Fremdkapital) erhöhen. Kluge investive Maßnahmen sorgen wiederum für die Stabilität bzw. das Wachstum zurückfließender Einzahlungsüberschüsse.[164]

Neben den Einzahlungsüberschüssen ist die zweite wesentliche Größe in der Bewertung der Diskontierungszinssatz. Der Diskontierungszinssatz kann als Mindestverzinsung (Hurdle Rate) interpretiert werden und aus den Kapitalkosten, bestehend aus der (entgangenen) Eigenkapitalverzinsung (aufgrund der Nicht-Investition in Alternativen i. S. d. risikoadjustierten Opportunitätskostenbetrachtung) und den risikoadäquaten Fremdkapitalzinsen, hergeleitet werden (Weightes Average Cost of Capital).[165] Sowohl die Höhe der risikoadjustierten Opportunitätskostenbetrachtung als auch die risikoadäquaten Fremdkapitalzinsen haben ihre Grundlage in der Risikobeurteilung als Teil des Risikomanagements, auf das nachfolgend kurz eingegangen wird. Bereits jetzt kann allerdings konstatiert werden, dass sich vermutlich die Diskontierungszinssätze bei ESG-orientierten Unternehmen und / oder Unternehmungen unterhalb derer von nicht ESG-orientierten Unternehmen und / oder Unternehmungen bewegen werden und folglich der Risikoaufschlag geringer ausfällt.[166]

---

164 Vgl. Lorson (2019).
165 Vgl. Hungenberg (2014), S. 78.
166 Lützkendorf / Lorenz (2014) schlagen zur Integration von ESG-Aspekten in die Immobilien-Bewertung folgende Ansätze vor: »(1) Gezielte Anpassung einzelner Wertermittlungsparameter, wie zum Beispiel Risikoprämien bei der Bestimmung von Diskontierungs- und Kapitalisierungszinssätzen, Höhe der erzielbaren Mieteinnahmen, Höhe der nicht umlagefähigen Bewirtschaftungskosten, Abbildung besonderer Mietvertragsmodalitäten wie z. B. »Green Leases«, Höhe des Mietausfallwagnisses, Vermarktungskosten und -Zeiträume, wirtschaftliche Restnutzungsdauer, funktionelle Wertminderung etc.; (2) Pauschale Zu- oder Abschläge auf das vorläufige Bewertungsergebnis; die vorangegangenen Berechnungsschritte erfolgen dabei ohne die Berücksichtigung von zusätzlichen Nachhaltigkeitsaspekten; (3) Ermittlung eines Nachhaltigkeitskorrekturfaktors zur Anpassung des vorläufigen Bewertungsergebnisses; die vorangegangenen Berechnungsschritte erfolgen dabei ebenfalls ohne die Berücksichtigung von zusätzlichen Nachhaltigkeitsaspekten.« [Lützkendorf / Lorenz (2014), S. 348] Weitere Erläuterungen finden sich in Meins / Lützkendorf / Lorenz et al. (2011).

2.3.3.3.2   ESG-Kriterien gestütztes Immobilien-Risikomanagement als sekundäre Zieldimension

Das Verständnis über die Risiken bei kollektiver und / oder individueller verpasster oder verspäteter Umsetzung der ESG-Taxonomie ist ein wichtiger Schritt bei der Bestimmung geeigneter Maßnahmen des Real Estate Managements.[167] Die Property Working Group of the United Nations Environment Programme Finance Initiative (Hrsg.) (2019; 2018) hat zu den Auswirkungen der Klimaveränderung auf Immobilien-Portfolios eine anschauliche Risikostudie für die kollektive Ebene sowie einen Katalog an negativen und positiven Implikationen für die Nicht-Berücksichtigung und Berücksichtigung von ESG-relevanten Faktoren in der Risikostrategie für die individuelle Ebene erstellt. Auch die Europäische Kommission (Hrsg.) (2018) fordert gerade im Hinblick auf Klima- und Umweltrisiken eine bessere Berücksichtigung in den aufsichtsrechtlichen Vorschriften,[168] um eine Destabilisierung des Finanzsystems und der daran gekoppelten Wirtschaft zu verhindern,[169] was unmittelbaren Einfluss auf die indirekten Immobilienanlageformen, wenigstens aber mittelbaren Einfluss auf die Fremdkapitalbeschaffung haben würde.

Diese und andere Dokumente zeigen, dass sich Veränderungen in der Risikoerkennung, -beurteilung und -steuerung ergeben müssen und folglich sowohl explizite als auch implizite Berechnungselemente bei der Unternehmens- und / Unternehmungsbewertung beeinflusst werden. Neben den grundsätzlichen Marktrisiken (Kurs- / Zinsänderungs-, Fremdwährungs- und Wert- / Preisrisiken) sind im Kontext von gesellschaftlichen und politischen Veränderungen sowie allgemeinen Umweltbedingungen vermehrt auch andere, vorher ggf. vernachlässigte Risiken von Relevanz, z. B. bezogen auf konkrete Immobilienobjekte und -projekte:

* Baugenehmigungsrisiken aufgrund von Herausforderungen bei der Bürgerbeteiligung in Auslegungsverfahren und umfassenderen und konsequenteren sozialen und ökologischen Verträglichkeitsprüfungen von Bauvorhaben,
* stark ansteigende Baukosten (mangelnde Verfügbarkeit von Baustoffen durch Knappheit von Ressourcen oder Problemen in den (häufig internationalen) Lie-

---

167   Vgl. MSCI Inc. (Hrsg.) (o. D.).

168   Vgl. Europäische Kommission (Hrsg.) (2018), S. 11. In Rede stehen vor allem geänderte Eigenkapitalhinterlegungen bei Banken, Versicherungen und Pensionskassen, da diese Wirtschaftssubjekte für eine ESG-orientierte Finanzierung bzw. Kapitalbereitstellung von essenzieller Bedeutung sind [vgl. Europäische Kommission (Hrsg.) (2018), S. 11].

169   Vgl. Europäische Kommission (Hrsg.) (2018), S. 3.

ferketten, wachsende Anforderungen an energetische und soziale Standards bei Neubau und investiven baulichen Maßnahmen im Bestand, hier auch Altlastenrisiken durch verunreinigte Böden und verbaute Baustoffe im Zuge von zunehmender Bestandsentwicklung)

- Auswirkungen von Naturkatastrophen und Extremwetterereignisse auf Neubauvorhaben und Bestandsimmobilien,
- Adressausfallrisiken durch Ausfall der Bonität einzelner Mietenden oder gewisser Branchen sowie durch Mietenregulierungen (besonders relevant bei Klumpenrisiken im Immobilienobjekt oder -Portfolio) etc.[170]

Neben diesen Risiken auf Unternehmungsebene (Immobilienobjekt- und -projekt- sowie folglich Portfolioebene) spielen zunehmend Risiken auf (hierarchisch höheren) Unternehmens- und / oder Unternehmungsebenen eine Rolle, insbesondere im Hinblick auf die Einschätzung des nicht bilanzierungsfähigen immateriellen Vermögens bzw. Kapitals, z. B. Rechts- sowie Image- und Reputationsrisiken (schlechte Arbeitsbedingungen auch von vorgelagerten Leistungserbringenden, soziale und einkommensbezogene Ungleichheiten etc.).[171]

Durch die zunehmende Datengrundlage zur ansatzweisen Adressierung der (latenten) Risiken entsteht zumindest ein verändertes Risikobewusstsein der Wirtschaftssubjekte, wenngleich nicht immer ausreichend Informationen zur konkreten Berechnung der ökonomischen Materialisierung der Risiken vorliegen. Ein überwiegend qualitatives Risikomanagement wird allerdings auf Dauer nicht genügen, sodass das sog. »future proof« nachhaltiger Immobilien noch in quantitativen Forschungsarbeiten zu bewahren ist.[172] Allerdings würde ein Vernachlässigen einer konsequenten, aufbau- und ablauforganisationumfassenden ESG-Implementierung zu folgenschweren Auswirkungen auf Unternehmens- und / oder Unternehmungseben führen, z. B. zu Abbrüchen von Transaktionen, Sinken der Transaktionspreise oder Wertverlusten nach Transaktionen – damit wird eine ESG-Konformität bzw. -Übererfüllung zur »Marktzugangsberechtigung« sowie zum Wert- und Resilienztreiber.[173]

---

170   Vgl. Dallosch (2015), S. 322; Zentraler Immobilien Ausschuss e. V. (Hrsg.) (2015e), S. 307; Europäische Kommission (Hrsg.) (2018), S. 3-4.
171   Vgl. Europäische Kommission (Hrsg.) (2018), S. 4.
172   Vgl. Zentraler Immobilien Ausschuss e. V. (Hrsg.) (2015e), S. 307-308.
173   Vgl. Stäcker (o. D.).

2.3.3.3.3   ESG-orientierte Wirkung auf die volkswirtschaftlichen Immobilienteilmärkte

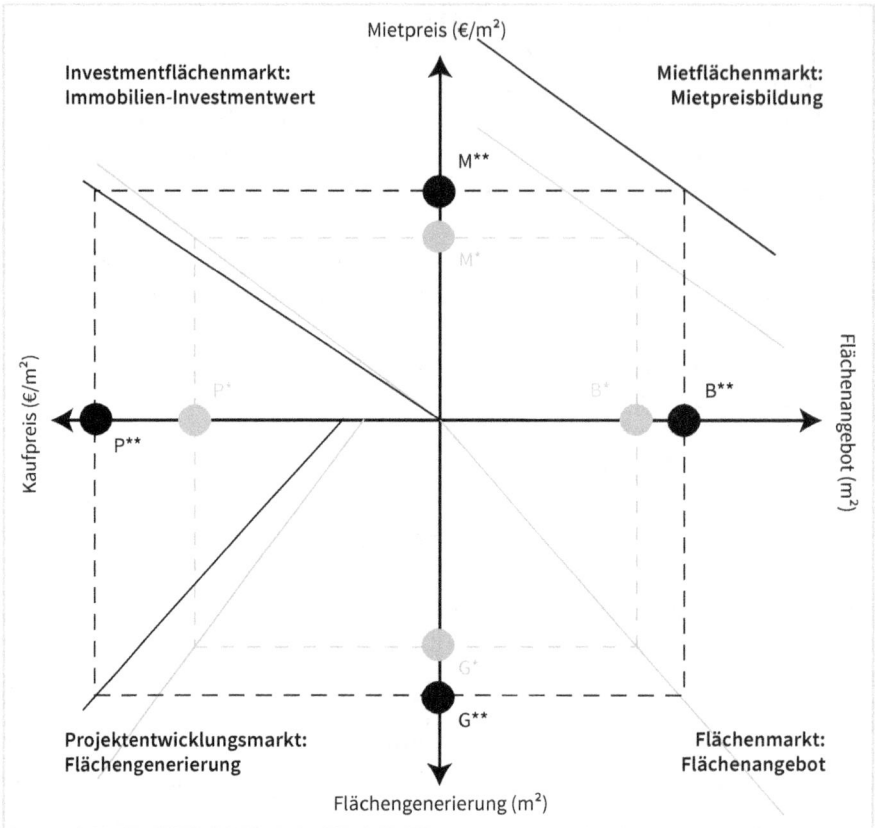

Abb. 2.15: Auswirkungen von ESG auf Miet- und Kaufpreise sowie Flächengenerierung. Quelle: Eigene Darstellung i. A. a. DiPasquale / Wheaton (1992).

Werden die vorherigen Erläuterungen im Modell von DiPasquale / Wheaton (1992) abstrahiert, kann folgende Annahme gefällt werden:

- Aufgrund des gesellschaftlichen, politischen und rechtlichen Drucks wird vermehrt ESG-orientierte Mietfläche nachgefragt werden, was kurz- bis mittelfristig zu einem höheren Mietpreis führt, der bei einem kurzfristig gleichbleibenden bzw. weniger rasch anwachsenden Flächenangebot noch oberhalb von M** läge;
- aufgrund der stärkeren (rechtlich manifestierten) Berücksichtigung von ESG-Risiken werden auf den Investmentmärkten vermehrt ESG-orientierte Unternehmen und / oder Unternehmungen nachgefragt werden, was sich kurz- bis mittelfristig in sinkenden Kapitalisierungs- bzw. Diskontierungszinssätzen (auch aufgrund etwaig verbesserter Fremdkapitalkonditionen) und damit in höheren Investment-

werten und Kaufpreisen widerspiegeln dürfte, die kurzfristig vermutlich noch oberhalb von P** lägen;

- aufgrund der steigenden Investmentwerte und Kaufpreise sind Projektentwickler*innen kurz- bis mittelfristig trotz ebenfalls steigender fixer und variabler Herstellungskosten durch die ESG-Anforderungen stimuliert, mehr ESG-orientierte Fläche zu generieren, deren Menge vermutlich kurzfristig noch oberhalb von G** läge;
- aufgrund der erhöhten Projektentwicklungstätigkeit steigt mittel- bis langfristig das ESG-orientierte Flächenangebot von B* zu B**;
- mittel- bis langfristig sorgt eine gleichbleibende Nachfrage nach ESG-orientierter Mietfläche bei einem erhöhten ESG-orientierten Mitflächenangebot für ein leichtes Absinken der Miete zu M**, deren Niveau aber oberhalb vom Ausgangspunkt M* liegt;
- das leichte Absinken der Miete resultiert auf den Investmentmärkten bei gleichbleibenden Renditeansprüchen für ESG-orientierte Immobilien in mittel- bis langfristig wieder leicht fallenden Investmentwerten bzw. Kaufpreisen auf P**, deren Niveau aber oberhalb vom Ausgangspunkt P* liegt;
- die leicht fallenden Investmentwerte bzw. Kaufpreise dämmen bei gleichbleibenden Herstellungskosten mittel- bis langfristig die ESG-orientierte Projektentwicklungstätigkeit auf G** ein, deren Menge aber oberhalb vom Ausgangspunkt G* liegt;
- idealtypisch stellt sich unter diesen Umständen ein (neues) Marktgleichgewicht ein.

Eine Zusammenfassung lässt sich mit den Worten von MSCI Inc. (Hrsg.) (o. D.) beschreiben: »Transition risk refers to the potential financial costs associated with reducing carbon intensity or the potential hit to asset values of not doing so. The opportunities are those benefits that may accrue to owners of assets that could experience increased demand, revenue and hence value.«[174]

2.3.3.4 Kommunikationspolitische Auswirkungen von ESG

Damit die Finanzsysteme mithilfe von ESG ihre intermediäre, transaktionsfördernde Funktion erfüllen können, müssen die Marktakteure sowie deren Aktivitäten transparent sein. Die Schaffung von Transparenz nicht nur, aber insbesondere, in Fragen der Nachhaltigkeit und ESG ist die Voraussetzung zur Bewertungsfähigkeit der langfristigen, nachhaltigen Wertschöpfung von Unternehmen und ihres Managements.[175] Dies ist Aufgabe einer ESG-induzierten nachhaltigen Kommunikationsstrategie.

---

174 MSCI Inc. (Hrsg.) (o. D.).
175 Vgl. Europäische Kommission (Hrsg.) (2018).

Diese sollte bestenfalls als partizipativer, respekt- und vertrauensvoller Prozess gestaltet werden und damit adressatenorientiert sein. Mayer (2020) hat auf der Grundlage der Global Reporting Initiative (GRI) folgende konkrete Merkmale definiert:

- Werteorientiert: Die Werte der Unternehmenskultur sollen sich in den Kommunikationsbotschaften widerspiegeln.
- Empathisch: Die individuellen ökologischen, sozialen und ethischen Anforderungen und Erwartungen der Stakeholder sind zu analysieren und partizipative Lösungen zu entwickeln.
- Authentisch: Authentische Kommunikation ist kongruent und glaubhaft.
- Verbindlich: Kommunikation muss eine mess- und steuerbare, d. h. zukunftsgerichtete Weiterentwicklung im Unternehmen nach sich ziehen.
- Ganzheitlich: Entwicklungen in Form einer SWOT-Analyse müssen aus unterschiedlichen Perspektiven berücksichtigt kommuniziert werden. Dabei ist auf eine angemessene Gewichtung zu achten. Verzerrungen und falsche Schlussfolgerungen sind zu vermeiden.[176]

2.3.3.4.1 »Inside-Out«-Ansatz als ESG-kommunikationspolitische Ausrichtung

In diesem Sinne können Unternehmen einen sog. »Inside-Out«-Ansatz zur Einbindung ihrer ESG-Aktivitäten wählen, (vgl. Abb. 2.16), indem sie zunächst ihre Kernprozesse innerhalb (Sphäre 1) und außerhalb (Sphäre 2) des Unternehmens nachhaltig und sozial gestalten. Im Fortgang können sie sich außengerichtet als engagierter »Corporate Citizen« in der Gesellschaft darstellen (Sphäre 3).[177]

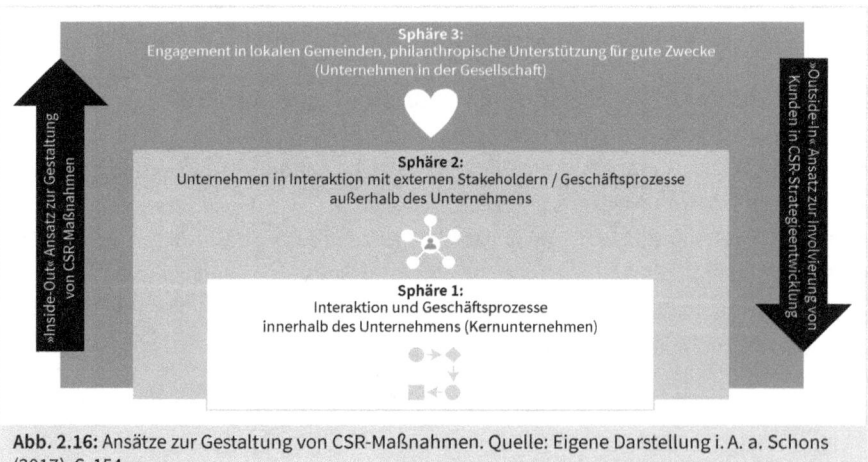

Abb. 2.16: Ansätze zur Gestaltung von CSR-Maßnahmen. Quelle: Eigene Darstellung i. A. a. Schons (2017), S. 154.

---

176 Vgl. Mayer (2020), S. 85-86.
177 Vgl. Schons (2017), S. 151.

2.3.3.4.1.1   Sphäre 1: Das Kernunternehmen

Sphäre 1 beschreibt demnach die Kommunikation innerhalb des Unternehmens aus ESG- und Nachhaltigkeitsgesichtspunkten. Sie ist vor allem wichtig zur Umsetzung des Leitmotivs und des neuen Zielsystems. Bei der Umsetzung der internen Strategie wird auf die »Rolle des internen Kunden«, also der »Mitarbeiter und ihrer Wahrnehmung der Verantwortlichkeit des eigenen Arbeitgebers« zurückgegriffen.[178] Beim Mitarbeiterbestand führen CSR- und ESG-Erwägungen der Unternehmen zu einer nachweislich besseren Identifikation und einem erhöhten Selbstwertgefühl durch das »Bewusstsein, für ein Unternehmen zu arbeiten, das zum Wohle aller beiträgt«.[179] Mitarbeiter, die von der sozialen Verantwortung ihres Arbeitgebers überzeugt sind, stellen diese überdies nach außen dar.[180] Ein übereiltes Vorgehen seitens der Unternehmen, dieses Verhalten bewusst als Kommunikationsstrategie zu nutzen, birgt allerdings das Risiko der »Scheinheiligkeit«.[181] Dies kann wiederum zu Unzufriedenheit und Unmut bei den betreffenden Share- wie Stakeholdern führen und sich langanhaltend schädlich auf das Unternehmensimage und damit auf die zukünftige Profitabilität auswirken. Es wird deutlich, dass externe sowie interne Kunden sämtlichen Unternehmensaktivitäten bewusst skeptisch gegenüberstehen. Sie verfügen zudem über eine stärkere Belohnungs- und Sanktionsmacht, von der sie aufgrund der zunehmenden Transparenz Gebrauch machen können.[182]

2.3.3.4.1.2   Sphäre 2: Externe Rechnungslegung

Eine externe Rechnungslegung und Berichterstattung mit expliziter Berücksichtigung der nachhaltigen Auslegung unternehmerischer Aktivitäten ermöglicht Share- und Stakeholdern hingegen eine langfristige Unternehmensbewertung und Einordnung der daraus erwachsenden spezifischen Risiken. Eine diesbezügliche Offenlegungspflicht für große Unternehmen, deren Aktivitäten insbesondere von öffentlichem Interesse sind, gilt bereits seit 2018 gemäß der EU-Richtlinie über die Offenlegung nichtfinanzieller Informationen (NFI). Diese Unternehmen sind gehalten, wesentliche Informationen über wichtige ökologische, soziale und organisatorische Aspekte und über die Art und Weise, wie damit verbundene Risiken verwaltet werden, darzulegen.

---

178 Vgl. Schons (2017), S. 151.
179 Vgl. Bhattacharya / Sen / Korschun (2008), Kim / Lee / Lee et al. (2010); Schons (2017), S. 151-152.
180 Vgl. Korschun / Bhattacharya / Swain (2014).
181 Vgl. Scheidler / Schons / Spanjol (2015). »Beispiel: Ein medial stark diskutiertes Beispiel hierfür ist die Kette Walmart, die sich durch zwei sehr unterschiedliche Gesichter auszeichnet. Einerseits positioniert sich das Unternehmen nach außen sehr stark über das Thema CSR, spendete allein in 2013 1 Mrd. US$ und spricht auf seiner WebS. von einer Responsibility to lead. Andererseits stand das Unternehmen in den letzten Jahren immer wieder im Scheinwerferlicht der US-Medien, da Walmart-Mitarbeiter so geringe Löhne verdienten, dass viele von ihnen staatliche Unterstützung benötigten, um ihre Familien zu ernähren.« [Schons (2017), S. 151].
182 Vgl. Schons (2017), S. 151.

Dabei ist es den Unternehmen gestattet, die relevanten Informationen über mehrere Kommunikationswege und damit sehr flexibel bekanntzugeben. Es muss dabei aber ein angemessenes Gleichgewicht zwischen Flexibilität und Standardisierung der Offenlegung gefunden werden, um allen Akteuren langfristige Investitionsentscheidungen zu erleichtern.[183]

Trotzdem werden laut Europäische Kommission (Hrsg.) (2018) immer häufiger Bedenken dahingehend geäußert, dass die aktuell geltenden Rechnungslegungsvorschriften für nachhaltige Investitionsentscheidungen nicht zielführend seien. Nach politischer Ansicht gilt es vor allem »dafür zu sorgen, dass Rechnungslegungsstandards weder direkt noch indirekt nachhaltige und langfristige Investitionen behindern«.[184] In diesem Zusammenhang sei zu prüfen, ob bei der Billigung von IFRS mehr Flexibilität möglich wäre.

2.3.3.4.1.3   Sphäre 3: Das Unternehmen in der Gesellschaft

Studien zeigen, dass Stakeholder Unternehmen dafür »belohnten«, in Aktivitäten der außengerichteten Sphäre 3 eingebunden zu werden.[185] Dies gilt insbesondere bei CSR- und ESG-Aktivitäten. Eine partizipative Einbindung in der Sphäre 1 führte hingegen zu signifikant schwächeren positiven Reaktionen. Hieraus lässt sich ableiten, dass Stakeholder mit zunehmender außenwirksamer Aktivität der Unternehmen (Sphäre 2 und 3) den Wunsch hegen, in CSR- und ESG-Entscheidungen involviert zu werden.[186] Diesem Wunsch nach einer partizipativen Einbindung in die Entscheidungsfindung der Unternehmen können diese laut Schons (2017) über einen »Outside-In«-Ansatz nachkommen und das Meinungsbild der gesellschaftlichen Seite erfragen. Bezugnehmend zu den Bemühungen um mehr Transparenz in der Finanzwirtschaft gilt es vornehmlich, die Beratungskapazität und -qualität von institutionellen Intermediären zu stärken, um so Transaktionen in nachhaltige Investitionen und Projekte voranzutreiben.[187] Auch hier kann mithilfe des »Outside-In«-Ansatzes die Präferenzstruktur der Investoren und Anleger im Sinne der Nachhaltigkeit erfragt und analysiert werden, um so nach der Richtlinie über Märkte für Finanzinstrumente (MiFID II) und der Versicherungsvertriebsrichtlinie (IDD) »geeignete« Investments sowie Finanzprodukte anzubieten. Damit tragen sie der Sphäre 3 und dem Wunsch ihrer Stakeholder nach mehr Einbindung Rechnung.

---

183 Vgl. Europäische Kommission (Hrsg.) (2018).
184 Europäische Kommission (Hrsg.) (2018).
185 Vgl. Schons (2017), S. 157-158.
186 Vgl. Scheidler / Schons / Spanjol (2015); Schons (2017), S. 157.
187 Vgl. Europäische Kommission (Hrsg.) (2018); Schons (2017), S. 157.

2.3.3.4.2   ESG-Kriterien gestütztes Immobilien-Research und -Rating zur Transparenzerhöhung als tertiäre Zieldimension

Eine ESG-basierte Berichterstattung und Beratung soll langfristige Risiken transparent und bewertbar machen. Damit verschafft sie den Marktteilnehmern Informationen und Vertrauen, ermutigt zu nachhaltigen Investments sowie Transaktionen und gibt dadurch engagierten Unternehmen die Chance auf eine geplante, nachhaltigere Ausrichtung ihrer Organisation und ihrer Aktivitäten. Zur weiteren Unterstützung haben Marktanalysten und Ratingagenturen bereits ihre Bemühungen verstärkt, sowohl die ESG-Aktivitäten der Unternehmen als auch ihre Fähigkeit im Umgang mit sog. Nachhaltigkeitsrisiken zu bewerten. Das Ziel ist, eindeutig verbesserte Informationsflüsse sowie eine nachhaltigere Kapitalallokation zu erreichen.[188] Dazu gehören auch Appelle zu nachhaltigeren Verhaltensweisen, die Aufklärung über Potenziale für nachhaltigeren Konsum und dessen Konsequenzen sowie der eigene Verzicht auf manipulative Taktiken.[189] Aufgrund des Fehlens marktlich anerkannter Bewertungsnormen für Nachhaltigkeit ist die Transparenz der verwendeten Analysemethoden besonders wichtig.[190]

Da große Emittenten oftmals über eine Organisationstruktur verfügen, die die hierfür notwendige Datenbasis bereits bereithält, erscheint der Schwerpunkt der Analysten eher bei diesen Unternehmen zu liegen. Eine standardisierte Informationsbeschaffung ist hier mit weniger Aufwand zu erlangen. Ein solches Verhalten ist ökonomisch nachvollziehbar und wirtschaftlich, darf aber keine negativen Auswirkungen auf die Attraktivität kleinerer Emittenten für institutionelle Anleger haben. Ratings sind ein wichtiges und wirkungsvolles Element einer gut funktionierenden ESG-orientierten Kommunikation auf den Finanzmärkten, denn sie sollen Anlegern eine objektive Bewertung der Kreditwürdigkeit von Unternehmen und öffentlichen Einrichtungen ermöglichen. Dabei müssen Nachhaltigkeitsfaktoren ausdrücklich so in die Bewertungen der Ratingagenturen einfließen, dass der Marktzugang für kleinere Akteure erhalten bleibt oder sogar erleichtert wird. Die Agenturen sind ebenfalls aufgefordert, unabhängige umweltbezogene und soziale Nachhaltigkeitsaspekte und -aussagen in ihre eigenen Leitlinien für die Offenlegung aufzunehmen. Damit wird ESG-induzierte Transparenzerhöhung in der Entscheidungswirkung zur tertiären Zieldimension im Erreichen nachhaltiger Finanzmarktsystematiken und -ansätze.[191]

---

188 Vgl. Europäische Kommission (Hrsg.) (2018).
189 Vgl. Schons (2017), S. 161.
190 Vgl. Europäische Kommission (Hrsg.) (2018).
191 Vgl. Zentraler Immobilien Ausschuss e. V. (Hrsg.) (2015f), S. 379-382. Anforderungen an die Nachhaltigkeitsberichterstattung der Banken- sowie Hoch- und Tiefbaubranche lassen Projektionen und Implikationen auf die Immobilienwirtschaft zu [vgl. Gebauer / Westermann / Hoffmann et al. (2018).

2.3.4   Kontrollorientierte Dimension eines werthaltigen Real Estate Managements

Neben den traditionellen Produktionsressourcen Kapital, Arbeit und Boden sind Informationen inzwischen als gleichberechtigter Vertreter zu nennen. Informationen sind jedoch ohne ein konkretes Management eine sehr flüchtige Ressource. Lediglich durch
- die Identifikation und Erhebung,
- die Verknüpfung und Analyse,
- die Erkenntnis und Bewahrung sowie
- die Verbreitung und Nutzung

werden Informationen zu Wissen, das wiederum als Grundlage in Entscheidungsprozessen fungiert. Betriebswirtschaftlich können alle Phasen und Bestandteile des Leistungserstellungsprozesses als Informationsträger angesehen werden. Folglich sind Informationen in allen Hierarchieebenen des Real Estate Managements und über den gesamten Immobilienlebenszyklus zur Wissensgenerierung und folglich zur Erreichung der Transparenzanforderungen unerlässlich.

2.3.4.1   Erfordernis der Weiterentwicklung von Immobilienzertifizierungssystemen zu einem ESG-Controlling

Die Europäische Kommission (Hrsg.) (2018) gibt zu bedenken, dass es »aufgrund der Komplexität und äußerst technischen Natur der Entwicklung eines solchen Klassifikationssystems [...] Zeit brauchen [wird], um zu einer voll funktionsfähigen EU-Nachhaltigkeits-Taxonomie zu gelangen, die die Bereiche Klima, Umwelt und Soziales abdeckt.«[192] Viele Branchen, u. a. die Immobilienwirtschaft, sind hier schon deutlich vorangeschritten. Nachhaltigkeitszertifikate sind inzwischen (insbesondere) im institutionellen Immobilienmarkt ein probates Mittel, die ökonomischen, ökologischen und sozio-kulturellen Eigenschaften einer Immobilie über einen Score zusammenzufassen. Im deutschen Markt hat sich das mittlerweile nach Nutzungsarten sowie Neubau- und Bestandsentwicklungen[193] differenzierte »Deutsche Gütesiegel für Nachhaltiges Bauen« durchgesetzt.[194] Es ist verwunderlich, warum in diesem Kontext versucht wird, »das Rad neu zu erfinden«, wenn es doch bereits etablierte und funktionsfähige Klassifikationssysteme gibt, die mitunter sogar deutlich mehr für eine hohe Nachhaltigkeitsqualität abverlangen.[195] Lediglich einige Nachschärfungen

---

192   Europäische Kommission (Hrsg.) (2018), S. 5.
193   Neben diesen Schwerpunkten werden auch Baustellen, Quartiere, Bestandsimmobilien, Innenräume und Rückbaumaßnahmen zertifiziert.
194   Vgl. Deutsche Gesellschaft für Nachhaltiges Bauen GmbH (Hrsg.) (2021).
195   Vgl. Deutsche Gesellschaft für Nachhaltiges Bauen e. V. (Hrsg.) (2021).

(und stärkere Vereinheitlichungen) der bestehenden Zertifizierungssysteme hätten zu einer hohen Umsetzungsgeschwindigkeit geführt. Die beiden wesentlichsten Nachschärfungen bzgl. der Zertifizierung von Immobilien sind,

- ein Ende der Freiwilligkeit und
- eine stetige Nachbewertung i. V. m.
- einer gesteigerten Aussagekraft des Bewertungsergebnisses und
- einer ausgeprägteren Aggregationsmöglichkeit

zu implementieren. Das Ende der Freiwilligkeit könnte in Verbindung mit einer Abstufung der Beurteilungstiefe nach Immobilienvolumen (z. B. m² BGF) gebracht werden. Eine stetige Nachbewertung ist aktuell beim Deutschen Gütesiegel für Nachhaltiges Bauen lediglich für die Bestandimmobilienzertifikate vorgesehen. Hier könnten künftig starre Gültigkeiten und / oder flexible Nachbewertungszeitpunkte (z. B. bei Transaktion) Berücksichtigung finden, um so »den sich entwickelnden politischen Zielen der EU sowie anderen Aspekten wie Markt-, Umwelt- und Technologieentwicklungen Rechnung zu tragen.«[196]

Allerdings stellen Zertifizierungssysteme lediglich eine Grundlage zur ESG-Kriterien gestützten Kapitalallokation dar, denn es fehlt am stetigen Monitoring und damit Controlling sowie an der Ausweisung performance- und damit entscheidungsrelevanter Kennzahlen. Folglich sind Zertifizierungen durch ihre Zeitpunktbetrachtung und durch ihre Einstufungsmethodik in ein geringstufiges ordinalskaliertes Ergebnisschema nur bedingt dazu geeignet, die Immobilien explizit nach den erhobenen Determinanten zu steuern. Zudem ist für eine durchgängige ESG-Kriterien gestützte Kapitalallokation die Aggregation auf Portfolio- und Unternehmensebene erforderlich. Die Aggregation betreffend fehlt es aber den Zertifizierungssystemen mitunter an geeigneten Bewertungsumgebungen.[197] Interessanterweise böten Zertifizierungssysteme die Möglichkeit, sich in genau diese Richtung zu entwickeln, dazu sind aktuell nur bedingt zu beobachtende Anstrengungen erforderlich – unterbleibt diese Entwicklung allerdings und schaffen es andere Anbietende, ihre Systeme weniger verwirrend und transparenter auszugestalten[198], werden Zertifizierungssysteme ihre zwischendurch aufkeimende Relevanz wieder einbüßen, da sich die Marktteilnehmer*innen anderen Initiativen anschließen werden.[199]

---

196   Europäische Kommission (Hrsg.) (2018), S. 5.
197   Vgl. Zentraler Immobilien Ausschuss e. V. (Hrsg.) (2015c), S. 249-251.
198   Einer Studie von Beyerle / Haux / Voß (2013) zufolge empfinden 52 % der befragten Unternehmen andere Benchmarking- und Rating-Initiativen als unklar und verwirrend [vgl. Beyerle / Haux / Voß (2013), S. 8].
199   Für eine Auswahl existierender und sich z. T. rasch entwickelnder Initiativen vgl. Zentraler Immobilien Ausschuss e. V. (Hrsg.) (2015c), S. 252-255.

2.3.4.2   Implementierung eines ESG-Controllings

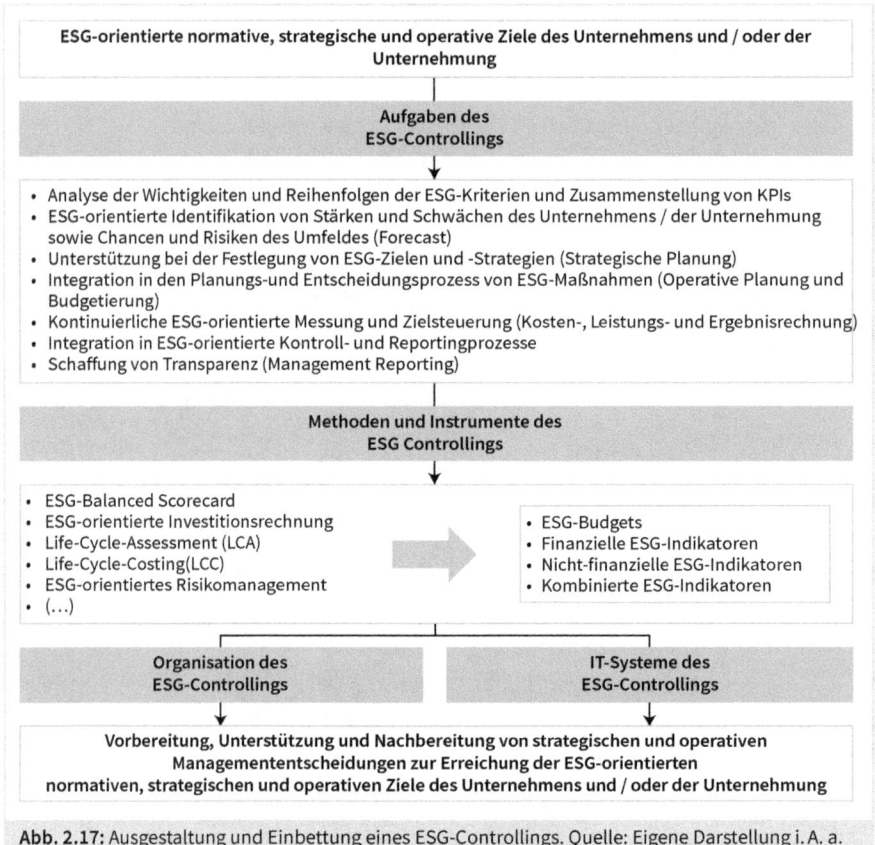

Abb. 2.17: Ausgestaltung und Einbettung eines ESG-Controllings. Quelle: Eigene Darstellung i. A. a. Günther / Endrikat / Günther (2016), S. 14; Horváth / Berlin (2016), S. 28; Horváth / Berlin (2016), S. 29.

Ein erster, aber wesentlicher Schritt von Zertifizierungssystemen zu einem echten ESG-Controlling ist ein ESG-orientierter Datenbestand, der sich bestenfalls in ESG-relevante KPIs überführen und entsprechend der Real-Estate-Management-Disziplin aggregieren und über die Zeit fortschreiben lässt. Eine einmalige Zertifizierung kann eine Grundlage sein, aufgrund ihres häufig qualitativen und im Hinblick auf die Maßstäbe unzulänglichen Charakters sowie ihrer Zeitpunktbetrachtung ersetzt eine Zertifizierung aber nicht ein ESG-bezogenes quantitativ ausgestaltetes Nachhaltigkeitscontrolling. Werden die KPIs klug konstruiert und bei der Implementierung auf die Materialität für die Leistungserbringung und Wertschöpfung geachtet, lassen sich aus diesen sowohl eine steuerungsrelevante ökologische, sozio-kulturelle und ethische als auch eine ökonomische Performance sowie bestenfalls Zusammenhänge bzw. Abhängigkeiten herleiten und so maßgeblich zur Transparenzerhöhung beitragen. Letzteres kann analytisch durch die Extrahierung der ökonomischen Dimension zur Gegenüberstellung der CSP (Corporate Social Performance) und der CFP (Corporate Financial Performance) via KPIs gelingen.[200]

Wird darüber hinaus ein Konsens der Immobilienwirtschaft unter Maßgabe der ESG-Taxonomie für die KPIs gefunden, sind auch Benchmarkings möglich.[201] Benchmarkings erlauben, von einer absoluten selbstbezogenen Betrachtung hin zu einer relativen marktbezogenen Betrachtung der KPIs zu gelangen. Nicht integrierte Lösungen werden für ein derartiges Vorhaben keinen Erfolg versprechen, stattdessen müssen bestehende Controlling-Systeme mit ihren weiterhin maßgeblichen finanzorientierten Spitzenkennzahlen um neue methodische und instrumentale Elemente ergänzt bzw. i. T. substituiert werden. Hierzu kann z. B. auf Normungen wie die DIN EN 15941 und der ISO 21678 zurückgegriffen werden. Darüber hinaus sind die Verbände ZIA, ICG, EPRA und INREV sowie einige research-orientierte Unternehmen auf Basis der Global Reporting Initiative (Hrsg.) (2013) Vorreiter bei der Herleitung von branchenspezifischen Kennzahlen.[202] Weiterhin erscheint allerdings die Datenerhebung eine zentrale Herausforderung, denn einige wesentliche Daten liegen in der Sphäre der Mietenden. Vertragsklauseln zum Datenaustausch zwischen Vermietenden und Mietenden scheinen hier von zentraler Bedeutung.[203] Damit können Daten als Schlüssel für die Nachhaltigkeit und damit für die Zukunftsfähigkeit der Immobilienwirtschaft gelten.[204]

2.4 Ausblick

»Anspruchsvolle, ehrgeizige Strategien zur Bewältigung der Herausforderungen des Klimawandels, der Umweltzerstörung, der Ressourcenverknappung und der sozialen Nachhaltigkeit können nur erfolgreich sein, wenn sie mit der richtigen Priorisierung und in geeigneter Abfolge angegangen werden.«[205]

1. Markttrends analysieren und adaptieren und nicht ignorieren und / oder »terrorisieren«, und über die normative, strategische und operative Ebene in eine verantwortungsbewusste Unternehmens- und / oder Unternehmungsführung transportieren;

2. Markttrends als Chance und nicht als Risiko begreifen und Unternehmen und / oder Unternehmungen auf sämtlichen (internen und externen) Ebenen des Real Estate Managements durch strategische und operative Maßnahmen auf Produkt-, Preis- und Kommunikationsebene an die neuen Umweltbedingungen anpassen;

---

200 Vgl. Schulz (2017a), S. 69; Society of Investment Professionals in Germany (Hrsg.) / European Federation od Financial Analysts Societies (Hrsg.) (2010), S. 144-153.
201 Vgl. beispielsweise Zentraler Immobilien Ausschuss e. V. (Hrsg.) (2013), S. 27.
202 Vgl. Zentraler Immobilien Ausschuss e. V. (Hrsg.) (2015c), S. 229-230.
203 Vgl. Kapitel 2.3.3.2.2; Zentraler Immobilien Ausschuss e. V. (Hrsg.) (2015c), S. 243.
204 Vgl. BuildingMinds (Hrsg.) (o. J.).
205 Europäische Kommission (Hrsg.) (2018), S. 14.

3. Erhöhung des subjektiven Wettbewerbsvorteils durch die Generierung von Shared Values (anstelle von konsequenter Renditemaximierung), von Corporate Citizenship (anstelle von Homo-Oeconomicus-Kalkülen) sowie von »Green Beings« (anstelle von »Green washed Beings«);
4. Transparenz schaffen über die Auswirkungen einer konsequenten ESG-Orientierung auf die ökonomischen Werttreiber durch ein integriertes ESG-Controlling mit geeigneten KPIs;
5. Steigerung des objektiven Unternehmens- und / oder Unternehmungswertes im Sinne der Triple-Bottom-Line als Ergebnis!

Die besondere Verantwortung der Immobilienwirtschaft für Lebens- und Arbeitswelten Dritter muss genug intrinsischer Motivationstreiber für einen ESG-orientierten Wandel beim Real Estate Management und tangierender Disziplinen sein.

Literatur

Amtliche Veröffentlichungen

GEG: Gesetz zur Einsparung von Energie und zur Nutzung erneuerbarer Energien zur Wärme- und Kälteerzeugung in Gebäuden (Gebäudeenergiegesetz); Stand: In der Fassung vom 08.08.2020 (BGBl. I S. 1728).

DIN EN 15643: Nachhaltigkeit von Bauwerken – Allgemeine Rahmenbedingungen zur Bewertung von Gebäuden und Ingenieurbauwerken; Stand: In der Fassung der Bekanntmachung von November 2019.

DIN EN 15941: Nachhaltigkeit von Bauwerken – Datenqualität für die Erfassung der Umweltqualität von Produkten und Bauwerken – Auswahl und Anwendung von Daten; Stand: In der Fassung der Bekanntmachung von Juli 2021.

DIN EN ISO 9000: Qualitätsmanagementsysteme – Grundlagen und Begriffe; Stand: In der Fassung der Bekanntmachung von November 2015.

C(2021) 2800 ANNEX 1: Anhang der Delegierten Verordnung (EU) …/… der Kommission zur Ergänzung der Verordnung (EU) 2020/852 des Europäischen Parlaments und des Rates durch Festlegung der technischen Bewertungskriterien, anhand deren bestimmt wird, unter welchen Bedingungen davon auszugehen ist, dass eine Wirtschaftstätigkeit einen wesentlichen Beitrag zum Klimaschutz oder zur Anpassung an den Klimawandel leistet, und anhand deren bestimmt wird, ob diese Wirtschaftstätigkeit erhebliche Beeinträchtigungen eines der übrigen Umweltziele vermeidet; Stand: In der Fassung vom 04.06.2021.

Verordnung (EU) 2020/852: Verordnung (EU) 2020/852 über die Einrichtung eines Rahmens zur Erleichterung nachhaltiger Investitionen und zur Änderung der Verordnung (EU) 2019/2088; Stand: In der Fassung der Bekanntmachung vom 18.06.2020.

ISO 14001: Environmental management systems; Stand: In der Fassung der Bekanntmachung von September 2015.

ISO 41011: Facility Management – Vocabulary; Stand: In der Fassung der ersten Bekanntmachung von April 2017.

ISO 15392: Nachhaltiges Bauen – Allgemeine Grundsätze; Stand: In der Fassung der ersten Bekanntmachung von Dezember 2019.

ISO 21678: Nachhaltigkeit von Bauwerken – Methodische Grundsätze für die Entwicklung von Benchmarks für nachhaltiges Bauen; Stand: In der Fassung der ersten Bekanntmachung von Juni 2020.

A/RES/70/1: Transforming our world: the 2030 Agenda for Sustainable Development; Stand: In der Fassung der Bekanntmachung vom 21.10.2015.

Sonstige Veröffentlichungen

Alexis FIGEAC Sustainable Investors LLP (Hrsg.)/Hell, Christian/Ehrenberger, Marcus (2021): Gestrandete Assets retten – mit Kreislaufwirtschaft; in: KPMG AG (Hrsg.): Die neue Normalität – ESG in der Immobilienwirtschaft; o. O. 2021; S. 10-15.

Ant, Marc (2018): Effizientes strategisches Management – Die 10 Phasen einer erfolgreichen Unternehmensentwicklung; Wiesbaden 2018.

Bartmann, Hermann / Geldsetzer, Antje (1996): Umweltökonomie – Ökologische Ökonomie; Stuttgart / Berlin / Köln 1996.

Becker, Kurt (2019): Nachhaltigkeit als Werttreiber für Investoren; online verfügbar unter https://www.institutional-money.com/news/maerkte/headline/nachhaltigkeit-als-werttreiber-fuer-investoren-192694/; zuletzt aktualisiert: 07.11.2019; zuletzt geprüft: 27.07.2021.

Beyerle, Thomas / Haux, Frithjof / Voß, Oliver (2013): Corporate Sustainability in Europas Immobilienunternehmen – In der operativen Umsetzung angekommen?; in: IVG Research LAB; Jg. o. A.; Nr. 3 /2013; S. 1-10.

Bhattacharya, Chitrabhanu / Sen, Sankar / Korschun, Daniel (2008): Using Corporate Social Responsibility to Win the War for Talent; in: MIT Sloan Management Review; Jg. 49; Nr. 2; S. 37-44.

Binder, Klaus Georg (1999): Grundzüge der Umweltökonomie; München 1999.

Binkowski, Sergio (2014): Corporate Real Estate (I) – Aufwertung des Immobilienbestandes mit Green Lease-Verträgen; in: Schulz, Thomas / Bergius, Susanne (Hrsg.): CSR und Finance – Beitrag und Rolle des CFO für eine Nachhaltige Unternehmensführung; in: Schmidpeter, René (Hrsg.): Management-Reihe Corporate Social Responsibility; Heidelberg 2014; S. 311-323.

Brüssel, Christoph / Kronenberg, Volker (Hrsg.) (2018): Von der sozialen zur ökosozialen Marktwirtschaft – Ökologie und Ökonomie im Fokus von Politik und Gesellschaft; Wiesbaden 2018.

Buchelt, Jürgen / Stephan, Jenny / Dobberow, Katja (2021): Konzeption nachhaltiger Finanzprodukte nach Offenlegungsverordnung & Taxonomie; in: KPMG AG (Hrsg.): Die neue Normalität – ESG in der Immobilienwirtschaft; o. O. 2021; S. 6-9.

BuildingMinds (Hrsg.) (o. J.): Nachhaltigkeit in der Immobilienwirtschaft – Schlüssel für die Zukunftsfähigkeit; o. O. o. J.

Bundesanstalt für Finanzdienstleistungsaufsicht (Hrsg.) (2021a): Was ist mit ESG konkret gemeint? Und was hat die Taxonomie für nachhaltige Wirtschaftstätigkeiten damit zu tun?; online verfügbar unter https://www.bafin.de/dok/15328068; zuletzt aktualisiert: 18.01.2021; zuletzt geprüft: 28.02.2021.

Bundesanstalt für Finanzdienstleistungsaufsicht (Hrsg.) (2021b): Was ist mit ESG konkret gemeint? Und was hat die Taxonomie für nachhaltige Wirtschaftstätigkeiten damit zu tun?; online verfügbar unter https://www.bafin.de/SharedDocs/FAQs/DE/Verbraucher/ NachhaltigeGeldanlage/01_esg.html?id=15328068; zuletzt aktualisiert: 18.01.2021; zuletzt geprüft: 27.07.2021.

Bundesministerium für wirtschaftliche Zusammenarbeit und Entwicklung (Hrsg.) (2021): Die Agenda 2030 für nachhaltige Entwicklung; online verfügbar unter https://www.bmz. de/de/agenda-2030; zuletzt aktualisiert: 2021; zuletzt geprüft: 03.05.2021.

Bundesverband Investment und Asset Management e. V. (Hrsg.) (2016): BVI Leitlinien für nachhaltiges Immobilien-Portfoliomanagement; o. O. 2016.

Bundesverband Investment und Asset Management e. V. (Hrsg.) (2019): Wohlfahrtsregeln des BVI; Frankfurt am Main 2019.

Capita Property and Infrastructure Limited (Hrsg.) (2015): Sustainable Property Management 2016 Guide – Property and Facilities Management; London 2015.

Chaffin, Bryan (2014): Tim Cook Soundly Rejects Politics of the NCPPR, Suggests Group Sell Apple's Stock; online verfügbar unter https://www.macobserver.com/tmo/article/ tim-cook-soundly-rejects-politics-of-the-ncppr-suggests-group-sell-apples-s; zuletzt aktualisiert: 28.02.2014; zuletzt geprüft: 19.05.2021.

Costanza, Robert/Cumberland, John H./Daly, Herman E. et al. (Hrsg.) (2001): Einführung in die ökologische Ökonomik; Stuttgart 2001.

Cushman & Wakefield (Hrsg.)/Deutsches Privates Institut für Nachhaltige Immobilienwirtschaft (Hrsg.) / DLA Piper (Hrsg.) (2013): Grüne Property Management-Veträge – Regelungs- und Handlungsempfehlungenfür eine nachhaltige Gebäudebewirtschaftung; o. O. 2013.

Dallosch, Burkhard (2015): Umsetzung von Nachhaltigkeit in den Produkten und der Unternehmensführung einer Immobilien-Kapitalverwaltungsgesellschaft; in: Zentraler Immobilien Ausschuss e. V. (Hrsg.): Nachhaltige Unternehmensführung in der Immobilienwirtschaft; Köln 2015; S. 320-327.

Dellemann, Hannah / Schneider, Michael (2021): Meilenstein der ESG-Regulierung; online verfügbar unter https://www.the-property-post.de/gastbeitraege/fachaufsaetze/ meilenstein-der-esg-regulierung; zuletzt aktualisiert: 11.03.2021; zuletzt geprüft: 27.07.2021.

Deutsche Energie-Agentur GmbH (Hrsg.) (o. D.): Contracting Modelle; online verfügbar unter https://www.kompetenzzentrum-contracting.de/contracting/contracting-modelle/; zuletzt aktualisiert: o. D.; zuletzt geprüft: 28.07.2021.

Deutsche Gesellschaft für Nachhaltiges Bauen e. V. (Hrsg.) (2021): Ein unambitionierter Rückschritt – DGNB Stellungnahme zur delegierten Verordnung der EU-Taxonomie; online verfügbar unter https://static.dgnb.de/fileadmin/dgnb-ev/de/aktuell/ positionspapiere-stellungnahmen/DGNB_Stellungnahme_Taxonomie.pdf; zuletzt aktualisiert: 30.04.2021; zuletzt geprüft: 19.07.2021.

Deutsche Gesellschaft für Nachhaltiges Bauen GmbH (Hrsg.) (2021): Das DGNB System – Marktführer in Deutschland und international erfolgreich; online verfügbar unter https://www.dgnb-system.de/de/system/; zuletzt aktualisiert: 2021; zuletzt geprüft: 19.07.2021.

Deutsche Hypothekenbank AG (Hrsg.) (2012): Nachhaltigkeit in der Immobilienwirtschaft; in: Deutsche Hypothekenbank AG (Hrsg.): Nachhaltigkeit in der Immobilienwirtschaft; Hannover 2012; S. 10-25.

Dexne, Alexander (2015): Aspekte einer nachhaltigen Immobilienfinanzierung; in: Zentraler Immobilien Ausschuss e.V. (Hrsg.): Nachhaltige Unternehmensführung in der Immobilienwirtschaft; Köln 2015; S. 328-337.

DiPasquale, Denise / Wheaton, William C. (1992): The Markets for Real Estate Assets and Space: A Conceptual Framework; in: AREUEA Journal; Jg. 20; Nr. 2 / 1992; S. 181-197.

Eggert, Alexander (2021): Die Suche nach dem ESG-Profil – Wieviel »ESG« steckt in einem Immobilienfonds; online verfügbar unter https://www.the-property-post.de/gastbeitraege/fachaufsaetze/die-suche-nach-dem-esg-profil; zuletzt aktualisiert: 02.03.2021; zuletzt geprüft: 27.07.2021.

Eichener, Volker / Kamis, Alcay (2018): Strategisches Management für die Wohnungs- und Immobilienwirtschaft; 1. Auflage; Freiburg 2018.

Endres, Alfred (2007): Umweltökonomie – Lehrbuch; 3., vollständig überarbeite und wesentlich erweiterte Auflage; Stuttgart 2007.

EU Technical Expert Group on Stustainable Finance (Hrsg.) (2020): Financing a Sustainable European Economy – Technical Report; o. O. 2020.

Europäische Kommission (Hrsg.) (o. J.): Konzept der EU für eine nachhaltige Entwicklung – Wie die EU die Agenda 2030 der Vereinten Nationen für nachhaltige Entwicklung gemeinsam mit ihren Mitgliedsstaaten umsetzt; online verfügbar unter https://ec.europa.eu/info/strategy/international-strategies/sustainable-development-goals/eu-approach-sustainable-development_de; zuletzt aktualisiert: o. D.; zuletzt geprüft: 03.05.2021.

Europäische Kommission (Hrsg.) (2018): Mitteilung der Kommission an das Europäische Parlament, den Europäischen Rat, die Europäische Zentralbank, den Europäischen Wirtschafts- und Sozialausschuss und den Ausschuss der Regionen – Aktionsplan Finanzierung nachhaltigen Wachstums; Brüssel 2018.

Faucheux, Sylvie/Noël, Jean-François (2001): Ökonomie natürlicher Ressourcen und der Umwelt; Marburg 2001.

Feess, Eberhard (2007): Umweltökonomie und Umweltpolitik; 3., vollständig überarbeite und erweiterte Auflage; München 2007.

Freshfields Bruckhaus Deringer (Hrsg.) (2012): Green Lease – Der grüne Mietvertrag für Deutschland – Regelungsempfehlungen zur nachhaltigen Nutzung und Bewirtschaftung von Immobilien; Hamburg 2012.

Frey, René L./Staehelin-Witt, Elke / Blöchliger, Hansjörg (1993): Mit Ökonomie zur Ökologie – Analyse und Lösungen des Umweltproblems aus ökonomischer Sicht; Stuttgart / Basel / Frankfurt am Main 1993.

Gebauer, Jana / Westermann, Udo / Hoffmann, Esther et al. (2018): Anforderungen an die Nachhaltigkeitsberichterstattung – Kriterien und Bewertungsmethoden im Rnaking der Nachhaltigkeitsberichte 2018 von IÖW und future; Berlin / Münster 2018.

Gesellschaft für immobilienwirtschaftliche Forschung e. V. (Hrsg.) (2004): Richtlinie – Definition und Leistungskatalog Real Estate Investment Management; Wiesbaden 2004.

Giese, Guido/Kumar, Navneet/Nagy, Zoltán et al. (2021): The Drivers of ESG Returns – A Fundamental Return Decomposition Approach; o. O. 2021.

Glauner, Friedrich (2017): Strategien der Exzellenz – Wertestrategien zu den Wettbewerbsvorteilen von morgen; in: Wunder, Thomas (Hrsg.): CSR und Strategisches Management – Wie man mit Nachhaltigkeit langfristig im Wettbewerb gewinnt; in: Schmidpeter, René (Hrsg.): Management-Reihe Corporate Social Responsibility; Berlin 2017; S. 341-363.

Global Investor Coalition on Climate Change (Hrsg.) (2013): Global Investor Survey on Climate Change – 3rd Annual Report on Actions and Progress; o. O. 2013.

Global Reporting Initiative (Hrsg.) (2013): G4 Sustainability Reporting Guidelines – Implementation Manual; Amsterdam 2013.

Günther, Edeltraud/Endrikat, Jan/Günther, Thomas (2016): CSR im Controlling; in: Günther, Edeltraud/Steinke, Carl-Heinz (Hrsg.): CSR und Controlling – Unternehmerische Verantwortung als Gestaltungsaufgabe des Controlling; in: Schmidpeter, René (Hrsg.): Management-Reihe Corporate Social Responsibility; Berlin/Heidelberg 2016; S. 3-21.

Hallman, Louise (2012): Interview with Kyle Peterson; online verfügbar unter https://www.alliancemagazine.org/blog/interview-with-kyle-peterson/; zuletzt aktualisiert: 18.12.2012; zuletzt geprüft: 09.07.2021.

Hampicke, Ulrich (1991): Naturschütz-Ökonomie; 1. Auflage; Stuttgard 1991.

Haufe Online Redaktion (Hrsg.) (2021): CO_2-Preis: Vermieter sollen jetzt doch nichts zahlen; online verfügbar unter https://www.haufe.de/immobilien/wirtschaft-politik/co2 – preis-inwiefern-muessen-sich-vermieter-beteiligen_84342_525922.html?ecmId=32414&ecmUid=3186145&chorid=00571807&newsletter=news%2FPortal-Newsletter%2FImmobilienWirtschaft%20 %2F142 %2F00571807 – %2F2021 – 05 – 18 %2FTop-News-Fifty-Fifty-beim-CO2 – Preis-Vermieter-sollen-mitzahlen; zuletzt aktualisiert: 22.06.2021; zuletzt geprüft: 27.07.2021.

Hauff, Volker (1987): Unsere gemeinsame Zukunft – Brundtland-Bericht der Weltkommission für Umwelt und Entwicklung; Greven 1987.

Hellerforth, Michaela (2012): Marketing für Immobilienverwalter – Kunden überzeugen durch den richtigen Marketingmix, Eigentümer gewinnen und binden, Leerstand vermeiden; 1. Auflage; Freiburg 2012.

Hildebrandt, Alexandra (Hrsg.) (2020): Klimawandel in der Wirtschaft – Warum wir ein Bewusstsein für Dringlichkeit brauchen; Berlin 2020.

Horváth, Péter/Berlin, Sebastian (2016): Green-Controlling-Roadmap – Ansätze in der Unternehmenspraxis; in: Günther, Edeltraud/Steinke, Carl-Heinz (Hrsg.): CSR und Controlling – Unternehmerische Verantwortung als Gestaltungsaufgabe des Controlling; in: Schmidpeter, René (Hrsg.): Management-Reihe Corporate Social Responsibility; Berlin / Heidelberg 2016; S. 23-39.

Hungenberg, Harald (2014): Strategisches Management in Unternehmen – Ziele, Prozesse, Verfahren; 8., aktualisierte Auflage; Wiesbaden 2014.

ILO Vertretung in Deutschland (Hrsg.) (1998): Erklärung der IAO über grundlegende Prinzipien und Rechte bei der Arbeit und ihre Folgemaßnahmen; Genf 1998.

Immobilien Manager Verlag IMV GmbH & Co. KG (Hrsg.) (2020): BVT baut ESG-Maßnahmen aus; online verfügbar unter https://www.immobilienmanager.de/bvt-unternehmensgruppe-esg-team-compliance/150/79800/?utm_source=Newsletter&utm_medium=ZIM&utm_campaign=15.10.+Vorlage+2020+Newsletter+immobilienmanager; zuletzt aktualisiert: 15.10.2020; zuletzt geprüft: 27.07.2021.

Immobilien Manager Verlag IMV GmbH & Co. KG (Hrsg.) (2021): Studie: Employer Branding in der Immobilienwirtschaft; online verfügbar unter https://www.immobilienmanager.de/studie-employer-branding-immobilienwirtschaft/150/82993/?utm_source=Newsletter&utm_medium=ZIM&utm_campaign=12.04.+Vorlage+2021+Newsletter+immobilienmanager; zuletzt aktualisiert: 12.04.2021; zuletzt geprüft: 27.07.2021.

Kabisch, Thomas (2014): Moderne Kapitalanlage – Finanzielle und gesellschaftliche Renditen mit Socially Responsible Investing (SRI); in: Schulz, Thomas/Bergius, Susanne (Hrsg.): CSR und Finance – Beitrag und Rolle des CFO für eine Nachhaltige Unternehmensführung; in: Schmidpeter, René (Hrsg.): Management-Reihe Corporate Social Responsibility; Heidelberg 2014; S. 287-296.

Kilubi, Irène Y. (2019): Warum Employee Branding das neue Employer Branding ist; online verfügbar unter https://www.xing.com/news/insiders/articles/warum-employee-branding-das-neue-employer-branding-ist-2453006; zuletzt aktualisiert: 18.07.2019; zuletzt geprüft: 20.04.2021.

Kim, Hae-Ryong/Lee, Moonkyu/Lee, Hyoung-Tark et al. (2010): Corporate social responsibility and employee-company identification; in: Journal of Business Ethics; Jg. 95; Nr. 4; S. 557-569.

Korschun, Daniel/Bhattacharya, Chitrabhanu/Swain, Scott D. (2014): Corporate Social Responsibility, Customer Orientation, and the Job Performance of Frontline Employees; in: Journal of Marketing; Jg. 78; Nr. 3; S. 20-37.

Kreß, Carl Firedrich (2020): Leadership und Nachhaltigkeit im 21. Jahrhundert – Menschen führt man durch ethische Prinzipien; in: Hildebrandt, Alexandra (Hrsg.): Klimawandel in der Wirtschaft – Warum wir ein Bewusstsein für Dringlichkeit brauchen; Berlin 2020; S. 271-280.

Krys, Christian (2017): Megatrends – Rahmenbedingungen für unternehmerische Nachhaltigkeit; in: Wunder, Thomas (Hrsg.): CSR und Strategisches Management – Wie man mit Nachhaltigkeit langfristig im Wettbewerb gewinnt; in: Schmidpeter, René (Hrsg.): Management-Reihe Corporate Social Responsibility; Berlin 2017; S. 45-65.

Kysberg, Jochen (2015): Nachhaltige Unternehmensführung am Beispiel der Bilfinger SE; in: Zentraler Immobilien Ausschuss e. V. (Hrsg.): Nachhaltige Unternehmensführung in der Immobilienwirtschaft; Köln 2015; S. 338-344.

Lorson, Peter (2019): Klimawandel für die Finanzfunktion – Einfluss von ESG auf den Unternehmenswert; Schmalenbach-Gesellschaft für Betriebswirtschaft e. V.; 36. (5. öffentliche) Sitzung des Arbeitskreises »Integrated Reporting«; Düsseldorf, 19.09.2019.

Lützkendorf, Thomas/Lorenz, David (2014): Corporate Real Estate (II) – Einfluss nachhaltig-keitsorientierter Determinanten auf den Immobilienwert; in: Schulz, Thomas / Bergius, Susanne (Hrsg.): CSR und Finance – Beitrag und Rolle des CFO für eine Nachhaltige Unternehmensführung; in: Schmidpeter, René (Hrsg.): Management-Reihe Corporate Social Responsibility; Heidelberg 2014; S. 341-355.

Mayer, Katja (2020): Nachhaltigkeit: 125 Fragen und Antworten – Wegweiser für die Wirtschaft der Zukunft; 2., erweiterte und aktualisierte Auflage; Wiesbaden 2020.

Meadows, Dennis L./Meadows, Donella / Zahn, Erich et al. (1972): Die Grenzen des Wachstums – Bericht des Club of Rome zur Lage der Menschheit; Stuttgart 1972.

Meins, Erika/Lützkendorf, Thomas/Lorenz, David et al. (2011): Nachhaltigkeit und Wertermittlung von Immobilien – Leitfaden für Deutschland, Österreich und die Schweiz (NUWEL); in: Center for Corporate Responsibility and Sustainability (Hrsg.): Der Nachhaltigkeit von Immobilien einen finanziellen Wert geben; Zürich 2011.

MSCI Inc. (Hrsg.) (o. D.): The Journey to Net Zero: What Does Climate Pressure Mean for Real Estate Investors?; online verfügbar unter https://www.msci.com/our-solutions/real-estate-investing/net-zero-journey-climate-pressure?utm_source=real+estate&utm_medium=email&utm_campaign=real-estate-snapshot-04 – 2021; zuletzt aktualisiert: o. D.; zuletzt geprüft: 27.07.2021.

MSCI Inc. (Hrsg.) (2021): Factoring in ESG; online verfügbar unter https://www.msci.com/www/blog-posts/factoring-in-esg/02343304664?utm_source=onemsci&utm_medium=email&utm_campaign=msci-weekly-2021 – 03 – 04; zuletzt aktualisiert: 26.02.2021; zuletzt geprüft: 26.07.2021.

Organisation für wirtschaftliche Zusammenarbeit und Entwicklung (Hrsg.) (2011): OECD-Leitsätze für multinationale Unternehmen – Neufassung 2011; Paris 2011.

Orthmann, Sebastian/Kolodzik, Sarah (2021): Der große Griff nach Nachhaltigkeit – Herausforderung und Chance zugleich: Was die Taxonomie-Verordnung für die Immobilienwirtschaft bedeutet; online verfügbar unter https://www.immobilienmanager.de/taxonomie-verordnung-nachhaltigkeit-immobilien-cms/150/83495/?mobile=1&utm_source=Newsletter&utm_medium=ZIM&utm_campaign=17.05.+Vorlage+2021+Newsletter+immobilienmanager; zuletzt aktualisiert: 17.05.2021; zuletzt geprüft: 25.07.2021.

Osburg, Thomas H. (2017): Corporate Social Innvoation und Unternehmensstrategie; in: Wunder, Thomas (Hrsg.): CSR und Strategisches Management – Wie man mit Nachhaltigkeit langfristig im Wettbewerb gewinnt; in: Schmidpeter, René (Hrsg.): Management-Reihe Corporate Social Responsibility; Berlin 2017; S. 137-152.

Pelzeter, Andrea (2006): Lebenszykluskosten von Immobilien – Einfluss von Lage, Gestaltung und Umwelt; in: Schulte, Karl-Werner / Bone-Winkel, Stephan (Hrsg.): Schriften zur Immobilienökonomie; Band 36; Diss.; Köln 2006.

Pfannstiel, Mario A./Steinhoff, Peter F.-J. (Hrsg.) (2020): Transformationsvorhaben mit dem Enterprise Transformation Cycle meistern – Projekte erfolgreich planen, durchführen und abschließen; Wiesbaden 2020.

Porter, Michael E. / Kramer, Marc R. (2011): Creating Shared Value – How to reinvent capitalism and unleash a wave of innovation and growth; in: Harvard Business Review; Jg. 89; Nr. 1 u. 2 / 2011; S. 62-77.

PRI Association (Hrsg.) (2013): Aligning Expectations – Guidance for Asset Owners on Incorporating ESG Factors into Manager Selection, Appointment and Monitoring; o. O. 2013.

PRI Association (Hrsg.) (2019): Prinzipien für verwantwortliches Investieren – Eine Investoreninitiative in Partnerschaft mit der UNEP Finance Initiative und dem UN Global Compact; London 2019.

PriceWaterhouseCoopers (Hrsg.) (2009): Auf breiten Schultern: Nachhaltigkeit durch Kooperationen erfolgreich gestalten; Frankfurt am Main 2009.

Property Working Group of the United Nations Environment Programme Finance Initiative (Hrsg.) (2012): Responsible Property Investment – What the leaders are doing; 2. Auflage; Genf 2012.

Property Working Group of the United Nations Environment Programme Finance Initiative (Hrsg.) (2018): Positive Impact Real Estate Investment Framework – A Tool for Holistic Impact Analysis – Principles for Positive Impact Finance Implementation Guidance; o. O. 2018.

Property Working Group of the United Nations Environment Programme Finance Initiative (Hrsg.) (2019): Changing Course Real Estate – TCFD Pilot Project Report and Investor guide to scenario-based climate risk assessment in Real Estate Portfolios; o. O. 2019.

Quante, Rainer (2011): Praxishandbuch Immobilien Asset Management; Köln 2011.

Reimsbach, Daniel (2011): Immaterielles Vermögen in der Unternehmensanalyse – Bewertungsmethodik und Entscheidungsrelevanz; Diss.; Wiesbaden 2011.

RICS Europe Sustainability Task Force (Hrsg.) (2013): Sustainable Construction – Realising the Opportunities for Built Environment Professionals; London 2013.

Rogall, Holger (2008): Ökologische Ökonomie – Eine Einführung; 2., überarbeitete und erweiterte Auflage; Wiesbaden 2008.

Schade, Bernd (2021): ESG wird zur Hürde – Die Offenlegungsverordnung birgt für Projektentwickler eine große Herausforderung; online verfügbar unter https://www.the-property-post.de/meinungen/kommentare/esg-wird-zur-huerde; zuletzt aktualisiert: 30.03.2021; zuletzt geprüft: 27.07.2021.

Schaltegger, Stefan (Hrsg.) (2000): Studium der Umweltwissenschaften – Wirtschaftswissenschaften; Berlin, Heidelberg 2000.

Schaltegger, Stefan (2017): Lohnt sich Nachhaltigkeitsmanagement? – Mindsets, »business cases« und Strategie; in: Wunder, Thomas (Hrsg.): CSR und Strategisches Management – Wie man mit Nachhaltigkeit langfristig im Wettbewerb gewinnt; in: Schmidpeter, René (Hrsg.): Management-Reihe Corporate Social Responsibility; Berlin 2017; S. 81-92.

Scheidler, Sabrina/Schons, Laura Marie/Spanjol, Jelena (2015): Scrooge posing as mother Theresa? Exploring the detrimental effects of imbalanced corporate social responsibility portfolios on employees; Ruhr-Universität Bochum; Corporate (Ir-)Responsibility and its Consequences in a Globalized World – International & interdisciplinary workshop; Bochum, 20.02.2015.

Schleich, Helmut (2012): Sustainable Property Portfolio Management – With Special Consideration of Energy Efficiency Improvements in the Property Portfolio Stock; in: Schulte,

Karl-Werner / Bone-Winkel, Stephan / Schäfers, Wolfgang (Hrsg.): Schriften zur Immobilienökonomie; Band 61; Diss; Köln 2012.

Schoiswohl, Martin A. (2016): Vernetze Mitarbeiter, stifte Sinn – Employee Relationship Management am Beispiel eines Hidden Champions; Wiesbaden 2016.

Schons, Laura Marie (2017): Tue Gutes und rede darüber? – Erfolgreiche Corporate-Social-Responsibility-Strategie und Kommunikation durch Verständnis von Kundenpräferenzen und -skepsis; in: Stehr, Christopher / Struve, Franziska (Hrsg.): CSR und Marketing – Nachhaltigkeit und Verantwortung richtig kommunizieren; in: Schmidpeter, René (Hrsg.): Management-Reihe Corporate Social Responsibility; Berlin 2017; S. 145-168.

Schormair, Maximilian J. L./Gilbert, Dirk Ulrich (2017): Das Shared-Value-Konzept von Porter und Kramer – The Big Ideal; in: Wunder, Thomas (Hrsg.): CSR und Strategisches Management – Wie man mit Nachhaltigkeit langfristig im Wettbewerb gewinnt; in: Schmidpeter, René (Hrsg.): Management-Reihe Corporate Social Responsibility; Berlin 2017; S. 95-110.

Schulz, Thomas (2017a): Werttreiber Nachhaltigkeit – Einfluss der Corporate Sustainability Performance auf die Corporate Finance Performance; in: Wunder, Thomas (Hrsg.): CSR und Strategisches Management – Wie man mit Nachhaltigkeit langfristig im Wettbewerb gewinnt; in: Schmidpeter, René (Hrsg.): Management-Reihe Corporate Social Responsibility; Berlin 2017; S. 67-80.

Schulz, Thomas (2017b): Corporate Social Responsibility und Unternehmenswert – Wirkungsmechanismen zwischen Strategie, Intangibles und Marktbewertung; in: Wunder, Thomas (Hrsg.): CSR und Strategisches Management – Wie man mit Nachhaltigkeit langfristig im Wettbewerb gewinnt; in: Schmidpeter, René (Hrsg.): Management-Reihe Corporate Social Responsibility; Berlin 2017; S. 153-181.

Society of Investment Professionals in Germany (Hrsg.) / European Federation od Financial Analysts Societies (Hrsg.) (2010): KPIs for ESG 3.0 – A Guideline for the Integration of ESG into Financial Analysis and Corporate Valuation; Frankfurt am Main 2010.

Spratt, David/Dunlop, Ian (2018): What Lies Beneath – The Understatement of Existential Climate Risk; 2. überarbeitete und aktualisierte Auflage; Melbourne (Australien) 2018.

Stäcker, Carsten (o. D.): Nachhaltigkeit als Erfolgsfaktor bei Transaktionen; online verfügbar unter https://www.pwc.de/de/nachhaltigkeit/esg-in-deals.html; zuletzt aktualisiert: o. D.; zuletzt geprüft: 27.07.2021.

Statista Ltd. (Hrsg.) (o. J.): Global Consumer Survey – Understand what drives Consumers; online verfügbar unter https://www.statista.com/global-consumer-survey; zuletzt aktualisiert: o. D.; zuletzt geprüft: 03.05.2021.

Stehr, Christopher/Struve, Franziska (2017): CSR und Marketing; in: Stehr, Christopher/ Struve, Franziska (Hrsg.): CSR und Marketing – Nachhaltigkeit und Verantwortung richtig kommunizieren; in: Schmidpeter, René (Hrsg.): Management-Reihe Corporate Social Responsibility; Berlin 2017; S. 3-11.

Stephan, Gunter/Ahlheim, Michael (1996): Ökonomische Ökologie; Berlin, Heidelberg 1996.

Streibich, Roland (2018): Erfolgsfaktoren im Bau- und Immobilien-Marketing – Immobilien-Atlas Deutschland; Hamburg 2018.

Teichmann, Sven A. (2007): Bestimmung und Abgrenzung von Managementdisziplinen im Kontext des Immobilien- und Facilities Managements; in: Zeitschrift für Immobilienökonomie (ZIÖ); Jg. o. A.; Nr. 2 / 2007; S. 5-37.

United Nations (Hrsg.) (1992): Agenda 21 – Konferenz der Vereinten Nationen für Umwelt und Entwicklung; Rio de Janeiro 1992.

United Nations (Hrsg.) (2015): Paris Agreement; Paris 2015.

United Nations Global Compact (Hrsg.) (2014): Guide to Corporate Sustainability – Shaping a Sustainable Future; New York 2014.

Weihrich, Heinz (1982): The TWOS-Matrix – A tool for situational analysis; in: Long Range Planning; Jg. 15; Nr. 4/1982; S. 54-66.

Weiss, Ingo/Friedemann, Tajo (2011): Auf dem Weg zur Corporate Governance – Rolle des FM bei nachhaltiger Unternehmensführung; online verfügbar unter https://www.facility-management.de/artikel/fm_Auf_dem_Weg_zur_Corporate_Governance_1246106.html; zuletzt aktualisiert: 04.2011; zuletzt geprüft: 19.05.2021.

Wolfram, Kai (2020): Alle reden von ESG, doch kaum einer macht was; online verfügbar unter https://www.immobilienmanager.de/esg-immobilienwirtschaft-kommentar-kai-wolfram/150/79995/?utm_source=Newsletter&utm_medium=ZIM&utm_campaign=27.10.+Vorlage+2020+Newsletter+immobilienmanager; zuletzt aktualisiert: 27.10.2020; zuletzt geprüft: 25.07.2021.

World Economic Forum (Hrsg.) (2020): Measuring Stakeholder Capitalism – Towards Common Metrics and Consistent Reporting of Sustainable Value Creation; Genf 2020.

Wunder, Thomas (2016): Essentials of strategic management – Effective formulation and execution of strategy; Stuttgart 2016.

Wunder, Thomas (2017a): Nachhaltiges Strategisches Management – Anknüpfungspunkte und Impulse für die praktische Strategiearbeit; in: Wunder, Thomas (Hrsg.): CSR und Strategisches Management – Wie man mit Nachhaltigkeit langfristig im Wettbewerb gewinnt; in: Schmidpeter, René (Hrsg.): Management-Reihe Corporate Social Responsibility; Berlin 2017; S. 1-41.

Wunder, Thomas (Hrsg.) (2017b): CSR und Strategisches Management – Wie man mit Nachhaltigkeit langfristig im Wettbewerb gewinnt; in: Schmidpeter, René (Hrsg.): Management-Reihe Corporate Social Responsibility; Berlin 2017.

Zentraler Immobilien Ausschuss e. V. (Hrsg.) (2013): Leitfaden zur Einführung von Nachhaltigkeitsmessungen im Immobilienportfolio – Technologisch-ökologische Aspekte; Berlin 2013.

Zentraler Immobilien Ausschuss e. V. (Hrsg.) (2015a): Corporate Social Responsibility (CSR) als übergeordnetes Konzept für die unternehmerische Verantwortung; in: Zentraler Immobilien Ausschuss e. V. (Hrsg.): Nachhaltige Unternehmensführung in der Immobilienwirtschaft; Köln 2015; S. 51-64.

Zentraler Immobilien Ausschuss e. V. (Hrsg.) (2015b): Implementierung einer nachhaltigen Unternehmensführung in der Immobilienwirtschaft; in: Zentraler Immobilien Ausschuss e. V. (Hrsg.): Nachhaltige Unternehmensführung in der Immobilienwirtschaft; Köln 2015; S. 65-73.

Zentraler Immobilien Ausschuss e. V. (Hrsg.) (2015c): Nachhaltigkeitsreporting und -benchmarking in der Immobilienwirtschaft; in: Zentraler Immobilien Ausschuss e. V. (Hrsg.): Nachhaltige Unternehmensführung in der Immobilienwirtschaft; Köln 2015; S. 229-283.

Zentraler Immobilien Ausschuss e. V. (Hrsg.) (2015d): Nachhaltige Wertschöpfung als Grundlage des Immobilienlebenszyklus; in: Zentraler Immobilien Ausschuss e. V. (Hrsg.): Nachhaltige Unternehmensführung in der Immobilienwirtschaft; Köln 2015; S. 288-291.

Zentraler Immobilien Ausschuss e. V. (Hrsg.) (2015e): Nachhaltigkeitsorientierung in ausgewählten ZIA-Branchenclustern; in: Zentraler Immobilien Ausschuss e. V. (Hrsg.): Nachhaltige Unternehmensführung in der Immobilienwirtschaft; Köln 2015; S. 292-312.

Zentraler Immobilien Ausschuss e. V. (Hrsg.) (2015f): Wirtschaftlichkeit von Nachhaltigkeit auf Objekt-, Portfolio- und Unternehmensebene; in: Zentraler Immobilien Ausschuss e. V. (Hrsg.): Nachhaltige Unternehmensführung in der Immobilienwirtschaft; Köln 2015; S. 366-382.

Zentraler Immobilien Ausschuss e. V. (Hrsg.) (2015g): Nachhaltige Unternehmensführung in der Immobilienwirtschaft; Köln 2015.

Zentraler Immobilien Ausschuss e. V. (Hrsg.) (2015h): Nachhaltigkeit – Kodex, Berichte und Compliance; Berlin 2015.

3 ESG im internationalen Kontext

Dr. Elaine Wilke, Christiane Conrads

3.1 Einleitung

Das Interesse von Regierungen, politischen Entscheidungsträgern sowie Investoren an Investitionen und Finanzierungen, die ökologische und soziale Aspekte sowie Anforderungen an eine verantwortungsvolle Unternehmensführung (Environmental, Social and Governance [»**ESG**«]) beinhalten, ist in den letzten Jahren deutlich gewachsen. Nach Ansicht des UN PRI und der World Bank Group haben nachhaltige[1] Investitionen und Finanzierungen folgende Vorteile:

- Unterstützung bei der Erreichung der nationalen politischen Klimaschutzziele und der Sustainable Development Goals (»**SDGs**«);
- Stärkung von Widerstandsfähigkeit und Stabilität von Finanzsystemen und Wirtschaft;
- Verbesserung der Markteffizienz durch Klärung und Angleichung der Erwartungen von Investoren und Unternehmen und
- Erhöhung der Attraktivität von Ländern als Investitionsstandorte[2].

Damit kommt den Bereichen Investment und Finanzierung im Rahmen der nachhaltigen Entwicklung[3] große Bedeutung zu. In diesem Zusammenhang wird die Transformation zu nachhaltigen Investitionen und Finanzierungsmärkten maßgeblich durch politische Leitlinien und regulatorische Rahmenbedingungen vorangetrieben und gelenkt.

Per Januar 2021 gibt es gemäß UN PRI Regulation Database[4] weltweit insgesamt über 650 Regularien und Leitlinien sowie mehr als 300 Vorhaben zur Fortentwicklung bestehender Instrumente. Diese sollen insbesondere Investoren unterstützen, ermutigen und/oder verpflichten, alle langfristigen Werttreiber – einschließlich ESG-Faktoren – zu berücksichtigen. Die Datenbank umfasst dabei sowohl bestehende als auch in der Entwicklung befindliche Regulierungen insbesondere von Gesetzgebungsorganen, Industrieverbänden und internationalen Organisationen (z. B. UN, OECD,

---

1 Der Begriff »Nachhaltigkeit« wird in diesem Beitrag gleichbedeutend mit dem Begriff »ESG« verwendet.
2 Vgl. UN PRI und World Bank Group, How policy makers can implement reforms for a sustainable financial system – Part I A toolkit for sustainable investment policy and regulation, S. 4.
3 Vgl. zum Begriff der »Nachhaltigen Entwicklung« beispielsweise Hauff, Volker (1987), Unsere gemeinsame Zukunft. Der Brundtland-Bericht der Weltkommission für Umwelt und Entwicklung. Greven: Eggenkamp, S. 46.
4 Vgl. UN PRI Regulation Database, https://www.unpri.org/policy/regulation-database.

ILO). Weiterhin differenziert sie zwischen verbindlichen Vorgaben und freiwilligen Leitlinien.

Erste Regelungsvorhaben hin zu mehr Nachhaltigkeit sind bereits in den 1970er Jahren im Nachgang zur ersten Umweltkonferenz der Vereinten Nationen 1972 in Stockholm zu erkennen. Allerdings blieb die Anzahl der Regulierungen in den folgenden 30 Jahren ungeachtet der zwischenzeitlich auf politischer Ebene stattfindenden Entwicklung (vgl. etwa die Ergebnisse des sog. Brundtland-Berichts[5] und der UNCED Konferenz in Rio de Janeiro 1992 mit der Agenda 21[6]) relativ gering. Eine Erklärung hierfür mag darin liegen, dass zunächst auf die Eigeninitiative von Investoren, Banken und Unternehmen gesetzt wurde.

Seit 2000 zeichnet sich insbesondere als Folge des Kyoto-Protokolls in der Fassung von 2002 ein deutlicher Anstieg der politischen und regulatorischen Vorgaben zur Förderung der nachhaltigen Entwicklung ab. Weitere Meilensteine markieren etwa im Jahr 2015 das Pariser Klimaschutzabkommen und die Agenda 2030 mit den SDGs. Im Nachgang nahmen Regelungsvorhaben – beispielsweise zur Umsetzung des EU Sustainable Finance Action Plans und des EU Green Deals – deutlich zu, so dass im Jahr 2020 ein neuer vorläufiger Höchststand erreicht wurde. Dieser ist unter anderen dadurch gekennzeichnet, dass neben der Zunahme auf nationaler Ebene auch vermehrt Instrumente auf europäischer und internationaler Ebene geschaffen werden.

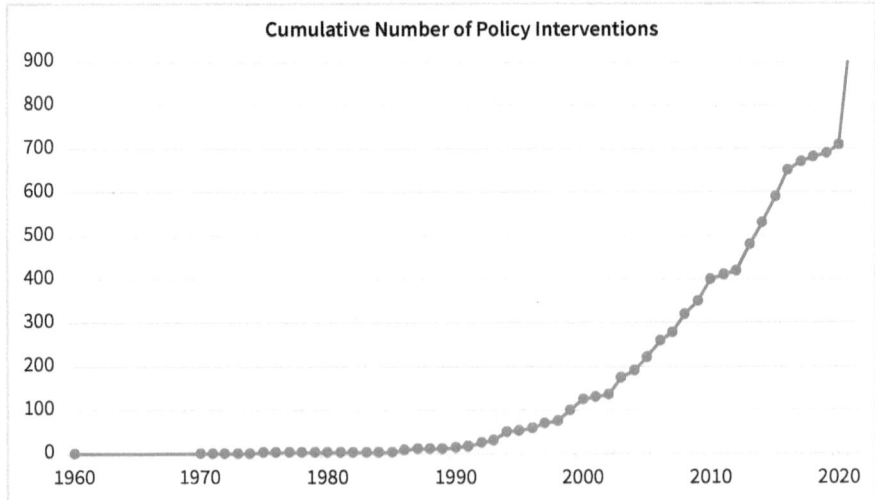

Abb. 3.1: Kumulative Anzahl politischer Interventionen. Quelle: UN PRI, PRI responsible investment regulation database.

---

5   Brundtland-Bericht abrufbar unter https://sustainabledevelopment.un.org/content/documents/5987our-common-future.pdf.
6   Agenda 21 abrufbar unter https://www.un.org/depts/german/conf/agenda21/agenda_21.pdf.

Die Europäische Union (EU) mit ihren umfassenden regulatorischen Maßnahmen etwa zur Neuausrichtung des Kapitalmarkts hin zu nachhaltigen Investitionen wird derzeit im internationalen Vergleich als Vorreiter im Bereich ESG-Regulatorik gesehen. Angesichts der steigenden Dringlichkeit von Klimaschutzmaßnahmen[7], des engen Zeitrahmens bis zur Umsetzung der SDGs im Jahr 2030 und aufgrund bedeutender Gerichtsurteile, wonach gesetzgebende Organe aufgefordert werden, weitere regulatorische Maßnahmen zu treffen[8], ist zu erwarten, dass weltweit die Anzahl politischer und regulatorischer Instrumente zur Förderung der ESG-Transformation in der nächsten Zeit weiter sprunghaft ansteigen wird. Teilweise wird derzeit von einem Wettlauf zwischen den gesetzgebenden Organen gesprochen.

Diese Entwicklung stellt Investoren, Banken und Unternehmen vor eine große Herausforderung. Zunächst gilt es, sämtliche Gesetzgebungsprozesse und Industrieinitiativen zu monitoren. Des Weiteren ist die Bedeutung der vielen und zunehmenden Anforderungen und Begrifflichkeiten in vielen Fällen noch unklar und uneinheitlich. Zudem fehlt es noch an einer Harmonisierung der bestehenden Vorgaben – z. B. zwischen einzelnen Sektoren und Wirtschaftszweigen. Um eine Vergleichbarkeit dieser Vorgaben auf globaler Ebene zu gewährleisten und effektive Maßnahmen zur Förderung einer nachhaltigen Entwicklung bei gleichzeitiger Vermeidung von Wettbewerbsnachteilen sicherzustellen, sind international gültige und aufeinander abgestimmte Regelungen, Vorgaben und Leitlinien essenziell.

Die ESG-Transformation ist eine globale Entwicklung mit komplexen Ursache-Wirkungszusammenhängen. Das Monitoring der globalen politischen und regulatorischen Vorgaben und Leitlinien der nachhaltigen Entwicklung stellt somit einen wesentlichen Erfolgsfaktor für die langfristige Wertentwicklung international agierender Unternehmen und Investoren dar.

Das folgende Kapitel gibt einen Überblick über die verschiedenen Grundelemente, die für eine politische und regulatorische Umsetzung der ESG-Transformation im internationalen Vergleich kennzeichnend sind. Darüber hinaus soll in Ergänzung zu den anderen Kapiteln dieses Buches der Fokus über Deutschland und die EU hinaus auf weitere relevante Investmentmärkte und die dort gelegten Schwerpunkte gerichtet werden. Hierzu werden auszugsweise bedeutende nationale ESG-Regulierungen in den USA, Australien, Niederlande, UK, Japan und China vorgestellt.

---

7 Vgl. IPCC, Climate Change 2021: The Physical Science Basis. Contribution of Working Group I to the Sixth Assessment Report of the Intergovernmental Panel on Climate Change, Cambridge University Press, 2021.
8 Vgl. BVerfG, Urteil vom 24.03.2021 – 1 BvR 2656/18, 1 BvR 96/20, 1 BvR 78/20, 1 BvR 288/20, 1 BvR 96/20, 1 BvR 78/20; Legal Tribune Online, Niederlande müssen mehr gegen den Klimawandel tun, 2018; https://www.lto.de/recht/nachrichten/n/urteil-niederlande-muessen-co2-ausstoss-drastisch-reduzieren-klimawandel/, Abruf 01.09.2021.

3.2   Elemente einer nachhaltigen Investitionspolitik und Regulierung

Im Rahmen der ESG-Transformation haben sich auf nationaler bzw. EU-Ebene in den Bereichen Investment und Finanzierung fünf Elemente herausgebildet, durch die – bedingt durch den unterschiedlichen politischen und regulatorischen Rahmen – ESG-Vorgaben mit unterschiedlicher Gewichtung und Bedeutung umgesetzt werden sollen:

1. Offenlegung von ESG-Kriterien durch Unternehmen;
2. sog. Stewardship-Codes, welche das Verhältnis zwischen Investoren (im Sinne von sog. Vermögenseigentümern oder Investment Managern) und Unternehmen regeln;
3. ESG-Vorgaben für Investoren (im Sinne von sog. Vermögenseigentümern oder Investment Managern);
4. nationale Taxonomien zur Klassifizierung von nachhaltigen Investitionen und Finanzierungen und
5. nationale (bzw. europäische) Strategien für nachhaltige Finanzen, welche als Leitbild den vorgenannten vier Punkten übergeordnet sind und die Verbindung zwischen Zielen des Finanzsektors und denen der Gesamtwirtschaft herstellen sollen.

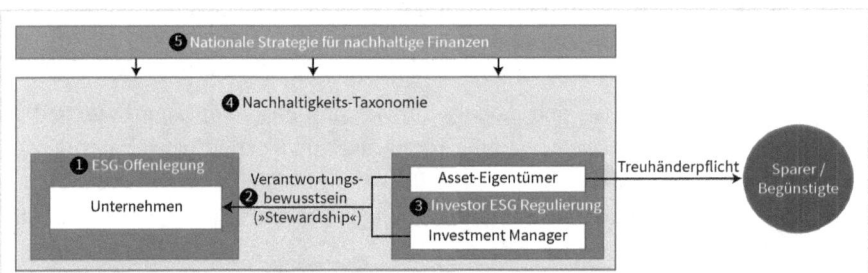

Abb. 3.2: Vorrangige Elemente einer nachhaltigen Investitionspolitik und Regulierung. Quelle: UN PRI und World Bank Group, How policy makers can implement reforms for a sustainable financial system – Part I A toolkit for sustainable investment policy and regulation, S. 6.

3.2.1   Offenlegung von ESG-Kriterien durch Unternehmen

ESG-Offenlegungsrichtlinien für Unternehmen sind regulatorische Maßnahmen, welche diese verpflichten, aktuelle und zukunftsgerichtete Daten und Analysen, die für ihre Unternehmensstrategie, Geschäftätigkeit und Leistung in Bezug auf wichtige ESG-Themen relevant sind, in regelmäßigem Turnus zu veröffentlichen.

Ziel dieser Richtlinien ist es, Investoren über die ESG-Performance des Unternehmens zu informieren und eine wichtige Grundlage bei möglichen Investitionsentscheidungen zu liefern.

ESG-Daten und -Analysen sind im Investmentprozess vielfältig einsetzbar:

- »Integration in Bewertungsmodelle, Alternative Beta, Quant, Faktor- und Index-Investitionen
- Integration in Kreditresearch und -bewertungen
- Screening (positiv, negativ und auf Ausschlüssen basierend)
- Erstellung von Best-in-Class-ESG-Ansätzen (ESG-Ratings)
- Thematische Investitionen (Zuweisung von Kapital zu ökologischen oder sozialen Ergebnissen)
- Schaffung und Überwachung von Fonds mit spezifischen ökologischen und/oder sozialen Eigenschaften
- Messung der Auswirkungen von Unternehmen und/oder Fonds (Portfolioüberwachung, Carbon Footprint)
- Aktive Beteiligung, einschließlich Engagement
- Kommunikation mit Kunden und Begünstigten«[9]

Die (verbindliche und freiwillige) Offenlegung von ESG-Informationen nimmt in den letzten Jahren stetig zu und entwickelt sich, je nach Adressaten, kontinuierlich weiter. Beispiele für ESG-Themen, die von Unternehmen und Finanzmarktteilnehmern offengelegt werden, umfassen Umweltfaktoren im Zusammenhang mit Nachhaltigkeit und Klimawandel, soziale Faktoren, einschließlich Arbeitspraktiken und Diversität, und allgemeine Governancefaktoren, die einen wesentlichen Einfluss auf die Geschäftstätigkeit des Unternehmens bzw. Emittenten haben[10].

Zwar bezieht sich die Berichterstattung auf Unternehmensebene, unabhängig von den lokalen politischen Anforderungen, in der Regel auf ähnliche ESG-Themen im Rahmen der jeweiligen freiwilligen Offenlegungen. Aber ohne verbindliche und standardisierte ESG-Offenlegungsvorschriften sind die daraus resultierenden Informationen unvollständig und über Märkte, Branchen und Portfolios hinweg nicht ohne weiteres vergleichbar. Dies stellt für eine nachhaltige Finanzwirtschaft ein großes Hindernis dar.

Auf nationaler Ebene unterliegt die ESG-Offenlegung regelmäßig der Aufsicht der Wertpapieraufsichtsbehörden; sie kann auch in das Gesellschaftsrecht aufgenommen werden. Auf Marktebene kann die Verpflichtung zur Offenlegung in die Regeln für die Börsennotierung integriert werden.

Da verbindliche Offenlegungsvorschriften grundsätzlich wirksamer sind als freiwillige Leitlinien, führen sie auch zu einer höheren Markteffizienz. Freiwillige Offenlegungen liefern den Anlegern regelmäßig nicht genügend Daten in Bezug auf Umfang, Vergleich-

---

9   Vgl. UN PRI und World Bank Group, How policy makers can implement reforms for a sustainable financial system – Part I A toolkit for sustainable investment policy and regulation, S. 10.

10   Vgl. IOSCO Statement on disclosure of ESG matters by issuers, 18 January 2019, S. 1.

barkeit und Qualität und erschweren somit gerade die Transparenz. Derzeit wenden Unternehmen aber lediglich mehrere und unterschiedliche, freiwillige Rahmenwerke an, die teilweise erheblich voneinander abweichen und daher etwa bei der Unternehmensbewertung nicht vergleichbar sind. Verbindliche Regelungen hingegen fördern nicht nur die Vereinheitlichung von Terminologien (für mehr Kohärenz), sondern führen auch zu einer Angleichung von Wettbewerbsbedingungen (beispielsweise indem Vorreiter und die besten sozialen und ökologischen Leistungen als Maßstab angesetzt werden).

Zur Vereinheitlichung sollten daher für nationale und internationale ESG-Offenlegungen die internationalen Rahmenwerke, die zunehmend anerkannt werden, wie zum Beispiel Task Force on Climate-Related Financial Disclosures (TCFD), angewendet und Leitlinien für die Übernahme dieser Regelungen – insbesondere in Ländern mit weniger entwickelten Kapitalmärkten – zur Verfügung gestellt werden. Des Weiteren sollten sie im Einklang mit Offenlegungsanforderungen einschlägiger Taxonomien, d. h. Klassifizierungssystemen für nachhaltige Wirtschafts- und Finanzierungstätigkeiten, stehen.

Einen weiteren Kritikpunkt stellt die Vergleichbarkeit von ESG-Daten auf Ebene der Indikatoren/Datenströme dar, wenn Unternehmen unterschiedliche Indikatoren für dasselbe ESG-Thema definieren. Eine umfassende Investitionsanalyse wird nur durch konsistente Daten und Offenlegungen, basierend auf bestehenden und vergleichbaren Rahmenwerken und Standards, möglich. Die standardisierte Offenlegung von ESG-Daten und -Analysen wird zu nachhaltigeren Anlageentscheidungen, einer verbesserten Unternehmensleistung in ESG-Fragen und einem Übergang hin zu einer nachhaltigeren Volkswirtschaft führen.

Die Offenlegungsanforderungen können obligatorische und »Comply-or-Explain«-Anteile umfassen und mit weiteren verbindlichen Elementen ergänzt werden. Der Umfang hängt dabei von der internationalen Harmonisierung und Marktpraxis ab und sollte kontinuierlich weiterentwickelt werden.

3.2.2   Stewardship-Codes

Des Weiteren kommt dem sog. »Stewardship«, häufig auch als »aktives Eigentum« bezeichnet, eine große Bedeutung zu. Ein Stewardship-Code wird regelmäßig von den nationalen Finanzaufsichtsbehörden oder ähnlichen Einrichtungen erlassen. Beispiele sind der Financial Reporting Council im Vereinigten Königreich und die SEBI in Indien. In einigen Fällen wurden Stewardship-Codes von anderen Institutionen entwickelt, wie etwa der australische Asset Owner Stewardship Code. Stewardship-Codes zielen darauf ab, Erwartungen von Investoren an eine verantwortungsvolle Unternehmensführung mithilfe von Vorschriften oder Leitlinien, einschließlich Vorgaben für die Berichterstattung, zu formalisieren. Im Rahmen der Einflussnahme durch institutionelle Investoren sollen zur langfristigen Maximierung des (Unternehmens-/Investment-)Wertes gerade auch gemeinsame wirtschaftliche, soziale und ökologische Werte berücksichtigt werden[11].

Während sich die ersten Stewardship-Codes auf börsennotierte Aktien konzentrierten, sollen neuere Codes hohe Standards auch für andere Vermögenswerte, wie Aktien (einschließlich Private Equity), direkt gehaltene Vermögenswerte wie Immobilien und festverzinsliche Wertpapiere (einschließlich Staatsanleihen), sicherstellen.

In den meisten Codes wird inzwischen die Bedeutung der Zusammenarbeit von Anlegern zur Förderung positiver Veränderungen in der Unternehmenspraxis und -leistung hervorgehoben. Zudem gewinnen Dienstleister wie Anlageberater, Anbieter von Engagement, Overlay-Dienstleister und Stimmrechtsberater bei der Unterstützung des Stewardships institutioneller Anleger zunehmend an Bedeutung.

Stewardship-Codes sind daher wichtige Instrumente für eine nachhaltige Investitions- und Finanzpolitik. Sie
- identifizieren ausdrücklich ökologische und soziale Fragen als wesentliche Themen von Investoren;
- legen einen zunehmenden Schwerpunkt auf das Engagement der öffentlichen Politik – durch Investoren und durch die Unternehmen und anderen Einrichtungen, in die sie investieren –, um die politischen Entscheidungträger dazu anzuhalten,
    - Maßnahmen, die die Offenlegung von ESG-Themen im gesamten Investitionssystem stärken, zu ergreifen,
    - die Widerstandsfähigkeit des Finanzsystems zu stärken und
    - die Nachhaltigkeit der Realwirtschaft zu verbessern;
- heben explizit hervor, dass Investoren zur Erreichung von Nachhaltigkeitsergebnissen, durch aktive Beteiligung (Stewardship), beitragen,
    - eine größere Transparenz zu fördern und es den Stakeholdern (z. B. den Begünstigten) zu ermöglichen, die Stewardship-Aktivitäten der Investoren und die Einhaltung der lokalen Codes zu überprüfen und
    - klare Erwartungen an die Investoren formulieren[12].

Die meisten Stewardship Codes haben einen »Comply-or-Explain«-Ansatz, bei dem Unterzeichner von den Anforderungen abweichen können, wenn sie die Gründe dafür erläutern. Best Practice zeichnet sich durch einen »Apply-and-Explain«-Ansatz aus.

---

11   Vgl. UN PRI und World Bank Group, How policy makers can implement reforms for a sustainable financial system – Part I A toolkit for sustainable investment policy and regulation, S. 14.
12   Vgl. UN PRI und World Bank Group, How policy makers can implement reforms for a sustainable financial system – Part I A toolkit for sustainable investment policy and regulation, S. 14.

Im ESG-Bereich wurden die meisten Stewardship Codes als freiwillige Instrumente eingeführt, obwohl sie zunehmend in der Gesetzgebung erwähnt werden. Freiwillige Stewardship-Codes umfassen in der Regel einige oder alle der folgenden Punkte:

- Institutionelle Anleger werden ermutigt, die Codes zu unterzeichnen (Schaffung einer Marktnorm, die von großen Investoren unterstützt wird).
- Es wird ein öffentliches Register der Code-Unterzeichner geführt und von den Unterzeichnenden wird erwartet, dass sie den Code auf ihren Websites bekannt machen.
- Von den unterzeichnenden Anlegern wird erwartet, dass sie darüber berichten, wie sie die Codes umgesetzt haben, indem sie Daten (z. B. über die Anzahl der Unternehmen oder Einrichtungen, zu den behandelten Themen bzw. den erzielten Ergebnissen) sowie Fallstudien, die den Ansatz der Organisation veranschaulichen, veröffentlichen. Diese Anforderung wird in einigen Codes stärker betont, indem der Vorsitzende des unterzeichnenden Investors, z. B. CEO oder CIO, verpflichtet ist, die Richtigkeit dieses Berichts durch Unterschrift zu bestätigen.
- Die Unterzeichner des Codes werden nach der Qualität ihrer Stewardship-Aktivitäten oder Offenlegung eingestuft und gerankt, um einen Wettlauf an die Spitze zu fördern.
- Zudem findet eine formelle Überprüfung statt, wie die Codes umgesetzt wurden[13].

3.2.3 ESG-Vorgaben für Investoren

ESG-Vorschriften für Investoren beziehen sich auf Maßnahmen, die Investoren, insbesondere Vermögenseigentümer, dazu verpflichten, ESG-Kriterien in ihren Anlageentscheidungen und in ihren Offenlegungen gegenüber Begünstigten und anderen Interessengruppen zu berücksichtigen und darzustellen. Durch die Auferlegung von Maßnahmen wie die Einbeziehung von ESG und Offenlegungspflichten wird beabsichtigt, nachhaltige Anlagepraktiken über den gesamten Investmentprozess zu fördern.

Die Art und Weise, wie die Pflichten der Anleger definiert werden, hat tiefgreifende Auswirkungen. Entscheidungen, die von Treuhändern getroffen werden, wirken sich kaskadenartig auf die gesamte Investitionskette aus und beeinflussen die Entscheidungsprozesse, die Eigentumsverhältnisse und letztlich die Art und Weise, in der Unternehmen verwaltet werden. ESG-Vorschriften für Investoren können bestimmte Hindernisse für Maßnahmen beseitigen und damit einen positiven Rahmen schaffen, ESG-Themen in ihre Investitionspraktiken und -prozesse zu integrieren.

---

13 Vgl. UN PRI und World Bank Group, How policy makers can implement reforms for a sustainable financial system – Part I A toolkit for sustainable investment policy and regulation, S. 16.

Solche Regelungen können:

- klare Signale zur Bedeutung von effektiv zu managenden ESG-Themen über die gesamte Investitionskette geben – von Vermögenseigentümern über Investmentmanager bis hin zu Unternehmen und anderen Einrichtungen;
- Klarheit über die Aufgaben und Pflichten von Vermögenseigentümern und Investmentmanagern schaffen, ESG-Aspekte bei ihrer Anlageanalyse und bei der Entscheidungsfindung sowie bei der Zusammenarbeit mit Unternehmen und politischen Entscheidungsträgern zu berücksichtigen;
- eine Nachfrage nach besseren ESG-Offenlegungen von Unternehmen schaffen;
- eine Qualitätsverbesserung des Dialogs zwischen Investoren und ihren Stakeholdern durch bessere Offenlegung und strukturiertere Beteiligungsprozesse schaffen und
- die Beachtung von langfristigen Faktoren des Investitionswerts durch die Investoren erhöhen[14].

Die Eigentümer von Vermögenswerten stehen an der Spitze der Investitionskette. Oft geben sie die Richtung und Agenda für den gesamten Markt vor. Mit der Auferlegung von Offenlegungspflichten für diese besteht die Absicht, die Transparenz und das Handeln in der gesamten Investitionskette zu beeinflussen. Wenn die Investmentmanager sehen, wie Vermögenseigentümer Verpflichtungen eingehen und Maßnahmen ergreifen, führt dies dazu, dass diese ihre eigenen Systeme und Prozesse aufbauen, ESG-Produkte entwickeln und über ihre Praktiken, Prozesse und Leistung berichten.

3.2.4   Taxonomie

Eine nachhaltige Taxonomie ist ein Klassifizierungssystem, welches Investoren bei der Bewertung unterstützt, ob eine wirtschaftliche Aktivität ökologisch und sozial nachhaltig ist, um so den Übergang zu einer kohlenstoffarmen, integrativen Wirtschaft zu lenken[15].

Der Zweck einer nachhaltigen Taxonomie ist die Festlegung einer gemeinsamen Sprache zwischen Investoren, Emittenten, Projektträgern und politischen Entscheidungsträgern. Dies soll Investoren bei der Beurteilung helfen, ob Investitionen robusten Nachhaltigkeitsstandards entsprechen und auf regulatorische Verpflichtungen ausgerichtet sind.

---

14   Vgl. UN PRI und World Bank Group, How policy makers can implement reforms for a sustainable financial system – Part I A toolkit for sustainable investment policy and regulation, S. 18.
15   Vgl. UN PRI und World Bank Group, How policy makers can implement reforms for a sustainable financial system – Part I A toolkit for sustainable investment policy and regulation, S. 22.

Eine Taxonomie kann:

- Klarheit darüber schaffen, was eine grüne – oder nachhaltige – Aktivität ist und unter welchen Bedingungen;
- helfen, den Grad der Nachhaltigkeit einer Investition und der Aktivitäten von Unternehmen zu messen, zum Beispiel durch die Ermittlung des Anteils der Einnahmen oder Ausgaben, die grün bzw. dies nicht sind;
- Investoren und Unternehmen bei der Planung und Berichterstattung hinsichtlich des Übergangs zu einer kohlenstoffarmen Wirtschaft unterstützen, indem sie hilft, integrative Wirtschaft zu planen und darüber zu berichten, und die Ziele und die Richtung für verschiedene Wirtschaftstätigkeiten vorgibt;
- den politischen Entscheidungsträgern helfen, fundierte Entscheidungen zu treffen und effektivere Regularien zu schaffen, die mit den relevanten langfristigen Zielen wie dem Pariser Abkommen im Einklang stehen und
- einen gemeinsamen Bezugspunkt schaffen und die Zusammenarbeit zwischen politischen Entscheidungsträgern, Investoren und Unternehmen fördern[16].

Ziel einer Taxonomie ist es, einen Beitrag zur Erhöhung von Investitionen zu leisten, die im Einklang mit Nachhaltigkeitszielen, wie z. B. der Schaffung einer Net-Zero-Wirtschaft bzw. einer widerstandsfähigen und nachhaltigen Wirtschaft, stehen.

Gewöhnlich werden sie, wie im Fall der EU-Taxonomie, unter der Leitung einer Finanzaufsicht und unter Einbeziehung von Wirtschafts- und Industrieexperten oder einer technischen Expertengruppe entwickelt. Es ist wichtig, die Gesamtverantwortung für die Taxonomie-Entwicklung einem Lenkungsausschuss zu übertragen, der von einer zuständigen Regierung oder einem entsprechenden Ministerium geleitet wird.

Darüber hinaus ist es wichtig, mit folgenden Personen zusammenzuarbeiten:
- Fachleuten für spezifische Sektoren, um sicherzustellen, dass die richtigen Komponenten und Aktivitäten in die Taxonomie aufgenommen werden, und
- Finanzmarktteilnehmern, um sicherzustellen, dass eine Taxonomie in der Praxis angewendet werden kann.

Zudem ist eine breitere Konsultation der Interessengruppen durchzuführen, wie zum Beispiel der Umwelt- und andere Regulierungsbehörden, der wichtigsten Wirtschaftssektoren, die am ehesten von der grünen Taxonomie betroffen sind und/oder von ihr profitieren, sowie (Vertreter von) der Finanzmarktteilnehmer (z. B. Banken, Vermögens-/Investmentmanager und Verbände der Versicherungsbranche)[17].

---

16 Vgl. UN PRI und World Bank Group, How policy makers can implement reforms for a sustainable financial system – Part I A toolkit for sustainable investment policy and regulation, S. 22.
17 Vgl. UN PRI und World Bank Group, How policy makers can implement reforms for a sustainable financial system – Part I A toolkit for sustainable investment policy and regulation, S. 24.

Aufgrund der globalen Märkte ist wie bereits benannt eine Standardisierung von Taxo-nomien auf nationaler und internationaler Ebene zwingend erforderlich, um die Wir-kung dieser Instrumente zu maximieren. Jedoch können auch lokale und regionale Unterschiede gegeben sein, da Länder und Regionen unterschiedlichen Herausforde-rungen in der Umsetzung gegenüberstehen. In diesem Zusammenhang ist es wichtig, dass jede Taxonomie ihre Nachhaltigkeitsziele und ihr Anspruchsniveau klar definiert.

3.2.5   Nationale Strategien für nachhaltige Finanzen

Nationale Strategien für nachhaltige Finanzen beziehen sich auf die breiteren natio-nalen politischen Rahmenwerke, die sicherstellen sollen, dass der Finanzsektor als Ganzes die Ziele eines nachhaltigen und integrativen Wachstums unterstützt, indem er seine wirtschaftlichen und finanziellen Ziele mit dem Pariser Abkommen und den SDGs in Einklang bringt[18].

Entscheidungen über die Allokation von Kapital – egal ob Investitionskapital oder Ka-pital, das das Funktionieren des Wirtschafts- und Finanzsystems eines Landes unter-stützt und ermöglicht – werden letztlich auf Basis der Einschätzung und Bewertung der Unternehmen und des Finanzsektors über die Risiken und Chancen, die sich aus verschiedenen Investitionsmöglichkeiten ergeben, getroffen. Die zuvor beschriebenen Maßnahmen – ESG-Offenlegungen der Unternehmen, Stewardship, Investorenregelun-gen und Taxonomien – werden die Kapitalströme nur in dem Maße zu einer nachhalti-gen Finanzwirtschaft leiten, wie diese Investitionen gefördert oder belohnt werden[19].

Nationale Strategien für nachhaltige Finanzen überbrücken diese Kluft zwischen dem Finanzsektor und der Gesamtwirtschaft: Gut konzipierte und gut umgesetzte finanz-politische Strategien können die wirtschaftliche Entwicklung fördern, die soziale Ein-gliederung unterstützen und die Umwelt schützen, indem sie Investitionen in den ESG-Bereichen unterstützen und ermöglichen, die Kapital benötigen. Darüber hin-aus ermöglichen und beschleunigen sie die Fähigkeit eines Landes, seine Klima- oder nachhaltigen Entwicklungsziele zu erreichen. Ein entscheidender Faktor dafür, ob ein Land seine nationalen Treibhausgasziele erreicht[20], resultiert zum Beispiel aus der Ge-staltung von Energiesubventionen und -steuern und ob fossile Brennstoffe oder er-neuerbare Energien gefördert werden.

---

18   Vgl. UN PRI und World Bank Group, How policy makers can implement reforms for a sustainable financial system – Part I A toolkit for sustainable investment policy and regulation, S. 26.
19   Vgl. UN PRI und World Bank Group, How policy makers can implement reforms for a sustainable financial system – Part I A toolkit for sustainable investment policy and regulation, S. 26.
20   Vgl. UN PRI und World Bank Group, How policy makers can implement reforms for a sustainable financial system – Part I A toolkit for sustainable investment policy and regulation, S. 26.

3.3   Umsetzungen von ESG-Regulierungen in ausgewählten Ländern

Nachfolgend werden auszugsweise und ohne Anspruch auf Vollständigkeit bedeutende nationale ESG-Regulierungen vorgestellt. Hierbei wird die unterschiedliche nationale Schwerpunktsetzung sowie die in vorstehendem Kapitel 3.1 dargestellte Einordnung in fünf Grundelemente (d. h. Offenlegung, Stewardship, Investorenanforderungen, Taxonomie und nationale Strategie) erkennbar.

3.3.1   USA

In den USA sind bis dato laut UN PRI Regulatory Database 14 verpflichtende bzw. freiwillig anzuwendende Richtlinien mit ESG-Bezug veröffentlicht. Auch wenn die USA mit dem LEED® (Leadership in Energy and Environmental Design) Green Building Rating System seit 1999 eine führende Rolle in der Gebäudezertifizierung und damit im Bereich freiwilliger Marktinstrumente eingenommen hat, besteht im regulatorischen Umfeld im Vergleich zu anderen Nationen insbesondere im Immobiliensektor noch Nachholbedarf.

3.3.1.1   Vorschriften zum Schutz von Umwelt und Gesundheit und die Rolle der EPA

Seit 1972 verpflichtet der »Clean Water Act[21]« beispielsweise Privatpersonen sowie industrielle, kommunale oder andere Einrichtungen, Verschmutzungseinleitungen in Gewässer offenzulegen. Im Jahr 1988 wurde der »Emergency Planning and Community Right-to-Know Act Section 313 The Toxic Release Inventory (TRI), 1988[22]« erlassen. Dieses Gesetz verpflichtet Unternehmen mit mehr als 10 Vollzeitbeschäftigten, der US-Umweltschutzbehörde (U.S. Environmental Protection Agency, »EPA«) Daten über die Emission bestimmter giftiger Chemikalien zu übermitteln.

Die EPA spielt eine wichtige Rolle in der Umsetzung nachhaltiger Ziele. Eine Reihe von Gesetzen, die den Schutz der Umwelt und der öffentlichen Gesundheit beinhalten, sind nicht detailliert genug, um sofort in die Praxis umgesetzt werden zu können. Die EPA wird daher als Regulierungsbehörde bezeichnet, da sie vom Kongress ermächtigt ist, Verordnungen zu verfassen, in denen die entscheidenden Details erläutert und konkretisiert werden, die zur Umsetzung der Umweltgesetze erforderlich sind. Darüber hinaus spielen eine Reihe von Exekutivverordnungen (Executive Orders, EOs) des Präsidenten eine zentrale Rolle in der Tätigkeit der EPA[23].

---

21   Vgl. Clean Water Act 33 U.S.C. § 1251 et seq. (1972).
22   Vgl. https://www.epa.gov/epcra.
23   Vgl. https://www.epa.gov/.

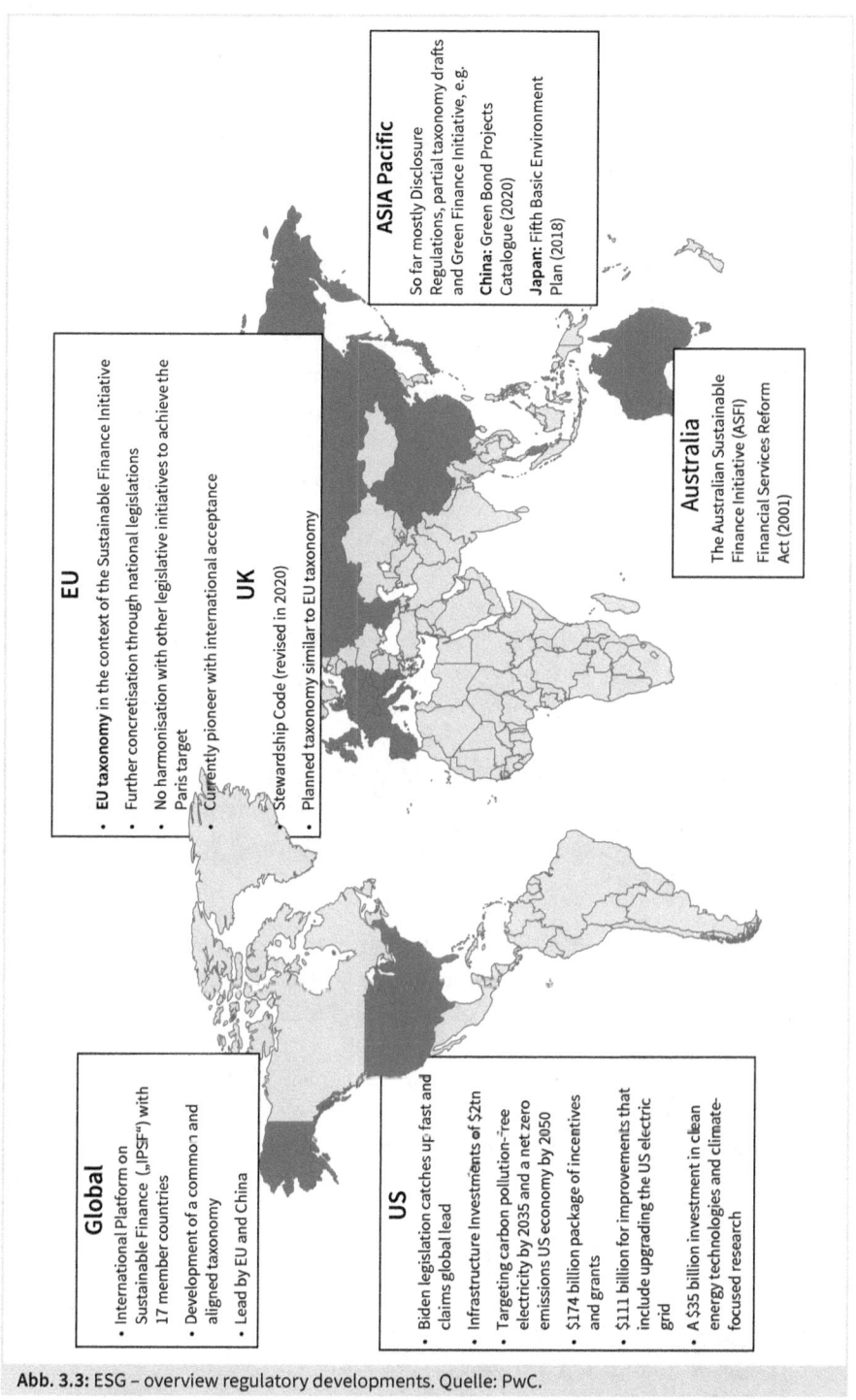

Global

- International Platform on Sustainable Finance („IPSF") with 17 member countries
- Development of a common and aligned taxonomy
- Lead by EU and China

US

- Biden legislation catches up fast and claims global lead
- Infrastructure Investments of $2tn
- Targeting carbon pollution-free electricity by 2035 and a net zero emissions US economy by 2050
- $174 billion package of incentives and grants
- $111 billion for improvements that include upgrading the US electric grid
- A $35 billion investment in clean energy technologies and climate-focused research

EU

- **EU taxonomy** in the context of the Sustainable Finance Initiative
- Further concretisation through national legislations
- No harmonisation with other legislative initiatives to achieve the Paris target
- Currently pioneer with international acceptance

UK

- Stewardship Code (revised in 2020)
- Planned taxonomy similar to EU taxonomy

ASIA Pacific

So far mostly Disclosure Regulations, partial taxonomy drafts and Green Finance Initiative, e.g.

China: Green Bond Projects Catalogue (2020)

Japan: Fifth Basic Environment Plan (2018)

Australia

The Australian Sustainable Finance Initiative (ASFI) Financial Services Reform Act (2001)

Abb. 3.3: ESG – overview regulatory developments. Quelle: PwC.

3.3.1.2   Leitlinien und Vorgaben vorrangig für börsennotierte Unternehmen

Mit der »*US SEC Climate Guidance*« wurde 2010 ein Leitfaden veröffentlicht, der von börsennotierten Unternehmen verlangt, dass sie den Anlegern in regelmäßigen Berichten an die U.S. Securities and Exchange Commission (»SEC«) wesentliche Geschäftsrisiken transparent offenlegen, einschließlich der Risiken, die der Klimawandel für ihre Geschäftstätigkeit mit sich bringen kann[24].

Seit 2014 sind börsennotierte Unternehmen dazu verpflichtet, einen Verhaltens- und Ethikkodex anzunehmen und offenzulegen[25]. Damit wird im Hinblick auf ESG dem Faktor »G« zunehmend Rechnung getragen; eine Durchdringung auf andere nicht börsennotierte Unternehmen ist jedoch noch nicht erfolgt. In diesem Bereich basieren Veröffentlichungen in erster Linie auf freiwilliger Basis, unter anderem zu den Themen Best Practice und Schutz von langfristigen Investitionszielen[26].

Im Jahr 2017 hat die Investor Stewardship Group (»**ISG**«) mit dem »*Stewardship Framework for Institutional Investors*« ein erstes Rahmenwerk herausgegeben. Die darin enthaltenen Grundsätze befassen sich nicht direkt mit der ESG-Integration, aber besagen ausdrücklich, dass eine gute Corporate Governance für die langfristige Wertschöpfung und Risikominderung von Unternehmen von wesentlicher Bedeutung ist. Die Anleger werden zur Offenlegung angehalten, zum Beispiel, wie die Unternehmensführung bewertet oder wie Interessenkonflikte bei der Stimmrechtsvertretung und beim Engagement gehandhabt werden. Zudem werden Anleger aufgefordert, sich aktiv in die Unternehmen einzubringen und Dritte zu überwachen, die bei der Stimmrechtsvertretung beraten.

Inzwischen hat die SEC die Notwendigkeit zur Integrierung von ESG-Kriterien erkannt und das Asset Management Advisory Committee (»**AMAC**«) mit der Auseinandersetzung zu dieser Thematik beauftragt. Das AMAC soll die SEC mit Ratschlägen und Empfehlungen etwa in den Bereichen

a) Trends und Entwicklungen, die sich auf Anleger und Marktteilnehmer auswirken,
b) Entwicklung der Globalisierung und
c) Veränderungen in den Geschäftsbereichen von Technologie- und Dienstleistungsanbietern

---

24   Vgl. SECURITIES AND EXCHANGE COMMISSION, Commission Guidance Regarding Disclosure Related to Climate Change, 2010.
25   Vgl. Section 303A Corporate Governance Affirmations Form, 2014, Update 2019.
26   Vgl. Council of Institutional Investors (CII), Corporate Governance Principles, 2010 und Commonsense Advisory Group, Commonsense Corporate Governance Principles, 2012.

unterstützen. Das AMAC setzt sich aus einer Gruppe externer Experten zusammen, darunter Personen, die die Ansichten von Kleinanlegern und institutionellen Anlegern, kleinen und großen Fonds, Intermediären und anderen Marktteilnehmern vertreten.

Im Dezember 2020 wurden erste mögliche Empfehlungen zur Diskussion und zur Einholung von Rückmeldungen des AMAC veröffentlicht. Ziel war es, aus den Ergebnissen endgültige Empfehlungen an die SEC zu erarbeiten, um die Datenbasis und Offenlegung für ESG-Investitionen zu verbessern sowie eine höhere Transparenz für Investoren und eine bessere Überprüfbarkeit der ESG-Strategien und -Praktiken von Anlageprodukten zu ermöglichen[27]. Der Entwurf sah unter anderem Empfehlungen zur Berücksichtigung von ESG-Risiken und zur Veröffentlichung von ESG-Investmentprodukten vor. Die Empfehlungen an die SEC wurden im Juli 2021 noch einmal überarbeitet und weiter konkretisiert[28]. Eine verpflichtende Umsetzung der Empfehlungen seitens der SEC besteht bisher noch nicht.

3.3.1.3   Initiativen der Biden-Regierung

Bereits am ersten Tag seiner Amtszeit unterzeichnete Präsident Biden ein Dekret, wonach die USA dem Pariser Klimaschutzabkommen wieder beitraten. Des Weiteren plant Präsident Biden bis zum Jahr 2030 Treibhausgasemissionen im Vergleich zu den Emissionen im Jahr 2005 um 50-52 % zu reduzieren[29]. Klimaschutz und die Schaffung von Umweltgerechtigkeit sind zentrale Leitbilder der Biden-Regierung[30]. So sollen etwa die Energiegewinnung aus Windkraft bis 2030 verdoppelt und Investitionen in Elektrofahrzeuge gefördert werden[31]. Im August 2021 verabschiedete der US-Senat ein umfassendes, parteiübergreifendes Infrastrukturgesetz in Höhe von 1,2 Billionen Dollar. Dieses sieht unter anderem die Finanzierung von öffentlichen Bauvorhaben vor, die zur Emissionsreduzierung beitragen sollen. Des Weiteren verabschiedeten die Demokraten einen noch größeren Haushaltsentwurf in Höhe von 3,5 Billionen Dollar, der weitere Programme zur Sanierung von Kraftwerken und Autos vorsieht. Die Vorhaben müssen noch den weiteren Gesetzgebungsprozess (u. a. im Kongress) durchlaufen und letztlich auch von den Gerichten akzeptiert werden [32].

---

27   Vgl. Potential Recommendations of ESG Subcommittee, December 1 2020.
28   Vgl. AMAC, Recommendations for ESG, July 7 2021.
29   https://www.whitehouse.gov/briefing-room/statements-releases/2021/04/22/fact-sheet-president-biden-sets-2030-greenhouse-gas-pollution-reduction-target-aimed-at-creating-good-paying-union-jobs-and-securing-u-s-leadership-on-clean-energy-technologies/.
30   Ebenda.
31   Vgl. https://www.tagesschau.de/ausland/amerika/biden-klimaschutz-programm-101.html.
32   Vgl. auch die Einschätzung der Washingtonpost: https://www.washingtonpost.com/climate-environment/2021/08/10/biden-climate-congress/.

Noch zum Ende der Amtszeit von Präsident Trump im September 2020 hatte eine Unterkommission der Aufsichtsbehörde für Derivate, die Commodity Futures Trading Commission, 53 weitreichende Empfehlungen zur Minimierung von Risiken des Klimawandels für die Finanzaufsicht und den Finanzsektor herausgegeben[33]. Dies lässt vermuten, dass den Folgen des Klimawandels auch parteiübergreifend eine zunehmende Bedeutung zukommt und damit eine ausreichende Grundlage für zukünftige Klimaschutzgesetze und -maßnahmen gegeben ist.

3.3.2   Australien

Der Umgang mit Nachhaltigkeitsthemen wird in Australien schon seit mehreren Jahrzenten vorangetrieben. Stand Januar 2021 sind laut UN PRI Regulatory Database insgesamt 19 verpflichtende bzw. freiwillig anzuwendende Richtlinien mit ESG-Bezug veröffentlicht.

3.3.2.1   Offenlegung gefährlicher Stoffe

Bereits seit 1998 gibt es den verpflichtenden »*National Pollutant Inventory*« (»**NPI**«). Diese Verordnung hat die Bekämpfung von Umweltverschmutzung zum Ziel und verpflichtet u. a. Industrieunternehmen, Emissionen und Verzeichnisse bestimmter Schadstoffe zu melden. Der NPI stellt für ganz Australien sicher, dass die Bevölkerung Zugang zu Informationen über die Emission und den Transfer giftiger Stoffe hat, welche sie regional betreffen können. Der NPI enthält Daten über 93 Stoffe, die aufgrund ihrer möglichen Auswirkungen auf Gesundheit und Umwelt als wichtig eingestuft wurden. Die Daten stammen aus Anlagen wie Bergwerken, Kraftwerken und Fabriken sowie aus anderen Quellen wie Haushalten und Verkehr[34].

3.3.2.2   Regelungen für Finanzmarktteilnehmer und Unternehmen

In 2001 traten mit dem Financial Services Reform Act (»**FSRA**«) sowie dem Corporations Act weitere Regulierungen in Kraft, welche sich insbesondere auf die Finanzprodukte (Green Bonds, Green Labels etc.), Vermögenseigentümer (betriebliche und nichtbetriebliche Pensionsfonds oder gleichwertige Einrichtungen), Versicherungsgesellschaften, Vermögensverwalter, Finanzdienstleister, und Rating-Agenturen beziehen. Der FSRA ist eine obligatorische Regulierung einschließlich »Comply or Explain«-Auflagen. Er verlangt von den Emittenten von Finanzprodukten eine Offen-

---

33   Ebenda.
34   Vgl. http://www.npi.gov.au/.

legung, wie ESG-Faktoren in den Anlageprozessen berücksichtigt werden[35], und steht in engem Zusammenhang mit dem Corporations Act. Dieser schreibt die Offenlegung sozialer und umweltbezogener Informationen für Unternehmen vor, die einen Geschäftsbericht veröffentlichen. Abschnitt 1013D verlangt von Emittenten von Finanzprodukten die Offenlegung, inwieweit *»Arbeitsnormen oder ökologische, soziale oder ethische Überlegungen bei der Auswahl, Beibehaltung oder Realisierung einer Investition berücksichtigt werden«*[36]. Er gilt auch für Rentenfonds, die offenlegen müssen, wie ESG-Überlegungen in Investitionsentscheidungen einfließen[37].

Das Jahr 2003 wird durch weitere Meilensteine hinsichtlich der verpflichtenden Vorgaben zu Unternehmensveröffentlichungen in Bezug auf ESG-Themen markiert. In diesem Jahr wurden mit den *»ASX Corporate Governance Principles and Recommendations (4th edition)*[38]*«*, den *»ASX Listing Rules*[39]*«* und den *»The Australian Securities and Investment Commission (ASIC) Section 1013DA Disclosure Guidelines (Update November 2011*[40]*)«* weitere Konkretisierungen der bestehenden Veröffentlichungsvorschriften für Unternehmen geregelt:

- Die 4. Auflage der ASX Corporate Governance Principles and Recommendations empfiehlt Corporate-Governance-Praktiken für an der ASX (Australian Stock Exchange) notierte Unternehmen, die nach Ansicht der Aufsicht zu guten Governance-Ergebnissen führen und zudem die Erwartungen der Anleger erfüllen sollen. Die Regulierung soll börsennotierte Unternehmen ermutigen, die Offenlegung von Klima- und nicht-finanziellen Risiken zu verbessern, indem sie sich auf wesentliche ökologische und soziale Risiken konzentrieren. Die Unternehmen werden angehalten, die Angaben gemäß den Vorgaben der Task Force on Climate-related Financial Disclosures (»TCFD«) des Financial Stability Board darzustellen.
- Die ASX Listing Rules verlangen die Offenlegung der Corporate Governance gemäß den Börsenzulassungsregeln 4.10.3 (Erklärungen zur Corporate Governance), 12.7 (Prüfungsausschüsse) und 12.8 (Vergütungsausschüsse).
- *»The Australian Securities and Investments Commission (ASIC) Section 1013DA Disclosure Guidelines«* sollen den Produktherausgebern helfen, ihre neuen Verpflichtungen zur Produktoffenlegung (Product Disclosure Statement [**PDS«**]) gemäß § 1013DA des Corporations Act 2001 zu erfüllen. Die Leitlinien gelten zusammen mit anderen Anforderungen für PDSs gemäß Teil 7.9 des Gesetzes (z. B. s1013D(1) (l)). Sie bieten eine Anleitung für die Offenlegung, wie z. B. von Arbeitsnormen oder

---

35   Vgl. Financial Services Reform Act 2001.
36   Vgl. Corporations Act 2001, No. 50, 2001, Compilation No. 81, Volume 5, S. 42.
37   Vgl. Corporations Act 2001, No. 50, 2001, Compilation No. 81, Volume 1-6.
38   ASX Corporate Governance Council, Corporate Governance Principles and Recommendations (4th Edition)
39   Vgl. https://www2.asx.com.au/about/regulation/rules-guidance-notes-and-waivers/asx-listing-rules-guidance-notes-and-waivers, 2003 und Update 2014.
40   Vgl. Regulatory Guide 65, Section 1013DA disclosure guidelines, Dezember 2003, Update 05. Juli 2007 und November 2011.

ökologischen, sozialen oder ethischen Erwägungen, die bei der Auswahl, Beibehaltung oder Realisierung einer Investition berücksichtigt werden sollten. Große private und börsennotierte Unternehmen müssen dabei die Offenlegung nach dem Prinzip »comply or explain« vornehmen.

3.3.2.3   Seit 2006 schrittweiser Fokus auf die Faktoren E, S und G

Seit 2006 wird mithilfe der Regulierung dem Faktor »E« noch mehr Bedeutung beigemessen. Mit dem »*Energy Efficiency Opportunities Act*[41]« wurde hierfür der Grundstein gelegt. Dieses Gesetz zielt darauf ab, die Ermittlung und Bewertung von Energieeffizienzmöglichkeiten durch große energieverbrauchende Unternehmen zu verbessern und dadurch die Umsetzung kosteneffizienter Energieeffizienzmöglichkeiten zu fördern. Es verpflichtet große energieverbrauchende Unternehmen, eine Bewertung ihrer Energieeffizienzmöglichkeiten vorzunehmen und öffentlich über die Ergebnisse dieser Bewertung zu berichten. Im Jahr 2007 folgte mit der »*National Greenhouse and Energy Reporting Regulation*[42]« (»**NGER**«) eine weitere Verordnung, welche einen nationalen Berichtsrahmen für die Energie- und Emissionsberichterstattung vorgibt. Die Bestimmung 2008 enthält Methoden zur Berechnung von Treibhausgasemissionen (GHG) und Energiedaten, die durch das NGER bereitgestellt werden. Änderungen an diesem Gesetz werden jährlich vorgenommen.

Seit 2012 rückt nun auch der Faktor »S« zunehmend in den Fokus der Regulierung. Der »*Workplace Gender Equality Act*[43]« ersetzt den »*Equal Opportunity for Women in the Workplace Act*« von 1999. Das neue Gesetz zielt darauf ab, die Gleichstellung von Frauen und Männern am Arbeitsplatz zu verbessern und zu fördern. Es verpflichtet Unternehmen des nichtöffentlichen Sektors mit mehr als 100 Beschäftigten, der Agentur für Gleichstellung am Arbeitsplatz jedes Jahr einen Bericht vorzulegen, in dem die geschlechtsspezifische Zusammensetzung der Belegschaft, die geschlechtsspezifische Zusammensetzung der Leitungsgremien, die Entlohnung von Männern und Frauen, das Vorhandensein familienfreundlicher, flexibler Arbeitsbedingungen, die Anhörung der Beschäftigten zum Thema Gleichstellung und alles, was mit Belästigung und Diskriminierung aufgrund des Geschlechts zu tun hat, offengelegt werden.

In 2017 wurde mit den »*Australian Principles of Internal Governance and Asset Stewardship*[44]« nun auch dem Thema Governance Rechnung getragen. Diese Richtlinien wurden für die Mitglieder des FSC Asset Manager (Financial Services Council) entwi-

---

41   Vgl. Energy Efficiency Opportunities Act 2006 und Energy Efficiency Opportunities Amendment Act 2007, No. 40, 2007.
42   Vgl. National Greenhouse and Energy Reporting Act 2007, 2007 ff.
43   Vgl. Workplace Gender Equality Act 2012, No. 91, 1986, Compilation No. 20.
44   Vgl. FSC Standard 23: Principles of Internal Governance and Asset Stewardship, 2017.

ckelt, um »*höhere Standards für interne Governance und Stewardship-Praktiken zu för-dern, bessere Informationen für Kunden und andere Stakeholder bereitzustellen und die Qualität und das Ansehen der australischen Finanzdienstleistungen auf internationaler Ebene zu verbessern*[45]«. Der Standard verlangt eine nicht präskriptive Offenlegung von Best Practices nach dem Prinzip »comply or explain«.

Neben den vielen verpflichtenden Regularien und Gesetzen wurden auch viele frei-willige Rahmenvorgaben entwickelt, die beispielsweise Unternehmen bei der Gene-rierung von Nachhaltigkeitsdaten für ihre Investoren unterstützen sollen[46]. Hierbei ist insbesondere der »Australian Asset Owners Stewardship Code[47]« von 2018 (Update 2020) zu erwähnen. Dieser Code zielt darauf ab, die Transparenz und Rechenschafts-pflicht von Stewardship-Aktivitäten in Australien zu erhöhen. Zu den Stewardship-Ak-tivitäten gehören die Ausübung von Stimmrechten, das Engagement für Unternehmen, die Überwachung von Vermögensverwaltern und die Förderung des Finanzsystems.

3.3.2.4   Bewertung nach GRESB

Zahlreiche australische Immobilienfonds und -unternehmen führen seit vielen Jahren eine freiwillige Bewertung nach dem »*Global Real Estate Sustainability Benchmark*[48]« (»**GRESB**«) durch[49]. Die GRESB-Bewertungen orientieren sich unter anderem an internationalen Berichtsrahmen wie GRI, PRI, SASB, DJSI, TCFD-Empfehlungen, dem Pariser Klimaabkommen, den SDGs der Vereinten Nationen sowie an regions- und länderspezifischen Offenlegungsrichtlinien und -vorschriften. Der australische Im-mobiliensektor nimmt hier gemeinsam mit Neuseeland global eine Vorreiterstellung ein[50]. Zudem befolgten 2018 mehr Unternehmen in Australien und Neuseeland eine Net-Zero-Strategie als in anderen Regionen[51].

---

45   Vgl. FSC Standard 23: Principles of Internal Governance and Asset Stewardship, 2017, Part I 1.1., S. 3.
46   Vgl. ESG Reporting Guide for Australian Companies, 2011.
47   Vgl. Australian Asset Oner Stewardship Code, 2018 / 2020, vgl. dazu auch: https://acsi.org.au/members/australian-asset-owner-stewardship-code/.
48   https://gresb.com/.
49   Vgl. etwa https://gresb.com/australia-and-new-zealand-real-estate-sector-achieves-8-successive-years-of-sustainable-leadership/ und https://gresb.com/2020-real-estate-results/.
50   Ebenda.
51   https://gresb.com/australia-and-new-zealand-real-estate-sector-achieves-8-successive-years-of-sustainable-leadership/.

3.3.2.5   Initiativen zur Förderung erneuerbarer Energien und nachhaltig erzeugtem Wasserstoff

Australien zählt mit zu den größten Exporteuren von Kohle und Erdgas und verzeichnet zunehmend Umweltkatastrophen (etwa Waldbrände) infolge des Klimawandels[52]. Das Department of Industry, Science, Energy and Resources verfolgt den Bereich Klimaschutz für die australische Regierung[53] und spricht sich u. a. für eine ambitionierte Wasserstoff-Strategie aus, die Australien in diesem Bereich bis 2030 eine globale Vorreiterstellung verschaffen soll[54]. Am 13. Juni 2021 unterzeichneten Deutschland und Australien den bilateralen »Germany Australia Hydrogen Accord«, der den Import von Wasserstoff erleichtern soll. Des Weiteren hat die australische Regierung das Climate Solutions Package auf den Weg gebracht. Dieses 3,5-Milliarden-Dollar-Fördermittelpaket baut auf bestehenden Klimaschutzmaßnahmen und -programmen auf und dient der Erfüllung der australischen Verpflichtungen aus dem Pariser Abkommen für 2030. Die australische Regierung ist zuletzt dadurch in die Kritik geraten, dass verbindliche Ziele für die Verringerung oder den Ausgleich von CO_2-Emissionen abgelehnt werden[55]. Es bleibt abzuwarten, inwiefern die australische Regierung verbindliche und strengere Ziele im Nachgang zur COP 26 in Glasgow im November 2021 verfolgen wird.

3.3.2.6   Nachhaltigkeitsinitiative im Finanzsektor

Ende 2017 entstand aus dem Zusammenschluss führender Vertreter der großen australischen Banken, Pensionsfonds, Versicherungsgesellschaften, Spitzenbänden des Finanzsektors und Wissenschaftsvertretern die Australian Sustainable Finance Initiative (ASFI), um in Absprache mit verschiedenen Sektoren und Interessengruppen einen Fahrplan für nachhaltige Finanzen zu entwickeln. Der Fahrplan, der 2020 veröffentlicht wurde, enthält Empfehlungen für Wege, Strategien und Rahmenbedingungen, die es dem Finanzdienstleistungssektor ermöglichen, systematischer zum Übergang zu einer widerstandsfähigeren und nachhaltigeren Wirtschaft beizutragen, die mit den globalen Zielen – wie den UN-Zielen für nachhaltige Entwicklung und dem Pariser Abkommen zum Klimawandel – in Einklang steht.

---

52   Vgl. https://www.zeit.de/politik/ausland/2021-08/australien-weltklimarat-bericht-ipcc-klimaziele-scott-morrison.
53   Vgl. https://www.industry.gov.au/policies-and-initiatives/australias-climate-change-strategies.
54   Vgl. https://www.industry.gov.au/data-and-publications/australias-national-hydrogen-strategy.
55   Vgl. https://www.zeit.de/politik/ausland/2021-08/australien-weltklimarat-bericht-ipcc-klimaziele-scott-morrison.

3.3.3 Niederlande

Die Niederlande unterliegen als Mitglied der EU den dort geltenden ESG-Vorschriften und Richtlinien. Jedoch wurden in den Niederlanden neben den europäischen Vorgaben auch eine Vielzahl von zusätzlichen nationalen Regulierungen sowohl auf verpflichtender als auch freiwilliger Basis entwickelt und veröffentlicht.

3.3.3.1 Umweltmanagementgesetz

Bereits 1979 wurde vom Dutch Government, Ministry of Infrastructure and Water Management der Environment Management Act (Umweltmanagementgesetz) veröffentlicht. Dieser wurde im Jahr 2018 nochmals aktualisiert. Mittlerweile sind fast alle nationalen Umweltvorschriften im Umweltmanagementgesetz zusammengefasst. Dieses Gesetz legt einen integrierten Ansatz für das Umweltmanagement in den Niederlanden fest und bildet den rechtlichen Rahmen, indem es die Rollen der nationalen, provinzialen oder regionalen und kommunalen Behörden definiert[56].

3.3.3.2 Offenlegungsverpflichtungen für Unternehmen und Banken

Seit 2003 werden Unternehmen mittels des Dutch Civil Codes dazu verpflichtet, in ihren Jahresberichten finanzielle und nichtfinanzielle Informationen über Umwelt, Mitarbeiter und Risiken offenzulegen, soweit dies für das Verständnis ihrer Entwicklung erforderlich ist. Diese Anforderungen gelten für alle börsennotierten Unternehmen unabhängig von ihrer Größe sowie auch für alle großen, nicht börsennotierten Unternehmen[57]. Darüber hinaus müssen sie, basierend auf dem Code 2003 (Update 2016), dessen Vorgaben für gute Unternehmensführung und Best Practice nach dem Prinzip »comply or explain« anwenden. Der Code unterteilt sich dabei in fünf Kapitel: Einhaltung und Durchsetzung des Kodex, Vorstand, Aufsichtsrat, Aktionäre und Hauptversammlung sowie Prüfung der Finanzberichterstattung[58].

Auch in den Niederlanden haben die Regelungen für Pensionsfonds eine Vorreiterrolle in der Berücksichtigung von ESG-Faktoren eingenommen. Mit dem Pensioenwet (Pensions Act) von 2006 wird verlangt, dass Pensionsfonds so eingerichtet werden, dass eine kontrollierte und ethische Geschäftstätigkeit gewährleistet ist, das heißt, der Fonds Geschäftsprozesse und Geschäftsrisiken sowohl finanzieller als auch nicht finanzieller

---

56 vgl. https://www.government.nl/topics/environment/roles-and-responsibilities-of-central-government/environmental-management-act.

57 vgl. http://www.dutchcivillaw.com/civilcodegeneral.htm.

58 vgl. https://www.mccg.nl/.

Art so kontrolliert, dass er seine Integrität und Solidität bewahrt[59]. Mit der Aktualisierung des Gesetzes im Jahr 2016 ist der Vorstand auch dafür verantwortlich, dass die Anlagepolitik und der Jahresbericht eine Erklärung darüber enthalten, wie der Fonds Umwelt und Klima, Menschenrechte und soziale Beziehungen berücksichtigt[60]. Seit 2014 schreibt der Dutch Pension Fund Code vor, dass Pensionsfonds eine Strategie für verantwortungsbewusstes Investieren festlegen und diese öffentlich bekannt geben. Darüber hinaus sollte der Pensionsfonds die Interessen der Aktionäre bei seinen Anlageentscheidungen berücksichtigen. Die Einhaltung erfolgt dabei nach dem Prinzip »comply or explain«, wobei jährlich über deren Anwendung berichtet wird[61].

Die Berücksichtigung von ESG-Vorgaben in der Berichterstattung wurde 2010 mit dem Banking Code auch auf Banken ausgeweitet. Der Code gilt für alle Banken, die über eine Zulassung nach dem Finanzaufsichtsgesetz verfügen, und basiert auf dem niederländischen Corporate Governance Code. Das Gesetz fokussiert insbesondere auf die Rolle des Vorstands und des Aufsichtsrats der Banken sowie auf die Funktion des Risikomanagements und der Rechnungsprüfung in den Banken. Zudem enthält der Code auch Grundsätze für die Vergütung[62].

3.3.3.3   Stewardship

Neben den verpflichtenden Vorgaben vor allem für Pensionsfonds und Banken verfügen auch die Niederlande über einen freiwillig anzuwendenden Stewardship Code. Der Dutch Stewardship Code wurde 2011 veröffentlicht (Update 2018) und baut auf den Eumedion Best Practices for Engaged Share-Ownership von 2011 auf und löst diesen ab. Der Code enthält die neuen Stewardship-Verpflichtungen für Vermögenseigentümer und Asset-Manager. In der Präambel und in Praxisbeispielen wird ausdrücklich auf die Notwendigkeit hingewiesen, sich in ESG-Fragen zu engagieren[63]. Dementsprechend sollen verantwortungsvolle Investitionen durch aktive Stimmabgabe und im Rahmen der Überwachung von Unternehmen, in die investiert wird, gefördert werden[64].

3.3.3.4   Reduzierung von CO_2-Emissionen des Gebäudebestandes

Des Weiteren besteht auch im Hinblick auf die Transformation des Immobilienbestandes hin zu grünen Immobilien zunehmender Druck durch den Gesetzgeber. Um

---

59   Vgl. Pensioenwet, Artikel 143.
60   Vgl. Pensioenwet, Artikel 135 Absatz 4.
61   Vgl. Code of the Dutch Pension Funds, Abschnitt 2.7, 2014.
62   Ebenda.
63   Vgl. Best Practices for engaged share-ownership intended for Eumedion participants, 30 Juni 2011.
64   Vgl. Best Practices for engaged share-ownership intended for Eumedion participants, 30 Juni 2011.

den CO_2-Ausstoß im Gebäudebau stark zu reduzieren, müssen Wohnungen in großem Umfang energetisch saniert und vom Gasnetz abgekoppelt werden. Mit Gesetzen und Anreizen will die Regierung den CO_2-Ausstoß der Gebäude verringern. Dabei wird auf Einsparungen beim Wärmebedarf gesetzt. Zudem soll die Nutzung von Erdgas verringert werden. Aus diesem Grund besteht seit 2013 in den Niederlanden das Abkommen für Energieeffizienz und erneuerbare Energie (Energieakkord)[65]. Das Hauptziel sah vor, den Energieverbrauch bis 2020 um jährlich 1,5 % zu senken. Außerdem sollten 2020 rund 14 % der Energie aus regenerativen Quellen stammen, bis 2023 soll dieser Anteil auf 16 % erhöht werden. Im Jahr 2017 lag dieser Anteil jedoch erst bei 6,6 %. Die niederländische Regierung veröffentlichte bereits im Dezember 2016 eine Energieagenda, um das Ziel, dass 2050 im Land etwa 80-95 % weniger CO_2 ausgestoßen wird, zu erreichen. Im nationalen Klimaabkommen (Klimaatakkoord) vom Juli 2018 wurde die Emissionsreduzierung im Gebäudebau schließlich noch weiter konkretisiert[66].

Um Anreize zur Sanierung von Immobilien zu setzen, wurden verschiedene Förderprogramme für Privatpersonen, Genossenschaften und Unternehmen ins Leben gerufen. Beispiele hierfür sind unter anderem die ISDE-Förderung (Investitionsförderung für nachhaltige Energie, investeringssubsidie duurzame energie), der Energie-Investitionsabzug (energie investeringsaftrek, EIA) oder der Umweltinvestitionsabzug (Mileau Investeringsaftrek, MIA)[67].

Die Sanierung von Immobilien spielt auch dahingehend eine wesentliche Rolle, als dass beim Verkauf oder der Vermietung von Immobilien ab 01. Januar 2022 ein gültiges Energielabel (http://www.energielabel.nl) vorgelegt werden muss. Ab 1. Januar 2023 müssen zudem Immobilien, die verkauft oder vermietet werden, mindestens ein Energielabel in der Kategorie »C« aufweisen. Ist dies nicht der Fall, können die Behörden die Nutzung von Immobilien, die diesen Vorschriften nicht genügen, untersagen.

3.3.3.5   Steuerrechtliche Erleichterungen

Auch aus steuerlicher Sicht sollen Investitionen in grüne Produkte gefördert werden. Daher gelten seit 2020 bestimmte Steuererleichterungen für nachhaltige Finanzprodukte. Diese Initiative sieht demnach vor, dass ein Anleger, der in einen grünen Fonds investiert, d. h. in einen Fonds, der in Umweltschutzprodukte investiert, Anspruch auf eine Steuergutschrift von 0,7 % hat[68].

---

65   Vgl. https://www.rvo.nl/onderwerpen/duurzaam-ondernemen/energieakkoord.
66   Vgl. https://www.klimaatakkoord.nl/gebouwde-omgeving.
67   Vgl. https://www.gtai.de/gtai-de/trade/branchen/branchenbericht/niederlande/niederlande-mit-ehrgeizigen-einsparungszielen-im-gebaeudebau-22864.
68   Vgl. https://www.belastingdienst.nl/wps/wcm/connect/bldcontentnl/belastingdienst/prive/inkomsten belasting/heffingskortingen_boxen_tarieven/heffingskortingen/korting_voor_groene_beleggingen.

3.3.3.6 Vorreiter im Bereich von Klimaschutzklagen

Neben zunehmender regulatorischer ESG-Anforderungen sind auch die niederländischen Gerichte ein wesentlicher Treiber der ESG-Transformation: Im internationalen Vergleich sind die Niederlande Vorreiter im Bereich menschenrechtsbasierter Klimaklagen.

So hat beispielsweise der Hague District Court in seiner Entscheidung vom 26. Mai 2021 den Royal Dutch Shell (RDS) Konzern dazu verurteilt, den Ausstoß von CO_2 im Jahr 2030 um netto 45 % im Vergleich zu 2019 zu senken[69]. Die Richter erklärten in ihrem Urteil, RDS obliege eine eigenständige Pflicht, seine CO_2-Emissionen entsprechend der Ziele des Pariser Klimaabkommens 2015 anzupassen und zu reduzieren. Diese Pflicht, so die Auffassung der Richter, ergebe sich aufgrund einer entsprechenden, nach niederländischem Recht bestehenden Sorgfaltspflicht für Unternehmen. Den RDS treffe aufgrund seiner »corporate policy« und seiner marktherrschenden Stellung zudem eine besondere Verantwortung hinsichtlich der Emissionen ihrer Zuliefererunternehmen und Endabnehmer. Die Argumentation von RDS, einzelne Unternehmen könnten aufgrund der fehlenden Bestimmbarkeit hinsichtlich der Effektivität ihrer Einsparungen nicht zur Senkung ihrer CO_2-Emissionen verpflichtet werden, wies das Gericht damit ausdrücklich zurück. Schon 2015 hatte der Hague District Court erstinstanzlich entschieden, die Niederlande treffe eine menschenrechtliche Verantwortung in Bezug auf die Einhaltung der Ziele des Pariser Klimaabkommens und sei daher verpflichtet, seine CO_2-Emissionen zu senken.[70] Das Urteil wurde später vom höchsten niederländischen Gericht bestätigt.[71]

Diesen Urteilen lässt sich die Tendenz entnehmen, dass niederländische Gerichte eine zunehmende Verantwortung von Staat und Unternehmen bei der Umsetzung der ESG-Transformation sehen. Dies lässt erwarten, dass Anzahl und Reichweite der ESG-Vorschriften in den Niederlanden die nächsten Jahre weiter zunehmen werden.

3.3.4 UK

Bis zum Austritt aus der EU am 31. Januar 2020 bzw. bis zum Ablauf der Übergangsphase am 31. Dezember 2020 unterlag Großbritannien auch im Bereich ESG den An-

---

69 Mr. R.H.J. Cox of Maastricht vs ROYAL DUTCH SHELL PLC in The Hague, C/09/571932 / HA ZA 19-379, Judgment of 26 May 2021; https://uitspraken.rechtspraak.nl/inziendocument?id=ECLI:NL:RB DHA:2021:5339, Abruf 01.09.2021.

70 URGENDA FOUNDATION vs THE STATE OF THE NETHERLANDS (MINISTRY OF INFRASTRUCTURE AND THE ENVIRONMENT), C/09/456689 / HA ZA 13-1396, Judgment of 24 June 2015; https://uitspraken.rechtspraak.nl/inziendocument?id=ECLI:NL:RBDHA:2015:7196, Abruf 01.09.2021.

71 Legal Tribune Online, Niederlande müssen mehr gegen den Klimawandel tun, 2018; https://www.lto.de/recht/nachrichten/n/urteil-niederlande-muessen-co2-ausstoss-drastisch-reduzieren-klimawandel/, Abruf 01.09.2021.

forderungen der EU. Dies spiegelt sich in der bisherigen ESG-Regulierung wider. Der Austritt insbesondere aus dem europäischen Binnenmarkt wird teilweise als politische Chance gesehen, neue eigene Regulierungsvorhaben auf den Weg zu bringen. In diesem Sinne dürfte auch mit eigenen ESG-Vorgaben zu rechnen sein.

3.3.4.1   Leitlinien und Vorschriften für Unternehmen, Pensionsfonds, Banken und Versicherungen

Im Jahr 1992 (Update 2019) trat der UK Corporate Governance Code in Kraft. Dieser legt Standards für bewährte Praktiken in Bezug auf die Führung und Effektivität des Vorstands, die Vergütung, die Rechenschaftspflicht und die Beziehungen zu den Aktionären fest[72].

Insbesondere Pensionsfonds unterliegen in Großbritannien regulatorischen Anforderungen hinsichtlich ESG-Thematiken. So müssen sie bereits seit 2000 (Update 2018) basierend auf den »*Amendments to 1995 Pensions Act: No. 3259*« in ihren Anlagegrundsätzen (Statement of Investment Principles, SIP) offenlegen, inwieweit (wenn überhaupt) soziale, ökologische und ethische Überlegungen bei der Auswahl, Beibehaltung und Realisierung von Investitionen berücksichtigt werden[73]. Die Vorgaben für Pensionsfonds verschärften sich fünf Jahre später mit den »*The Occupational Pension Schemes (Investment) Regulations*« dahingehend, dass die Anlagegrundsätze von Pensionsfonds finanziell wichtige Themen abdecken, einschließlich ESG, einer Stewardship-Politik und der Frage, inwieweit (wenn überhaupt) die Ansichten der Mitglieder berücksichtigt werden[74].

Seit 2016 besteht für Pensionsfonds mit dem »*DC Code of Practice*« ein weiterer maßgeblicher Verhaltenskodex, der die Berücksichtigung wesentlicher ESG- und ethischer Faktoren insbesondere auch im Investmentrisikomanagement vorschreibt[75]. Die Berücksichtigung von ESG-Risiken wurde 2019 mit den »*Enhancing banks' and insurers' approaches to managing the financial risk from climate change (SS3/19)*[76]« auch auf Banken und Versicherungen ausgeweitet. In dieser Verordnung werden die Risikofaktoren, die sich aus dem Klimawandel ergeben, und der strategische Ansatz, den Banken und Versicherer zur Bewältigung bzw. Minderung dieser Risiken verfolgen sollten, dargelegt. Dies wird sich kurz- bis mittelfristig auch auf die Immobilienwirtschaft, bei-

---

72   Vgl. Financial Reporting Council, The UK Corporate Governance Code, Juli 2019.
73   Vgl. The Local Government Pension Scheme (Management and Investment of Funds) (Amendment) Regulations 1999.
74   Vgl. The Occupational Pension Schemes (Investment) Regulations 2005, No. 3378.
75   Vgl. http://www.ftadviser.com/2016/08/04/pensions/trustees-ordered-to-consider-environmental-investment-risk-2iCNCmnweO8jAfhTqIBW1I/article.html.
76   Vgl. Enhancing banks' and insurers' approaches to managing the financial risks from climate change.

spielsweise bei der Finanzierung und Versicherung von Immobilien, auswirken, was sich bereits 2019 mit der Veröffentlichung der »*Green Finance Strategy*[77]« zeigte, welche einen Plan zur Unterstützung des Vereinigten Königreichs bei der Verringerung der Kohlenstoffemissionen anhand von drei Kategorien enthält: (i) Ökologisierung der Finanzierung, (ii) grüne Finanzierung und (iii) Nutzung der Chancen.

Mit den »*The Companies, Partnerships and Groups (Accounts and NonFinancial Reporting) Regulations 2016*« wurden die Vorgaben der EU zur nichtfinanziellen Berichterstattung auf nationaler Ebene implementiert. Sie verpflichtet betroffene Unternehmen, in ihrem Lagebericht Informationen über Strategien, Risiken und Ergebnisse in Bezug auf Umweltfragen, soziale und Arbeitnehmeraspekte, die Achtung der Menschenrechte, Korruptions- und Bestechungsbekämpfung sowie die Vielfalt in ihren Leitungsorganen offenzulegen.

3.3.4.2   Reduzierung von Treibhausgasemissionen

Auch dem Thema »Greenhouse Gas Emissions« (»**GHG**«) hat sich die UK-Regierung angenommen und bereits 2013 Änderungen zum Companies Act 2006 (Strategic report and Directors‹ Report) veröffentlicht. Diese schreiben vor, dass alle börsennotierten Unternehmen in ihren Geschäftsberichten über GHG (Teil 7: Angaben zu Treibhausgasemissionen), Menschenrechte und Diversität berichten müssen. Mit dem Gesetz »*UK‹s 2050 net zero target*« wurden 2019 die Anforderungen an die GHG deutlich erweitert, da dieses Gesetz das Vereinigte Königreich dazu verpflichtet, alle Treibhausgasemissionen bis 2050 auf null zu bringen, was auch einen wesentlichen Einfluss auf die dortige Immobilienwirtschaft hat. Damit hat das Vereinigte Königreich als erste große Volkswirtschaft der Welt ein Gesetz erlassen, um seinen Beitrag zur globalen Erwärmung bis 2050 zu beenden[78].

3.3.4.3   Stewardship

Des Weiteren wurde mit der »*Improving Shareholder Engagement and Increasing Transparency around Stewardship (PS19/13)*« eine Verordnung veröffentlicht, welche die überarbeitete Richtlinie über Aktionärsrechte (SRD2) umsetzt. Sie verlangt (auf »Comply or Explain«-Basis), dass Vermögenseigentümer und Asset-Manager ihre Beteiligungs- und Abstimmungspolitik, auch zu ESG-Themen, offenlegen müssen.

---

77   Vgl. HM Government, Green Finance Strategy, Transforming Finance for a Greener Future, Juli 2019.
78   Vgl. https://www.gov.uk/government/news/uk-becomes-first-major-economy-to-pass-net-zero-emissions-law.

Neben den verpflichtenden Vorgaben und Regularien hat sich in UK insbesondere der freiwillige UK Stewardship Code[79] etabliert. Er wurde 2010 (Update 2020) veröffentlicht und legt eine Reihe von Good Practices fest, welche institutionelle Anleger bei der Berücksichtigung von ESG anstreben sollten. Die Financial Conduct Authority (FCA) verlangt von im Vereinigten Königreich zugelassenen Asset-Managern, darüber zu berichten, ob sie den Code anwenden oder nicht. Investoren, die den Code anwenden, berichten auf der Basis von »comply-or-explain« über die Einhaltung seiner Grundsätze.

3.3.4.4   Taxonomie

Trotz des Austritts aus der EU plant UK die Entwicklung einer grünen Taxonomie. Der EU-Rahmen wurde vor Verlassen der EU praktisch übernommen. Jedoch besteht nun die Möglichkeit, auf der Grundlage der Technical Screening Criteria (TSCs) der EU eigene technische Prüfkriterien zu entwickeln, die auf die britische Wirtschaft abgestimmt sind, und damit die Möglichkeiten zur Bekämpfung von Greenwash-Investitionen zu maximieren. Die Regierung hat eine »Green Technical Advisory Group« (GTAG) eingesetzt, die das Finanzministerium in Bezug auf die zu ergreifenden Maßnahmen beraten soll[80].

Es bleibt abzuwarten, inwiefern die UK-Taxonomie sich der EU-Taxonomie annähern wird. Ein Sprecher der International Regulatory Strategy Group (»**IRSG**«) der City of London, die Beiträge zur Arbeitsgruppe der Regierung für die Taxonomie liefert, erklärt, dass die IRSG dem Ansatz der EU-Anpassung ausdrücklich zustimmt: »*Der Klimawandel ist eine globale Krise und erfordert globale Lösungen. Um eine Fragmentierung in diesem Bereich zu vermeiden, fordert die IRSG die Entwicklung einheitlicher Taxonomien*«[81]. Im Jahr 2020 trat Großbritannien der International Platform on Sustainable Finance[82] (»**IPSF**«) bei, die unter anderem von der EU und China geleitet wird und unter anderem mit der Entwicklung einheitlicher bzw. aufeinander abgestimmter internationaler Finanzierungsstandards einschließlich Taxonomien befasst ist[83]. All dies lässt erwarten, dass UK keinen Sonderweg im Taxonomie-Bereich beschreiten wird.

---

79   Vgl. Financial Reporting Council, The UK Stewardship Code, 2020.
80   Vgl. https://esgclarity.com/heres-what-the-uk-taxonomy-should-look-like/.
81   Vgl. https://capitalmonitor.ai/institution/investment-managers/who-cares-if-the-uk-and-eus-green-taxonomies-diverge/.
82   Vgl. https://ec.europa.eu/info/business-economy-euro/banking-and-finance/sustainable-finance/international-platform-sustainable-finance_en.
83   Vgl. zur Zielsetzung der IPSF, Annual Report 2020, Seiten 2 und 3; abrufbar unter https://www.finances.gov.ma/Publication/dtfe/2020/dt3 %20international-platform-sustainable-finance-annual-report-2020_en%20(2).pdf.

3.3.4.5   Gebäudezertifizierung nach BREEAM-Standard

Neben den regulatorischen Vorgaben hat sich mit BREEAM (Building Research Establishment Environmental Assessment Methodology) ein ursprünglich aus Großbritannien stammendes Bewertungssystem für ökologische und soziokulturelle Aspekte der Nachhaltigkeit von Gebäuden global etabliert. Zuerst wurde es von Building Research Establishment (BRE) 1990 publiziert. Es unterscheidet dabei verschiedene Kategorien:

* BREEAM Bestand (BREEAM In-Use)
* BREEAM Modernisierung (BREEAM Refurbishment and Fit-out)
* BREEAM Neubau (BREEAM New Construction)
* BREEAM Stadtquartiere (BREEAM Communities)
* BREEAM Maßgeschneiderte Systeme (BREEAM Bespoke)

Mittlerweile sind weltweit über 2,3 Mio. Gebäude in 89 Ländern zertifiziert[84]. Die Zertifizierung wird inzwischen als ein Bewertungskriterium bei der Klassifizierung von Immobilienfondsprodukten nach der EU Sustainable Finance Disclosure Regulation (SFRD) herangezogen, welche jedoch häufig noch um weitere Kriterien bei der Klassifizierung ergänzt werden muss.

3.3.4.6   Ausrichtung der 26. UN-Klimakonferenz

Das Vereinigte Königreich wird die 26. UN-Klimakonferenz der Vertragsparteien (»COP 26«) vom 31. Oktober bis 12. November 2021 in Glasgow ausrichten. In diesem Zusammenhang werden hohe Erwartungen an den Vorsitz gestellt. So gelte es nicht nur auf nationaler Ebene dem Klimaschutz eine hohe Bedeutung beizumessen, sondern auch auf diplomatischem Wege anzustreben, dass ein wegweisendes Abkommen erreicht werde, das den Einsatz von Kohle kurzfristig beende, die Investitionen in ärmeren Ländern zur Bewältigung der Auswirkungen des Klimawandels vorsehe und Emittenten zu einer radikalen Senkung ihres Treibhausgasausstoßes zwinge[85].

3.3.5   Japan

Im internationalen Vergleich finden sich in Japan relativ wenige verpflichtende Vorgaben zur Einhaltung von ESG-Kriterien. Der Fokus liegt bislang auf freiwilligen Leitlinien und Initiativen sowie Selbstverpflichtungen von Wirtschaftsunternehmen.

---

84   Vgl. https://tools.breeam.com/projects/explore/index.jsp.
85   Vgl. https://www.politico.eu/article/boris-johnson-climate-problem-conservative-government-cop26/.

3.3.5.1   Umweltschutz

Im November 1993 wurde das »*Basic Environment Law*[86]« erlassen, welches die grundlegenden Prinzipien und Richtlinien für die Gestaltung der Umweltpolitik festlegt. Im Dezember desselben Jahres wurde der »Nationale Aktionsplan für die Agenda 21« bei den Vereinten Nationen eingereicht. Diesem folgte im Dezember 1994 die Verabschiedung des Aktionsplans mit der Bezeichnung »*Basic Environment Plan*[87]«. Er war die wichtigste Maßnahme, die in Japan im Rahmen des Umweltgrundgesetzes eingeführt wurde.

Der Plan legt systematisch die Maßnahmen fest, die von den nationalen und lokalen Regierungen zu ergreifen sind, sowie die Aktionen, die von Bürgern, Unternehmen und privaten Organisationen durchgeführt werden sollen. Darüber hinaus werden die Rollen der beteiligten Parteien sowie die Maßnahmen einer wirksamen Umweltpolitik definiert. Ein großer Fokus liegt unter anderem auf den Themen Wasserschutz, Müll, Recycling, Biodiversität, Gesundheit und Wohlbefinden.

Seit der Veröffentlichung des ersten Basic Environment Plans in 1994 wurden zwischenzeitlich weitere Pläne erstellt. Der letzte Plan (Fifth Basic Environment Plan) wurde im April 2018 von der Regierung genehmigt[88]. Die Pläne geben jedoch nur den Rahmen für weitere regulatorische Maßnahmen vor.

3.3.5.2   Verpflichtende ESG-Vorgaben

Seit 2006 gibt es mit dem »*Mandatory GHG Accounting and Reporting System*« des Ministeriums für Umwelt, Wirtschaft und Handel sowie Industrie eine verpflichtende Verordnung für Unternehmen, die Treibhausgase in erheblichem Umfang ausstoßen, zur Offenlegung ihrer Emissionen gegenüber der Regierung, welche die Informationen anschließend der Öffentlichkeit zugänglich macht[89].

Acht Jahre später wurde mit der »*Basic Policy of Reserves*« ein grundlegender Rahmen für die Anlage der öffentlichen Renten publiziert, welcher das Thema ESG im Anlagemanagement berücksichtigt.

---

86   Vgl. Law No. 91, 1993.
87   Vgl. https://www.env.go.jp/en/policy/index.html.
88   Vgl. The Fifth Basic Environment Plan,Cabinet decision on April 17, 2018.
89   Vgl. https://ghg-santeikohyo.env.go.jp/.

Im Jahr 2015 (Update 2018 und 2021) wurden mit dem »*Corporate Governance Code*[90]» wesentliche Prinzipien für eine effektive Corporate Governance in börsennotierten Unternehmen in Japan festgelegt. Hiervon erhofft man sich, dass die angemessene Umsetzung des Codes zur Entwicklung und zum Erfolg der Unternehmen, der Investoren und der japanischen Wirtschaft insgesamt beitragen wird, indem die einzelnen Unternehmen aus eigener Motivation heraus handeln, um ein nachhaltiges Wachstum zu erreichen und den Unternehmenswert mittel- bis langfristig zu steigern.

3.3.5.3   Freiwillige Leitlinien und Empfehlungen

Neben den wenigen verpflichtenden Regularien hinsichtlich der Berücksichtigung von ESG existieren jedoch eine Vielzahl freiwilliger Vorgaben. So besteht bereits seit 2000 eine »*Environmental Reporting Guidance*«, welche einen Leitfaden für die Umweltberichterstattung von Unternehmen bietet. Diese wird in der Regel auf jährlicher Basis aktualisiert, wobei die letzte Aktualisierung im Jahr 2018 erfolgte[91].

Ein wesentlicher Schritt bei der Berücksichtigung von Nachhaltigkeit wurde mit der Veröffentlichung der »*Principles for Financial Action Towards a Sustainable Society (Principles for Financial Action for the 21st Century)*« erreicht. Diese Leitlinien adressieren insbesondere Finanzinstitute, die ihre Rolle und Verantwortung bei der Gestaltung einer nachhaltigen Gesellschaft wahrnehmen wollen. Zu den Grundsätzen gehören ein vorsorgender Ansatz, die Entwicklung nachhaltiger Produkte, die Koordinierung mit verschiedenen Interessengruppen, die Offenlegung relevanter Informationen und die Gewährleistung einer angemessenen Ausbildung des Vorstands.

Zudem verfügt Japan mit den »*Principles for Responsible Institutional Investors (Japan's Stewardship Code)*[92]» auch über einen eigenen, freiwillig anzuwendenden Stewardship Code. Dieser wurde 2014 veröffentlicht und zuletzt 2020 aktualisiert. In diesem Code werden ESG-bezogene Grundsätze für institutionelle Anleger festgelegt, welche ihre Verantwortung z. B. gegenüber Kunden und anderen Investoren wahrnehmen wollen.

Dem Dialog zwischen Investoren und Unternehmen wird durch weitere freiwillige Richtlinien zunehmende Bedeutung zugewiesen. Hierzu zählen die »*Guidance for Integrated Corporate Disclosure and Company-Investor Dialogues for Collaborative Value Creation (2016)*[93]», mit dem Ziel, die ESG-Integration und Offenlegung nicht-finanzieller

---

90   Vgl. Japan's Corporate Governance Code, Seeking Sustainable Corporate Growth and Increased Corporate Value over the Mid- to Long-Term, June 11, 2021.
91   Vgl. Ministry of the Environment, Environmental Reporting Guidelines 2018.
92   Vgl. https://www.fsa.go.jp/en/refer/councils/stewardship/index.html.
93   Vgl. https://www.meti.go.jp/english/press/2017/0529_004.html.

Informationen sowie der Investition in immaterielle Vermögensgegenstände zu erhöhen. Mit den »*Guidelines for Investor and Company Engagement (2018)*[94]» wird die Zusammenarbeit zwischen Investoren und Unternehmen noch detaillierter formuliert.

Daneben liegt ein Fokus der freiwilligen Richtlinien auf der Unterstützung bei einer ESG-bezogenen Berichterstattung. Mit der 2018 veröffentlichten »*Japan TCFD Guidance 2.0*[95]» wird die Offenlegung im Einklang mit den Empfehlungen der TCFD gefördert. Durch die »*Guidance for Utilizing Climate-related Information to Promote Green Investment (Green Investment Guidance)*[96]» steht ein Leitfaden zur Verfügung, der Kommentare enthält, welche Investoren und andere Stakeholder benötigen, um die auf der Grundlage der TCFD-Empfehlungen offengelegten Informationen zu verstehen. Darüber hinaus bestehen mit dem »*Model Guidance for Companies on Reporting on ESG Information*[97]» und dem »*Practical Handbook for ESG Disclosure*[98]» weitere Hilfsmittel für börsennotierte Unternehmen, welche die Offenlegung von ESG-bezogenen Informationen verbessern sollen.

Als wesentliche Vorgaben für spezielle Finanzprodukte sind die »*Green Bond Guidelines*[99]» von 2017 zu erwähnen, welche Emittenten, Anlegern und anderen Marktteilnehmern anschauliche Beispiele für spezifische Ansätze und Auslegungen bieten, die auf den japanischen Anleihemarkt zugeschnitten sind, um die Entscheidungsfindung in Bezug auf grüne Anleihen zu erleichtern.

3.3.5.4   Klimaneutralität

Infolge der Nuklearkatastrophe von Fukushima im März 2011 hatte Japan zunächst den Ausstieg aus der Atomenergie beschlossen. Nunmehr will die japanische Regierung Klimaneutralität im Jahr 2050 mit einem großen Anteil an erneuerbaren Energien, aber auch einem Anteil an Kernenergie erreichen[100]. Fast 40 % der 225 Unternehmen im japanischen Nikkei Stock Average haben sich zum Ziel gesetzt, innerhalb der nächsten Jahrzehnte keine Treibhausgasemissionen mehr zu verursachen, da der Druck der Investoren und Tokios wächst (Stand April 2021)[101]. Die Zahl hat sich von

---

94   Vgl. https://www.fsa.go.jp/en/news/2018/follow-up/20180601.html.
95   Vgl. https://www.meti.go.jp/english/press/2020/0731_002.html.
96   Vgl. TCFD Consortium, https://tcfd-consortium.jp/en/news_detail/19100802, 2019.
97   Vgl. https://www.jpx.co.jp/english/corporate/news/news-releases/0060/20190603-01.html, 2019.
98   Vgl. https://www.jpx.co.jp/english/corporate/sustainability/news-events/20200525-01.html, 2020.
99   Vgl. Ministry of the Environment, Green Bond Guidelines, März 2017.
100 Vgl. https://www.handelsblatt.com/politik/international/energiepolitik-zehn-jahre-fukushima-japan-will-klimaneutralitaet-auch-mit-atomstrom-erreichen/26968954.html?ticket=ST-2724109-IG7MdRkRKe1NDzNMb7ly-ap6.
101 Vgl. https://asia.nikkei.com/Business/Business-trends/Almost-40-of-Nikkei-225-companies-pledge-net-zero-emissions.

Ende 2020 ungefähr verdoppelt, was darauf hindeutet, dass das von Premierminister Yoshihide Suga im Oktober verkündete Ziel der Regierung, bis 2050 netto null Emissionen zu erreichen, führende Unternehmen dazu veranlasst hat, sich selbst neue Ziele zu setzen oder bestehende voranzutreiben[102].

Insgesamt bleibt abzuwarten, ob Japan im Bereich Klimaschutz und ESG zukünftig weiter vorrangig auf Freiwilligkeit setzen oder neben weitergehenden verbindlichen Zielen auch verbindliche regulatorische Vorgaben erlassen wird.

3.3.6 China

Seit der ersten UN-Umweltkonferenz 1972 in Stockholm erlebte China ein rasantes Wirtschaftswachstum vielfach auf Kosten der Umwelt. Doch inzwischen wurde auch von offizieller Seite mit wachsender Beunruhigung zur Kenntnis genommen: *»Das Wirtschaftswunder ist bald zu Ende, denn die Umwelt hält nicht mehr mit ...[103]».* Daher sind auch in China in den letzten Jahrzehnten zunehmende regulatorische Maßnahmen ergriffen worden, um dieser Entwicklung entgegenzuwirken.

3.3.6.1 Verpflichtende ESG-Vorgaben

Auch die China Securities Regulatory Commission hat sich den verpflichtenden ESG-Vorgaben seit 2002 angenommen und den *»Provisional Code of Corporate Governance for Securities Companies[104]»* und die *»Standards for the Contents and Formats of Information Disclosure by Companies Offering Securities to the Public No. 2 – Contents and Formats of Annual Reports[105]»* (Update 2017) veröffentlicht. Vorrangige Ziele dieser Regelwerke sind unter anderem

a) die Standardisierung von Tätigkeiten von Wertpapierfirmen im Einklang mit modernen Unternehmenssystemen und

b) die Einführung einer Offenlegungspflicht für börsennotierte Unternehmen, welche eine starke Umweltverschmutzung verursachen bzw. eines »Comply or Explain«-Systems für die übrigen Unternehmen.

Ab 2016 fand eine verstärkte Entwicklung und Umsetzung von verbindlichen Regularien statt: Mit dem *»Environmental Protection Tax Law of the People's Republic of China[106]»*

---

102 Ebenda.
103 Vgl. Vizeminister Pan Yue 2005 in einem Interview mit dem »Spiegel«.
104 Vgl. http://www.csrc.gov.cn/pub/zjhpublic/G00306201/201212/t20121213_219202.htm.
105 Vgl. http://www.csrc.gov.cn/pub/newsite/flb/flfg/bmgf/xxpl/xxplnr/201805/t20180520_338390.html.
106 Vgl. http://www.gov.cn/xinwen/2016-12/26/content_5152775.htm.

(Update 2018) wurde das bestehende Gebührensystem für die Einleitung von Schadstoffen durch eine »Verschmutzungssteuer« als wichtigstes wirtschaftliches Instrument zur Regulierung der Umweltverschmutzung durch Unternehmen in China ersetzt.

Ein Jahr später wurde mit dem Pilotplan »*Green Finance Pilot Zones Action Plan (5 Provinces)*« eine erste Verordnung geschaffen, welche Gesamtpläne für den Aufbau von so genannten »Pilotzonen« für die Reform grüner Finanzierungen festlegt. Die erwähnten Pilotpläne sollen die Entwicklung grüner Versicherungen, einschließlich der Förderung von Versicherungsfonds, die in grüne Umweltschutzprojekte investieren, der Förderung einer obligatorischen Umwelthaftpflichtversicherung und der Innovation grüner Versicherungsprodukte, beschleunigen.

Auch dem Thema Energie hat sich die National Development and Reform Commission 2018 gewidmet und den »*Plan for Building National Carbon Market (Power Generation Industry)*[107]« veröffentlicht. Dieser Plan sieht den Aufbau eines landesweiten »Kohlenstoffmarktes« vor und konzentriert sich zunächst auf die Stromerzeugungsbranche. Mit dem »*Green Industry Guidance Catalogue (2019 Edition)*[108]« wurde ein weiterer Leitfaden entwickelt, der darauf abzielt, politische Maßnahmen zur Stärkung der Entwicklung der grünen Industrie zu ergreifen und mit der Investitions-, Preis- und Finanzpolitik zu kombinieren. Dieser Katalog ist ein Gemeinschaftswerk von sieben Ministerien und zugehörigen Kommissionen. Dazu gehören die NDRC (Planungsministerium), das Finanzministerium, das Ministerium für Umweltschutz, die People‹s Bank of China (PBOC, die Zentralbank) und die Finanzaufsichtsbehörde für den Bankensektor (China Banking Regulatory Commission, CBRC), den Wertpapiersektor (China Securities Regulatory Commission, CSRC) und den Versicherungssektor (China Insurance Regulatory Commission, CIRC). Der Katalog deckt sechs wichtige Industriesektoren ab: Energieeinsparung und Umweltschutz, saubere Produktion, saubere Energie, ökologische Umwelt, grüne Modernisierung der Infrastruktur und grüne Dienstleistungen. Der Sektor »Saubere Kohle« wird in der aktuellen Version weiterhin adressiert.

Mit dem »China Energy Law[109]« 2020 wurde der Schwerpunkt weiter auf die Entwicklung einer sauberen, kohlenstoffarmen Energieversorgung, einen wettbewerbsfähigen Energiemarkt, die Erhöhung der Energieversorgungssicherheit sowie auf die gesetzliche Haftung gelegt. Jedoch wurde der wesentliche Schritt Richtung Klimaneutralität 2020 mit dem »China Target for Climate Neutrality for 2060« gemacht. Während aktuelle Prognosen davon ausgehen, dass die Kohlenstoffemissionen in China

---

107 Vgl. https://www.ndrc.gov.cn/xxgk/zcfb/ghxwj/201712/t20171220_960930.html.
108 Vgl. https://www.arx.cfa/-/media/regional/arx/post-pdf/2020/07/10/chinas-new-green-catalogue.ashx?sc_lang=en&hash=621856653638B177BAD6971ED0F2A400.
109 Vgl. http://www.nea.gov.cn/2020-04/10/c_138963212.htm.

bis 2030 ihren Höchststand erreichen, hat China sich das Ziel gesetzt, bis 2060 Kohlen-stoffneutralität zu erreichen[110]. Darüber hinaus wurde mit dem Green Bond Endorsed Projects Catalogue (2020) eine Verordnung geschaffen, welche vorsieht, dass Projekte für saubere Kohle und andere saubere fossile Brennstoffe gestrichen werden, um eine Angleichung an globale Standards zu erreichen[111].

3.3.6.2   Nachhaltige Finanzierungen und Investitionen

Zur Unterstützung der chinesischen Immobilienwirtschaft wurden diversifizierte grü-ne Finanzinstrumente entwickelt. Derzeit konzentrieren sich diese hauptsächlich auf grüne Kredite und grüne Anleihen. Einen wichtigen Meilenstein in der Berücksichti-gung von ESG-Faktoren für Asset-Manager stellen die 2018 von der Asset Management Association of China (AMAC) veröffentlichten Green Investment Guidelines [112] dar. Auch wenn sie derzeit noch auf freiwilliger Basis zu befolgen sind, wurden mit den Leitlinien grundlegende Prinzipien und Standards für grüne Investitionsmethoden, Strategien, Vorschriften, Benchmarks und Bewertungen festgelegt. Demnach sol-len Fondsmanager ein System für grüne Investitionen einrichten und ESG-Faktoren in den Investmentprozess einbeziehen, wobei grüne Investitionen die Verbesserung der Energieeffizienz einschließen, aber nicht darauf beschränkt sein sollten. Zusätz-lich sollten auch Emissionsminderung, saubere und erneuerbare Energien, Umwelt-schutz und Wiederherstellung der Umwelt und Kreislaufwirtschaft mit Schwerpunkt auf Umweltschutz, kohlenstoffarmer Entwicklung und Recycling usw. in den Prozess mit einbezogen werden[113].

Im Jahr 2019 hat die AMAC ihre Mitglieder gebeten, eine Selbstbewertung ihrer Prakti-ken im Bereich grüner Investitionen vorzunehmen[114]. Laut dem Bericht der AMAC, der im Februar 2021 veröffentlicht wurde, gaben nur 40 % der 37 befragten Publikums-fondsgesellschaften an, dass grüne Investitionen in ihre strategische Planung aufge-nommen wurden. Darüber hinaus hatte nur ein Drittel der befragten Gruppe Ziele für grünes Investieren festgelegt, und nur 38,5 % gaben an, ob sie ihre internen Ziele er-reicht hatten[115].

---

110 Vgl. https://www.bloomberg.com/news/articles/2021-08-10/how-china-plans-to-become-carbon-neutral-by-2060-quicktake.

111 Https://www.greenfinanceplatform.org/policies-and-regulations/peoples-bank-china-green-bond-endorsed-project-catalogue-2020-edition.

112 Vgl. Asset Management Association of China, Green Investment Guidelines, 10. November 2018.

113 Vgl. Asset Management Association of China, Green Investment Guidelines, Art. 3, 10. November 2018.

114 Vgl. https://www.ignitesasia.com/c/2230153/272523?referrer_module=searchSubFromIA&highlight=China%20asks%20fund%20industry%20to%20assess%20green%20investing%20credentials.

115 Vgl. https://www.ft.com/content/cddd464f-9a37-41a0-8f35-62d98fa0cca0?desktop=true&segmentId=d8d3e364-5197-20eb-17cf-2437841d178a#myft:notification:instant-email:content.

Zur Stärkung der finanzpolitischen Unterstützung für klimafreundliche und umweltfreundliche Projekte und Produkte, zur Festlegung von Standards für die Klimaleistung und die Offenlegung, als auch zur Schaffung von Anreizen für inländische und globale Investoren, sich an klimarelevanten Investitionsaktivitäten zu beteiligen, wurden im Jahr 2020 die »*Guidance on Promoting Investment and Financing to Address Climate Change*« veröffentlicht. Jedoch sind auch diese Leitlinien bisher lediglich auf freiwilliger Basis zu berücksichtigen.

3.3.6.3 Internationale Zusammenarbeit

People's Bank of China (PBC) Governor Yi Gang betonte beim China Development Forum, dass die Stärkung des grünen Finanzsystems des Landes die Priorität der Zentralbank für die nächsten fünf Jahre sei[116]. Er unterstrich, dass China mit globalen Partnern zusammenarbeiten müsse, um sein 30/60-Ziel zu erreichen, d.h., die Kohlenstoffemissionen bis 2030 auf ein Minimum zu reduzieren und bis 2060 Kohlenstoffneutralität zu erreichen. Am 21. März 2021 gab die PBC bekannt, dass China mit der Europäischen Union kooperiert, um eine gemeinsame grüne Taxonomie für die beiden Märkte einzuführen[117]. Die »*Common Ground Taxonomy*« (»**CGT**«) entsteht im Rahmen der Arbeitsgruppe für Taxonomien der IPSF und soll noch 2021 veröffentlicht werden. Ein internationaler gemeinsamer Standard wie die CGT könnte die Entwicklung des globalen ESG-konformen Marktes erleichtern und die Finanzmärkte verschiedener Länder harmonisieren.

3.4 Zusammenfassung und Ausblick

Neben den Grundelementen nachhaltigkeitsbezogener Regelwerke lassen die vorstehenden Ausführungen insbesondere unterschiedliche Herangehensweisen (etwa in Bezug auf den Verbindlichkeitsgrad) und die Schwerpunktsetzung (beispielsweise auf die Bereiche Klimaschutz und Umweltverschmutzung sowie verantwortungsvolle Unternehmensführung) erkennen. Während bis zum Jahr 2015 überwiegend freiwillige Vorgaben bei der Einhaltung von Mindeststandards im Bereich Umweltschutz im Vordergrund standen, hat seitdem die Regelungsdichte verbindlicher Vorgaben zur Förderung von nachhaltigen Investitionen und Finanzierungen sowie strikter Emissionsreduzierungsziele deutlich zugenommen.

---

116 Vgl. für den Text der gesamten Rede siehe http://www.pbc.gov.cn/en/3688110/3688172/4157443/4211225/index.html.

117 Vgl. Paul A. Davies, Nicola Higgs, and Edward R. Kempson, China and EU to Collaborate on Green Investment Standards, Latham & Watkins LLP on April 12, 2021.

Weltweit werden hohe Erwartungen an die bevorstehende UN-Klimaschutzkonferenz in Glasgow im November 2021 gestellt. In einer erstmaligen gemeinsamen Stellung-nahme fordern Papst Franziskus, der Ökumenische Patriarch Bartholomäus und Erz-bischof Justin Welby alle auf, ihren Teil zur Sicherung der Zukunft beizutragen: »*Wir müssen entscheiden, welche Art von Welt wir den künftigen Generationen hinterlassen wollen. Wir müssen uns entscheiden, anders zu leben; wir müssen uns für das Leben entscheiden.*«[118] Sollte die Konferenz erfolgreich sein und eine völkerrechtliche Ver-einbarung effektiver Klimaschutzziele zwischen den Staaten, die den Hauptanteil der weltweiten GHG-Emissionen ausmachen, erreicht und ratifiziert werden, ist zu erwar-ten, dass weltweit umgehend zahlreiche weitere ESG-bezogene Regelungsvorhaben auf den Weg gebracht werden.

Aufgrund unterschiedlicher wirtschaftlicher und sozialer Entwicklungsstufen und regionaler Besonderheiten werden lokale bzw. Einzelfall betreffende Regelungen für eine erfolgreiche ESG-Transformation auch in Zukunft unerlässlich sein. Zur Vermei-dung von Aufsplittungen in Teilmärkte und Wettbewerbsbeschränkungen gilt es aller-dings, übergeordnete internationale Standards zu erarbeiten und die Harmonisierung gebotener unterschiedlicher Standards sicherzustellen. Nur so können notwendige globale Klima- und Umweltschutzmaßnahmen getroffen und gleichzeitig die bereits erreichten Vorteile der Globalisierung – etwa in dem Bereich sozialer Gerechtigkeit – beibehalten werden.

---

118 Https://unfccc.int/news/religious-leaders-issue-joint-appeal-ahead-of-cop26.

4 Klimarisiken und Benchmarking

Dr. Daniel Piazolo

4.1 Erstaunliche Dynamik bei Öffentlichkeit, Regierungen, Investoren

Neue Hitzerekorde, anhaltende Trockenheit und sich häufende Wetterkatastrophen werden von vielen Menschen als klares Zeichen des Klimawandels gesehen. Der Klimawandel bedroht die Existenzgrundlage vieler heutiger Strukturen. Diese Gefahr wird von der Öffentlichkeit wahrgenommen und Klimastreiks wie »Fridays for Future« haben in vielen Länder deutlichen Zulauf bekommen. Der soziale Druck steigt, eine Umstellung auf eine klimaneutrale Wirtschaft mit weniger CO_2-Emissionen voranzutreiben.[1] Viele Regierungen haben sich ehrgeizige Vorgaben für ihre Klimaziele gegeben und auf internationaler Ebene werden die Anstrengungen für ein abgestimmtes Vorgehen zur Bewältigung des Klimawandels erhöht.[2]

Auf der EU-Ebene hat sich eine beeindruckende Dynamik mit massivem Mitteleinsatz im Rahmen des European Green Deals und umfangreicher Regulierung durch die EU-Taxonomie entwickelt.[3] Der Green Deal ist der zentrale Bestandteil der EU-Klimapolitik und soll das Ziel der europäischen Klimaneutralität bis zum Jahr 2050 bzw. idealerweise bei zum Jahr 2045 ermöglichen. Die EU-Taxonomie-Verordnung beinhaltet Kriterien zur Beurteilung, ob eine Wirtschaftsaktivität ökologisch nachhaltig ist. Somit kann der Grad der Nachhaltigkeit von Investitionen abgeleitet werden.[4]

Auch bei Investoren ist mittlerweile eine hohe Bereitschaft vorhanden, sich mit dem Thema auseinanderzusetzen. So wird der Klimawandel bei einigen Investoren in der Immobilienwirtschaft nun als das größte systematische Risiko eingestuft. Unternehmen treiben die Auseinandersetzung mit dem Klimawandel und der nötigen Anpassung durch verschiedene Initiativen wie Task Force on Climate-related Financial Disclosures (TCFD), Network for Greening the Financial System (NGFS) oder Net Zero Asset Owner Initiative voran.

---

1   Landry, Erik et al. (2021), S. 10.
2   Siehe hierzu auch Kapitel 1 dieses Buches.
3   EU Technical Expert Group on Sustainable Finance (2020).
4   Siehe hierzu auch Kapitel 3 dieses Buches.

Die Immobilienwirtschaft hat nicht nur eine besondere Verantwortung, sondern auch viel Potenzial für Verbesserungen, da 39 % der weltweiten CO_2-Emissionen aus diesem Sektor stammen, wie in der Abb. 4.1 dargestellt. 11 % der CO_2-Emissionen ergeben sich durch die Bauaktivitäten bzw. durch das Baumaterial. 28 % der CO_2-Emissionen sind mit dem Betrieb der Immobilien für die Gebäudetechnik, Strom, Heizung und Kühlung verbunden.

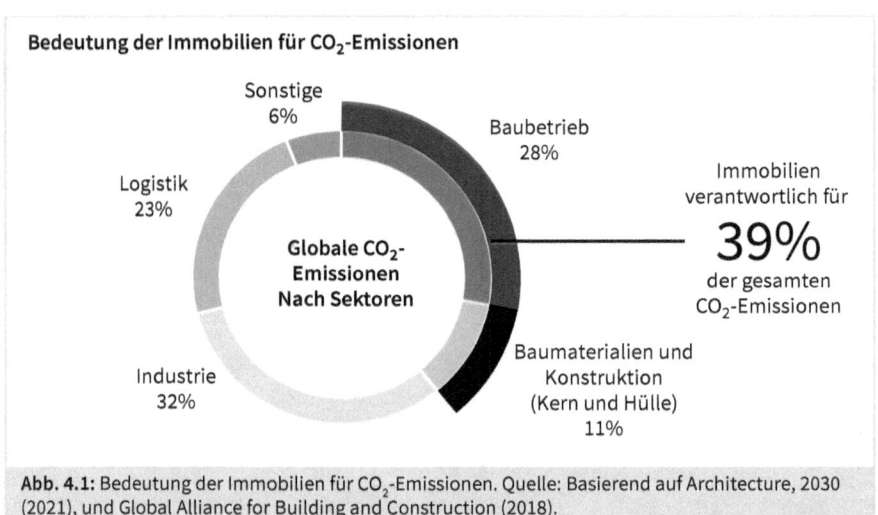

Abb. 4.1: Bedeutung der Immobilien für CO_2-Emissionen. Quelle: Basierend auf Architecture, 2030 (2021), und Global Alliance for Building and Construction (2018).

Von den verschiedenen Lösungsansätzen, um Treibhausgase zu reduzieren, ist die Erhöhung der Energieeffizienz einer der vielversprechendsten Wege. Da Energieeinsparung bei Immobilien eine signifikante Bedeutung für den Weg der Europäischen Union zur Klimaneutralität zukommt, ist eine kritische Beurteilung der möglichen Vergleichsanalysen von hoher Relevanz. Daher werden in diesem Beitrag Analysen der Klimarisiken und Benchmarkingmöglichkeiten für Energieaspekte bei Immobilien kombiniert.

4.2   Klimarisiken

Durch den Klimawandel aufgrund der Steigerung der Treibhausgasemissionen ergeben sich zwei Risikoszenarien: physische Risiken und transitorische Risiken. Dabei werden beide Gruppen von Risiken auftreten, sie stellen jedoch unterschiedliche Anforderungen, wie mit ihnen umzugehen ist.

4.2.1   Ursachen der Klimarisiken

Ohne Treibhausgase hätte die Erdoberfläche im globalen Mittel nur eine Temperatur von -18 °C und höher organisiertes Leben hätte sich auf der Erde nicht entwickeln können. Die natürlichen Treibhausgase, vor allem Wasserdampf, reflektieren die vom Boden abgegebene Wärmestrahlung und erhöhen die Temperatur auf der Erdoberfläche auf +15 °C. Die Kohlenstoffdioxid(CO_2)-Emissionen sind seit dem Beginn der Industrialisierung und der umfangreichen Nutzung von fossilen Brennstoffen um 1850 stark angestiegen.

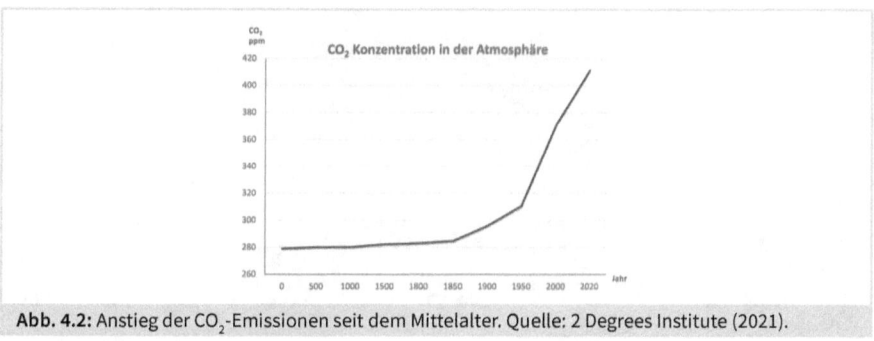

Abb. 4.2: Anstieg der CO_2-Emissionen seit dem Mittelalter. Quelle: 2 Degrees Institute (2021).

Dabei sind die CO_2-Emissionen ein üblicher, wenn auch nicht idealer Platzhalter für alle anthropogenen Treibhausgasemissionen, die u. a. auch Methan (CH_4) oder Stickoxide wie Lachgas (N_2O) umfassen und durch menschliche Aktivitäten deutlich gestiegen sind. So ist die Konzentration von CO_2 seit dem Beginn der Industriellen Revolution bis 2022 um 45 % gestiegen, wie in der Abb. 4.2 dargestellt wird. Bezogen auf das Potenzial der Treibhausgase zur globalen Erwärmung innerhalb von 100 Jahren machen Kohlendioxid 72 %, Methan 18 % und Stickoxide 9 % aus. Lachgas hat eine 298-mal so große Treibhauswirksamkeit wie die von Kohlendioxid bezogen auf einen Zeitraum von 100 Jahren[5]. Vor allem stickstoffhaltige Düngemittel in der Landwirtschaft sind verantwortlich für anthropogene Lachgasemissionen.

Da durch die verschiedenen Sektoren, darunter auch der Immobilienbereich, vorrangig zu der Reduktion von Kohlendioxid beigetragen werden kann, ist der Fokus der Gesetzgebung bei sektorübergreifenden Vorgaben meistens auf die CO_2-Werte ausgerichtet. Aber trotz der zunehmenden Konzentration auf die Reduzierung von CO_2 sind die Anteile von CO_2 in der Luft in den letzten Jahren weiter stark angestiegen. Bei einer linearen Extrapolation des Anstiegs der CO_2-ppm für die Jahre 1960 bis 2021

---

5   Forster, Piers et al. (2007).

wird davon ausgegangen (dargestellt in Abb. 4.3), dass die 1,5 °C Temperaturzunahme im Jahr 2038 und die 2,0 °C Temperaturzunahme im Jahr 2050 erreicht wird.[6]

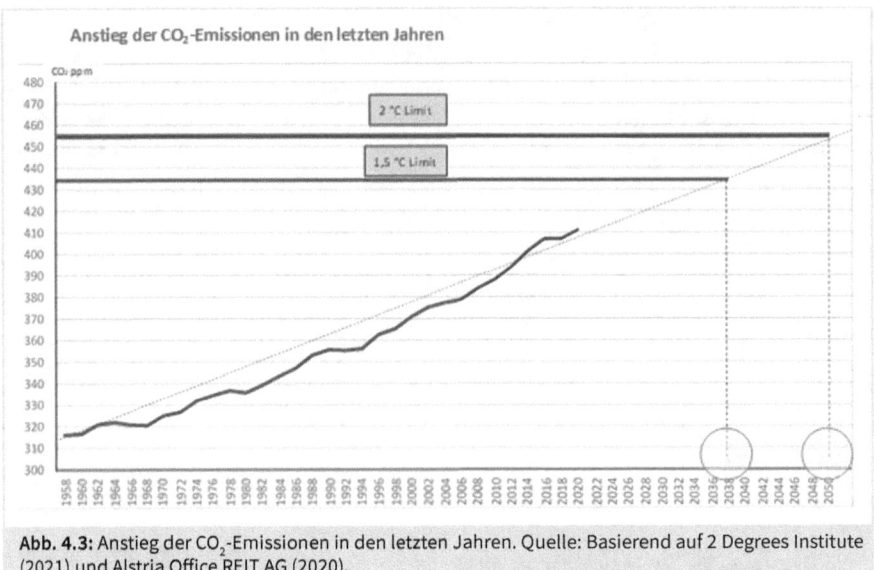

Abb. 4.3: Anstieg der CO_2-Emissionen in den letzten Jahren. Quelle: Basierend auf 2 Degrees Institute (2021) und Alstria Office REIT AG (2020).

4.2.2   Physische Klimawandelrisiken

Mit den physischen Risiken des Klimawandels werden die schon sichtbaren und noch befürchteten Schäden aus Extremwetterereignissen bezeichnet. Dazu gehören Hitze, Dürren, Starkregen, Überschwemmungen, Stürme etc. Je nach regionalen Gegebenheiten sind die Resilienz bzw. die Reaktionsmöglichkeiten unterschiedlich ausgeprägt. Mit der Zunahme solcher Extremwetterereignisse werden Versicherungen gegen solche Schäden deutlich kostspieliger oder komplett unmöglich. Auch Finanzierungsmöglichkeiten werden teurer oder wegfallen.

Durch den Klimawandel ergeben sich weitere Konfliktgefahren in Form von Wassermangel, Hungersnöten und großen Wanderungsbewegungen. Die Länder werden sich gegen diese physischen Risiken wappnen, aber je höher der Temperaturanstieg durch den Klimawandel sein wird, um so eher werden selbst robuste Gegenmaßnahmen nicht mehr greifen.

---

6   Alstria Office REIT AG (2020), S. 5.

Die physischen Änderungen durch den Klimawandel können entweder ereignis-bestimmt (»Akut«) oder langfristig-bestimmt (»Chronisch«) sein.[7] Die Störungen im öko-logischen Gleichgewicht, wie Bodenqualität, Biodiversität oder Meeresumwelt, werden z. T. auch als Auswirkungen der physischen Risiken des Klimawandels eingestuft.

4.2.3 Transitorische Klimawandelrisiken

Transitorische Risiken, manchmal auch als Transition-Risiken bezeichnet, umfassen die zukünftig notwendigen Kosten und Anpassungsmaßnahmen, um sich auf die ver-schiedenen Auswirkungen des Klimawandels einzustellen. Dazu gehören die Kosten aus Umbaumaßnahmen, um die Folgen des Klimawandels zu reduzieren. Die Um-stellung auf alternative Energieerzeugung und die Erweiterung der Möglichkeiten der Energiespeicherung werden hohe Kosten verursachen. Der Weg zur Erfüllung des Pariser Klimaabkommens von 2015 und die wichtigen Grundsätze dabei sind in der Abb. 4.4 dargestellt.

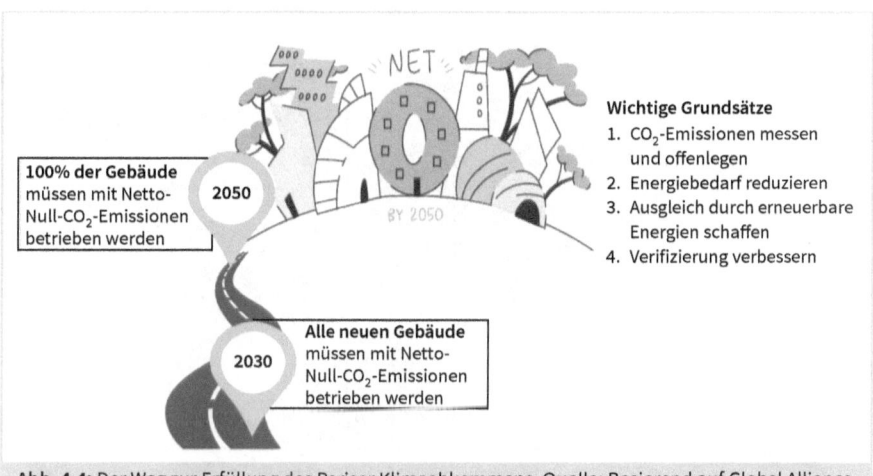

Abb. 4.4: Der Weg zur Erfüllung des Pariser Klimaabkommens. Quelle: Basierend auf Global Alliance for Buildings and Construction (2018).

Zu den transitorischen Risiken gehören auch die Veränderungen, die durch den Ge-setzgeber als Reaktion auf den Klimawandel angestoßen werden. Mit der steigenden CO_2-Bepreisung wird angestrebt, dass im Marktgeschehen Anreize gesetzt werden, um CO_2-Emissionen zu reduzieren. Durch die Verschiebung der relativen Preise kann es sich ergeben, dass bestimmte Geschäftsmodelle, Produkte oder Dienstleistungen nicht mehr wettbewerbsfähig sind. Diese Verdrängung von Aktivitäten mit hohen

---

7 MSCI, 2021, S. 2.

CO_2-Emissionen ist gewollt, bedeutet aber auch eine Zunahme der Unsicherheit z. B. bei langfristigen Investitionsentscheidungen wie bei Immobilien, da eine mögliche deutliche Erhöhung der CO_2-Bepreisung nicht ausgeschlossen werden sollte.

Durch die Gesetzgebung wird es zunehmend Strafzahlungen bzw. juristische Konsequenzen für klimaschädliches Verhalten geben.[8] Es besteht die Gefahr, dass dadurch bestimmte Projekte unrentabel werden. Wenn geregelt wird, dass z. B. vermietete Wohnungen ab einem bestimmten Zeitpunkt einen Mindeststandard in Energieeffizienz erfüllen müssen, werden eventuell teure Modernisierungsmaßnahmen nötig oder diese Wohnungen werden unvermietbar, wenn die erzielbare Marktmiete nicht die erwarteten Modernisierungskosten in einem relevanten Zeitraum abdecken können. Somit drohen mittelfristig bei energieineffizienten Immobilien Nutzungsverbote bzw. Vermietungsverbote. Neben gesetzlichen Verboten können hohe Energiekostensteigerungen, Einschränkungen der Umlegbarkeit von Betriebskosten auf Mieter oder Änderungen der Mieterpräferenz dazu führen, dass nicht zeitgemäße, klimaschädliche Immobilien nicht mehr vermietet werden. Wie Klimaneutralität und ein Netto-Null-CO_2-Gebäude definiert sind, wird in der Abb. 4.5 dargestellt.

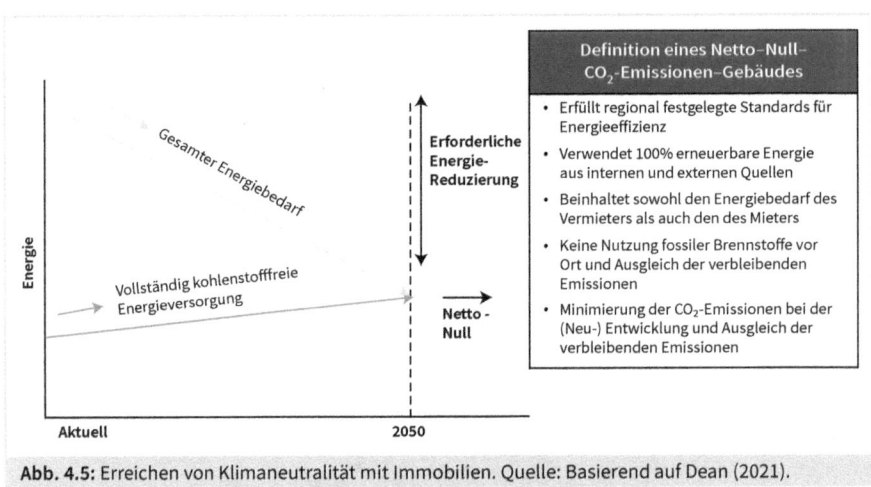

Abb. 4.5: Erreichen von Klimaneutralität mit Immobilien. Quelle: Basierend auf Dean (2021).

Für Unternehmen gehört zu den transitorischen Risiken die Gefahr, an Reputation zu verlieren und die Erwartungen der Kunden, der eigenen Mitarbeiter oder der Investoren nicht zu erfüllen. Wenn ein Unternehmen als nicht mehr zeitgemäß wirtschaftend erscheint, kann schnell der Rückhalt bei entscheidenden Marktteilnehmern verloren gehen und die Existenz des Unternehmens bedroht sein.

---

8   Landry, Erik et al. (2021), S. 10.

Je nach Land gibt es spezifische, regulatorische Vorgaben, um das Pariser Klimaabkommen zu erreichen (»Nationally Determined Contributions – NDCs Paris Agreement«). Dabei gehen die deutlichen Unterschiede in den CO_2-Emissionen der Stromgewinnung innerhalb der europäischen Länder, wie durch die Nutzung der Kernenergie oder Wasserkraft, in die vorgesehenen Entwicklungspfade ein. Abb. 4.6 führt die nötigen Schritte der Reduzierung des Energieverbrauchs einer Immobilie und die verbleibenden, zu kompensierenden CO_2-Emissionen auf.

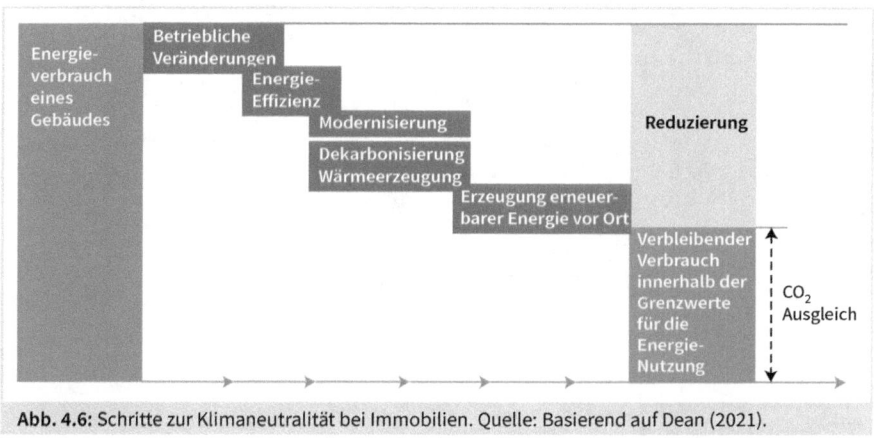

Abb. 4.6: Schritte zur Klimaneutralität bei Immobilien. Quelle: Basierend auf Dean (2021).

Um den Klimawandel zu verlangsamen, liegt wie bereits in Kapitel 4.2.1 benannt der Fokus auf der weiteren Reduzierung der CO_2- und anderer Treibhausgasemissionen. Wie in der Abb. 4.3 verdeutlicht wurde, ist weltweit der Anteil der Treibhausgase in der Luft, gemessen in CO_2 ppm, weiter gestiegen. Dagegen sind in Deutschland seit 1990 die Treibhausgasemissionen deutlich gesunken (dargestellt in Abb. 4.7a), wobei Deutschland auch weiterhin zu den Ländern mit einer sehr hohen Pro-Kopf-CO_2-Emission zählt. Abb. 4.7b beschreibt die Bestandteile der Sektoren Energiewirtschaft, Industrie, Gebäude, Verkehr, Landwirtschaft sowie Abfallwirtschaft und Sonstiges. Der siebte Sektor Landnutzung und Landnutzungsänderungen, u.a. mit den Bestandteilen »Waldland, Ackerland, Grünland, Feuchtgebiete«, wird eine zunehmend größere Bedeutung als CO_2-Senke erhalten, um einen Ausgleich für Aktivitäten zu ermöglichen, bei denen die Emissionen von Treibhausgasen nicht komplett vermieden werden können.

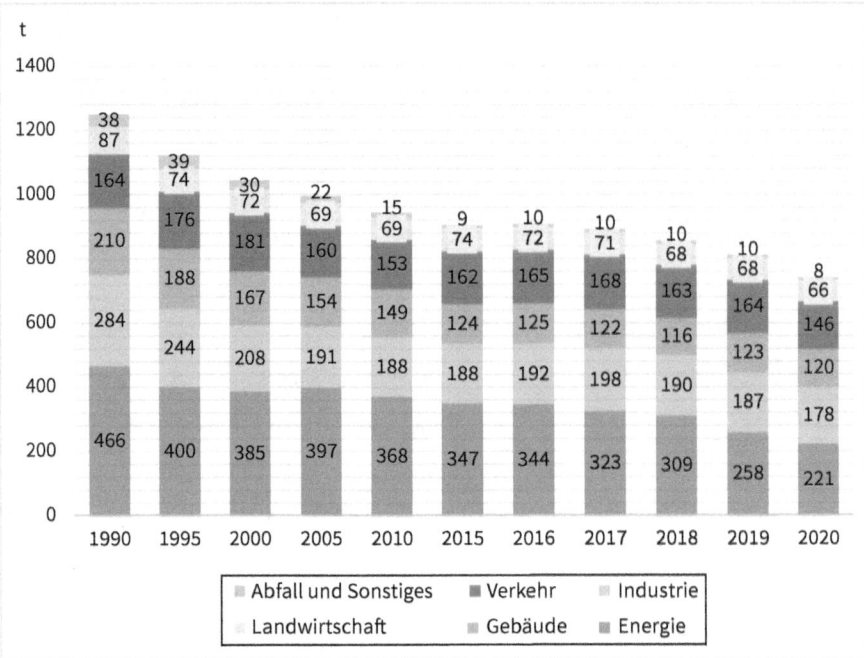

Abb. 4.7a: Jährliche Emissionen in Deutschland 1990 bis 2020. Quelle: Basierend auf Umweltbundesamt (2021).

Sektoren	Beschreibung der Bestandteile
1. Energie	Brennstoffverbrennungsaktivitäten in der Energiewirtschaft (sonstiger Transport) Flüchtige Emissionen aus Brennstoffen
2. Industrie	Brennstoffverbrennungsaktivitäten in der verarbeitenden Industrie und im Bauwesen Industrielle Prozesse und Produktnutzung CO2 Transport und Speicherung
3. Gebäude	Brennstoffverbrauchsaktivitäten in: Gewerbliche/ institutionelle Haushalte Sonstige Aktivitäten im Zusammenhang mit dem Brennstoffverbrauch (insbesondere in militärischen Einrichtungen)
4. Verkehr	Verkehr (inländische Zivilluftfahrt, Straßenverkehr, Schienenverkehr und Binnenschifffahrt), ohne Transport in Rohrleitungen
5. Landwirtschaft	Landwirtschaft Brennstoffverbrauchsaktivitäten in der Land- und Forstwirtschaft und Fischerei
6. Abfall und Sonstiges	Abfall und Abwasser Sonstiges
7. Landnutzung, Landnutzungsänderung und Forstwirtschaft	Waldland, Ackerland, Grünland, Feuchtgebiete und Siedlungen, geerntete Holzprodukte, Änderungen zwischen Landnutzungskategorien

Abb. 4.7b: Bestandteil der Sektoren bei Emissionszuordnung. Quelle: Basierend auf Umweltbundesamt (2021).

Im März 2021 hatte das Bundesverfassungsgericht geurteilt, dass die Klimaschutzanstrengungen fairer zwischen den jetzigen und künftigen Generationen verteilt werden müssen und dass das Bundes-Klimaschutzgesetz vom 12. Dezember 2019 mit den Grundrechten der jüngeren Bundesbürger unvereinbar ist. Daraufhin wurden mit der

Novelle des Klimaschutzgesetzes die vorgegebenen Einsparungen bei den Treibhausgasen im Sommer 2021 verschärft. So wurde die angestrebte Treibhausgasminderung für das Jahr 2030 von 55 auf 65 % gegenüber 1990 angehoben, und eine Klimaneutralität soll schon im Jahr 2045 und nicht erst im Jahr 2050 erreicht werden.[9] Außerdem wurden verbindliche Ziele für die Treibhausgasminderung für die 20er und 30er Jahre festgeschrieben. Die verbindlichen Jahresziele für die einzelnen Sektoren Energiewirtschaft, Industrie, Verkehr, Gebäude, Landwirtschaft sowie Abfallwirtschaft und Sonstiges für die 20er Jahre zeigt die folgende Abb. 4.8.

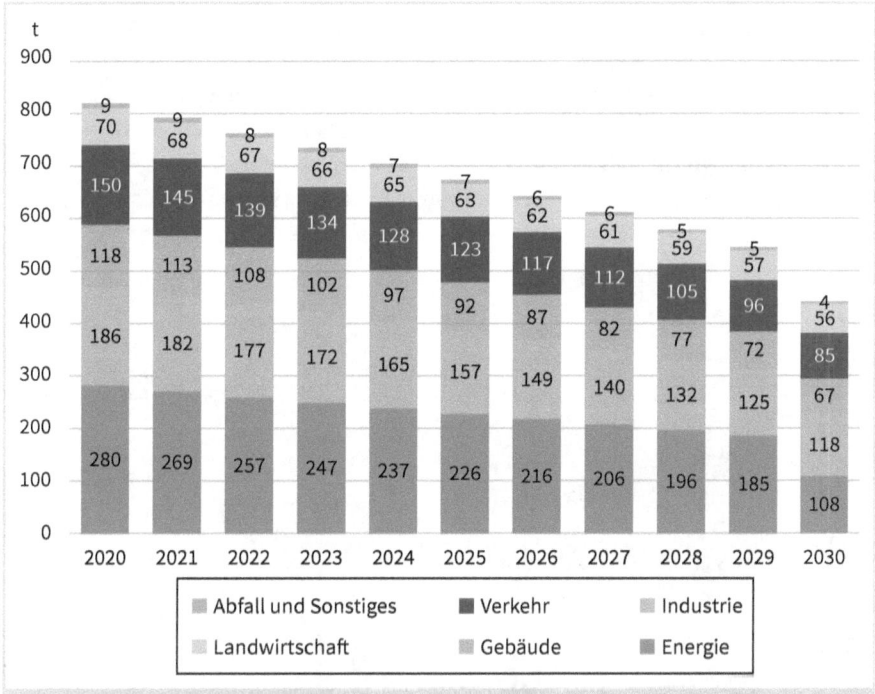

Abb. 4.8: Zulässiges jährliches Emissionsbudget in Deutschland von 2020 bis 2030: Quelle. Basierend auf Bundesministerium für Umwelt (2021).

In der Novelle des Klimaschutzgesetzes von 2021 werden die zulässigen Emissionen für die Jahre 2021 bis 2030 deutlich gesenkt. Dabei müssen die Sektoren Energiewirtschaft und Industrie bei den jährlich zulässigen Mengen die größten Einsparungen leisten. Dies ist damit begründet, dass die beiden Sektoren die höchsten Emissionen haben und die Vermeidungskosten niedriger als bei den anderen Sektoren sind. Erneuerbar erzeugter Strom kann fossile Brenn- und Kraftstoffe ersetzen. Der Ausbau der erneuerbaren Energieversorgung ist auch für den Gebäudesektor und die anderen Sektoren entscheidend, um die angestrebten Emissionsminderungen innerhalb dieser Sektoren zu erreichen.

---

9   Bundesministerium für Umwelt (2021).

Dagegen wurden für die 30er Jahre nur die jährlichen Gesamtminderungsziele vor-geschrieben, damit technische Innovationen in der nächsten Zeit bei einer späteren Detaillierung berücksichtigt werden können. Es wird erwartet, dass auf der europäischen Ebene im Jahr 2024 konkret festgelegt wird, wie der Klimaschutz vorangetrieben werden soll. Somit werden dann auch auf deutscher Ebene die spezifischen Einsparungsziele für die Jahre 2031 bis 2040 festgelegt werden. Im Jahr 2040 soll eine Minderung von 88 % der Treibhausgase relativ zu 1990 erreicht werden (wie in der Abb. 4.9 aufgeführt).

Die jährlichen Minderungsziele für die Jahre 2041 bis 2045 sollen bis spätestens 2032 festgelegt und bis spätestens 2034 pro Sektor spezifiziert werden. Nach 2050 ist ange-strebt, dass der Atmosphäre netto Treibhausgas entnommen wird. Dies soll durch den Ausbau der natürlichen Senken wie Wälder und Moore erreicht werden, der mit Ziel-vorgaben in die Novelle des Klimaschutzgesetzes von 2021 neu aufgenommen wurde. Damit sollen unvermeidbare Emissionen von Treibhausgasen, wie bei der Viehhaltung und bei spezifischen Industrieprozessen, kompensiert werden.

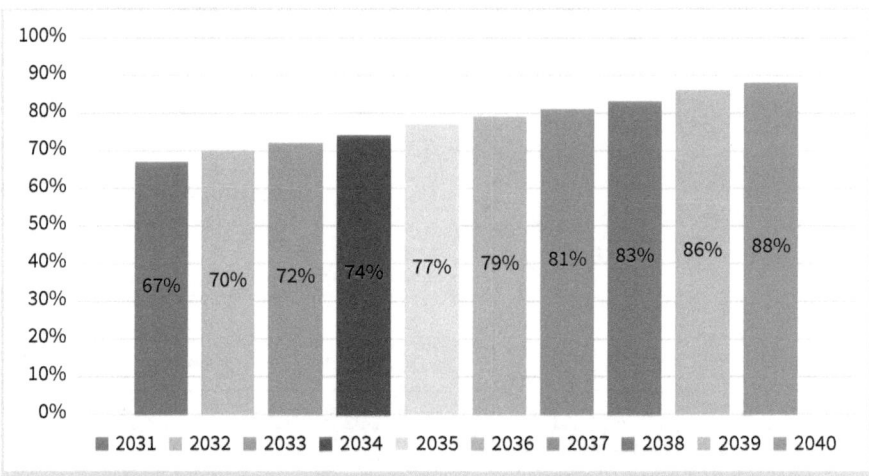

Abb. 4.9: Jährliche prozentuale Minderungsziele der Treibhausemissionen gegenüber 1990 in Deutschland 2031 bis 2040. Quelle: Basierend auf Bundesministerium für Umwelt (2021).

Um zwischen den Ländern und den Sektoren besser vergleichen zu können, ist eine Konvergenz der Standards der verschiedenen Initiativen zur Berichterstellung der Klimaherausforderungen wichtig. Zu diesen gehören neben der EU-Taxonomie Organisationen wie Global Reporting Initiative (GRI), Carbon Disclosure Project (CPD), Climate Disclosure Standards Board (CDSB) oder Sustainability Accounting Standards Board (SASB).[10]

---

10   TCFD – Task Force on Climate Related Financial Disclosure (2021), S. 7.

4.2.4   Risikoverständnis

Stürme, Überflutungen und Dürren führen zu hohen Kosten, wobei die Quantifizierung oft nur eingeschränkt möglich ist. Die Schadenssumme an Gebäuden durch Extremwetterereignisse, die durch Versicherungen abgedeckt sind, betragen in Deutschland im langjährigen Mittel 3 Mrd. Euro p. a.[11] Jedoch werden damit nicht die unversicherten Schäden und Folgewirkungen, wie Nichtversicherbarkeit, Produktionsausfälle, Nutzungseinschränkungen oder Pacht- sowie Mietreduzierung, erfasst. Um Risiken einzuschätzen, wird versucht, mit Klimamodellen für die jeweiligen Naturgefahren wie Hochwasser, Hagel oder Waldbrände die möglichen Schäden an Grundstücken zu quantifizieren.

Drei Parameter gehen in die Klimamodelle für die Abschätzung der Risiken an Grundstücken ein:
1.   Regionale Gefährdung nach Lage
2.   Vulnerabilität des Objektes bzw. Grund und Bodens
3.   Wiederherstellungskosten abhängig vom Verkehrswert

Damit ist eine flächendeckende Identifikation der Risiken und eine monetäre Bewertung jeder Naturgefahr angestrebt.[12]

Diese drei Parameter werden auch in den Gefahrenmodellen der Versicherungsindustrie verwendet, um die erwarteten Kosten von physischen Risiken zu quantifizieren. Dabei werden die verschiedenen Kosten von Extremwetter abgeschätzt und zusammengeführt. So wird z. B. für extreme Hitze neben den Ernteausfällen die Aufwendung für die notwendige Kühlung berücksichtigt.

Klimarisiken können auch in einer zunehmenden Desillusionierung der Jugend gesehen werden, die das Gefühl hat, die jetzige Generation der Entscheider vernachlässigt die Gefahren des Klimawandels für die folgenden Generationen. Auch geopolitische Verwerfungen und zunehmende gesundheitliche Probleme sind globale Risiken, die eventuell durch den Klimawandel noch verstärkt werden.[13]

Es ist aber zu unterstreichen, dass der Versuch der Quantifizierung der Risiken des Klimawandels die Herausforderungen der eingeschränkten Verfügbarkeit der ökonomischen Bepreisung von ökologischen Werten teilt. Der Marktwert der Firma Amazon ist börsentäglich dollargenau berechenbar, der Wert der Artenvielfalt im Amazonasgebiet hingegen ist nicht zu bepreisen und taucht bis jetzt nicht in den volkswirtschaftlichen Gesamtrechnungen auf.

---

11   DEKA (2021), S. 6.
12   BBSR (2019) und Bienert, Sven et al. (2021).
13   World Economic Forum (2021).

4.3   Benchmarking

Die Sammlung von Daten zu den verschiedensten Aspekten ist oft sehr hilfreich, um durch Vergleiche genauere Einschätzungen zu möglichen Auswirkungen von Entscheidungen zu erhalten. Durch Benchmarking mit möglichst umfangreichen, aber gut geeigneten Datenbanken können Aussagen zu der relativen Einordnung, aber auch zu erwartenden Kosten, Erträgen und Renditen abgeleitet werden. Auch wenn das oft aufgeführte Benchmarkingzitat »If you can't measure it, you can't manage it« (wohl fälschlicherweise Peter Drucker zugeschrieben) nach dem Drucker-Institut nicht als alleiniges Managementwerkzeug verstanden werden soll[14], spiegelt es aber eine wichtige Komponente eines Anpassungsprozesses wider: Wenn etwas nicht gemessen und bewertet werden kann, ist es schwer, in diesem Bereich besser zu werden.

Im Kontext des Klimawandels und der Energieeinsparung bei Immobilien erlaubt Benchmarking jedoch die Ableitung von Verbesserungspotenzialen, genauere Risikoeinschätzungen und spezifische Entwicklungspfade.

4.3.1   Herausforderungen

Zu den Herausforderungen beim Benchmarking gehören die Sicherstellung der Qualität, Aktualität und Vergleichbarkeit der Daten. Sobald die gemessenen Aspekte komplexer sind, ist es sinnvoll, dass eine Überprüfung und eine Validierung vorgenommen werden. Auch müssen Anreize vorhanden sein, dass der einzelne Datenlieferant wahrheitsgemäß die eigenen Informationen liefert.

Bei Analysen von Immobilienportfolios stellen Benchmarkteilnehmer eigene Daten zur Verfügung, um durch den Vergleich mit den gesammelten Informationen aller Teilnehmer die eigene Position und Verbesserungsmöglichkeiten zu erkennen. Dadurch ist der Anreiz zur wahrheitsgemäßen Datenlieferung gegeben. Wenn jedoch Daten erst nach Abschluss von Maßnahmen zur Verfügung gestellt werden, ist die Eigenmotivation für eine genaue Erfassung eventuell niedriger und die Qualitätssicherung durch den Datenbankanbieter muss erhöht werden. Die Qualität der gelieferten Daten kann durch den Vergleich mit vorherigen Datenlieferungen und Plausibilitätscheck verbessert werden.

Je nach Parameter ist es unterschiedlich, wie zeitkritisch die erfassten Informationen sind. Durch eine hohe Aktualität der erfassten Daten erhöht sich aber die Aussagekraft beim Benchmarking. Gerade bei der Erstellung von Datenbanken im Rahmen von öf-

---

14   https://www.drucker.institute/thedx/measurement-myopia/.

fentlich geförderten Projekten ist es wichtig, wirtschaftliche Anreize zu schaffen, dass auch nach dem Ende der Förderung die Benchmarkdaten aktualisiert werden. Daher ist eine »Institutionalisierung« bzw. »Kommerzialisierung« des Benchmarkingansatzes eine sinnvolle Komponente der ehemals staatlich geförderten Initiativen.

Eine weitere Herausforderung für Benchmarking bei Immobilien bezieht sich auf Datenschutz und unterschiedliche Interessen der involvierten Parteien. Um für ein Gebäude den gesamten Energiebedarf zu messen, benötigt ein Vermieter die Verbrauchsdaten der Mieter. Jedoch sind Mieter je nach Mietvertragsausgestaltung und rechtlichen Regelungen nicht verpflichtet und/oder nicht genügend motiviert, solche persönlichen Daten zur Verfügung zu stellen. Da zudem durch Modernisierungsmaßnahmen der Energieverbrauch und damit im Wesentlichen die »zweite Miete« der Mieter sinkt, aber nicht unbedingt die Hauptmiete steigt, ist der Anreiz für den Vermieter eingeschränkt, energetische Modernisierungen durchzuführen. Daher kann die Bereitschaft vermindert werden, sowohl von der Seite der Mieter als auch der Vermieter die nötigen Daten für Benchmarking zu liefern.

4.3.2 Neubau

Mit der Novelle (2021) des Klimaschutzgesetzes wurden auch die Energiestandards für Neubauten verschärft und die Förderung für energetische Gebäudesanierungen erhöht. Zuerst war in dem Gesetzesentwurf der Novelle vorgesehen, dass die Kosten des CO_2-Preises je zur Hälfte von den Vermietern und Mietern getragen werden sollten, da argumentiert wurde, dass der Vermieter über energetische Modernisierung und die Art der Heizung entscheidet. Jedoch wurde daraufhin aufgeführt, dass dadurch Vermietern Anreize gesetzt worden wären, Mieter nach den zu erwartenden Energieverbräuchen auszuwählen und somit Singles den Familien mit Kleinkindern vorzuziehen. Somit gilt in der Novelle des Klimaschutzgesetzes weiterhin das Verursacherprinzip und die Mieter tragen 100 % des CO_2-Preises, wobei eine Senkung der Strompreise durch eine Änderung der Erneuerbaren-Energien-Gesetz(EEG)-Umlagen angestrebt wird.

Für Neubauten und umfangreich modernisierte Objekte wurden in den letzten Jahren viele Zertifikate entwickelt, die hohe Energieeffizienz und Umweltverträglichkeit bestätigen sollen. Zu den etablierten und in Deutschland bekannten Zertifikaten gehören LEED (Leadership in Energy and Environmental Design), BREEAM (Building Research Establishment Environmental Method) und DGNB (Deutsche Gesellschaft für Nachhaltiges Bauen). In den USA gibt es neben LEED auch Nachhaltigkeitszertifikate von GPR (Global Property Research) und EDGE (Excellence in Design for Greater Efficiency). »Green Star«-Zertifikate sind in Australien und Neuseeland verbreitet. China hat fünf Nachhaltigkeitszertifikate, um je nach Gebäudetyp Bewertungen vorzunehmen.

Um länder- oder sektorenspezifische Aspekte abzudecken, werden weltweit mehr als 50 Zertifikate angeboten.[15] Damit werden jedoch ein länderübergreifender Vergleich und Benchmarkmöglichkeiten erschwert, denn die Zertifikate decken mit recht unterschiedlicher Gewichtung verschiedene ökologische Aspekte ab. Die Erweiterung der Nachhaltigkeitsperspektive von den ökologischen Aspekten auf soziale und ökonomische erhöhte zudem die Anzahl der zu bewertenden Kriterien und die Verschiebung der Gewichtungen. Mit der Etablierung von »Green Building«-Zertifikaten wird zwar versucht, den Fokus auf die Umweltkomponente zu legen, aber Treibhausemissionen haben meistens trotzdem eine relativ kleine Gewichtung.

Mit der Zertifizierung wird eine Momentaufnahme bestätigt. Für eine kontinuierliche Optimierung der Prozesse, um weitere Emissionen zu vermeiden, ist eine laufende Erfassung sinnvoll. Gerade bei einer solchen dynamischen Erfassung ergeben sich Möglichkeiten für ein Benchmarking zwischen den Daten verschiedener Erfassungszeitpunkte und zwischen verschiedenen Objekten.

4.3.3   Sanierungsprojekte

In den letzten Jahren wurde innerhalb der Immobilienwirtschaft klarer herausgearbeitet, dass der Wunsch vieler institutioneller Investoren nach »grünen«, ESG-konformen Neubauten oft mehr CO_2-Emissionen bedeutet, als eine Konversion alter ineffizienter Gebäude verursachen würde. Der Umbau alter, umweltschädlicher Immobilien zu modernen, energieeinsparenden Gebäuden wird nun oft als ressourcen-schonender eingestuft.

75% der Gebäude in Europa sind energieineffizient. Die meisten der heutigen Gebäude (zwischen 75 und 90%) werden auch im Jahr 2050 noch in Gebrauch sein. Die jährliche Renovierungsrate liegt bei ca. 1,2%. Dabei werden Investitionen in höhere Energieeffizienz bei Immobilien oft als niedrig-rentierlich und als risikoreich gesehen. Die Einschätzung des hohen Risikos hängt mit unklaren Investitionskosten, unsicheren Finanzierungsmöglichkeiten und als lang eingestuften Amortisierungszeiträumen zusammen. Um das ehrgeizige Energieeinsparungsziel zu erreichen, ist daher eine Strategie auf der europäischen Ebene, den Fokus auf die bestehenden Gebäude und die Erhöhung der Transparenz bezogen auf den Ertrag sowie den Kosten der Gebäudemodernisierung zu legen. Wichtig ist dabei die Lenkung des privaten Investitionskapitals in energieeffiziente Anlageformen.

---

15   Building Minds (2020), S. 12.

Erträge der Investitionen in Energieeffizienz bei Gebäuden sind:

* Reduzierung der Energiekosten
* Höherer Komfort und bessere Gesundheitsparameter
* Geringerer Mietwechsel
* Niedrigere Leerstandsquoten
* Höhere Immobilienwerte
* Niedrigere Ausfallsquoten bei Darlehenshypotheken

Zwar kann für Energieeffizienzsteigerungen bei Immobilien gezeigt werden, dass sich der Wert der Immobilien erhöht[16], aber viele Eigentümer schrecken vor hohen Modernisierungskosten gerade bei älteren Gebäuden zurück.

Ein wichtiger Baustein der Strategie zur Erreichung des Energieeinsparungsziels der EU durch die Schaffung von mehr Transparenz bezüglich der Risiken und Erträge bei Modernisierungsmaßnahmen ist die Sammlung von Vergleichsdaten. So gibt es mit der De-risking Energy Efficiency Platform (DEEP) eine europaweite Datenbank, die Performancedaten für Vergleichsmöglichkeiten zur Verfügung stellt.[17] Damit soll es für Eigentümer, Projektentwickler und Finanzierer leichter werden, die Risiken und Erträge der Energieeffizienzinvestitionen zu beurteilen.

DEEP ist eine Open-Source-Initiative zur Steigerung von Energieeffizienz-Investitionen in Europa. Die DEEP-Plattform enthält Daten über die finanzielle Performance (z. B. die Amortisationszeit der Investitionen und die Einsparungen) von etwa 7.800 Gebäudesanierungsprojekten.[18] Das Hauptziel der Plattform ist es, ausreichend Daten zu sammeln, um den Nutzern statistisch signifikante Werte zur Verfügung zu stellen, damit die Risiken von Energieeffizienzprojekten besser verständlich werden. Mit diesen Informationen können im Rahmen eines Benchmarkings Vergleichsanalysen durchgeführt werden. In der DEEP-Plattform sind auch Daten zu Gesundheitsimmobilien, öffentlichen Gebäuden, Bildungsbereichsimmobilien neben Büros und Mehrfamilienhäusern enthalten. Der große Vorteil der De-risking Energy Efficiency Platform ist die Open-Source-Ausgestaltung als EU-geförderte Maßnahme.

4.3.4   Betreiben von Immobilien

Der Klimawandel hat unterschiedliche Auswirkungen auf die Nutzer und die Eigentümer einer Immobilie. Der Mieter eines Gebäudes muss sich damit auseinandersetzen, wie die physischen Auswirkungen des Klimawandels die Ausgaben und mögliche Ein-

---

16   Cajias, Marcello und Piazolo, Daniel (2013).
17   EEFIG (2021a).
18   EEFG (2021b).

nahmen durch das Betreiben bzw. Nutzen dieser spezifischen (Produktions-)Stätte ändern. Der Eigentümer wiederum muss sich damit auseinandersetzen, wie diese Effekte den Wert der Immobilie beeinflussen bzw. wie hoch die Schäden sind, die durch den Klimawandel entstehen bzw. entstanden sind. Der Eigentümer muss sich auch den Kosten stellen, die entstehen, um Emissionsreduzierungen zu erreichen, die entweder durch die Politik oder durch eigene Entscheidungen anstehen.

Die Betreiber bzw. Mieter einer Immobilie tragen in den meisten Fällen die verbrauchsabhängigen Kosten der Nutzung dieser Immobilie. Mit dem Bestreben der Regierungen, Anreize zu setzen, um mit den Ressourcen schonender zu wirtschaften, werden die Energiekosten in den nächsten Jahren weiter steigen. Mit der stufenweisen Erhöhung der CO_2-Bepreisung in Deutschland ist die Zunahme für Heizkosten bei Öl- und Gasverbrauch und auch für Stromkosten absehbar. Betriebskosten-Benchmarking ist schon lange verfügbar, aber mit der wachsenden Bedeutung des Klimaschutzes wird die Vergleichsanalyse für CO_2-Emissionen sowie Müll- und Wasserverbräuche an Stellenwert gewinnen, da sich die relativen Gewichte bei den Kosten dorthin verschieben.

Das Gebäudeenergiegesetz verlangt für Energieausweise auch die verbindliche Angabe der CO_2-Emissionen. Mit dieser Bestandsaufnahme der bestehenden CO_2-Emissionen können auch die Ersparnisse durch Maßnahmen zur Reduzierung besser abgeschätzt werden. Niedrige Energie- und Betriebskosten eröffnen bei der Vermietung Wettbewerbsvorteile und Spielräume beim Festlegen der Miete. Dies wird ermöglicht durch ein professionelles Betriebskostenmanagement, das oft auch ein Benchmarking beinhaltet.

4.3.5   Stranded Assets

Für die zukünftigen Entwicklungsverläufe der Immobilien gibt es Benchmarkmöglichkeiten, die als Werkzeug dank EU-Horizon-2020-Förderung kostenfrei verfügbar sind: www.crrem.eu/tool. CRREM (Carbon Risk Real Estate Monitor) zielt darauf ab, die Risiken, die mit schlechter Energieeffizienz und hohen Emissionen verbunden sind, auf der Ebene der einzelnen Immobilie zu bewerten, so dass Strategien zur Dekarbonisierung des Portfolios entwickelt werden können.[19] Dabei wird ein Entwicklungspfad für spezifische Gebäudetypen in den einzelnen Ländern angesetzt, der mit den Zielen des Pariser Klimaabkommens übereinstimmt. Hier werden Entwicklungspfade für den Zeitraum bis 2050 aufgezeigt, um konsistent mit der Begrenzung der maximalen globalen Erderwärmung auf 2 °C oder auf 1,5 °C zu sein. Durch den Abgleich mit solch einer Benchmark kann herausgearbeitet werden, welche Objekte das Risiko haben,

---

19   Spanner, Maximilian und Julia Wein (2020).

nicht mehr vermietbar zu sein und somit zum »stranded asset« zu werden, da sie die erwarteten Steigerungen bei CO_2-Bepreisung, Umweltauflagen, Gebäudestandards und Markterwartungen nicht erfüllen können. Damit werden die transitorischen Klimawandelrisiken durch CRREM adressiert. Ein »stranded asset« wird von der Zeit überholt und ist nur noch eingeschränkt verwertbar.

In der Abb. 4.10 ist dargestellt, wie ein Gebäude auf Basis des Energieverbrauchs relativ zu den gesetzlichen Vorgaben und der CO_2-Bepreisung Gefahr läuft, zum »stranded asset« zu werden, wenn keine Sanierung vorgenommen wird. Im Rahmen des CRREM-Projektes werden immobilienspezifische Dekarbonisierungs- und Energiereduktionspfade je nach Land aufgezeigt, die eine Abschätzung der Klimaverträglichkeit eines Gebäudes im Zeitverlauf abbildet. Dabei wird berücksichtigt, dass die Dekarbonisierung der Energienetze voranschreitet und dass energetische Sanierung bzw. Modernisierung die Emissionen einer Immobilie deutlich reduzieren und somit »Strandungen« vermieden werden können.

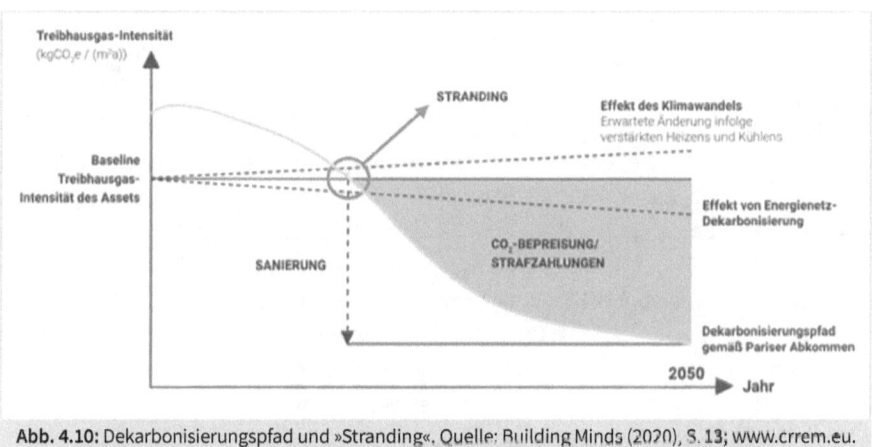

Abb. 4.10: Dekarbonisierungspfad und »Stranding«. Quelle: Building Minds (2020), S. 13; www.crrem.eu.

Mit dem CRREM-Werkzeug können die positiven Auswirkungen der energetischen Modernisierung einzelner Immobilien auf die gesamte Dekarbonisierung-Performance des Portfolios bzw. des Unternehmens analysiert werden. Auch können die Kosten und die CO_2-Emissionsveränderungen der Sanierungsmaßnahmen mit den Betriebskosteneinsparungen abgeglichen werden.

Durch die Zusammenarbeit mit verschiedenen Investoren, Verbänden und Hochschulen konnte das CRREM-Werkzeug getestet, verbessert und weiterverbreitet werden. Nach eigenen Angaben wurden mehr als 2.200 Objekte mit 12 Millionen Quadratmeter vermietbarer Fläche mit dem CRREM-Ansatz analysiert.[20] Investoren und Asset-Ma-

---

20 Landry, Erik et al. (2021), S. 18.

nager mit einer Verantwortung von 400 Milliarden Assets und Management haben CRREM genutzt. Durch eine Partnerschaft mit GRESB (Global Real Estate Sustainability Benchmark), einem Anbieter für ESG-Benchmark für Immobilien, wird das CRREM-Werkzeug auch dem GRESB-Netzwerk an Kunden mit Gewerbeimmobilienportfolios angeboten. Das Werkzeug wurde in das GRESB-Portal integriert, um somit auch den GRESB-Kunden die Übereinstimmung mit dem Pariser Klimaabkommen und den transitorischen Klimawandelrisiken darlegen zu können.[21]

4.3.6   Value-at-Risk-Ansatz für alle Immobilien

Um einzelne Immobilien, aber auch ganze Portfolios bezogen auf Klimaverträglichkeit miteinander zu vergleichen, eignet sich die Erhebung, welchem anthropogenen Temperaturanstieg ein Gebäude entspricht. So verwendet MSCI eine »Warming potential«-Methodologie, die einen Abgleich von Immobilien mit verschiedenen Erwärmungsszenarien vornimmt (z. B. Anstieg der Erderwärmung um 1,5 °C, um 2 °C, um 3 °C etc.).[22] Dabei wird der CO_2-Intensität einer Immobilie (in $kgCO_2/m^2$/Jahr), abhängig vom Typus und Standort, ein Erwärmungspotenzial auf Basis von kalibrierten Daten zugeordnet.

Angelehnt an das Best- und Worst-Case-Szenario des Intergovernmental Panel on Climate Change (IPCC) der UN wird die Bandbreite der Temperaturzunahme zwischen 1,3 °C und 6 °C festgelegt. Ein Anstieg der Erderwärmung um 1,5 °C entspricht dem Netto-Null-CO_2-Emission-Ziel des gesamten Immobiliensektors im Jahr 2050. Ein Anstieg der Erderwärmung um 2 °C in dieser Methodologie spiegelt die Verpflichtungen wider, die im Rahmen der UN-Klimaabkommen vereinbart worden sind, um die globale Erwärmung auf einen Höchstwert von 2 °C zu beschränken. Jetzige durchschnittliche Energieintensität der Gebäude und jetzige Brennstoffzusammensetzung in der Stromerzeugung entspricht je nach Land ein Anstieg der Erderwärmung von mehr als 3,8 °C.

Pro Objekt kann somit eine prozentuale Abweichung von bestimmten Klimapolitikvorgaben abgeleitet werden, was von MSCI als Value-at-Risk bezeichnet wird.[23] Durch das gewichtete Zusammenführen der verschiedenen Assets kann für ein Immobilienportfolio oder für ein Unternehmen das »warming potential« abgeleitet werden. Der Vorteil dieses Ansatzes ist die mögliche Zusammenführung von Immobilien in verschiedenen Regionen, die sich in klimatischen Verhältnissen, Stromerzeugung und regulatorischen Vorgaben für einzelne Sektoren unterscheiden. Somit können auch alle Gebäude, ob Neubau, Altbau oder Sanierungsprojekt, zusammengeführt und im Rahmen von Benchmarking analysiert werden.

---

21   Landry, Erik et al. (2021), S. 8.
22   MSCI (2021), S. 6.
23   MSCI (2021), S. 3.

4.3.7   Ratings

Für die Beurteilung des Risikos einer Anlage sollten bei einem Rating alle notwendigen Faktoren gemäß der EU-Ratingverordnung berücksichtigt werden.[24] Wenn der Klimawandel Auswirkungen auf eine Anlage, sei es ein Finanzinstrument oder eine Unternehmensfinanzierung, haben kann, wird dies idealerweise in die Einschätzung der Ausfallwahrscheinlichkeit im Rahmen der Ratingbeurteilung einfließen.

Um gezielt die Nachhaltigkeitsrisiken zu beurteilen, haben sich spezielle ESG-Ratings etabliert. Diese werden sowohl von einigen registrierten Ratingagenturen als auch von weiteren Unternehmen angeboten. Jedoch sind noch keine allgemeinen Standards und einheitlichen Begriffe vorhanden, so dass eine Vergleichbarkeit und somit auch Benchmark-Ansätze über verschiedene ESG-Ratings nur eingeschränkt möglich sind. Eine Angleichung an die EU-Taxonomie, die sich auch in diesem Bereich noch weiterentwickeln muss, wird die Standardisierung vorantreiben.

4.4   Ausblick

Immobilien sind verantwortlich für einen bedeutenden Teil der klimaschädlichen CO_2-Emissionen. Damit können Immobilien auch ein bedeutender Teil der Lösung der Klimakrise sein. Jedoch wird es nicht sehr effektiv und damit sinnvoll sein, wenn die immobilienbezogenen Herausforderungen nur innerhalb des Immobiliensektors analysiert und angegangen werden.

Auch hier ist Benchmarking zielführend, da abgeleitet werden kann, in welchem Sektor mit welchem Aufwand und zu welchen Kosten CO_2-Emissionen reduziert werden können. Sektorübergreifende handelbare CO_2-Emissionen-Zertifikate und umfassende CO_2-Bepreisung ermöglichen eine effiziente Anpassung an den Klimawandel und hoffentlich einen hohen Schutz der Gesellschaft insgesamt und auch der in Immobilien gebundenen Werte vor den Klimarisiken.

Literatur
Alstria Office REIT AG (2020). 2019/20 Sustainability Report.

Architecture 2030 (2021). Building generate nearly 40 % of annual global GHG emissions. Verfügbar: https://architecture2030.org/buildings_problem_why/.

BAFIN (2020). Merkblatt zum Umgang mit Nachhaltigkeitsrisiken, Bonn.

---

24   BAFIN (2020), S. 37.

BBSR Bundesinstitut für Bau-, Stadt und Raumforschung (2019). GIS-ImmoRisk Naturgefahren – Geoinformationssystem zur bundesweiten Risikoabschätzung von zukünftigen Klimafolgen für Immobilien.

Bienert, Sven, Peter Geiger und Maximilian Spanner (2021). Naturgefahren und Immobilienwerte in Deutschland. IREBS Beiträge zur Immobilienwirtschaft.

Building Minds (2020). Schlüssel für die Zukunftsfähigkeit: Nachhaltigkeit in der Immobilienwirtschaft-Whitepaper. Verfügbar: https://www.crrem.eu/wp-content/uploads/2021/01/131020_BM_Whitepaper_Nachhaltigkeit.pdf.

Bundesministerium für Umwelt, Naturschutz und nukleare Sicherheit (2021). Referentenentwurf eines Ersten Gesetzes zur Änderung des Bundes-Klimaschutzgesetzes. Berlin.

Cajias, Marcelo und Daniel Piazolo (2013). Green Performs Better: Energy Efficiency and Financial Return on Buildings. In Journal of Corporate Real Estate, 2013, 1, 53-72.

DEKA (2021). Immobilienresearch Spezial: Klimaveränderungen und Immobilien. Frankfurt.

Dean, Abigail (2021). Mapping out the pathway to net zero. Nuveen Real Estate Presentation. IPE Webinar.

EEFIG (2021a). DEEP – De-risking Energy Efficiency Platform. Energy Efficiency Financial Institution Group. https://deep.eefig.eu.

EEFIG (2021b). The EEFIG De-risking Energy Platform Brochure. http://eefig.eu/images/DEEP/DEEP_Brochure.pdf.

EU Technical Expert Group on Sustainable Finance (2020). Taxonomy: Final Report. March 2020.

Forster, Piers et al. (2007). Changes in Atmospheric Constituents and in Radiative Forcing. In: Solomon S. et al. (ed.), Climate Change 2007: The Physical Science Basis. Contribution of Working Group I to the Fourth Assessement Report of the Intergovernmental Panel on Climate Change. Cambridge University Press.

Global Alliance for Building and Construction (2018). Global Status Report.

Landry, Erik et al. (2021). CRREM Report of »lessons learned« on best-practice Users. IIÖ Institut für Immobilienökonomie. Wörgl.

MSCI (2021). Real Estate Climate Value-at-Risk (Climate VaR) – A Transparent Approach to Calculating Climate Value-at-Risk.

Spanner, Maximilian und Julia Wein (2020). Carbon risk real estate monitor: making decarbonization in the real estate sector measurable. Journal of European Real Estate Research, Vol. 13, 3, 277-299.

TCFD – Task Force on Climate Related Financial Disclosure (2021). Proposed Guidance on Climate-related Metrics, Targets and Transition Plans.

Umweltbundesamt (2021). Entwicklung der spezifischen Emissionen des deutschen Strommix in den Jahren 1990-2020.

World Economic Forum (2021). The Global Risks Report 2021. 16th Edition.

2 Degrees Institute (2021). Real-Time and Historical CO_2 Levels. www.co2levels.org.

5 Digitalisierung als Voraussetzung und Instrument der ESG-Transformation

Thomas Veith, Volker Wergen, Frederik Walbaum und Florian Huber

5.1 Einleitung

Für eine nachhaltige Entwicklung in der Immobilienwirtschaft sind digitale Lösungen und die dahinterstehenden Datenmodelle wichtige Instrumente, sowohl zur Erhebung als auch zur Analyse von Daten. Im Transformationsprozess ist bezüglich der Einsatzmöglichkeiten und Relevanz von digitalen Lösungen hinsichtlich der Bereiche »E«, »S« und »G« zu differenzieren.

Naturgemäß stehen digitale Lösungen im Zusammenhang mit Umweltkriterien (»E«) im Vordergrund, da diese großteils durch eine entsprechende Definition von KPIs nach dem derzeitigen Wissensstand messbar sind. Insbesondere im Bereich der Umweltziele Klimaschutz und Anpassung an den Klimawandel besteht großer Bedarf an technischen und automatisierten Lösungen. Neben der automatisierten lückenlosen Erfassung von Verbrauchsdaten in Echtzeit, gewinnen etwa Analysetools – wie zum Beispiel zur Klimaszenarienbetrachtung – an Bedeutung. Des Weiteren wird bei der Realisierung des Umweltziels Kreislaufwirtschaft ein großer Fokus auf digitale Lösungen wie den Digital Twin oder andere Anwendungen gelegt, die eine Lebenszyklusbetrachtung und -analyse einschließlich der Baumaterialien unterstützen können. Bezüglich der anderen Umweltziele – Schutz der Biodiversität sowie Wasser- und Meeresressourcen als auch Vermeidung von Umweltverschmutzung – ist zu erwarten, dass mit zunehmendem Wissensstand und Messbarkeit die Bedeutung von digitalen Anwendungen auch in diesen Bereichen zunehmen wird.

Bezüglich der Förderung sozialer Aspekte (»S«) beschränken sich digitale Anwendungen derzeit mangels allgemeingültiger KPIs vor allem auf Datenbanken und digitale Checklisten – etwa zur Prüfung von Mindeststandards im Bereich Arbeitnehmerschutz, Menschenrechte und Korruptionsbekämpfung.

Im Bereich »G« kommt digitalen Lösungen eine Unterstützungsfunktion zu, indem sie Hilfsmittel im Rahmen des Risikomanagements, des Reportings und der Geschäftsorganisation darstellen. Daneben ist unerlässlich, dass im Rahmen der Corporate Governance hinreichende Strukturen für die Erfüllung der hohen technischen und rechtlichen Anforderungen an den Einsatz von digitalen Hilfsmitteln sowie den Umgang mit Daten geschaffen und aufrechterhalten werden.

In diesem Sinne sind digitale Lösungen ein wesentliches Instrument, um der großen Komplexität und Dynamik der ESG-Transformation im Immobilienbereich Herr zu werden. Allerdings sind die Grenzen der Einsatzmöglichkeiten im Blick zu behalten und digitale Lösungen werden erwartungsgemäß nur einen Baustein von vielen darstellen. So spielen etwa digitale Lösungen bei der Bewertung von physischen Risiken des Klimawandels eine deutlich größere Rolle als bei dem Tracking und der Bewertung transitorischer Risiken.

Mit diesem Beitrag soll ein Überblick über den aktuellen Digitalisierungsgrad in der Immobilienwirtschaft und die Chancen und Herausforderungen im Zusammenhang mit der ESG-Transformation gegeben werden. Des Weiteren werden verschiedene Initiativen, Scorings und Benchmarking-Systeme mit Blick auf die digitalen Lösungen dar- und neue Technologien im PropTech-Bereich vorgestellt. Im Anschluss gehen wir auf das Spannungsverhältnis zwischen dem derzeitigen rechtlichen Rahmen und dem Zielbild eines Digital Twins mit den Facetten »E«, »S« und »G« für den gesamten Immobilien- und Investitionszyklus ein und stellen Lösungsansätze vor. Abschließend wird auf die Bedeutung der digitalen Transformation für das Unternehmensmanagement eingegangen.

5.2 Stand der Digitalisierung und zunehmender Handlungsdruck durch Politik und Regulatorik

Der Immobilienwirtschaft haftet das Vorurteil an, die Digitalisierung im Vergleich zu anderen Branchen, beispielsweise dem Finanzsektor, verschlafen zu haben. Unberechtigt ist dieses nicht: So wird die Digitalisierung der Finanzbranche bereits seit etwa 2007 maßgeblich durch Fintechs getrieben, in der Immobilienwirtschaft dauerte es noch bis etwa 2014, bis die ersten Start-ups (PropTechs) begannen, die Digitalisierung der Branche voranzutreiben.

Ein wesentlicher Treiber der Digitalisierung von Immobilienunternehmen ist der Bedarf, Prozesse aufgrund des steigenden Kostendrucks effizienter zu gestalten und Geschäftsmodelle skalierbar zu machen. Aufgrund der dauerhaft positiven Entwicklung der Immobilienmärkte, auch in Krisenzeiten, haben große Teile der Branche die Dringlichkeit der Effizienzsteigerung bis dato nicht erkannt oder zumindest unterschätzt. Die steigenden regulatorischen Anforderungen auf EU- und Länderebene, wie diese rund um ESG, sind ein weiterer externer Treiber der Digitalisierung in der Immobilienwirtschaft.

Im Jahr 2021 nutzen bereits rd. die Hälfte der Immobilienunternehmen (Immobilienmanager und Objektverwalter) die Dienste von einem oder mehreren PropTechs. Angesichts der realisierbaren Einsparpotenziale, die beispielsweise durch 40 % der

Objektverwalter auf 5-15 % der Gesamtkosten beziffert wurden, ist davon auszu-gehen, dass Unternehmen der Immobilienwirtschaft mittel- und langfristig weitere PropTech-Lösungen nutzen werden. Angesichts der damit verbundenen, zu erwar-tenden Implementierungen von Softwarelösungen rückt der dafür benötigte zeitliche und monetäre Aufwand für die Immobilienunternehmen in den Fokus. Lediglich ein Drittel der Implementierungen erfolgt in unter sechs Monaten, über 12 % benötigen sogar über ein Jahr.[1]

Einen wesentlichen Grund für diese umfangreichen und aufwendigen Implementie-rungen stellt das Fehlen von Datenstandards und -definitionen und die damit verbun-dene monolithische Datenhaltung in den vorhandenen Systemen dar. Diese wiederum führen zu redundanten Datenhaltungen mit einem erhöhten Risiko, Dateninkonsis-tenzen zu erzeugen. Zwar bestehen diverse Aktivitäten in den immobilienwirtschaftli-chen Verbänden zur Erarbeitung entsprechender Standardrahmen für die wichtigsten Kenngrößen der Branche, jedoch kann keine dieser Initiativen derzeit eine entspre-chende Marktreife oder gar Marktdurchdringung vorweisen. Da die Digitalisierung der immobilienwirtschaftlichen Unternehmen und damit verbunden das Geschäfts-modell eines Großteils der PropTechs durch Daten und deren Verarbeitung getrieben wird, behindert das Fehlen der entsprechenden Marktstandards eine schnellere Ent-wicklung hin zum digitalen Immobilienmanagement.

Der inhaltliche Umfang an geforderten Daten und Reportings ist aber in den letzten Jahren im Bereich ESG durch die unterschiedlichen Stakeholder deutlich gestiegen. Dazu zählen Investoren, Mitarbeiter, Mieter/Nutzer, Finanzierer, Versicherer, Öffent-lichkeit oder Politik. Die teilweise nicht koordinierten Anforderungen hinsichtlich ESG-Daten durch die Stakeholder sind in den meisten Fällen nur durch flexible Lösun-gen zu erfüllen, die aber alle auf ähnlichen Basisdaten der Immobilie fundieren.

Insbesondere der Kurs der Politik zwingt die Wirtschaft zum nachhaltigen Agieren: So müssen Investoren und weitere Akteure des Finanzmarktes beispielsweise Kapi-tal mittels ESG-Kriterien in verantwortliche, nachhaltige Investments lenken. Zu sehr liegen kommende Zahlungsströme im Fokus der Gesetzgeber, als dass falsche Ent-scheidungen darüber getroffen werden können, ob und wie nachhaltig eine Invest-mentopportunität ist. Der Klimawandel und dessen Konsequenzen – ob Regulatorik oder die veränderte Nachfrage der Investoren und anderer Stakeholder – erfordern ein beschleunigtes Handeln, ohne Einbußen bei der Entschiedenheit. Auch diese kurz-fristig, aber möglichst fundiert getroffenen Entscheidungen benötigen Daten, in bes-ter Transparenz und Konsistenz.

---

1   Vgl. PwC, easol, HIH Real Estate (2021).

Die Asset-Manager sind hingegen den Rückfragen zum eigenen Bestand ausgesetzt: Wie steht es um die Nachhaltigkeit in den selbst gehaltenen oder gemanagten Gebäuden? Welche Objekte erfüllen Nachhaltigkeitskriterien bzw. welche nicht? Und welche Gebäude erfüllen diese bald nicht mehr, wenn sie nicht optimiert werden (Stichwort: Stranded Asset)? Glaubwürdigkeit und Reputation stehen zunehmend auf dem Spiel. Auch deshalb wollen diese Einschätzungen fundiert gegeben und anschließend reportet werden – zusätzliche, neue Informationen sind hierfür erforderlich.

Für die nötige Transparenz bedarf es folglich neuer Kennzahlen und Datenfelder, um die drei Dimensionen E, S und G abbilden zu können. Allein für den ökologischen Aspekt der Nachhaltigkeit (E) gilt, dass die Analyse von Energieverbräuchen, die anschließende Initiierung von daraus resultierenden Maßnahmen zur Verbrauchsreduktion oder deren Monitoring eine Vielzahl von Daten benötigt. Ein Großteil davon muss in den meisten Unternehmen neu definiert, gesammelt und ausgewertet werden, um sie anschließend den interessierten Parteien zur Verfügung stellen zu können. Mit jeder Verordnung und jedem Signal aus dem Markt werden diese zunehmend ungeduldig. Eine automatisierte Reportingfähigkeit auf Knopfdruck wird erwartet – der Zeitdruck der EU wird dabei an die Dienstleister und weiteren Stakeholder weitergeleitet.

Die Datenschätze der Unternehmen müssen dafür zwingend gehoben und nutzbar gemacht sowie im Zweifel harmonisiert werden. Dabei bekommen Daten und ihre Qualität eine ganz besondere Bedeutung. Für die Digitalisierung lässt sich dies retrospektiv als Katalysator deuten.

Herausforderung dabei ist nicht nur die Datenerhebung, sondern auch das anschließende Datenmanagement über den gesamten Lebenszyklus hinweg. An dieser Schnittstelle treffen sich zwei Megatrends des 21. Jahrhunderts: Nachhaltigkeit und Digitalisierung.

Die Bundesanstalt für Finanzdienstleistungsaufsicht (BaFin) antizipierte die kommenden Anforderungen an das Datenmanagement und erklärte bereits im Jahr 2019, »dass Nachhaltigkeitsrisiken aufgrund der häufig fehlenden historischen Datengrundlage, der vielen zu berücksichtigenden Faktoren und diverser Unsicherheiten über zukünftige Klima- und Politikszenarien teilweise schwierig zu messen und zu steuern sind«[2]. Es ist also ein Kraftakt, sämtliche Akteure, auch jene, die sich bisher noch nicht ansatzweise mit dem ESG-bezogenen Datenmanagement befasst haben, abzuholen und für eine transparentere Zukunft und die zuvor notwendigen Anstrengungen zu begeistern.

---

2   Vgl. BaFin – Merkblatt zum Umgang mit Nachhaltigkeitsrisiken, S. 11.

Zweifelsohne war die Pandemie mitsamt ihren Anforderungen an das dezentrale Arbeiten (u. a. im Homeoffice) bereits ein Beschleuniger gewisser digitaler Prozesse. Die Vorzüge digitaler Technologien und Lösungen wurden vielerorts geschätzt und als Treiber einer effizienten Zukunft betrachtet, sodass teilweise eine grundlegende Transformation in den Unternehmen angestoßen wurde. Auch für Akteure des Immobilienmarktes ist es daher unumgänglich, digitale Technologien als Schlüssel für professionelle Services oder gar Management im ESG-Kontext zu nutzen. Vor allem Technologien wie Software oder Künstliche Intelligenz (KI) werden hier zu einem probaten Mittel bei der Konzeptionierung respektive Umsetzung eines professionellen ESG-Managements.

Erste Unternehmen erheben die Datenflüsse im Unternehmen bzw. mit Stakeholdern, wie Property-bzw. Facility Managern oder PropTechs, und entwerfen zum Teil bereits eigene Datenmodelle – in Eigenregie, mithilfe von Beratungsunternehmen oder im Kollektiv in freiwilligen Initiativen wie ECORE[3]. Vor allem bei den freiwilligen Initiativen und Kooperationen geschieht etwas ganz Ungewöhnliches für die Branche: Vereinzelte Unternehmen sind bereit, ihr Datenbestände anonymisiert zu teilen und Ökosystemen zur Verfügung zu stellen, da sie die Vorzüge einer Datenkollaboration sehen. Eine daraus resultierende höhere Datendichte ermöglicht noch mehr Transparenz, genauere Analysen durch Benchmarks sowie passgenaue Scorings und somit die Identifikation der Stellschrauben für nachhaltigere Objekte.

Dieses Mindset unterstützt die Resilienz der Unternehmen respektive ihrer Geschäftsmodelle. Denn die regulatorischen Auflagen treffen vor allem jene Unternehmen aus der Bau- und Immobilienbranche schmerzhaft, deren Bemühungen im Bereich Nachhaltigkeit bisher begrenzt waren – ob auf Unternehmens-, Produkt- oder Objektebene. Wirtschaftlicher Erfolg und ausbleibender Nachhaltigkeits- bzw. Innovationsdruck durch den jahrelang prosperierenden Markt und den Gesetzgeber lenkten den Blick der Immobilienmarktakteure auf andere Optimierungsfelder, jedoch nicht auf Digitalisierung, Nachhaltigkeit oder deren Schnittmenge.

Folgende Beispiele zeigen auf, in welchen Teilen der ESG-bedingte Wandel in der Praxis bereits angekommen ist:
- Während bei einer Unternehmensanalyse im Immobilienumfeld bisher ausschließlich finanzielle Aspekte analysiert wurden, sind es nun auch die nachhaltigkeitsbezogenen Verantwortungsbereiche der entsprechenden Unternehmen, die Aufmerksamkeit bedürfen. Das nun verstärkt nachgefragte und getätigte verantwortliche Investieren fordert ein neues Niveau an Datentransparenz – nicht nur

---

3   Vgl. ECORE (2021).

hinsichtlich Bewertung von Unternehmen, sondern auch allgemeiner Transparenz der Finanzmärkte.

- Bei einem weiteren Beispiel – dem Immobilien-Asset-Management – fällt auf, dass die Akteure heutzutage oftmals (noch) nicht in der Lage sind, verlässliche Aussagen zum energetischen Status quo ihrer Immobilien oder Portfolios zu tätigen. Dieses fehlende Fundament an Daten erschwert die Einschätzung von Optimierungspotenzialen hinsichtlich Verbräuche und Emissionen, geschweige denn die Ableitung von Maßnahmen zur Verbesserung. Der Sinneswandel in führenden Unternehmen ist jedoch eingeleitet: Während in den vergangenen Jahren noch Thought Leadership und Grundlagenarbeit im ESG-Kontext dominierte, werden zunehmend Nachhaltigkeitsmaßnahmen auf Arbeitsebene angegangen und operationalisiert, um die digitale Transformation pro ESG auch zu vollziehen. Unter anderem gestiegene Digitalisierungsbudgets sind die Folge.

Abschließend kann also festgehalten werden, dass vor allem hinsichtlich ökologischen, aber zunehmend auch ökonomischen und sozialen Gesichtspunkten Aspekte maßgebend ist: Die ambitionierten Klimaziele wird die Immobilienwirtschaft nicht erfüllen können, sofern sie die Digitalisierung und dessen Vorzüge unberücksichtigt lässt. Auf dem Weg dorthin lohnt sich ein Blick nach rechts oder links, denn: Andere Sektoren (u. a. Energiewirtschaft oder zunehmend auch Automobilwirtschaft) sind der Immobilienwirtschaft mit ihren Visionen und konkreten Maßnahmen im Bereich Nachhaltigkeit teilweise bereits weit voraus.

Die Immobilienwirtschaft muss sich die Kritik gefallen lassen, bisher zu passiv auf die regulatorischen Rahmenbedingungen reagiert zu haben. Zu abwartend verhielt sie sich, um frühzeitig und stärker einer CO_2-neutralen, nachhaltigeren Zukunft ihren Stempel aufzusetzen. So hat der Gebäudesektor in 2020 die Zielvorgabe des Klimaschutzgesetzes zur Treibhausgasemission (120 Mio. t CO_{2e}) als einziger Sektor verfehlt; und auch der Expertenrat für Klimafragen der Regierung hat im August 2021 das Bundesinnen- und Bundeswirtschaftsministerium gerügt, dass die geplanten Klimaschutzmaßnahmen in diesem Sektor nicht ausreichend sind. Erst mit zunehmendem Druck zu mehr Nachhaltigkeit entwickelten die Digitalisierungs- und Innovationsbemühungen der Branche eine neue Dynamik. Damit einhergehend wuchs auch die Einsicht für das immense Potenzial der Technologie für eine positive Wende hin zu einer nachhaltigen Zukunft. Dieses Potenzial wurde nun auch in den Technical Screening Criteria berücksichtigt, indem konkretere Anforderungen an digitale Tools im Gebäudebereich gestellt werden[4]. Explizite Erwähnung dabei findet der Digital Twin, der bei Objekten mit über 5.000 m² Grundfläche zwangsläufig Anwendung finden soll, um

---

4   Vgl. Platform on Sustainable Finance: Technical Working Group; Part B – Annex: Full list of Technical Screening Criteria, August 2021, S. 602 ff.

bessere Informationen über verbaute Materialien und technische Begebenheiten zu liefern[5]. Die jüngsten Anforderungen brachten also nicht nur Risiken mit sich, sondern vielmehr auch Chancen und lukrative, digitale Opportunitäten für die Bau- und Immobilienwirtschaft.

Die Karten werden neu gemischt. Jene Unternehmen, die sich nun rechtzeitig positionieren und mit einer entsprechenden Digitalisierungsstrategie aufwarten, bereiten sich ideal vor auf eine transparente, nachhaltige Zukunft. Diese wird sich auszeichnen durch das Leitthema Nachhaltigkeit.[6] Für die Unternehmen, die diesen Wandel verstanden haben, gilt: time to shine.

5.3 Überblick über bestehende Initiativen, Scoring und Ratings zur Messung von Nachhaltigkeit

Um diese interne Transparenz, gewonnen durch zunehmend erhobene Daten und deren neues Management, auch auf den Finanzmarkt zu spiegeln und vergleichbar zu machen, bedarf es anschließend einer Kommunikation nach außen. Unabhängige Scorings, Ratings, Zertifikate und weitere Instrumente wurden in der Vergangenheit konzipiert, um eine große Innovations- und Transformationsbremse der Branche zu beseitigen: die Inkompatibilität der jeweiligen Daten der Unternehmen.

Sowohl hierzulande als auch international sucht man vergeblich nach einem gemeinsamen Datenmodell oder gemeinsamen Schnittstellen der verschiedenen Akteure. Vielmehr werden Daten ausschließlich innerhalb der Unternehmen und ihren Objekten erhoben, wo sie im Zweifel verbleiben. Den meisten Anbietern und Nutzern fehlen dadurch oftmals transparente Datenbanken oder für sie verfügbare Plattformen respektive Ökosysteme und damit auch der Zugriff auf grundsätzlich verfügbare Informationen. Somit bleibt die ganzheitliche, digitale Transformation vielen Akteuren verschlossen oder endet oftmals als Blackbox, dessen Funktionsweise nur wenigen vertraut ist. Dabei liegt auf der Hand, dass die aus den Daten und Anforderungen resultierende Komplexität mittlerweile ein Niveau erreicht hat, für dass die bisherige Vorgehensweise und Lösungsansätze nicht genügen. Gleiches gilt für die Beschränkung hinsichtlich Analyse ausschließlich unternehmenseigener Daten.

Datenkollaborationen sind dabei eine Option, um den Blick über den Tellerrand zu werfen und die weitreichenden Möglichkeiten des zusätzlichen Know-hows gewinnbringend zu nutzen – Aspekte der Nachhaltigkeit sind dabei nur ein Use Case. Idealbild

---

5 Vgl. Platform on Sustainable Finance: Technical Working Group; Part B – Annex: Full list of Technical Screening Criteria, August 2021, S. 603.
6 Vgl. Ubach-Utermöhl (2020).

ist ein gemeinsames, einheitliches Datenmodell mit kompatiblen Daten als Grundlage der Digitalisierung von Arbeitsprozessen, um gänzlich neue Strukturen und Schritte zu ermöglichen. Diese wiederum würden zusätzlich auf das Ziel einzahlen, den ökologischen Fußabdruck der Branche zu reduzieren.[7]

Dafür bedarf es jedoch Allianzen jener Digital Leader, die gemeinsam eine kritische Masse an Daten halten – bestmöglich aus allen Bereichen und somit dem gesamten Lebenszyklus der Immobilie. »Es hilft nicht, das nur auf der Seite der einzelnen Unternehmen zu machen«[8], sagte bereits Jochen Schenk, Vorstandsvorsitzender der Immobilienfondsgesellschaft Real I. S. Solange hierfür von der Politik kein Einfluss bzw. größerer Druck ausgeübt wird – sei es durch eine Verpflichtung zu einem Mindestmaß an Digitalisierung oder Innovationsanreize durch Steuervergünstigungen[9], um jene Unternehmen zu incentivieren, die viel Zeit und Geld in die Digitalisierung der Branche investieren –, ruhen die Hoffnungen auf einem gemeinschaftlichen Ansatz bei den Verbänden und freiwilligen Initiativen.

So agieren an der Schnittstelle zwischen Politik und nachhaltiger Immobilienwirtschaft beispielsweise Branchenverbände. Mit dem **Bundesverband Alternative Investments e. V. (BAI)**, der 1997 in Bonn gegründet wurde, existiert eine assetklassen- und produktübergreifende Interessenvertretung für Alternative Investments in Deutschland. Der Kreis der Verbandsmitglieder setzt sich aus allen Bereichen der professionellen Alternative-Investment-Branche zusammen (ca. 244 nationale und internationale Mitgliedsunternehmen).[10]

Der **Bundesverband Investment und Asset Management e. V. (BVI)** von 1970 fungiert hingegen als Interessenvertretung für eine sinnvolle Regulierung des Fondsgeschäfts und faire Wettbewerbsbedingungen. Dabei organisiert der Verband die Willensbildung in der Fondswirtschaft und vertritt seine nationalen sowie internationalen Mitglieder, zu denen ca. 116 Fondsgesellschaften und Asset-Manager gehören, die ca. 4 Billionen Assets under Management ausweisen, sowohl auf nationaler als auch internationaler Ebene. Operationalisiert wird der Verband dabei in unterteilten Ausschüssen und Arbeitskreisen, von denen das Thema Nachhaltigkeit eine eigene Fokusgruppe ausmacht.[11]

Hinzu kommt der **Zentrale Immobilien Ausschuss (ZIA)** als Interessenvertretung der gesamten Immobilienwirtschaft. Der 2006 in Berlin gegründete ZIA entwickelt sich seitdem zum vermeintlichen Spitzenverband der deutschen Immobilienwirtschaft,

---

7   Vgl. Fiala (2020).
8   Vgl. Fiala (2020).
9   Vgl. Gündling (2021).
10   Vgl. BAI (2021).
11   Vgl. BVI (2021).

welcher mehr als 300 direkte Mitglieder sowie 28 Verbände mit insgesamt 37.000 Mitgliedern vertritt. Analog zum BVI findet die inhaltliche Arbeit in Ausschüssen mit ca. 500 Expert:innen statt. Die Arbeitsgruppe Sustainable Finance widmet sich dabei dem nachhaltigen Handeln.[12]

Medial konnten zuletzt vor allem zwei weitere Institute das Thema Nachhaltigkeit mit geteiltem Know-how, Webinaren und Events treiben: Das 2002 gegründete **Institut für Corporate Governance in der deutschen Immobilienwirtschaft e. V. (ICG)** gilt mittlerweile als der führende Think und Do Tank der Immobilienwirtschaft für gute Governance. Dabei unterstützt das Institut Transparenz und Professionalität der Unternehmen durch Auditierungen und Zertifizierungen. Auch sie haben die Bedeutung des Themas Nachhaltigkeit in Arbeitskreise sowie Initiativen integriert und vermitteln ihr Credo, dass vor allem nachhaltige, werteorientierte Unternehmensführung attraktive und wettbewerbsfähige Immobilienunternehmen schafft.[13] Und bereits Ende des 19. Jahrhunderts entstand in Großbritannien die **Royal Institution of Chartered Surveyors (RICS)**, welche seit 1993 in Deutschland präsent ist.

Der **ESG Circle of Real Estate (ECORE)** ist mit seiner Gründung in 2020 hingegen die jüngste Initiative. Die Bell Management Consultants und Union Investment schufen eine Initiative für ESG-Konformität in Immobilienportfolios und kooperieren seitdem u. a. mit dem BVI und ZIA. ECORE versteht sich dabei als Dialog- und Best-Practice-Plattform für den offenen und vertrauensvollen Austausch unter den ECORE-Mitgliedern, die sich allesamt ihrer Verantwortung zur Erreichung des EU-Klimaziels 2050 stellen und dafür eigens einen einheitlichen Score entwickelt haben. Dieses Scoring enthält alle relevanten Aspekte von E, S und G auf Unternehmens- sowie Objektebene und ist derartig dynamisch aufgelegt, dass es stetig an die wechselnden Regulatorik angepasst werden kann.[14] Derzeit liegt der Schwerpunkt auf Immobilien in Deutschland, ECORE ist aber bestrebt, auch weitere Länder in das System einzubeziehen.

Das ECORE-Scoring ist dabei eine Weiterentwicklung der bisherigen drei großen Gebäudezertifizierungssysteme DGNB (Deutsche Gesellschaft für Nachhaltiges Bauen), BREEAM (Building Research Establishment Environmental Assessment Methodology) und LEED (Leadership in Energy and Environmental Design), welche bereits seit Jahrzehnten Gebäude aufgrund ihrer Nachhaltigkeit bewerten, um sie am Markt vergleichbar zu machen. Mithilfe ihrer Bewertungen wird eine Überprüfung der eingehaltenen ESG-Kriterien auch für weitere Marktakteure wie Investoren transparent. Diese Zertifikate erwiesen sich zuletzt vornehmlich für institutionelle Investoren als eine wichtige Entscheidungsgrundlage beim Investmentprozess.

---

12   Vgl. ZIA (2021).
13   Vgl. ICG (2021).
14   Vgl. ECORE (2021).

Die drei bestehenden Gebäudezertifizierungssysteme forcierten in der Vergangenheit zwar allesamt die Dimension E, dennoch unterscheiden sie sich bei den einfließenden Kriterien respektive ihrer Gewichtung erheblich. Ihre Unterscheidung verdeutlicht folgende Grafik:

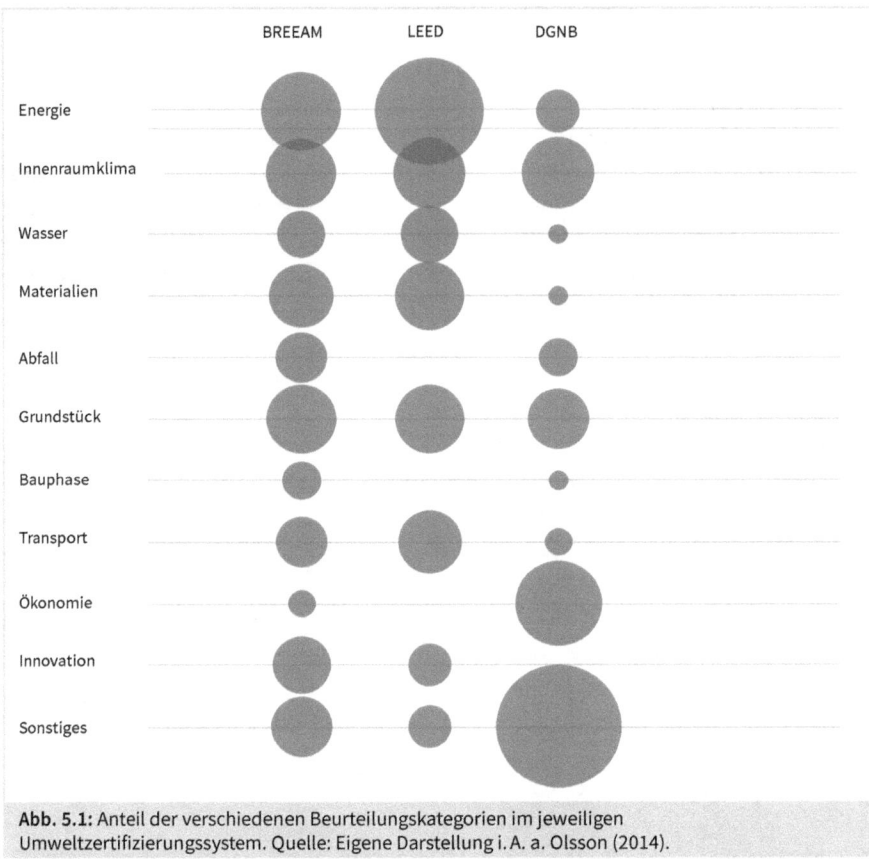

Abb. 5.1: Anteil der verschiedenen Beurteilungskategorien im jeweiligen Umweltzertifizierungssystem. Quelle: Eigene Darstellung i. A. a. Olsson (2014).

Auffällig dabei ist der hohe Anteil an »Energy« bei LEED und BREEAM, der bei DGNB nur eine untergeordnete Rolle spielt. Bei DGNB dominieren hingegen »Economy« und »Other«. Unter jenem summieren sich unter anderem die Kriterien der Dimensionen »S« und »G«, die von BREEAM und LEED bisher außen vor gelassen wurden. Diese Potenziale bei den beiden Dimensionen verdeutlichen, wieso es weiterer Initiativen bzw. Scorings bedarf, um jeglichen Aspekt nachhaltigen Wirtschaftens vergleichbar zu machen. Darauf stützt sich auch GRESB, der Global Real Estate Sustainability Benchmark, welcher sich als Bewertungs- und Benchmarkingsystem zunehmend zum internationalen Standard entwickelt und seine Bedeutung somit stetig steigert.

Während die bisher genannten Verbände und Initiativen aus der Richtung Interessenvertretung, Nachhaltigkeit bzw. analoger Standards kamen, kommt die International Building Performance & Data Initiative (IBPDI) aus dem Datenumfeld. Bereits im vergangenen Jahr startete die Initiative ein offenes Datenmodell für die Immobilienwirtschaft. Dieses erweiterten die Mitglieder nun – getrieben von der Nachfrage im Markt – um Nachhaltigkeitsthemen im Cluster »Energy & Resources«. Dieses zeichnet sich dadurch aus, dass es mit dem EU-Standard des Carbon Risk Real Estate Monitor (CRREM) kompatibel ist. Somit soll das erweiterte Modell »eine vollständige Abbildung des CO_2-Fußabdrucks für ganze Portfolios«[15] und Einzelobjekte abbilden. Auch komplexe Kalkulationen und Szenariosimulationen mit dem Fokus Carbon Risk, Stranded Assets und CO_2-Bepreisung sollen ermöglicht werden. Dadurch wird der Einfluss konkreter Maßnahmen zur CO_2- und Kostenreduzierung sowie Risikovermeidung genauer plan- und modellierbar.[16]

Die Motivation der Akteure ist dabei unterschiedlich: Das eine Lager wünscht sich einen verstärkten Zugriff auf weitere Daten, das andere Lager hingegen setzt sich für bessere Möglichkeiten ein, diese Daten effizienter nutzen zu können[17]. Dabei sind die datenschutzrechtlichen Rahmenbedingungen beispielsweise in Bezug auf den Aufbau eines einheitlichen Datenpools selbstverständlich nicht von der Hand zu weisen. Andererseits ist die Entwicklung einer Strategie zur gemeinsamen Datennutzung auch mit den Schranken, die das Datenschutzrecht bietet, durchaus umsetzbar.[18] Denn der Grundrechtsschutz, den das Datenschutzrecht verfolgt, gilt selbstverständlich nicht absolut; er ist stattdessen in einen angemessenen Ausgleich mit anderen berechtigten Interessen, unter die auch kommerzielle Interessen fallen[19], zu bringen. Artikel 25 der DSGVO verlangt im größeren Kontext ohnehin, bei Datenverarbeitungen bereits vorab – das heißt, bevor in entsprechenden Systemen personenbezogene Daten verarbeitet werden – geeignete Maßnahmen zu treffen, damit nur das absolut notwendige Minimum an personenbezogenen Daten verarbeitet wird, um das gewünschte Ziel zu erreichen. Eine Maßgabe, die auch aus ökonomischen Gründen selbstverständlich sein sollte und den Fokus auf die Konzeptionierungsphase legt. Insofern ist es überlegenswert, frühzeitig auf die Anonymisierung, d. h. die Veränderung der personenbezogenen Daten derart, dass diese nicht mehr oder nur mit einem unverhältnismäßig großen Aufwand an Zeit, Kosten und Arbeitskraft einer bestimmten oder bestimmbaren natürlichen Person zugeordnet werden können, zu setzen. Gelingt dies, ist die DSGVO auf die derart anonymisierten Daten nicht mehr anwendbar (Erwägungsgrund 26 DSGVO). Dabei darf nicht vergessen werden, dass der Vorgang der Anonymisierung

---

15   Vgl. Merkle (2021).
16   Vgl. Merkle (2021).
17   Vgl. Frensch (2021).
18   Lösungsorientiert und mit Blick auf den Vorschlag der europäischen Kommission zum «Daten-Governance-Gesetz»: Specht-Riemenschneider/Blankertz, Lösungsoption Datentreuhand: Datennutzbarkeit und Datenschutz zusammen denken, MMR 2021, 369.
19   Eine Selbstverständlichkeit, siehe zum Beispiel Erwägungsgrund 47 der DSGVO.

selbst durchaus eine Verarbeitung personenbezogener Daten darstellt[20], d. h. die o. g. Grundsätze insoweit (noch) gelten.

Alle Verbände, Initiativen, Ratings und Scorings im Sinne der Nachhaltigkeit vereint, dass eine optimierte Datenbasis ihre Arbeit vehement erleichtern würde. Diese wird aktuell oftmals noch geprägt von manueller Datenerfassung (führt zu Informationsverlusten und Fehleranfälligkeit), heterogenen Systemlandschaften (aufgrund vieler verschiedener Dienstleister) und unterschiedlichen Datenstandards (keine einheitlich gültige Definition) sowie inkonsistenten und redundanten Daten. Mehr Transparenz und Konsistenz würden beispielsweise das Auffinden von ESG-Potenzialen, das Risikomanagement sowie weitere Reportinganforderungen deutlich erleichtern. Aufgrund der Komplexität und Dynamik der ESG-Transformation bilden sich derzeit Ökosysteme (siehe folgendes Kapitel), die es ermöglichen, verschiedene (Teil-)Lösungen zu verbinden und schnell weiterzuentwickeln.

5.4   Einsatz neuer Technologien für Datenmanagement und Transparenz auf dem Finanzmarkt

Für die Erfüllung wesentlicher ESG-Kriterien bedarf es zunächst der Erfassung und Verarbeitung relevanter Immobiliendaten, die derzeit noch nicht vollumfänglich ermittelt, verarbeitet und dokumentiert werden. Neben der Erfassung und Verarbeitung von Daten können neue Technologien aber auch direkt zur Reduzierung des Energiebedarfs einer Immobilie beitragen. Aktuell sehen jedoch viele Immobilienverwalter in der Erfassung und Verfügbarkeit von Immobiliendaten sowie deren Nutzung eine große strategische Herausforderung und verfolgen dies mit entsprechender Priorisierung.[21]

5.4.1   Erfassung von ESG-relevanten Immobiliendaten

Die Erfassung von Immobiliendaten betrifft bei den Umweltkriterien (E) insbesondere die verwendeten Materialien beim Bau der Immobilie sowie die immobilienspezifischen Strom-, Wärme-, und Wasserverbrauchsdaten während des Betriebs. Eine belastbare Erfassung der verwendeten Materialien erfolgt aktuell noch nicht branchenweit, Verbrauchsdaten werden häufig nur lückenhaft und mit wesentlicher zeitlicher Verzögerung erhoben (beispielsweise über Nebenkostenabrechnungen).

Die Erfassung dieser relevanten Umweltkennzahlen kann zukünftig durch den Einsatz neuer Technologien unterstützt und damit vereinfacht werden. So können bei

---

20   Ganz h. M., siehe zum Beispiel Roßnagel: Datenlöschung und Anonymisierung, ZD 2021, 188 (189).
21   Vgl. PwC (2021), S. 33.

der Planung einer Immobilie nicht nur Grundrisse, sondern auch die verwendeten Materialien in einem Business Information Model (BIM) gespeichert und ebenfalls im Betrieb jederzeit abgerufen werden. Auch die Ermittlung der Energiebedarfe und Verbrauchsdaten können insbesondere durch den Einsatz von Smart-Meter-Einheiten unterstützt werden. Dabei erfolgt die Erfassung aller Energie- und Wasserverbräuche der Immobilie verursacherspezifisch und in Echtzeit. Immobilienunternehmen setzen dabei auf Grund der hohen Komplexität zunehmend auf spezialisierte Dienstleister und Con- sowie Prop-Techs.

5.4.2   Datenverfügbarkeit und -verarbeitung

Wie bereits erläutert, bietet das BIM die Möglichkeit, alle immobilienspezifischen Bestandsdaten detailliert zu erfassen und an einem zentralen Ort zu bündeln. Diese Bestandsdaten lassen sich durch die Verbrauchsdaten erweitern und bilden so den Grundstein für einen digitalen Zwilling einer Immobilie, in dem sämtliche Gebäudedaten zusammengeführt und die Verfügbarkeit der erfassten Immobiliendaten jederzeit ermöglicht werden.

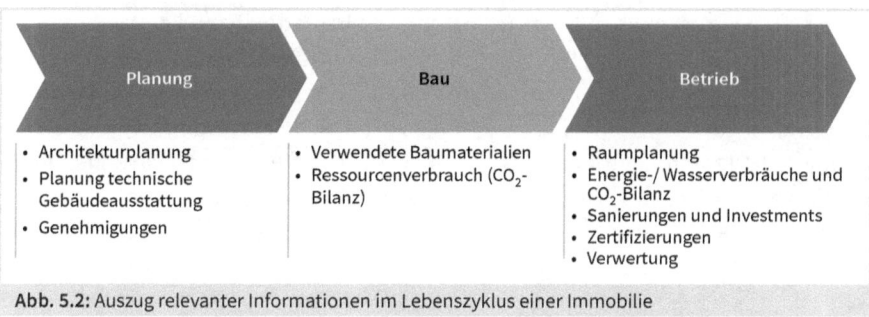

Abb. 5.2: Auszug relevanter Informationen im Lebenszyklus einer Immobilie

Informationen zur Immobilie gilt es dabei von Beginn der Planung an, über den Bau und Betrieb und schließlich der Verwertung der Immobilie zu sammeln und diese nachhaltig zugänglich zu halten. Aktuell werden zwar viele Gebäudeinformationen erzeugt, beim Übergang in die nächste Phase oder im Falle einer Transaktion (nach Fertigstellung oder während des Betriebs) verbleiben aber viele relevante Gebäudeinformationen beim vorherigen Eigentümer und sind für den neuen Eigentümer nicht mehr zugänglich. Mit dem digitalen Zwilling und der Verfügbarkeit der Informationen während des gesamten Nutzungszyklus der Immobilie besteht die Chance, alle relevanten Informationen jederzeit für alle Stakeholder verfügbar zu machen. Dies rückt die Datenhaltung für den digitalen Zwilling in den Mittelpunkt.

Hierbei wird wesentlich zwischen einer zentralen und dezentralen Datenhaltung unterschieden. Bei einer zentralen Datenhaltung agiert die Plattform als zentraler

Speicherort (Data Lake / Data Repository). Eine dezentrale Plattform agiert hingegen lediglich als Vermittler zwischen den Akteuren des Ökosystems und stellt den Datenaustausch zwischen diesen sicher.

Ein wesentlicher Bestandteil der Datenverfügbarkeit stellt auch die digitale Anbindung der Immobilie an den Manager dar. Wie bereits erwähnt, erfolgt die Erhebung wesentlicher Immobiliendaten durch Dienstleister und PropTechs. Diese konzentrieren sich aber in der Regel auf einzelne, sehr spezifische Herausforderungen. Für eine Beurteilung der Erfüllung der ESG-Kriterien benötigt der Immobilienmanager jedoch eine holistische Betrachtung und Analyse der ermittelten Immobiliendaten. Dies wird insbesondere durch die ESG-Anforderungen aus dem Bereich der Unternehmensführung (Governance) erforderlich.

Diesen Konflikt zwischen detaillierter Erfassung durch spezialisierte Dienstleister und PropTechs und der Notwendigkeit einer holistischen Würdigung durch das Immobilienunternehmen (Verwalter / Eigentümer) adressieren Datenplattformen, die die durch die einzelnen Dienstleister gesammelten Daten an zentraler Stelle verfügbar machen und so die Grundlage für eine weitreichende Datenanalyse darstellen. Um für den Immobilienmanager die Anbindung aller relevanten Immobiliendaten sicherzustellen, sind Plattformen mit maximalem Offenheitsgrad notwendig. Das bedeutet, dass es durch die Plattform grundsätzlich allen Dienstleistern eines Immobilienunternehmens ermöglicht werden muss, Daten flexibel mit dem Manager, aber auch mit anderen Dienstleistern (unter Berücksichtigung von rechtlichen und vertraglichen Regelungen), auszutauschen. In der Immobilienwirtschaft sind zwar zunehmend Datenplattformen im Einsatz, allerdings handelt es sich hierbei nahezu ausnahmslos um geschlossene Plattformen, die einen Austausch nur zwischen einem begrenzten Teilnehmerkreis (PropTechs) ermöglichen.

Die umfangreiche Verfügbarkeit der Immobiliendaten ermöglicht es dem Manager der Immobilie, Entscheidungen auf Grundlagen von tiefgehenden Analysen zu treffen, effiziente Prozesse sowie ein adäquates Risikomanagement zu implementieren und transparent (beispielsweise an Anleger) zu reporten.

Auch regulatorisch wird durch die Sustainable Finance Disclosure Regulation (SFDR) das Augenmerk auf ein transparentes Reporting gelegt. Diese richtet sich an institutionelle Investoren und führt zu Offenlegungspflichten auf Unternehmens- und Produktebene und damit auch für die Immobilie selbst.

Beispiele zum Einsatz neuer Technologien
- »Predictive Maintenance« durch IoT: Insbesondere technische Anlagen werden mithilfe von entsprechenden Sensoren in Echtzeit überwacht. Auf diese Weise können beispielsweise technische Defekte entdeckt werden, bevor sie zu einem Ausfall der

Anlage führen (beispielsweise Vibrationen von Aufzugteilen oder erhöhte Energieverbrauche von technischen Anlagen, wie Klimaanlagen). Durch KI (künstliche Intelligenz) gestützte Analysen, werden so aus Ereignissen der Gegenwart Handlungen für die Zukunft abgeleitet, wie beispielsweise eine Veränderung von Wartungsintervallen.

- Durch Sensoren an den einzelnen Energieverbrauchern lassen sich die Hauptverbraucher identifizieren und das Nutzungsverhalten bestimmter Gebäudebereiche (beispielsweise Besprechungs- oder Schulungsräume) erfassen. Durch eine entsprechende Gebäudeautomation (automatisierte Beleuchtung, Belüftung und Klimatisierung) lässt sich der Energiebedarf durch automatisierte Klimatisierung und Beleuchtung in diesen Bereichen um über 30 % reduzieren.[22]

Sämtliche Erhebungen und Messungen stehen dabei im Spannungsverhältnis zu datenschutzrechtlichen und vertraglichen Voraussetzungen, auf die später eingegangen wird.

5.4.3   ESG als Treiber des PropTech-Universums

Wie bereits beschrieben, erfordert die Erfüllung wesentlicher ESG-Kriterien die Erhebung und Verarbeitung vieler Daten, die bislang durch die Immobilienunternehmen nicht oder nur teilweise erhoben werden können. Genau an dieser Stelle setzen zahlreiche PropTechs an, deren Kernaufgabe es ist, Daten mithilfe von Sensoren zu erheben und nachgelagert auszuwerten oder anderen Systemen (Plattformen) zur Verfügung zu stellen. Am Markt sind in diesem Bereich über 200 Unternehmen (vorrangig PropTechs) aktiv, wobei beobachtet werden kann, dass sich besonders viele dieser PropTechs auf Umweltziele (E) fokussieren.

Grund hierfür ist, dass in diesem Bereich besonders viele Daten zu CO_2-Fußabdrücken, Energieeffizienz, Wasserverbrauch und -qualität sowie Abfallmanagement erfasst, ausgewertet und visualisiert werden müssen und nach aktuellem Wissensstand KPIs definiert sind. Darüber hinaus besteht die Möglichkeit, dass diese PropTechs mit moderner Sensortechnik Nachhaltigkeitskennwerte ermitteln, die bislang nicht erhoben werden konnten, wie beispielsweise:

- Ermittlung der Luftqualität (über Temperatur und Luftfeuchtigkeit hinausgehend), die einen Einfluss auf die Nutzungsqualität und Gesundheit und damit indirekt auch auf die Produktivität der Nutzer hat. Dabei können auch Ansteckungsrisiken von durch die Luft übertragbaren Krankheiten, wie beispielsweise Covid-19, erkannt und geeignete Maßnahmen zur Luftverbesserung eingeleitet werden.

---

22   Vgl. Beucker, S./Hinterholzer, S. (2021). Energieeinsparung durch Gebäudeautomation – Ausgewählte Fallbeispiele. Berlin: Borderstep Institut, S. 23

- Ermittlung von modernen Flächen- und Raumnutzungskriterien, die gemeinsam mit traditionellen Kennzahlen herangezogen werden können, um den ökologischen Fußabdruck pro Mitarbeiter zu ermitteln und zu verringern.[23]
- Dezentrale Erzeugung und Verteilung von erneuerbarer Energie zur Reduzierung des CO_2-Fußabdrucks und Reduzierung der Kosten für Energie.

Die Nachhaltigkeitskriterien sind dabei nicht nur isoliert zu betrachten, sondern im Zusammenspiel mit den Komponenten »Social« und »Governance«. Diese sind häufig wesentlich komplexer in ihrer Erfassung. Eine automatisierte Lüftungs- und Heizungssteuerung reduziert beispielsweise gleichzeitig den Energieverbrauch (E) und verbessert die Arbeitsbedingungen (S) für die Mitarbeiter. »Social«-Kriterien werden zunehmend von PropTechs adressiert, um das Nutzererlebnis einer Immobilie zu verbessern.

Unternehmen setzen hierfür zunehmend auf Apps für die Nutzer der Immobilie (Mitarbeiter und Mieter), um die Nutzererfahrung zu verbessern und neben der bloßen Fläche weitere Services anzubieten. Diese Apps bieten Social Media und Kommunikationsangebote sowie weitere Services, wie beispielsweise Gebäudenavigation und Grundrisse, Zugang zu evtl. vorhandenen Bibliotheken, Fitnessbereichen und anderen Gemeinschaftsräumlichkeiten und das Buchen von Arbeitsplätzen, Besprechungsräumen und Services, wie Leihfahrräder, Parkplätze, Restaurantreservierungen und Taxibestellung. Zudem können die Nutzer der Immobilie regelmäßig das Gebäude und die Services bewerten. So erhält der Manager der Immobilie Rückmeldung zur Zufriedenheit seiner Nutzer.

Mit der zunehmenden Bedeutung des Risikomanagements bei der Erfüllung von ESG-Kriterien ist davon auszugehen, dass zukünftig mehr PropTechs mit einem Governance-Fokus am Markt aktiv werden. Als größtes Risiko sehen die meisten Immobilienmanager das Alter ihrer Immobilien und das mangelnde Wissen über den genauen baulichen Zustand der Immobilie und der baulichen Anlagen. Hier helfen zahlreiche PropTechs bei der genauen Zustandserfassung der einzelnen Komponenten und Plattformen hinsichtlich der holistischen Betrachtung des Gebäudezustands. Die Plattformen unterstützen den Manager ferner dabei, alle relevanten ESG-Daten zu sammeln, zu zertifizieren und transparent an Investoren und weitere Interessengruppen zu reporten.

5.5   Das Spannungsverhältnis zwischen Digitalisierung und rechtlichen Anforderungen

Aus Sicht der beteiligten Immobilienunternehmen sollten ESG-bezogene Daten auf den ersten Blick möglichst umfassend erhoben, miteinander verknüpft und ausge-

---

23   Vgl. Metrikus – The PropTech Guide to ESG, S. 18 ff.

wertet werden können. Dies im vermeintlichen Optimalfall zeitlich unbegrenzt, um z. B. auch rückwirkend Datenanalysen durchführen zu können und somit auf einer möglichst umfassenden Datengrundlage Auswertungen zu ermöglichen. Es dürfte auf der Hand liegen, dass ein solches Datenmanagement mit einigen gesetzlichen Regelungen unvereinbar ist. Insbesondere soweit entsprechende Daten personenbezogen sind oder Geschäftsgeheimnisse darstellen, sind gesetzliche Verarbeitungsgrenzen zu beachten, deren Verstoß gravierende Konsequenzen nach sich ziehen kann. Folgerichtig müssen diese Grenzen zunächst sorgfältig identifiziert und sodann in einen angemessenen Ausgleich mit dem Wunsch nach »unbegrenzter Datenverarbeitung« gebracht werden. Das folgende Kapitel skizziert die rechtlichen Rahmenbedingungen, indem es die wichtigsten Verarbeitungsgrenzen umreißt, und verknüpft diese mit praktischen Anwendungsbeispielen.

5.5.1 Grundrechtsrelevanz des Schutzes personenbezogener Daten

Die Einschränkungen im Zusammenhang mit der Verarbeitung (personenbezogener) Daten basieren insbesondere auf verfassungsrechtlichen Grenzen. Denn der Schutz personenbezogener Daten hat sowohl im deutschen als auch im europäischen Recht eine erhebliche Grundrechtsrelevanz, die ihren Ausdruck in verschiedenen Verordnungen, Richtlinien und sonstigen Gesetzen gefunden hat. In Deutschland wird der Schutz personenbezogener Daten aus dem Grundrecht auf informationelle Selbstbestimmung (Art. 1 Abs. 1 i. V. m. Art. 2 Abs. 1 GG) hergeleitet.[24] Auf Unionsebene ist er ausdrücklich in Art. 8 der Charta der Grundrechte der Europäischen Union (GRCh) normiert, wobei der EuGH in diesem Kontext in der Regel daneben auch das Recht auf Schutz des Privat- und Familienlebens aus Art. 7 GRCh betont und anwendet.

Mit Einführung der Datenschutz-Grundverordnung, kurz DSGVO, wurde im Mai 2018 die bis dahin geltende DS-RL abgelöst und damit das bis dahin in den Mitgliedstaaten unterschiedlich geregelte Datenschutzrecht vereinheitlicht. Die DSGVO gilt nach Art. 288 Abs. 2 AEUV unmittelbar in allen Mitgliedstaaten.

5.5.2 Anwendungsbereich des Datenschutzrechts und Begriffsbestimmungen

Der sachliche Anwendungsbereich des Datenschutzrechts wird insbesondere bestimmt von dem Begriff der personenbezogenen Daten. Darunter versteht die DSGVO gem. Art. 4 Nr. 1 zunächst »alle Informationen, die sich auf eine identifizierte oder identifizierbare

---

24 BVerfG, Urt. v. 15.12.1983, 1 BvR 209/83 u. a.

natürliche Person [...] beziehen«. Daten zu juristischen Personen sind daher in aller Regel nicht vom Anwendungsbereich umfasst (EwG 14 S. 2 DSGVO). Dies gilt allerdings nicht insoweit, als eine enge finanzielle, personelle oder wirtschaftliche Verflechtung zwischen der juristischen Person selbst und den Einzelpersonen »hinter« diesen juristischen Personen besteht; dies trifft etwa auf sog. »Ein-Mann-GmbHs«, Einzelfirmen und Einzelkaufleute zu.[25] Die Person wird gem. Art. 4 Nr. 1 DSGVO als »betroffene Person« bezeichnet.

Das Merkmal der »Identifizierbarkeit« ist dabei sehr weit zu verstehen, denn »als identifizierbar wird eine natürliche Person angesehen, die direkt oder indirekt, insbesondere mittels Zuordnung zu einer Kennung wie einem Namen, zu einer Kennnummer, zu Standortdaten, zu einer Online-Kennung oder zu einem oder mehreren besonderen Merkmalen, die Ausdruck der physischen, physiologischen, genetischen, psychischen, wirtschaftlichen, kulturellen oder sozialen Identität dieser natürlichen Person sind, identifiziert werden kann« (Art. 4 Nr. 1 DSGVO). Das Konzept der Identifizierbarkeit wird insbesondere dann relevant, wenn ein einzelnes Datum an sich noch keinen Aufschluss über die betroffene Person liefert, jedoch durch die Kombination mit anderen Daten eine Identifizierung (wenn auch nur theoretisch) ermöglicht.

Beispiel: Die Wohnadresse des Mieters eines Mehrparteienhauses als solche lässt noch keinen Rückschluss auf die Identität der Einzelperson zu. Die Kombination der Wohnadresse und dem Energieverbrauch der konkreten Wohneinheit jedoch erlaubt einer Stelle ggf. die Identifikation dieses Mieters[26] und mag Ausdruck seiner wirtschaftlichen bzw. sozialen Identität sein.

Es können also auch Daten, die auf den ersten Blick keinen Anhaltspunkt über die Identität der betroffenen Person liefern, personenbezogene Daten sein. Durch den relativen Personenbezug ist es irrelevant, ob die Daten einer Person im privaten oder im geschäftlichen Umfeld verarbeitet werden. Ausschließlich juristische Personen sind vom Anwendungsbereich der DSGVO ausgeschlossen. Handelt es sich beispielsweise um eine E-Mail-Adresse einer Mitarbeiterin in einem Unternehmen, mit dem Geschäftskontakte unterhalten werden, bedeutet das eine Identifizierbarkeit einer natürlichen Person, die eine Verarbeitung personenbezogener Daten begründet. Auch wenn der Kontakt zu Einzelkaufleuten oder Selbstständigen besteht, können personenbezogene Daten betroffen sein, beispielsweise wenn ein Einzelkaufmann seine Telefonnummer sowohl privat als auch geschäftlich nutzt.

Soweit also nach diesem weiten Verständnis »personenbezogene Daten« vorliegen, ist das Datenschutzrecht zu beachten, wenn diese des Weiteren »verarbeitet« werden. Während dieser Begriff intuitiv vielleicht nur aktive Vorgänge umfasst und beispiels-

---

25 Gola, in: Gola, Datenschutz-Grundverordnung, 2. Auflage 2018, Art. 4 DSGVO, Rn. 25 m. w. N.
26 Auch des gewerblichen Mieters im Falle von Ein-Mann-GmbHs und Einzelkaufleuten, s. o.

weise die schlichte Aufbewahrung von Daten ausschließen könnte, sieht die DSGVO in ihrer Definition sämtliche mit Daten zusammenhängenden Vorgänge als Verarbeitung an.[27] Gemäß Art. 4 Nr. 2 DSGVO umfasst eine Verarbeitung »jeden mit oder ohne Hilfe automatisierter Verfahren ausgeführten Vorgang oder jede solche Vorgangsreihe im Zusammenhang mit personenbezogenen Daten wie das Erheben, das Erfassen, die Organisation, das Ordnen, die Speicherung, die Anpassung oder Veränderung, das Auslesen, das Abfragen, die Verwendung, die Offenlegung durch Übermittlung, Verbreitung oder eine andere Form der Bereitstellung, den Abgleich oder die Verknüpfung, die Einschränkung, das Löschen oder die Vernichtung«.[28]

5.5.3 Pflichten des Verantwortlichen

Die Verarbeitung personenbezogener Daten ist aufgrund des Verbots mit Erlaubnisvorbehalt gem. Art. 6 Abs. 1 S. 1 DSGVO nur dann rechtmäßig, wenn ein Erlaubnistatbestand erfüllt ist.[29] Dieser kann durch eine Einwilligung begründet werden, durch Vertrag, eine rechtliche Verpflichtung, die Erforderlichkeit zum Schutz lebenswichtiger Interessen, die Erforderlichkeit zur Wahrnehmung einer Aufgabe im öffentlichen Interesse, in Ausübung öffentlicher Gewalt oder zur Wahrung berechtigter Interessen.

(Nicht nur) zur vorherigen Bestimmung der Rechtsgrundlage muss die verantwortliche Stelle fragen, was Zweck der Verarbeitung der Daten ist (Art. 5 Abs. 1 b) DSGVO). Dieser Zweck muss sämtliche Verarbeitungsschritte umfassen und sollte aus Beweisgründen jedenfalls textlich fixiert werden.[30]

Fällt der Zweck weg, entfällt grundsätzlich auch die Berechtigung zur weiteren Verarbeitung des betroffenen personenbezogenen Datums. Einen Sonderfall bildet in diesem Zusammenhang die sog. Weiterverarbeitung, die auch als Zweckänderung bezeichnet wird. Im Falle einer solchen Zweckänderung muss der Verantwortliche eingehend prüfen, ob die Voraussetzungen des Art. 6 Abs. 4 DSGVO erfüllt sind, sofern diese Zweckänderung nicht auf einer Einwilligung der betroffenen Person oder auf einer Rechtsvorschrift beruht. Im Rahmen der Vereinbarkeitsprüfung sind insbesondere relevant

a) jede Verbindung zwischen den Zwecken, für die die personenbezogenen Daten erhoben wurden, und den Zwecken der beabsichtigten Weiterverarbeitung,

---

27 »Die Funktion der weiten Definition in Art. 4 Nr. 2 DS-GVO besteht gerade im Einschluss aller Formen des Datenumgangs; das Verbotsprinzip soll ohne Bagatell- oder sonstigen Vorbehalt jede Verarbeitung personenbezogener Daten erfassen« (Hornung/Wagner: Anonymisierung als datenschutzrelevante Verarbeitung? ZD 2020, S. 224).
28 Vgl. für den weiten Anwendungsbereich ferner Simitis/Hornung/Spiecker gen. Döhmann/Roßnagel, 1. Aufl. 2019, Datenschutzrecht, Art. 4 Nr. 2 Rn. 10 ff.
29 Siehe hierzu auch die entsprechende Anordnung des Art. 8 GRCh.
30 Voigt, in: Taeger/Gabel, DSGVO, 3. Auflage 2019, Art. 5 DSGVO, Rn. 23.

b) der Zusammenhang, in dem die personenbezogenen Daten erhoben wurden, insbesondere hinsichtlich des Verhältnisses zwischen den betroffenen Personen und dem Verantwortlichen,

c) die Art der personenbezogenen Daten, insbesondere ob besondere Kategorien personenbezogener Daten gemäß Artikel 9 verarbeitet werden oder ob personenbezogene Daten über strafrechtliche Verurteilungen und Straftaten gemäß Artikel 10 verarbeitet werden,

d) die möglichen Folgen der beabsichtigten Weiterverarbeitung für die betroffenen Personen, und

e) das Vorhandensein geeigneter Garantien, wozu Verschlüsselung oder Pseudonymisierung gehören können (vgl. Art. 6 Abs. 4 lit. a-e DSGVO).

Die Frage nach der Rechtmäßigkeit einer Zweckänderung stellt sich insbesondere im Rahmen einer Umwidmung von Bestandsdaten. Liegen bestimmte Daten bereits aus anderen Verarbeitungsvorgängen vor, ist die Versuchung groß, sie auch in einem anderen Kontext zu verwenden.

Beispiel: Zur Erstellung von Betriebskostenabrechnungen für Mieter hat ein Unternehmen bislang Verbrauchsdaten erhoben und verarbeitet. Damit besteht ein etablierter Regelprozess zur Erhebung und Verarbeitung dieser Daten (i. d. R. durch Dienstleister). Der Zweck dieser Datenverarbeitung ist ohne Zweifel legitim, da er sogar, soweit zwischen Mieter und Vermieter vereinbart, gesetzlich geboten ist, vgl. § 556 BGB. Möchte das Unternehmen diese Daten nunmehr zu einem anderen Zweck, d. h. im Rahmen seines ESG-Reportings, verwenden, ist es hierzu nicht bereits daher befugt, dass es diese Daten ursprünglich rechtmäßig erhoben hat, da eine Zweckänderung vorliegt. Das Unternehmen muss daher die o. g. Vereinbarkeitsprüfung durchführen und entsprechend dokumentieren.[31]

5.5.4   Das Messstellenbetriebsgesetz

Das Messstellenbetriebsgesetz (MsbG) ist ein zentrales Regelwerk, in dem 2016 sämtliche Regelungen zum Messstellenbetrieb konzentriert wurden. Sein Anwendungsbereich umfasst gemäß § 1 Nr. 5 und Nr. 6 MsbG Regelungen zur energiewirtschaftlichen Datenkommunikation und allgemeinen Datenkommunikation mit Smart-Meter-Gateways (Nr. 5) sowie Regelungen zur Verarbeitung von Messwerten und weiteren personenbezogenen Daten (Nr. 6).[32] Diese Regelungen werden in den §§ 49-75 MsbG

---

31   Die Dokumentationspflicht ergibt sich aus der Rechenschaftspflicht nach Art. 5 Abs. 2 DSGVO in seiner Ausprägung als Nachweispflicht, welche insbesondere Bedeutung im Hinblick auf Überprüfungen durch Aufsichtsbehörden erlangt. Kühling/Buchner/Herbst, 3. Aufl. 2020, DS-GVO Art. 5 Rn. 77 ff.

32   Siehe Theobald/Kühling/Dix, 109. EL Januar 2021, MsbG § 2 Rn. 15 ff., der insofern andeutet, dass die Regelung des § 1 Nr. 5 MsbG insofern ausreichend gewesen wäre.

als bereichsspezifische Datenschutzvorschriften konkretisiert.[33] Mithilfe dieser Regelungen hat der Gesetzgeber von der Öffnungsklausel nach Art. 6 Abs. 3 Satz 1 i.V.m. Abs. 1 lit. c) und e) DSGVO Gebrauch gemacht, sodass ein Anwendungsvorrang gegenüber den einschlägigen DSGVO-Vorschriften besteht.[34]

In § 49 Abs. 1 i.V.m. Abs. 2 MsbG wird abschließend festgelegt, welche Stellen personenbezogene Daten verarbeiten dürfen, wobei eine Verarbeitung dieser Daten nach anderen nationalen Rechtsvorschriften für unzulässig erklärt wird. Er begrenzt damit den personellen Anwendungsbereich, d.h., er benennt die Stellen, die zum Umgang mit personenbezogenen Daten berechtigt sind.[35] Danach sind zu einer Datenverarbeitung Messstellenbetreiber, Netzbetreiber, Bilanzkoordinatoren, Bilanzkreisverantwortliche, Direktvermarktungsunternehmer und Energielieferanten berechtigt. Hinzu kommen Stellen, die über eine Einwilligung des Anschlussnutzers im Sinne des Art. 7 DSGVO verfügen.

Insoweit ergänzt § 50 MsbG die bereichsspezifischen Regelungen zum Datenumgang. Dieser legt abschließend die zulässigen Zwecke der Verarbeitung von Daten aus einer Messeinrichtung, einer modernen Messeinrichtung, einem Messsystem und einem intelligenten Messsystem fest.[36] Sowohl nach dem Wortlaut des § 50 MsbG als auch nach der Gesetzesbegründung ist die Vorschrift nicht auf personenbezogene Daten beschränkt. Sie betrifft damit auch Daten ohne Personenbezug wie z.B. Netzzustandsdaten, Spannungs- und Stromwerte sowie Phasenwinkel.[37]

Stellen, die Daten im Anwendungsbereich des MsbG verarbeiten möchten, müssen also prüfen, ob diese personenbezogen sind, sie eine nach § 49 MsbG berechtigte Stelle sind und sich die beabsichtigte Verarbeitung einem in § 50 MsbG festgelegten Zweck zuordnen lässt. Der Frage, ob personenbezogene Daten überhaupt vorliegen, kommt daher auch hier entscheidende Bedeutung zu. Denn soweit sie vorliegen, muss die verarbeitende Stelle berechtigt i.S.d. § 49 Abs. 2 MsbG sein.

Ob personenbezogene Daten vorliegen oder nicht, richtet sich nach der allgemeinen Begriffsdefinition aus Art. 4 Nr. 1 DSGVO. Im Rahmen dieses Begriffsverständnisses erklärt der Gesetzgeber: »Allgemein entscheidend ist dabei, ob zwischen der jeweiligen Information und der Person eine Verbindung herstellbar ist. Auf die Art der Information kommt es dabei nicht an. Personenbezogen sind damit nicht nur viertelstündlich erhobene Verbrauchswerte, sondern potentiell sämtliche erhobenen Messwerte

---

33 Theobald/Kühling/Bartsch, 109. EL Januar 2021, MsbG § 49 Rn. 1.
34 BT-Drs. 19/4674, S. 321; insoweit zweifelnd Theobald/Kühling/Bartsch, 109. EL Januar 2021, MsbG § 49 Rn. 21.
35 Raabe/Lorenz/Säcker, Berliner Kommentar zum Energierecht, 4. Auflage 2017, § 49 MsbG, Rn. 11 f.
36 Theobald/Kühling/Bartsch, 109. EL Januar 2021, MsbG § 50 Rn. 1.
37 Theobald/Kühling/Bartsch, 109. EL Januar 2021, MsbG § 50 Rn. 2.

und Netzzustandsdaten. Entscheidend für die Einordnung ist, ob eine Zuordnung zur betroffenen natürlichen Person möglich ist. So ist es möglich, das [sic!] Netzzustandsdaten in einem Fall keinen Personenbezug, in einem anderen sehr wohl Personenbezug aufweisen.«[38] Konkrete Beispiele umfassen Daten zum Stromverbrauch bzw. der Einspeisemenge, welche durch die Zählpunktbezeichnung auf die betroffene Person bezogen werden können. Messdaten können nämlich »z. B. Aufschluss über Verhalten – läuft der Fernseher, die Kaffeemaschine oder die Waschmaschine – oder über den Aufenthaltsort der Person geben.« Hierunter fallen zudem Prognose- und Planungsdaten. Im Zusammenhang mit dem Energieinformationsnetz können i. R. d. Demand Side Management von den Netzbetreibern erstellte Prognosen ebenfalls personenbezogene Daten beinhalten.[39]

Personenbezogene Daten liegen aber zum Beispiel nicht vor, wenn Messwerte über mehrere Haushalte aggregiert sind und die einzelne Person nicht bestimmt oder bestimmbar ist: In einem solchen Fall ermangelt es an der erforderlichen Zuordbarkeit der Personen.[40] Hierbei darf indessen nicht aus den Augen verloren werden, dass die zugrundeliegenden Daten vor ihrer Aggregierung durchaus personenbezogen sein können und eine Bestimmbarkeit über weitere Datensätze nicht ausgeschlossen werden kann.

Vor diesen Hintergründen muss im Hinblick auf Daten aus Messsystemen beachtet werden, dass es sich für alle Akteure entlang der jeweiligen Prozesskette um personenbezogene Daten handelt, wenn jedenfalls ein Akteur der Verarbeitungskette eine Zuordnung zu einer natürlichen Person herstellen kann.[41]

5.5.5   Verarbeitung von Messdaten im Anwendungsbereich des MsbG durch Immobiliengesellschaften

Es mag sich daher aus praktischen Erwägungen für Immobiliengesellschaften anbieten, zunächst einmal für alle Daten, die im Anwendungsbereich des MsbG aus Messsystemen gewonnen werden, einen Personenbezug anzunehmen, um das Risiko zu vermeiden, die Anwendbarkeit des (bereichsspezifischen) Datenschutzrechts vollständig zu übersehen.

---

38   BT-Drs. 18/7555, S. 105.
39   Erhellend zum Ganzen: Raabe/Lorenz/Säcker, Berliner Kommentar zum Energierecht, 4. Auflage 2017, § 49 MsbG, Rn. 13 m. w. N.
40   Theobald/Kühling/Bartsch, 109. EL Januar 2021, MsbG § 49 Rn. 11.
41   Raabe/Lorenz/Säcker, Berliner Kommentar zum Energierecht, 4. Auflage 2017, § 49 MsbG, Rn. 16.

Bezieht man die geschilderte Dogmatik des MsbG auf Immobiliengesellschaften, so kommt man zu dem Schluss, dass in der Regel

- jedenfalls teilweise personenbezogene Daten verarbeitet werden (im Zweifel sogar alle) und
- Immobiliengesellschaften nicht unter die gemäß § 49 Abs. 2 Nr. 1-6 MsbG berechtigten Stellen fallen und demzufolge für die Verarbeitung dieser personenbezogenen Daten gemäß § 49 Abs. 2 Nr. 7 MsbG grundsätzlich eine wirksame[42] Einwilligung des Anschlussnutzers i. S. d. Art. 7 DSGVO[43] bestehen muss.

Unabhängig von der Verarbeitung personenbezogener Daten ist jedenfalls der Anwendungsbereich des § 50 MsbG eröffnet. § 50 MsbG bestimmt die materielle Zulässigkeit jeder Datenverarbeitung aus einer Messeinrichtung o. Ä. (s. o.).[44] Das Vorliegen eines Zwecks aus § 50 Abs. 2 MsbG ist für die materielle Zulässigkeit nicht zwingend erforderlich. Vielmehr handelt es sich bei den aufgelisteten Zwecken um Konkretisierungen des Abs. 1 durch Regelbeispiele, welche nicht abschließend sind, aber dennoch als Auslegungshilfe des Abs. 1 fungieren.[45] Nach § 50 Abs. 1 MsbG ist eine Verarbeitung auch durch Immobiliengesellschaften insbesondere dann materiell zulässig, wenn eine Einwilligung des Anschlussnutzers vorliegt.[46] Die weiteren Zulässigkeitstatbestände des § 50 Abs. 1 Nr. 1 bis 4 sind im Zusammenhang mit der Verarbeitung zu ESG-Zwecken fernliegend.

Daher empfiehlt es sich für Immobiliengesellschaften, vor der geplanten Verarbeitung entsprechender Daten zu Zwecken des ESG-Reportings entsprechende Einwilligungen der Anschlussnutzer einzuholen, soweit diese betroffene Personen i. S. d. DSGVO sein können. Soweit entsprechende Daten bereits vorliegen, d. h. Bestandsdaten darstellen, die (nunmehr) für Reportingzwecke umgewidmet werden sollen, muss vor der Weiterverarbeitung nachträglich vorab eine Einwilligung eingeholt werden. Diese muss insbesondere wirksam sein, d. h. durch eine eindeutige bestätigende Handlung eingeholt worden sein, mit der der Anschlussinhaber freiwillig, für den konkreten Fall und in informierter Weise unmissverständlich bekundet hat, dass er mit der Verarbeitung der ihn betreffenden personenbezogenen Daten einverstanden ist (siehe insbesondere EwG 32 der DSGVO). Entsprechend müssen insbesondere die konkreten Zwecke, die verarbeiteten Daten und Empfänger dieser Daten bereits bei Einholung der Einwilligung bekannt gewesen sein. Dies dürfte zu erheblichen praktischen Herausforderungen führen, wenn diese Umstände nicht vollständig vor der Datenerhe-

---

42   Siehe zu den Anforderungen Art. 7 DSGVO i. V. m. insb. EwG 32.

43   Theobald/Kühling/Bartsch, 109. EL Januar 2021, MsbG § 49 Rn. 13.

44   Theobald/Kühling/Bartsch, 109. EL Januar 2021, MsbG § 49 Rn. 9.

45   Theobald/Kühling/Bartsch, 109. EL Januar 2021, MsbG § 50 Rn. 3 f.

46   Regelungsgegenstand sind damit letztlich Mehrwertdienste, d. h. solche, die nicht energiewirtschaftlich erforderlich sind, Raabe/Lorenz/Säcker, Berliner Kommentar zum Energierecht, 4. Auflage 2017, § 50 MsbG, Rn. 23 f. m. w. N.

bung bekannt, dokumentiert sowie in Dienstleisterverträgen reflektiert sind. Weiter erschwert wird dies durch den Umstand, dass eine Einwilligung jederzeit widerrufbar ist (Art. 7 Abs. 3 S. 1 DSGVO). Zwar bleibt die Datenverarbeitung bis zum Widerruf der Einwilligung wirksam (Art. 7 Abs. 3 S. 2 DSGVO), allerdings zieht dieser Umstand wiederum erhebliche praktische Konsequenzen mit sich: Ein Verantwortlicher, der sich (notgedrungen) auf die Einwilligung der Anschlussinhaber zur Verarbeitung ihrer personenbezogenen Daten stützt, ist gezwungen, ein sog. Einwilligungsmanagement aufzubauen, durch das sichergestellt wird, dass Widerrufe auch tatsächlich umgesetzt werden, d. h., die personenbezogenen Daten der betroffenen Personen ab Widerruf tatsächlich nicht mehr verarbeitet werden.[47]

5.5.6   Das Geschäftsgeheimnisschutzgesetz

Das Geschäftsgeheimnisschutzgesetz (GeschGehG) »dient dem Schutz von Geschäftsgeheimnissen vor unerlaubter Erlangung, Nutzung und Offenlegung«, § 1 Abs. 1 GeschGehG. Es ist am 26. April 2019 in Kraft getreten, um die RL (EU) 2016/943 umzusetzen, wobei der deutsche Gesetzgeber die darin festgelegte Zweijahresfrist weit überschritten hat.[48]

Unter einem Geschäftsgeheimnis ist gem. § 2 Nr. 1 eine Information zu verstehen,
   a) die weder insgesamt noch in der genauen Anordnung und Zusammensetzung ihrer Bestandteile den Personen in den Kreisen, die üblicherweise mit dieser Art von Informationen umgehen, allgemein bekannt oder ohne Weiteres zugänglich und daher von wirtschaftlichem Wert ist und
   b) die Gegenstand von den Umständen nach angemessenen Geheimhaltungsmaßnahmen durch ihren rechtmäßigen Inhaber ist und
   c) bei der ein berechtigtes Interesse an der Geheimhaltung besteht.

Zwar gilt diese Definition unmittelbar nur für das GeschGehG selbst, doch es wird allgemein ein Einfluss auf die Auslegung des in vielen Gesetzen genutzten Begriffs des Geschäftsgeheimnisses angenommen.[49] Laut Gesetzesbegründung umfasst der Begriff auch den des Betriebsgeheimnisses, »wenn diese Informationen den in den Buchstaben a und b aufgestellten Voraussetzungen genügen, da die Unterscheidung

---

47   Hieraus dürften sich auch einige der in der Literatur diskutierten Beschränkungen des Widerrufsrechts, insbesondere aus Treu und Glauben, erklären, vgl. Taeger, in: Taeger/Gabel, DSGVO, 3. Auflage 2019, Art. 7 DSGVO, Rn. 73 f.; Schulz, in: Gola, Datenschutz-Grundverordnung, 2. Auflage 2018, Art. 7 DSGVO, Rn. 57. Konsequent mit Blick auf den eindeutigen Wortlaut der DSGVO solche Beschränkungen ausschließend: Buchner/Kühling, in: Kühling/Buchner, DSGVO, 3. Auflage 202, Art. 7 DSGVO, Rn. 39; Spindler/Dalby, in: Spindler/Schuster, Recht der elektronischen Medien, 4. Auflage 2019, Art. 7 DSGVO, Rn. 12 a. E.
48   BeckOK GeschGehG/Hiéramente, 7. Ed. 15.3.2021, GeschGehG § 1 Rn. 1.1.
49   Vgl. BeckOK GeschGehG/Fuhlrott/Hiéramente, 7. Ed. 15.3.2021, GeschGehG § 2 vor Rn. 1.

keine praktische Relevanz besitzt. Es kann sich sowohl um technisches wie auch um kaufmännisches Wissen handeln.«[50] Eine Unterscheidung in Betriebs- und Geschäftsgeheimnis ist daher nicht erforderlich.

Das Geschäftsgeheimnis beinhaltet eine Information, d. h. das Wissen um eine Tatsache, die geheim und deshalb von wirtschaftlichem Wert sein muss. Auf eine Verkörperung der Information kommt es nicht an, sie kann auch lediglich in mündlicher Form vorliegen,[51] wobei allerdings reine Ideen ohne irgendeine Form der Perpetuierung nicht ausreichen können.[52] Die Definition in § 2 Nr. 1 lit. a) GeschGehG beinhaltet drei Kriterien, die kumulativ vorliegen müssen, damit eine Information die Qualität eines Geschäftsgeheimnisses erhält.

Die Information muss:

- Erstens »weder insgesamt noch in der genauen Anordnung und Zusammensetzung ihrer Bestandteile« bekannt sein. Darin liegt der Bezugspunkt der Geheimhaltung. Sind nur Teile der Information geheim, bezieht sich der Geheimnisschutz auch nur auf diese Teile. Im Falle einer Datensammlung kann das Geheimnis auch darin liegen, dass die nicht geheimen einzelnen Daten in einer bestimmten Weise strukturiert werden.[53]
- Zweitens darf die Information weder »allgemein bekannt« noch »ohne Weiteres zugänglich« sein. Damit wird der Grad der erforderlichen Geheimhaltung bestimmt, der auf einen Zugang nicht ohne größeren Zeit- und Kostenaufwand abzielt. Ein Zugang im Wege des Reverse Engineerings ist gem. § 3 Abs. 1 Nr. 2 GeschGehG allerdings zulässig. Wird die Information einem begrenzten Personenkreis offengelegt, der ebenfalls zur Geheimhaltung verpflichtet ist, ändert dies nichts am Grundsatz des begrenzten Zugangs.[54] Erlangen Dritte ohne einen Beitrag des Geheimnisinhabers Kenntnis von einer Tatsache, kommt es für die Annahme einer Offenkundigkeit darauf an, ob es wahrscheinlich ist, dass diese Person diese Informationen auch nutzt oder weitergeben wird.[55]
- Drittens kommt es auch auf die »Personen in den Kreisen, die üblicherweise mit dieser Art von Informationen umgehen«, an. Damit wird der Verkehrskreis bestimmt, wobei wohl ein Fachpublikum gemeint sein dürfte, was allerdings durch eine Einzelfallbewertung zu bewerten ist.[56]

---

50   BT-Drs. 19/4724, 24.
51   Vgl. BeckOK GeschGehG/Hiéramente, 7. Ed. 15.3.2021, GeschGehG § 2 Rn. 3.
52   Vgl. Köhler/Bornkamm/Feddersen/Alexander, 39. Aufl. 2021, GeschGehG § 2 Rn. 26.
53   Vgl. BeckOK GeschGehG/Hiéramente, 7. Ed. 15.3.2021, GeschGehG § 2 Rn. 8.
54   Vgl. Harte-Bavendamm/Ohly/Kalbfus, GeschGehG, GeschGehG § 2 Rn. 26; BeckOK GeschGehG/Hiéramente, 7. Ed. 15.3.2021, GeschGehG § 2 Rn. 10 f.
55   Vgl. Harte-Bavendamm/Ohly/Kalbfus, GeschGehG, GeschGehG § 2 Rn. 29.
56   Vgl. BeckOK GeschGehG/Hiéramente, 7. Ed. 15.3.2021, GeschGehG § 2 Rn. 12 m. w. N.

Auch wenn der Wortlaut der Norm für ein Erfordernis der Kausalität zwischen dem geheimen Charakter der Informationen und ihres wirtschaftlichen Wertes spricht (»und daher von wirtschaftlichem Wert ist«), wird allgemein kein Kausalitätserfordernis angenommen. Da in ErwG 14 der RL (EU) 2016/943 keine Verknüpfung erwähnt wird, wird es als ausreichend angesehen, »wenn der wirtschaftliche Wert zumindest auch aus der Geheimhaltung resultiert, also aus dem Umstand folgt, dass die Information gerade nicht der Allgemeinheit oder den einschlägigen Fachkreisen bekannt oder für diese ohne weiteres zugänglich ist«.[57]

Die geheime Information muss außerdem gem. § 2 Abs. 1 Nr. 1 lit. b) GeschGehG »Gegenstand von den Umständen nach angemessenen Geheimhaltungsmaßnahmen durch ihren rechtmäßigen Inhaber« sein. Darunter fallen jegliche Schutzvorkehrungen, die ein rechtswidriges Erlangen, Nutzen oder Offenlegen der Informationen verhindern sollen und können. Erforderlich sind hierzu effektive Schutzkonzepte.[58] Dabei werden vertragliche Formulierungen, die die Vertraulichkeit absichern, wie insbesondere Non-Disclosure Agreements, ausreichend sein.[59]

Abschließend muss gem. § 2 Abs. 1 Nr. 1 lit. c) GeschGehG ein berechtigtes Interesse an der Geheimhaltung bestehen. Geheimnisse, die rechtswidrige Umstände betreffen, werden also nicht geschützt.[60]

Liegt ein solches Geschäftsgeheimnis vor, darf nicht gegen die Handlungsverbote des § 4 verstoßen werden. Hierunter fallen gem. § 4 Abs. 2 Nr. 2 GeschGehG insbesondere Nutzungen von Geschäftsgeheimnissen, durch die gegen eine Verpflichtung zur Beschränkung oder Nutzung derselben verstoßen werden.

5.5.7   Herausforderungen bei der Verarbeitung von ESG-relevanten Bestandsdaten

Insofern stellt sich für die Verarbeitung von ESG-bezogenen Kennzahlen die Frage, ob Bestandsdaten, die von Vertragspartnern bezogen worden sind, ohne Weiteres zur Erstellung von Reports verwendet werden dürfen. Diese Konstellation ist der datenschutzrechtlichen Weiterverarbeitung (siehe oben) nicht unähnlich. Denn regelmäßig

---

57   Harte-Bavendamm/Ohly/Kalbfus, GeschGehG, GeschGehG § 2 Rn. 37 m. w. N.; vgl. dazu auch BeckOK GeschGehG/Hiéramente, 7. Ed. 15.3.2021, GeschGehG § 2 Rn. 13 f. m. w. N.
58   Vgl. BeckOK GeschGehG/Fuhlrott, 7. Ed. 15.3.2021, GeschGehG § 2 Rn. 19 ff; Köhler/Bornkamm/Feddersen/Alexander, 39. Aufl. 2021, GeschGehG § 2 Rn. 53 f.
59   BeckOK GeschGehG/Fuhlrott, 7. Ed. 15.3.2021, GeschGehG § 2 Rn. 65 f.
60   Vgl. Köhler/Bornkamm/Feddersen/Alexander, 39. Aufl. 2021, GeschGehG § 2 Rn. 79; zur europarechtlichen Einordnung dieses Teils der Norm siehe BeckOK GeschGehG/Hiéramente, 7. Ed. 15.3.2021, GeschGehG § 2 Rn. 69.1 ff; Harte-Bavendamm/Ohly/Kalbfus, GeschGehG, GeschGehG § 2 Rn. 67 ff.

sind entsprechende Daten, die Grundlage für die Erstellung von ESG-relevanten Kenn-zahlen werden können, von Vertragspartnern zu anderen Zwecken erhoben worden.

Insofern empfiehlt es sich, vor der »Umwidmung« solcher Daten eingehend zu prü-fen, ob bei Vertragsschluss mit den Lieferanten insbesondere[61] Non-Disclosure Agree-ments abgeschlossen worden sind, die die Verarbeitung durch den Datenempfänger auf den konkreten Zweck des jeweiligen Hauptvertrages beschränkt haben. Selbiges dürfte für (personenbezogene) Daten gelten, die von für vorab festgelegte, konkret vertraglich vereinbarte Zwecke übermittelt worden sind. Denn in der Regel dürften diese die vorgenannten Kriterien eines schützenswerten Geschäftsgeheimnisses ent-halten: Sie sind weder allgemein bekannt noch ohne Weiteres zugänglich, Gegenstand von (zum Beispiel vertraglichen) Geheimhaltungsmaßnahmen, und der Vertragspart-ner dürfte ein berechtigtes Interesse an der Geheimhaltung haben.

5.6   Die digitale ESG-Transformation im Unternehmensmanagement

Der Wettbewerb der Immobilienunternehmen um die attraktivsten Investments, Pro-dukte und Investoren wird durch die Coronakrise sowie ESG-Anforderungen verschärft. Die bekannten KPIs in Bezug auf Rendite und Risiko müssen auf Nachfrage der Stake-holder um ESG-Kennzahlen erweitert bzw. angepasst werden. Die Digitalisierung ist hier ein wichtiges Instrument, um einerseits die Daten über Baumaterialien und den Be-trieb im gesamten Lebenszyklus zu erfassen. Andererseits bieten Tech-Solutions aber auch die Grundlage, um aus den Daten maßgeschneiderte Analysen und Reportings zu erstellen. Immobilienunternehmen reagierten bisher nur vereinzelt mit einer Anpas-sung ihres Angebots auf die kürzlich veränderte Kundennachfrage. Dabei zeigt diese eindeutig, dass sich die Bedeutung von ESG-Faktoren bei der Auswahl von Produkten und Dienstleistungen zunehmend als wichtiges zusätzliches Kriterium etabliert[62].

Ebenfalls wandelt sich die Erwartungshaltung von Immobilieninvestoren an ihre In-vestments. Dieser Wandel inkludiert die Anforderung an involvierte Unternehmen, Nachhaltigkeitsstandards in der Wertschöpfungskette einzuhalten. Immer häufiger werden ESG-relevante Informationen den Geschäftsberichten von Unternehmen ent-nommen und in der Investitionsstrategie berücksichtigt. Darüber hinaus erwarten Immobilieninvestoren ein Management, welches die relevanten ESG-Risiken erkennt und monitort sowie ESG-Vorschriften regelkonform Folge leistet. Bestenfalls wird die-ses Verhalten und nachhaltige Engagement anschließend eindeutig diesen gegenüber

---

61   Wobei selbst konkludente Vereinbarungen genügen und reine Nebenpflichten umfasst sein können, BeckOK GeschGehG/Fuhlrott, 7. Ed. 15.3.2021, GeschGehG § 2 Rn. 63 m. w. N.
62   Vgl. PwC (2021), S. 11.

sowie am Markt kommuniziert – nicht nur qualitativ, sondern auch quantitativ in Form überzeugender KPIs.[63]

Stellt sich jedoch die Frage, inwieweit dieses ESG-konforme Handeln bereits in die Strategie der Immobilienunternehmen integriert ist? In einer aktuellen PwC-Studie zeigte sich mehr als die Hälfte der befragten Unternehmen gewillt, produktbezogene, strategische Neuausrichtungen zu planen – auch oder gerade wegen der aktuellen Marktentwicklungen.[64]

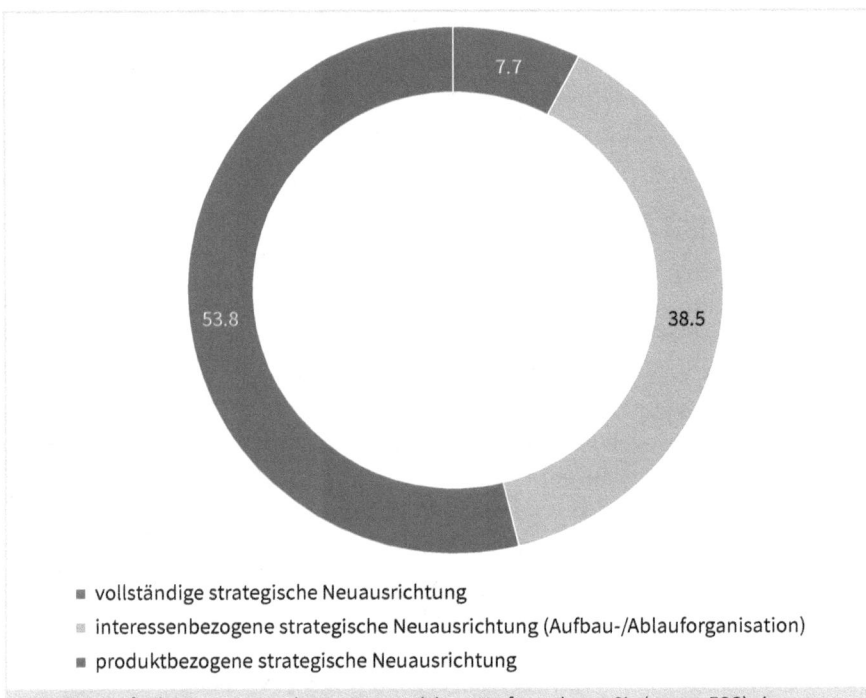

- vollständige strategische Neuausrichtung
- interessenbezogene strategische Neuausrichtung (Aufbau-/Ablauforganisation)
- produktbezogene strategische Neuausrichtung

Abb. 5.3: Grafische Auswertung der Frage: In welchem Umfang planen Sie (wegen ESG) eine strategische Neuausrichtung aufgrund aktueller Marktentwicklungen? Quelle: Eigene Darstellung i. A. a. PwC (2021), S. 12.

Fest steht, dass das vom Markt geforderte ESG-konforme Handeln nicht ohne digitale Technologie geschehen kann und die Nachhaltigkeitsziele nicht ohne dieses erreicht werden können. Doch die Realität zeigt, dass diese Einsicht noch nicht bei allen Akteuren der Immobilienwirtschaft angekommen ist. Sinnbildlich dafür ist die häufig noch fehlende Verankerung der ESG-Dimensionen im Zusammenspiel mit dem entsprechenden Datenmanagement in der Unternehmensstrategie und die allgemein fehlenden Zuständigkeiten für das Themenfeld Nachhaltigkeitsdaten.

---

63   Vgl. PwC (2021), S. 11.
64   Vgl. PwC (2021), S. 12.

Dabei ist der Einsatz digitaler Tools für das Datenmanagement im Immobilienkontext nur ein Aspekt. Ebenso entscheidend ist die feste Verankerung des systematischen ESG-Datenmanagements. Diese Maßnahme würde den professionellen Umgang mit nachhaltigen Kriterien im Immobilienlebenszyklus gewährleisten und eine elementare Basis für einen einheitlichen Standard bilden.

Als Argument für das Ausbleiben der Implementierung in die Strategie und somit gegen einen derartigen Schritt wird die konjunkturelle Lage der Immobilienwirtschaft seit der Finanzkrise angeführt. Die Profitabilität ließ keinerlei Digitalisierungs- bzw. Innovationsdruck entstehen. Mit nun jedoch sinkenden Immobilienrenditen und Margen im Property-, Facility- sowie Asset-Management und der zunehmenden Regulatorik, sehen sich zunehmend Unternehmen gezwungen, dank Digitalisierung die Effizienz sowie Transparenz in den Geschäftsabläufen und Datenhaushalten zu erhöhen. Die Bemerkung des erhöhten Aufwands für die Umsetzung wird zunehmend entkräftet von den »Vorteile(n) von Marktstandards und anerkannten Metriken und Bemessungslogiken für die Investmentprozesse [...]«[65].

Hinzu kommen zunehmend weitere Argumente für eine nachhaltige und von Daten gestützte Unternehmensstrategie. So bestätigen jüngste Studien, dass ESG-konforme Investments sich identisch zu Anlagen konventioneller Natur rentieren[66]. Dabei bewerten knapp 80 % des Marktes die Performance von nachhaltigen Produkten als kompetitiv und sehen Vorteile bzgl. des Risikoprofils[67]. Das rührt unter anderem daher, dass ein relevanter Teil des Unternehmenswertes bereits heute auf nichtfinanziellen Säulen fußt (u. a. Know-how und Mitarbeiterzufriedenheit). Zudem sorgt ein professionelles Management von ESG-Strategien für einen deutlichen Wettbewerbsvorteil und somit eine Steigerung der Marktgängigkeit.

Die PwC-Studie verdeutlicht, dass die befragten Unternehmen die strategische Relevanz des Themas Nachhaltigkeit erkannt haben und eine Umsetzung forcieren. Hinsichtlich Umsetzung würden die meisten Teilnehmer:innen der Studie die Transformation auf Produktebene beginnen, bevor anschließend die dazugehörigen Prozesse und Strukturen der Organisation angepasst werden. Den ganzheitlichen Ansatz bezüglich Transformation der Organisation sowie Strategie bevorzugen aktuell nur ca. 7,7 % der Befragten.[68]

Dabei betrifft die Umsetzung in der Regel die gesamte Organisation und erfolgt – in Abhängigkeit vom Ambitionsniveau der Unternehmung – stufenweise sowie in Itera-

---

65   Vgl. PwC (2021), S. 7.
66   Vgl. FNG (2021), S. 8.
67   Vgl. PwC (2021), S. 7.
68   Vgl. PwC (2021), S. 7.

tionen. Unterstützung wird sich hierbei zumindest kurzfristig von externen Dienstleistern erwünscht, die zusätzliche Expertise einbringen. Gefragt sind vor allem interdisziplinär ausgerichtete Berater, die die Nachhaltigkeitsmaßnahmen in den Objekten ganzheitlich sicherstellen, PropTechs, die zur Datengewinnung, -verwertung und -analyse beitragen, und Ratingagenturen, die eine externe Sicht auf die Nachhaltigkeitsintegration in Unternehmen oder Produkte gewährleisten.[69]

Bei langfristigem Planungshorizont soll das Thema Nachhaltigkeit jedoch internalisiert werden. Diese Aussage stellt eindrucksvoll unter Beweis, dass Unternehmen von der langfristigen Relevanz von ESG überzeugt sind und dieses nicht als kurzfristiger Trend gesehen wird.[70]

Ob intern oder extern abgedeckt – die Verfügbarkeit von (Nachhaltigkeits-)Daten muss für die Akteure der Immobilienwirtschaft mittelfristig garantiert sein. Einige Asset-Manager machten die Verfügbarkeit und Nutzung von Daten strategisch zur Priorität und verlagerten die Verantwortung für die Umsetzung des Themas bereits auf strategische Positionen[71]. Dabei sehen sie dies nur als einen Schritt zur Verbesserung der Datenverfügbarkeit. Des Weiteren sollen die Zusammenarbeit mit ESG-Tech-Unternehmen, der Einsatz von Smart Metering sowie der Zukauf von ESG-relevanten Daten zur Optimierung beitragen. So lassen sich breitere und tiefere Einblicke auf Asset-Ebene von jenen erweiterten Nachhaltigkeitsdaten ziehen, die zunehmend durch den Kapitalmarkt für die Realwirtschaft offeriert werden.[72] Best-Practices zeigen, dass ein typischer Prozess hin zu einer Verankerung so aussehen könnte, dass anfänglich eine ganzheitliche ESG-Strategie entwickelt wird. Diese fungiert als Basis für eine individuelle ESG-Policy. Mit Erstellung von Akzeptanz- und Ausschlusskriterien sowie relevanter Key Performance Indicators (KPIs) werden die Investmentkriterien noch nachgeschärft.

Eine strategische Verankerung bedarf auch einer ESG-angepassten Überarbeitung des Vertragsmanagements in den Unternehmen. Nachhaltige Verträge beinhalten dementsprechend Verpflichtungen zur Datenlieferung zwischen Unternehmen, Nutzern, Betreibern und weiteren Stakeholdern. Entsprechende Klauseln sollten dabei sicherstellen, dass auch in jenen Regionen und Jurisdiktionen Verbrauchsdaten erhoben werden können, die einem starken Datenschutz unterliegen.[73]

In diesem Kontext ist zugleich die frühzeitige Einbindung der internen Datenschutzansprechpartner entscheidend. Soweit ein Datenschutzbeauftragter bestellt ist, ist

---

69   Vgl. PwC (2021), S. 29.
70   Vgl. PwC (2021), S. 8.
71   Vgl. PwC (2021), S. 8.
72   Vgl. PwC (2021), S. 33.
73   Vgl. PwC (2021), S. 33.

dieser sogar zwingend »frühzeitig« einzubinden, Art. 38 Abs. 1 DSGVO. Beispielsweise muss er im Rahmen der geplanten Einbindung von (PropTech-)Dienstleistern und (sonstigen) Datenlieferanten prüfen können, ob diese Dienstleister, die in der Regel Auftragsverarbeiter i. S. d. Art. 4 Nr. 8 DSGVO sein werden, durch angemessene technische und organisatorische Maßnahmen sicherstellen, personenbezogene Daten auf sichere Weise zu verarbeiten.

Im größeren Kontext ist damit eine vollständige Transparenz über Art und Umfang der geplanten Datenverarbeitung notwendig. Für die geplante ESG-Datenverarbeitung muss, im Sinne einer prozessualen Herangehensweise, (mindestens) rechtzeitig aufgearbeitet werden, welche juristischen Personen in welchen ESG-spezifischen Prozessen, zu welchen Zwecken, auf welchen Rechtsgrundlagen und für welchen Zeitraum personenbezogene Daten verarbeiten müssen, um die geplanten Ziele zu erreichen. Ein geeigneter Ort zur Zusammenführung dieser Informationen ist das Verzeichnis von Verarbeitungstätigkeiten, in dem der Verantwortliche[74], d. h. die (i. d. R.) juristische Person, die über die Zwecke und Mittel der Verarbeitung der personenbezogenen Daten entscheidet[75], ohnehin alle seine Verarbeitungstätigkeiten dokumentieren muss (Art 30 DSGVO). Eine solche zentrale Dokumentation ermöglicht es dem Verantwortlichen, rechtzeitig Herausforderungen identifizieren zu können, die sich im Zusammenhang mit der ESG-Datenverarbeitung stellen.

In diesem Zusammenhang ist es wichtig, dass die Verarbeitung von ESG-Daten selbstverständlich in ein bestehendes Datenschutzmanagementsystem eingegliedert werden sollte. Dennoch sollten die geplanten Verarbeitungen spezifisch in diesem Zusammenhang dokumentiert und bewertet werden, zumindest in der Aufbauphase etwa im Rahmen eines gesonderten Projekts. Andernfalls droht das erhebliche praktische Risiko, ESG-spezifische Zweckänderungen der Verarbeitungen von Bestandsdaten zu übersehen und folgerichtig unfähig zu sein, rechtzeitig geeignete Maßnahmen wie spezifische Löschfristen, die angemessene Einbindung von Dienstleistern, die Festlegung spezifischer technischer und organisatorischer Maßnahmen usw. umzusetzen.

Es bleibt festzuhalten, dass Nachhaltigkeitsaspekten ein besonderer Stellenwert zugeordnet werden sollte – schnellstmöglich. Mit dem Ziel, dank Daten, Verfahren (u. a. Data Analytics) und unterstützender Tools die Unternehmen sowie ihre Immobilien smarter, effizienter und ressourcenschonender zu managen. Dies wäre ein wichtiger Schritt zu einer besseren und nachhaltigeren Immobilienwirtschaft. Denn die Digitalisierung ist der Schlüssel für eine professionelle Umsetzung von ESG-Richtlinien und

---

74 Es obliegt nicht der Verantwortung des bestellten Datenschutzbeauftragten, ein solches Verzeichnis zu erstellen und zu pflegen.
75 Kurz: Jedenfalls in Teilen die Immobiliengesellschaft.

digitale Lösungen sind ein wesentliches Instrument, um der großen Komplexität und Dynamik der ESG-Transformation im Immobilienbereich Herr zu werden. Um diese Komplexität ein Stück weit aufzubrechen, arbeitet PwC derzeit gemeinsam mit Builtworld an der ersten europäischen Impact Map, die das Ökosystem bestehender Tech-Solutions für alle Marktteilnehmer transparent und zugänglich macht.

Allerdings: Die Grenzen ihrer Einsatzmöglichkeiten sind im Blick zu behalten und digitale Lösungen werden erwartungsgemäß nur einen Baustein von vielen darstellen. So spielen etwa digitale Lösungen bei der Bewertung von physischen Risiken des Klimawandels eine deutlich größere Rolle als bei dem Tracking und der Bewertung transitorischer Risiken. Doch selbst wenn die Dimension »E« hierbei vornehmlich im Vordergrund steht, dürfen »S« und »G« auf dem Weg nicht vernachlässigt werden. Zwischen diesen drei Dimensionen wird bestenfalls differenziert, da sich die Einsatzmöglichkeiten und Relevanz von digitalen Lösungen beim jeweiligen Transformationsprozess durchaus unterscheiden.

Mit den Möglichkeiten des optimierten Datenmanagements ließen sich darüber hinaus noch weitere Herausforderungen bewältigen, wie z. B. die reibungslose Harmonisierung des Themas Nachhaltigkeit mit weiteren Bereichen einer Unternehmung.

Jüngste Beobachtungen zeigen: Je eher von den Unternehmen der Immobilienwirtschaft eine Strategie zur Implementierung und Offenlegung von Nachhaltigkeit umgesetzt und realisiert wird, desto geringer die Wahrscheinlichkeit, bei der Finanzierung von Bauvorhaben, beim Verkauf oder anderen Marktsituationen tiefgreifende Nachteile zu erfahren.[76] Daneben ist es unerlässlich, dass im Rahmen der Corporate Governance hinreichende Strukturen für die Erfüllung der hohen technischen und rechtlichen Anforderungen an den Einsatz von digitalen Hilfsmitteln geschaffen und aufrechterhalten werden.

Auch generell sind innovative und nachhaltige Unternehmen in Bezug auf Resilienz und Zukunftssicherheit besser aufgestellt.[77] Dabei genügt es jedoch nicht, lediglich einen Head of Sustainability zu benennen. Vielmehr muss Nachhaltigkeit auf C-Level verankert und von der Gesamtunternehmung konsequent mitgedacht werden. Mithilfe dieser Maßnahmen würde ein positives Signal an den Markt gesendet werden, dass sich die Unternehmen der Verantwortung gegenüber Share- und Stakeholdern sowie der Gesellschaft sehr wohl bewusst sind. Die Nachfrageseite wird in puncto Nachhaltigkeit nämlich stetig anspruchsvoller – bei durchaus vielschichtigen Anforderungen auf Unternehmens-, Produkt- und Objektebene.

---

76   Vgl. Heintze (2021).
77   Vgl. Frensch (2020).

Literatur

BAI (Bundesverband Alternative Investments e. V.) (2021): Website (https://www.bvai.de/, letzter Zugriff 29.07.2021).

BVI (Bundesverband Investment und Asset Management e. V.) (2021): Website (https://www.bvi.de/, letzter Zugriff 29.07.2021).

ECORE (ESG Circle of Real Estate) (2021): Website (https://www.ecore-scoring.com/, letzter Zugriff 29.07.2021).

Fiala, Lilian (2020): Die Immobilienbranche hinkt bei der Digitalisierung hinterher; online verfügbar unter https://www.capital.de/immobilien/die-immobilienbranche-hinkt-bei-der-digitalisierung-hinterher; zuletzt aktualisiert: 10.08.2020; zuletzt geprüft: 22.08.2021.

FNG (Forum Nachhaltige Geldanlagen e. V.) (2021): Marktbericht Nachhaltige Geldanlagen 2021 – Deutschland, Österreich und die Schweiz (https://fng-marktbericht.org/fileadmin/Marktbericht/2021/FNG_Marktbericht2021_Online.pdf, letzter Zugriff: 22.08.2021), S. 8.

Frensch, Lars (2020): Branche im ESG- und Digitalisierungsfieber; online verfügbar unter https://www.handelsblatt.com/inside/real_estate/zia-innovationskongress-branche-im-esg-und-digitalisierungsfieber/26640368.html; zuletzt aktualisiert: 19.11.2021; zuletzt geprüft: 22.08.2021.

Frensch, Lars (2021): Die Branche braucht mehr Schnittstellen; online verfügbar unter https://www.handelsblatt.com/inside/real_estate/digitalisierung-die-branche-braucht-mehr-schnittstellen/27028396.htmlhttps://www.handelsblatt.com/meinhandelsblatt/?ticket=ST-5663524 – gCwoB1cUHvMEjPPTNEeG-ap1#wt_eid=2162515148481688847&wt_t=1628860407256; zuletzt aktualisiert: 23.03.2021; zuletzt geprüft: 22.08.2021.

Gündling, Heike (2021): Ohne Druck wird nicht digitalisiert; online verfügbar unter https://www.handelsblatt.com/inside/real_estate/innovationen-ohne-druck-wird-nicht-digitalisiert-/27467458.html; zuletzt aktualisiert: 30.07.2021; zuletzt geprüft: 22.08.2021.

ICG (Institut für Corporate Governance in der deutschen Immobilienwirtschaft e. V.) (2021): Website (https://icg-institut.de/de/, letzter Zugriff 29.07.2021).

Merkle, Stefan (2021): IBPDI erweitert Datenmodell mit Ökocluster; online verfügbar unter https://www.immobilien-zeitung.de/160108/ibpdi-erweitert-datenmodell-mit-oekocluster; zuletzt aktualisiert: 04.03.2021; zuletzt geprüft: 22.08.2021.

Olsson, Daniel (2014): Zertifizierungssysteme im Vergleich; online verfügbar unter https://www.tab.de/artikel/tab_Zertifizierungssysteme_im_Vergleich_1961454.html; zuletzt aktualisiert: 01.04.2014; zuletzt geprüft am: 25.08.2021

PwC (2021): Real Estate Benchmark Studie 2021 (https://www.pwc.de/de/real-estate/real-estate-benchmark-studie-2021.pdf, letzter Zugriff 23.07.2021).

PwC, easol, HIH Real Estate (2021): Quartal Digital – Kurzstudie zur Digitalisierung im Property Management (https://www.pwc.de/de/real-estate/pwc-studie-quartal-digital.pdf, letzter Zugriff 23.07.2021).

RICS (Royal Institution of Chartered Surveyors) (2021): Website (https://www.rics.org/de/, letzter Zugriff 29.07.2021).

PRI Association (Principles for Responsible Investment) (2021): Website (https://www.unpri. org/, letzter Zugriff 29.07.2021).

Ubach-Utermöhl, Alexander (2020): Digitalisiert euch! Denn Nachhaltigkeit geht uns alle an; online verfügbar unter https://www.haufe.de/immobilien/wirtschaft-politik/ohne-digitalisierung-kann-es-keine-%20nachhaltigkeit-geben_84342_530864.html; zuletzt aktualisiert: 20.11.2020; zuletzt geprüft: 22.08.2021.

ZIA (Zentraler Immobilien Ausschuss e. V.) (2021): Website (https://www.bvai.de/, letzter Zugriff 29.07.2021).

ESG und regulatorisches Umfeld

6 Auswirkungen des Klimawandels auf die Immobilienwirtschaft

Ansätze zur Steuerung von Klimachancen und -risiken

Dr. Nicole Röttmer, Dr. Anne Michaels, Fritz Fromageot und Friederike Schwarz

6.1 Trendthema Klima in der Immobilienwirtschaft: Was steckt dahinter?

Die Maßnahmen gegen den Klimawandel treffen den Immobiliensektor besonders stark, da Gebäude für rund 28 % des globalen CO_2-Ausstoßes verantwortlich sind[1]. Weitere 11 % werden für die Produktion von Rohstoffen für den Bau von Gebäuden emittiert. Um die Ziele des Pariser Klimaabkommens zur Begrenzung der Erderwärmung auf weniger als 2 Grad zu erreichen, müssten allein in der Europäischen Union (EU) circa 75 % der Immobilien im Bestand energetisch saniert werden[2]. Dafür wäre es notwendig, die aktuelle Sanierungsrate von rund 1 % auf über 2 % zu erhöhen, damit die Sanierungen in Summe zu einer Einsparung von 80 % der heutigen CO_2-Emissionen im Sektor führen. Besonderes Potenzial besteht bei den Gewerbeimmobilien: Sie machen nur 13 % des Gesamtbestands aus, sind aber für fast die Hälfte der CO_2-Emissionen verantwortlich.[3]

Wenn Immobilienunternehmen jetzt nicht in eine Reduktion des CO_2-Ausstoßes investieren, gehen sie ein hohes Risiko ein. Das gilt insbesondere mit Blick auf das sich verändernde regulatorische Umfeld (Stichwort Offenlegungsverordnung). Aber auch die aktuelle Marktsituation mit Mietern und Investoren, die immer häufiger ihre Ambitionen zur Klimaneutralität bekunden, stellt ein wachsendes Risiko dar. Zusätzlich können durch physische Risiken verursachte Schäden nicht nur auf Gebäudeebene ein finanzielles Risiko darstellen, sondern auch auf gesamtwirtschaftlicher Ebene Implikationen für Wohlstand und Wachstum bedeuten. Die Branche muss folglich die durch den Klimawandel entstehenden Chancen und Risiken neu bewerten.

1   IEA (2020) Tracking Buildings. Verfügbar unter: https://www.iea.org/reports/tracking-buildings-2020.
2   Europäische Kommission (2021) Renovation Wave. Verfügbar unter: https://ec.europa.eu/energy/topics/ energy-efficiency/energy-efficient-buildings/renovation-wave_en.
3   Finanzforum Energieeffizienz (2017) Klimafreundliche Gewerbeimmobilien: Gebäudeeigentümer, Investitionsprozesse und neue Tools für mehr Investitionen in Klimaschutz. Verfügbar unter: https://www. deneff.org/fileadmin/user_upload/Studie_Klimafreundliche_Gewerbeimmobilien.pdf.

Die Auseinandersetzung mit den Chancen und Risiken des Klimawandels ist von drei Faktoren geprägt:

1. **Faktischer Wandel:** Laut EU-Kommission müssen für die Transformation zur Erreichung des Pariser Klimaabkommens bis 2030 jährlich 275 Milliarden Euro in die energetische Sanierung von Gebäuden investiert werden[4]. Die *Renovation Wave* im Rahmen des *EU Green Deals* und des *Covid Recovery Plans* unterstreicht die Bereitschaft, diese Investitionen zu incentivieren. Entsprechend werden Immobilienmärkte sich verändern. Wie die konkreten Anreizinstrumente zur Mobilisierung von privatem Kapital genau aussehen werden, wird die EU in Kürze verkünden.

2. **Regulatorik:** Auf der Seite der Immobilie selbst ist für Neubauten bereits die EU-Direktive zur Gesamtenergieeffizienz von Gebäuden in Kraft[5]. Für den Bestand wurden verpflichtende Energieeffizienz-Mindeststandards am Beispiel einiger Mitgliedsstaaten auch auf EU-Ebene angekündigt. Mit hohem Tempo treten derzeit auch finanzmarktbezogene regulatorische Initiativen wie die Sustainable-Finance-Taxonomie in Kraft. Erweiterte Sorgfalts- und Berichtspflichten für Unternehmen und Finanzprodukte[6] erhöhen den Druck auf Akteure entlang der gesamten Immobilienwertschöpfungskette: Von Projektentwicklern über die Bestandshalter und -verwalter bis hin zu den institutionellen Investoren und Banken sind sie alle direkt oder indirekt von den Neuerungen in der Regulierung betroffen. Sie alle müssen sich mit ihren »grünen Anteilen« auseinandersetzen. Ebenso hat die Anpassung der EU-Offenlegungsverordnung im Finanzsektor seit März 2021 bereits dazu geführt, dass Kapitalverwaltungsgesellschaften für ihre Fondsprodukte tiefergehend über Nachhaltigkeitsaspekte auf der Website und im Prospekt Auskunft geben müssen. Zudem sind sie verpflichtet, Anpassungen im Risikomanagement insbesondere in Bezug auf die Analyse von transitorischen und physischen Klimarisiken vorzunehmen.[7]

3. **Risikomanagement:** Daneben treiben marktseitige Initiativen neue Standards und Maßstäbe für die Integration von Nachhaltigkeit in die Strategie und Geschäftsführung voran. Im Kontext Klima sorgen verschiedene Initiativen und Organisationen zusätzlich für einen hohen Handlungsdruck auf Unternehmen, ihre (finanziellen) Risiken zu minimieren, ihre Zukunftsfähigkeit und ihre Position im

---

4   Europäische Kommission (2020) Questions and Answers on the Renovation Wave. Verfügbar unter: https://ec.europa.eu/commission/presscorner/detail/en/qanda_20_1836.

5   Europäische Komission (2019) European performance of buildings directive. Verfügbar unter: https://ec.europa.eu/energy/topics/energy-efficiency/energy-efficient-buildings/energy-performance-buildings-directive_en.

6   Europäische Kommission (2021) EU Sustainable Finance – April Package. Verfügbar unter: https://ec.europa.eu/info/sites/default/files/business_economy_euro/banking_and_finance/documents/sustainable-finance-communication-factsheet_en.pdf.

7   Siehe auch «Verordnung (EU) 2019/2088 des Europäischen Parlaments und des Rates vom 27. November 2019 über nachhaltigkeitsbezogene Offenlegungspflichten im Finanzdienstleistungssektor« und «Verordnung (EE) 2020/852 des Europäischen Parlaments und des Rates vom 18. Juni 2020 über die Einrichtung eines Rahmens zur Erleichterung nachhaltiger Investitionen und zur Änderung der Verordnung (EU) 2019/2088«.

Wettbewerb zu sichern.[8] Dazu zählen in erster Linie die Empfehlungen der Task Force for Climate-related Financial Disclosure (TCFD)[9], Berichtsverpflichtungen wie die Principles for Responsible Investment (PRI) sowie Stellungnahmen zur Integration von Klimarisiken durch Regulatoren und Aufsichtsbehörden wie der BaFin, dem Network for Greening the Financial System (NGFS) und der EZB[10].

Im Umgang mit dem Klimawandel müssen Immobilienunternehmen zwei zentrale strategische Fragen beantworten und in ihre Berichterstattung einbeziehen:

1.   Wie sieht unser Beitrag zur Dekarbonisierung der Welt aus?
2.   Mit welcher Strategie können wir uns finanziell resilient aufstellen oder sogar noch erfolgreicher werden?

6.2   Klimarisiken und ihre Wirkung: Die doppelte Materialität

Im Rahmen der sich gerade entwickelnden Standards aus Regulatorik und Markt zur Analyse von Klimarisiken nimmt die EU-Kommission eine zweidimensionale Betrachtung vor und fasst diese unter dem Begriff *double materiality* (doppelte Materialität) zusammen (siehe Abb. 6.1):[11] Auf der einen Seite müssen Immobilienunternehmen also beantworten, welche **finanziellen Implikationen** der fortschreitende Klimawandel auf ihr Gebäudeportfolio haben könnte und in welcher Form sich diese Risiken darstellen (Wie wirkt die Welt auf mich?). Dabei ist die Perspektive des sogenannten **entstehenden Risikos** (incurred risk) zu beachten. Dazu zählen beispielsweise die Fragen, wie der Wert von Immobilien betroffen sein könnte – etwa durch höhere Investitionskosten oder Mietpreisschwankungen – und welche Implikation dies für die Rendite im Portfolio, aber auch für weiterführende strategische Entscheidungen haben könnte – beispielsweise die Anpassung der Haltedauer oder die Bewirtschaftungsplanung.

Ein methodischer Ansatz für diese Perspektive ist die sogenannte Szenarioanalyse, mit der sich die Materialität von Klimarisiken und -chancen für das Gebäudeportfolio in einer sich verändernden Welt ermitteln lässt.[12] Der Einsatz von Szenarioanalysen

---

8   Nicht alle Immobilienhalter und -verwalter sind gleichermaßen von allen Initiativen betroffen; die Betroffenheit ist u. a. abhängig von den regulatorischen Anforderungen der Investoren.

9   TCFD: Recommendations, 2020, https://www.fsb-tcfd.org/recommendations/#core-recommendations.

10   Bundesanstalt für Finanzdienstleistungsaufsicht (2020) Merkblatt zum Umgang mit Nachhaltigkeitsrisiken. Verfügbar unter: https://www.bafin.de/SharedDocs/Downloads/DE/Merkblatt/dl_mb_ Nachhaltigkeitsrisiken.html.

11   Europäische Kommission (2019) Guidelines on reporting climate-related information. Verfügbar unter: https://ec.europa.eu/finance/docs/policy/190618-climate-related-information-reporting-guidelines_ en.pdf.

12   Während Ansätze zur Szenarioanalyse für die Assetklasse Real Estate noch wenig dokumentiert sind, gibt es für die Analyse von Equity und Bonds bereits ein breites Spektrum an Veröffentlichungen. Diese können als Grundlage für ein Best Practice im Gebäudesektor dienen, siehe z. B. NGFS Occasional Papers (2020) Case Studies of Environmental Risk Analysis Methodologies, Kapitel 12. Verfügbar unter: https://www. ngfs.net/en/case-studies-environmental-risk-analysis-methodologies.

ist einer der Hauptgründe, wieso die Empfehlungen der TCFD als Paradigmenwechsel in der Klimaberichterstattung und im Reporting gelten. Der Fokus liegt darauf, die finanzielle Erfolgsfähigkeit des Gebäudeportfolios unter Annahme verschiedener Klimaszenarien und den damit verbundenen Temperaturpfaden zu überprüfen. Zur Messung werden hierfür finanzielle Kennzahlen genutzt – zum Beispiel der Gebäudewert oder die Profitabilität[13].

Auf der anderen Seite steht die Frage, welchen Beitrag das Gebäudeportfolio leistet, um die internationalen Klimaziele im Rahmen des Pariser Klimaabkommens zu erreichen, und wie sich die Treibhausgasemissionen im Portfolio auf einen angestrebten Zielwert reduzieren lassen (Wie wirke ich auf die Welt?). Um diese Perspektive des sogenannten **generierten Risikos** (generated risk) zu steuern, kommen emissions- oder energiebezogene Kennzahlen zum Einsatz. Die Methodik der Science-Based-Targets-Initiative stellt beispielsweise auf solchen Kennzahlensatz zur Zielbestimmung ab. Derartige Kennzahlen sind bereits häufiger in Nachhaltigkeitsberichten zu finden. Standards zur Steuerung der Zielerreichung haben sich weitläufig noch nicht etabliert. Ebenso ist die Qualität der Herleitung, die Granularität sowie die Verknüpfung zu den allgemeinen Unternehmenszielen häufig noch nicht ausreichend und glaubwürdig dargelegt.[14]

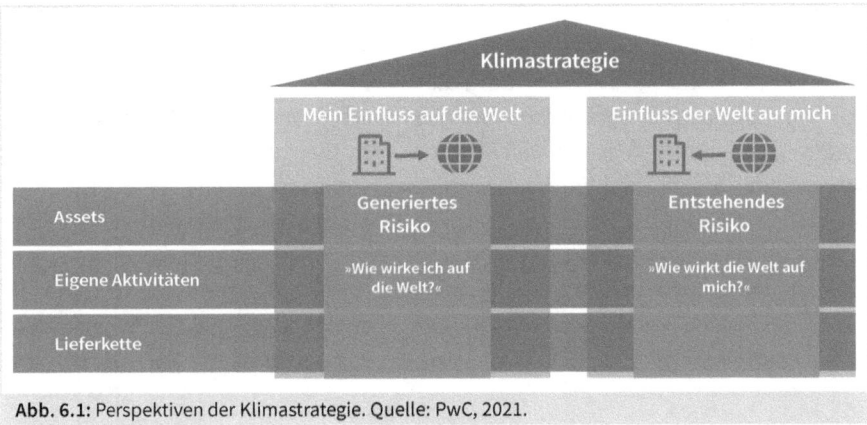

Abb. 6.1: Perspektiven der Klimastrategie. Quelle: PwC, 2021.

Im Idealfall betrachten Immobilienunternehmen diese beiden Methoden gemeinsam und ganzheitlich. Beide Perspektiven im Rahmen einer Klimastrategie zu vereinen, bietet Antworten auf die folgenden Fragen:

---

13   Auch die Berechnung der finanziellen Kennzahlen unter verschiedenen Klimaszenarien nutzt Informationen in Bezug auf Emissionen.

14   PwC / Universität Hamburg (2020). Klimaberichterstattung börsennotierter Unternehmen. Verfügbar unter: https://www.pwc.de/de/nachhaltigkeit/pwc-klimaberichterstattung-bei-borsennotierten-unternehmen.pdf.

- Angenommen, ich verpflichte mich dem Klimaziel des Pariser Abkommens von unter 2 Grad, idealerweise der Erreichung von Klimaneutralität zur Einhaltung einer 1,5°C-Erwärmung: Welche finanziellen Implikationen – etwa aufgrund von energetischen Sanierungskosten, aber auch potenziell höheren Renditen – hätte es für mein Portfolio, wenn ich dieses Ziel erreiche?
- Welche Gebäude im Portfolio sind besonders gut geeignet, um mein Dekarbonisierungsziel mit minimalem finanziellem Aufwand zu erreichen?
- Welche Gebäude in meinem Portfolio sind über verschiedene Klimaszenarien hinweg mit einem besonders hohen Risiko behaftet?
- Wie steht es um meine finanzielle Performance in einem höhergradigen Szenario, wenn die Zielsetzung des Pariser Klimaabkommens nicht eingehalten werden kann?
- Wie gestalte ich mein Anforderungsprofil für zukünftige Ankäufe oder Entwicklungen, um Risiken zu minimieren und meine Emissionsziele zu erreichen?

Entsprechend zahlen beide Arten von Kennzahlen – emissionsbasierte und finanzielle – darauf ein, einen Steuerungsmechanismus zu etablieren, der die Grundlage für die organisatorische Abbildung in der Governance, der Strategie und dem Risikomanagement bildet.

Allerdings sind sie nicht substituierbar: Nur weil der CO_2-Fußabdruck gering ist, muss das Risiko nicht gering und die Chance nicht hoch sein. Einerseits würden beispielsweise regulatorische Pflichten über Energieeffizienzklassen Gebäude mit dezentralen, erneuerbaren Energiequellen ebenso betreffen. Andererseits gelten natürlich auch weiterhin breitere Marktfaktoren (insbesondere die Lage). Dementsprechend sollten sich Immobilienunternehmen das übergeordnete Ziel setzen, die Dimension Klimawandel mit allen anderen geschäftsstrategischen Überlegungen zu verzahnen und auch weitere Makrotrends – etwa die Digitalisierung oder die Stärkung des Homeoffice mit einzubeziehen.

6.3 Entstehendes Risiko und Klimaszenarioanalyse

6.3.1 Risikofaktoren und ihre wissenschaftliche Grundlage

Klimarisikofaktoren können massiven Einfluss auf den Wert und die Performance von Immobilienportfolios haben, aber auch große Chancen in einem sich verändernden Markt bieten. Dabei lassen sich Klimarisiken in zwei Typen unterscheiden: transitorische und physische Risiken (siehe Abb. 6.2). Die systematische Analyse dieser Risiken kann dazu beitragen, die Resilienz eines Immobilienportfolios proaktiv zu erhöhen und langfristig Vermögenswerte zu sichern.

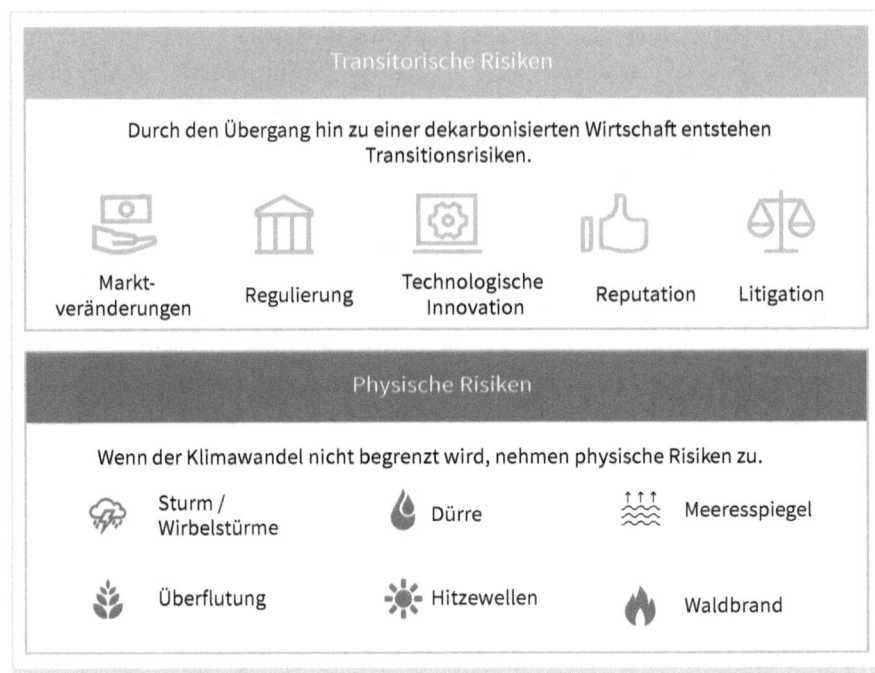

Abb. 6.2: Transitorische und physische Klimarisiken. Quelle: PwC in Anlehnung an die TCFD, 2021.

Soll der Übergang zu einer emissionsarmen Wirtschaft gelingen, werden Immobilienhalter und Investoren vermehrt sogenannten transitorischen Risiken ausgesetzt sein. Damit werden Veränderungen beschrieben, die bei der Umstellung zu einer emissionsarmen, weitestgehend dekarbonisierten Wirtschaft eintreten werden. Ziel dieser Transition ist es, die globale Erwärmung der Atmosphäre zu begrenzen – etwa auf das globale Ziel von unter 2 Grad im Vergleich zu vorindustriellen Zeiten, zu dem sich fast alle Staaten der Welt im Rahmen des Pariser Klimaabkommens bekannt haben.

Beispiele für **transitorische Risiken** in der Immobilienwirtschaft sind:
- Zunehmende **Regulierungen** (etwa Vermietungsverbote, Zwangssanierungen und erhöhte CO_2-Preise)
- **Marktdynamiken** (zum Beispiel die Zahlungsbereitschaft für ein »green premium« oder die Abwertung eines klimaschädlichen Gebäudes durch einen »brown discount«, Präferenzen insbesondere von gewerblichen Mietern und Investoren, öffentlicher Druck)
- **Technologiewandel** (etwa die Verfügbarkeit und Preise von alternativen Baustoffen oder von Komponenten, die die Energieeffizienz steigern).

Physische Risiken verstärken sich hingegen mit steigenden Temperaturen und lassen sich in zwei Kategorien einteilen:

- **Akute Risiken,** die sich in extremen Wetterbedingungen und Naturkatastrophen manifestieren und durch Gefahren wie Flut, Starkregen, Hitzewellen, Dürren, Hagel, Wirbelstürme oder die Absenkung des Bodens entstehen. Ihre Frequenz und Intensität korrelieren mit den steigenden Temperaturen in der Atmosphäre. Aktuelle Klimaszenarien kommen zu dem Ergebnis, dass das zunehmende Flutrisiko dem Immobiliensektor in Mitteleuropa den stärksten finanziellen Schäden zufügen wird. In bestimmten Gebieten werden durch die Absenkung des Bodens – ausgelöst durch sinkende Grundwasserstände (Subsidenz) – zudem Schäden am Fundament und der Statik von Gebäuden entstehen.
- **Chronische Risiken,** die sich langsam verändern und damit akute Risiken auslösen und verstärken können. Zu ihnen zählen der Anstieg von Wassertemperatur und Meeresspiegel. Direkte finanzielle Implikationen für Gebäude ergeben sich aus wachsenden Energiekosten und Kosten für die Ausstattung zur Klimatisierung bei langfristig steigenden Temperaturen. Gleichzeitig könnte die Attraktivität einiger Standorte leiden und steigende Meeresspiegel das Fundament schädigen.

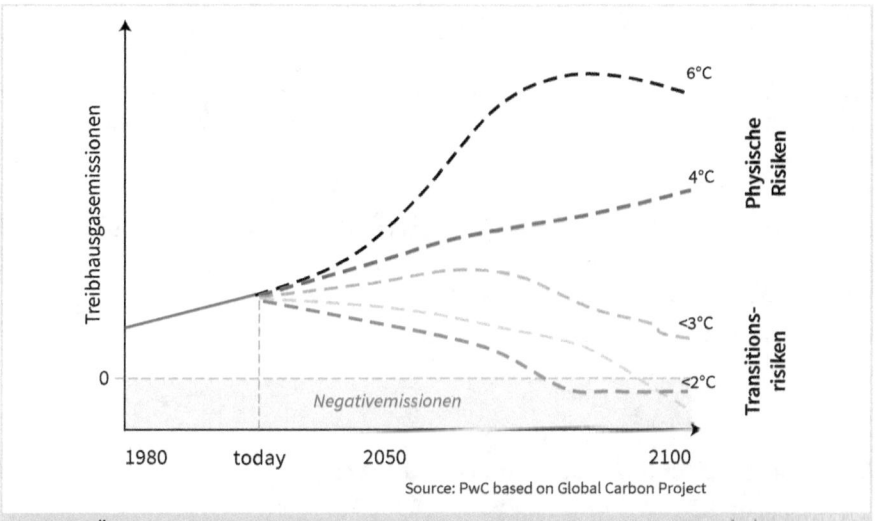

Abb. 6.3: Überblick der Klimaszenarien und der damit verbundenen Treibhausgasemissionen. Quelle: PwC, 2021. Darstellung basierend auf Global Carbon Budget. Global Carbon Project (2020). Verfügbar unter: https://www.globalcarbonproject.org/carbonbudget/20/publications.htm.)

Die zukünftige Entwicklung des Klimas lässt sich unmöglich vorhersehen, denn diese hängt zum einen von natürlichen Effekten wie der Vulkanaktivität und Permafrostböden ab, zum anderen aber auch vom Verhalten der Menschen. Um mit dieser hohen Unsicherheit umzugehen, werden wissenschaftliche Klimaszenarien verwendet. Diese Szenarien beschreiben unterschiedliche mögliche Entwicklungen für die Zukunft und ihre Auswirkungen auf die Welt. Mithilfe dieser Szenarien lässt sich analysieren, wie alternative zukünftige Welten mit ihren physischen oder transitorischen Risiken auf ein Gebäude, ein Portfolio oder ein ganzes Unternehmen wirken könnten.

Die Klimaszenarien des Weltklimarates (IPCC) auf Basis einer Metastudie über die bestehende weltweite Klimaforschung fungieren als Standardreferenz für physische Risiken und Emissionsbudgets. Gleichzeitig gibt es zahlreiche Quellen für Szenarien, die darauf abzielen, wirtschaftliche und energetische Transitionspfade darzustellen. Fast alle Transitionsszenarien nutzen die Angaben der IPCC-Szenarien in Bezug auf verfügbare Emissionsbudgets in der Modellierung verschiedener Temperaturanstiege (siehe Abb. 6.3). Transitionsszenarien unterscheiden sich häufig in der Granularität und der von ihnen abgedeckten Wirtschaftszweige. Während Erzeuger sogenannter *Integrated Assessment Models* sich eher darauf fokussieren, sozio-ökonomische Zusammenhänge in den Szenarien darzustellen (zum Beispiel das Potsdam-Institut für Klimafolgenforschung (PIK) und das Internationale Institut für Angewandte Systemanalyse (IIASA)), versuchen andere Herausgeber (etwa die International Energy Agency(IEA)), über *Energiemodelle* mögliche Potenziale der emissionsintensivsten Wirtschaftszweige granular abzubilden. Insbesondere die Energiemodelle der IEA ermöglichen dank ihrer Sektorgranularität in einem konsistenten, makroökonomischen Kontext mittels sogenannter Asset-Level-Daten eine Modellierung von finanziellen Kennzahlen für die betroffenen Sektoren, Geographien, Unternehmen und Gebäude (siehe Kapitel 6.3.2).

Auch das Network for Greening the Financial System (NGFS) hat bereits Szenarien veröffentlicht, die die Grundlage zur Modellierung aus Finanzmarktsicht darstellen können. Weitere sind in Zukunft zu erwarten[15].

Um ihre strategische Resilienz entlang verschiedener möglicher Zukunftswelten zu illustrieren, werden Wirtschaftsakteure und insbesondere Unternehmen der Immobilienwirtschaft in Zukunft Ansätze und Steuerungsmechanismen benötigen. Nur so lassen sich Klimarisiken systematisch analysieren, bewerten und in das Management des Unternehmens und des Portfolios aufnehmen.

6.3.2   Methodischer Ansatz: Klimaszenarioanalyse

Die **Steuerung des entstehenden Risikos** umfasst die Quantifizierung finanzieller Auswirkungen verschiedener Klimaszenarien mithilfe von Szenarioanalysen.

Szenarioanalysen testen die Widerstandsfähigkeit von Geschäftsmodellen und Portfolios unter der Annahme verschiedener Klimapfade[16]. Sie sind das Mittel der Wahl,

---

15   Network for Greening the Financial System (2020) Climate scenarios for central banks and supervisors. Verfügbar unter: https://www.ngfs.net/sites/default/files/medias/documents/820184_ngfs_scenarios_final_version_v6.pdf.

16   PwC betreibt im Rahmen der Entwicklung von Climate Excellence seit Jahren Szenarioanalyse und steht dazu im Austausch mit Wissenschaft und Wirtschaft.

wenn sich historische Daten aufgrund erwarteter, disruptiver Effekte nicht für einen Ausblick in die Zukunft eignen und der Eintritt zukünftiger Ereignisse sehr unsicher ist[17]. Gleichzeitig ist ihnen keine Wahrscheinlichkeit zugeordnet. Sie bilden mögliche, in sich konsistente, zukünftige Weltbilder ab – und zwar über Sektoren hinweg. Dabei beziehen sie verschiedene Faktoren mit ein wie Preisgefüge, Nachfrage, Wettbewerbsdynamik oder Technologiedurchdringungsraten. In Bezug auf physische Risiken liefern die Szenarien einen Überblick zu sich verändernden Wettergefahren und klimatischen Bedingungen. Sie modellieren, wie sich diese auf die Wertschöpfung und Schadenshöhen von wirtschaftlichen Akteuren auswirken. Szenarioanalysen sind somit geeignet, aus Klimasicht entscheidungsrelevante, zukunftsgerichtete Informationen über mögliche finanzielle Auswirkungen zu liefern.[18] Sie können in der Einordnung mit anderen Makrotrends eine Grundlage für deren effektives Management darstellen. Eventuelle Klimaeffekte sind dann in den breiteren Kontext der Welt, der Regionen, des Sektors und des spezifischen Unternehmens einzuordnen. So könnte beispielsweise die Digitalisierung neben dem Klimawandel ebenfalls eine wesentliche Chance darstellen. Idealerweise sollten Immobilienunternehmen mindestens zwei oder besser noch mehr Szenarien betrachten. Die Auswahl der Szenarien können dabei helfen, das Verständnis über die Auswirkungen auf die ganze Wertschöpfungskette unter unterschiedlichen Rahmenbedingungen zu entwickeln und somit die Basis für ein gezieltes Risikomanagement zu schaffen.[19]

Um aussagekräftige Ableitungen treffen zu können, werden die Risikofaktoren aus den Klimaszenarien in ökonomische Auswirkungen auf Sektoren, Unternehmen und individuelle Wertgegenstände wie zum Beispiel die Gebäude übersetzt. Wesentliche finanzielle Kennzahlen in der Immobilienwirtschaft, die im Rahmen von Klimaszenarien beeinflusst werden, sind der **Gebäudewert**, **Investitionskosten** für die energetische Sanierung, die **Profitabilität** als Return on Investment sowie die **Schadenshöhen**, die durch physische Risiken verursacht werden können. Abb. 6.4 stellt die Herleitung von transitorischen Risiken auf den Gebäudewert dar. Investitionen in energetische Sanierungen können sich zunächst negativ auf andere finanzielle Kennzahlen auswirken. Langfristig können sie jedoch die Cashflows erhöhen und dadurch die Profitabilität sichern. Der Grund: Klimarisiken wird so vorgebeugt und Chancen werden genutzt. In Abschnitt 5 veranschaulichen wir die Anwendung der Kennzahlen im Rahmen eines Beispiels.

---

17 Absolut|impact (2020) Climate Excellence: Bewertung von Klimarisiken und -chancen. Erschienen in #4/2020, S. 58 ff.

18 The CO-Firm / Kepler Chevreux (2018) Investor primer to transition risk analysis. Verfügbar unter: http://et-risk.eu/wp-content/uploads/2018/02/Investor-primer-to-transition-risk-analysis.pdf.

19 NGFS Occasional Papers (2020) Case Studies of Environmental Risk Analysis Methodologies, Kapitel 12, Financial Climate-related Transition Risks: Integrated Assessment Across the Finance and Investment Universe. Verfügbar unter: https://www.ngfs.net/en/case-studies-environmental-risk-analysis-methodologies.

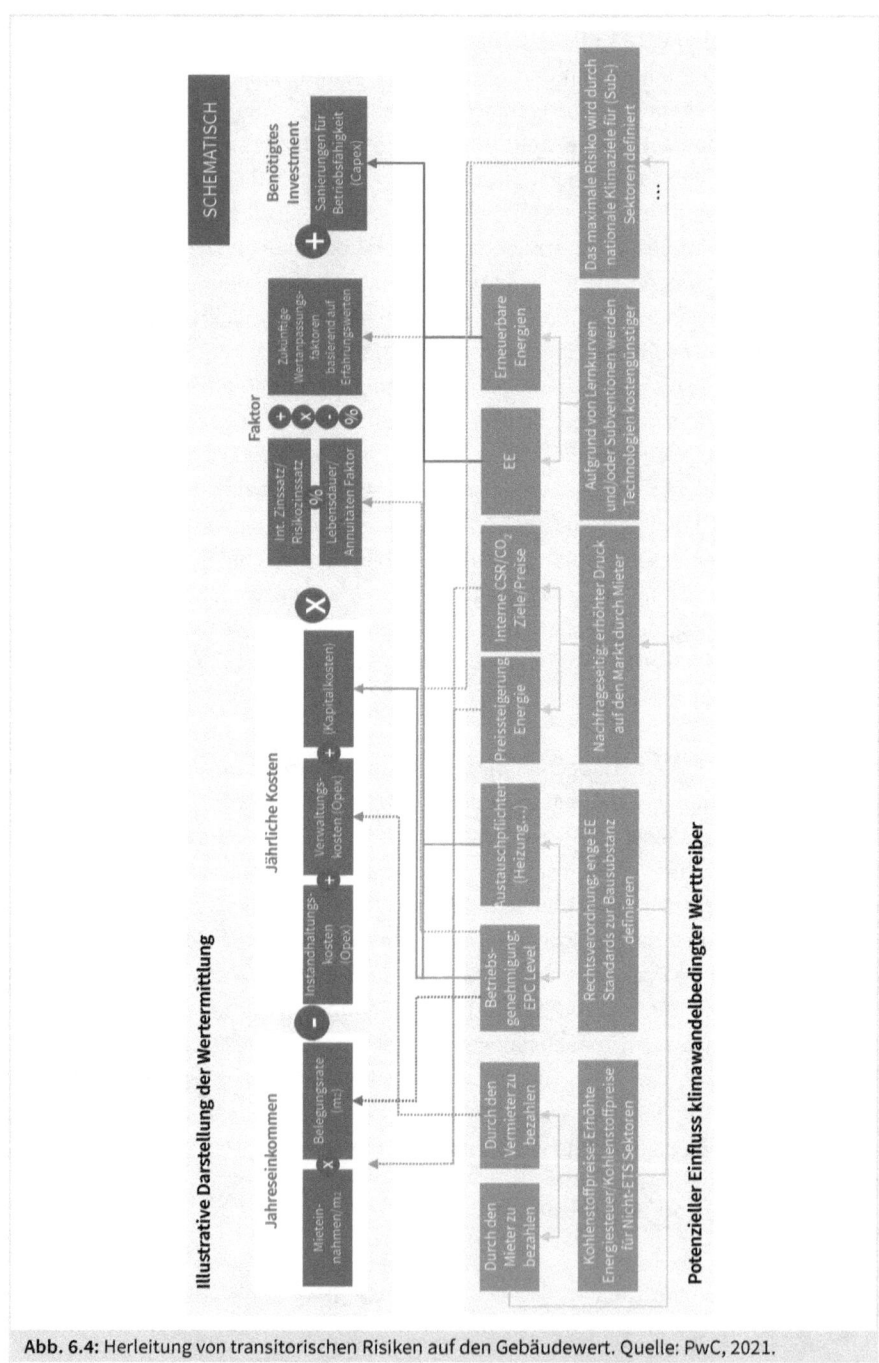

Abb. 6.4: Herleitung von transitorischen Risiken auf den Gebäudewert. Quelle: PwC, 2021.

Die Entwicklung einer umfassenden Modellierung und Nutzung der wissenschaftlichen Klimaszenarien ist sehr umfangreich. Inzwischen gibt es jedoch einige Anbieter dieser

Dienstleistung. Grundsätzlich sind im Rahmen der Analyse der Immobilienwirtschaft einige spezifische Ausarbeitungen der Datengrundlagen notwendig, um die Modellierung sinnvoller Ergebnisse zu gewährleisten. Einige ausgewählte Beispiel dafür sind:

- **Länder- und Gebäudetyp-spezifische Dekarbonisierungspfade**: Bei der Szenarioanalyse im Immobiliensektor ist es wichtig, regionale Gegebenheiten zu berücksichtigen, um konkrete Ziele für unterschiedliche Gebäude zu setzen. Dabei werden auch gebäudetyp-spezifische Charakteristika (Beispiel: Lagerhallen werden meist nicht beheizt) sowie regionale Gegebenheiten (in kälteren Gebieten muss im Winter mehr geheizt werden) berücksichtigt.

- **Flächenentwicklungen**: Eine Szenarioanalyse verzahnt die Entwicklung anderer Sektoren und makroökonomischer Entwicklungen. Somit wirken sich beispielsweise Annahmen zur Bevölkerungsentwicklung unter anderem auf die Nachfrage nach Wohnimmobilien aus. Die Entwicklung weiterer Sektoren wie dem Tourismus könnte ebenfalls spürbare Effekte auf die Flächenentwicklung von Gewerbeimmobilien (zum Beispiel Hotels) haben.

- **Herleitung der Investitionskosten für die energetische Sanierung**: Kosten können vom lokalen Baukostenindex abhängen, aber auch vom Ausmaß der benötigten Sanierung. Die Ableitung des Ausmaßes der Sanierung lässt sich auf Basis der aktuellen Energie- oder Emissionsintensität mit Näherungswerten für einzelne Maßnahmen (etwa Dämmung oder Heizungstausch) schätzen. Natürlich muss diese erste Indikation vor der Umsetzung der Maßnahmen durch ein technisches Gutachten des Gebäudes validiert werden.

- **Modellierung der Mieteinnahmen und Abschreibungen**: Investitionen in energetische Sanierungen bringen häufig einen Austausch der technischen Gebäudeausstattung (TGA) mit sich. Diese Anlagen müssen über die Zeit abgeschrieben werden und haben somit einen Einfluss auf die Kosten des Gebäudes. Durch die Umlage von Investitionen auf die Miete ändert sich jedoch auch die Einnahmesituation. Szenarioanalysen müssen diese und weitere Effekte ganzheitlich beachten und integrieren.

- **Energiemix und Kosten**: Für Annahmen in diesem Bereich ist es möglich, Energiemodelle wie die der IEA zu nutzen. Diese berechnen, wie viel Energie die einzelnen Nachfragesektoren in welchem Jahr brauchen und wie diese erzeugt wird. Außerdem lassen sich für die weitere Operationalisierung (etwa von Immobilien) Informationen über den Energiemix, die Erzeugungs- und CO_2-Kosten ableiten. Diese Zahlen können dann in eigenen Analysen verwendet werden. Typische Anwendungsfälle hierfür sind Wirtschaftlichkeitsrechnungen oder Prognosen über die Emissionsintensität.

- **Hazard-Daten und Schadenskurven**: Zur Analyse der finanziellen Auswirkungen von physischen Risiken müssen zwei Dinge bekannt sein: zum einen die zukünftige Entwicklung der Schadenskategorie (*Hazard* wie beispielsweise Wirbelstürme) und zweitens die damit verbundenen Schäden (*Schadenskurve*). Die Kombination dieser beiden Größen gibt Aufschluss über die finanziellen Risiken, die durch die physischen Auswirkungen des Klimawandels in der Zukunft entstehen.

6.4   Generiertes Risiko und Dekarbonisierungsziele

Für die zweite Perspektive, die **Steuerung des generierten Risikos**, bieten Klimaszenarien eine gute Handlungsbasis, um die Erderwärmung deutlich zu begrenzen, idealerweise im Rahmen der Emissionsneutralität von 1,5°C. Sie nehmen die Ausgangsposition des eigenen Unternehmens oder Portfolios als Basis und setzen sie in Relation zum verfügbaren Emissionsbudget des Klimaszenarios. So lassen sich dann unternehmens- oder portfoliospezifische Ziele für die Dekarbonisierung definieren und die Zielerreichung überwachen.

Ein Anbieter von Materialien zur Herleitung ist die Science-Based Targets-Initiative (SBTi). Sie ist die derzeit wohl bekannteste Bewegung, der sich immer mehr Unternehmen anschließen. Auf Investorenseite hat sich die Net Zero Asset Owner Alliance (NZAOA) gebildet, die in vorwettbewerblicher Zusammenarbeit von Mitgliedsunternehmen Ansätze zur Portfoliodekarbonisierung erarbeitet. Banken und Versicherer haben ähnliche Initiativen aufgebaut.[20]

Weder die SBTi noch die NZAOA haben bislang jedoch spezifische Richtlinien für die Immobilienwirtschaft entwickelt, wie dies in anderen Sektoren bereits der Fall ist. Dennoch ist es möglich, auf Basis eines standardisierten Vorgehens[21] mit heutigen Emissionsdaten und der aktuellen Gesamt-Quadratmeter-Größe eines Immobilienportfolios (nutzungstypenspezifische) Emissionsreduktionsziele bis zum Jahr 2050 zu erstellen. Grundsätzlich lässt sich das Vorgehen in fünf Schritte gliedern:

1	**Sammlung des Dateninputs** Unternehmen benötigt im ersten Schritt die Energie- und Emissionsdaten ihrer im Portfolio befindlichen Gebäude (beispielsweise in CO_2-Emissionen pro Quadratmeter oder den Energiebedarf in kWh/m²).	
2	**Zurechnung der Emissionen** Im nächsten Schritt findet eine Zurechnung der Emissionen statt, basierend auf den Verhältnissen im Portfolio bzgl. des Immobilienwerts oder der investierten Summe (um die eigenen Anteile zu ermitteln).	
3	**Definition des Reduktionspfads** Basierend auf den verfügbaren Informationen über das Portfolio und das eigene Ambitionsniveau muss ein geeigneter Reduktionspfad ausgewählt werden.	
4	**Berechnung der Zielmetriken** Anhand der Portfolioemissions-Formel können nun pro Gebäudetyp Emissionsintensitätsziele berechnet werden. Zusätzlich können auch absolute Emissionsziele berechnet werden.	
5	**Definition von Handlungsfeldern** Nachdem nun Zielwerte abgeleitet wurden, sind Handlungsfelder zur Zielerreichung zu definieren. Diese Zielerreichung gilt es stetig zu verfolgen.	

Abb. 6.5: Fünf Schritte zur Ableitung eigener Dekarbonisierungsziele. Quelle: PwC, 2021.

---

20   Siehe z. B. https://www.unepfi.org/net-zero-banking/ und https://www.unepfi.org/climate-change/un-convened-net-zero-insurance-alliance/.

21   Z. B. der sogenannte Sectoral Decarbonization Approach (SDA).

Die Datengrundlage, um ein Dekarbonisierungsziel zu bestimmen, bilden Emissionsdaten, die sich teilweise aus Endenergiebedarfen sowie den Primärenergieträgern er-
rechnen lassen. Die Ziele können in absoluten Emissionsreduktionen (tCO_2e) und in
relativen Intensitätsreduktionen (kgCO_2e/m^2) ausgegeben werden. In Abschnitt 5 veranschaulichen wir anhand eines Beispiels die Anwendung der **Intensitätskennzahlen**
in Bezug auf **Energie** und **Emissionen.**

Zahlreiche Unternehmen in verschiedenen Branchen haben bereits eine detaillierte
Erfassung ihrer standortbezogenen Emissionen (Scope 1 und 2) durchgeführt und
ambitionierte Reduktionsziele formuliert. Viele haben zudem zusätzlich die vor- und
nachgelagerten (Scope 3) Emissionen analysiert.[22] Unter den in Deutschland SBTi-
zertifizierten Unternehmen befindet sich jedoch nur ein Vertreter der Immobilienwirtschaft. Das liegt vermutlich an der hohen Komplexität, den CO_2-Fußabdruck in
Gebäuden im Betrieb und der Errichtung zu bestimmen.

Um diese Komplexität bei der Erhebung von CO_2-Daten von Gebäuden bestmöglich
zu adressieren, sollten Immobilienunternehmen folgende Aspekte berücksichtigen:

1. **Datenverfügbarkeit: Wie lassen sich Energiebedarfsausweise systematisch er-
   fassen?**
   Aktuell werden Energiebedarfs- und Verbrauchsdaten von einer überwiegenden
   Anzahl ihrer Nutzer nicht systematisch erfasst, obwohl ein Energieausweis bei
   Veräußerung einer Immobilie in Deutschland Pflicht ist. Nichtsdestotrotz sind Be-
   darfsangaben heute in vielen Fällen die beste Annäherung, die zur Verfügung steht.
   Entsprechend der regelmäßig festgestellten Abweichungen zwischen Bedarf und
   Verbrauch wäre perspektivisch eine Messung des Verbrauchs wünschenswert.
   Abhilfe könnte die Verwendung von digitalen Verbrauchsmessgeräten schaffen.
   Denkbar sind zudem vertragliche Regelungen mit dem Property/Facility Manage-
   ment, damit diese die zusätzlichen Messungen übernehmen. Eine systematische
   Erfassung von Bedarfsdaten ist ein erster Schritt in die richtige Richtung. Zusätz-
   lich könnte eine Schätzung über Durchschnitte von Vergleichsgebäuden als Zwi-
   schenlösung möglich sein. Das gilt insbesondere, wenn das Gebäudealter, der
   Standort und die Nutzungsart miteinbezogen werden. Langfristig wären für eine
   genaue Steuerung die tatsächlichen Energieverbräuche der Immobilie unverzicht-
   bar.

---

22   Laut SBTi muss für Scope-3-Emissionen ein Ziel gesetzt werden, sofern diese mehr als 40 % der gesamten
     Emissionen abdecken. Aus Sicht eines Bestandshalters oder Managers zählen zu Scope 3 die Konstruktion
     und der Abriss eines Gebäudes. Wissenschaftliche Quellen (IEA WEO 2020, LETI 2020) schätzen aktuell,
     dass rund 30 % der gesamten Emissionen von Gebäuden dem Scope 3 zuzuordnen sind. Mit sinkenden
     Scope-1- und -2-Emissionen, die derzeit im Fokus der Vermeidungsansätze stehen, wird der relative
     Anteil von Scope-3-Emissionen im Lebenszyklus von Gebäuden schnell steigen. Entsprechend ist damit
     zu rechnen, dass auch die Standardsetzer von Dekarbonisierungszielen diesen Sachverhalt in ihren
     Empfehlungen adressieren werden.

2. **Allgemein- und Mieterstrom: Wie können die Betreiber Einfluss nehmen?**
    Ein Großteil des Energieverbrauchs findet durch die Mieter statt. Betreiber haben demnach nur begrenzten Einfluss auf Verhalten und Datentransparenz. Ändern lässt sich dies mit »grünen Mietverträgen«, bei denen sich die Mieter bereit erklären, zu niedrigeren Strom- und Heizverbräuchen beizutragen. Aktuell sind solche Regelungen jedoch noch nicht flächendeckend im Einsatz.[23] Für den Übergang, bis vertragliche Anpassungen greifen, kann es eine Option sein, sich zunächst auf den Energieverbrauch und -bedarf durch Wärme zu konzentrieren.

3. **Energiemix: Wie lässt sich der Effekt quantifizieren, der durch die Dekarbonisierung des Energiesektors erreicht wird?**
    Die Emissionen werden durch Strom- und Wärmenutzung sinken, da der Gebäudesektor automatisch von der Dekarbonisierung des länderspezifischen Energiesektors profitiert. Der Immobilienbetreiber oder -eigentümer hat hierauf nur begrenzten Einfluss. Jedoch kann der Nutzen von emissionsarmer Energie beispielsweise durch den Betrieb eigener, dezentraler Energiequellen beschleunigt werden. Wie groß der Effekt der CO_2-Reduktion ist, lässt sich durch energieträgerspezifische Umrechnungsfaktoren berechnen. Daten zum heutigen und potenziellen Energiemix sind öffentlich zugänglich und können direkt genutzt werden.

4. **Gebäudelebenszyklus: Wie lässt sich das gebundene CO_2 (*embodied carbon*) in Gebäuden erfassen?**
    Durch die Nutzung emissionsarmer Konstruktionsmaterialien lässt sich das *embodied carbon* reduzieren, das im Rahmen des Lebenszyklus beispielsweise im Bau oder Abriss emittiert wird. Dies ist jedoch mit Herausforderungen verbunden: So gibt es zwar bereits erste alternative Zementarten. Diese werden jedoch noch nicht in der Breite im Markt verwendet. Das Gleiche gilt für Carbon Capture and Storage in der Stahlproduktion. Einige Initiativen setzen deswegen auf den Holzbau. Dieser ist aber aufgrund der Nutzung von Monokulturen und dem Landnutzungswandel auch nicht unumstritten.[24] Fest steht: Für Immobilienhalter wird *embodied carbon* als Scope-3-Emissionsquelle in Zukunft immer wichtiger, wenn es darum geht, CO_2-Emissionen zu erfassen und sich Dekarbonisierungsziele zu setzen. Erste Publikationen geben bereits Hinweise, wie sich diese Daten anwendungsorientiert schätzen lassen.[25]

---

23 Siehe hierzu auch die Empfehlungen des Sustainable Finance Beirats der Bundesregierung in ihrem Abschlussbericht aus dem Februar 2021. https://sustainable-finance-beirat.de/wp-content/uploads/2021/02/210224_SFB_-Abschlussbericht-2021.pdf.

24 Siehe auch Galina Churkina/Alan Organschi/Christopher P. O. Reyer/Andrew Ruff/Kira Vinke/Zhu Liu/Barbara K. Reck/T. E. Graedel/Hans Joachim Schellnhuber (2020). Buildings as a global carbon sink. Nature Sustainability [DOI:10.1038/s41893-019-0462-4] und https://www.bauhausdererde.org/.

25 Siehe z. B. London Energy Transformation Initiative (2020) Embodied Carbon Primer. Verfügbar unter: https://www.leti.london/ecp.

6.5   Beispiel zur Kennzahlensteuerung von Klimarisiken

Um die zuvor genannten, theoretisch dargestellten Kennzahlen verständlich zu machen, stellen wir diese im Folgenden an einem Beispiel dar. Darin werden sowohl die emissionsbezogenen als auch die finanziellen Kennziffern in einem integrierten Ansatz genutzt und die Verzahnung beider Dimensionen der Klimarisikoanalyse beleuchtet. Als Beispielobjekt dient ein großes Bürogebäude in Frankfurt aus dem Jahr 1985, das 2007 bereits einmal energetisch saniert wurde. Die nachfolgende Tabelle zeigt die für die Analyse relevanten Daten des Objekts. Im Folgenden zeigen und erläutern wir die Analyseergebnisse zunächst immer auf Grundlage des Beispielgebäudes. Anschließend folgt eine Einordnung im Rahmen eines imaginären Gesamtportfolios. Entsprechend lassen sich alle dargestellten Kennzahlen für Einzelgebäude und Portfolios bestimmen. Im Folgenden weisen wir Kennzahlen für transitorische und physische Risiken getrennt aus.[26] Alle Ergebnisse sind Produkte einer spezifischen Szenario-Modellierung[27] und ihrer Annahmen. Bei Anwendung anderer Ansätze können diese entsprechend variieren. Das Beispiel verwendet als Analysegrundlage die Szenarien der IPCC und IEA.

Standort	Frankfurt, Deutschland
Gebäudetyp	Büro
Baujahr	1985
Gebäude Gesamtgröße	11 000 m^2
Gebäudewert	66 Euro/m^2
Nettokaltmiete	2.64 Euro/m^2
ROI	12 %
Diskontsatz	5 %
Endenergiebedarf (Wärme)	97,6 kWh/m^2
Endenergiebedarf (Strom)	36,4 kWh/m^2
Primärenergieträger	Gas

Tabelle 1: Beispiel-Gebäudedaten

---

26   Mittelfristig ist mit einer Weiterentwicklung der Best Practice in Richtung der integrierten Analyse von beiden Risikodimensionen zu rechnen. Aktuell ist diese noch durch Datengengpässe insbesondere in Bezug auf granuläre Gefahrendaten und Schadenskurven charakterisiert.

27   Für diesen Beitrag haben wir die Ergebnisse mithilfe der PwC-Szenarioanalyse-Software Climate Excellence erstellt.

Transitorische Risiken: Was passiert beim Übergang zu einem emissionsarmen Gebäudesektor?

Mit Blick auf die genannten Herausforderungen bei der Erfassung von Scope-3-Emissionsdaten von Gebäuden fokussiert sich der Überblick der Kennzahlen in diesem Beitrag zunächst auf die Steuerung der Scope-1- und -2-Emissionen[28], die ein Bestandshalter oder -manager direkt beeinflussen kann.

Diese Steuerung des **generierten Risikos** kann anhand einer Vielzahl von emissionsbezogenen Kennzahlen umgesetzt werden. Die zentralen Kennzahlen sind dabei der Endenergiebedarf des Gebäudes und der Primärenergieträger. Diese lassen sich nutzen, um die **Energie- und Emissionsintensität** zu bestimmen.

Die **Energieintensität** beschreibt die zum Heizen oder Kühlen und für fest verbaute Stromverbrauche (etwa die Flurbeleuchtung) benötigte Energie pro Quadratmeter [kWh/m²]. Im Beispiel aus der Tabelle ist dies die Summe der beiden Endenergiebedarfe für Wärme und Strom. Die aktuelle **Energieintensität** des Beispielgebäudes beträgt 134 kWh/m². In einem 1,8°C-Szenario, bei dem sich die globale Erderwärmung auf 1,8°C beschränkt, sollten Bürogebäude in Deutschland 2050 lediglich 95 kWh/m² verbrauchen. Dieser Wert, der aus den Szenarien der IEA abgeleitet wurde, würde die Einhaltung des Pariser Klimaabkommens sicherstellen. Da es sich hierbei um ein globales Szenario handelt, können nationale Vorgaben (beispielsweise aus dem Klimaschutzgesetz) abweichen.

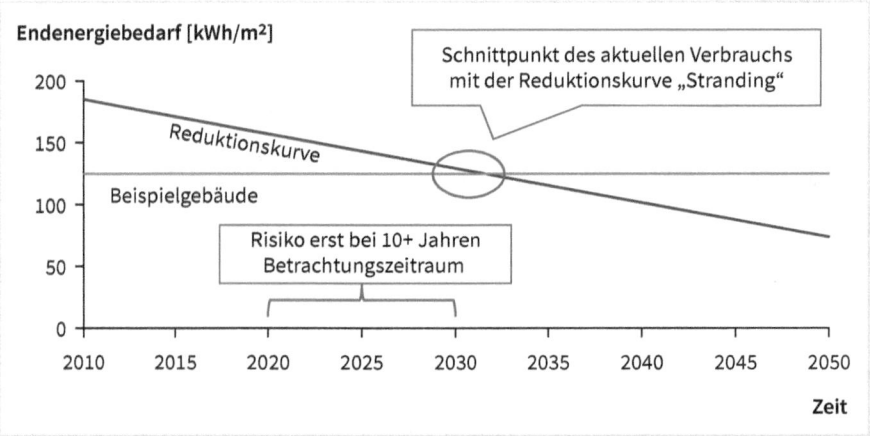

Abb. 6.6: Stranding-Zeitpunkt des Beispielgebäudes anhand des Energieverbrauchs. Quelle: PwC, 2021.

---

28   Die Abgrenzung von Scope 1, 2 und 3 eines Unternehmens in der Immobilienbranche ist abhängig von seiner Position und Abdeckung in der Wertschöpfungskette. Dieser Artikel nimmt die Perspektive eines Bestandshalters oder Managers ein, der keine eigene Projektentwicklung betreibt.

Gleichzeitig lässt sich unmittelbar daraus ein möglicher finanzieller »Stressor« ermitteln – in diesem Falle ein möglicher Stranding-Zeitpunkt. Spätestens zu diesem Zeitpunkt wäre eine energetische Sanierung angezeigt. Möglicherweise kann sogar von einer Regulierung ausgegangen werden, die ein Vermietungsverbot postuliert. Der **Stranding-Zeitpunkt** ist der Zeitpunkt, an dem die aktuelle Energieintensität größer ist als die im Szenario beschriebene Intensität. Durch den zuvor dargestellten Energiebedarf von 134 kWh/m^2 würde unser Beispielgebäude im Jahre 2033 »stranden«.[29]

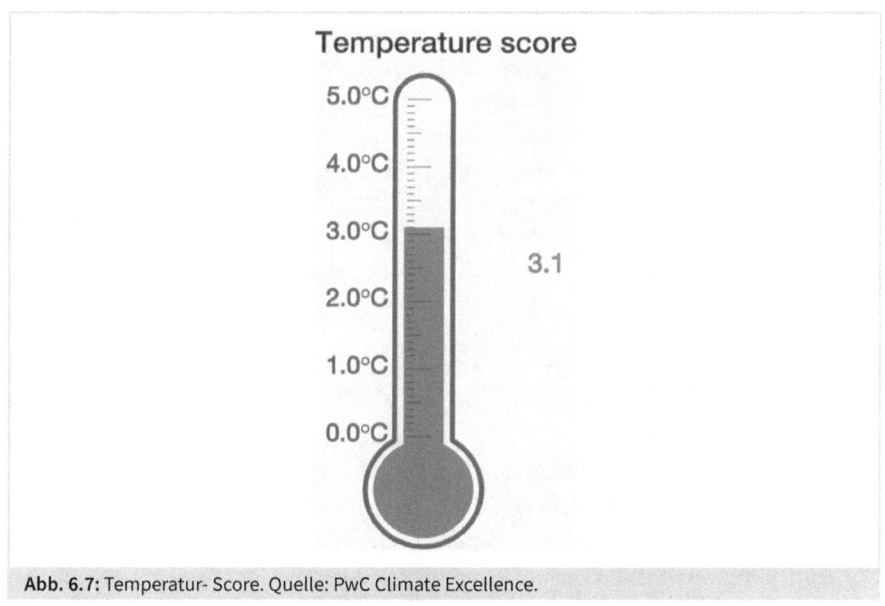

Abb. 6.7: Temperatur- Score. Quelle: PwC Climate Excellence.

Analog zur Energieintensität gibt die **Emissionsintensität** die durch den Energieverbrauch emittierten Treibhausgasemissionen pro qm an [kgCO$_2$/m^2]. Diese Kennzahl wird durch die Kombination der Energieintensität und dem Primärenergieträger bzw. der CO$_2$-Intensität des örtlichen Strommix berechnet. Eine Möglichkeit, die Emissionsintensität verständlicher auszudrücken, ist in Form eines **Temperatur-Scores.** Dieser könnte zum Beispiel den Erderwärmungsbeitrag beschreiben, der entstünde, wenn alle Gebäude dasselbe Emissionsprofil wie dieses Gebäude hätten.

Wenn jedes deutsche Bürogebäude die Emissionsintensität unseres Beispielgebäudes (ca. 36 kg CO$_2$/m^2) hätte, würde die globale **Erderwärmung auf 3,1°C** steigen – und somit weit hinter den politischen und gesellschaftlichen Zielen zurückbleiben. Diese sehr eingängige Kennzahl kann dabei helfen, die eigene Klimaleistung transparent zu kommunizieren.

---

29   Wichtig: Die Annahme ist hier, dass es eine Regulierung gibt, die von Nicht-Vermietbarkeit ausgeht.

Abb. 6.8 zeigt die Analyse der emissionsbasierten Kennzahlen für ein ganzes Portfolio.

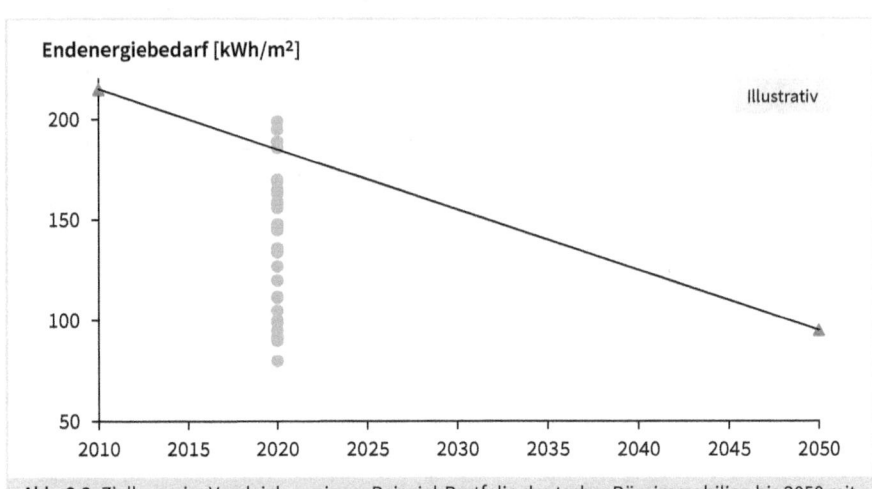

Abb. 6.8: Zielkurve im Vergleich zu einem Beispiel-Portfolio deutscher Büroimmobilien bis 2050 mit einem 1,8°C-Ziel. Quelle: PwC, 2021.

Die zuvor beschriebenen Kennzahlen, Energieintensität, Stranding-Zeitpunkt, Emissionsintensität und Temperatur-Score zeigen den Handlungsbedarf insbesondere in Bezug auf die Bestandsgebäude. Aus ihnen lassen sich Anforderungen an zukünftige Projektentwicklungen und Ankäufe ableiten. Sie bieten eine Indikation, für welche Gebäude das Immobilienunternehmen über eine energetische Sanierung, einen Abriss oder eine Veräußerung entscheiden sollte. Eine detaillierte Analyse der drei Optionen ist natürlich notwendig. In diesem Zusammenhang kann die Analyse der finanziellen Implikationen des Klimawandels mithilfe von Szenario-Analysen zusätzliche Informationen liefern.

Wie in Abschnitt 3b dargestellt, sind **Gebäudewert, Investitionskosten** und **Profitabilität** relevante finanzielle Kennzahlen in der Szenarioanalyse im Gebäudesektor. Entsprechend einer ambitionierten Dekarbonisierung zeigt dieses Beispiel die Ergebnisse für ein 1,8°C-Szenario. Für eine umfassende Betrachtung müssten die Resultate über verschiedene Klimaszenarien hinweg in Relation gesehen werden. Diese Ergebnisse stellen wir im Beispiel aus Gründen des Umfangs nur für die Kennzahl Profitabilität dar.

Basierend auf der aktuellen Klima-Performance müsste das Beispielgebäude spätestens im Jahr 2033 (im 1,8°C-Szenario) energetisch saniert werden. Um die Ziel-Energieintensität für das Jahr 2050 zu erreichen, wäre eine Investition von ungefähr 6,9 Millionen Euro notwendig, um beispielsweise eine ausreichende Dämmung, Lüftungsanlagen und ein emissionsarmes Heizungssystem einzubauen. Diese **Investitionskosten** würden den Wert des Gebäudes – etwa in Form einer Abschreibung – zunächst reduzieren.

Gleichzeitig dürften die Mieteinnahmen für ein »grünes Gebäude« künftig höher ausfallen, etwa weil laufende Kosten sinken und Mieteinnahmen steigen. Die Gründe sind unter anderem folgende: Derzeit verringert ein Investitionsstau die Flächen verfügbarer grüner Gebäude, gleichzeitig wächst die Mieterschaft mit grüner Präferenz. Diese Effekte sorgen dafür, dass kurzfristig der **Gebäudewert** sinkt, langfristig jedoch steigt.

Die Analyse auf Portfolioebene liefert hilfreiche Informationen über den gesamten Investitionsbedarf in den kommenden Jahren und zeigt eventuelle Ballungszeiträume an. In Abb. 6.9 ist beispielhaft für ein Portfolio zu sehen, wie sich der Investitionsbedarf über die einzelnen Jahre entwickelt. Die frühzeitige Analyse dieser Investitionen kann dabei helfen, die Gebäude mit hohem Potenzial zu priorisieren sowie die Finanz- und Umsetzungsplanung entsprechend anzupassen.

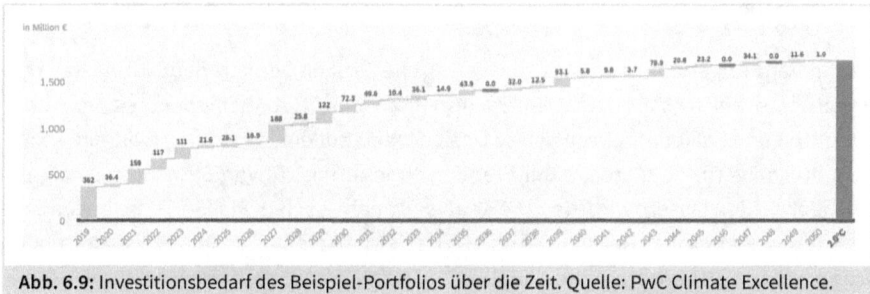

Abb. 6.9: Investitionsbedarf des Beispiel-Portfolios über die Zeit. Quelle: PwC Climate Excellence.

Die verbesserte Performance des Gebäudes zeigt sich ebenfalls in der **Profitabilität** des Assets. Abb. 6.10 stellt den Effekt auf die Profitabilität des Beispielgebäudes unter der Annahme einer entsprechend des jeweiligen Ambitionsniveaus des Szenarios durchgeführten energetischen Sanierung dar. Die Entwicklung unterliegt einer weiteren Annahme: Die Investitionskosten lassen sich auf die Mieter und damit verbundene Mieteinnahmen umlegen.

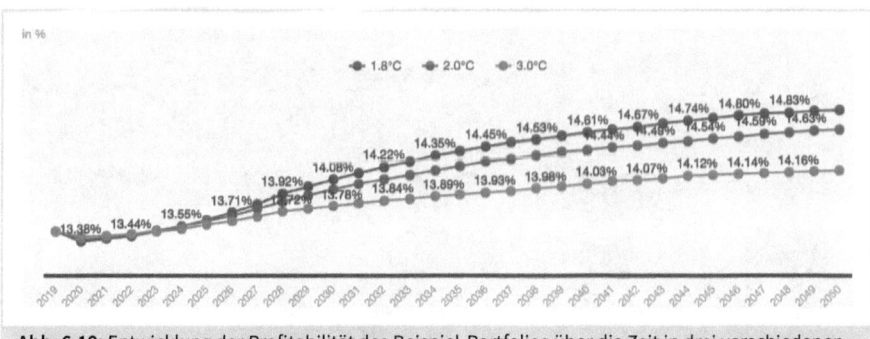

Abb. 6.10: Entwicklung der Profitabilität des Beispiel-Portfolios über die Zeit in drei verschiedenen Klimaszenarien. Quelle: PwC Climate Excellence.

Physische Risiken: Was passiert bei einer stärkeren Erderwärmung?

Je weniger die Transition zu einer emissionsarmen Wirtschaft vorangetrieben wird, desto größer könnten die Auswirkungen physischer Gefahren werden. Im Rahmen von Gebäudeversicherungen und effektivem Facility Management werden diese schon heute häufig beachtet. Ihre Beurteilung erfolgt fast ausschließlich über Ableitungen aus historischen Klima- und Schadensdaten. Gerade im Rahmen einer möglicherweise stärkeren Erderwärmung sind diese Daten kein ausreichender Schutz, um die Risiken in den Griff zu bekommen. Die besseren Alternativen sind Klimaszenarien und damit die Nutzung von in die Zukunft gerichteten Daten. Sie ermöglichen es, neue Gefahren – wie beispielsweise die Bodenabsenkung oder Flut – zu berücksichtigen, die zuvor an Standorten noch keine Rolle gespielt haben. Und sie erlauben es, sich möglicherweise gravierend verändernde Risiken zu erfassen und zu bewerten.

Häufig wird angenommen, dass sich physische Risiken zeitlich deutlich später materialisieren als transitorische. Betrachtet man eine Gebäudelebenszeit von über 50 Jahren und kalkuliert eine gewisse Unsicherheit mit ein, da sich auch aktuell schon wesentliche Veränderungen in der Frequenz und Intensität von Starkwetterereignissen beobachten lassen, wird klar: Die Analyse der physischen Risiken ist insbesondere im Neubau von großer Relevanz. Abb. 6.11 zeigt beispielhaft eine Analyse der physischen Risiken. Zu beachten sind dabei einerseits die **Verletzlichkeit** (*vulnerability*), mit der analysierte Standorte behaftet sind, und andererseits die durchschnittliche **Schadenshöhe** in Abhängigkeit der individuellen Gefahren. Beide Faktoren zusammen bestimmen die **Gefährdungsanfälligkeit**.

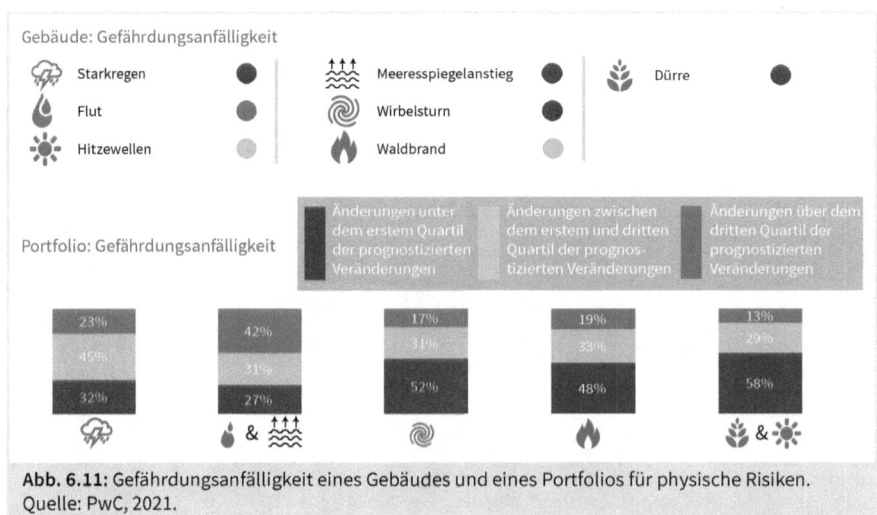

Abb. 6.11: Gefährdungsanfälligkeit eines Gebäudes und eines Portfolios für physische Risiken. Quelle: PwC, 2021.

In der Darstellung wird deutlich: Die Kategorie Flut stellt für das Beispielgebäude die höchste Gefahr dar. In der Kombination von Verletzlichkeit und Schadenshöhe liegt die eigentliche Komplexität bei der Erfassung der finanziellen Auswirkungen von physischen Risiken. Der Grund: Schadenssummen sind über Zeitspannen hinweg wenig aussagekräftig, da sie beispielsweise mehrere Flutereignisse zusammenführen und den wiederholten Schadensfall abdecken müssen. Zudem suggerieren sie, dass die am Gebäude vorzunehmenden Reparaturen genau bekannt sind, etwa die Trocknung des Fundaments oder die Renovierung der Innenräume. Als Entscheidungsgrundlage für den Erhalt oder Ausbau eines Standorts ist daher eher die Berechnung auf Grundlage durchschnittlicher Schäden pro Jahr zu sehen. Daneben sollten Aspekte zur Mitigierung des Risikos in der Umwelt bei ihrer Installation (z. B. Aufschüttung eines Damms) mit potenziellen Schäden abgeglichen werden. So lässt sich langfristig das Risiko der Standorte minimieren.

6.6   Ausblick auf das Klimarisikomanagement in der Immobilienwirtschaft

Klimaschutz bleibt aus volkswirtschaftlicher Sicht der beste Weg, um die unternehmerische Zukunft zu sichern. Denn die Gesamtkosten – das heißt die Summe von Reduzierung, Anpassung und Schaden – steigen exponentiell, je weiter die globale Erwärmung voranschreitet.

Zusammenfassend lässt sich festhalten:

- Ein effektives **Klimarisikomanagement** umfasst zwei Dimensionen: »Wie wirke ich auf die Welt?« und »Wie wirkt die Welt auf mich?«
- Kennzahlen in Bezug auf **transitorische Risiken** können beispielsweise **Energie- und Emissionsintensität, Stranding-Zeitpunkt** und **Temperatur-Score** sein. Diese lassen sich gemeinsam mit Szenarioanalyse-Ergebnissen zu **Gebäudewert, Investitionskosten** und **Profitabilität** nutzen, um eine Portfoliostrategie im Rahmen der Dekarbonisierung, ihrer finanziellen Implikationen sowie die Opportunitätskosten des »Nicht-Handelns« zu beleuchten.
- Kennzahlen in Bezug auf **physische Risiken** können **Verletzlichkeit**, durchschnittliche **Schadenshöhe** und die daraus resultierende **Gefährdungsanfälligkeit** sein. Diese helfen dabei, neue und bestehende Standorte zu evaluieren und die Wirtschaftlichkeit der Installation von Anpassungsmaßnahmen in Bezug auf ein sich veränderndes Klima näher zu betrachten.
- Unternehmen in der Immobilienwirtschaft werden strategisch einen **Datenhaushalt für das Thema Klima** anlegen und die beiden Dimensionen »Wie wirke ich auf die Welt?« und »Wie wirkt die Welt auf mich?« miteinander verzahnen müssen.
- Die Klimaanalysen ergänzen Informationen zu weiteren Markttrends, die derzeit die **strategische Agenda** beeinflussen. Dazu zählen der strukturelle Wandel der Branche durch die COVID-19-Pandemie, die allgemeine Marktentwicklung sowie technische Informationen in Bezug auf den Gebäudelebenszyklus.

Nach der Konzeption eines Kennzahlensystems zur Steuerung von Klimarisiken und -chancen muss dieses in die Aufbau- und Ablauforganisation integriert werden (siehe Abb. 6.12 auf Basis eines Real Estate Investors /Asset-Managers). Die wichtigsten Stellschrauben lassen sich in fünf Aspekte gliedern und unter dem Dach der Klimastrategie zusammenfassen:

1. Erwerb, Finanzierung und Due Diligence
2. Bewertung
3. Gebäude- und Portfoliomanagement
4. grüne Produkte und Vertrieb sowie
5. Berichterstattung und -prüfung.

Das Steuerungssystem und seine Kennzahlen können über das Risikomanagement und die Strategieplanung hinaus alle operativen Bereiche informieren und dabei helfen, Risiken aktiv zu vermeiden und die gesteckten Ziele zu erreichen.

Abb. 6.12: Integration der Klimastrategie in alle Unternehmensbereiche. Quelle: PwC, 2021.

Die Konzeption und die Integration des Kennzahlensystems sind eine anspruchsvolle Aufgabe, die Zeit und Ressourcen benötigt. Nichtsdestotrotz soll auch dieser Beitrag zeigen: Der Klimawandel ist nicht mehr, aber auch nicht weniger als ein weiterer externer Einflussfaktor, dem sich Immobilienunternehmen aktuell stellen müssen. Wer es versteht, das Thema Klima in diesem Sinne auch aus der finanziellen Perspektive zu betrachten, kann dazu beitragen, alle Bereiche im Unternehmen mit auf die (Klima-)Reise zu nehmen. Auch mit Blick auf die eingangs erwähnten Initiativen und Regulierungen ist dies ein guter Ansatz, um konstruktiv und erfolgreich eine der größten Herausforderungen unserer Wirtschaft und Gesellschaft in den kommenden Jahren anzugehen.

7 Instrumente zur Messung von ESG-Kriterien und Taxonomie

Simone Lakenbrink

7.1 Allgemeiner Hintergrund

Die EU hat ein Klassifizierungssystem verabschiedet, das festlegt, welche wirtschaftlichen Aktivitäten als nachhaltig angesehen werden können. Die Taxonomie-Verordnung klassifiziert dabei ökologisch nachhaltige Wirtschaftstätigkeiten anhand technischer Bewertungskriterien.

Die Verordnung (EU) 2020/852 (die »Taxonomie-Verordnung«) wurde am 22. Juni 2020 veröffentlicht und trat am 12. Juli 2020 in Kraft. Sie legt vier übergreifende Bedingungen fest, die eine wirtschaftliche Aktivität erfüllen muss, um als ökologisch nachhaltig zu gelten. Eine Tätigkeit muss einen wesentlichen Beitrag zur Erfüllung mindestens eines der sechs bereits benannten Umweltziele der EU leisten und einen deutlich positiven Effekt erreichen.

Gleichzeitig darf die wirtschaftliche Aktivität keine erheblichen Beeinträchtigungen auf die anderen fünf Umweltziele haben. Für alle sechs Umweltziele werden bis 2023 technische Bewertungskriterien entwickelt, anhand derer die konkreten Aktivitäten auf ihre ökologische Nachhaltigkeit hin beurteilt werden können.

Die Europäische Kommission hat bereits technische Prüfkriterien für die ersten beiden Umweltziele (d. h. Klimaschutz und Anpassung an den Klimawandel) aufgestellt. Die Berichts- und Offenlegungspflichten im Zusammenhang mit diesen Screening-Kriterien werden in der EU ab dem 1. Januar 2022 gelten, während die Screening-Kriterien für die übrigen vier Umweltziele ab dem 1. Januar 2023 gelten werden.

Die EU-Taxonomie schließt auch die Immobilienwirtschaft mit ein. In Anbetracht des immer stärker werdenden Fokus auf Nachhaltigkeit und soziale Verantwortung bei Immobilieneigentümern, Investoren, Banken und Mietern wird die Taxonomie einen großen Einfluss auf den Kapitalfluss innerhalb des Immobilienmarktes haben.

Da Gebäude für 40 % des Energieverbrauchs in der EU verantwortlich sind, ist ein Hauptziel der Taxonomie-Verordnung, Investitionen in energieeffizientere Gebäude zu lenken und Investitionen in Gebäude zu stimulieren, die zur Reduzierung des Energieverbrauchs beitragen. Die folgenden gebäudebezogenen Aktivitäten werden derzeit von der Taxonomie erfasst:

- Bau von neuen Gebäuden
- Sanierung von bestehenden Gebäuden
- Umweltmaßnahmen in bestehenden Gebäuden
- Erwerb von Immobilien

7.2   Sustainable-Building-Zertifikate

In diesem Kapitel werden Instrumente zur Messung von Nachhaltigkeitskriterien der Verordnung (EU) 2020/852 (»Taxonomie-Verordnung«) aufgeführt, die bereits etabliert sind bzw. zurzeit entwickelt werden. Die Auflistung ist nicht als ausschließlich zu betrachten. Zur Messung des Erfüllungsgrads der Anforderungen der Taxonomie-Verordnung bzw. zur Erhebung des Status quo bieten sich die Instrumente der internationalen oder länderspezifischen Zertifizierungssysteme für nachhaltige Gebäude, wie z. B. Building Research Establishment Environmental Assessment Method (BREEAM), Leadership in Energy and Environmental Design (LEED) oder Deutsche Gesellschaft für Nachhaltiges Bauen (DGNB) an, die neben anderen Nachhaltigkeitskriterien die Energieeffizienz des Gebäudes bewerten.

- **BREEAM** wurde 1990 entwickelt und ist damit das älteste Zertifizierungssystem für die Nachhaltigkeitsbewertung von Masterplanungsprojekten, Infrastrukturen, Gebäuden und Immobilienportfolien.

  Es bewertet die Assets über den gesamten Lebenszyklus – vom Neubau über die Nutzung bis hin zur Modernisierung – nach den folgenden Kategorien: Management, Energy, Health and Wellbeing, Water, Transport, Ressources, Resilience, Land use and Ecology, Pollution und Innovation.

  Die BREEAM Bewertung beginnt bei Acceptable (nur In-Use System) über Pass, Good, Very Good, Excellent bis zu Outstanding, was sich jeweils in einer Sterne-Bewertung ausdrückt.

  BREEAM findet international Anwendung in 89 Ländern und verifizierte bereits 26.858 Assets durch 1.916 lizenzierte Assessoren/AP (Stand Juli 2021).[1]

---

1   BREEAM Projects.

- **LEED** brachte 1998 das erste Zertifizierungssystem auf den Markt und bewertet inzwischen Neubauten und Sanierungen, Bestandsgebäude, Innen- und Mieterausbauten und ganze Gemeinden oder Städte in den folgenden Kategorien: Infrastrukturelle Einbindung des Standortes, Grundstücksqualitäten, Wassereffizienz, Energie und Globale Umweltwirkungen, Materialkreisläufe und Ressourcenschonung, Innenraumluftqualität, Innovationen, Kriterien mit standortbedingt besonderer Bedeutung[2].
  Die LEED-Bewertung rangiert von Certified über Silver, Gold bis hin zu Platinum.
  LEED findet international Anwendung und zertifizierte bereits 79.280 Assets durch 56.811 lizenzierte AP (Stand Juli 2021)[3].
- **DGNB** wurde 2007 gegründet und entwickelt seitdem Zertifizierungssysteme für Neubau, Sanierung/Bestand, Rückbau, Gebäude im Betrieb, Innenräume, Baustellen und Quartiere in den Schutzzielen ökologische, ökonomische, soziokulturelle und funktionale Qualität, technische Qualität sowie die Prozess- und Standortqualität.
  Bewertet wird mit Bronze, Silber, Gold, Platin und Diamant.
  DGNB findet europaweit Anwendung und zertifizierte bereits 1.572 Assets[4] durch 810 lizenzierte Auditoren[5] (Stand Juli 2021).

Alle genannten Zertifizierungssysteme enthalten Kriterien zur Bewertung der Nachhaltigkeit von Immobilien. Sie bewerten zudem nicht nur die ökologische Nachhaltigkeit (u. a. Energieeffizienz), sondern berücksichtigen auch soziale (z. B. Gesundheit und Wohlbefinden) und ökonomische (z. B. Lebenszykluskosten) Aspekte.

Damit beinhalten die o. g. Zertifizierungssysteme viele Inhalte von ESG-Kriterien. Die größte Überlappung übernimmt das »E« mit Energie, sonstigen Ressourcen, Abfall- und Wassermanagement, gefolgt vom »S« mit den Kriterien Gesundheit und Wohlbefinden, Gebäudesicherheit usw. »G« ist in Gebäudezertifikaten logischerweise kaum enthalten, da Themen wie Vergütung der Führungskräfte, Gesellschafterrechte, Arbeitsstruktur- und Prozess-Audits keine Kriterien einer reinen Gebäude- oder Immobilien-Portfoliozertifizierung sind.

Grundsätzlich besteht die Herausforderung bei Modernisierungen sowie Bestandsimmobilien in der mangelhaften Verfügbarkeit der notwendigen Daten zur Nachweisfüh-

---

2   https://www.german-gba.org/wp-content/uploads/2021/05/LEED_handout_2p_GGBA_210426.pdf.
3   About: Brand | U.S. Green Building Council (usgbc.org).
4   Alle zertifizierten Projekte | DGNB System (dgnb-system.de).
5   Auditoren | DGNB System (dgnb-system.de).

rung. Hier bietet eine bereits bestehende Zertifizierung, die optimalerweise zeitnah erfolgte, aufgrund der Transparenz der Daten einen Vorteil gegenüber nicht-zertifizierten Immobilien, wie die EU-Taxonomie-Studie »Evaluating the market readiness of the EU taxonomy criteria for buildings«[6] aufzeigt. Insbesondere für Neubauten liegt eine Nachweisdokumentation fast doppelt so häufig vor wie bei nicht-zertifizierten Immobilien, da diese die Grundlage für den Zertifizierungsprozess an sich bilden.

Wie die folgende Gegenüberstellung (siehe Tabelle) der Anforderungen aus der Taxonomie mit den Anforderungen der in Deutschland, Europa und international gängigen Zertifizierungssystemen in Bezug auf Immobilien (Neubau, Modernisierung, Bestand) zeigt, decken diese bereits seit Jahren die Anforderungen der Taxonomie ab. Die Zertifizierungssysteme gehen sogar noch einen Schritt weiter: Sie legen klare Bemessungsgrundlagen, Methoden, Obergrenzen und Anforderungen an die Nachweisdokumente fest, immer vor dem Hintergrund der Übererfüllung bestehender regulatorischer Vorgaben. Sie werden kontinuierlich weiterentwickelt und greifen mit der damit eingehenden Verschärfung zukünftigen Anforderungen vorweg.

Allen genannten Zertifizierungssystemen gemein ist die Prüfung und Verifizierung der Angaben durch unabhängige Dritte, was die Glaubwürdigkeit der Ergebnisse steigert. Dies ist zwar zukünftig auch für die Taxonomie vorgesehen, findet aufgrund fehlender Grundlagen zurzeit jedoch noch nicht statt.

Zusammenfassend kann festgehalten werden, dass die Anwendung von Gebäudezertifikaten ein guter Startpunkt und Leitfaden im Hinblick auf die Taxonomie ist, viele der zukünftig geforderten und noch nicht final definierten Anforderungen dort bereits vorweggenommen werden, durch die geforderte Dokumentation die Transparenz der Daten gegeben ist und durch die unabhängige Prüfung verifiziert wird.

Wie die folgende Tabelle zeigt, sind viele Themenbereiche der Taxonomie-Verordnung in den Kriterien der Zertifizierungssysteme bereits abgebildet.

---

6   EU-Taxonomy-Study_2021.pdf (dgnb.de).

Anforderungen an Gebäude gem. Taxonomie-Verordnung	Kriterien der Zertifizierungssysteme		
	BREEAM[7]	LEED[8]	DGNB[9]
Bei der Planung und dem Bau neuer Gebäude muss das Gebäude einen Energiebedarf haben, der mindestens 20 % unter dem Schwellenwert für das Fast-Null-Energiegebäude (NZEB) liegt.	Asset Energy Calculation Reduction of energy use and carbon emissions Low carbon design Energy efficient cold storage, transport systems, equipment	Minimum Energy Performance Optimize Energy Performance Renewable Energy	Ökobilanzierung Qualität der Gebäudehülle Einsatz und Integration von Gebäudetechnik
Für Renovierungen gilt, dass sie die lokalen nationalen oder regionalen Anforderungen für »größere Renovierungen« nach der EU-Gebäuderichtlinie (Energy Performance of Buildings Directive – EPBD) erfüllen müssen, oder aber mindestens eine Verbesserung des Primärenergiebedarfs um 30 Prozent bedingen.			
Investitionen in Einzelmaßnahmen und Dienstleistungen zählen als nachhaltig, wenn sie zur Reduzierung der Energieverbräuche und/oder CO_2-Emissionen eines Gebäudes beitragen.	Energy monitoring Energy efficient cold storage, transport systems, equipment	Optimize Energy Performance Building-Level Energy metering Commissioning and Verification Renewable Energy	Lebenszykluskostenberechnungen FM-gerechte Planung

---

7   Technical Standards | BREEAM.
8   LEED_v4.1_BD_C_Guide_040921.pdf.
9   Kriterienübersicht Gebäude Neubau | DGNB System (dgnb-system.de).

Anforderungen an Gebäude gem. Taxonomie-Verordnung	Kriterien der Zertifizierungssysteme		
	BREEAM[7]	LEED[8]	DGNB[9]
Für Erwerb und Eigentum gilt, dass Gebäude (Baujahr nach 2021) die Kriterien des Neubaus erfüllen müssen. Gebäude, die vor 2021 gebaut wurden, müssen während der Nutzungsphase mit den obersten 15 Prozent des nationalen Bestands in Bezug auf den berechneten Primärenergiebedarf vergleichbar sein. Zusätzlich zu den Klimaschutzkriterien sind noch die jeweils formulierten DNSH-Kriterien einzuhalten.	Asset Energy Calculation Reduction of energy use and carbon emissions Low carbon design Energy efficient cold storage, transport systems, equipment	Optimize Energy Performance Building-Level Energy metering Renewable Energy	Ökobilanzierung Qualität der Gebäudehülle Einsatz und Integration von Gebäudetechnik
Das Gebäude muss extremen Regenfällen, Überschwemmungen und erhöhten Temperaturen standhalten.	Design for durability and resilience Hazards Adaptation to climate change Surface water run-off	Site Assessment Rainwater Management	
Das Gebäude muss über wassersparende Installationen verfügen.	Water consumption Water efficient equipment	Indoor water use reduction Optimize Process Water Use	Trinkwasserbedarf und Abwasseraufkommen
Mindestens 70 % (nach Gewicht) der nicht gefährlichen Bau- und Abbruchabfälle, die auf der Baustelle anfallen, müssen für die Wiederverwendung, das Recycling und andere stoffliche Verwertung vorbereitet werden.	Construction waste management Recycled aggregates		Rückbau- und Recyclingfreundlichkeit
Die beim Bau verwendeten Bauteile und Materialien dürfen kein Asbest oder andere spezifizierte Umweltgifte enthalten.	Life Cycle Impacts	Environmental Product Declaration Material Ingredients	Risiken für die lokale Umwelt

Anforderungen an Gebäude gem. Taxonomie-Verordnung	Kriterien der Zertifizierungssysteme		
	BREEAM[7]	LEED[8]	DGNB[9]
Das Gebäude darf nicht auf kontaminiertem Boden errichtet werden.	Site Selection	Environmental Site Assessment High-Priority Site and Equitable Development	Flächeninanspruchnahme Mikrostandort
Für den Bau müssen Baumaschinen verwendet werden, die der Non-Road Mobile Machinery Directive entsprechen.	Responsible Construction Practices	Construction Activity Pollution Prevention	Baustelle / Bauprozess Qualitätssicherung der Bauausführung
Das Gebäude darf nicht in Naturschutzgebieten gebaut werden.	Ecological value of site and protection of ecological features	Sensitive Land Protection	Flächeninanspruchnahme
Das Gebäude kann nicht in Gebieten mit hohem landwirtschaftlichen Wert gebaut werden.	Ecological value of site and protection of ecological features	Sensitive Land Protection	Flächeninanspruchnahme
Mindestens 80 % der verbauten Holzmaterialien müssen recycelt oder FSC / PEFC-zertifiziert sein	Responsible sourcing of construction products	Environmental Product Declaration	Verantwortungsvolle Ressourcengewinnung

Quelle: Eigene Darstellung

Erste Studien zur Relation von Zertifizierungssystemen und Taxonomie liegen bereits vor. Zusammengefasst hat die o. g. EU TAXONOMY STUDY »Evaluating the marketreadiness of the EU taxonomy criteria for buildings«, eine Zusammenarbeit von DK-GBC (Dänemark) DGNB (Deutschland) ÖGNI (Österreich) und GBCe (Spanien), die v. a. DGNB- und BREEAM-zertifizierte Gebäude analysierte, folgende Ergebnisse veröffentlicht:

- Zertifizierte Neubauten sind besser dokumentiert und können somit besser taxonomiert werden.
- Bei den untersuchten nicht-zertifizierten Modernisierungsobjekten waren etwa 40 % der Daten nicht verfügbar.
- 66 % der untersuchten Bestandsobjekte konnten aufgrund fehlender Daten nicht bewertet werden.
- In Bezug auf das Baujahr wurde festgestellt, dass Gebäude, die nach 2005 gebaut wurden, mit größerer Wahrscheinlichkeit die Kriterien des Klimaschutzes erfüllen.

Bezogen auf die Energiekriterien analysierte eine weitere Studie (»EU Taxonomy alignment case study«[10]) die Bewertungen der Zertifizierungssysteme im Vergleich zur Taxonomie-Verordnung:

- BREEAM: Die Zertifizierungsstufe »Exzellent« entspricht den EU-Kriterien, die eine um 20 % bessere Energieeffizienz als die Bauvorschriften vorschreiben – wobei die Taxonomie-Verordnung Referenzwerte für »nearly zero energy buildings« (NZEB) für Bauvorschriften verwendet.
- LEED: LEED Gold kann als minimales Zertifizierungsniveau angenommen werden (LEED-Gold-Gebäude sind im Durchschnitt ca. 33 % energieeffizienter als die lokale Norm). Dies ist ein Näherungswert, da einige LEED-Gold-Gebäude eine ähnliche Energieeffizienz wie die Referenzgebäude aufweisen.

Perspektivisch lässt sich zum Schluss festhalten, dass die zertifikatsgebenden Institutionen daran arbeiten, die Kriterien der Taxonomie-Verordnung in ihre Systeme zu integrieren. Die DGNB belegt dies bereits mit ihrer EU-Taxonomy-Study 2021.

7.3   Green Rating – GRESB

GRESB B.V. wurde 2009 von unterschiedlichen Immobilienfonds-Inhabern gegründet. Ziel ist es, ein Messsystem zu entwickeln, dass vergleichbare Daten über die Umwelt-, Sozial- und Governance-Performance ermittelt. GRESB orientiert sich an internationalen Berichtsrahmen wie GRI (Global Reporting Initiative) und PRI (Principles for Responsible Investment). Die Teilnehmer erhalten Informationen darüber, wie und wo sie im Vergleich zu weiteren Teilnehmern abschneiden, und sie können mit GRESB einen Fahrplan mit Maßnahmen entwickeln, um ihre ESG-Performance zu verbessern[11]. GRESB stellt Investoren umsetzbare Informationen und Werkzeuge zur Verfügung, um die ESG-Risiken und -Chancen ihrer Investitionen zu monitoren und zu managen und um sich auf die zunehmend strengeren ESG-Verpflichtungen vorzubereiten.

Die GRESB-Datenbank umfasst mittlerweile rund 96.000 Assets und enthält spezifische Daten zu Kriterien wie Gebäudezertifizierungen, Energieverbrauch, Treibhausgasemissionen, Wasser, Abfall, technische Gebäudebewertung und Daten-Monitoring. Die Indikatoren folgen einer Plan-Do-Check-Act-Logik.

Folgende Nachhaltigkeitsaspekte gehen in die Bewertung ein bzw. werden separat bewertet: Management, Policy & Disclosure, Risks & Opportunities, Monitoring & EMS,

---

10   https://www.unpri.org/eu-taxonomy-alignment-case-studies/eu-taxonomy-alignment-case-study-amundi/6414.article.
11   https://www.german-gba.org/gresb/.

Stakeholder Engagement, Performance Indicators, Building Certifications; New Construction & Major Renovations; Health & Wellbeing Module; Resilience Module.

Nach eigener Aussage wird GRESB eine aktive Rolle bei der Erfassung der SFDR[12]-konformen Daten spielen und diese sowohl den GRESB-Teilnehmern als auch den Investoren zur Verfügung stellen. GRESB hat dazu im Februar 2021 den Final Report on Draft Regulatory Technical Standards veröffentlicht. Die Ergebnisse zeigen, dass die obligatorischen Indikatoren für die Infrastrukturbewertung zu 76 % und für Immobilien zu 46 % mit der Taxonomie-Verordnung übereinstimmen[13].

7.4   EU-Dekarbonierungspfad – CRREM

Die Europäische Union beabsichtigt, den Gebäudesektor bis 2050 zu dekarbonisieren. Zwei der größten Herausforderungen für die Dekarbonisierungsbemühungen der EU stellen die schlechte Energieeffizienz des Gebäudebestands und der große Sanierungsstau dar. Das 2050-Ziel ist somit nur zu erreichen, wenn eine signifikante Steigerung der energetischen Sanierungen im Immobilienbestand stattfindet, um dem Risiko einer vorzeitigen Veralterung und potenzieller Wertminderung aufgrund sich ändernder Markterwartungen und gesetzlicher Vorschriften entgegenzuwirken. Da viele Bestandsimmobilien ohne Sanierungsmaßnahmen zukünftige Energieeffizienzstandards nicht erfüllen und zu sogenannten »stranded assets« werden, hat die EU zur Bewältigung dieses Risikos und zur Förderung von Investitionen in Energieeffizienzmaßnahmen ein Werkzeug entwickelt: den Carbon Risk Real Estate Monitor (CRREM).

Carbon Risk Real Estate Monitor (CRREM) ist ein Excel-basiertes, frei zugängliches Instrument, unterstützt vom Framework Programme of the European Union Horizon 2020 zu Risikoanalyse und -management von »stranded assets«[14] auf Einzel-Asset- und Portfolioebene. Es bietet die Möglichkeit, länder- und gebäudetypspezifische CO_2-Werte zu ermitteln und Energiereduktionspfade bis 2050 aufzuzeigen, die auf eine Begrenzung der globalen Erwärmung auf 1,5 °C oder 2 °C ausgerichtet sind[15]. CRREM ist europaweit, aber auch international anwendbar.[16] Bewertet werden nicht nur direkte, sondern auch indirekte Emissionen, die in der Bauphase, bei Sanierungen

---

12 Sustainable Finance Disclosure Regulation (SFDR).

13 https://gresb.com/assessment-alignment-mapping/. Eine schematische Abbildung kann der Homepage https://documents.gresb.com/generated_files/real_estate/2018/real_estate/reference_guide/complete. html entnommen werden.

14 Stranded Assets« sind Immobilien, die zukünftige Energieeffizienzstandards und Markterwartungen nicht erfüllen werden und zunehmend dem Risiko einer vorzeitigen wirtschaftlichen Veralterung ausgesetzt sein könnten.

15 CRREM – Make decarbonisation measurable & Manage Carbon Risk.

16 Weitere Informationen können der Website Risk Assessment Tool – CRREM Project entnommen werden.

und dem Rückbau entstehen. Die Parameter beruhen auf wissenschaftlich fundierten CO_2-Emissionen, um die Reduktionspfade festzulegen.

CRREM adressiert folgende Ziele, um das Gesamtziel der Dekarbonisierung zu erreichen:
- Messung der Energieperformance einzelner Immobilien, Portfolios und Unternehmen
- Transparenz der Ressourceneffizienz gegenüber Klimarisiken
- Management von Effizienzmaßnahmen
- Monitoring von Verbräuchen
- Vergleichbarkeit und Dekarbonierungs-Benchmarking
- Bewertung des »Stranding-Risikos«
- CAPEX-Quantifizierung
- Anreiztool für energieeffiziente Architektur und Gebäudetechnologieentwicklung

Das Ergebnis ist u. a. die grafische Bewertung der »stranding-Risiken« von Einzelimmobilien und Portfolios.

8 Energierechtliche und -wirtschaftliche Besonderheiten im Rahmen von ESG

Peter Mussaeus, Sophia Truong und Theresa Stollmann
(unter Mitarbeit von Christian Daniel Hein)

8.1 Einleitung

Wie auch für die Sektoren Energiewirtschaft, Industrie, Verkehr und Landwirtschaft sind für den Gebäudesektor im Klimaschutzgesetz (KSG) zulässige Jahresemissionsmengen festgeschrieben (Anlage 2 KSG). Während die anderen Sektoren im Jahr 2020 ihre jeweiligen Sektorenziele hinsichtlich Klimaschutz erfüllen konnten (wobei dies maßgeblich auf die eingeschränkten Möglichkeiten im Rahmen der COVID-19-Krise zurückzuführen ist), hat der Gebäudesektor seine nach dem KSG zulässige Jahresemissionsmenge in 2020 überschritten. Statt den zulässigen 118 Mio. Tonnen CO_2-Äquivalent ($MtCO_2e$) wurden 120 $MtCO_2e$ emittiert; wobei aber auch in diesem Sektor durch den Lockdown Einsparungen von 4 $MtCO_2e$ erzielt wurden, die in folgenden Jahren nicht zu erwarten sind.[1] Durch die Reform des KSG aufgrund der Entscheidung des Bundesverfassungsgerichts aus März 2021[2], in der das KSG für teilweise verfassungswidrig erklärt wurde, verringern sich die zulässigen Jahresemissionsmengen weiter, sodass im Jahre 2030 der Gebäudesektor für lediglich 67 statt der bisher veranschlagten 70 $MtCO_2e$ verantwortlich sein darf.

In Bezug auf Emissionsminderungen gilt der Gebäudesektor als besonders problematisch, da aufgrund der vielen Bestandsgebäude, geringen Sanierungsrate und langen Amortisationszeiträume Treibhausgasreduktionen und Energieeffizienzsteigerungen nur langsam und zumeist kostenintensiver als in anderen Wirtschaftszweigen erfolgen. Trotzdem ergeben sich vielfältige Einsparungspotenziale. Der Gebäudesektor war 2019 für 40 % des EU-weiten Energieverbrauchs und 36 % der Treibhausgasemissionen verantwortlich.[3] Hierbei entfielen 32 % des Energieverbrauchs auf die Bereiche Raumheizung und Warmwasserbereitung. In privaten Haushalten wurden sogar 83 % des Energieverbrauchs hierfür aufgewendet.[4] Die Umstellung und Reduktion des Energieverbrauchs in diesen Bereichen bilden hiermit die maßgeblichen Ansatzpunkte für eine ESG-Strategie.

---

1 BMU (2021a).
2 Bundesverfassungsgericht, Beschluss des Ersten Senats vom 24. März 2021, 1 BvR 2656/18, 1 BvR 78/20, 1 BvR 96/20, 1 BvR 288/20.
3 Europäische Kommission (2019); Jope, EWeRK 2020, 153, 154.
4 ASUE; BKWK (2018), S. 5; Manthey, EnWZ 2021, 147, 147.

In Anbetracht dieses enormen Einflusses des Gebäudesektors auf das Klima und die Umwelt werden im Folgenden verschiedene energierechtliche Instrumente vorgestellt, die einerseits den Attraktivitätswert einer Immobilie für Mieter und Investoren steigern, andererseits die Treibhausgasbilanz verbessern und zu guter Letzt auch aus ökonomischer Sicht langfristig sinnvoll sind.

8.2   Die Trends der Energiewirtschaft und ihre Auswirkungen auf Immobilien

Die wesentlichen Trends der Energiewirtschaft von morgen lassen sich mit drei »D«s beschreiben: **D**ekarbonisierung, **D**ezentralisierung und **D**igitalisierung.

1. Mittels der **Dekarbonisierung** lassen sich die Treibhausgasemissionen verringern – Ziel ist die Reduktion des Umsatzes von Kohlenstoff. Hierbei gilt es, die Temperaturziele des Pariser Klimaabkommens aus 2015[5], auf welche sich sowohl in nationalen Legislativakten (wie dem KSG) als auch in europäischen Legislativakten (wie dem Europäischen Klimagesetz[6]) bezogen wird, zu wahren. Vor allem die Energiewirtschaft steht in der Pflicht, Emissionen hin zur Nettoklimaneutralität zu verringern. Mithilfe des Ersatzes emissionsintensiver Energieträger durch erneuerbare Energien und eine strombasierte Wärmeerzeugung (z. B. strombetriebene Wärmepumpe) sind erhebliche Emissionsreduktionen zu erreichen.

2. Durch die **Dezentralisierung** soll die Energiewirtschaft weg von der Abhängigkeit von einigen wenigen Großkraftwerken hin zu einer Versorgung mit vielen kleinen lokalen Energieerzeugungsanlagen transformiert werden. Hier ist vor allem der Verbraucher als zukünftiger »Prosumer«, d. h. Erzeuger und Verbraucher in einem, im Fokus. Durch die zunehmende Förderung kleinerer und weniger emissionsintensiver Energieerzeugungsanlagen wie Photovoltaik, Kraft-Wärme-Kopplung und Windkraft können größere Kraftwerke ohne Gefährdung für die Stabilität des Netzes ersetzt werden.

3. **Digitalisierung** soll bei alledem sowohl ein wichtiges Bindeglied sein als auch eigene Reduktionspotenziale eröffnen. Ermöglicht durch die neue Infrastruktur im Rahmen des »Smart-Meterings«[7] können durch die genaue Analyse der Energieerzeugung und des Energieverbrauchs jegliche Energieprozesse optimiert werden. Vorteile sind unter anderem die Ermittlung von Energiefressern, die zeitliche Umdisponierung von Energieverbräuchen, das großflächige Anbieten von dynamischen Tarifen und Netzsicherheit.

---

5   Gesetz v. 28.9.2016, BGBl. 2016 II S. 1082.

6   VERORDNUNG DES EUROPÄISCHEN PARLAMENTS UND DES RATES zur Schaffung des Rahmens für die Verwirklichung der Klimaneutralität und zur Änderung der Verordnungen (EG) Nr. 401/2009 und (EU) 2018/1999 (»Europäisches Klimagesetz«).

7   Gesetzliche Grundlage bildet insoweit das Gesetz über den Messstellenbetrieb und die Datenkommunikation in intelligenten Energienetzen (Messstellenbetriebsgesetz, MsbG), BGBl. I S. 2034, zuletzt geändert durch Art. 5 G zur Änd. des Erneuerbare-Energien-G und weiterer energierechtlicher Vorschriften vom 21.12.2020 (BGBl. I S. 3138).

Ein ESG-Konzept für Immobilien sollte sich an diesen Leitlinien für die Energiewirtschaft und deren Umsetzung im Immobilienbestand und auch in Bezug auf Neubauten orientieren.

Energierecht – eine Kurzeinführung

Das Energierecht beschäftigt sich mit den Rechtsnormen der Energiewirtschaft und reguliert die Energieversorgung mit Strom, Gas und Wärme/Kälte. Übergeordnetes Gesetz für die Bereiche Strom und Gas ist das Energiewirtschaftsgesetz (EnWG), aber das Recht der Energieerzeugung, der Energieverteilung und des Energieverbrauchs ergibt sich auch aus zahlreichen weiteren Gesetzen, wie beispielsweise dem Erneuerbare-Energien-Gesetz (EEG).

Übergeordnetes Ziel des Energierechts ist sowohl die sichere, preisgünstige, verbraucherfreundliche, effiziente und umweltverträgliche Energieversorgung der Allgemeinheit als auch die Herstellung eines wirksamen und unverfälschten Wettbewerbs (§ 1 Abs. 1, 2 EnWG). Im Rahmen der Herstellung eines Wettbewerbs wurde die Energiewirtschaft u. a. durch die Entflechtung liberalisiert (sog. Unbundling). Auch aufgrund dieser Liberalisierung ist das Energierecht geprägt durch spezifische Marktrollen, deren Verständnis notwendig ist, um das Ausmaß von energierechtlichen Pflichten nachzuvollziehen. Diese Marktrollen sollen nachfolgend in der gebotenen Kürze erläutert werden; wobei die Darstellung an dieser Stelle nicht abschließend ist, sondern vielmehr einen groben Überblick verschaffen soll.

- Mit dem Letztverbraucher sind die natürlichen oder juristischen Personen gemeint, die Energie für den eigenen Verbrauch kaufen (§ 3 Nr. 25 EnWG).
- Die Anlagenbetreiber sind diejenigen, die Energie durch fossile oder erneuerbare Anlagen erzeugen und selbst verbrauchen oder in das Netz einspeisen.
- Die Netzbetreiber (Verteilernetzbetreiber und Übertragungsnetzbetreiber) verantworten die Energieleitungen und stellen damit die Verbindungsstelle zwischen den Energieerzeugungsanlagenbetreibern und den Letztverbrauchern dar.
- Energieversorger (EVU) liefern Energie an andere, hierbei handelt es sich um diejenigen, mit denen Letztverbraucher ihre Energielieferverträge abschließen, beispielsweise die kommunalen Stadtwerke (§ 3 Nr. 18 EnWG).
- Messstellenbetreiber sind Netzbetreiber oder andere Dritte, die den Einbau, den Betrieb und die Wartung sowie die Ablesung von Messeinrichtungen (also Zählern) verantworten (§ 3 Nr. 26a, 26b EnWG, § 3 Abs. 2 MsbG). Für die Messstellenbetreiber ist insbesondere das Messstellenbetriebsgesetz (MsbG) von Bedeutung.

Je nach Marktrolle bestehen Nachweis- und Meldepflichten gegenüber einer Vielzahl von Akteuren (z. B. Bundesnetzagentur, Hauptzollamt), die z. T. mit einem hohen administrativen Aufwand einhergehen.

8.2.1   Dekarbonisierung

8.2.1.1   BEHG

Seit Beginn des Jahres 2021 findet neben dem europäischen Emissionshandel (EU ETS) ein nationaler Emissionshandel (nEHS) im Rahmen des Brennstoffemissionshandelsgesetzes[8] (BEHG) Anwendung. Dieser nEHS unterwirft diejenigen Sektoren einer CO_2-Bepreisung, die durch den EU ETS nicht abgedeckt sind, und findet folglich in den Sektoren Verkehr und Gebäude Anwendung.[9] Ein nEHS wird als notwendig eingeschätzt, um die Verpflichtungen sowohl auf internationaler als auch auf europäischer und nationaler Ebene in diesen Sektoren zu erfüllen und sektorübergreifend Anreize zur Dekarbonisierung zu schaffen (§ 1 BEHG).[10]

Mit dem BEHG wird ein Emissionshandel bezüglich der CO_2-Emissionen der in Verkehr gebrachten Brennstoffe, wie Benzin, Heizöl und Erdgas (siehe Anlage 1 zum BEHG), geschaffen (§ 2 BEHG).[11] Im Gegensatz zum System des EU ETS (»Cap and Trade«) verfügt das nEHS über keine absolute Mengenbegrenzung, sodass potenziell endlos Brennstoffe in Verkehr gebracht werden könnten. Stattdessen ist für den Zeitraum bis 2026 ein Konzept der Flexibilisierung vorgesehen (§ 5 Abs. 1 BEHG), wonach bei Überschreitungen der jährlichen Emissionsmenge im Sinne des § 4 Abs. 1 BEHG Emissionszuweisungen anderer EU-Mitgliedstaaten aufgekauft werden.[12] Hinsichtlich des Trade-Elementes ist zwar grundsätzlich die freie Handelbarkeit der Zertifikate vorgesehen (§ 9 Abs. 2 S. 1 BEHG), jedoch orientieren sich die Preise dieser Zertifikate zumindest bis 2026 nicht an Angebot und Nachfrage, sondern an gesetzlich festgelegten Preisen. Der nEHS ist mit einem Zertifikatspreis von 25 Euro je Tonne CO_2 in 2021 angelaufen und wird sich nach derzeitiger Gesetzeslage bis 2026 auf maximal 65 Euro je Tonne CO_2 erhöhen.

Die Inverkehrbringer von Brennstoffen sind in Bezug auf die in Anlage 2 des BEHG aufgeführten Brennstoffe zur Berichterstattung sowie zum Ankauf und zur Abgabe von Zertifikaten ab 2021 verpflichtet (§§ 7 Abs. 1, 2, 8 BEHG).[13] Nach dem BEHG muss für jede Handelsperiode ein Überwachungsplan bei dem Umweltbundesamt eingereicht werden (§ 6 Abs. 1 BEHG). Auf der Grundlage des Überwachungsplans sind die in Verkehr gebrachten Brennstoffe zu ermitteln und dem Umweltbundesamt zu berichten (§ 7 Abs. 1 BEHG). Zwar beschränkt sich die Anwendbarkeit des BEHG bis 2022 auf bestimmte Brennstoffe (z. B. Heizöl, Erdgas); da diese in Anlage 2 aufgeführten Brenn-

---

8   Gesetz v. 12.12.2019, BGBl. I S. 2728, das durch Artikel 1 des Gesetzes vom 3.11.2020 (BGBl. I S. 2291) geändert worden ist.
9   Zenke/Telschow, EnWZ 2020, 157, 158.
10   BT-Drs. 19/14746, S. 1 f.
11   DEHSt (2021), S. 12.
12   Zenke/Telschow, EnWZ 2020, 157, 158.
13   DEHSt (2021), S. 7.

stoffe regelmäßig aber solche sind, die im Gebäudesektor verwendet werden, führt dies hier zu keinen Erleichterungen.[14] Aufgrund der schieren Unmöglichkeit, die tatsächlichen Emissionen nachzuvollziehen, treffen die Pflichten nach dem BEHG den Inverkehrbringer, bei dem es sich regelmäßig um den Schuldner der Energiesteuer nach dem Energiesteuergesetz (EnergieStG) und damit den Energielieferanten handelt. Mittelbar treffen die Mehrbelastungen jedoch die Vermieter und schlussendlich die Mieter selbst.

Die Frage der Umlagefähigkeit der Zertifikatspreise auf die Mieter eines Gebäudes wird kontrovers diskutiert. Während aus Sicht des BEHG jedenfalls keine Argumente gegen eine vollständige Umlagefähigkeit sprechen, wurde eine Begrenzung der Umlagefähigkeit von einigen Seiten gefordert, da die Mieter nur geringen Einfluss auf Dekarbonisierungsmaßnahmen hätten.[15] Modelle wie eine pauschale 50/50-Aufteilung[16] oder eine Abstufung der Umlagefähigkeit je nach Effizienzklasse[17] wurden diskutiert, schlussendlich aber konnte kein politischer Kompromiss gefunden werden. Dies hat zur Konsequenz, dass die BEHG-Kosten weiterhin vollständig auf die Mieter umlegbar sind, solange vertraglich keine anderslautenden verpflichtenden Regelungen getroffen werden.

Die Europäische Kommission hat indes im Rahmen ihres Klimapakets »Fit for 55«[18] angekündigt, einen eigenen separaten Emissionshandel für die Sektoren Gebäude und Verkehr aufzubauen. In 2025 sollen die Betroffenen zur Berichterstattung über ihre Emissionen der Jahre 2024 und 2025 verpflichtet werden. Ab 2026 sind dann auch Zertifikate zu kaufen. Die Menge an zur Verfügung stehenden Zertifikaten wird sich jährlich verringern (Cap-Mechanismus). Wie auch unter dem nEHS soll an das Inverkehrbringen der Brennstoffe und nicht an die Emittenten selbst (also die Vermieter und Mieter) angeknüpft werden, sodass sich lediglich Pflichten für die Inverkehrbringer dieser Brennstoffe und nicht direkt für Immobilienunternehmen ergeben dürften. Mittels des neuen Klima-Sozial-Fonds sollen betroffene Haushalte zumindest teilweise entlastet werden. Es bleibt abzuwarten, welche Auswirkungen sich für den nEHS nach dem BEHG ergeben und wie die Frage der Umlagefähigkeit auf europäischer Ebene gelöst wird. Der Entwurf enthält diesbezüglich noch keine erkennbaren Restriktionen.

Insoweit wird sich der Emissionshandel anders als in der Vergangenheit auch im Gebäudesektor langfristig bemerkbar machen und mit zunehmender finanzieller Belastung einen Anreiz für eine Umstellung auf emissionsarme Technologien schaffen. Die

---

14   Zenke; Telschow, EnWZ 2020, 157, 159.
15   U. a. Deutsche Energie-Agentur (2021), S. 1 f.
16   So auch noch BMU (2021b), S. 2.
17   Deutsche Energie-Agentur (2021), S. 2-4.
18   Europäische Kommission, COM (2021) 551 final, S. 19, 52 ff.

Belastungen aus dem BEHG führen zu einer Erhöhung der Warmmiete der Immobilien. Diese zusätzlichen finanziellen Belastungen führen zunächst dazu, dass die breite Vermietbarkeit der Immobilie aufgrund einer verringerten Mieter-Zielgruppe sinkt. Eine Verringerung der sich aus dem BEHG ergebenden Belastungen durch eine Reduktion oder Umstellung der Brennstoffverwendung hat einerseits umweltbezogene Vorteile, was auch die Attraktivität der Immobilie steigert, und führt andererseits durch eine breitere Vermietbarkeit auch zu ökonomischen Vorteilen.

8.2.1.2   GEG

Seit Ende 2020 ersetzt das Gebäude-Energie-Gesetz[19] (GEG) das Energieeinsparungsgesetz (EnEG), die Energieeinsparverordnung (EnEV) und das Erneuerbare-Energien-Wärmegesetz (EEWärmeG). Hierdurch soll ein einheitliches und aufeinander abgestimmtes Regelwerk für die energetischen Anforderungen an Neubauten und an Bestandsgebäude die Verwendung von Energieausweisen und an den Einsatz erneuerbarer Energien zur Wärme- und Kälteversorgung von Gebäuden geschaffen werden.

Für neu zu errichtende Gebäude (§§ 10 bis 45 GEG) gilt die Prämisse des Niedrigstenergiegebäudes nach § 10 Abs. 1 GEG. Hiernach ist ein Gebäude so zu errichten, dass der Gesamtenergiebedarf für Heizung, Warmwasserbereitung, Lüftung, Kühlung und Beleuchtung das 0,75fache des Referenzgebäudes ergibt. Mit dem Verweis auf das Referenzgebäude wird auf in Anlage 1 aufgeführte Parameter für Wohn- und Nichtwohngebäude verwiesen.[20] Im Weiteren sind Energieverluste beim Heizen und Kühlen durch baulichen Wärmeschutz zu vermeiden. Zuletzt ist der Wärme- und Kälteenergiebedarf teilweise durch erneuerbare Energien zu decken.

In Bezug auf bestehende Gebäude (§§ 46 bis 56 GEG) gilt nach § 46 Abs. 1 GEG das Gebot, die energetische Qualität nicht zu verschlechtern. Sofern Änderungen am Gebäude vorgenommen werden, bestimmt das GEG zusätzliche Pflichten zur Verringerung des Gesamtenergiebedarfs und der Nutzung von erneuerbaren Energien. Lediglich für Geschossdecken bzw. Dächer ergibt sich nach § 47 Abs. 1 GEG eine Sanierungspflicht unabhängig von einer geplanten Änderung. Im Folgenden soll auf die Innovationsklausel und den Quartiersansatz des GEG als wesentliche Neuerungen eingegangen werden:

- Nach der Innovationsklausel des § 103 Abs. 1 GEG besteht bis Ende 2023 die Möglichkeit, sowohl bei zu errichtenden als auch bei der Änderung von bestehenden Gebäuden anstelle der Hauptanforderung der Reduktion des Jahresprimärener-

---

19   Gebäudeenergiegesetz vom 8.8.2020, BGBl. I S. 1728.
20   Jope, EWeRK 2020, 153, 156.

giebedarfs eine Maßnahme durchzuführen, die auf die Verringerung der Treibhausgasemissionen gerichtet ist und zu erheblichen Verbesserungen gegenüber dem Referenzgebäude führt.[21] Zur Wahrnehmung der Innovationsklausel ist ein behördliches Genehmigungsverfahren zu durchlaufen. Diese Innovationsklausel ermöglicht im Rahmen der Regulatorik des GEG eine Flexibilisierung der Handlungsoptionen der jeweiligen Akteure.

- Der in § 103 Abs. 3 GEG geregelte Quartiersansatz ermöglicht dem jeweiligen Akteur bis Ende 2025 bei Änderungen an bestehenden Gebäuden (sowohl Wohn- als auch Nichtwohngebäude)[22], die sich ergebenden Anforderungen nicht in Bezug auf das einzelne Gebäude, sondern in der Gesamtschau des Quartiers (also durch Gebäude im unmittelbaren räumlichen Zusammenhang) zu erfüllen. Hierdurch werden quartiersbezogene Konzepte gestärkt.[23] Ein Beispiel für einen solchen Quartiersansatz wäre, die Anforderungen an eine Optimierung des Wärmedurchgangskoeffizienten des einzelnen Gebäudes nach § 48 GEG durch eine Installation von PV-Anlagen als Ersatzmaßnahme zur Verringerung des Jahresprimärenergiebedarfs nach § 50 Abs. 1 Nr. 1 lit. a GEG zu erfüllen. Hierbei ist zu beachten, dass durch PV-Anlagen erzeugter Strom nicht bei der Berechnung des Jahresprimärenergiebedarfs einzubeziehen ist (§ 20 Abs. 4 GEG). Sofern das in Frage kommende Haus nun aber eine schlechte Sonnenlage hat und daher die PV-Erträge unterdurchschnittlich ausfallen würden, könnte stattdessen auf ein im Quartier liegendes Gebäude zurückgegriffen und dort die PV-Anlagen installiert werden.
Diese Stärkung des Quartiers zeigt sich auch an anderen Stellen, wie bei der Anrechnung von Strom oder Wärme, welche im Quartier selbst erzeugt werden, auf den Jahresprimärenergiebedarf im Rahmen des § 23 oder § 27 GEG und bei der gemeinsamen Wärmeversorgung im Quartier im Rahmen des § 107 GEG.

Eine Kombination der Innovationsklausel und des Quartiersansatzes, wonach im Quartier die Anforderungen an die Sanierung durch Maßnahmen zur Reduktion der Treibhausgasemissionen ersetzt werden, ist gesetzlich nicht vorgesehen.[24]

Sowohl durch die Innovationsklausel als auch durch den Quartiersansatz lässt sich der Zeithorizont für die Umsetzung von unwirtschaftlichen, aber notwendigen Investitionen verlängern, indem dieselben Anforderungen an anderer Stelle erheblich wirtschaftlicher und im Ergebnis gesetzlich gleichwertig erfüllt werden. Die beiden Instrumente bieten somit in Bezug auf energetische Modernisierungen ein wichtiges Flexibilisierungspotenzial.

---

21   Jope, EWeRK 2020, 153, 158; Manthey, EnWZ 2021, 147, 148.
22   Manthey, EnWZ 2021, 147, 149.
23   Jope, EWeRK 2020, 153, 158; Manthey, EnWZ 2021, 147, 149.
24   Ausführlicher Manthey, EnWZ 2021, 147, 150.

8.2.1.3   Abfall- und Kreislaufwirtschaft

Eine oft übersehene Quelle von Umweltbeeinträchtigungen sind Abfälle. Im Rahmen eines umfassenden ESG-Konzeptes lassen sich auch in der Abfallwirtschaft Potenziale entwickeln.

Dies wird auch in der EU-Taxonomie-Verordnung[25] deutlich. Als eines der anerkannten Umweltziele ist nach Art. 9 lit. d i.V.m. Art. 13 EU-Taxonomie-VO der Übergang zu einer Kreislaufwirtschaft definiert. Zur Förderung dieses Umweltzieles trägt dabei unter anderem das hochwertige Recyceln (Art. 13 Abs. 1 lit. f), die Vermeidung oder Verringerung der Abfallerzeugung (besonders bei dem Bau und Abriss von Gebäuden) (Art. 13 Abs. 1 lit. g, lit. k) und die verstärkte Vorbereitung der Wiederverwendung und des Recyclings (Art. 13 Abs. 1 lit. h) bei. Hiermit werden auch auf europäischer Ebene Anreize zur näheren Beschäftigung mit Recycling, insbesondere in Form der Reduktion von Abfällen, gesetzt.

Das Abfallrecht ist geprägt durch das Kreislaufwirtschaftsgesetz[26] (KrWG). Nach § 1 KrWG sind durch die Kreislaufwirtschaft der Schutz natürlicher Ressourcen, der Menschen und der Umwelt sicherzustellen. Entsprechend der Abfallhierarchie des § 6 KrWG gilt es, Abfälle zu vermeiden, zur Wiederverwendung vorzubereiten, zu recyceln, sonst zu verwerten (vor allem durch energetische Verwertung) und an letzter Stelle zu beseitigen. Diese Abfallhierarchie ist beizeiten durch das Right to Repair[27] im Rahmen des Green Deal zu ergänzen, wonach die europäische Kommission Legislativvorschläge ergreifen soll, um (besonders Elektro-)Abfälle zu verhindern, indem die Reparatur von diesen Gegenständen gefördert wird.

Auf Ebene der einzelnen Immobilie können einige Konzepte umgesetzt werden, um das Ziel der Kreislaufwirtschaft zu fördern. Es ist dabei im Grundsatz zu unterscheiden zwischen Konzepten während der Bauphase einer Immobilie und solchen Konzepten während der Vermietung der Immobilie.

In der Bauphase können die Grundsätze der Kreislaufwirtschaft eingehalten werden, indem ressourcenschonend gebaut wird. Hierbei ist einerseits an eine geringe Abfallerzeugung beim Bau selbst zu denken. Andererseits sollten auch die verwendeten Materialien in späteren Jahren und nach einem potenziellen Abriss einfach wieder-

---

25   Verordnung (EU) 2020/852 des Europäischen Parlaments und des Rates vom 18. Juni 2020 über die Einrichtung eines Rahmens zur Erleichterung nachhaltiger Investitionen und zur Änderung der Verordnung (EU) 2019/2088, ABl. L 198 vom 22. Juni 2020, S. 13-43.

26   Kreislaufwirtschaftsgesetz vom 24.02.2012, BGBl. I S. 212, das zuletzt durch Artikel 2 des Gesetzes vom 9.6.2021 (BGBl. I S. 1699) geändert worden ist.

27   Grundsätzlich zum Right to Repair und seiner kreislaufwirtschaftlichen Sinnhaftigkeit Kieninger, ZEuP 2020, 264, 264 ff.

verwertbar sein. Im Sinne der Kreislaufwirtschaft ist daher entscheidend, Konzepte zur Reduktion der verbauten CO_2-Emissionen im Lebenszyklus der Immobilie umzusetzen.

In Bezug auf die Phase der Vermietung ist unter anderem an Handbücher zur Abfallbehandlung, eine verpflichtende Kompostierung kompostierfähiger Abfälle, ordnungsgemäße Trennung sowie Sammelstellen für Sonderabfälle oder reparierbare Gegenstände zu denken. Auch eine Sorgfaltspflicht bezüglich des Recyclings und der Abfalltrennung könnte mietrechtlich umgesetzt werden. Im größeren Rahmen wäre an die Inanspruchnahme von Leistungen eines privaten Dienstleisters zu denken, welcher eine höhere Wiederverwertungs- und Recyclingquote als andere Anbieter ermöglicht. Hierbei ist zu beachten, dass trotz der Einbeziehung Dritter die Entsorgungspflichten nach dem KrWG bis zur endgültigen und ordnungsgemäßen Entsorgung bestehen bleiben (§ 22 KrWG).

Eine Kontrahierung eines privaten Dienstleisters würde auch die Regulierung besonderer Standards an die Abfallbehandlung und die Niederlegung von Reportingpflichten für die spätere Verwendung im eigenen ESG-Reporting ermöglichen.

Die Festlegung einer Strategie zur Abfallbehandlung ist somit nicht nur förderlich für die Erhöhung des Beitrages zum Umweltschutz, sondern steigert auch u. U. die Werthaltigkeit von Immobilien durch die Erfüllung der Umweltziele der EU-Taxonomie-VO. Entsprechende Maßnahmen in diesem Bereich sollten frühzeitig in den jeweiligen Prozessen bedacht und auch vertraglich geprüft und verankert werden.

8.2.1.4   Gebäude-Elektromobilitätsinfrastruktur-Gesetz (GEIG)

Zur Dekarbonisierung der Verkehrswende wird neben anderen Antriebstechnologien auch auf die Elektromobilität gesetzt, was sich anhand verschiedener regulatorischer Vorgaben verdeutlichen lässt.

Ein großes Hindernis für die Ausweitung der Elektromobilität stellt die mangelnde Ladeinfrastruktur dar. Daher verfolgt das GEIG das Ziel, den Ausbau der Leitungs- und Ladeinfrastruktur für die Elektromobilität im Gebäudebereich zu beschleunigen (§ 1 Abs. 1 GEIG). Parallel zum GEG differenzieren die Verpflichtungen danach, ob ein Gebäude bereits besteht oder neu zu errichten ist. Angeknüpft wird jeweils an die angrenzenden Stellplätze, wobei dieses Merkmal ausweislich der Definition in § 3 GEIG eng zu verstehen ist.[28]

---

28   Siehe auch Ahlers; Mühe, IR 2021, 122, 122.

Nach § 6 GEIG muss bei einem zu errichtenden Wohngebäude, welches über fünf und mehr Stellplätze verfügt, jeder Stellplatz mit der Leitungsinfrastruktur für die Elektromobilität ausgestattet werden. Bei einem bestehenden Wohngebäude schreibt § 8 GEIG vor, dass bei einer größeren Renovierung des Parkplatzes oder der elektrischen Infrastruktur ab zehn Stellplätzen jeder dieser Plätze mit einer Leitungsinfrastruktur auszustatten ist. Unter Leitungsinfrastruktur ist beispielsweise das Legen der Leerrohre, aber gerade nicht bereits die Verlegung von Stromleitungen zu verstehen (§ 4 GEIG).

Für Nichtwohngebäude muss nicht nur die Leitungsinfrastruktur verlegt, sondern es müssen auch bereits Ladepunkte aufgebaut werden. § 7 GEIG schreibt vor, dass bei zu errichtenden Nichtwohngebäuden ab sechs Stellplätzen jeder dritte Stellplatz mit der Leitungsinfrastruktur auszustatten und mindestens ein Ladepunkt zu errichten ist. Für Nichtwohngebäude mit mehr als 20 Stellplätzen ist ab 2025 ein Ladepunkt, unabhängig von einer Renovierung, zu errichten (§ 10 GEIG).

Auch im GEIG wird die Quartierslösung gewissermaßen privilegiert, sodass Eigentümer, deren Gebäude in einem räumlichen Zusammenhang stehen, Vereinbarungen über eine gemeinsame Erfüllung der Anforderungen der §§ 6 bis 10 GEIG treffen können (§ 12 GEIG).

In Bezug auf gegebenenfalls bestehende baurechtliche Pflichten, eine Mindestanzahl von Parkplätzen bereitzustellen, sei beispielsweise auf Nr. 3 der Ausführungsempfehlungen zu § 47 NBauO zu verweisen, welche feststellt, dass sich durch die Ausstattung von Stellplätzen mit Ladepunkten nicht die Anzahl an notwendigen Stellplätzen ändert, sodass keine zusätzlichen Stellplätze errichtet werden müssen.

In Bezug auf zu errichtende Ladepunkte besteht für Netzbetreiber eine Anschlusspflicht nach § 17 Abs. 1 S. 1 EnWG.

Eine weitere Ergänzung könnte die Anschaffung eines Stromspeichers darstellen. Hierdurch könnte PV-Strom tagsüber gespeichert und nachts könnten damit die E-Autos beladen werden.

8.2.2   Dezentralisierung

8.2.2.1   Photovoltaik-Anlagen

8.2.2.1.1   Allgemeine Ausführungen und Mieterstromkonzept

Bei Photovoltaik-Anlagen (PV-Anlagen) handelt es sich um Installationen, die Lichtenergie aus Sonnenlicht mithilfe von Solarzellen in elektrische Energie umwandeln.

Nach Einbau hat der Betreiber einer PV-Anlage gegenüber dem zuständigen Netzbetreiber einen Anspruch auf Netzanschluss und vorrangige Abnahme des erzeugten
Stroms (§ 11 Abs. 1 EEG), sodass erzeugter Strom auf jeden Fall vermarktungsfähig ist.

Aufgrund der sinkenden Kosten einer PV-Anlage wird diese zunehmend auch unabhängig von einer staatlichen Förderung attraktiv. In Bezug auf vermietete Immobilien
ergeben sich hier neben dem klassischen Konzept der Eigenversorgung weitere Besonderheiten aus dem Konzept des Mieterstroms.

Im Rahmen einer vermieteten Immobilie wurde zum Anreiz der Verwendung von PV-
Anlagen das Mieterstromkonzept geschaffen. Hierbei liefert der Anlagenbetreiber
den Strom einer PV-Anlage, die auf, an oder in der jeweiligen Immobilie installiert ist,
an die Mieter dieser Immobilie (§ 21 Abs. 3 EEG). Es gilt die Vorgabe, dass die Fläche
des Gebäudes zu 40 % dem Wohnen dienen muss. Insoweit können auch gewerbliche
Mieter im Rahmen des Mieterstroms mit Strom beliefert werden.[29] Das Vorliegen der
Voraussetzungen des Mieterstroms nach dem EEG ist in jedem Fall je nach Einzelfall
zu prüfen und zu bewerten. Erforderlich ist insoweit ein gewisser räumlicher Zusammenhang zwischen Erzeugung und Verbrauch und die fehlende Durchleitung durch
ein Netz (regulierter Bereich).

Der erhebliche Vorteil der Vermarktung im Rahmen eines Mieterstromkonzeptes
gegenüber der Einspeisung ins allgemeine Netz ist der Anspruch auf eine höhere Förderung im Rahmen des **Mieterstromzuschlags** (§ 19 Abs. 1 i. V. m. § 21 Abs. 3 EEG). Der
jeweilige Förderanspruch ergibt sich aus den anzulegenden Werten nach §§ 40 ff EEG,
wonach die Höhe der Förderung bei größeren Anlagen sinkt (§ 48a EEG), abzüglich
der in § 23 Abs. 3 EEG aufgeführten Faktoren, beispielsweise eine gewährte Stromsteuerbefreiung bei Mieterstrom (§ 53c EEG i. V. m. § 9 Abs. 1 Nr. 3 lit. b StromStG). Der
Mieterstromzuschlag kann jeweils für 20 Jahre gewährt werden (§ 25 EEG). Für die
Bestimmung der Förderhöhe wurde in § 24 Abs. 1 S. 4 EEG, abweichend von der An-
lagendefinition des § 3 Nr. 1 EEG, die je nach PV-Modul differenziert, festgelegt, dass
PV-Anlagen, die nicht an demselben Anschlusspunkt betrieben werden, auch nicht zusammengefasst werden müssen. Durch diese Regelung soll den höheren Stromgeste-
hungskosten kleinerer Anlagen Rechnung getragen werden[30]; im Ergebnis können so
bei Vorliegen der Voraussetzungen höhere Fördersätze erzielt werden.

Aus dem EEG 2021 folgten zwei bedeutende Reformen für das Konzept des Mieterstroms: die Quartierslösung und das Lieferkettenmodell.

---

29   Ehring, EnWZ 2018, 213, 214.
30   Vollprecht; Ahlers; Albrecht, EnWZ 2018, 398, 402.

Nach der Quartierslösung genügt es, wenn die PV-Anlage auf räumlich zusammenhängenden Gebäuden installiert ist. Hierdurch kann die bessere Sonnenlage einzelner Gebäude zugunsten der Belieferung des gesamten Quartiers genutzt werden. Lediglich erforderlich ist, dass der Strom der PV-Anlage bei der Belieferung anderer Gebäude nicht durch ein Netz der allgemeinen Versorgung durchgeleitet wird. Daher kann es ratsam sein, eine Immobilie mit guter Sonnenlage über ihren eigenen Bedarf an Strom hinaus mit PV-Anlagen auszustatten, um weitere Immobilien in der Nähe mit diesem Strom zu beliefern und dabei in den Genuss des Mieterstromzuschlags zu gelangen. Der räumliche Zusammenhang zwischen Erzeugung und Verbrauch wurde durch diese Regelung mithin aufgeweicht und schafft zusätzliche Flexibilität für die Umsetzung von Mieterstrommodellen.

Um die Herausforderungen im Bereich der Messung und Abrechnung der Stromverbräuche und des in das Netz geleiteten Überschussstroms zu bewältigen, wird bislang auf das sogenannte Summenzählermodell zurückgegriffen. Eine klare gesetzliche Vorgabe, wie das Messkonzept auszusehen hat, gibt es nicht. Allerdings muss es neben der Erfassung der Stromverbräuche und der Erzeugung durch die PV-Anlage weiterhin möglich sein, Mieter, die nicht dezentral versorgt werden möchten, durch einen externen Stromlieferanten beliefern zu lassen. Im Summenzählermodell wird als Schnittstelle zum Netz der allgemeinen Versorgung ein Zweirichtungssummenzähler eingesetzt und die Erzeugung über einen Erzeugungszähler gemessen. Die Abrechnung mit den teilnehmenden Mietern erfolgt rechnerisch auf Basis der Zählwerte von Unterzählern. Um die Strommengen nicht nur bilanziell zuordnen zu können, sind hingegen intelligente Messsysteme notwendig.

8.2.2.1.2 Lieferkettenmodell

Durch das Mieterstromkonzept übernimmt der Vermieter bei installierten PV-Anlagen die energiewirtschaftlichen Marktrollen des Anlagenbetreibers und des Energieversorgers. Hierdurch ergeben sich zahlreiche administrative Pflichten für den Vermieter. Durch die Einführung des Lieferkettenmodells ist nunmehr die Zulässigkeit der unmittelbaren Einschaltung von Dritten auch gesetzlich bestätigt. Zu unterscheiden ist zwischen dem bisherigen Eigentumsmodell und dem Dienstleistungsmodell sowie dem durch die Formulierung »von einem Dritten geliefert« in § 21 Abs. 3 S. 1 EEG neu eingeführten Contractor-Modell.

- Im Rahmen des **Eigentumsmodells** ist der Eigentümer der Immobilie auch der rechtliche und wirtschaftliche Eigentümer der PV-Anlagen, sodass er über die tatsächliche Sachherrschaft verfügt und die wirtschaftlichen Risiken trägt. Der Eigentümer schließt mit dem Mieter eine Stromliefervereinbarung (Vollversorgung) ab und tritt diesen gegenüber als Energieversorger auf. Im Weiteren ist der Eigentümer auch für alle notwendigen Dienstleistungen und Arbeiten an den PV-Anlagen, wie beispielsweise die Wartung, zuständig.

- Im **Dienstleistungsmodell** ist der Eigentümer der Immobilie, wie im Eigentumsmodell, der rechtliche und wirtschaftliche Eigentümer der PV-Anlage. Regelmäßig werden die sich ergebenden Aufgaben bezüglich der Wartung, Betriebsführung, Messung und Abrechnung aber an einen dritten Dienstleister übertragen, sodass den Eigentümer der Immobilie ein geringer eigener Aufwand im Hinblick auf Administration und technische Betriebsführung trifft.
- Im Rahmen des **Contractor-Modells** (auch »Solar as a Service«) ist ein Dritter (der Contractor) der rechtliche und wirtschaftliche Eigentümer der PV-Anlage. Dieser mietet oder pachtet die Dachfläche von dem Eigentümer der Immobilie. In dieser Konstellation geht der Contractor mit den Mietern die Stromliefervereinbarung ein und tritt als Energieversorger auf. Alle begleitenden Dienstleistungen, wie beispielsweise die Wartung, sind durch den Contractor auszuführen. Den Eigentümer der Immobilie treffen in diesem Zusammenhang keine Pflichten und er trägt ein nur sehr geringes wirtschaftliches Risiko, ist aber entsprechend auch nur zu einem geringen Anteil an der Wertschöpfung beteiligt.

In der Gesamtschau ist das Contractor-Modell gegenüber dem Dienstleistungsmodell mit geringeren Risiken und Aufwand verbunden, aber auch mit niedrigerem Anteil am Gewinn. Gegenüber dem Eigentumsmodell ist das Dienstleistungsmodell mit geringerem administrativem Aufwand verbunden, jedoch schlägt sich dies ebenfalls in einem geringeren Ertrag nieder. Die individuellen Vor- und Nachteile der verschiedenen Modelle sind gegeneinander abzuwägen.

Im Rahmen eines Mieterstromkonzeptes sollten unter anderem die folgenden Aspekte im Vorhinein mitbedacht und strategisch sowie rechtlich erörtert werden: Bilanzierung der Strommengen; Kommunikation mit Mietern und anderen Marktakteuren (vor allem Netzbetreiber); Besonderheiten bei der Erstellung der Abrechnungen; potenziell eine kombinierte Lieferung von Strom und Wärme und ein Messkonzept.

8.2.2.1.3   Kopplung der PV-Anlage mit einer Wärmepumpe

Zur Verbesserung der Klimabilanz der Immobilie ist im Weiteren eine Kopplung der PV-Anlage mit einer Wärmepumpe möglich. Diese Kopplung ermöglicht eine strombasierte anstatt einer gasbasierten Wärmeerzeugung. Neben der Wärmeerzeugung dient die Wärmepumpe auch als Speicher, da in Zeiten der hohen Stromerzeugung bereits Wasser für spätere Zeiten erhitzt werden kann.

Sofern diese Kopplung um einen zusätzlichen Speicher ergänzt wird, damit auch nach den Sonnenstunden weiterhin die Wärmepumpe betrieben werden kann, ist zu beachten, dass der Mieterstromzuschlag auf Strom, der in einen Speicher fließt, nicht anzuwenden ist (§ 21 Abs. 3 S. 3 EEG). Bei der Ausspeicherung dieses Stroms aus einem ansonsten vom Netz abgekoppelten Speicher kann jedoch der Anspruch auf Mieterstromzuschlag wieder entstehen, da nachgewiesen werden kann, dass durch die Abkopplung der Strom weiterhin erneuerbar beziehungsweise grün ist.[31] So soll im Ergebnis eine doppelte Förderung vermieden werden.

8.2.2.1.4   Abgaben und Umlagen im Mieterstrommodell mit Photovoltaik

Im Rahmen des Mieterstroms beliefert der PV-Anlagenbetreiber die Mieter mit Strom. Die Mieter verbrauchen Strom und sind folglich als Letztverbraucher i. S. d. § 3 Nr. 33 EEG einzustufen. Da der PV-Anlagenbetreiber mithin Letztverbraucher mit Strom beliefert, handelt es sich hier nach § 3 Nr. 20 EEG bei dem Betreiber um ein Elektrizitätsversorgungsunternehmen.

Für Elektrizitätsversorgungsunternehmen besteht nach § 60 Abs. 1 EEG die Verpflichtung, für den gelieferten Strom die EEG-Umlage zu bezahlen. Diese fällt insoweit auch in voller Höhe an, eine früher geplante EEG-Begrenzung wurde zwischenzeitig aufgehoben.[32] Insbesondere eine EEG-umlageprivilegierte Eigenversorgung (§ 61b Abs. 2 EEG) liegt nicht vor, da es in der klassischen Konstellation des Mieterstroms bereits an der Personenidentität zwischen Erzeuger und Verbraucher fehlt.

Weitere Umlagen, wie unter anderem die KWKG-Umlage, werden im Falle der Nutzung des Netzes der allgemeinen Versorgung auf die Berechnung der allgemeinen Netzentgelte aufgeschlagen (§ 26 Abs. 1 KWKG). Da bei der Ausgestaltung von Mieterstrommodellen regelmäßig die Voraussetzungen von deregulierten[33] Kundenanlagen vorliegen dürften, fallen innerhalb der Kundenanlage bei der Belieferung der Mieter mit Strom aufgrund der Unentgeltlichkeit der Netznutzung in Kundenanlagen keine Netzentgelte und damit auch keine netzbezogenen Umlagen und Abgaben an (siehe § 3 Nr. 24a lit. d EnWG).[34]

Eine Kundenanlage ist eine Energieanlage, die sich auf einem räumlich zusammengehörenden Gebiet befindet, mit einem Energieversorgungsnetz oder einer Erzeugungsanlage verbunden ist, für den Wettbewerb um die Versorgung mit Elektrizität und Gas unbedeutend ist und jedermann zum Zwecke der Belieferung der an die Kundenanlage angeschlossenen Letztverbraucher diskriminierungsfrei und unentgeltlich zur Verfügung steht (§ 3 Nr. 24a EnWG). Die jeweiligen Kriterien bedürfen einer kritischen Betrachtung im Einzelfall und sollten mit dem jeweiligen Netzbetreiber abgestimmt werden, um hier möglichst frühzeitig eine gewisse Rechtssicherheit zu erlangen.

---

31   Vollprecht/Ahlers/Albrecht, EnWZ 2018, 398, 402 f.
32   BT-Drs. 18/12355, S. 18; BerlKommEnR/Schulz (2019), § 21 EEG, Rn. 100 f.
33   Voß/Weise/Hesler, EnWZ 2015, 12, 12.
34   Schulte-Beckhausen/Möhlenkamp/Baron BB 2019, 1815, 1818.

Für einen **räumlichen Zusammenhang** muss eine räumliche Gebietseinheit von außen wahrnehmbar und nicht durch störende oder trennende Unterbrechungen aufgehoben sein.[35] Bei einer Immobilie ist dies regelmäßig der Fall. Die Einstufung mehrerer Immobilien als räumlich zusammenhängend erfordert eine Einzelbetrachtung, ist jedoch grundsätzlich auch möglich. Eine **Verbindung** mit einer Erzeugungsanlage liegt in Form der PV-Anlage vor. Die Verbindung mit einem Energieversorgungsnetz ist ohnehin erforderlich, um den notwendigen Zusatzstrom zu beziehen. Von einer **wettbewerblichen Unbeachtlichkeit** ist auszugehen, wenn die Energieanlage weder in technischer noch in wirtschaftlicher oder versorgungsrechtlicher Hinsicht Ausmaße erreicht, die Einflüsse auf den lokalen Versorgungswettbewerb haben können. Eine Beachtlichkeit läge vor, wenn mehrere Hundert Letztverbraucher angeschlossen sind, eine Fläche von deutlich über 10.000 m^2 versorgt wird, die jährliche Menge durchgeleiteter Energie 1.000 MWh deutlich übersteigt und mehrere Gebäude angeschlossen sind.[36] Diese Kriterien sind in einer Einzelfallbetrachtung abzuwägen. Die Unentgeltlichkeit der **Netznutzung** erfordert, dass keine variablen, unmittelbar die Strompreiskalkulation betreffenden Entgelte berechnet werden dürfen.[37] In Bezug auf den diskriminierungsfreien Zugang dürfen Dritt-Lieferanten nicht schlechter als der Anlagenbetreiber gestellt werden.[38] Auf die Einhaltung dieser (einzelfallabhängigen) Kriterien ist zu achten, um der Regulierung und entsprechenden administrativen Hürden zu entgehen.

Die Stromsteuer entsteht gemäß § 5 Abs. 1 S. 1 StromStG dadurch, dass vom Versorger geleisteter Strom durch Letztverbraucher entnommen wird oder dass der Versorger dem Versorgungsnetz Strom zum Selbstverbrauch entnimmt. Zwar handelt es sich bei dem Betreiber von PV-Anlagen um einen Versorger im stromsteuerrechtlichen Sinne, jedoch wird regelmäßig die Steuerbefreiung nach § 9 Abs. 1 Nr. 3 lit. b StromStG vorliegen. Hiernach muss Strom, der aus erneuerbaren Energieträgern erzeugt wird und von dem Anlagenbetreiber an Letztverbraucher, die den Strom im räumlichen Zusammenhang zu der Anlage entnehmen, geleistet wird, nicht versteuert werden. Im Rahmen eines Mieterstrommodells dürften diese Vorgaben regelmäßig erfüllt sein, da keine schädlichen Zwischenlieferungen vorliegen. Somit kann die Stromsteuer eingespart werden.

Durch das Mieterstrommodell können je nach Ausgestaltung netzseitige Abgaben und Umlagen sowie die Stromsteuer eingespart werden. Hierdurch sinken insgesamt die Energiekosten, wodurch der Mieterstrom für die Mieter attraktiv wird. Auch für den

---

35   BGH, Beschluss vom 12. November 2019 – EnVR 65/18, Rn. 10; Bundesnetzagentur, Beschluss vom 07. April 2016 – BK 6 – 15 – 166, S. 11.
36   BGH, Beschluss vom 12. November 2019 – EnVR 65/18, Rn. 31 f.
37   OLG Frankfurt, Beschluss vom 08. März 2018 – 11 W 40/16 (Kart), Rn. 40-44; Voß; Weise; Heßler, EnWZ 2015, 12, 15.
38   Voß; Weise; Heßler, EnWZ 2015, 12, 14.

Vermieter in der Rolle des Energielieferanten entstehen je nach Einkaufsstrategie Möglichkeiten, die Marge im Rahmen des rechtlich Zulässigen auszuweiten.

8.2.2.1.5   Vertragliche Implikationen des Mieterstromkonzepts

Das Umsetzen eines Mieterstromkonzeptes hat auch vertragliche Implikationen. Hier ist zwischen zwei Verträgen zu unterscheiden: einerseits dem Mieterstromvertrag über die Belieferung mit Strom (und gegebenenfalls Wärme) und andererseits dem regulären Mietvertrag über die Wohn-/Nutzfläche.

Diese Unterscheidung ist zentral, da § 42a Abs. 2 EnWG vorsieht, dass diese beiden Verträge zu trennen sind (Kopplungsverbot).[39] Ansonsten würde der Mieterstromvertrag als nichtig angesehen. Die Intention des Gesetzgebers dahinter ist, dass der Mieter ein freies Wahlrecht über den Energieversorger behalten muss (siehe beispielsweise § 20 Abs. 1 EnWG) und dieses gegebenenfalls durch eine Kopplung der beiden Verträge gefährdet wäre.

Grundsätzlich orientiert sich der Mieterstromvertrag an den Vorgaben in Bezug auf übliche Stromlieferverträge (Sonderkundenverträge in Abgrenzung zur sog. Grundversorgung). Darüber hinaus ist gesetzlich normiert, dass der Mieterstromvertrag auch in Zeiten, in denen kein Mieterstrom geliefert wird, eine Belieferung durch einen Netzbetreiber vorsehen muss (§ 42a Abs. 2 S. 6 EnWG), insofern handelt es sich um einen Vollversorgungsvertrag.[40] Der Mieter soll sich gerade nicht gezwungen sehen, parallel zwei Stromlieferverträge abschließen zu müssen. Dies ist auch notwendig, da Standardverträge der Energieversorger regelmäßig eine Klausel bezüglich der exklusiven Belieferung vorsehen. Sofern eine emissionsneutrale Stromversorgung garantiert werden soll, ist darauf zu achten, dass der bezogene Zusatzstrom ebenfalls über entsprechende grüne Herkunftsnachweise verfügt. Sowohl für den Mieterstrom als auch den Zusatzstrom darf der zu zahlende Belieferungspreis nicht 90 % des Grundversorgungstarifs übersteigen. Hierdurch ergeben sich zwangsweise für die Mieter auch finanzielle Anreize in Bezug auf die Teilnahme an Mieterstromkonzepten. Als Energieversorger hat der Vermieter in Bezug auf den Mieterstromvertrag und dessen Umsetzung durch Abrechnungen und Messungen die §§ 40 ff EnWG und das MsbG zu beachten. Mit dem Ende des Mietvertrags über die Nutz-/Wohnfläche wird automatisch, ohne das Erfordernis einer ausdrücklichen Kündigung, auch der Mieterstromvertrag beendet (§ 42a Abs. 2 S. 7 EnWG).

Sofern es sich um ein Single-Tenant-Objekt mit nur einem Mieter handelt, ist zudem zu beachten, dass die Nutzung der Dachflächen durch den Mieter selbst gegebenen-

---

39   Ehring, EnWZ 2018, 213, 215.
40   Ehring, EnWZ 2018, 213, 214.

falls im Mietvertrag enthalten ist. In einem solchen Fall wäre die Zustimmung des Mieters zur Installation und zum Betrieb entsprechender PV-Anlagen erforderlich. Dies könnte durch Inklusion einer Klausel zur Berechtigung der nachträglichen Installation einer PV-Anlage sichergestellt werden. Hierbei sollte eine solche Klausel auch gegebenenfalls weitere Flächen des Mietobjektes umfassen, auf denen für die PV-Anlage notwendige Technik errichtet werden kann. Sofern gewünscht kann auch eine zweiseitige Ausgestaltung erfolgen, sodass auch der Vermieter das Anbringen einer PV-Anlage durch den Mieter zu dulden hätte. In dieser Konstellation sollten besonders sachenrechtliche Konsequenzen beachtet werden, da gegebenenfalls eine angebrachte PV-Anlage wesentlicher Bestandteil der Immobilie (§§ 93 f BGB) wird und damit ins Eigentum des Vermieters fällt. Aufgrund des administrativen Aufwands und der Gegebenheiten eines Single-Tenant-Objektes könnte ein Mieterstrommodell gegebenenfalls weniger attraktiv als eine reine Einspeisung sein.

Eine dritte vertraglich zu beachtende Besonderheit ergibt sich aus dem Contractor-Modell. Hierbei werden die Dachflächen an einen Dritten vermietet, sodass dieser Dritte die Flächen zur Errichtung und zum Betrieb von PV-Anlagen nutzen kann. Auch hier ist eine genauere Betrachtung der sachenrechtlichen Implikationen erforderlich, um ungewünschte Rechtszustände zu vermeiden und Rechtssicherheit für den Gebäudeeigentümer herzustellen. Zu empfehlen ist insbesondere die Eintragung einer Photovoltaikdienstbarkeit für den Fall einer Insolvenz (§ 95 Abs. 1 S. 2 BGB).

Sofern eine bereits errichtete PV-Anlage an einen Dritten überlassen wird, ist der Vertrag als Pachtvertrag zu qualifizieren. Auch dieser Vertrag mit dem Dritten kann durch ESG-Elemente beliebig im Sinne der Vertragsfreiheit verhandelt und erweitert werden. Hierzu gehören beispielsweise Regelungen über das Lieferantenmanagement; Verpflichtungen bezüglich der (prozentualen) Weitergabe des Stroms an Mieter; Reporting-Pflichten zu Erhebung, Austausch und Verwendung von ESG-Daten und, im Lichte der Kreislaufwirtschaft, Regelungen über Recycling- oder Repoweringmöglichkeiten der PV-Anlage.

Ein gänzlich anderer Ansatz wäre der Einbau von PV-Anlagen als Modernisierungsmaßnahme nach § 555b BGB. Hier käme vor allem im Fall der strombasierten Wärmepumpe eine Modernisierung nach § 555b Nr. 1 BGB durch eine nachhaltige Einsparung von Endenergie in Betracht. Eine solche Modernisierung würde den Vermieter zu einer Modernisierungsmieterhöhung nach § 559 BGB berechtigen, sodass die jährliche Kaltmiete um 8 % der aufgewendeten Kosten erhöht werden kann. Sofern der Vermieter sich jedoch für diese Modernisierungsmieterhöhung entscheidet, hat er den Strom zu Selbstkosten an die Mieter abzugeben, also inklusive aller bestehenden Zuschläge. Hierdurch verliert der Vermieter die Möglichkeit, den Strom frei zu vermarkten, sowohl an die Mieter als auch an Dritte. Insofern erweist sich dies nicht unbedingt als die wirtschaftlichste Lösung.

8.2.2.2   Kraft-Wärme-Kopplung

8.2.2.2.1   Allgemeines

Eine weitere Möglichkeit der dezentralen Energieerzeugung ist die Kraft-Wärme-Kopplung (KWK). Technisch handelt es sich hierbei um die simultane Erzeugung mechanischer Energie und nutzbarer Wärme. Während die mechanische Energie zur Stromerzeugung verwendet wird, kann die Wärme für Heizzwecke oder als Prozesswärme in Nah- und Fernwärmenetze geleitet werden. Durch die Kopplung der beiden Erzeugungsprozesse geht keine ungenutzte Abwärme verloren, sodass ein Brennstoffeinsparungspotenzial – und daher eine entsprechende Emissionsreduktion – von bis zu 33 % der Primärenergie möglich ist. In Anbetracht des Klimaneutralitätszieles wird es notwendig sein, die Verwendung von fossilen Brennstoffen in KWK-Anlagen langfristig durch grüne Gase wie Biogas, Wasserstoff oder synthetische Gase zu ersetzen, auch wenn diese Ersatzstoffe ebenfalls teils dem BEHG unterliegen und entsprechende Zertifikate erfordern.[41] Mit bis zu 90 % Gesamtnutzungsgrad sind KWK-Anlagen deutlich effizienter als Kraftwerke ohne eine solche Kopplung mit einem Grad von lediglich 30-40 %.[42] Für den Immobilieneigentümer hat eine KWK-Anlage auch den Vorteil, dass hierdurch die Verpflichtungen an die Verringerung des Primärenergieverbrauches nach dem GEG gegebenenfalls erfüllt werden können.

Ebenso wie PV-Anlagen haben Netzbetreiber vorrangig hocheffiziente KWK-Anlagen an ihr Netz anzuschließen und den erzeugten KWK-Strom abzunehmen (§ 3 Abs. 1 KWKG). Bei KWK-Strom handelt es sich gemäß § 2 Nr. 16 KWKG um das rechnerische Produkt aus Nutzwärme und Stromkennzahl. Je nachdem, ob die KWK-Anlage über eine elektrische Leistung von über oder unter 100 kW verfügt, kann der KWK-Strom direkt vermarktet, selbst verbraucht oder vom Netzbetreiber kaufmännisch abgenommen werden (§ 4 KWKG).

Der Anspruch auf Zuschlagzahlung nach § 5 KWKG differenziert einerseits nach der Höhe der elektrischen Leistung und andererseits nach dem Effizienzgrad der KWK-Anlagen.

8.2.2.2.2   Mieterstrommodell mit KWK-Anlagen

Auch eine KWK-Anlage kann im Rahmen eines Mieterstrommodells eingesetzt werden, im Gegensatz zu PV-Anlagen allerdings lediglich ohne die EEG-Mieterstromförderung. Hierbei werden die Mieter der jeweiligen Immobilie durch die KWK-Anlage sowohl mit Wärme als auch mit Strom versorgt. Bei einer Überproduktion kann KWK-Strom an das

---

41   DEHSt (2021), S. 13-15.
42   ASUE; BKWK (2018), S. 4.

Netz der allgemeinen Versorgung abgegeben werden (Überschussstrom). Vice versa kann bei einer Unterproduktion KWK-Strom aus dem Netz der allgemeinen Versorgung bezogen werden (Zusatzstrom). Insoweit wird die Versorgungssicherheit durch das allgemeine Netz gewährleistet.[43] Gleichzeitig erfordert diese Verbindung mit dem Netz der allgemeinen Versorgung aber auch eine entsprechende Erfassung und Abgrenzung der Energieflüsse über Zähler. Ebenso wie in der Variante der Nutzung einer PV-Anlage sind Unterzähler bei den jeweiligen Mietern anzubringen, sodass deren jeweilige Energiebezüge aus der KWK-Anlage ermittelt als auch die Energiebezüge eines gegen den Mieterstrom optierenden Mieters errechnet werden können.[44] Die Ermittlung der verwendeten Brennstoffmenge kann auch relevant für einen Antrag auf Energiesteuerentlastung, die sich ergebenden Betriebskosten als auch die Ermittlung des Nutzungsgrades werden.[45]

Sofern über die KWK-Anlage nur Haushaltskunden (über eine Kundenanlage) versorgt werden, wie es regelmäßig der Fall in einem Mieterstrommodell ist, entfallen die Anzeige- und Nachweispflichten gegenüber der BNetzA (§ 5 EnWG). Unter den Begriff des Haushaltskunden fallen nach der Legaldefinition in § 3 Nr. 22 EnWG auch solche Letztverbraucher, die mit einem max. Jahresverbrauch von unter 10.000 kWh berufliche und gewerbliche Zwecke verfolgen. Insoweit ist es folglich unschädlich, wenn größere Immobilien nicht vollständig an Wohnraummieter vermietet werden. Gleichzeitig sollte bei der Umsetzung von einem Mieterstrommodell darauf geachtet werden, dass gegebenenfalls solche beruflichen oder gewerblichen Letztverbraucher gerade nicht mehr als 10.000 kWh verbrauchen.

Weiterhin bestehen bleiben Mitteilungs- und Vorlagepflichten des Betreibers nach § 15 KWKG als auch § 74a EEG.

Im Grundsatz ergeben sich dieselben Betreibermodelle wie bei PV-Anlagen, sodass auch in Bezug auf KWK-Anlagen eine Übertragung an Dienstleister (Dienstleistungsmodell) oder die ausschließliche Überlassung einer Fläche für eine KWK-Anlage (Contractor-Modell) als auch eine vollkommene Eigentümerstellung mit eigener Pflichtenübernahme (Eigentumsmodell) möglich sind.

8.2.2.2.3   Abgaben und Umlagen im Mieterstrommodell mit einer KWK-Anlage

Im Rahmen des Mieterstroms beliefert der KWK-Anlagenbetreiber die Mieter mit Strom. Grundsätzlich sind die Ausführungen zu der Belieferung durch eine PV-Anlage und die Implikationen für die Abgaben und Umlagen auf diesen Kontext übertragbar.

---

43   ASUE; BKWK (2018), S. 4.
44   ASUE; BKWK (2018), S. 12.
45   ASUE; BKWK (2018), S. 14.

Bei dem Betreiber handelt es sich hier um ein Elektrizitätsversorgungsunternehmen nach § 3 Nr. 20 EEG. Für Elektrizitätsversorgungsunternehmen besteht nach § 60 Abs. 1 EEG die Verpflichtung, für den gelieferten Strom die EEG-Umlage zu entrichten. Diese fällt insoweit ohne anwendbare Privilegierungstatbestände in voller Höhe an. Die EEG-Umlage ist vollständig auf die Mieter umlegbar. Sofern der Strom von dem Betreiber hingegen selbst verbraucht wird (Eigenverbrauch), kommt eine Reduzierung der EEG-Umlage in Betracht (§ 61b Abs. 2 EEG).

Weitere Umlagen, wie unter anderem die KWKG-Umlage, sind in der Berechnung der Netzentgelte inkludiert (§ 26 Abs. 1 KWKG). Da es sich bei Immobilien regelmäßig um deregulierte Kundenanlagen handelt, fallen innerhalb der Kundenanlage bei der Belieferung der Mieter mit Strom aufgrund der Unentgeltlichkeit der Nutzung der Kundenanlagen und der fehlenden Nutzung des regulierten Netzes keine Netzentgelte und damit auch keine netzbezogenen Umlagen und Abgaben an (siehe § 3 Nr. 24a lit. d EnWG).[46]

Auch bei dem Betreiber einer KWK-Anlage handelt es sich um einen Versorger im stromsteuerrechtlichen Sinne. Auch hier kommt die Steuerbefreiung nach § 9 Abs. 1 Nr. 3 lit. b StromStG in Frage, jedoch müsste es sich dafür um eine hocheffiziente KWK-Anlage i. S. d. § 2 Nr. 8a KWKG handeln. Soweit dies der Fall ist, kann der Strom steuerbefreit sein.

In Bezug auf den in der KWK-Anlage verwendeten Brennstoff kann es im Rahmen des BEHG zu einer Pflicht der Übermittlung von Emissionshandelszertifikaten kommen. Ausnahmetatbestände für KWK-Anlagen, vergleichbar dem europäischen Emissionshandel, kennt das BEHG nicht. Um die Verpflichtungen aus dem BEHG zu vermeiden, würde sich die Verwendung von nicht dem BEHG unterfallenden Brennstoffen oder solchen mit geringeren Emissionspotenzialen empfehlen. Dies sind vor allem grüne Brennstoffe.

Auch für den durch die KWK-Anlage erzeugten Strom ergeben sich Erleichterungen auf der Seite der Abgaben und Umlagen, die den Anlagenbetrieb für die beteiligten Akteure attraktiver gegenüber herkömmlichen Energiebelieferungen machen.

8.2.2.2.4   Vertragliche Implikationen

Parallel zu den Implikationen einer PV-Anlage ergeben sich auch aus dem Betrieb einer KWK-Anlage vertragliche Implikationen.

Auch wenn eine ähnliche Situation wie bei einem Mieterstrommodell nach dem EEG vorliegt, verweist der § 42a EnWG zum Mieterstromvertrag nicht auf das KWKG, sodass

---

46   Schulte-Beckhausen/Möhlenkamp/Baron, BB 2019, 1815, 1818.

bei einer Lieferung von Energie durch eine KWK-Anlage auf die regulären (insoweit nicht modifizierten) Pflichten des Energieversorgers zurückzugreifen ist, was nicht uneingeschränkt interessensgerecht ist. Insofern empfiehlt es sich, zumindest in Teilbereichen die Regulatorik der Mieterstromverträge nachzukonstruieren. Mieter werden regelmäßig an einem Vollversorgungsvertrag interessiert sein. Da Energieversorger regelmäßig eine Exklusivbelieferung vereinbaren, wäre es schwierig für die Mieter, auf dem freien Markt einen Energieversorger zu finden, der nur bezüglich des (schwierig planbaren) Zusatzstroms zur Energielieferung bereit ist. Der Vollversorgungsvertrag steigert also die Attraktivität der Energiebelieferung durch die KWK-Anlage. Zwar ermöglicht die Nichtanwendbarkeit des §42a EnWG und mithin des §42a Abs. 4 EnWG, dass der zu zahlende Preis für Energie nicht auf 90% des jeweiligen lokalen Grundversorgungstarifs beschränkt ist. Je nach Ausgangslage liegt aber hierin gerade der finanzielle Anreiz für Mieter, für die Energiebelieferung durch den Vermieter zu optieren. Unabhängig von der gesetzlichen Vorgabe müsste es sich in jedem Fall um ein marktfähiges Produkt handeln.

Im Weiteren gilt für Netzbetreiber nach §20 Abs. 1 EnWG (beziehungsweise hier als Kundenanlagenbetreiber nach §3 Nr. 24 lit. d EnWG) die Pflicht, dem Mieter ein diskriminierungsfreies und unentgeltliches Wahlrecht bezüglich des Energieversorgers zu gewähren. Dies inkludiert nicht nur, dass der Wohn-/Nutzraummieter nicht zur Belieferung durch die KWK-Anlage verpflichtet sein darf, sondern auch, dass dem Mieter in getrennten (und somit nicht gekoppelten) Verträgen einerseits die Stromlieferung und andererseits die Wärmelieferung durch die KWK-Anlage ermöglicht werden muss. Sofern sich einer der Mieter für einen Drittlieferanten entscheidet, muss diesem im Rahmen der vertraglichen Vereinbarungen der Wechsel ermöglicht werden.[47] In Bezug auf die Wärmelieferung findet für die Heizkostenabrechnung im Weiteren die Verordnung über Heizkostenabrechnung (HeizkostenV) Anwendung.

Sofern für das Contracting-Modell optiert wird, können Teile der vom Vermieter zu zahlenden Contracting-Kosten (vor allem Brennstoffkosten, Emissionsgebühren, Abrechnungserstellungskosten, Gerätekosten)[48] als Betriebskosten im Rahmen des §556c BGB auf den Mieter über die Betriebskostenabrechnung umgelegt werden. Ob mietvertraglich eine Umlegbarkeit einzelner dieser Positionen zuvor mit dem Mieter ausgeschlossen wurde, ist unerheblich, da die Auflistung der umlegbaren Kosten in §7 Abs. 2 HeizkostenV gegenüber dem Mietvertrag vorrangig ist (siehe §2 HeizkostenV).[49] Nicht umlegbar sind Gewinnanteile oder Investitionskosten des

---

47   ASUE; BKWK (2018), S. 23.
48   Handbuch der Geschäfts- und Wohnraummiete/Drasdo (2019), Kapitel VII. Das vermietete Wohnungseigentum, Rn. 159.
49   Siehe BeckOK Mietrecht/Pfeifer (2021), §556c BGB, Rn. 184-186.

Contractors.[50] Bei der Errichtung einer KWK-Anlage ist zu erwarten, dass die Wärme entsprechend dem § 556c Abs. 1 Nr. 1 BGB mit erhöhter Effizienz durch die neue Anlage geliefert wird. Entscheidend ist zudem eine Kostenneutralität für den Mieter zwischen der Belieferung durch den Vermieter und der geplanten Belieferung durch den Contractor. Dies muss anhand eines Kostenvergleichs (siehe §§ 8-10 WärmeLV) nachgewiesen werden.

Der Einbau einer KWK-Anlage könnte ebenfalls im Wege einer Modernisierungsmieterhöhung aufgrund nachhaltiger Einsparung von Endenergie geltend gemacht werden, § 559 i. V. m. § 555b Nr. 1 BGB. Aus denselben Erwägungsgründen wie bei einer PV-Anlage scheint dies aber eine vergleichsweise unwirtschaftliche Lösung. Da im Gegensatz zu einer reinen PV-Anlage (ohne strombasierte Wärmeerzeugung über eine Wärmepumpe) eine KWK-Anlage auch der Wärmeversorgung dient, können gegebenenfalls die Kosten bis zur Höhe eines marktgängigen Brennwertkessels mit Wärmespeicher über die Modernisierungsmieterhöhung auf die Mieter umgelegt werden.[51]

8.2.2.3 Elektromobilität

8.2.2.3.1 Lieferkettenmodell und Marktrollen der Elektromobilität

Auch für die Errichtung und den Betrieb der Ladepunkte ist auf die obigen Modelle (Contractor-Modell, Dienstleistungsmodell, Eigentumsmodell) zu verweisen. Je nach gewähltem Modell ergeben sich Implikationen für die Marktrollen der Energiewirtschaft. In Bezug auf Ladepunkte ergeben sich aufgrund der technischen Besonderheiten gegenüber den im Energierecht üblichen zusätzliche Marktrollen.[52]

Der Eigentümer der Ladeinfrastruktur ist der »Charging Station Owner« (CSO). Bei einem Contractor-Modell wird es sich hierbei um einen Dienstleister handeln. Ansonsten wird der Vermieter auch der CSO sein.

Im Weiteren ist der »Charge-Point-Operator« (CPO) zu nennen. Da dieser in § 2 Nr. 12 LSV als derjenige, der einen unter Berücksichtigung der rechtlichen, wirtschaftlichen und tatsächlichen Umstände bestimmenden Einfluss auf den Betrieb eines Ladepunktes ausübt, legaldefiniert ist, muss es sich bei dem CPO nicht zwangsläufig um den CSO handeln.[53] Eine solche Unterscheidung kann sich vor allem bei dem Dienstleistungsmodell ergeben. Dem CPO obliegt der technische Betrieb der Ladeinfrastruktur

---

50 BeckOK Mietrecht/Pfeifer (2021), § 556c BGB, Rn. 188.
51 ASUE; BKWK (2018), S. 23.
52 Siehe ausführlicher zu den Marktrollen BDEW (2020).
53 Becker/Büttner/Held (2020), S. 73 f.

(Funktionsfähigkeit, Wartung, Reparatur), die Koordination der Einbindung in das Stromnetz, die Datenübermittlung an den »Electric Mobility Provider« (EMP) sowie das Verknüpfen zwischen dem Nutzer und dem EMP.[54] Der CPO ist im Sinne des § 3 Nr. 25 Hs. 2 EnWG als Letztverbraucher einzuordnen (auch nach § 2 Nr. 8 MsbG und § 1a Abs. 2 S. 1 Nr. 2 StromStV). Dies hat zur Konsequenz, dass der Nutzer selber kein Letztverbraucher im Sinne des Energiewirtschaftsrechts, sondern Beziehender einer E-Mobilitätsdienstleistung ist, die gerade nicht nur den reinen Fahrstrom, sondern ein Leistungsbündel aus unter anderem Abrechnungs-, Infrastruktur, Kommunikations- und gegebenenfalls Parkleistungen umfasst.[55] Dies hat die bedeutsame Konsequenz, dass sich der Anwendungsbereich des EnWG (und damit auch die Pflichten bezüglich der Vertragsausgestaltung nach den §§ 40 ff EnWG) nicht auf die Vertragsverhältnisse zwischen dem CPO und dem EMP als auch zwischen dem EMP und Nutzer erstreckt.[56] Gleichzeitig ergeben sich hieraus gegenüber einer Stromlieferung administrative Vereinfachungen.[57] Für Zwecke des Mess- und Eichrechts stellt der CPO sowohl den Messgeräteverwender als auch den Messwertverwender dar.

Bei dem nicht gesetzlich definierten »Electric Mobility Provider« (EMP) handelt es sich um die Person, die den Nutzern den Zugang zum Ladepunkt ermöglicht und mit diesen Nutzern Verträge über die Stromlieferung abschließt. Dies inkludiert ein System der Zurechenbarkeit von Stromentnahmen über Autorisierungsmedien.[58] Der EMP ist im Weiteren dafür verantwortlich, die Ladevorgänge anhand der zugerechneten Stromentnahmen abzurechnen. Gegenüber dem Nutzer ist der EMP verantwortlich für die Konformität mit der gesetzlichen Regulatorik der Preisangabenverordnung und des Mess- und Eichrechts. In Bezug auf Letzteres stellt der EMP einen Messwerteverwender dar. Zwischen dem EMP und dem CPO wird ein Zugangsvertrag geschlossen, wonach der EMP seine Dienstleistungen an dem jeweiligen Ladepunkt anbieten darf.[59]

Bei den Nutzern wird es sich im Immobilienkontext um die Mieter handeln. Aufgrund der uneinheitlichen Definition des Letztverbrauchers, ist der Nutzer sowohl für das MsbG nach § 2 Nr. 8 als auch nach dem EEG nach § 3 Nr. 33 als Verbraucher von Strom ein Letztverbraucher, jedoch nach dem EnWG mangels Lieferung von Strom (lediglich im Rahmen des oben beschriebenen größeren Leistungsbündels) kein Letztverbraucher i. S. d. § 3 Nr. 25 EnWG.[60]

---

54 Siehe auch BR-Drs. 256/17, S. 4.
55 BerlKommEnR/Boesche, § 3 EnWG (2019), Rn. 155; Schalle; Hilgenstock, EnWZ 2017, 291, 294.
56 Schalle; Hilgenstock, EnWZ 2017, 291, 292 f.
57 BerlKommEnR/Boesche (2019), § 3 EnWG, Rn. 158; Schalle; Hilgenstock, EnWZ 2017, 291, 292.
58 Becker/Büttner/Held (2020), S. 74.
59 Schalle; Hilgenstock, EnWZ 2017, 291, 291.
60 Siehe auch BT-Drs. 18/7317, S. 78.

Zumindest bei dem Contracting-Modell und dem Eigentumsmodell sind CSO, CPO und EMP regelmäßig personenidentisch. Bei dem Dienstleistungsmodell ist die Personenidentität umfassend von der Gestaltung der Verträge abhängig.

8.2.2.3.2   Abgaben und Umlagen in der Elektromobilität

Während das EnWG den CPO durch § 3 Nr. 25 EnWG ausdrücklich als Letztverbraucher einstuft, fehlt es an dieser Klarstellung im EEG. Dies führt dazu, dass der CPO häufig als natürliche oder juristische Person Elektrizität an Letztverbraucher (nämlich über den EMP an die Nutzer) liefern dürfte und es sich mithin bei dem CPO um ein Elektrizitätsversorgungsunternehmen i. S. d. § 3 Nr. 20 EEG handeln dürfte. Zwar besagt die Gesetzesbegründung zum EnWG, dass keine Stromlieferung im Sinne des EnWG vorläge. Jedoch ist dies nicht auf das EEG übertragbar, da ebenfalls ausweislich der Gesetzesbegründung die Definition im EnWG nicht auf andere Gesetze anzuwenden sei, die den Letztverbrauch wie das EEG anders definieren.[61]

Als Energieversorger ist der CPO zur Zahlung der EEG-Umlage nach § 60 Abs. 1 S. 1 EEG für über den Ladepunkt gelieferte Strommengen verpflichtet. Die abzuführende EEG-Umlage kann regelmäßig über den EMP auf die Nutzer umgelegt werden.

Das Betreiben von Ladepunkten kann auch mit dem Betreiben von PV-Anlagen kombiniert werden, sodass die E-Autos mit dem eigenerzeugten Solarstrom geladen werden. Dies hätte zur Konsequenz, dass in Bezug auf die Eigenversorgung ein Entfallen der EEG-Umlage nach § 61b Abs. 2 EEG denkbar ist. Hierfür müsste Personenidentität zwischen dem Fahrzeugnutzer und dem Betreiber der PV-Anlage herrschen. Eine Eigenversorgung liegt dann nämlich vor, wenn der Strom durch die jeweilige Person (also den Nutzer/PV-Anlagenbetreiber) als Letztverbraucher in eigener Person verbraucht und nicht an Dritte weitergegeben wird.[62] Dies wäre der Fall, wenn das Immobilienunternehmen zum Beispiel eigenes technisches Personal mit E-Autos ausstattet, sodass die unternehmenseigenen E-Autos an den jeweiligen Ladepunkten der Immobilien aufgeladen werden können. Eine Differenzierung zwischen unternehmenseigenen E-Autos, die rein betrieblich, und solchen, die sowohl betrieblich als auch privat genutzt werden, ist nach Ansicht der BNetzA nicht erforderlich, da unabhängig von der konkreten Verwendung ausschließlich auf den Halter abzustellen sei. Dies sei bei unternehmenseigenen E-Autos das Unternehmen und somit liege ein Selbstverbrauch vor.[63] Dem entgegen wären die Mieter als Dritte einzustufen, sodass die EEG-Privilegierung für Selbstverbrauch keine Anwendung findet.

---

61   BT-Drs. 18/7317, S. 78.
62   BerlKommEnR/Ahnsehl (2019), § 61b EEG, Rn. 24.
63   BNetzA (2020), S. 20, 30 f.

Weitere Umlagen, wie unter anderem die KWKG-Umlage, sind in der Berechnung der Netzentgelte inkludiert (§ 26 Abs. 1 KWKG). Da es sich bei der technischen Infrastruktur innerhalb von Gebäuden regelmäßig um deregulierte Kundenanlagen handelt, fallen innerhalb der Kundenanlage für die Ladevorgänge an Ladepunkten aufgrund der Unentgeltlichkeit der Netznutzung in Kundenanlagen keine netzbezogenen Umlagen und Abgaben an (siehe § 3 Nr. 24a lit. d EnWG).[64]

Die Stromsteuer entsteht gemäß § 5 Abs. 1 S. 1 StromStG dadurch, dass vom Versorger geleisteter Strom durch Letztverbraucher entnommen wird oder dass der Versorger dem Versorgungsnetz Strom zum Selbstverbrauch entnimmt. Hierfür müsste es sich beim CPO folglich um einen Versorger handeln. Demgegenüber bestimmt aber § 1a Abs. 2 S. 1 Nr. 2 StromStV, dass es sich bei einer Person, die zur Nutzung von Elektromobilität Strom leistet, um einen Letztverbraucher handelt, sodass die stromsteuerlichen Versorgerpflichten keine Anwendung finden.[65] Der Versorger ist in diesen Konstellationen der Stromlieferant. Die anfallende Stromsteuer kann der CPO an die Nutzer weiterreichen. Sofern nun aber der zu beziehende Strom durch die PV-Anlagen im Quartier erzeugt wird, ist eine Stromsteuerbefreiung nach § 9 Abs. 1 Nr. 3 StromStG möglich.

Sowohl für Bezüge des Immobilienunternehmens selbst als auch für die Mieter sind daher erhebliche Umlagen- und Abgabenreduzierungen bei der Verwendung des eigenen PV-Stroms insbesondere im Rahmen von Elektromobilität zu erwarten.

8.2.2.3.3   Anwendbarkeit der Ladesäulenverordnung

Zur Standardisierung der Ladepunkte wurde die Ladesäulenverordnung (LSV) erlassen. Diese regelt technische Mindestanforderungen als auch Abrechnungsanforderungen an Ladepunkte, jedoch ist der Anwendungsbereich nach § 1 LSV auf öffentlich zugängliche Ladepunkte beschränkt. Öffentlich zugänglich ist ein Ladepunkt nach § 2 Nr. 9 LSV, wenn er sich im öffentlichen Straßenraum oder auf privatem Grund befindet, sofern der zum Ladepunkt gehörende Parkplatz von einem unbestimmten oder nur nach allgemeinen Merkmalen bestimmbaren Personenkreis tatsächlich befahren werden kann.[66] Zumindest in der Wohnraumvermietung sollte im Rahmen der Vermietung der Personenkreis der potenziellen Nutzer eines Ladepunkts präzise bestimmbar sein (nämlich die Mieter), sodass die LSV mithin keine Anwendung findet. In diesem Rahmen sollte auch unerheblich sein, ob der jeweilige Ladepunkt einem Mieter (der diesen Stellplatz ebenfalls mietet) zuordbar ist oder ob der Ladepunkt allen Mietern zu Verfügung steht. In beiden Konstellationen handelt es sich um einen

---

64   Schulte-Beckhausen/Möhlenkamp/Baron, BB 2019, 1815, 1818.
65   Schulte-Beckhausen/Möhlenkamp/Baron, BB 2019, 1815, 1818.
66   BerlKommEnR/Helbig/Mayer (2019), § 2 LSV, Rn. 9.

bestimmten Personenkreis. Auch wenn, wie oben vorgeschlagen, Beschäftigte des Immobilienunternehmens einen Zugang zu den Ladepunkten erhalten, sollte der Personenkreis weiterhin zumindest bestimmbar sein, da ebenso in dieser Konstellation kein öffentlicher Zugang i. S. d. § 2 Nr. 9 LSV vorläge. Diese Einordnung kann dadurch unterstützt werden, dass nur die Mieter und die Beschäftigten mit Zugangskarten beziehungsweise Ladekarten für die Ladepunkte ausgestattet werden. Besonders in diesem Fall ist dann eine Benutzung tatsächlich nur einem vorher festgelegten (über die Austeilung der Ladekarten bestimmten) Personenkreis möglich. Etwas anderes wird für Gewerberaum gelten. Insbesondere bei Parkflächen von Shopping-Malls oder Supermärkten handelt es sich regelmäßig um öffentliche Ladestationen.

Sofern der Ladepunkt öffentlich ist und damit auch Dritten frei zugänglich sein soll, ist die LSV zu beachten.[67] Dies führt zu weiterer anwendbarer Regulatorik. Ein solcher Zugang durch Dritte ist nicht bereits gegeben, wenn entgegen einer vertraglichen Vereinbarung Besucher der Mieter ebenfalls die Ladepunkte nutzen und der verbrauchte Strom über den jeweiligen Mieter abgerechnet wird. In diesem Fall ist das Verhalten der Dritten dem Mieter zurechenbar.

Zumindest die Einhaltung der technischen Anforderungen des § 3 LSV dürfte aber auch für nicht öffentliche Ladepunkte ratsam sein, um sicherzustellen, dass Mieter und Beschäftigte ihre jeweiligen E-Modelle auch tatsächlich und sicher an den Ladepunkten aufladen können.

8.2.2.3.4 Mietvertragliche Implikationen

Wohnraummieter als auch Nutzraummieter (über § 578 Abs. 2 BGB) können nach § 554 Abs. 1 S. 1 Var. 2 BGB verlangen, dass der Vermieter bauliche Veränderungen der Mietsache erlaubt, die dem Laden elektrisch betriebener Fahrzeuge dienen, sofern dies dem Vermieter zumutbar ist. § 554 BGB ist als *ius cogens* nicht vertraglich abdingbar (§ 554 Abs. 2 BGB). Durch dieses Verlangen sind alle für die ordnungsgemäße Errichtung und Betrieb eines Ladepunktes notwendigen baulichen Veränderungen inkludiert.[68] § 554 BGB begründet jedoch keinen Anspruch gegen den Vermieter auf Modernisierung, sodass der Mieter die Kosten hierfür selber zu tragen hat.[69] Auch ist der Anspruch auf Zustimmung nur auf diejenigen zugeschnitten, die bereits über einen Parkplatz verfügen.[70] Sofern der Vermieter den Einbau übernimmt, könnte hierin entweder eine Kostenübernahme liegen, sodass der Mieter dem Vermieter die

---

67 BerlKommEnR/Helbig/Mayer (2019), § 3 LSV, Rn. 2; A. A. wonach bestimmte Normen der LSV auch für nicht-öffentliche Ladepunkte zu beachten sind. Schulte-Beckhausen/Möhlenkamp/Baron, BB 2019, 1815, 1816.
68 BeckOK Mietrecht/Schüller (2021), § 554 BGB, Rn. 14, 17; BeckOK WEG/Elzer (2021), § 20 WEG, Rn. 74 f.
69 BeckOK Mietrecht/Schüller (2021), § 554 BGB, Rn. 33.
70 Ahlers/Mühe, IR 2021, 122, 123.

entstandenen Kosten begleichen muss. Dies könnte mit Verweis auf § 555b Nr. 4 iVm 559 BGB aber auch eine Modernisierungsmieterhöhung aufgrund einer nachhaltigen Erhöhung des Gebrauchswerts der Mietsache begründen. Grundsätzlich liegt eine nachhaltige Erhöhung des Gebrauchswerts in einer erhöhten Attraktivität der Mietsache für künftige Mietinteressen.[71] Durch die Option, das eigene E-Auto bequem vor der Haustür zu laden, kann eine solche Attraktivitätssteigerung gegeben sein. Nach § 559 Abs. 1 BGB kann der Vermieter die Jahreskaltmiete um 8 % der Herstellungskosten erhöhen. Auch bezüglich der Kosten, die gerade nicht nur dem einzelnen Mieter zugutekommen (beispielsweise die erstmalige Verlegung von Stromleitungen zu dem Parkplatz oder Erhöhung der Anschlussleistung), muss gegebenenfalls auf eine Modernisierungsmieterhöhung zurückgegriffen werden.[72]

8.2.2.4   FoStoG: Erweiterte Grundstückskürzung

Im Rahmen des Fondsstandortgesetzes (FoStoG) soll die Investition in Fonds in Deutschland attraktiver gestaltet werden. Eine Regelung, die auf Immobilienfonds zielt, aber Auswirkungen auf jegliche Immobilienunternehmen hat, ist die Abänderung des § 9 GewStG über die erweiterte Grundstückskürzung. Vor der Änderung konnten Immobilienunternehmen lediglich 1,2 % des Wertes der Grundstücke von dem Gewinn aus dem Gewerbebetrieb gekürzt werden, sofern diese Immobilienunternehmen auch über die Verwaltung hinaus gewerblich tätig waren. Demgegenüber ließ sich der gesamte Gewerbeertrag aus der Verwaltung von Unternehmen, die ausschließlich eigenen Grundbesitz verwalten, kürzen. Hieraus ergab sich die Situation, dass Immobilienunternehmen regelmäßig zurückhaltend agieren mussten, um diese erweiterte Grundstückskürzung nicht zu gefährden. Durch das FoStoG wurde dies aufgelockert. Hiernach ist unschädlich, wenn diese Unternehmen neben der Verwaltung eigener Grundstücke nicht mehr als 10 % ihrer Einnahmen in Zusammenhang mit PV-Anlagen oder aus dem Betrieb von Ladestationen erzielten (§ 9 Nr. 1 lit. b GewStG). Einnahmen aus PV-Anlagen dürfen aber nur bezüglich der Mieter generiert werden (§ 9 Nr. 1 lit. b GewStG), wodurch die Belieferung an Dritte oder an den Strommarkt ausgeschlossen ist. Eigenverbrauchte Mengen fallen mangels Ertrages ohnehin nicht unter die Regelung. Für Ladestationen ist dies nicht geregelt. Zudem wurde auch eine zusätzliche, generelle Unschädlichkeitsgrenze von 5 % eingeführt (§ 9 Nr. 1 lit. c GewStG). Diese generelle Unschädlichkeitsgrenze ist besonders für KWK-Strom interessant, solange der verwendete Brennstoff nicht den in § 3 Nr. 21 lit. e EEG aufgeführten Gasen entspricht, als auch für PV-Strom, der an Dritte geliefert wird.[73]

---

71   BeckOK Mietrecht/Müller (2021), § 555b BGB, Rn. 46.
72   Ahlers; Mühe, IR 2021, 122, 123.
73   Weiterführend Arendt; Dworog; Thomer, DStR 2021, 1280.

Durch diese Änderung ergibt sich ein erheblicher Abbau der vorherigen steuerlichen Hürden bei den Investmenttätigkeiten im Immobilienbereich.

Sofern in Bezug auf die Ladestationen oder die PV-Anlagen ein Contractor-Modell gewählt wird, wird ohnehin die (Stell-)Fläche an den Contractor vermietet, sodass es sich hierbei um eine rein verwaltende Tätigkeit handelt und es keinen Bedarf für die Anwendung des § 9 GewStG gibt.[74]

8.2.2.5   Dekarbonisierung und Dezentralisierung nach Länderrecht

Im Rahmen von länderrechtlichen Klimaschutzgesetzen und Emissionsreduktionsplänen sieht vermehrt auch das Recht der Bundesländer Pflichten an Immobilien in den Bereichen Dekarbonisierung und Dezentralisierung vor.[75]

Eines dieser Bundesländer ist die Freie und Hansestadt Hamburg, dessen Klimaschutzgesetz (HmbKliSchG) im Februar 2020 in Kraft getreten ist. In den §§ 11 bis 19 HmbKliSchG sind Pflichten für Immobilien niedergelegt. Hierunter zählt unter anderem die Förderung klimafreundlicher Baustoffe (§ 14), Vermeidung von Energieverlusten beim Heizen oder Kühlen (§ 15), Installation von PV-Anlagen (§ 16) und eine Nutzungspflicht von erneuerbaren Energien bei der Wärmeversorgung (§ 17). Während auf Bundesebene durchgehend Quartierslösungen verwendet werden können, um Pflichten abzufedern, sieht zumindest in Bezug auf die Installationspflicht von PV-Anlagen das HmbKliSchG und die dazugehörige Verordnung (HmbKliSchUmsVO) gerade keine Quartierslösung vor. Demgegenüber kann aber die Nutzungspflicht von erneuerbarer Energie bei der Wärmeversorgung nach § 17 HmbKliSchG im Rahmen einer Quartierslösung umgesetzt werden (§ 18 Abs. 1 Nr. 2 lit. c HmbKliSchG i. V. m. § 9 HmbKliSchUmsVO). Diese unterschiedliche Behandlung begründet sich in dem hamburgischen Anspruch in § 16 Abs. 1 HmbKliSchG, »alle geeigneten Dachflächen« mit PV-Anlagen auszustatten.

Auch in Berlin gilt mit dem Solargesetz Berlin (SGBerl) ab 2023 eine PV-Pflicht auf Dächern. Ausweislich des § 1 Abs. 2 SGBerl soll bis 2050 der Anteil der Solarenergie am Stromverbrauch auf mindestens 25 % steigen. Ebenso wie das hamburgische Gesetz knüpft das SGBerl in § 3 Abs. 1 an neu zu errichtende Gebäude als auch an Gebäude mit wesentlichen Sanierungen als Pflichtenträger an. Zwar sind Ausnahmen (§ 5) und Befreiungen (§ 7) von der PV-Pflicht reguliert, nicht inkludiert ist jedoch eine Quartierslösung.

---

74   Etwas anderes kann bei der kurzfristigen Vermietung von Betriebsvorrichtungen gelten.
75   Für einen Überblick Haufe (2021).

Insofern zeigt sich ein wesentlicher Unterschied zwischen den länderrechtlichen und bundesrechtlichen Regulierungen. Besonders in der Anfangsphase der länderrechtlichen PV-Pflicht wäre eine Quartierslösung empfehlenswert gewesen, um die PV-Pflicht auch für die Immobilieneigentümer effektiv und wirtschaftlich umsetzbar zu gestalten.

8.2.3   Digitalisierung

8.2.3.1   Intelligente Messsysteme – MsbG

Zur Digitalisierung der Energieinfrastruktur sollen intelligente Messsysteme (Smart-Metering) dazu beitragen, Energieerzeugung und -verbräuche viertelstundengenau zu ermitteln. Durch eine solch exakte Ermittlung können Energieerzeugungsanlagen effizienter und bedarfsorientierter eingesetzt und Energiemanagementsysteme zur Anwendung gebracht werden. Dies trägt insgesamt zur Sicherheit und zur Stabilität des Energienetzes bei. Aber auch für Immobilienunternehmen ergeben sich aus Smart-Metering Potenziale.

Im Rahmen der vorgestellten Dezentralisierungsmaßnahmen besteht umfassender Bedarf an Messsystemen. Jeder Erzeugende als auch Verbrauchende innerhalb der Immobilie (beziehungsweise innerhalb der Kundenanlage) ist mit Unterzählern auszustatten, um die Energieflüsse der selbst erzeugten und (selbst) verbrauchten Energie als auch der bezogenen Energie von einem Netzbetreiber messtechnisch in zulässiger Weise voneinander abzugrenzen. Insofern sind Messsysteme ein Themenfeld, welches bei der ESG-Strategie ein wesentlicher Erfolgsfaktor sein dürfte.

Bereits heute besteht nach § 29 Abs. 3 S. 1 MsbG die grundsätzliche Verpflichtung des Einbaus moderner Messsysteme (sog. mMSys), welche nachträglich mit einer Kommunikationseinheit ergänzt werden können. Der Einbau eines Intelligenten Messsystems (sog. iMSys) ist nach aktueller Rechtslage erst bei einem höheren Verbrauch verbindlich (§ 29 Abs. 1, 2 MsbG). Dieses iMSys verfügt bereits über eine Kommunikationseinheit (Smart-Meter-Gateway), die zur automatischen Datenübertragung an den Messstellenbetreiber dient.

Auch für die Sparten Wärme und Warmwasser ergibt sich eine zukünftige Einbaupflicht eines iMSys aus dem novellierten § 5 Abs. 2 HeizkostenV-E[76]. Für das Vertragsverhältnis zwischen dem Eigentümer und dem Fernwärmeversorgungsunternehmen ergibt sich die Pflicht zur Fernablesbarkeit (und damit mithin auch unter Umständen

---

76   Referentenentwurf des Bundesministeriums für Wirtschaft und Energie, Verordnung über die Änderung der Heizkostenverordnung vom 10.03.2021.

zu einem iMSys) aus dem ebenfalls novellierten § 18 Abs. 1 des Entwurfs der Verordnung über Allgemeine Bedingungen für die Versorgung mit Fernwärme (AVBFernwär-
meV-E)[77] i. V. m. § 3 Verordnung über die Verbrauchserfassung und Abrechnung bei der
Versorgung mit Fernwärme und Fernkälte.

Neben den für den Einbau, den technischen Betrieb als auch für die Messungen zuständigen Messstellenbetreiber tritt nun der Smart-Meter-Gateway-Administrator.
Dieser ist für den Betrieb der Smart-Meter-Gateways zuständig. Es kann sich hierbei
um den Messstellenbetreiber oder um ein anderes wettbewerbliches Unternehmen
handeln. Insoweit wird Immobilienunternehmen mehr Flexibilität in der Auswahl des
zuständigen Betreibers der Messsysteme gegeben.

8.2.3.2   Rollout der iMSys

Im Jahre 2020 hat das Bundesamt für Sicherheit in der Informationstechnik (BSI) die
Markterklärung für intelligente Messsysteme vorgelegt, womit die technische Geeignet-
heit für einen Rollout dieser Systeme festgestellt wurde. Aufgrund eines Eilbeschlusses
des OVG Münster[78] aus März 2021 wurde dieser Rollout jedoch wieder gestoppt. Als Reaktion auf diesen Eilbeschluss wurde das Messstellenbetriebsgesetz (MsbG) um einen
§ 19 Abs. 6 ergänzt.[79] Hiernach dürfen intelligente Messsysteme, die aufgrund einer
nachträglich nichtigen oder aufgehobenen Feststellung des BSI eingebaut wurden,
weitergenutzt oder auch neu eingebaut werden, soweit das BSI feststellt, dass eine
Nutzung dieser Geräte nicht mit unverhältnismäßigen Gefahren verbunden und ein gültiges Zertifikat innerhalb von 12 Monaten zu erwarten ist. Durch diese Ergänzung und
der inkludierten Pflicht der erneuten Feststellung durch das BSI soll die Verlässlichkeit
eines vertretbar fortgesetzten Infrastrukturrollouts gesichert werden.[80]

8.2.3.3   Liegenschaftsmodell des § 6 MsbG

In Bezug auf größere Immobilien ist vor allem das »Liegenschaftsmodell« des § 6 MsbG
interessant. Dessen Ziel ist es, iMSys schneller einzuführen und spartenübergreifende
iMSys zu fördern.[81] Auch kann durch die Modernisierung ganzer Liegenschaften ein Flickenteppich in Bezug auf iMSys verhindert werden. Auf Seiten der Messstellenbetreiber

---

77   Referentenentwurf des Bundesministeriums für Wirtschaft und Energie zum Entwurf einer Verordnung
     zur Umsetzung der Energieeffizienzrichtlinie 2018/2002/EU im Bereich der Fernwärme und Fernkälte vom
     11.03.2021.
78   Vom 04. März 2021-21 B 1162/2.
79   BT-Drs. 19/31009, S. 21.
80   BT-Drs. 19/31009, S. 22.
81   BT-Drs. 18/7555, S. 77.

sind Effizienzeinsparungen und entsprechende Kostensenkungen zu erwarten. Ab 2021 kann anstatt des Anschlussnutzers (in der Regel die Mieter) auch der Anschlussnehmer (der Eigentümer) einen Messstellenbetreiber für das Ausstatten und den Betrieb von iMSys auswählen. Hierfür muss der Messstellenbetreiber alle Zählpunkte der Liegenschaft für Strom mit iMSys ausstatten, einen zusätzlichen Messstellenbetrieb einer der Sparten Gas, Fernwärme oder Heizwärme einrichten und bündeln und den gebündelten Messstellenbetrieb für jeden Anschlussnutzer der Liegenschaft ohne zusätzliche Kosten im Vergleich zu einem ungebündelten Messbetrieb durchführen (§ 6 Abs. 1 MsbG). Über die Ausübung dieses Wahlrechts durch den Anschlussnehmer muss der Anschlussnutzer spätestens einen Monat vorher informiert werden (§ 6 Abs. 3 MsbG). Anschlussnutzer können alle zwei Jahre die Einholung von zwei verschiedenen Bündelangeboten für den Messstellenbetrieb verlangen (§ 6 Abs. 5 S. 1 MSbG). Für das Immobilienunternehmen offenbart § 6 MsbG die Möglichkeit einen einheitlichen Standard in der Immobilie durchzusetzen. Sofern umgesetzt, können sich die Vorteile des Smart Meterings in Bezug auf die ganze Immobilie entfalten.

8.2.3.4   Perspektiven durch Smart-Metering

Durch das Smart-Metering, und durch das Liegenschaftsmodell gefördert, ergeben sich für die Immobilienverwaltung zahlreiche Möglichkeiten.

Zukünftig können Energieverbräuche aller Sparten (Strom, Gas, Fernwärme, Heizwärme) über die iMSys erfasst und gegenüber nur einem Messstellenbetreiber abgerechnet werden. Die Abrechnung gegenüber nur einem Messstellenbetreiber für die verschiedenen Sparten verringert den administrativen Aufwand auf Seiten des Immobilienunternehmens. Durch Energievisualisierungslösungen können die jeweiligen Akteure Energieverbräuche viertelstundengenau einsehen. Hieraus entwickelt sich die Möglichkeit, ein immobilienbezogenes Energiemanagementsystem einzuführen. Im Rahmen dessen kann sowohl die Erzeugung als auch der Verbrauch der Immobilie gesteuert und aufeinander abgestimmt werden. Dies ermöglicht das Abfedern von Lastspitzen oder die Ausrichtung des Verbrauches in einer Art, dass sich dynamische Tarife lohnen können. Sofern die Immobilie über dezentralisierte Erzeugungs-, Verbrauchs- und Speicherinstallationen verfügt (also die hier beschriebenen PV-Anlagen, KWK-Anlagen, Wärmepumpen, Speicher und Ladepunkte), kann deren jeweiliger Einsatz so geplant werden, dass für Stunden, in denen dezentrale Erzeugung zur Verfügung steht, genügend Strom »vorgespeichert« ist oder alternativ erzeugt werden kann. Durch eine Steuerung der Verbräuche und Verteilung dieser auf verschiedene Zeitpunkte (zum Beispiel in Bezug auf das Laden von E-Autos) kann auch ein Ausbau eines Netzanschlusses zur Erhöhung der Netzkapazität verhindert werden. Ohne eine genaue Ermittlung der Erzeugung und der Verbräuche im Rahmen des Smart Metering wären solche Ansätze technisch nicht umsetzbar.

Über die Abrechnung und die Möglichkeit einer Einsicht der Verbrauchsdaten kann zudem bei den Mietern eine Sensibilisierung für die Energieverbräuche geschaffen werden, sodass auch von dieser Seite Einsparungen erwartbar sind.

Gleichzeitig ist nicht zu vergessen, dass die präzise Ermittlung der Verbräuche der Mieter einen gewissen Einblick in deren Privatleben und alltäglichen Verhaltensweisen ermöglicht. Insoweit ist dies aus datenschutzrechtlichen Gründen ein hochsensibler Bereich, der durch entsprechende Vorkehrungen geschützt werden muss. Auf Seiten der iMSys überprüft das BSI den Datenschutz und reguliert technische Anforderungen. Aber auch auf Seiten der Anwender erfordert es die benötigte Sorgfalt mit den zur Verfügung gestellten Datensätzen.

Zuletzt ergeben sich verbesserte Reportingmöglichkeiten durch das Smart-Metering. Durch die exaktere Ermittlung und Bereitstellung von Energieverbrauchsdaten können diese auch leichter für das ESG-Reporting aufbereitet werden. Des Weiteren können Realeffekte umgesetzter ESG-Maßnahmen ermittelt werden, woraus sich Leitlinien für zukünftige ESG-Projekte ergeben können. Auch um die Verpflichtungen des GEG in Bezug auf Veränderungen des Primärenergiebedarfs zu erfüllen, wird der Rückgriff auf die Daten der iMSys notwendig sein, und dieses GEG-Reporting hierdurch vereinfacht.

8.3   Schluss

Im Gegensatz zu dem derzeitigen Status des Gebäudesektors als einem der großen Emittenten Deutschlands, lässt sich die Treibhausgasbilanz der eigenen Immobilien im Rahmen der hier vorgestellten Elemente einer ESG-Strategie teils erheblich mindern.

Vor allem im Falle einer Kopplung von PV-Anlage, KWK-Anlage, einer strombasierten Wärmepumpe, einem Speicher mit intelligenten Messsystemen sowie intelligenter Steuerung und Ladepunkten kann der Energieverbrauch zwar nur zu einem gewissen Umfang gesenkt, dafür aber treibhausgasneutral und damit klimafreundlich aufgestellt werden. Auch führt eine übergreifende Kopplung zur Erfüllung von Anforderungen des GEG.

Mittels der hier dargestellten energierechtlichen Instrumente kann die Umsetzung von Klimaschutzbelangen sowohl mieter- als auch investorenfreundlich mit wechselseitigen Vorteilen ausgestaltet werden. Für die Mieter sinkt durch eine Umsetzung von Dezentralisierungs- und Digitalisierungsmaßnahmen die Kostenbelastung durch Energiekosten, -umlagen, -steuern und -abgaben. Gleichzeitig werden das Wohngefühl und die Attraktivität aufgrund der Gewissheit des Vorteils für die Umwelt und zusätzlicher technischer Möglichkeiten gefördert. Durch Ladepunkte eröffnet sich die

Möglichkeit, ein klimaneutrales E-Auto kostengünstig mit grünem Strom zu laden. Die Handlungsmöglichkeiten der Mieter werden erweitert. Ohne echte Dekarbonisierungsmaßnahmen werden zukünftig zusätzliche Belastungen auf die Mieter zukommen, die im Rahmen einer früh geplanten ESG-Strategie auf ökonomische Weise verhindert werden können.

Für Investoren ermöglicht eine umgesetztes Energiekonzept im Rahmen der ESG-Strategie eine nachhaltige und zukunftssichere Investition. Zur Erfüllung der Voraussetzungen der zulässigen Jahresemissionsmengen des KSG ist mit immer drastischeren regulatorischen Eingriffen zu rechnen. Dem kann zuvorgekommen werden, indem bereits jetzt emissionsreduzierende Maßnahmen ergriffen werden.

Literatur

Ahlers, Malaika/Mühe, Simone (2021): Elektromobilität in der Immobilienwirtschaft – Rechtsrahmen und Umsetzungsoptionen, in: IR 2021, Seiten 122-126, München: C.H.Beck, 2021.

Arendt, Hendrik/Dworog, Jan/Thomer, Dominik (2021): Ladeinfrastruktur für Elektroautos und E-Bikes im immobiliensteuerrechtlichen Kontext, in: DStR 2021, Seiten 1280-1285, München: C.H.Beck, 2021.

ASUE; BKWK (2018): Leitfaden Mieterstrommodelle mit KWK; online verfügbar unter https://asue.de/sites/default/files/asue/themen/blockheizkraftwerke/2018/broschueren/ASUE-BKWK_Leitfaden-Mieterstrom-KWK_2018-06.pdf; zuletzt geprüft: 09. Juli 2021.

BDEW (2020): Elektromobilität Definition der Ladeinfrastruktur-Marktrollen; online verfügbar unter https://www.bdew.de/media/documents/201008_PG-LIS_Definitionen_Marktrollen_neu.pdf; zuletzt geprüft: 09. Juli. 2021.

Becker Büttner Held (2020): Rechtlicher Leitfaden für die Stromversorgung von Mietern in Gewerbeimmobilien im Rahmen des Forschungsprojekts EMIGMO; online verfügbar unter https://www.emgimo.eu/attachments/article/29/EM_VOE16_Rechtlicher_Leitfaden_Stromversorgung_von Mietern_in_Gewerbeimmobilien_v1_20201221.pdf; zuletzt geprüft: 09. Juli 2021.

BMU (2021a): Treibhausgasemissionen sinken 2020 um 8,7 Prozent; online verfügbar unter https://www.bmu.de/pressemitteilung/treibhausgasemissionen-sinken-2020-um-87-prozent/; zuletzt geprüft: 09. Juli 2021.

BMU (2021b): Klimapakt Deutschland; online verfügbar unter https://www.bmu.de/fileadmin/Daten_BMU/Download_PDF/Klimaschutz/klimapakt_deutschland_bf.pdf; zuletzt geprüft: 09. Juli 2021.

BNetzA (2020): Leitfaden zum Messen und Schätzen bei EEG-Umlagepflichten; online verfügbar unter https://www.bundesnetzagentur.de/SharedDocs/Downloads/DE/Sachgebiete/Energie/Unternehmen_Institutionen/ErneuerbareEnergien/Hinweispapiere/Messen_Schaetzen.pdf?__blob=publicationFile&v=2; zuletzt geprüft: 09. Juli 2021.

DEHSt (2021): Leitfaden zum Anwendungsbereich sowie zur Überwachung und Bericht-erstattung von CO_2-Emissionen, Nationales Emissionshandelssystem 2021 und 2022; online verfügbar unter https://www.dehst.de/SharedDocs/downloads/DE/nehs/nehs-leitfaden-monitoring.pdf?__blob=publicationFile&v=6; zuletzt geprüft: 09. Juli 2021.

Deutsche Energie-Agentur (2021): Begrenzte Umlage der BEHG-Kosten – Investitionsanreize stärken, dena-Positionspapier; online verfügbar unter https://www.dena.de/fileadmin/dena/Publikationen/PDFs/2021/dena-POSITIONSPAPIER_Begrenzte_Umlage_der_BEHG-Kosten_-_Investitionsanreize_staerken.pdf; zuletzt geprüft: 09. Juli 2021.

Ehring, Philipp (2018): Grundlagen der vertraglichen Gestaltung von Mieterstromverträgen, in: EnWZ 2018, Seiten 213-218, München: C.H.Beck, 2018.

Europäische Kommission (2019): Energy performance of buildings directive; online ver-fügbar unter https://ec.europa.eu/energy/topics/energy-efficiency/energy-efficient-buildings/energy-performance-buildings-directive_en; zuletzt geprüft: 09. Juli 2021.

Europäische Kommission (2021): Proposal for a DIRECTIVE OF THE EUROPEAN PARLIA-MENT AND OF THE COUNCIL amending Directive 2003/87/EC establishing a system for greenhouse gas emission allowance trading within the Union, Decision (EU) 2015/1814 concerning the establishment and operation of a market stability reserve for the Union greenhouse gas emission trading scheme and Regulation (EU) 2015/757, COM(2021) 551 final; online verfügbar unter https://ec.europa.eu/info/sites/default/files/revision-eu-ets_with-annex_en_0.pdf, zuletzt geprüft: 15. Juli 2021.

Haufe (2021): Berlin macht Solaranlagen ab 2023 zur Pflicht; online verfügbar unter https://www.haufe.de/immobilien/wohnungswirtschaft/solarpflicht-fuer-wohngebaeude-was-die-bundeslaender-planen_260_526948.html; zuletzt geprüft: 09. Juli 2021.

Hogenschurz, Johannes (Hrsg.) (2021): BeckOK WEG. München: C.H.Beck, 44. Edition 2021.

Jope, Lars (2020): Das neue Gebäudeenergiegesetz, in: EWeRK 2020, Seiten 153-160, Baden-Baden: Nomos, 2020.

Kieninger, Eva-Maria (2020): Recht auf Reparatur (»Right to Repair«) und Europäisches Ver-tragsrecht, in: ZEuP 2020, Seiten 264-280, München: C.H.Beck, 2020.

Manthey, Eva (2021): Die Innovationsklausel des Gebäudeenergiegesetzes, in: EnWZ 2021, Seiten 147-151, München: C.H.Beck, 2021.

Rub, Wolf-Rüdiger/Kraemer, Hans-Jörg (Hrsg.), Handbuch der Geschäfts- und Wohnraum-miete. München: C.H.Beck, 5. Auflage 2019.

Säcker, Jürgen (Hrsg.) (2019): Berliner Kommentar zum Energierecht. München: C.H.Beck, 4. Auflage 2019.

Schach, Klaus/Schultz, Michael/Schüller, Peter (Hrsg.) (2021): BeckOK Mietrecht. München: C.H.Beck, 24. Edition 2021.

Schalle, Heidrun/Hilgenstock, Niels (2017): Einordnung der Stromlieferung beim Aufladen von Elektromobilen, in: EnWZ 2017, Seiten 291-295, München: C.H.Beck, 2017.

Schulte-Beckhausen, Sabine/Möhlenkamp, Karen/Baron, Stefanie (2019): Ladesäulen für E-Fahrzeuge auf dem Betriebsgelände: energierechtliche und steuerrechtliche Pflichten, in: BB 2019, Seiten 1815-1820, Frankfurt: Deutscher Fachverlag, 2019.

Vollprecht, Jens/Ahlers, Malaika/Albrecht Götz (2018): Klimaschonende Energieversorgung in Wohnungen und Quartieren – Aktuelle rechtliche Rahmenbedingungen, in: EnWZ 2018, Seiten 398-406, München: C.H.Beck, 2018.

Voß, Nadine/Weise, Michael/Hesler, Pascal (2015): Quo vadis Kundenanlage?, in: EnWZ 2015, Seiten 12-18, München: C.H.Beck, 2015.

Zenke, Ines/Telschow, Carsten (2020): CO_2-Bepreisung durch nationalen Emissionshandel, in: EnWZ 2020, Seiten 157-163, München: C.H.Beck, 2020.

Gesetzestexte und Verordnungen

VERORDNUNG DES EUROPÄISCHEN PARLAMENTS UND DES RATES zur Schaffung des Rahmens für die Verwirklichung der Klimaneutralität und zur Änderung der Verordnungen (EG) Nr. 401/2009 und (EU) 2018/1999 (»Europäisches Klimagesetz«); online verfügbar unter https://data.consilium.europa.eu/doc/document/PE-27-2021-INIT/de/pdf; zuletzt geprüft: 15. Juli 2021.

KSG, Klimaschutzgesetz

MsbG, Gesetz über den Messstellenbetrieb und die Datenkommunikation in intelligenten Energienetzen

EEG, Gesetz für den Ausbau erneuerbarer Energien, Erneuerbare-Energien-Gesetz

EnWG, Gesetz über die Elektrizitäts- und Gasversorgung, Energiewirtschaftsgesetz

BEHG, Gesetz über einen nationalen Zertifikatehandel für Brennstoffemissionen, Brennstoffemissionshandelsgesetz

KrWG, Gesetz zur Förderung der Kreislaufwirtschaft und Sicherung der umweltverträglichen Bewirtschaftung von Abfällen, Kreislaufwirtschaftsgesetz

GEG, Gebäudeenergiegesetz

EnergieStG, Energiesteuergesetz

KrWG, Kreislaufwirtschaftsgesetz

KWKG, Kraft-Wärme-Kopplungs-Gesetz

GEIG, Gebäude-Elektromobilitätsinfrastruktur-Gesetz

AVBFernWärmeV, Verordnung über Allgemeine Bedingungen für die Versorgung mit Fernwärme

HeizkostenV, Verordnung über Heizkostenabrechnung

9 Impact Investing in der Immobilienwirtschaft

Sebastian Kreutel, Andreas Hofstätter

9.1 Einleitung

In der globalen Ökonomie stand in den vergangenen Jahrzehnten der wirtschaftliche Erfolg mit Fokus auf Risiko und Rendite im Mittelpunkt. Das zunehmende Bewusstsein über das sich verändernde Klima, die COVID-19-Pandemie mit ihrer globalen Auswirkung sowie soziale Spannungen und wirtschaftliche Ungleichheit führen zu einer Veränderung in den Prioritäten von Politik, Wirtschaft und Gesellschaft – weg vom alleinigen Fokus auf wirtschaftlichen Erfolg. Klimaschutz und soziale Gerechtigkeit werden in der Zukunft eine wesentlich stärkere Rolle als bisher bei Investmententscheidungen spielen und spielen müssen, um den beschriebenen globalen Herausforderungen zu begegnen. Hiervon ist in erheblichem Maß auch die Immobilienwirtschaft betroffen. Neben strengen Gesetzen, Vorschriften und Regulierungen fordern ebenfalls die direkten Stakeholder wie Investoren, Eigentümer und Mieter ein Umdenken hinsichtlich der ökologischen und sozialen Aspekte der Objekte. Dies beeinflusst die gesamte Wertschöpfungskette über den Lebenszyklus der Immobilien, von der Projektierung über Bau, Betrieb bis hin zur Umnutzung oder zum Rückbau. Auch sind nicht nur die Immobilien selbst adressiert. Teil dieser ökologischen und sozialen Revolution im Immobiliensektor müssen auch die handelnden Unternehmen selbst sein, sowie, gerade bei den Immobilienfonds, auch deren Produkte. Verschiedene Studien, auf die im Folgenden noch näher eingegangen wird, belegen, dass das Thema Ökologie und Nachhaltigkeit längst kein Nischenthema mehr ist, sondern auch auf den Kapitalmärkten angekommen ist. Wo institutionelle Investoren wie Versicherungen und Pensionskassen bereits seit mehreren Jahren den Mehrwert nachhaltiger Investments erkannt haben, steigen nun auch Retail Investoren verstärkt in nachhaltige Investments ein. Flankiert und begünstigt wird dies durch die Regulatorik, die eine Steuerung der Kapitalflüsse in nachhaltige Investments begünstigen soll.

Eine besondere Form der nachhaltigen Investments stellt das Impact Investing dar. Die Reduktion der Treibhausgasemissionen um 55 % bis zum Jahr 2030 im Vergleich zu 1990, die neuen Regularien des Green Deals der Europäischen Union[1] erhöhen den Druck auf die Immobilienwirtschaft und erfordern eine Erweiterung der Zielsetzung bei Immobilieninvestments über die klassischen Investmentziele Risiko und Rendite

---

1   https://ec.europa.eu/info/strategy/priorities-2019-2024/european-green-deal_en.

hinaus. Das sogenannte »Impact Investing« oder »Wirkungsorientiertes Investieren« rückt dabei in den Fokus. Im Gegensatz zur konventionellen Geldanlage verfolgen Impact Investments dabei das Konzept der Nachhaltigkeit. Gefordert wird, dass alle Arten von wirtschaftlichen Aktivitäten so zu gestalten sind, dass sie die Situation der heute lebenden Menschen verbessern und zugleich die Lebensgrundlagen kommender Generationen nicht gefährden. Als Spezialform dieser Anlage gilt bei Impact Investments außerdem das Prinzip der Nachvollziehbarkeit der Investmentfolgen. Das bedeutet, im Lebenszyklus des Investments regelmäßig zu überprüfen, ob die Ziele des Impact Investments auch tatsächlich erreicht wurden.

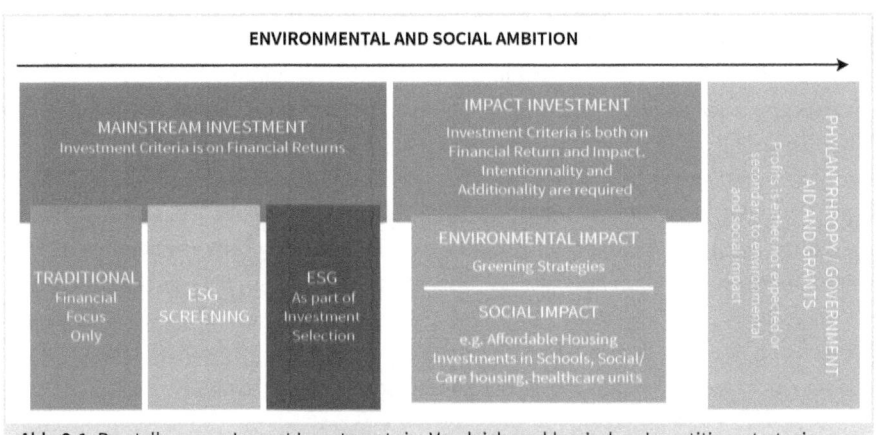

Abb. 9.1: Darstellung von Impact Investments im Vergleich zur klassischen Investitionsstrategie. Quelle: INREV Impact Investing Paper, 2020, S. 8.

Die wichtigsten Bereiche für die Immobilienwirtschaft im Bereich Impact Investing können dabei in sozialen und ökologischen Impact unterteilt werden.[2] Dabei kann soziales Impact Investing durch die Themen Wohnen, Gesundheit und Bildung bestimmt werden. Für ökologisches Impact Investing sind die Themen Nachhaltiges Bauen und Steigerung des Wohlbefindens entscheidend.

Social impact			Environmental impact	
Housing	Health	Education	Green Building	Regeneration

Abb. 9.2: The Core Characteristics of Impact Investing for Real Estate Impact Category Examples

---

2   INREV, Impact Investing Paper, 2020, S. 10.

9.2   Impact Investing im Zusammenspiel mit den UN Sustainable Development Goals (SDGs)

In der Ableitung von Nachhaltigkeitszielen und auch in der Definition eines positiven Beitrags durch eine Investition spielen die UN Sustainable Development Goals (siehe hierzu Kapitel 1) eine wichtige Rolle. Vor allem mit Blick auf den positiven Beitrag zu einem Nachhaltigkeitsziel können hier die entsprechenden Investmentziele Kategorien zugeordnet werden.

Für den Immobiliensektor spielen eine Reihe von SDGs eine wichtige Rolle, die den beiden Bereichen Sozial und Ökologisch zugeordnet werden können. Aus diesen Zielen können dann entsprechende Maßnahmen für die Immobilienwirtschaft zur Umsetzung von nachhaltigen Investitionen abgeleitet werden.

1. Förderung von sozialen Zielen:
   a) SDG Nr. 1 – Bekämpfung von Armut
   b) SDG Nr. 3 – Förderung von Gesundheit und Wohlergehen
   c) SDG Nr. 4 – Förderung von hochwertiger Bildung
   d) SDG Nr. 10 – Verringerung der Ungleichheit
   e) SDG Nr. 11 – Förderung von nachhaltigen Städten und Gemeinden
2. Förderung von ökologischen Zielen:
   a) SDG Nr. 7 – Förderung von bezahlbarer und sauberer Energie
   b) SDG Nr. 9 – Förderung von Industrie, Innovation und Infrastruktur
   c) SDG Nr. 11 – Transformation zu nachhaltigen Städten und Gemeinden
   d) SDG Nr. 12 – Förderung von nachhaltigem Konsum und Produktion
   e) SDG Nr. 13 – Förderung von Maßnahmen zum Klimaschutz
   f) SDG Nr. 15 – Schutz des Lebens an Land und Förderung der nachhaltigen Nutzung

Aus den SDGs kann dabei je nach Umfang, ein Impact Investment durch die positiven, messbaren sozialen und ökologischen Auswirkungen der Investition konkretisiert werden. Wichtig dabei ist, dass durch die Investition ein zusätzlicher positiver Beitrag im Vergleich zu einer normalen Investition entsteht.

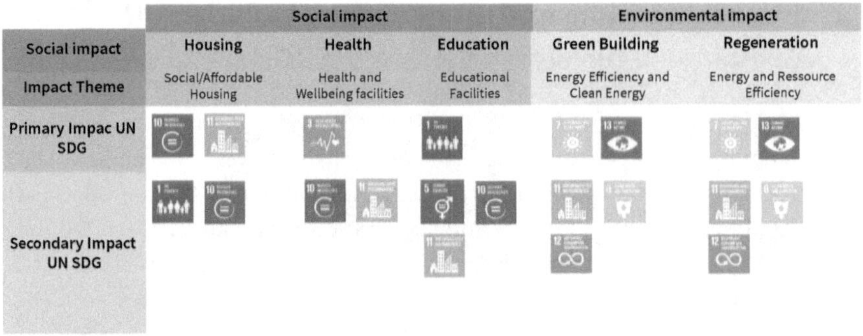

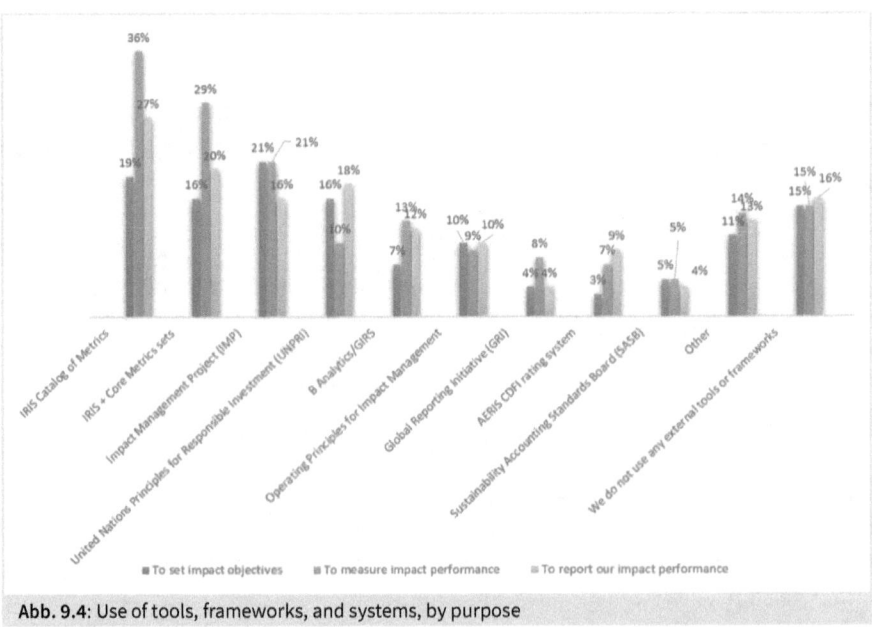

Abb. 9.3: Zuordnung und Priorisierung von Sozialen und Ökologischen Investitionsstrategien und SDGs inkl. Priorisierung der Ziele. Darstellung nach INREV – Quelle: Impact Investing, 2020, S. 11.

Mit Blick auf den Markt für Impact-Investment-Strategien spielen dabei die SDGs global gesehen die wichtigste Rolle in der Definition von Impact-Investment-Strategien.[3]

Abb. 9.4: Use of tools, frameworks, and systems, by purpose

Durch diesen Fokus auf die SDGs ist ein Vergleich der Investmentstrategien mehrerer Produkte international und somit auch für internationale Investoren (USA, Asien, Middle East) im Vergleich zu den europäischen Vorgaben möglich. Auch können etwaige Schwerpunkte präzise herausgestrichen werden und somit erfolgt eine Differenzierung zu Konkurrenzprodukten.

---

3   GIIN Annual Impact Investor Survey, 2020, S. 20.

9.3 Abgrenzung der Nachhaltigen Investmentformen

Green, Social, Sustainable, ESG-konform, Impact – die konkrete Differenzierung zwischen den Begriffen fällt nicht immer leicht und wird auch an den Kapitalmärkten teilweise missverständlich eingesetzt. Im Rahmen der konkreten regulatorischen Anforderungen wird jedoch zumindest eine Abgrenzung konkretisiert. Dabei wird durch die Regulierungen der zentrale Begriff einer »nachhaltigen Investition« bestimmt. Im Folgenden möchten wir auf die Unterschiede und Ausgestaltungen der Produktgruppen im Rahmen der Offenlegungsverordnung (VERORDNUNG (EU) 2019/2088 DES EUROPÄISCHEN PARLAMENTS UND DES RATES) eingehen. Als wesentliche Differenzierungsmerkmale von Produkten, die als »nachhaltig« qualifiziert werden, sind dabei die gewählte Investitionsstrategie und die Berücksichtigung von Nachhaltigkeitselementen des Finanzprodukts zu sehen. Eine Unterteilung kann in drei Produktgruppen erfolgen:

Klassische Finanzprodukte	‚Light Green´Finanzprodukte	‚Dark Green´Finanzprodukte
Keine Berücksichtigung von nachhaltigen Investitionen in der Investitionsstrategie	Berücksichtigung von nachhaltigen Finanzprodukt, das ökologische oder soziale Merkmale oder eine Kombination dieser Merkmale fördert, vorausgesetzt, dass die Unternehmen, in die investiert wird, die Praktiken der guten Unternehmensführung befolgen.	Investitionen in der Investitionsstrategie Finanzprodukt, das die Investition in eine wirtschaftliche Tätigkeit, die zur Erreichung eines Umweltziels oder sozialen Ziels beiträgt, beinhält, vorausgesetzt, dass diese Investitionen keines dieser Ziele erheblich beeinträchtigen.

Abb. 9.5: Unterteilung Produktgruppen Finanzprodukte

1. **»Klassische« Finanzprodukte,** welche keine dezidierten ökologischen oder sozialen Merkmale aufweisen, werden als Art.-6-Produkt der Offenlegungsverordnung bezeichnet. Diese Produkte berücksichtigen in der Anlagestrategie keine nachhaltigen Investitionen.
2. **»Light Green«-Finanzprodukte**, welche nachhaltige Investitionen in der Investitionsstrategie berücksichtigen. Diese Berücksichtigung erfolgt durch die Beachtung von ökologischen und/oder sozialen Merkmalen gemäß den Vorgaben von Art. 8 der Offenlegungsverordnung.
3. **»Dark Green«-Finanzprodukte** oder **Impact-Produkte** berücksichtigen zu einem hohen Anteil nachhaltige Investitionen in ihrer Investitionsstrategie und leisten dabei einen positiven Beitrag zur Erreichung eines Umwelt- oder sozialen Ziels durch eine definierte Investitionsstrategie. Diese Produkte können somit gem. Art. 9 der Offenlegungsverordnung klassifiziert werden.

Die Unterscheidung zwischen »Light Green«- und Impact-Produkten ist ein wesentlicher Teil in der Differenzierung von Strategien und spiegelt das Ambitionsniveau des Produktkonzeptes, aber auch der Investoren wider. Um eine Unterscheidung zwischen »Light Green«-Finanzprodukten gem. Art. 8 der Offenlegungsverordnung und einem »Dark Green«- oder Impact-Produkt nach Art. 9 der Offenlegungsverordnung zu erreichen, wird anhand der Strategie differenziert.

»Light Green«-Produkte berücksichtigen in ihren Investmententscheidungen ökologische und/oder soziale Merkmale in der Auswahl von Assets. Diese Merkmale können beispielsweise aus ökologischer Sicht die CO_2-Intensität der Gebäude, Energieeffizienz oder auch die Präsenz von Abfall- oder Wassermanagementsystemen sein. Sie werden im Rahmen der Investitionsentscheidung in ihrer Ausprägung anhand der Bewertungen mit einbezogen. Diese Einbeziehung kann anhand eines Scorings, aber auch durch ein Investmentkomitee erfolgen. Wichtig dabei ist, dass die Gewichtung der einzelnen Merkmale und die Ausprägung relativ frei ist.

»Dark Green«-Produkte bzw. **Impact-Produkte** müssen im Gegensatz dazu einen wesentlichen Beitrag zu einem Umweltziel über die jeweiligen Assets leisten. Der Anteil der Assets wird vom Regulator als »überwiegender Teil« angegeben, wobei derzeit noch kein dezidierter Grenzwert festgelegt wurde. Der deutsche Regulator, die Bundesanstalt für Finanzdienstleistungsaufsicht (BaFin), spricht aber von 90 % des Investmentvermögens, um diese Vorgaben zu erfüllen. Um den positiven Beitrag zu einem Umweltziel oder sozialen Ziel zu messen und zu belegen, können einerseits die Anforderungen durch einen Mindestanteil in ökologisch nachhaltige Investitionen im Sinne der Taxonomie-VO umgesetzt, andererseits kann die Anforderung durch einen Mindestanteil in nachhaltige Investitionen nach der Offenlegungsverordnung (Art. 2 (Nr. 17) Offenlegungsverordnung) erfüllt werden. Diese zwei Anforderungen definieren den Rahmen, wichtig dabei ist aber, dass der kausale Zusammenhang zwischen dem Umwelt- oder sozialen Ziel und der entsprechenden Investition besteht. Zudem enthalten beide Regelungen die Vorgabe, dass es durch die Förderung von Umwelt- oder sozialen Zielen keine anderen Umweltziele oder soziale Mindeststandards wesentlich beeinträchtigt. Das »Do no significant harm«-Prinzip muss dabei im Rahmen der Investitionsentscheidung geprüft werden.

Mit Blick auf den Vertrieb von Finanzprodukten an Privatanleger nach MiFID II gibt es zukünftig noch eine Unterscheidung in dieser Produktkategorie, und zwar dahingehend, ob hier auch Nachhaltigkeitspräferenzen des Privatanlegers erfüllbar sind. Falls diese erfüllt werden, gelten für »Light Green«-Produkte auch die Anforderungen des Art. 2 Nr. 17 der Offenlegungs- oder der Taxonomie-Verordnung. Hier werden im Rahmen der regulatorischen Vorgaben »nachhaltige Investitionen« definiert. Wichtig dabei ist, dass die Merkmale des Finanzprodukts im Einklang mit dieser Definition stehen und über seine Assets die Merkmale zu einem Mindestanteil erfüllt werden, wobei der Anteil an nachhaltigen Investitionen wesentlich geringer als bei Impact-Produkten sein kann.

9.4   Was sind Impact Investments und wie werden diese gemessen?

Impact Investments benötigen klar definierte Ziele in Bezug auf soziale und/oder ökologische Ergebnisse. Diese Ziele werden zusammen mit finanziellen Renditen im Rahmen der Investmentstrategie definiert. Impact Investing erfordert dabei die **Definition** eines **positiven Beitrags und der Absicht, diese Wirkung** zu einem Umwelt- oder sozialen Ziel zu leisten, die Ableitung von **spezifischen Investmentkriterien** und die **Messung des positiven Beitrags zur Erreichung dieser Ziele**. Diese Anforderungen, übertragen auf die Investitionen der Immobilienindustrie, ergeben die Charakteristika von Impact Investments. Die Charakteristika unterstützen und stehen dabei dabei in jedem Schritt im Einklang mit der definierten Strategie.

Definition eines positiven Beitrags:
Der positive Beitrag zu einem Umweltziel ist der Startpunkt jeder Impact-Investment-Strategie. Alle Investitionen haben eine Wirkung, die entweder positiv oder negativ sein kann, wobei Impact-Investitionen eine klare positive Wirkung und Absicht haben müssen, eine solche Wirkung zu erzielen. Dieser positive Beitrag wird dabei oftmals anhand von übergeordneten Umwelt- oder sozialen Zielen abgeleitet. Beispiele dafür sind ein positiver Beitrag zum Klimawandel (SDG Nr. 13) oder die Förderung von nachhaltigen Städten oder Gemeinden (SDG Nr. 11). Dieser positive Beitrag definiert dabei den Rahmen für die spezifischen Investmentkriterien.

Ableitung spezifischer Investmentkriterien:
Eine Impact-Investition sollte einen zusätzlichen Wert für die Gesellschaft oder die Umwelt haben, der ohne die Investition nicht eingetreten wäre. Dieser zusätzliche Wert kann sichergestellt werden durch die Identifizierung von spezifischen Investmentkriterien mit einem zusätzlichen Wert für die Gesellschaft oder die Umwelt. Das können beispielsweise die Reduktion von CO_2-Emissionen von Gebäuden oder auch das Angebot von mietpreisgebundenem Wohnraum für sozial schwächere Mieter sein. Diese definierten Investmentkriterien setzen in weiterer Folge die Rahmen für KPIs zur Messung der Auswirkung.

Messung der Auswirkungen:

Die Messung der Auswirkungen ist entscheidend, um sicherzustellen, dass die Strategie den gewünschten positiven Beitrag bewirkt. Eine erfolgreiche Impact-Investment-Strategie erfordert die Entwicklung eines klaren Mess- und Managementsystems, um zu beurteilen, inwieweit die Gesellschafts- oder Umweltziele der Strategie erreicht wurden.

Die Reduktion von CO_2-Emissionen beispielsweise kann anhand der CO_2-Intensität von Gebäuden nach Scope-1-, 2- und -3-Emissionen pro m^2 Nutzfläche gemessen und bewertet werden.

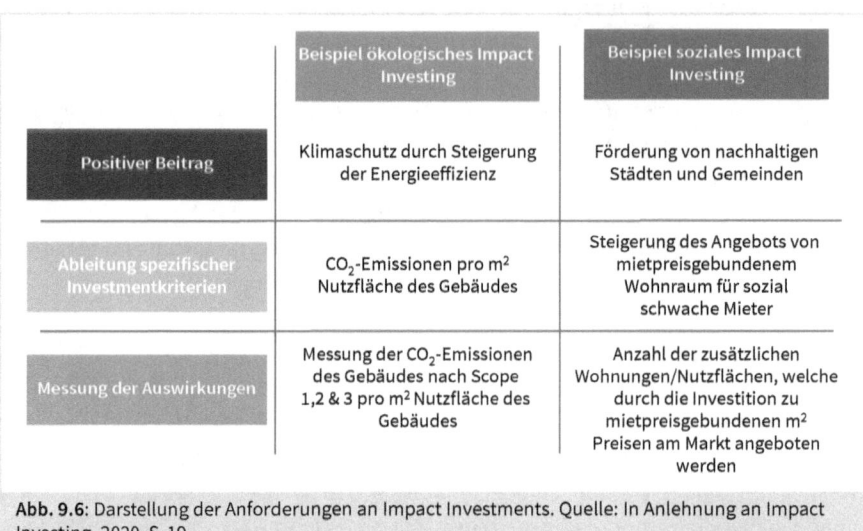

	Beispiel ökologisches Impact Investing	Beispiel soziales Impact Investing
Positiver Beitrag	Klimaschutz durch Steigerung der Energieeffizienz	Förderung von nachhaltigen Städten und Gemeinden
Ableitung spezifischer Investmentkriterien	CO_2-Emissionen pro m^2 Nutzfläche des Gebäudes	Steigerung des Angebots von mietpreisgebundenem Wohnraum für sozial schwache Mieter
Messung der Auswirkungen	Messung der CO_2-Emissionen des Gebäudes nach Scope 1,2 & 3 pro m^2 Nutzfläche des Gebäudes	Anzahl der zusätzlichen Wohnungen/Nutzflächen, welche durch die Investition zu mietpreisgebundenen m^2 Preisen am Markt angeboten werden

Abb. 9.6: Darstellung der Anforderungen an Impact Investments. Quelle: In Anlehnung an Impact Investing, 2020, S. 19.

Aus der regulatorischen Sicht des EU Action Plan on Sustainable Finance werden die Anforderungen an Impact Investments zusätzlich noch von technischen Screening-Kriterien ergänzt, und dass sie keinen signifikanten Schaden in einem anderen Umweltziel verursachen, welches durch das sogenannte »Do no significant harm«-Prinzip der Taxonomie definiert wird. Ergänzt werden die Anforderungen zusätzlich von Minimalanforderungen im Bereich Soziales (Minimum Safeguards). Die technischen Screening-Kriterien definieren dabei technische Standards oder Mindestenergie-kennzahlen für Immobilien, aber auch Mindestanforderungen, um beispielsweise den Schutz von Wasser, Meeresressourcen oder von Biodiversität sicherzustellen. Diese Kriterien werden in den Anhängen zur Taxonomie-Verordnung (VO (EU) 2020/852) definiert und unterliegen zukünftig einer regelmäßigen Evaluierung durch den Gesetzgeber.

9.5 Umsetzung von Impact Investments in der Praxis

Betrachtet man den Markt für Impact Investments anhand der regulatorischen Definition der Offenlegungsverordnung (Art.-9-Produkte), so ist diese Produktgruppe derzeit nur zu einem sehr geringen Teil am Markt verfügbar. Die Herausforderung in der Auflage dieser Produkte liegt dabei in der Erfüllung und dem Nachweis des positiven Beitrags durch die jeweiligen Assets. Mit Blick auf die Anforderungen der Taxonomie-VO und der technischen Kriterien werden sehr hohe Anforderungen an Assets in Bezug auf die Energieeffizienz gestellt. Diese hohen Anforderungen schränken die Auswahl an möglichen Assets erheblich ein. Auch unter dem Blickwinkel der zu erfüllenden Renditen durch diese Assets stehen viele Marktteilnehmer einer Impact-Strategie mit Skepsis gegenüber.

Ein weiterer Faktor ist die Verfügbarkeit von Daten zur Überprüfung beispielsweise des »Do no significant harm«-Prinzips. Derzeit sind bei vielen Immobilienprojektentwicklern die Anforderungen noch nicht vollständig bis zur untersten Stufe der Wertschöpfungskette bekannt bzw. es werden die Daten nicht vollständig zur Verfügung gestellt. Auch die Einhaltung von sozialen Minimumstandards ist über die gesamte Wertschöpfungskette oftmals mit einem gewissen Risiko verbunden oder aber es fehlt auch das Bewusstsein für die Einhaltung der Anforderungen durch Geschäftspartner.

Die Umsetzung auf Ebene des Portfolios zu einem hohen Anteil (der deutsche Regulator spricht derzeit von Werten bis zu 90 % der Assets des Portfolios) stellt ebenfalls eine Herausforderung dar und ist in der Praxis oftmals ein Hindernis in der Umsetzung.

Mit Blick auf die Präferenzen von Investoren und die definierten Zielsetzungen (beispielsweise CO_2-neutrales Portfolio bis 2040 oder 2050) werden aber Impact Investments zukünftig eine größere Rolle spielen. Die definierten Anforderungen an die Gesamtstrategie von Investoren werden sich auch auf die Auswahl von Investments und in weiterer Folge auf die Investmentstrategie der Produkte auswirken und zu einer verstärkten Nachfrage nach Produkten führen, die einen positiven Beitrag zum Klimaschutz leisten. Vergleicht man die Anzahl der Baugenehmigungen in Deutschland (119 000 Wohngebäude und 27 000 für Nichtwohngebäude in 2019[4]) mit der Anzahl der Wohngebäude in Deutschland 2019 von 19,2 Millionen Wohngebäuden werden nur < 1 % der Wohngebäude in Deutschland jedes Jahr neu gebaut und können dabei die hohen energetischen Standards umsetzen. Das heißt, Impact-Investing-Strategien müssen sich zukünftig stark auf Bestandsgebäude und auch auf die energetische Sanierung von Bestandsgebäuden konzentrieren, um eine ausreichende Anzahl an möglichen Assets am Markt zu finden.

Im Vergleich dazu wurden in der Europäischen Union im Jahr 2020 11 % der bestehenden Gebäude in irgendeiner Form renoviert. Dabei wird bei den Renovierungsarbeiten aber nur sehr selten die Gesamtenergieeffizienz der Gebäude berücksichtigt. Die gewichtete jährliche energetische Sanierungsrate ist mit etwa 1 % des Gesamtbestandes sehr gering. Eine umfassende Sanierung, die den Energieverbrauch um mindestens

---

4   Statista, Anzahl der Baugenehmigungen zur Errichtung neuer Wohn- und Nichtwohngebäude in Deutschland, https://de.statista.com/statistik/daten/studie/254596/umfrage/baugenehmigungen-in-westdeutschland/.

60 % senkt, wird nur bei 0,2 % des Gebäudebestands pro Jahr durchgeführt, wobei es in einigen Regionen praktisch keine energetischen Sanierungsraten gibt.

9.6 Social Impact Investing als Sonderform des Impact Investments

Neben den ökologischen Merkmalen des Impact Investments rücken auch soziale Merkmale stärker in den Fokus der Stakeholder. Im Rahmen des Impact Investment Paper 2020[5] geht beispielsweise INREV im Detail auf die sozialen Merkmale ein, die sowohl ergänzend als auch individuell für sich betrachtet einen Impact-Mehrwert aus sozioökonomischer Sicht bieten.

Der soziale Aspekt von Immobilieninvestitionen sowie die damit einhergehende Verantwortung für die Schaffung von bezahlbarem Wohnraum und die nachhaltige Entwicklung von Städten und Quartieren durch die Immobilienwirtschaft rücken in den gesellschaftlichen Fokus. Die Immobilienwirtschaft ist eine der zentralen Wirtschaftsbranchen in Deutschland mit knapp 20 % Anteil an der Bruttowertschöpfung des Landes durch ca. 790.000 Unternehmen und 2,8 Millionen Beschäftigte[6] und auch durch die Langfristigkeit von Immobilieninvestitionen werden die soziale Verantwortung und die Gestaltungsmöglichkeit wesentlich definiert.

Die Forderung nach »bezahlbarem Wohnraum« ist von hoher gesellschaftlicher Bedeutung. Angemessenes Wohnen zählt zu den Grundbedürfnissen und bildet die Basis für gesellschaftliche Teilnahme. In städtischen Ballungsräumen sind die Miet- und Immobilienpreise in den letzten Jahren stark gestiegen und Haushalte mit mittleren und geringen Einkommen sind überproportional von dieser Entwicklung betroffen. Durch das Fehlen von bezahlbarem Wohnraum werden soziale Spannungen und soziale Segregation verstärkt. Insbesondere in dem Bereich der Sozialwohnungen in Deutschland wird durch diesen Mangel die Lücke zwischen Angebot und Nachfrage immer größer.[7]

Um den Mangel beheben zu können, muss anhand einer definierten Wirkungslogik das Social Impact Investing definiert werden (siehe folgende Abb. 9.7).[8]

---

5 https://www.inrev.org/library/impact-investing-paper-2020.
6 ZIA, Perspektiven der Immobilienwirtschaft, 2016, S. 22.
7 ICG Praxisleitfaden Social Impact Investing, 2020, S. 43 ff.
8 ICG Praxisleitfaden Social Impact Investing, 2020, S. 46.

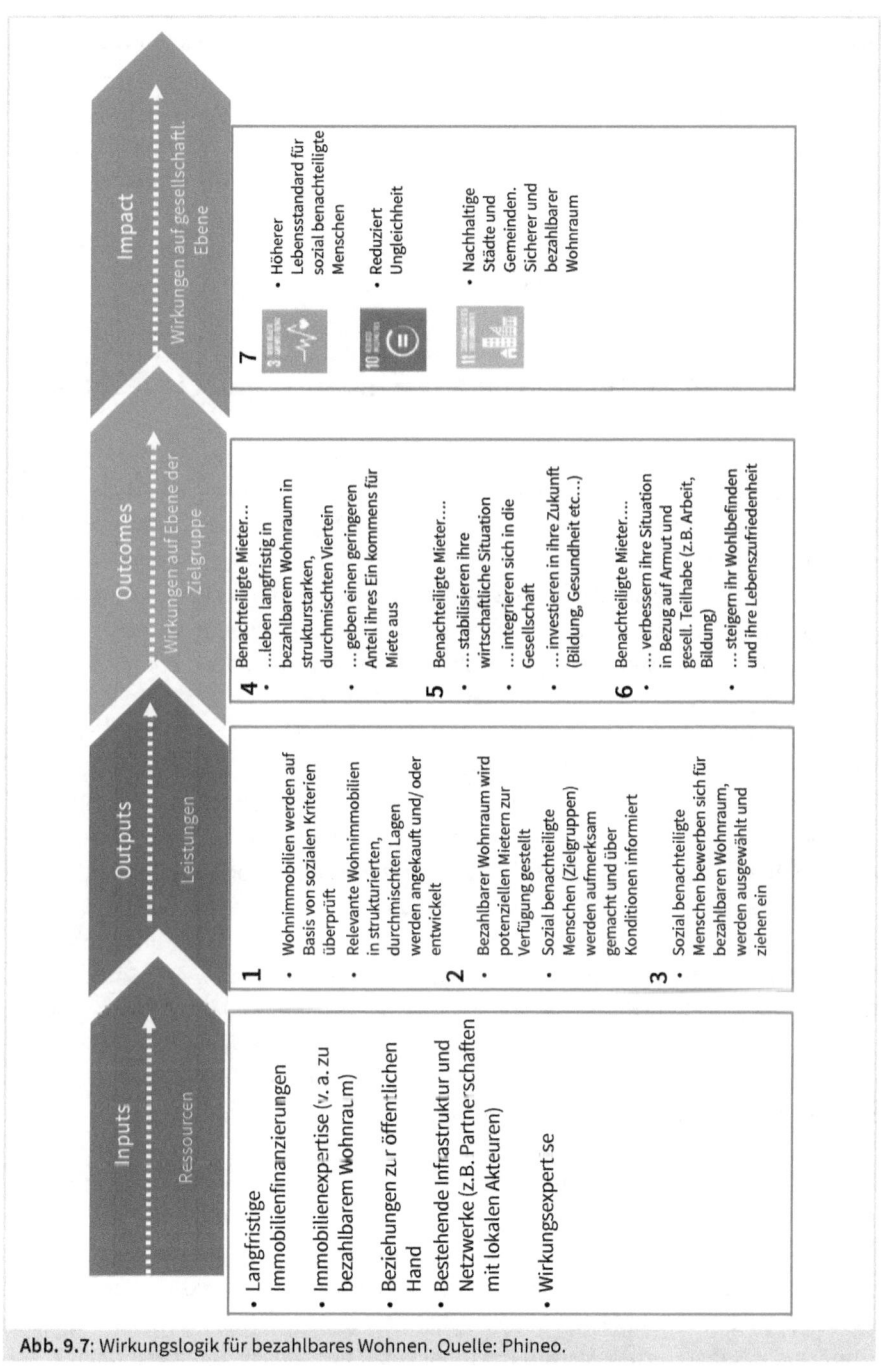

Abb. 9.7: Wirkungslogik für bezahlbares Wohnen. Quelle: Phineo.

Um bezahlbaren Wohnraum zu schaffen, können Maßnahmen zur Stabilisierung und Senkung von Baukosten (Standardisierung, Vereinheitlichung bei Grundrissen, Modulbauweise) verwendet oder auch eine höhere Wohnungsdichte gewählt werden. Diese Maßnahmen können als Kriterien bei der Auswahl von entsprechenden Assets gelten. Wichtig dabei ist aber, dass die gesetzten Maßnahmen auch produktiv auf Wirkungsindikatoren zugeordnet werden, um hier bezahlbaren Wohnraum der eigentlichen Zielgruppe, vorwiegend Mietern aus niedrigeren Einkommensgruppen, zugutekommen zu lassen. Als Wirkungsindikator können dabei staatliche Rahmenbedingungen für die Klassifizierung von Mietern aus niedrigen Einkommensgruppen (beispielsweise Wohnungsbezugsscheine) definiert werden.

9.7   Fazit und Ausblick zu den Real Estate Impact Investments

Noch stehen wir bei der Umsetzung konkreter Impact Investments im Bereich der Immobilien am Anfang. Zu groß ist aktuell noch die regulatorische Unsicherheit über die Bewertung der einzelnen Maßnahmen und die zukünftigen Anforderungen. Auch stellt die Operationalisierung der dann geltenden Anforderungen für die Marktteilnehmer eine Herausforderung dar. Sind beispielsweise für einen Immobilienfonds in Anlagebedingungen und Prospekt die Rahmenbedingungen für einen Impact Fonds nach Art. 9 der Offenlegungsverordnung geschaffen, müssen diese auch über den gesamten Lebenszyklus des Fonds eingehalten werden. Ist dies nicht sicher der Fall, können Schadensersatzforderungen der Anleger oder von Verbraucherschutzorganisationen, gepaart mit negativer Publicity und Reputationsschäden, die Folge sein. Daher reagiert der überwiegende Teil der Marktteilnehmer aktuell noch zurückhaltend, und prüft genau, welche Anforderungen realistisch umsetzbar sind und welcher Aufwand damit einhergeht, dies über die Laufzeit sicherzustellen. Gerade die Datenerhebung und Verarbeitung von nachhaltigen Parametern ist aktuell noch in einer Entwicklungsphase. Einige neue Marktteilnehmer im Bereich der Clean-Tech- und Prop-Tech-Unternehmen entwickeln aktuell Lösungen, um mit beispielsweise Smart-Meter-Technologie und intelligenter Gebäudetechnik die Datenerhebung und -verarbeitung zu vereinfachen und zu verbessern. Hier werden sich noch einige zusätzliche Geschäftsfelder erschließen, bis das Impact Investment nicht mehr eine Randerscheinung, sondern das Kerngeschäft der Immobilienwirtschaft werden wird.

Nicht weniger sollte der Anspruch sein, um die aktuellen und künftigen Herausforderungen im Zusammenhang mit den Auswirkungen des Klimawandels und der globalen sozialen Gerechtigkeit zu meistern. Mit Blick auf die ambitionierten Zielsetzungen im Bereich Klimaschutz und dem Impact auf den Immobiliensektor, wird aber die Festlegung auf ambitionierte Nachhaltigkeitsstrategien eine starke Rolle im Markt einnehmen. Dabei werden Marktteilnehmer zukünftig, in Erfüllung des hohen Ambitionsniveaus einer generellen Nachhaltigkeitsstrategie, auch das Thema Impact Investing stärker verfolgen.

10 ESG – Steuerrechtliche Vorgaben und Auswirkungen

Dr. Leila Momen, Sven Behrends

Das Thema »Nachhaltigkeit« und die dreifache Dimension von ESG (Environment – Social – Governance) betreffen auch die Steuerfunktion.[1] Die Kombination von ESG und Steuern wirkt sich zudem auf verschiedenen Ebenen innerhalb eines Immobilieninvestments/-unternehmens aus. Zu differenzieren sind die Unternehmensebene des Investors, die Fondsebene bzw. die Ebene des Special Purpose Vehicle, das die Immobilie hält, und die Objektebene (die Immobilie selbst). Die Ausprägungen von ESG im Hinblick auf die Steuerfunktion in den drei Ebenen eines Immobilienunternehmens und der Bezug zu den UN Sustainable Developments Goals (SGDs) werden in der folgenden Abb. 10.1[2] im Überblick dargestellt:

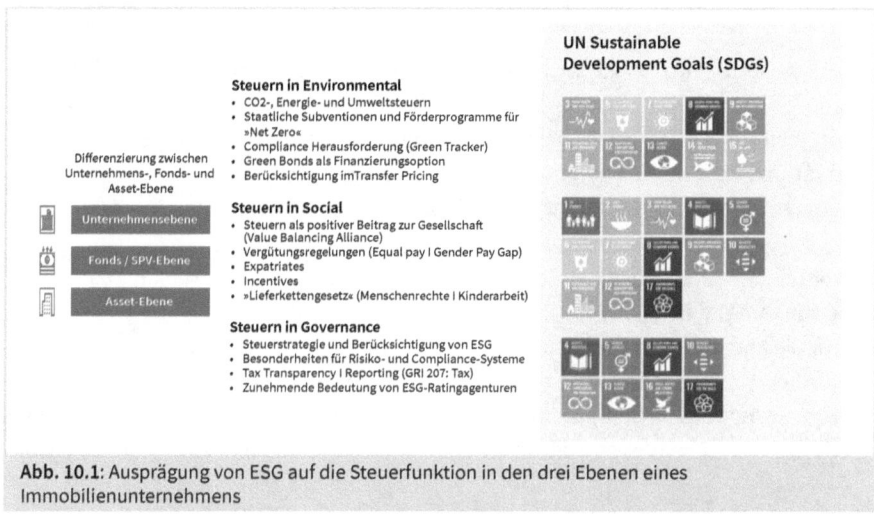

Abb. 10.1: Ausprägung von ESG auf die Steuerfunktion in den drei Ebenen eines Immobilienunternehmens

Im Folgenden wird in Kapital 10.1 dem Aspekt der Governance (Unternehmensführung) auf Unternehmensebene (Corporate Ebene) Rechnung getragen. In Kapitel 10.2 wird der Umweltaspekt auf der Objektebene erläutert, teilweise auch verbunden mit sozialen Aspekten.

---

1   Vgl. hierzu Arbeitskreis »Integrated Reporting« (AKR) der Schmalenbach-Gesellschaft für Betriebswirtschaft e. V., Köln, Klimawandel für die Finanzfunktion« – Zehn Thesen zur Notwendigkeit der Erweiterung der Finanzfunktion um die ESG-Dimension, KoR 2020, S. 153 ff, der in zehn Thesen verdeutlicht, warum die Finanzfunktion, die auch die Steuerfunktion umfasst, ESG-Themen in ihren Aufgabenbereich einbeziehen sollte. Siehe auch Holle/Kockrow/Thuar, Der Dualismus der steuerlichen Nachhaltigkeit, IWB 2020, S. 816, die den Zusammenhang zwischen Nachhaltigkeit und Steuern erläutern.
2   Die Verbindung zwischen Steuern und den SGDs wird nachfolgend in diesem Kapitel näher erläutert.

10.1   Steuern und ESG – verantwortungsvolle Steuerpolitik

Steuern dienen der Finanzierung des Staates. Durch Steuerzahlungen können somit (auch) die 17 Ziele für nachhaltige Entwicklung der Vereinten Nationen (UN Sustainable Development Goals) verwirklicht werden.[3] Die Verbindung zwischen Nachhaltigkeit bzw. ESG und Steuern besteht somit für die Staaten in der Finanzierungsfunktion von Steuern. Staaten und Unternehmen verfolgen unterschiedliche Ziele: Während Unternehmen regelmäßig aus Liquiditäts- sowie Shareholder-Value-Gründen ihre Steuerzahlungen minimieren bzw. ihre Gewinne nach Steuern maximieren wollen, wollen die Staaten ihre Nachhaltigkeitsbemühungen und die Finanzierung durch Steuereinnahmen maximieren. Diesem Zielkonflikt kann durch eine verantwortungsvolle Geschäfts- und Steuerpolitik sowie steuerliche Transparenz begegnet werden. Steuerliche Transparenz ist eng mit der Reputation eines Unternehmens verknüpft. Wirtschaftliche Vorteile eines Unternehmens durch aggressive Steuergestaltungen, die den Steueraufwand so weit wie möglich minimieren sollen, können einen Reputationsverlust des Unternehmens auslösen.[4]

Die Formulierung klarer Steuerprinzipien, die auf die umfassende Agenda der Unternehmen für Umwelt, Soziales und Unternehmensführung (ESG) abgestimmt ist, erfolgt nicht nur aus gesellschaftlichen Gründen oder der Sorge um einen Reputationsverlust. Vielmehr legen Aktionäre und Investoren und andere Interessengruppen zunehmend Wert auf eine verantwortungsbewusste und nachhaltige Steuerstrategie.

Sowohl Shareholder als auch Stakeholder interessieren sich in diesem Zusammenhang zunehmend für

- für die Einhaltung steuerlicher Compliance-Vorschriften eines Unternehmens,
- für den Nachweis, inwieweit ein Unternehmen steuerliche Verantwortung in Bezug auf aggressive Steuerstrategien übernimmt, sowie
- für den wirtschaftlichen Beitrag, den das Unternehmen für die Gesellschaft leistet.

Als Reaktion darauf verpflichten sich viele Unternehmen zu immer mehr Transparenzstandards, darunter die OECD/G20-Prinzipien der Unternehmensführung und der GRI-Steuerstandard (Global Reporting Initiative) für umfassende steuerliche Offenlegung[5]. Steuerliche Transparenz im Sinne einer klaren Positionierung eines Unternehmens zu

---

3   Vgl. hierzu auch ICC Position Paper, Tax and the United Nations sustainable development goals, S. 1 f.

4   Kritisch hierzu Schön, Vorstandspflichten und Steuerplanung, in Festschrift für Michael Hoffmann-Becking, München 2013, S. 1085, 1099 f, der auf den Zielkonflikt hinweist und die Maximierung des Nachsteuergewinns und die Reduzierung des Steueraufwands des Unternehmens als Pflicht des Vorstands einer Aktiengesellschaft gegenüber den Aktionären hervorhebt. Der Fiskus profitiere von gesteigerter Transparenz und Verantwortlichkeit und nachhaltiger Unternehmenspolitik, habe jedoch kein klagbares Recht und könne (nur) durch eine entsprechende Steuergesetzgebung den ihm zustehenden Anteil am wirtschaftlichen Ergebnis unternehmerischer Tätigkeit bestimmen.

5   Nähere Erläuterungen dazu unter folgendem Punkt 10.1.1.

seiner Steuerpolitik und Steuerstrategie kann letztendlich ein Wegbereiter für (gelebte) materielle Nachhaltigkeit im Sinne einer verantwortungsvollen Steuerpraxis sein.

10.1.1 Steuerliches Nachhaltigkeitsreporting

Steuerliche Transparenz kann durch ein entsprechendes Reporting erreicht werden.

Erste Ansätze eines steuerlichen Reportings auf globaler / internationaler Ebene finden sich im 2015 veröffentlichten BEPS-Aktionsplan der OECD[6], so z. B. im Aktionspunkt 13, der die Offenlegungspflichten im Rahmen eines nicht-öffentlichen länderbezogenen Berichts über ertragsteuerliche Informationen (sog. Country-by-Country-Reporting, oder CbCR) beinhaltet. Auch der Common Reporting Standard (CRS) ist ein Verfahren zum internationalen Austausch von (Steuer-)Informationen (Automatic Exchange of (Financial Account) Information – AEOI). Auf EU-Ebene ist insbesondere die Richtlinie bezüglich des verpflichtenden automatischen Informationsaustauschs im Bereich der Besteuerung über meldepflichtige grenzüberschreitende Gestaltungen (kurz DAC 6) zu erwähnen. Darüber hinaus gibt es zwischenzeitlich auch auf regionaler / nationaler Ebene steuerliche Reportingpflichten.[7]

Diese Offenlegungs- und Meldepflichten und zumindest internationalen und EU-Reportingpflichten, die zwischenzeitlich in das jeweilige nationale Steuerrecht umgesetzt wurden, stellen den Bezug zur Nachhaltigkeit allerdings noch nicht klar in den Fokus und gehen zudem nur auf das Verhältnis zwischen Steuerpflichtigen und Finanzbehörden bzw. den Informationsaustausch zwischen den Finanzbehörden ein. Es handelt sich somit nicht um Offenlegungspflichten gegenüber einem größeren Adressatenkreis, der auch die Öffentlichkeit sowie diverse Interessensgruppen (Stakeholder) berücksichtigt.

---

6   Am 5. Oktober 2015 hatte die Organisation für wirtschaftliche Zusammenarbeit und Entwicklung (OECD) auf der Grundlage eines Aktionsplans mit 15 Maßnahmen konkrete und umsetzbare Empfehlungen als Ergebnis eines BEPS-Projekts (base erosion and profit shifting) veröffentlicht. Bei diesem Projekt handelt es sich um ein international abgestimmtes Vorgehen gegen schädlichen Steuerwettbewerb und gegen aggressive Steuergestaltungen international tätiger Unternehmen.

7   Beispiele für nationale Reportingpflichten: Australien: ATO – öffentliche Berichterstattung zur Offenlegung des steuerpflichtigen Einkommens, Kanada: Extractive Sector Transparency Measures Act, China: Implementierungsmaßnahmen für spezielle Steueranpassungen, Niederlande: Horizontale Überwachung, Nordische Länder: zunehmender Gruppenzwang zur Offenlegung von Steuerzahlungen, Polen: 2021 – Verpflichtung zur Veröffentlichung einer Steuerstrategie, Südafrika: Offenlegungspflicht für nicht-ansässige Unternehmen, Großbritannien: Pflicht zur Veröffentlichung einer Steuerstrategie, Vereinigte Staaten: Dodd-Frank-Act und FATCA.

Den klaren Bezug zu Nachhaltigkeit, Transparenz und Steuern sowie den größeren Adressatenkreis greift die »Global Reporting Initiative (GRI[8])mit dem »GRI 207: Tax 2019« (nachfolgend: GRI-Steuerstandard) auf.[9] Der GRI-Steuerstandard, der am 5. Dezember 2019 veröffentlicht wurde, ist die jüngste Ergänzung der GRI-Standards, der die Nachhaltigkeitsberichterstattung nun auch auf den steuerlichen Bereich ausweitet.

Eine rechtliche Verpflichtung zur Offenlegung von nichtfinanziellen Informationen besteht seit 2017 durch die in deutsches Recht umgesetzte Corporate-Social-Responsibility-(CSR)-EU-Richtlinie für derzeit rund 550 Unternehmen in Deutschland. Für Berichte, die am oder nach dem 1. Januar 2021 veröffentlicht werden, besteht diese Verpflichtung auch für die Steuerfunktion. Die Anwendung der GRI-Standards ist nicht verpflichtend, wird allerdings vom deutschen Gesetzgeber empfohlen.[10]

Wesentliche Berichtsbestandteile des GRI-Steuerstandards sind zum einen Informationen über den strategischen Managementansatz in Bezug auf Steuern, zur Tax Governance und dem Management von steuerlichen Risiken sowie zum Umgang mit Stakeholdern und ihren steuerlichen Bedenken. So sind beispielsweise folgende Fragen von den Unternehmen zu beantworten: Wie ist die weltweite Steuerstrategie im Kontext der Nachhaltigkeitsstrategie definiert? Gibt es ein weltweites Tax-Compliance-Management-System, wie ist es dokumentiert und wie wird es »gelebt«? Wie werden Steuerrisiken (finanziell und reputabel) identifiziert und überwacht? Wie werden die Interessen von Stakeholdern berücksichtigt und wie ist die Zusammenarbeit des Unternehmens mit Steuerbehörden?

Zum anderen müssen nach dem GRI-Steuerstandard auch Informationen aufbereitet werden, die im Wesentlichen das CbCR umfassen.

Die vier Regelungsbereiche (*Disclosures*) des GRI 207: Tax 2019 sind in folgender Abb. 10.2 dargestellt:

---

8   GRI ist eine 1997 gegründete internationale Organisation, deren Hauptziel die Offenlegung von Auswirkungen der unternehmerischen Geschäftstätigkeit auf Wirtschaft, Umwelt und Gesellschaft durch fortlaufend herausgegebene globale Standards zur Nachhaltigkeitsberichterstattung ist.

9   Vgl. hierzu und zu den folgenden Ausführungen zur Nachhaltigkeitsberichterstattung im steuerlichen Bereich Schnitger/Holle/Kockrow, Berichterstattung nach der Global Reporting Initiative (Teil I, II), S. 1456 ff., 1524 ff., Momen, Verantwortungsvolle Geschäfts- und Steuerpolitik: Das Nachhaltigkeitsreporting im Steuerrecht, Real Estate Insights, Ausgabe 27, April 2021, PwC, S. 18 ff.; Momen, GRI 207: Tax 2019 – Meilenstein für das Nachhaltigkeitsreporting, im Steuerrecht, Immobilien und Steuern, 2020, S. 31 f.

10 Weitere empfohlene Rahmenwerke und Standards auf internationaler und nationaler Ebene sind die OECD-Leitsätze für multinationale Unternehmen, der United Nations Global Compact, die Task Force on Climate Related Financial Disclosures, die ISO 26000 und der Deutsche Nachhaltigkeitskodex.

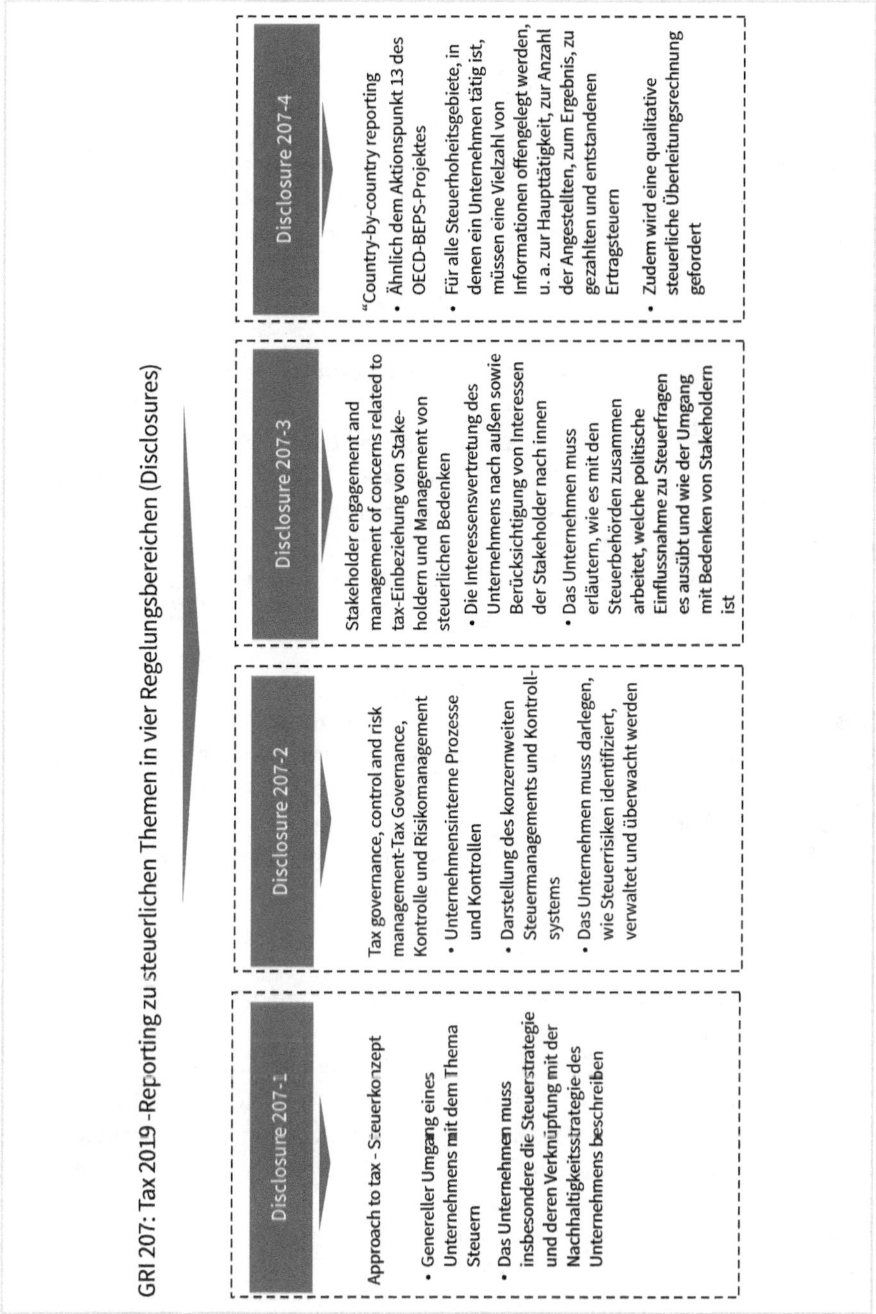

GRI 207: Tax 2019 -Reporting zu steuerlichen Themen in vier Regelungsbereichen (Disclosures)

Disclosure 207-1

Approach to tax - Steuerkonzept

- Genereller Umgang eines Unternehmens mit dem Thema Steuern
- Das Unternehmen muss insbesondere die Steuerstrategie und deren Verknüpfung mit der Nachhaltigkeitsstrategie des Unternehmens beschreiben

Disclosure 207-2

Tax governance, control and risk management-Tax Governance, Kontrolle und Risikomanagement

- Unternehmensinterne Prozesse und Kontrollen
- Darstellung des konzernweiten Steuermanagements und Kontrollsystems
- Das Unternehmen muss darlegen, wie Steuerrisiken identifiziert, verwaltet und überwacht werden

Disclosure 207-3

Stakeholder engagement and management of concerns related to tax-Einbeziehung von Stakeholdern und Management von steuerlichen Bedenken

- Die Interessensvertretung des Unternehmens nach außen sowie Berücksichtigung von Interessen der Stakeholder nach innen
- Das Unternehmen muss erläutern, wie es mit den Steuerbehörden zusammen arbeitet, welche politische Einflussnahme zu Steuerfragen es ausübt und wie der Umgang mit Bedenken von Stakeholdern ist

Disclosure 207-4

"Country-by-country reporting

- Ähnlich dem Aktionspunkt 13 des OECD-BEPS-Projektes
- Für alle Steuerhoheitsgebiete, in denen ein Unternehmen tätig ist, müssen eine Vielzahl von Informationen offengelegt werden, u. a. zur Haupttätigkeit, zur Anzahl der Angestellten, zum Ergebnis, zu gezahlten und entstandenen Ertragsteuern
- Zudem wird eine qualitative steuerliche Überleitungsrechnung gefordert

Abb. 10.2: Die vier Regelungsbereiche (Disclosures) des GRI 207: Tax 2019

Bei Transaktionen würden einige der in den Disclosures des GRI-Steuerstandards genannten Aspekte im Rahmen einer ESG Tax Due Diligence abgefragt werden, so z. B., ob das zu erwerbende Unternehmen über ein Tax-Compliance-Managementsystem verfügt, ob Steuerrisiken angemessen offengelegt werden, ob die Steuerfunktion des Unternehmens personell angemessen ausgestattet ist, ob das Unternehmen von komplexen Strukturen Gebrauch macht, ob Unternehmenseinheiten in Steueroasen ansässig sind, ob grenzüberschreitende Steuergestaltungen gem. DAC6 zutreffend offengelegt wurden, ob eine ausreichende Dokumentation von und Policy für Transferpreise/n existiert, ob es Steuerrisiken gibt, die Ruf- oder Reputationsschäden verursachen können u.v.m.

10.1.2   Exkurs zum öffentlichen Country by Country Reporting (CbCR)

Jenseits des CbCR im Rahmen des GRI 207 wurden (erneut) EU-Verhandlungen über ein öffentliches CbCR geführt. Mit dem Vorschlag, die Bilanzrichtlinie (2013/34/EU) um das öffentliche CbCR zu ergänzen, hat die portugiesische Ratspräsidentschaft einen Kompromissvorschlag zum bereits 2016 von der EU-Kommission vorgelegten, aber von den Mitgliedstaaten zunächst abgelehnten Entwurf eines öffentlichen CbCR präsentiert.

Vertreter des portugiesischen Ratsvorsitzes haben am 01. Juni 2021 mit dem Verhandlungsteam des Europäischen Parlaments eine vorläufige politische Einigung über die vorgeschlagene Richtlinie über die Offenlegung von Ertragsteuerinformationen durch bestimmte Unternehmen und Zweigniederlassungen erzielt, die gemeinhin als Richtlinie über die öffentliche länderbezogene Berichterstattung bezeichnet wird. Der vorläufig vereinbarte Text wird nun den zuständigen Ratsgremien und dem Europäischen Parlament zur politischen Billigung zugeleitet. Nach Billigung durch das Europäische Parlament gilt die Richtlinie als angenommen.

Laut dem vereinbarten Text müssen multinationale Unternehmen sowie eigenständige Unternehmen – mit Sitz innerhalb oder außerhalb der EU –, die in den letzten zwei aufeinanderfolgenden Geschäftsjahren jeweils einen konsolidierten Gesamtumsatz von mehr als 750 Millionen Euro erzielt haben, Ertragsteuerinformationen offenlegen, und zwar in Bezug auf jeden Mitgliedstaat sowie auf jedes Drittland, das in Anlage I der Schlussfolgerungen des Rates zur EU-Liste nicht kooperativer Länder und Gebiete für Steuerzwecke oder während zwei aufeinanderfolgenden Jahren in Anhang II dieser Ratsschlussfolgerungen aufgeführt ist. Diese Berichterstattung soll nach einem gemeinsamen EU-Muster und in elektronischen Formaten erfolgen.

Um einen unverhältnismäßigen Verwaltungsaufwand für die beteiligten Unternehmen zu vermeiden und die Informationspflicht auf das zu beschränken, was tatsächlich nötig ist, um eine wirksame öffentliche Kontrolle zu ermöglichen, enthält die Richtlinie eine vollständige und endgültige Liste der Informationen, die offenzulegen sind.

Die Berichterstattung hat innerhalb von 12 Monaten ab dem Bilanzstichtag des betreffenden Geschäftsjahres zu erfolgen. Nur unter bestimmten, in der Richtlinie festgelegten Bedingungen kann ein Unternehmen einen Aufschub für die Offenlegung bestimmter Elemente von bis zu fünf Jahren erhalten. Festgelegt ist auch, wer letztlich für die Einhaltung der Berichterstattungspflicht verantwortlich ist.

Die Mitgliedstaaten haben 18 Monate Zeit, um die Richtlinie in nationales Recht umzusetzen. Vier Jahre nach der Umsetzung erstattet die Kommission Bericht über die Anwendung der Richtlinie.

10.1.3   Anwendung des GRI-Steuerstandards in der Immobilienwirtschaft

Der GRI-Steuerstandard soll eine offenere Kultur mit Blick auf die Steuerpraktiken eines Unternehmens vermitteln. Unternehmen sollen durch Anwendung des GRI-Steuerstandards in die Lage versetzt werden, transparent und ausgewogen über ihre Steuerstrategie und ihre Steuerzahlungen bzw. -verpflichtungen gegenüber Interessensgruppen, zu denen auch und insbesondere die Anleger zählen, und der Öffentlichkeit zu berichten. Denn Steuertransparenz soll eine nachhaltige Steuerpraxis von Investoren / Unternehmen fördern. Gleichzeitig fordern Anleger zunehmend auch eine nachhaltige Steuerpraxis der Unternehmen und ihre Investitionsentscheidungen basieren zunehmend auf den Nachhaltigkeitsbemühungen der Unternehmen, auch in Bezug auf die Steuerfunktion.

Investoren / Unternehmen werden sich in ihrer Nachhaltigkeitsberichterstattung im steuerlichen Bereich auch untereinander messen lassen müssen. Da der GRI-Steuerstandard selbst keine Vorgaben gibt, wie eine nachhaltige Steuerstrategie ausgestaltet werden soll, muss das berichtende Unternehmen seine eigene, individuelle und in seiner Geschäftspolitik tatsächlich durchsetzbare Antwort auf diese Frage finden, z. B. erläutern, welche Strukturen im Unternehmen genutzt werden, die eine Nachhaltigkeit aufweisen bzw. darlegen, dass keine Strukturen genutzt werden, die auf einer reinen Steuervermeidungsstrategie oder einer aggressiven Steuerplanung basieren.

Auch Unternehmen der Immobilienwirtschaft werden sich mit diesem Steuerstandard im Rahmen ihrer ESG-Gesamtstrategie auseinandersetzen müssen. Der von der INREV (European Association for Investors in Non-Listed Real Estate Vehicles) am 19. Januar 2021 veröffentlichte Code of Tax Conduct kann Immobilienunternehmen bei der Formulierung einer Steuerstrategie eine Orientierung bieten. Der INREV Tax Code of Conduct enthält Empfehlungen und Best Practices zu Steuerangelegenheiten. Gemeinsam mit Experten aus der Immobilienwirtschaft hat die INREV die wichtigsten Steuerstandards in einer Reihe von Empfehlungen und Best Practices zusammengefasst, um eine gemeinsame Vision in Steuerfragen für die nicht börsennotierte Immobilieninvestmentbranche zu erzielen. Auch börsennotierten und anderen Unternehmen kann der Tax Code of Conduct Anregungen zur Formulierung einer Steuerstrategie bieten.

10.2   Immobilien und Umweltsteuern, staatliche Subventionen und Förderprogramme mit steuerlichem Bezug

Für die Immobilienwirtschaft spielen in Bezug auf das Objekt Immobilie ferner auch die sog. Nachhaltigkeitssteuern, die sich auf den Umweltaspekt (Environment) im Rahmen einer ESG-Strategie beziehen[11], eine entscheidende Rolle; teilweise werden auch soziale Aspekte[12] mit einbezogen (z. B. vorgesehene Teilung der Kosten aus der CO_2-Bepreisung zwischen Mieter*innen und Vermieter*innen). Nachhaltigkeitssteuern beinhalten zum einen steuerliche Anreize, z. B. für die energetische Gebäudesanierung, und werden zum anderen bei der Nutzung von umweltbelastenden Energien erhoben (z. B. Energiesteuer, Stromsteuer, CO_2-Steuer) – hier zeigt sich die Funktion von Steuern als Lenkungsinstrument. Die Minimierung solcher Verbrauchsteuern dient dem Schutz der Umwelt und belohnt damit die Unternehmen, die sich um eine effiziente und umweltschonende Nutzung von Ressourcen in Gebäuden bemühen. Darüber hinaus spielen auch staatliche Subventionen und Förderprogramme zur Erzielung von »Net Zero« eine Rolle. Die Immobilienwirtschaft bringt ein enormes Potenzial mit, um zum Erreichen der Klimaschutzziele wesentlich beizutragen.

Die aktuellen wesentlichen Vorschläge, Konzepte und gesetzgeberischen Initiativen bzw. verabschiedeten Gesetze mit Bezug zur Objektebene Immobilie werden im Folgenden auf der internationalen, EU- und nationalen Ebene dargestellt.[13]

10.2.1   Internationale Ebene: OECD / IWF Bericht zu »Tax Policy and Climate Change«

Am 7. April 2021 haben der Internationale Währungsfonds (IWF) und die Organisation für wirtschaftliche Zusammenarbeit und Entwicklung (OECD) einen gemeinsamen Bericht mit dem Titel »Tax Policy and Climate Change« veröffentlicht.[14] In diesem Bericht werden der aktuelle und potenzielle (weitere) Einsatz einer Kohlenstoffbepreisung

---

11   Vgl. zum Themenbereich Steuern und Umweltschutz die Beiträge in Kirchhof, Umweltschutz im Abgaben-
     und Steuerrecht, herausgegeben im Auftrag der Steuerjuristischen Gesellschaft e. V., Köln 1993.
12   Vgl. hierzu Hüttemann, Steuerliche Aspekte der Corporate Social Responsibility von Unternehmen.
     In: Steuerzentrierte Rechtsberatung, Festschrift für Harald Schaumburg, Köln 2009, S. 405 ff.
13   Die Darstellung erhebt keine Anspruch auf Vollständigkeit.
14   https://www.oecd.org/tax/tax-policy/tax-policy-and-climate-change-imf-oecd-g20-report-april-2021.pdf.

(CO$_2$-Steuer) sowie Maßnahmen, die Jurisdiktionen ergreifen können, um die globale Koordinierung einer Klimalösung voranzutreiben, diskutiert. Der Bericht wurde für das zweite Treffen der G20-Finanzminister und Zentralbankgouverneure unter italienischer Präsidentschaft über die Bepreisung von Treibhausgasemissionen in den Maßnahmenpaketen zur Eindämmung des Klimawandels verfasst.

Der Bericht listet sechs Schlüsselelemente einer umfassenden kosteneffizienten Strategie zur Eindämmung des Klimawandels auf, darunter Regulierungen oder Abgaben, öffentliche Investitionen in Technologie, gerechte Verwendung der Einnahmen aus der Kohlenstoffbepreisung, Schutzmaßnahmen für schwache Gruppen, Unterstützung der industriellen Wettbewerbsfähigkeit und Bepreisung anderer Emissionen.

Die Bemühungen, die derzeitige Lücke zwischen Kohlenstoffpreisen und nationalen politischen Ambitionen zu schließen, könnten zu strengeren Kohlenstoffpreismaßnahmen führen. Dieser Bericht ist der jüngste in einer wachsenden Zahl von Veröffentlichungen zur Klima-, Energie- und Kohlenstoffpolitik, die sich auf die Notwendigkeit der Zusammenarbeit von Regierungen und Unternehmen bei der Reduzierung von Treibhausgasemissionen und die Komplexität der politischen Maßnahmen konzentrieren. Die Bepreisung von Kohlenstoff, einschließlich der Kohlenstoffsteuer, wird von Ökonomen und politischen Entscheidungsträgern weithin als effizientes Instrument zur Emissionsreduzierung angepriesen, während gleichzeitig damit Einnahmen zur Förderung von Innovationen und zum Ausgleich von Regressivität erzielt werden.

Die Umsetzung von Maßnahmen zur Bepreisung von Kohlenstoff hat Auswirkungen auf die gesamte Wirtschaft und betrifft alle Branchen und Verbraucher, auch die Immobilienwirtschaft.

10.2.2 Europäische Ebene – Entwurf der neuen Leitlinien für Klima-, Umweltschutz- und Energiebeihilfen und Beschluss des Europäischen Klimagesetzes

Im Februar 2021 hat die Europäische Kommission zur Einreichung von Beiträgen zur Überarbeitung des Leitfadens für Umweltschutz- und Energiebeihilfen aufgerufen.[15] Auf dieser Basis liegt ein erster Entwurf der Leitlinien für Klima-, Umweltschutz- und Energiebeihilfen vor. Die Leitlinien werden die Rahmenbedingungen der deutschen Klimaschutz- und Energiepolitik in den kommenden Jahren maßgeblich bestimmen und sind daher auch für energieintensive Unternehmen wie Immobilien von großer Wichtigkeit.

---

15 https://ec.europa.eu/germany/news/20210607-konsultation-klima-umwelt-energie_de.

Grundsätzlich sind in der EU staatliche Beihilfen als Einschränkung des Binnenmarktes verboten, um den freien Wettbewerb in der EU zu schützen. Jedoch ist nicht jede Beihilfe per se wettbewerbsfeindlich oder unerwünscht, sodass Ausnahmen existieren. In dem Entwurf der Leitlinien für Klima-, Umweltschutz und Energiebeihilfen wird die Positionierung der Europäischen Kommission im Hinblick darauf deutlich, was diese zukünftig als zulässige Beihilfe erachtet. Die nun zur Diskussion stehenden Leitlinien werden insofern zukünftig für die Mitgliedstaaten eine enorme Bedeutung hinsichtlich der Entscheidung haben, ob und wie nationale Förderungen gewährt werden dürfen.

Der Entwurf unterlag bis zum 2. August 2021 dem öffentlichen Konsultationsverfahren. Bis dahin besteht die Möglichkeit, Stellungnahmen zu dem Entwurf einzureichen. Geplant ist, dass der Entwurf gegen Ende 2021 verabschiedet werden kann. Im Einzelnen geht es u. a. um Förderungen in allen Bereichen, die dem Klimaschutz zuträglich sind (z. B. saubere Mobilität, Gebäudeenergieeffizienz, Kreislaufwirtschaft, Biodiversität, Renaturierung und Verschmutzungsreduktion). Die Beihilfen sollen jeweils die Anwendung selber als auch die benötigte Infrastruktur umfassen.

Die Kommission möchte mit der Überarbeitung der Leitlinien den Weg für staatliche Beihilfen bei der Energiewende und damit zur Treibhausneutralität freimachen. Es ist zu erwarten, dass, falls diese Leitlinien so erlassen werden, die nationalen Gesetzgeber zügig nachziehen und entsprechende Initiativen bezuschussen werden. Die durch die Leitlinien beschriebenen Förderungen betreffen dabei alle relevanten Branchen, auch die Immobilienbranche.

Darüber hinaus wurde mit der Zustimmung des Rates der Europäischen Union am 28. Juni 2021 das europäische Klimagesetz final angenommen, nachdem Rat und Europäisches Parlament bereits im April 2021 eine vorläufige politische Einigung erzielt hatten. Die geplante Verabschiedung dieses Gesetzes wurde als Teil des European Green Deal angekündigt, um Anstrengungen zur Emissionsminderung verpflichtend zu verankern.

Das Europäische Klimagesetz legt für 2030 verbindlich eine Emissionsreduktion von 55 % gegenüber 1990 fest. Im Weiteren sollen bis zum Jahre 2050 Klimaneutralität und nach 2050 negative Emissionen erreicht werden. Um sicherzustellen, dass bis 2030 ausreichende Klimaschutzmaßnahmen ergriffen werden, wird der Beitrag des Nettoabbaus zum Klimaziel auf 225 Mio. Tonnen CO_2-Äquivalent begrenzt. Das Gesetz wird nach Unterzeichnung und Veröffentlichung im Amtsblatt der Europäischen Union in Kraft treten.

Es stehen auch weitere Entwicklungen auf Ebene des europäischen Klimaschutzrechts an: Die Kommission hat ihr Gesetzespaket zum Green Deal (»Fit for 55-Paket«) am 14. Juli 2021 vorgestellt. Das Paket umfasst verschiedene Gesetzgebungsvorschläge und politische Initiativen, zum Beispiel die Erneuerbaren-Energien-Richtlinie, die Energiebesteuerungs-Richtlinie und den Europäischen Emissionshandel, um für Gebäude und Verkehr einen separaten Emissionshandel aufzubauen.

10.2.3   Gesetzgebung in Deutschland

10.2.3.1   Klimapakt – Klimaschutz Sofortprogramm 2022 der Bundesregierung

10.2.3.1.1   Überblick

Mit dem vom Kabinett am 23. Juni 2021 beschlossenen Klimaschutz-Sofortprogramm 2022[16] werden höhere nationale Treibhausgas-Minderungsziele für die Jahre 2030 (mind. 65 %) und 2040 (mind. 88 %) sowie das Ziel der Netto-Treibhausgasneutralität bis 2045 festgeschrieben. Deutschland soll somit bereits in 2045 klimaneutral werden.

Zudem werden die maximal zulässigen Jahresemissionsmengen für die einzelnen Sektoren (Energiewirtschaft, Gebäude, Verkehr, Industrie, Landwirtschaft und Abfallwirtschaft) bis 2030 angepasst und jährliche sektorenübergreifende Minderungsziele zwischen 2030 und 2040 festgelegt. Damit antizipiert die Bundesregierung die absehbar notwendige Anpassung der nationalen Ziele an das erhöhte Minderungsziel der Europäischen Union (EU) von mindestens minus 55 % Treibhausgasemissionen gegenüber 1990 bis 2030.

Mit der Novelle des Klimaschutzgesetzes will die Bundesregierung die Dynamik des notwendigen Transformationsprozesses noch zu Beginn der 2020er Jahre signifikant erhöhen. In den vergangenen zwei Jahren wurden im Rahmen von Klimaschutz- und Konjunkturprogramm mehr als 80 Milliarden Euro für Klimaschutzinvestitionen bereitgestellt. Die mit dem Klimaschutzsofortprogramm zusätzlich bereitgestellten Mittel in Höhe von bis zu 8 Milliarden Euro zur Finanzierung weiterer Maßnahmen sollen zur weiteren Minderung der Treibhausgasemissionen zwecks Erreichung der nationalen Klimaschutzvorgaben beitragen. Die Mittel werden eingesetzt für eine Industrie ohne Kohle, für grünen Wasserstoff und grünen Stahl, für energetische Gebäudesanierung und klimafreundlichen Verkehr.

Über die Hälfte der zusätzlichen Mittel des Sofortprogramms sind dafür vorgesehen, die energetische Sanierung von Gebäuden und den Einbau energieeffizienter Heizun-

---

16   Erstes Gesetz zur Änderung des Bundes-Klimaschutzgesetzes vom 18. August 2021: https://www.bgbl.de/xaver/bgbl/start.xav?startbk=Bundesanzeiger_BGBl&start=//*[@attr_id=%27bgbl121s3905.pdf%27]#__bgbl__%2F%2F*%5B%40attr_id%3D%27bgbl121s3905.pdf%27%5D__1632496353898.

gen zu fördern. Nach dem novellierten Klimaschutzgesetz müssen die Treibhausgasemissionen im Gebäudesektor bis 2030 im Vergleich zu 1990 um zwei Drittel sinken.

10.2.3.1.2   Ausbau der Erneuerbaren Energien

Mit der zum 01.01.2021 in Kraft getretenen Novelle des Erneuerbare-Energien-Ge-
setzes (EEG 2021) wurden die Ausbaupfade für Wind- und Solarstrom an das im
Koalitionsvertrag vereinbarte Ziel von 65 % erneuerbar erzeugtem Strom in 2030 angepasst. Angesichts der Anhebung der Treibhausgasminderungsziele für 2030 in den
Klimaschutzgesetzen der EU und des Bundes müssen die Ausbaumengen erneut erhöht werden: Höhere jährliche Ausbaumengen für Photovoltaik (PV) und Wind-an-
Land sind bei der bevorstehenden Fortschreibung der Pfade für die 2020er Jahre
erforderlich.

Erhöhungen der Ausschreibungsmengen reichen jedoch nicht aus, um die benötigten Erzeugungskapazitäten ans Netz zu bringen. Mit besseren Rahmenbedingungen
für den Mieterstrom und der Förderung für innovative PV-Anlagen im EEG 2021 sollen
neue Potenziale für die Erneuerbaren Energien erschlossen werden.

10.2.3.1.3 CO_2-Bepreisung

Ein wichtiges Instrument für den Klimaschutz ist die CO_2-Bepreisung. CO_2-Preise setzen Anreize für Investitionen in klimafreundliche Technologien und zur Minderung
klimaschädlicher Emissionen (fossile Brenn- und Kraftstoffe). Ergänzend zum europäischen Emissionshandel (EU ETS), der im Wesentlichen die Sektoren Energieerzeugung
und die energieintensive Industrie umfasst, hat Deutschland zum 01. Januar 2021
einen nationalen Brennstoffemissionshandel für Wärme und Verkehr eingeführt.

Die Änderung des Brennstoffemissionshandelsgesetzes (BEHG) wurde im Oktober
2020 verabschiedet. Ab dem 01. Januar 2021 startete damit der Emissionshandel mit
einem fixen CO_2-Preis von 25 Euro pro Tonne. Konkret bedeutet dies, dass Unternehmen, die Benzin, Diesel, Heizöl und Erdgas in Verkehr bringen, Verschmutzungsrechte
kaufen müssen. Bis zum Jahr 2025 werden die Zertifikate schrittweise mit einem auf
55 Euro ansteigenden Festpreis ausgegeben. Ab 2026 wird der Zertifikatepreis dann
durch Versteigerungen ermittelt, wobei für 2026 ein Preiskorridor von 55 Euro bis
65 Euro pro Tonne CO_2 vorgegeben ist.

Alle staatlichen Einnahmen aus dem nationalen CO_2-Preis werden vollständig an Pri-
vathaushalte und Unternehmen zurückgegeben oder in Klimaschutzmaßnahmen investiert. Die Entlastung erfolgt insbesondere über einen Zuschuss zur EEG-Umlage,
die Erhöhung der Entfernungspauschale ab dem 21. Kilometer und die Erhöhung des

Wohngeldes sowie über Förderprogramme zum Umstieg auf klimaschonende Verhaltensweisen.

Ergänzend hat die Bundesregierung beschlossen, dass Vermieter*innen künftig 50 % der Kosten des CO_2-Preises beim Heizen tragen werden. Dies entlastet Mieter*innen und schafft zugleich einen Anreiz zur energetischen Sanierung von Bestandsgebäuden.

Der nationale CO_2-Preis auf fossile Kraft- und Heizstoffe wird entsprechend des Brennstoffemissionshandelsgesetz planbar steigen und gibt somit einen Anreiz, bei der nächsten Kaufentscheidung auf klimafreundliche Produkte, Technologien und Verhaltensweisen umzusteigen. Die Bundesregierung unterstützt die Überlegungen der Kommission, eine europaweite CO_2-Bepreisung auch in den Sektoren Wärme und Verkehr einzuführen.

10.2.3.1.4 Vorgesehene Maßnahmen für Gebäude

Der Sektor Gebäude umfasst den Brennstoffeinsatz für Gebäudewärme und -kühlung, für Warmwasserbereitung in Haushalten sowie im Bereich von Gewerbe, Handel und Dienstleistungen und in Gebäuden der öffentlichen Hand. Wegen der Abgrenzung der Sektoren im Klimaschutzgesetz nach dem Quellprinzip werden dem Gebäudesektor nur die unmittelbar durch den Brennstoffeinsatz entstehenden Treibhausgasemissionen zugerechnet. Emissionen aus der Energiebereitstellung für Strom und Fernwärme werden im Sektor Energiewirtschaft bilanziert, die Prozessemissionen aus der Herstellung von Baustoffen etc. im Industriesektor.

Die zentralen Handlungsfelder zur Reduzierung der Treibhausgasemissionen im Gebäudesektor sind die Steigerung der Energieeffizienz und der Ausbau des Einsatzes erneuerbarer Wärme sowie die Sektorkopplung für Beheizung, Warmwasser, Kühlung und Beleuchtung.

Aufgrund der Überschreitung der Jahresemissionsmenge 2020 muss für den Gebäudesektor ein Sofortprogramm vorgelegt werden. Mit diesen Maßnahmen soll der Gebäudesektor dauerhaft auf den vorgezeichneten Pfad Richtung Treibhausgasneutralität einschwenken, um so die Jahresemissionsmengen laut Bundes-Klimaschutzgesetz bis zum Jahr 2030 sicher einzuhalten. Denn bis 2030 soll der CO_2-Ausstoß im Gebäudebereich auf weniger als ein Drittel reduziert werden. Dabei ist das Energiespar- und Klimaschutzpotenzial im Gebäudebestand groß. Vor allem die energetische Gebäudesanierung soll mit dem Sofortprogramm in den beiden nächsten Jahren noch stärker gefördert werden: Allein 4,5 Milliarden Euro sollen dafür zusätzlich bereitstehen. Ab 2023 will der Bund keine Heizungen mehr fördern, die ausschließlich mit fossilen Brennstoffen betrieben werden

Folgende Maßnahmen sind u. a. im Einzelnen vorgesehen:

- **Neubaustandards (GEG)**

  Die für 2023 ohnehin vorgesehene Überprüfung des Gebäudeenergiegesetzes (GEG)[17] wird auf Anfang 2022 vorgezogen und für eine grundsätzliche Novelle genutzt. Es soll u. a. eine PV- bzw. Solarthermie-Installationspflicht für alle Neubauten und bei größeren Dachsanierungen eingeführt werden.

- **Bundesförderung Energieeffizientes Gebäude (BEG)**

  Die große klimapolitische Herausforderung im Gebäudesektor liegt in den Bestandsgebäuden. Die Fördermittel werden entsprechend stärker auf ambitioniertere Standards im Bestandsbereich konzentriert. Durch die Stärkung der Förderanreize für die energetische Gebäudesanierung sowie die nochmalige Verbesserung der Förderkonditionen für die neue »Bundesförderung für effiziente Gebäude« (BEG) ab 2021[18] wurde eine Antragsflut ausgelöst. Zur Finanzierung des Programms ist eine deutliche Erhöhung der Haushaltsmittel in 2022 und 2023 erforderlich, um die angestoßene Investitionswelle nicht abreißen zu lassen.

  Aus den Förderprogrammen des Bundes werden ab 2023 keine fossilen Heizungen mehr gefördert. Der EE-Mindestanteil geförderter Hybridlösungen wird ab 2025 auf mindestens 55 % erhöht.

- **Teilung der Kosten aus der CO_2-Bepreisung zwischen Mieter*innen und Vermieter*innen**

  Der Kabinettbeschluss der Bundesregierung zum Klimapakt sieht vor, dass im Bereich des vermieteten Wohnraums die Kosten des nationalen CO_2-Preises zu 50 % von den Vermieter*innen getragen werden sollen. Nach bisheriger Rechtslage werden die aus der CO_2-Bepreisung entstehenden Kosten allein von den Mieter*innen übernommen, die keinen Einfluss auf die Art der Heizung oder den energetischen Zustand des Gebäudes haben. Mit einer Begrenzung der Umlagefähigkeit sollen zum einen die Mieter*innnen entlastet werden, zum anderen soll eine doppelte Anreizwirkung erzeugt werden: für Mieter*innen zu energieeffizientem Verhalten und für Vermieter*innen zu Investitionen in klimaschonende Heizungssysteme bzw. energetische Sanierung.

---

17   Siehe dazu auch nachfolgend Punkt 10.2.3.2.4.

18   Mit der Bundesförderung für effiziente Gebäude (BEG) wurde die energetische Gebäudeförderung des Bundes neu aufgesetzt. Die Förderrichtlinie BEG der Einzelmaßnahmen wurde am 30. Dezember 2020 im Bundesanzeiger veröffentlicht. Die BEG Wohngebäude und Nichtwohngebäude kamen am 1. Februar 2021 hinzu, deren planmäßiger Start am 1. Juli 2021 vorgesehen war. Mit der BEG wird die energetische Gebäudeförderung in Umsetzung des Klimaschutzprogramms 2030 vollständig neu aufgestellt und weiterentwickelt. Mit der BEG sollen künftig noch stärkere Anreize für Investitionen in Energieeffizienz und erneuerbare Energien und damit ein entscheidender Beitrag zur Erreichung der Energie- und Klimaziele 2030 im Gebäudesektor gesetzt werden. Mit dem BEG wurden die zuvor bestehenden Programme zur Förderung von Energieeffizienz und erneuerbaren Energien für Immobilien, wie das CO_2-Gebäudesanierungsprogramm, das Programm zur Heizungsoptimierung (HZO), das Anreizprogramm Energieeffizienz (APEE) oder das Marktanreizprogramm zur Nutzung Erneuerbarer Energien im Wärmemarkt (MAP), zusammengeführt.

10.2.3.2   Weitere gesetzgeberische Maßnahmen und Verordnungen

10.2.3.2.1   Fondsstandortgesetz und gewerbesteuerliche Kürzung

Am 28. Mai 2021 hat der Bundesrat das Fondsstandortgesetz (FoStoG) verabschiedet.[19] Ziel des Gesetzes ist nicht nur die Stärkung des Fondsstandorts Deutschland, das Gesetz sieht außerdem eine Anpassung der sogenannten erweiterten Gewerbesteuerkürzung für grundbesitzverwaltende Unternehmen vor.

Zur Vermeidung einer Doppelbelastung durch Grundsteuer und Gewerbesteuer sieht § 9 Nr. 1 des Gewerbesteuergesetzes (GewStG) eine Entlastung für grundbesitzende Gewerbebetriebe vor. Die Entlastung richtet sich insbesondere an solche Unternehmen, die nur kraft Rechtsform als Gewerbebetrieb eingeordnet werden und damit der Gewerbesteuer unterliegen, obwohl sie keine originär gewerbliche Tätigkeit ausüben. Die erweiterte Gewerbesteuerkürzung führt dazu, dass Unternehmen, die ausschließlich eigenen Grundbesitz verwalten und nutzen, ihren Gewerbeertrag auf Antrag insoweit kürzen können, wie er auf die Verwaltung und Nutzung des Grundbesitzes entfällt. In den meisten Fällen ist es dadurch möglich, die Gewerbesteuerlast auf null zu reduzieren.

Nach der bisherigen Rechtslage kommt die Vorschrift den grundbesitzverwaltenden Unternehmen nur dann zugute, wenn sie ausschließlich eigenen Grundbesitz verwalten und nutzen und keine schädlichen Nebentätigkeiten ausüben. Nach bisheriger Rechtslage sind allerdings schon bestimmte Tätigkeiten, wie die Verwaltung eigenen Kapitalvermögens, unschädlich. Die daraus resultierenden Gewinne sind aber nicht von der Kürzung umfasst und unterliegen somit der Gewerbesteuer.

Durch das Fondsstandortgesetz (FoStoG) werden weitere unschädliche Nebentätigkeiten in das Gesetz aufgenommen und der Anwendungsbereich der Norm somit erweitert. Danach soll es unschädlich sein, wenn das grundbesitzende Unternehmen in Verbindung mit der Verwaltung und Nutzung eigenen Grundbesitzes Einnahmen aus der Lieferung von Strom erzielt. Konkret geht es um Einnahmen aus Lieferungen von Strom aus erneuerbaren Energien an Mieter*innen oder aus der Einspeisung ins Netz und aus dem Betrieb von Ladestationen für Elektrofahrzeuge oder Elektrofahrräder. Solche Einnahmen sind allerdings nur dann unschädlich, wenn sie im Wirtschaftsjahr nicht höher sind als zehn Prozent der Einnahmen aus der Überlassung des Grundbesitzes.

---

19   https://www.bundesfinanzministerium.de/Content/DE/Gesetzestexte/Gesetze_Gesetzesvorhaben/ Abteilungen/Abteilung_VII/19_Legislaturperiode/2021-06-10-FoStoG/3-Verkuendetes-Gesetz.pdf?__ blob=publicationFile&v=2.

10.2.3.2.2   Verordnung zur Bestimmung von Mindestanforderungen für energetische Maßnahmen bei zu eigenen Wohnzwecken genutzten Gebäuden

Die Energetische-Sanierungsmaßnahmen-Verordnung (ESanMV) vom 20. Januar 2020[20] enthält technische Mindestanforderungen für energetische Maßnahmen.

Diese technischen Mindestanforderungen sollen den korrespondierenden Fördertatbeständen der Gebäudeförderprogramme des Bundes entsprechen. Die Einhaltung dieser Mindestanforderungen ist Voraussetzung der steuerlichen Förderung gemäß § 35c des Einkommensteuergesetzes (EStG). Mit der 1. Änderungsverordnung zur Energetischen-Sanierungsmaßnahmen-Verordnung (ESanMV)[21] sollen die in 2020 vorgenommenen Änderungen bei den Gebäudeförderprogrammen des Bundes für die steuerliche Förderung nachvollzogen werden.

10.2.3.2.3   Verordnung zur Umsetzung des Erneuerbaren-Energien-Gesetzes 2021 und zu weiteren energierechtlichen Bestimmungen

Das am 1. Januar 2021 in Kraft getretene neue Erneuerbare-Energien-Gesetz (EEG 2021) stellt zentrale Weichen für den weiteren Ausbau der erneuerbaren Energien in Deutschland. Ambitionierte Ausbauziele, erhöhte Ausschreibungsmengen, Kosteneffizienz, System- und Marktintegration sowie Akzeptanzmaßnahmen sind wichtige Bausteine des EEG 2021. Diese Regelungen sind jedoch teilweise noch nicht wirksam, sondern bedürfen einer näheren Ausführung durch Verordnung. Die Verordnung zur Umsetzung des Erneuerbaren-Energien-Gesetzes 2021 und zu weiteren energierechtlichen Bestimmungen[22] soll verschiedene Handlungsaufträge umsetzen, die aus der letztjährigen EEG-Novelle resultieren. Die Verordnung regelt drei Bereiche, u. a. weitere Details im untergesetzlichen Recht der erneuerbaren Energien und KWK, die zu Verbesserungen in der praktischen Anwendung führen. Hervorzuheben sind z. B. eine Verbesserung der Flächenkulisse für sog. Agro-PV-Anlagen in den Innovationsausschreibungen und eine Verlängerung der Registrierung von bestehenden Erneuerbare-Energien- und KWK-Anlagen im Marktstammdatenregister.

---

20   Verordnung zur Bestimmung von Mindestanforderungen für energetische Maßnahmen bei zu eigenen Wohnzwecken genutzten Gebäuden nach § 35c des Einkommensteuergesetzes. https://www.bundesfinanzministerium.de/Content/DE/Gesetzestexte/Gesetze_Gesetzesvorhaben/Abteilungen/Abteilung_IV/19_Legislaturperiode/Gesetze_Verordnungen/2020-01-07-ESanMV/0-Verordnung.html.

21   Erste Verordnung zur Änderung der Verordnung zur Bestimmung von Mindestanforderungen für energetische Maßnahmen bei zu eigenen Wohnzwecken genutzten Gebäuden nach § 35c des Einkommensteuergesetzes. https://www.bundesfinanzministerium.de/Content/DE/Gesetzestexte/Gesetze_Gesetzesvorhaben/Abteilungen/Abteilung_IV/19_Legislaturperiode/Gesetze_Verordnungen/2020-12-17-ESanMV-1-AendVO/0-Verordnung.html.

22   https://dserver.bundestag.de/btd/19/297/1929793.pdf.

10.2.3.2.4   Erste Umsetzungsverordnungen der Länder zum Gebäudeenergiegesetz in Planung

Am 1. November 2020 trat das Gebäudeenergiegesetz (GEG) in Kraft.[23] Es ersetzt das Energieeinspargesetz (EnEG), die Energieeinsparverordnung (EnEV), sowie das Erneuerbare-Energien-Wärmegesetz (EEWärmeG) und regelt damit die Energieeffizienz und den Einsatz erneuerbarer Energien bei Neubau und Sanierung von Gebäuden. Erste Landesregierungen machen Gebrauch von ihrer Verordnungsermächtigung, denn das GEG ermächtigt die Landesregierungen, Umsetzungsverordnungen zu erlassen.

Die nordrhein-westfälische Landesregierung hat schon im Dezember 2020 einen Gesetzesentwurf veröffentlicht, welcher das bisherige Recht nun an das GEG anpasst und vereinheitlicht. Von der Ermächtigung hat auch Berlin im Mai 2021 Gebrauch gemacht.

---

23   http://www.gesetze-im-internet.de/geg/GEG.pdf.

11 ESG im Rahmen von Immobilienversicherungen

Oliver Götz, Patrick Prüss, Heike Schmitz und Svetlana Thaller-Honold

11.1 Nachhaltigkeit in der Versicherungsbranche

In den vorangegangenen Kapiteln wurde bereits viel über die SDG, das Pariser Klimaschutzabkommen und den EU Green Deal geschrieben. All dies lässt auch die Versicherungsbranche nicht unberührt, denn diese ist untrennbar mit der Wirtschaft und insbesondere mit der Immobilienwirtschaft verbunden. Versicherer sind nicht nur wichtige Kapitalgeber für die Immobilienwirtschaft, sondern tragen über verschiedene Versicherungsprodukte auch wesentliche Risiken aus oder im Zusammenhang mit den Immobilien. Besonders bedeutend ist natürlich die Gebäudeversicherung, aber auch Inhaltsversicherungen (z. B. für Waren und Geschäftseinrichtung), die Versicherung von Technik und Anlagen (z. B. Photovoltaikanlagen, Maschinen, Blockheizkraftwerke und moderne Heizungssysteme) und die Absicherung gegen Ertragsausfälle (z. B. bei Photovoltaikanlagen) spielen eine Rolle.

Diese doppelte Hebelwirkung hat die EU-Kommission erkannt und stellt Versicherer neben Banken und Fonds- bzw. Asset-Managern ins Zentrum ihrer kürzlich neugefassten Sustainable Finance Strategie.[1] Die entsprechenden Regularien betreffen zum einen die interne Organisation und insbesondere das Risikomanagement von Versicherern, zum anderen aber auch die Produktgestaltung und Offenlegung gegenüber Versicherungskunden.[2] Darüber hinaus müssen Versicherer bereits jetzt nichtfinanzielle Informationen berichten.[3] Zukünftig kommen wesentlich umfangreichere Berichtspflichten auf Versicherer zu.[4] Besonders komplex wird die Berichterstattung

---

1 https://ec.europa.eu/info/publications/210706-sustainable-finance-strategy_en.
2 U. a. Delegierte Verordnungen (EU) 2021/1256 und (EU) 2021/1257 zur Einbeziehung von Nachhaltigkeitsrisiken, Nachhaltigkeitsfaktoren und Nachhaltigkeitspräferenzen in das Regelwerk für Solvency II und IDD und Verordnung (EU) 2019/2088 zur Offenlegung von Nachhaltigkeitsinformationen für bestimmte Finanzprodukte.
3 Richtlinie 2014/95/EU zur nichtfinanziellen Berichterstattung (NFRD), in Deutschland umgesetzt in §§ 289 b bis e HGB.
4 Vorschlag der EU-Kommission für eine Richtlinie zur Änderung der Nachhaltigkeitsberichterstattung von Unternehmen (»Corporate Sustainability Reporting Directive«, CSRD) vom 21.04.2021, einschließlich verbindlicher Berichterstattungsstandards, die derzeit von der European Financial Reporting Group (EFRAG) entwickelt werden.

über ökologisch nachhaltige Tätigkeiten nach der Taxonomie-Verordnung.[5] Alle Versicherer sind in diesem Zusammenhang verpflichtet, neben ihren Investitionen auch ihre Versicherungsaktivitäten bezüglich ökologischer Nachhaltigkeit zu überprüfen und hierüber zu berichten; das schließt auch die Immobilienversicherung mit ein.

Die deutsche Versicherungsaufsicht BaFin hatte bereits 2019 in ihrem »Merkblatt zum Umgang mit Nachhaltigkeitsrisiken«[6] die Versicherer aufgefordert, Nachhaltigkeitsrisiken in ihre Strukturen und Geschäftsprozesse zu integrieren. Im Januar dieses Jahres hat nun der Gesamtverband der Deutschen Versicherungswirtschaft (GDV) ein Positionspapier zum Thema Nachhaltigkeit veröffentlicht.[7] Darin bekennt sich die Branche zu den SDG und zum Pariser Klimaschutzabkommen. Das Papier leitet daraus ambitionierte Ziele für die Versicherungsbranche in allen Bereichen der Wertschöpfungskette ab. So soll beispielsweise die Kapitalanlage bis 2050 CO_2-neutral sein. Für die eigenen Geschäftsprozesse der Versicherer gilt das sogar bereits bis 2025. Bis dahin sollen zudem vermehrt ESG-Kriterien in die Zeichnungsrichtlinien integriert werden. Das langfristige Ziel ist, keine gewerblichen und industriellen Risiken mehr ins Portefeuille zu nehmen, die den Transformationsprozess zu einer nachhaltigen und klimaneutralen Wirtschaft negieren. Darüber hinaus soll das Angebot an nachhaltigen Versicherungsprodukten kontinuierlich steigen und die Schadenregulierung zunehmend nachhaltig gestaltet werden.

Der Zeitpunkt der Veröffentlichung im Januar 2021 soll jedoch nicht den Eindruck erwecken, dass sich »die Versicherungsbranche« als Ganzes erst jetzt auf den Weg gemacht hat. Einige Versicherungsunternehmen gehen das Thema seit Jahren sehr ambitioniert an und sind zum Teil auch in internationalen Initiativen aktiv, die das Thema methodisch und politisch vorantreiben. Den »Principles for Responsible Investment« (PRI)[8] beispielsweise verpflichten sich Investoren, um gemeinsam Nachhaltigkeit in der Kapitalanlage voranzutreiben. Die UN-Initiative »Net-Zero Asset Owner Alliance«[9] hat die Klimaneutralität der Anlageportfolien bis 2050 zum Ziel. Die »Principles for Sustainable Insurance«[10] (PSI) der UN Environment Programm Finance Initiative (UNEP FI) bearbeiten die Integration von Nachhaltigkeit in die gesamte Wert-

---

5   Verordnung (EU) 2020/852 über die Einrichtung eines Rahmens zur Erleichterung nachhaltiger Investitionen.

6   BaFin-Merkblatt zum Umgang mit Nachhaltigkeitsrisiken vom 20.12.2019 (Stand 13.01.2020), abrufbar unter https://www.bafin.de/dok/13412782.

7   Beschluss des GDV-Präsidiums vom 22.01.2021, abrufbar unter https://www.gdv.de/de/themen/news/die-nachhaltigkeitspositionierung-der-deutschen-versicherer-im-wortlaut-65404.

8   https://www.unpri.org/pri/about-the-pri.

9   https://www.unepfi.org/net-zero-alliance/.

10   https://www.unepfi.org/psi/.

schöpfungskette eines Versicherers. Auch hier gibt es eine »Klima-Initiative«, die im Juli neu gegründete »Net-Zero Insurance Alliance«.[11]

Die Gothaer Versicherung gründete im Januar 2020 den zentralen Bereich Nachhaltigkeitsmanagement und ist 2020 den PRI und 2021 den PSI beigetreten. Das Nachhaltigkeitsmanagement berichtet direkt an den Vorstand und koordiniert alle Aktivitäten des Konzerns rund um das Thema Nachhaltigkeit. Mit der Konzernstrategie Ambition 25 hat die Gothaer den klaren Anspruch formuliert, als glaubhaft nachhaltiger Versicherer voranzugehen. Ziel ist es, Nachhaltigkeit im gesamten Konzern, entlang der gesamten Wertschöpfungskette, zu implementieren. Die wesentlichen Themen des Nachhaltigkeitsmanagements wurden in einer aufwendigen Stakeholderbefragung ermittelt und intern mit Vertreter*innen aller Fachbereiche diskutiert: Dazu zählen eine nachhaltige und transparente Kapitalanlage, nachhaltige und innovative Versicherungslösungen, ein verantwortlicher Umgang mit den Kunden, Klimaneutralität und Ressourcenschutz im eigenen Betrieb und die Einbindung der Beschäftigten und Vertriebspartner*innen in die Umsetzung der Nachhaltigkeitsstrategie. Nachhaltigkeit soll im Mindset aller Beschäftigten verankert und so an jedem Arbeitsplatz mitgedacht werden. Ein Schwerpunkt liegt in der Produktentwicklung und den Zeichnungsrichtlinien. Am Ende geht es darum, Nachhaltigkeitsrisiken auch als Chance zu begreifen, den Kund*innen Versicherungsschutz anzubieten und diese über Versicherungslösungen in einer nachhaltigen Lebens- und Wirtschaftsweise zu unterstützen.

11.2   Nachfrage nach nachhaltigen Versicherungsprodukten in der Immobilienwirtschaft

Die zunehmende öffentliche Aufmerksamkeit für Nachhaltigkeit und ESG-Themen spiegelt sich ebenfalls in den Bedürfnissen von Versicherungskunden in der Immobilienwirtschaft wider. Auch bei Versicherungsprodukten gibt es ein steigendes Kundenbedürfnis nach mehr Nachhaltigkeit, wie eine Studie der ASSEKURATA Assekuranz Rating-Agentur GmbH für Privatkunden aus Februar 2021 zeigt.

---

11   https://www.unepfi.org/net-zero-insurance/.

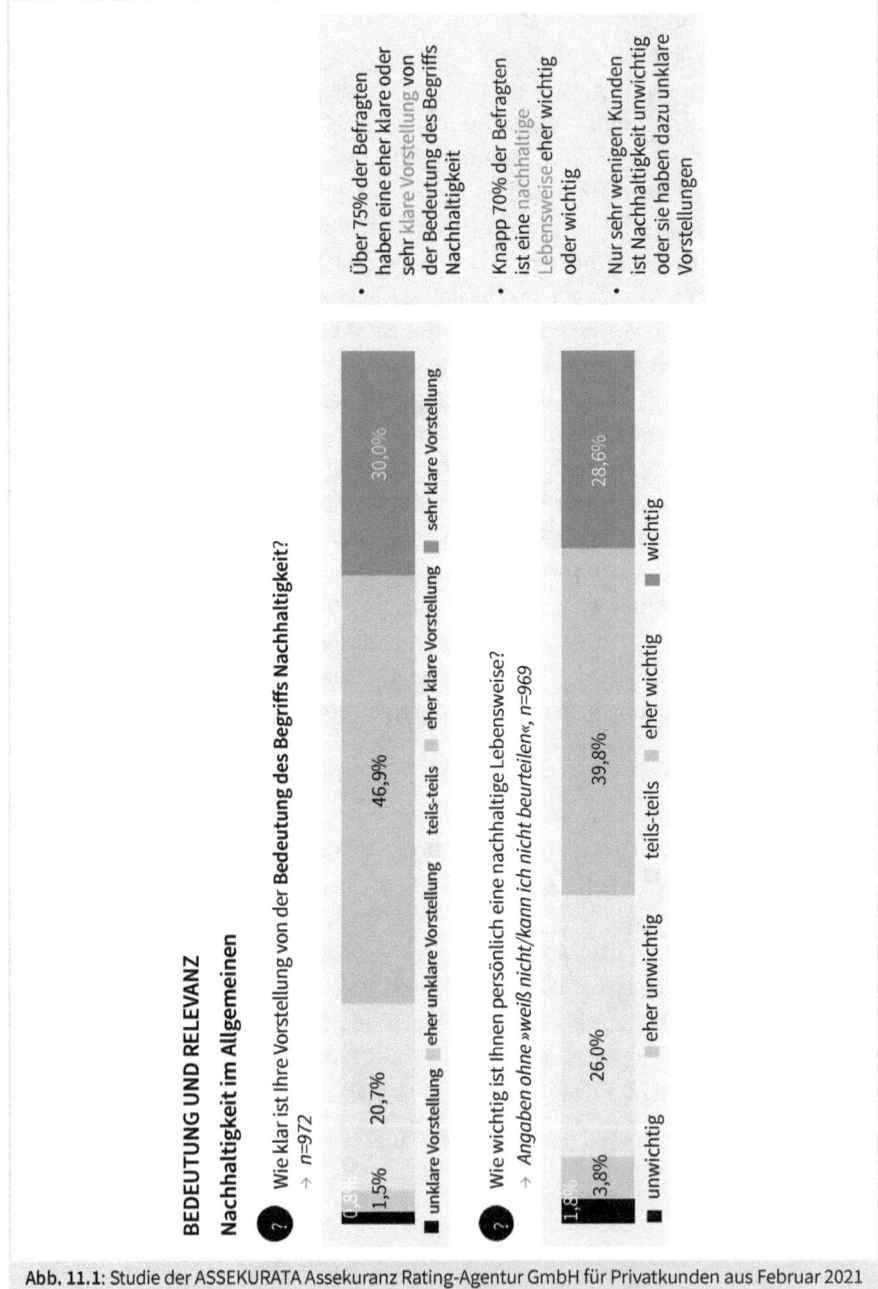

Abb. 11.1: Studie der ASSEKURATA Assekuranz Rating-Agentur GmbH für Privatkunden aus Februar 2021

Kunden wünschen sich allgemein mehr Beratung zur Nachhaltigkeit des jeweiligen Versicherers und sind teilweise sogar bereit, hierfür einen höheren Preis oder eine geringere Rendite bei einem Versicherungsprodukt zu akzeptieren.

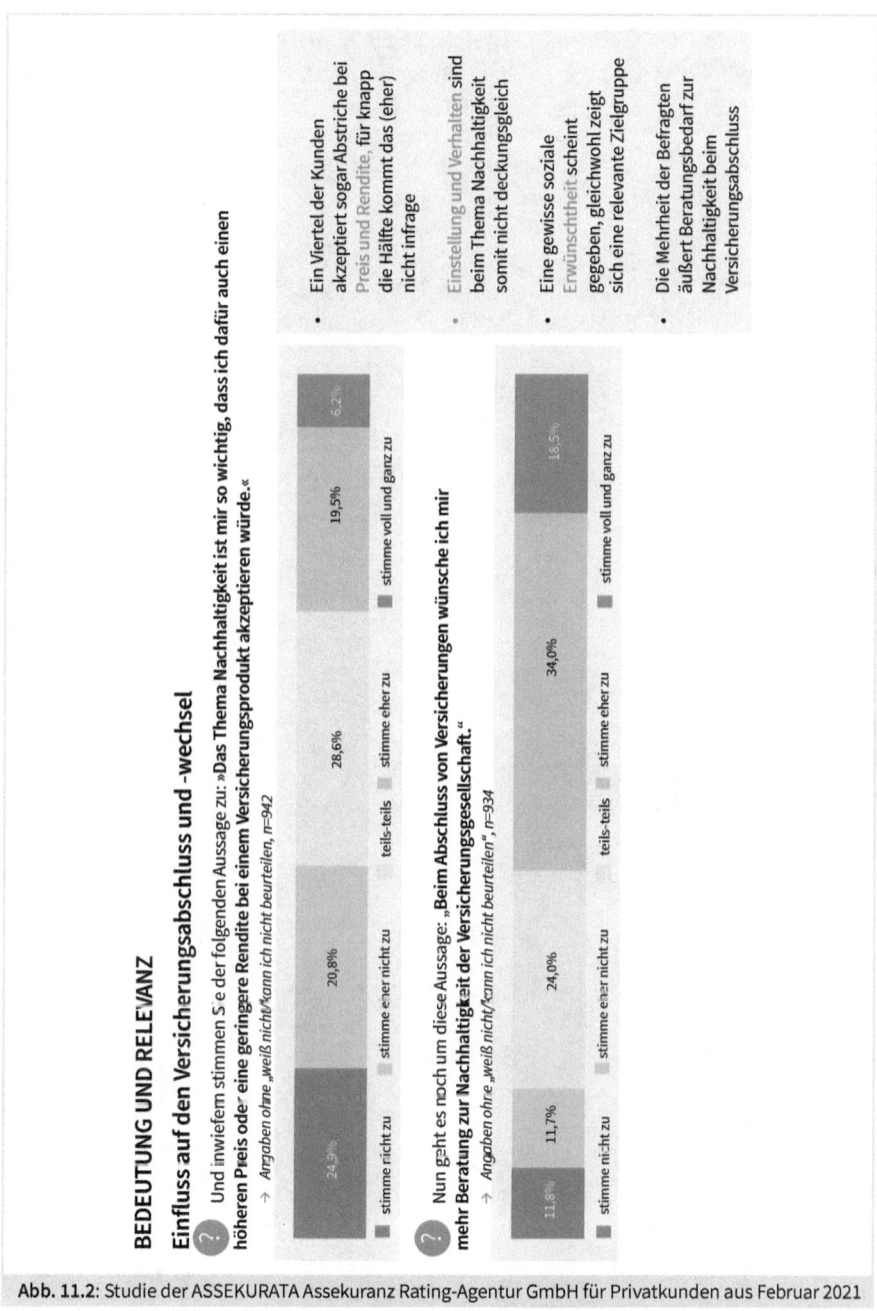

BEDEUTUNG UND RELEVANZ

Einfluss auf den Versicherungsabschluss und -wechsel

? Und inwiefern stimmen Sie der folgenden Aussage zu: »Das Thema Nachhaltigkeit ist mir so wichtig, dass ich dafür auch einen höheren Preis oder eine geringere Rendite bei einem Versicherungsprodukt akzeptieren würde.«
↑ *Angaben ohne „weiß nicht/kann ich nicht beurteilen", n=942*

| stimme nicht zu | stimme eher nicht zu | teils-teils | stimme eher zu | stimme voll und ganz zu |
| 24,9% | 20,8% | 28,6% | 19,5% | 6,2% |

? Nun geht es noch um diese Aussage: „Beim Abschluss von Versicherungen wünsche ich mir mehr Beratung zur Nachhaltigkeit der Versicherungsgesellschaft."
↑ *Angaben ohne „weiß nicht/kann ich nicht beurteilen", n=934*

| stimme nicht zu | stimme eher nicht zu | teils-teils | stimme eher zu | stimme voll und ganz zu |
| 11,8% | 11,7% | 24,0% | 34,0% | 18,5% |

• Ein Viertel der Kunden akzeptiert sogar Abstriche bei Preis und Rendite, für knapp die Hälfte kommt das (eher) nicht infrage

• Einstellung und Verhalten sind beim Thema Nachhaltigkeit somit nicht deckungsgleich

• Eine gewisse soziale Erwünschtheit scheint gegeben, gleichwohl zeigt sich eine relevante Zielgruppe

• Die Mehrheit der Befragten äußert Beratungsbedarf zur Nachhaltigkeit beim Versicherungsabschluss

Abb. 11.2: Studie der ASSEKURATA Assekuranz Rating-Agentur GmbH für Privatkunden aus Februar 2021

Ob dieses Nachhaltigkeitsinteresse jedoch zu einer konkreten Nachfrage führen wird (auch für teurere »Premium«-Produkte oder besonders berechnete Nachhaltigkeitsbausteine, s. Kapitel 11.4) wird sich noch zeigen. Da sich der entsprechende Markt gerade erst entwickelt, gibt es hierzu noch keine belastbaren Aussagen oder Studien.

Bei den relevanten Nachhaltigkeitsaspekten liegen Klimaschutz und Umweltbewusstsein an erster Stelle, gefolgt von Fairness, Ressourcenschonung und sozialem Engagement, je nach Altersgruppe unterschiedlich gewertet:

BEWERTUNG BEI AUSGEWÄHLTEN VERSICHERUNGEN

Zusammenhänge bei Versicherern in Abhängigkeit vom Alter

18 bis 40 Jahre (n: 420)	41 bis 60 Jahre (n: 416)	über 60 Jahre (n: 188)
Umweltbewusstsein	Klimaschutz	Ressourcenschonung
Klimaschutz	Umweltbewusstsein	Umweltbewusstsein
Fairness	Fairness	Klimaschutz
Transparenz	Ressourcenschonung	Soziales Engagement
Kundenorientierung	Soziales Engagement	Fairness
Soziales Engagement	Langfristigkeit/Dauerhaftigkeit	Sicherheit/Stabilität
Ressourcenschonung	Gleichbehandlung	Transparenz
Langfristigkeit/Dauerhaftigkeit	Transparenz	Gleichbehandlung
Mitarbeiterorientierung	Kundenorientierung	Langfristigkeit/Dauerhaftigkeit
Sicherheit/Stabilität	Mitarbeiterorientierung	Kundenorientierung
Gleichbehandlung	Sicherheit/Stabilität	Mitarbeiterorientierung
Gesetzestreue	Gesetzestreue	Gesetzestreue
Korrelationen von 0,6 bis 0,41	*Korrelationen von 0,72 bis 0,56*	*Korrelationen von 0,8 bis 0,42*

- Dargestellt ist die Rangfolge der Nachhaltigkeitsaspekte im Hinblick auf ihre Korrelation zur Bedeutung der Nachhaltigkeit bei Versicherern insgesamt.
- Umweltbewusstsein und Klimaschutz ist über alle Altersklassen hinweg besonders relevant.
- Den über 60-jährigen ist Ressourcenschonung besonders wichtig.
- In der jüngsten Altersgruppe sind die Korrelationen geringer ausgeprägt als in den beiden älteren.
- Unter 40-jährige haben zudem eine klarere Vorstellung vom Begriff Nachhaltigkeit als Ältere.

Abb. 11.3: Studie der ASSEKURATA Assekuranz Rating-Agentur GmbH für Privatkunden aus Februar 2021

Einen besonderen Fokus auf den Klimawandel bestätigt auch eine 2020 von Allens-
bach durchgeführte repräsentative Umfrage, auf die der GDV in seiner Position zum
Green Deal der EU[12] zurückgreift:

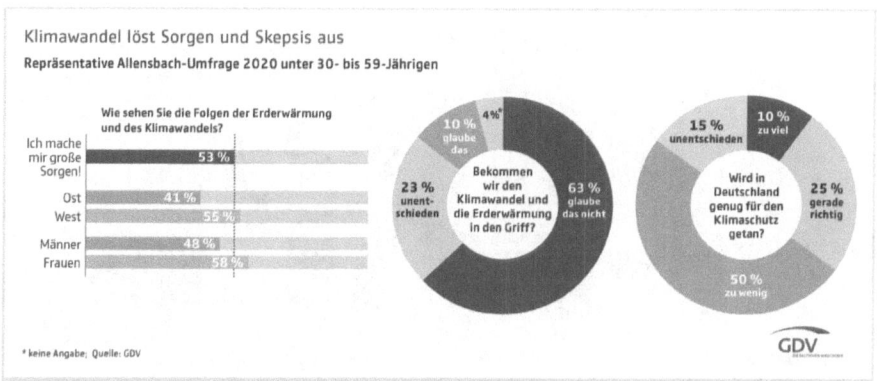

Abb. 11.4: Allensbach-Umfrage von 2020. Quelle. https://www.gdv.de/resource/blob/65604/6114d06
31501eb7c664d47b1ab4b06ef/nachhaltigkeit-pp2021–grafik-1–download-data.jpg.

Angesichts von Hitzerekorden und Starkregen ist der Klimawandel für die deutsche
Versicherungsbranche gelebte Realität.[13] Er betrifft unmittelbar viele der in der Immobilienwirtschaft nachgefragten Versicherungsprodukte (Gebäudeversicherungen,
zusätzliche Deckungen für Industrie- und Gewerbekunden, z. B. für Photovoltaik, Maschinen und Betriebsinhalt). Statistische Daten des GDV zeigen, dass Schäden durch
Naturgefahren bei diesen Versicherungsprodukten stetig zunehmen:

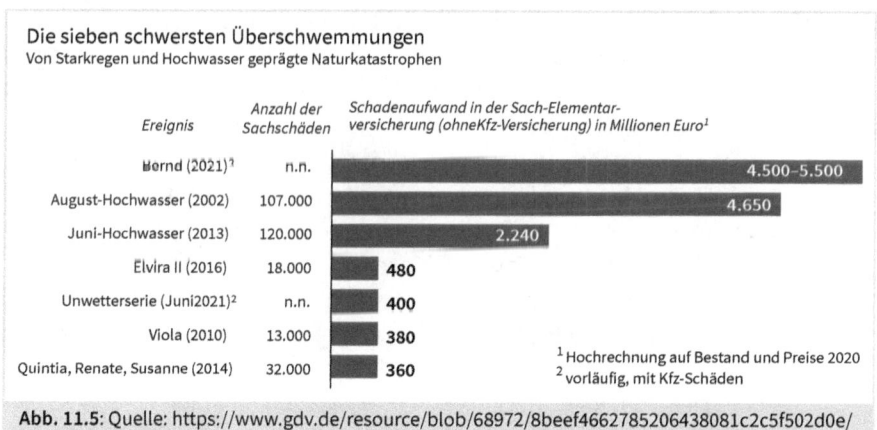

Abb. 11.5: Quelle: https://www.gdv.de/resource/blob/68972/8beef4662785206438081c2c5f502d0e/
download-die-sieben-schwersten-ueberschwemmungen-data.pdf.

---

12   https://www.gdv.de/de/themen/versicherer--ideale-partner-fuer-den-green-deal-65582.
13   Naturgefahrenreport 2020 des GDV, abrufbar unter https://www.gdv.de/resource/blob/63610/9fb7d9d95fa
     0874f312ae871363310fa/naturgefahrenreport-2020---schadenchronik-data.pdf

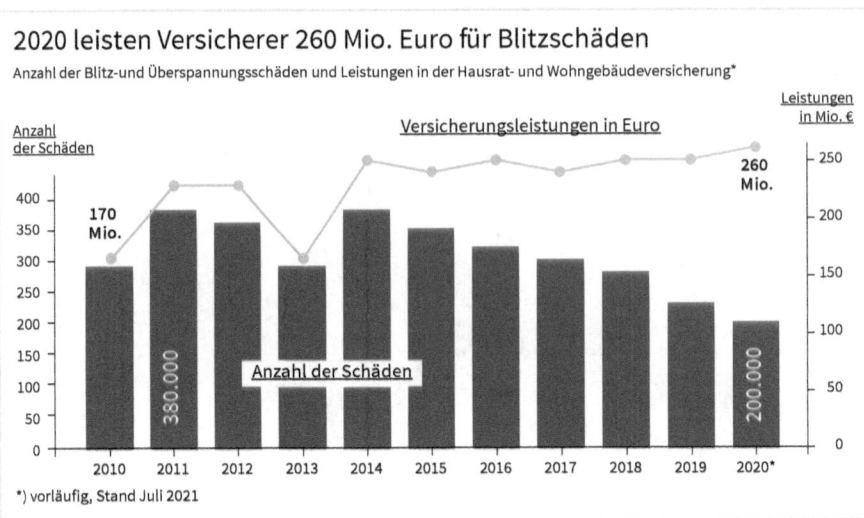

Abb. 11.6: Quelle: https://www.gdv.de/resource/blob/61062/dc4e0e5b0a76da50ac6757350637ce17/grafik-blitze-data.pdf.

Untersuchungen der EU-Versicherungsaufsicht EIOPA aus 2019 kommen zu dem Schluss, dass europaweit lediglich 35 % der durch Extremwetterereignisse und den Klimawandel verursachten Schäden versichert sind.[14] Diese Versicherungslücke will die EU-Kommission nun als Teil der EU-Sustainable-Finance-Strategie angehen.[15] Versicherer sind jedoch nicht nur Risikoträger und Schadenszahler, sondern zunehmend auch Partner ihrer Kunden bei der Prävention von Schäden. Jeder nicht eingetretene Versicherungsfall in der Immobilienwirtschaft dient nicht nur dem Versicherer, sondern auch den Kunden (vermiedene Beeinträchtigungen, Beitragsstabilität) und letztendlich auch der Umwelt: Die meisten Schäden haben eine Freisetzung von Emissionen in die Luft und Schadstoffen in den Boden zur Folge, Müll wird produziert und neue Rohstoffe und Energie werden für den Wiederaufbau benötigt. Präventionsmaßnahmen können sehr unterschiedlich ausgestaltet sein, beispielsweise durch den Einsatz von Sensorik zur Identifizierung von Schwachstellen (z. B. bei Wasserleitungen oder Elektromotoren), bestimmte Wartungs- oder Bauauflagen (z. B. Rückstauklappen gegen Überflutungen) oder Kooperationen mit Dienstleistern zur frühzeitigen Identifizierung von Schadensereignissen (z. B. Wetterdienste, Warn-Apps, Einsatz von Geoinformationsdaten bei der Planung von Gebäuden). Beispielsweise kooperiert die Gothaer derzeit in einem Pilotprojekt mit dem Sanitärunternehmen Grohe, um Kunden kostenfrei mit einem innovativen Leckagewarnsystem für Wasserleitungen auszustatten und so umfangreiche Wasserschäden zu verhindern.

---

14   EIOPA-BoS-20/663 vom 04.12.2020, »The Pilot Dashboard on Insurance Protection Gap for Natural Catastrophes in a Nutshell«, abrufbar unter https://www.eiopa.europa.eu/content/pilot-dashboard-insurance-protection-gap-natural-catastrophes_en.

15   COM(2021) 390 final vom 06.07.2021, Maßnahme 2 lit. c), abrufbar unter https://eur-lex.europa.eu/resource.html?uri=cellar:9f5e7e95-df06-11eb-895a-01aa75ed71a1.0003.02/DOC_1&format=PDF.

Vor diesem Hintergrund ist es nicht verwunderlich, dass der GDV der Immobilienwirtschaft eine besondere Bedeutung bei der Anpassung an den Klimawandel beimisst. In seinen »7 Thesen zur Nachhaltigkeit« geht er ausdrücklich auf Bauvorschriften ein und fordert, dass diese an die neuen Erkenntnisse zu den Folgen des Klimawandels angepasst werden müssen.[16] Dies betrifft sowohl den Ort (z. B. in Überschwemmungsgebieten) als auch die Art der Bebauung. Der 2013 berühmt gewordene Fall des vollverglasten Londoner Bürohochhauses, dessen Reflexionen an sonnigen Tagen Plastikteile von parkenden Autos schmelzen, ist nur eines von vielen prominenten Beispielen.[17] Darüber hinaus weist der GDV darauf hin, dass Nachhaltigkeitsaspekte gerade bei der Zeichnung von Risiken für Industrie- und Gewerbekunden zukünftig eine große Rolle spielen sollen.[18]

Auch wenn der Fokus derzeit hauptsächlich auf »grünen« Themen, insbesondere dem Klimawandel, liegt, steigt gesamtgesellschaftlich auch das Bewusstsein für den »S« und »G« zuzuordnenden Aspekten, wie z. B. Achtung von Menschenrechten, Bekämpfung von Korruption oder Steuerhinterziehung. Der Streit über angeblich unter Einsatz von Zwangsarbeit in China hergestellte Solarpaneele zeigt, dass es hier durchaus auch Konflikte zwischen »E« und »S« geben kann.[19] Nach Maßgabe des ab 01. Januar 2023 geltenden Lieferkettensorgfaltspflichtengesetzes müssen größere deutsche Unternehmen ihre unmittelbaren Zulieferer im Ausland unter anderem auf die Einhaltung internationaler Menschenrechtsstandards überprüfen.[20] Die Affäre um die »Panama Papers«[21] und die laufenden Strafverfahren in Deutschland zu den sog. »Cum-Ex-Deals«[22] zeigen, dass das Verständnis für Steuerhinterziehung und windige »Steuersparmodelle« rapide abnimmt, gerade in Zeiten steigender Staatsverschuldung zur Bekämpfung existenzieller Krisen wie der globalen COVID-19-Pandemie.

Vor dem Hintergrund dieser Entwicklungen ist es nicht verwunderlich, dass Nachhaltigkeit für Versicherungsprodukte in der Immobilienwirtschaft eine zunehmende Bedeutung erhält. Hier unterscheiden sich allerdings die Bedürfnisse von Privatkunden, die eine private Wohngebäudeversicherung abschließen, wesentlich von denen der Industrie- und Gewerbekunden, die ganze Immobilienportfolien, Gewerbebetriebe oder Industrieanlagen absichern wollen.

---

16   S. Positionspapier des GDV vom 11.01.2021 für ein zeitgemäßes und nachhaltiges Bauordnungs- und Bauplanungsrecht (abrufbar unter https://www.gdv.de/resource/blob/66384/3b4b78bbd97fe50268d7bdb 1d42a9d58/positionspapier-bauen-data.pdf).

17   https://www.sueddeutsche.de/panorama/london-wolkenkratzer-schmilzt-jaguar-1.1761097.

18   https://www.gdv.de/de/themen/versicherer--ideale-partner-fuer-den-green-deal-65582.

19   https://www.spiegel.de/wirtschaft/unternehmen/solarenergie-zwangsarbeit-in-lieferketten-deutscher-solarkonzerne-a-00b3c596-d62c-4be4-9a0b-2349db4016f7.

20   BGBl. 2021, Teil I Nr. 46 S. 2959.

21   https://de.wikipedia.org/wiki/Panama_Papers.

22   https://www.deutschlandfunk.de/cum-ex-geschaefte-wie-das-verwirrspiel-mit-aktien.2897.de.html?dram:article_id=494671.

11.2.1 Privatkunden

Trotz des allgemein gestiegenen Nachhaltigkeitsinteresses ergibt sich noch kein konkretes Bild der Bedürfnisse von Privatkunden, da der Versicherungsmarkt hierzu noch in den Kinderschuhen steckt (s. auch Kapitel 11.4). Im Markt erkennbar sind drei wesentliche Treiber:

- Sobald Kunden in das Gebäude an sich (z. B. Wärmedämmung, nachhaltige Materialien) oder Anlagen im oder am Gebäude (z. B. Solar, Wärmepumpe, Photovoltaik, Wallbox für Elektroauto) investieren, wollen sie die hierdurch geschaffenen Werte gegen Risiken absichern. Beispielsweise belaufen sich die Anschaffungskosten einer Solaranlage für ein Einfamilienhaus je nach Dimension auf zwischen 5.000 und 15.000 Euro.[23] Darüber hinaus sind Kunden zunehmend daran interessiert, im Schadenfall nicht nur den Altzustand wiederherzustellen, sondern dies als Gelegenheit zu nutzen, um das Gebäude nachhaltig zu modernisieren bzw. umzubauen (ganz im Sinne der »Building Back Better«-Strategie der EU-Kommission). Eine Reihe von Versicherern haben dies bereits in ihren Produkten integriert, z. B. indem bei den zu zahlenden Wiederherstellungskosten auch der Technologiefortschritt berücksichtigt (was ggf. aber ohnehin schon von geänderten Bauvorschriften gefordert wird) oder Mehrkosten für eine umweltfreundliche und energieeffiziente Modernisierung bis zu einem Höchstbetrag geleistet werden.
- Ein weiterer Treiber für zusätzlichen »nachhaltigen« Versicherungsschutz sind vom Klimawandel ausgelöste Extremwetterlagen und ihre Folgen (Überflutungen, Starkregen, Hagel, Lawinen). Nach Ereignissen wie der im Juli 2021 durch Starkregen (Tief »Bernd«) ausgelösten Flutkatastrophe in Nordrhein-Westfalen und Rheinland-Pfalz steigt das Bedürfnis von Kunden für entsprechende Elementarschadenversicherungen als zusätzlichem Baustein zur Gebäudeversicherung. Das Vergleichsportal Check24 wirbt beispielsweise für die Elementarschadenversicherung unter Verweis auf den Klimawandel.[24]
- Schließlich können sich Kunden, die allgemein großen Wert auf Nachhaltigkeit legen (z. B. bei Wohnen, Nahrung, Kleidung, Finanzen), von nachhaltigen Produkten und allgemein als nachhaltig dargestellten Versicherern angesprochen fühlen. Dies kann sich auf das Versicherungsprodukt beziehen, z. B. Vermeidung von Papier beim Vertragsschluss oder die Verknüpfung des Versicherungsprodukts mit der Unterstützung nachhaltiger Projekte. Beispielsweise kooperiert die Gothaer in der KFZ-Versicherung mit dem Unternehmen ClimatePartner, bei dem Kunden die Emissionen für ihr Fahrzeug ermitteln und dann passende Kompensationsprojekte bei ClimatePartner auswählen können. Es können aber auch außerhalb des Versicherungsprodukts liegende Faktoren zum Geschäftsbetrieb des Versicherers

---

23 Solaranlagen-ABC (2021) https://www.solaranlagen-abc.de/solaranlage-einfamilienhaus/.
24 https://www.check24.de/wohngebaeudeversicherung/.

relevant sein, z. B. die nachhaltige Kapitalanlage der Versicherungsbeiträge, das soziale Engagement des Versicherers. Dieser dritte Treiber scheint aber derzeit noch keine besonders große Rolle zu spielen, vielleicht auch weil Privatkunden Versicherungsprodukte derzeit selten als Mittel sehen, nachhaltige Veränderungen zu bewirken.

Eine repräsentative Umfrage mit 1.500 Personen, die zu Beginn 2021 von dem Marktforschungsunternehmen Heute und Morgen durchgeführt wurde,[25] kommt zu dem Schluss, dass Kunden sich zwar bisher nicht proaktiv über nachhaltige Versicherungen informiert haben, aber grundsätzlich offen für eine proaktive Information durch ihren Versicherer sind. Die Studie teilt die Befragten in »nachhaltig orientierte Kunden« (34 % der Befragten), »Mitläufer« (47 % der Befragten) und »Kritiker« (20 % der Befragten) ein. Nachhaltig orientierte Kunden und Mitläufer haben im Wesentlichen ähnliche Präferenzen, eine echte Bereitschaft, für eine nachhaltige Versicherung mehr zu zahlen, besteht jedoch nur bei nachhaltig orientierten Kunden. Bei der Wohngebäudeversicherung spielen für alle Kunden folgende Aspekte (in absteigender Reihenfolge) eine Rolle:

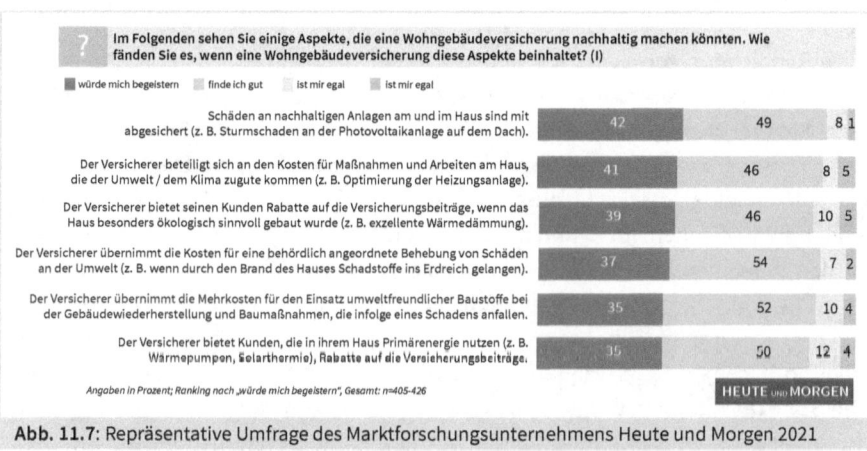

Abb. 11.7: Repräsentative Umfrage des Marktforschungsunternehmens Heute und Morgen 2021

Ein Gespräch mit der auf Pricing und Marketing spezialisierten Unternehmensberatung Simon Kucher & Partners im August 2021 ergab ein indifferentes Bild zu den Zukunftsaussichten nachhaltiger Versicherungsprodukte. Mit ziemlicher Sicherheit lässt sich festhalten, dass dort, wo Kunden teure Investitionen wie Photovoltaikanlagen vornehmen, auch ein Bedarf besteht. Diese These wird auch durch steigende Nachfrage nach Absicherungsmöglichkeiten für Wallboxen bei der Gothaer gestützt. Inwiefern

---

25 Auszugsweise verfügbar unter https://heuteundmorgen.de/wp-content/uploads/2020/03/HUM-Mehrbezieherstudie-Nachhaltigkeit_Versicherer-M%C3 %A4rz-2020.pdf.

für die Verknüpfung nachhaltiger Projekte mit Versicherungen auch eine Zahlungsbereitschaft seitens der Kunden vorhanden ist, kann im Moment noch nicht durch Studien oder Erkenntnisse seitens der Unternehmensberatung belegt werden.

11.2.2   Industrie- und Gewerbekunden

Bei den Industrie- und Gewerbekunden gibt es naturgemäß sehr unterschiedliche
Kundentypen: vom Hausverwalter weniger Wohngebäude über große Property Manager bzw. Asset-Manager bis hin zu Industrieunternehmen, die ihren gesamten Gewerbebetrieb einschließlich Gebäude und Maschinen angemessen absichern wollen.
Während die Interessen von Hausverwaltern und Property bzw. Asset-Managern
denen von Privatkunden grundsätzlich ähneln (wenn auch in größerem Maßstab),
spielen für Gewerbe- und Industrieunternehmen auch Aspekte wie Ladestation für
eine Flotte von Elektrofahrzeugen, Photovoltaik und Solaranlagen auf dem Fabrik-
dach und der Betrieb von Blockheizkraftwerken eine Rolle. Ökologisch ausgerichtete
Gebäude und Betriebsformen nehmen auch hier immer mehr zu, der Neuausrichtung
der Wirtschaft hin zu mehr Energieeffizienz und erneuerbaren Energien folgend.

Ein wesentlicher externer Treiber sind gestiegene Nachhaltigkeitsanforderungen von
Investoren wie Versicherern, Pensionskassen, Versorgungswerken oder Fonds. Als
nachhaltig zertifizierte Immobilien (z. B. nach DGNB,[26] LEED[27] oder BREEAM[28]) werden
von Investoren besonders nachgefragt, um eigene gesetzliche, vertragliche oder freiwillige Nachhaltigkeitsverpflichtungen (z. B. Solvency II[29], PRI[30], EU-Offenlegungsverordnung[31]) zu erfüllen. Im Rahmen der neuen EU-Regelungen zu Sustainable Finance
werden zunehmend Produkte konzipiert, die auf nachhaltige Immobilienanlage ausgerichtet sind (z. B. nachhaltige Immobilienfonds, grüne Immobilienfinanzierungen,
Green Bonds). Immer mehr Asset-Manager messen die Performance ihrer Immobilienfonds an Nachhaltigkeitsstandards wie Global Real Estate Sustainability Benchmark
(GRESB).[32] Die hierfür getätigten Investitionen müssen im Rahmen der jeweiligen Versicherungsprodukte auch angemessen versichert und berücksichtigt werden. Nach
derzeitigem Stand spielen allerdings weder der Umfang des Versicherungsschutzes
(z. B. Abdeckung energetischer Sanierung) noch die Nachhaltigkeit des Geschäftsbetriebs des Versicherers eine Rolle im Rahmen der Nachhaltigkeitszertifizierung von

---

26   Deutsche Gesellschaft für Nachhaltiges Bauen, https://www.dgnb.de/de/index.php.
27   Zertifizierung durch den U.S. Green Building Council, https://www.usgbc.org/leed.
28   Zertifizierung anhand der Building Research Establishment Environmental Assessment Methodology,
     https://www.breeam.com/.
29   S. Fußnote 2.
30   S. Fußnote 8.
31   S. Fußnote 2.
32   https://gresb.com/gresb-real-estate-assessment/.

Gebäuden (z. B. nach DGNB). Es gibt aber Überlegungen, zukünftig im Rahmen solcher Zertifizierungen auch zu berücksichtigen, ob der Versicherungsschutz zu einem nachhaltigen Betrieb des Gebäudes beiträgt (z. B. nachhaltige Modernisierung beim Wiederaufbau, Berücksichtigung der Energieeffizienz).

In der Zukunft wird es daneben vermehrt auf die Nachhaltigkeit des Versicherers an sich ankommen. Ein Beispiel ist das Lieferkettensorgfaltspflichtengesetz,[33] nach dem größere Unternehmen ab dem 01. Januar 2023 unmittelbare Zulieferer regelmäßig auf die Einhaltung bestimmter menschenrechts- und umweltbezogener Standards überprüfen müssen. Da Versicherer des Unternehmens unmittelbare Zulieferer sind, müssen sie ihren Kunden die Erfüllung dieser Standards in ihrem Geschäftsbetrieb nachweisen. Laut Regierungsbegründung für das Lieferkettensorgfaltspflichtengesetz sind Kapitalanlagen des Versicherers allerdings von der Einhaltung der Standards ausgenommen,[34] was angesichts des Bekenntnisses der deutschen Versicherungswirtschaft zur nachhaltigen Kapitalanlage[35] etwas verwundert. Schon jetzt werden Nachhaltigkeitsaspekte wie die Diversität und Inklusion oder Governance-Themen im Geschäftsbetrieb bei öffentlichen Ausschreibungen für Versicherungsprodukte abgefragt.

11.3 Herausforderungen bei der Gestaltung nachhaltiger Immobilienversicherungen

Vor diesem Hintergrund stellt sich die Frage, wie eine Versicherung für die Immobilienwirtschaft ausgestaltet sein kann (und muss), die ESG-Kriterien berücksichtigt und Kundenbedürfnisse nach mehr Nachhaltigkeit erfüllt. Nimmt man die Finanzbranche zum Vorbild, wäre es eigentlich einfach: Je nachhaltiger die zu versichernde Immobilie oder der Geschäftsbetrieb des Versicherungskunden ist, desto niedriger sind die Beiträge für den Versicherungsschutz. Schließlich funktioniert dies sehr gut bei Finanzierungen wie »Green Loans« und »Green Bonds«, weil eine nachhaltige Immobilie in der Regel einen höheren und langfristig stabileren Wert hat als eine übliche Immobilie und für den Finanzierungsgeber zu einem geringeren Ausfallrisiko führt.

Diese Mechanik funktioniert aber bei Versicherungen nicht. Hier bemisst sich die Produkt- und Beitragskalkulation nach zwei Faktoren, nämlich der Höhe des potenziellen Schadens und seiner Eintrittswahrscheinlichkeit. Nachhaltigkeitsaspekte wirken sich auf beide Faktoren in der Regel nicht positiv aus (anders als bei Finanzierungen). Bei

---

33 S. Fußnote 18.
34 https://dserver.bundestag.de/btd/19/286/1928649.pdf, S. 40.
35 Beschluss des GDV-Präsidiums vom 22.01.2021, abrufbar unter https://www.gdv.de/de/themen/news/die-nachhaltigkeitspositionierung-der-deutschen-versicherer-im-wortlaut-65404.

der Höhe des potenziellen Schadens haben diese regelmäßig sogar risikoerhöhende Wirkungen. Je höher der Wert einer nachhaltigen Immobilie ist, desto höher sind die Wiederherstellungskosten und damit die vom Versicherer zu leistenden Zahlungen bei Eintritt des Versicherungsfalls. Durch den Versicherungsschutz erfasste Installationen wie Wallboxen, Photovoltaik- oder Solaranlagen bei nachhaltigen Immobilien wirken ebenfalls schadenserhöhend. Demgegenüber ist die Schadenswahrscheinlichkeit bei nachhaltigen Immobilien zwar in der Regel nicht höher als bei üblichen Immobilien, wirkt sich aber auch nicht risikomindernd aus.[36] Ein mittelständisches Unternehmen mit einem ökologisch nachhaltigen Betriebsgebäude einschließlich Photovoltaik-anlage unterliegt bei Einhaltung aller Standards in der Regel demselben Brandrisiko wie ein nicht ökologisch nachhaltiges Gebäude. Manche sozial nachhaltigen Betriebs-arten wie z. B. Seniorenwohnheime haben sogar ein erhöhtes Schadenrisiko, weil dort mehr schadenträchtige Wasserleitungen (Bad zu jedem Zimmer) eingebaut werden als in anderen Gebäuden. Zudem ist die Wohngebäudeversicherung schon heute häu-fig defizitär und die Preise für die Elementarschadenversicherung berücksichtigen in der Regel nicht die neuesten Erkenntnisse zum Schadenspotenzial des Klimawandels. Daher kann die einfache Gleichung »Nachhaltig = Billiger« bei Versicherungsprodukten nicht angewandt werden. Im Gegenteil, nach der reinen Versicherungstechnik müsste Versicherungsschutz für nachhaltige Themen häufig teurer sein. Allerdings lässt sich hierfür im Markt derzeit keine große Zahlungsbereitschaft feststellen (trotz entspre-chender Studien, s. Kapitel 11.2), was auch erklärt, warum viele Versicherer diese De-ckung vor allem in ihre hochpreisigen Premium-Produkte integrieren (s. Kapitel 11.4).

Hinzu kommt, dass Sachversicherungen (zu denen auch die Gebäudeversicherung ge-hört) üblicherweise mit sehr kurzen Laufzeiten abgeschlossen werden, und zwar sowohl für Privat- als auch für Gewerbekunden. Die Vertragslaufzeit bei Privatkunden beträgt in der Regel ein Jahr, bei Industrie- und Gewerbekunden ein bis drei Jahre. Faktisch lau-fen natürlich viele Versicherungsverträge wesentlich länger, weil sie von Jahr zu Jahr verlängert werden, wenn weder Kunde noch Versicherer kündigen. Für die Kalkulation des Risikos und der Versicherungsbeiträge ist aber im Rahmen der aufsichtsrechtlichen Vorgaben auf die Vertragslaufzeit abzustellen. Dies führt dazu, dass langfristige Risiken, z. B. im Zusammenhang mit dem Klimawandel, nicht in der Produkt- und Beitragskal-kulation berücksichtigt werden. Liegt die versicherte Textilfabrik am Meer, sodass sie bei Fortschreiten der globalen Erwärmung in 15 Jahren unterhalb des Meeresspiegels liegen wird, spielt dies heute rein technisch bei der Kalkulation des versicherten Risikos und der Versicherungsbeiträge keine Rolle. Die europäische Versicherungsaufsichtsbe-hörde EIOPA kritisiert diese kurzfristige Perspektive ausdrücklich in mehreren kürzlich veröffentlichten Berichten zur Integration von Klimarisiken im Rahmen des Solvency-II-

---

36 So auch die europäische Versicherungsbehörde EIOPA in ihrem Report on non-life underwriting and pricing in light of climate change vom 01.07.2021.

Regelwerks.[37] Werden zukünftige Risiken nicht schon jetzt über eine graduelle Beitrags-erhöhung abgedeckt (also sozusagen »Reserven« für zukünftige Schäden aufgebaut), sind zu einem späteren Zeitpunkt dramatische Erhöhungen der Versicherungsbeiträge erforderlich, wodurch sich viele Kunden Versicherungen gegen Klimarisiken langfristig nicht mehr leisten können. Das sieht EIOPA vor dem Hintergrund der bereits bestehen-den Versicherungslücke als besonders problematisch an.[38]

Hinzu kommt, dass die von Versicherern verwendeten Risikomodule in der Regel anhand von Vergangenheitsdaten kalibriert werden, die zukünftige Klimarisiken nicht angemes-sen widerspiegeln. Große Schadensereignisse, wie z. B. das »Jahrhunderthochwasser« in Deutschland im Jahr 2002, führen zu einer extremen Volatilität: Wenn diese Daten in die Risikomodule einfließen, steigen die Versicherungsbeiträge dramatisch, z. B. sind diese in manchen Gegenden Sachsens nach 2002 um bis zu 60 % erhöht worden.[39]

Nichtsdestotrotz gibt es ein großes Interesse bei Versicherern, Klimarisiken und an-dere Nachhaltigkeitsaspekte jetzt schon bei der Zeichnung von Versicherungsrisiken zu berücksichtigen. Dabei spielen sowohl strategische Überlegungen zur zukünftigen Geschäftsentwicklung als auch Reputationsrisiken eine große Rolle. Auch wenn lang-fristige Risiken nicht an den Klimawandel angepasster oder nicht nachhaltiger Ge-schäftsmodelle kein Bestandteil der reinen Produkttechnik sind, spielen sie doch eine große Rolle für die strategische Ausrichtung des zukünftigen Versicherungsgeschäfts. Zum einen sind Versicherungsbeziehungen (vor allem bei Industrie- und Gewerbekun-den, aber häufig auch bei Privatkunden) trotz der formell kurzen Vertragslaufzeiten auf Langfristigkeit ausgelegt. Der vom Versicherer getätigte Aufwand im Zusammen-hang mit dem Vertragsschluss lohnt sich gerade bei Gewerbekunden erst richtig, wenn hierdurch eine langfristige Geschäftsbeziehung entsteht. Daher ist es für Ver-sicherer sinnvoll, bei Versicherungsprodukten oder -lösungen mit einem längeren Zeithorizont auch zu bedenken, wie es mit der Immobilie bzw. der Tragfähigkeit des Geschäftsmodells in zehn Jahren aussehen wird.

Darüber hinaus spielen für Versicherer bei der Zeichnung von Versicherungen zuneh-mend nicht nur die konkret produktbezogenen Risiken eine Rolle. Unabhängig von

---

37 Methodological paper on potential inclusion of climate change in the Nat Cat standard formula, vom 08.07.2021, Ziff. 1.8., abrufbar unter https://www.eiopa.europa.eu/content/methodological-paper-potential-inclusion-of-climate-change-nat-cat-standard-formula; Report on non-life underwriting and pricing in light of climate change, EIOPA-BoS-21/259 vom 01.07.2021, Ziff. 2.17, abrufbar unter https://www.eiopa.europa.eu/sites/default/files/publications/reports/report-impact-underwriting.pdf.

38 Report on non-life underwriting and pricing in light of climate change, EIOPA-BoS-21/259 vom 01.07.2021, Ziff. 2.32, abrufbar unter https://www.eiopa.europa.eu/sites/default/files/publications/reports/report-impact-underwriting.pdf.

39 Report on non-life underwriting and pricing in light of climate change, EIOPA-BoS-21/259 vom 01.07.2021, Ziff. 2.23 und 2.24, abrufbar unter https://www.eiopa.europa.eu/sites/default/files/publications/reports/report-impact-underwriting.pdf.

der Frage der langfristigen Sinnhaftigkeit der Versicherung von Kohlenminen und -kraftwerken zeigen die anhaltenden Proteste gegen das Londoner Versicherungssyndikat Lloyd's[40] und die Kritik an großen Versicherern wie AIG im Zusammenhang mit der Adani-Kohlenmine,[41] dass Geschäftsleitungen sich nicht mit der reinen Produkttechnik begnügen sollten. Sollte es im nächsten Jahr zu der vom EU-Parlament vorangetriebenen »Sustainable Corporate Governance Initiative«[42] tatsächlich zu einer Due-Diligence-Pflicht für die gesamte Wertschöpfungskette kommen, müssten Versicherer nicht nur ihre Zulieferer, sondern auch ihre Kunden auf die Einhaltung von menschenrechts- und umweltbezogenen Standards überprüfen. Zudem sind Versicherer selbst zunehmend von steigenden Schäden durch Naturkatastrophen und ungewöhnliche Wetterereignisse betroffen (s. Kapitel 5.2). Eine gewisse Inkonsistenz ist nicht zu leugnen, wenn Versicherer auf lange Sicht weiter besonders klimagasemittierende Kunden versichern, aber ihrerseits die Folgen des Klimawandels beklagen (auch wenn dieses hochkomplexe Thema für eine Schwarzweißmalerei denkbar ungeeignet ist).

Neben den vorgenannten produkttechnischen und strategischen Herausforderungen gibt es auch eine faktische Herausforderung bei der Einbeziehung von Nachhaltigkeitsaspekten in die Zeichnung von Sachversicherungen wie der Gebäudeversicherung. Die Überprüfung und der Nachweis solcher Aspekte im Zeichnungsprozess sind extrem schwierig und erfordern zusätzliche Prüfungsschritte. Im Privatkundenbereich sind individuelle Prüfungen, z. B. bei Abschluss einer Gebäudeversicherung, nicht oder nur sehr rudimentär vorgesehen und lohnen sich für den Versicherer nicht. Denkbar sind hier allenfalls risikobasierte Ausschlüsse für bestimmte Umweltrisiken, die sich aus unmittelbar verfügbaren Datenquellen ergeben. Beispielsweise haben die deutschen Versicherer ein Zonierungssystem für die Einschätzung von Risiken aus Überschwemmungen, Rückstau und Starkregen und aus Schäden für besonders geschützte Lebensräume bzw. Tier- und Pflanzenarten entwickelt.[43] In den individuellen Zeichnungsprozess für Industrie- und Gewerbekunden lassen sich derartige Prüfungsschritte leichter integrieren, dürfen aber nicht zu maßgeblich höheren Kosten für den Versicherer beim Vertragsschluss führen. Daher ist denkbar, dass hier zukünftig mit Zertifizierungen oder bestimmten standardisierten Ausschlüssen (z. B. Verletzung der UN Global Compact[44] durch den Versicherungskunden) gearbeitet wird. In diesem Zusammenhang sind die steigenden Zertifizierungsraten in der Immobilienwirtschaft sehr hilfreich.

---

40   https://versicherungswirtschaft-heute.de/politik-und-regulierung/2021-07-30/naturschuetzer-verueben-farbanschlag-auf-greenwasher-lloyds/.

41   https://www.afr.com/companies/financial-services/us-giant-aig-under-fire-over-adani-coal-mine-20190829-p52m4 g.

42   Aktueller Stand s. https://www.europarl.europa.eu/legislative-train/theme-an-economy-that-works-for-people/file-corporate-due-diligence.

43   ZÜRS Geo, s. https://www.gdv.de/de/themen/news/-zuers-geo----zonierungssystem-fuer-ueberschwemmungsrisiko-und-einschaetzung-von-umweltrisiken-11656.

44   https://www.globalcompact.de/.

11.4   Mögliche nachhaltige Versicherungsprodukte für die Immobilienwirtschaft

11.4.1   Produktstruktur im Versicherungsmarkt

Die Konzeption von nachhaltigen Versicherungsprodukten für die Immobilienwirt-schaft wird durch die Produktstruktur im Versicherungsmarkt determiniert. Diese lässt sich anhand ihres Leistungsumfangs und der damit verbundenen Produktkom-plexität wie folgt differenzieren:

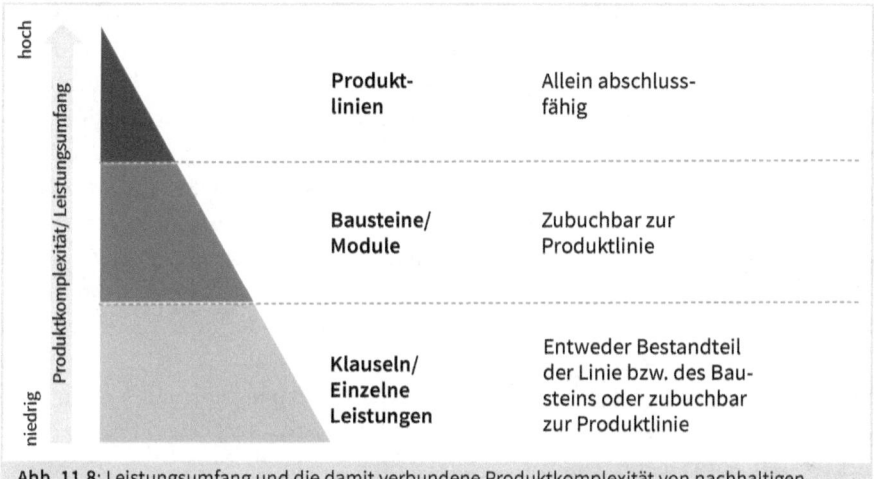

Abb. 11.8: Leistungsumfang und die damit verbundene Produktkomplexität von nachhaltigen Versicherungsprodukten

Das kleinste Element einer Produktstruktur ist die Einzelleistung, die in Klauseln einen Leistungsaspekt des Versicherungsprodukts beschreibt. Werden mehrere Leistungen gebündelt und zu einem Preis angeboten, sprechen wir von einer Produktlinie. Ein rein nachhaltiges Produkt im engeren Sinne bestünde aus der Verbindung mehrerer Einzelleistungen, die thematisch alle Nachhaltigkeitsaspekte zum Gegenstand haben. Dies ist im Versicherungsmarkt allerdings selten, in der Regel werden »normale« Ver-sicherungsprodukte wie die Gebäudeversicherung mit Einzelleistungen für bestimm-te Nachhaltigkeitsaspekte kombiniert. Alternativ zum vollständigen Produkt können mehrere Klauseln aber auch in einem Baustein gebündelt und zu einem Preis zusam-mengefasst werden. Allerdings können Bausteine nicht Stand-Alone abgeschlossen, sondern nur zu einer Produktlinie dazu gewählt werden.

Nachhaltigkeitsaspekte können also in einer bestehenden Produktlinie mit abge-deckt sein (z. B. Mitversicherung von Ladestationen / Wallboxen für Elektroautos auf dem Versicherungsgrundstück in der Gothaer Premium-Deckung für die Gebäudever-sicherung). Sie können auch als einzelne Leistung zu einer Produktlinie hinzugebucht werden (z. B. bei vielen Versicherern der Versicherungsschutz für eine Photovoltaik-anlage). Auch ein Baustein kann nur zu einer Produktlinie hinzugebucht werden, bündelt aber mehrere Einzelleistungen (z. B. Elementarschadenversicherung).

Bei der Analyse vorhandener Versicherungsprodukte spielt noch ein weiterer Aspekt der Versicherungstechnik eine Rolle: Eine neue Produktgeneration für Privatkunden herauszubringen, benötigt in der Regel eine Vorlaufzeit von mehreren Jahren (außer bei Digitalversicherern) und auch Erweiterungen bestehender Produkte sind nicht über Nacht möglich.

Betrachtet man die Entwicklung einer nachhaltigen Produktlandschaft im deutschen Versicherungsmarkt, wäre es falsch, sich nur auf das Neugeschäft zu konzentrieren. So wie in der Immobilienwirtschaft der Gebäudebestand Neubauten bei Weitem überwiegt, sind auch die meisten Versicherungsverträge in der Gebäudeversicherung Altverträge, die seit vielen Jahren laufen und deren Bedingungen häufig veraltet sind. In diesem Zusammenhang gewinnen sog. »Updategarantien« an Bedeutung, mittels derer der Versicherer einseitig die Bedingungen aktualisieren kann, sofern dies im Interesse des Kunden ist. Dazu gehören auch Leistungserweiterung, die den Kunden ohne Mehrkosten zugutekommen. Für Versicherer ist es im Massengeschäft bei Privatkunden angesichts der vielen Altverträge aus prozessualen Gründen vorteilhaft, den Leistungsumfang zu vereinheitlichen, auch wenn dies ggf. zu höheren Zahlungen im Schadenfall führen kann. Derartige Updategarantien können zukünftig als »Einfallstor« für erweiterten Versicherungsschutz für Nachhaltigkeitsaspekte dienen, wie das Beispiel der Gothaer zeigt: Im Vertragsupdate der Gothaer im Juli 2021 wurde allen Kunden mit Vertragsbeginn ab 2018 die Mitversicherung von Wallboxen und Gefahren für Photovoltaikanlagen zugänglich gemacht. Dies funktioniert jedoch nur für Versicherungsverträge, die bereits eine solche Updategarantie enthalten. Für ältere Bedingungsstände ist es notwendig, dass Kunden und Versicherungsberater die Verträge aktualisieren und neu ordnen.

11.4.2   Marktangebot

Zu Beginn jeder Marktanalyse muss herausgestellt werden, dass es derzeit weder aufsichtsrechtliche noch branchenspezifische Vorgaben dazu gibt, welche Anforderungen eine Gebäudeversicherung oder sonstige Sachversicherung erfüllen muss, um als »nachhaltig« vermarktet zu werden. In anderen Bereichen gibt es zwar bereits entsprechende Regelwerke (z. B. die EU-Offenlegungsverordnung für Fonds und Lebensversicherungen), in der Sachversicherung ist jedoch jeder Versicherer frei darin, sein Produkt als nachhaltig zu bezeichnen und zu vermarkten. Dementsprechend herrscht hier eine gewisse »Wildwest«-Mentalität und die Ambitionen der Versicherungsprodukte sind sehr unterschiedlich.

Im Privatkundenbereich ist dies besonders auffällig. Das Vergleichsportal Check24 vergibt bei der Gebäudeversicherung für Privatkunden die Einstufung »Ökologisch & Nachhaltig«, dahinter können sich aber so unterschiedliche Punkte verbergen wie die Beteiligung an der energetischen Sanierung beim Wiederaufbau, Investition eines Teils der Versicherungsbeiträge in nachhaltige Projekte bzw. Unternehmen, Spenden für soziale Zwecke oder das Versprechen, einen Baum pro Versicherungsvertrag zu pflanzen. Gegen Spenden oder Baumpflanzungen ist natürlich nichts einzuwenden. Wenn dies jedoch die einzige »nachhaltige« Komponente bleibt und Nachhaltigkeit nicht selbst im Versicherungsprodukt verankert ist (d. h. in den Leistungen oder der Schadensabwicklung), dann ist dies eher als Greenwashing zu klassifizieren. Das heißt, ein konventionelles Produkt wird grün beworben, was der Sache nicht dienlich ist. Neben dieser Einstufung durch Check24 wird der Kunde auch nach Solaranlagen und Wärmepumpen gefragt und kann Versicherungsschutz für Photovoltaikanlagen als zusätzliche Leistung auswählen. All dies führt aber nicht zu einer Einstufung der resultierenden Versicherungsprodukte als »ökologisch & nachhaltig«.[45] Da bei Check24 die Kundenfragen sehr begrenzt und nur wenige Zusatzleistungen wählbar sind, zeigt dies deutlich die vorhandenen Kundenbedürfnisse (s. Kapitel 11.2). Ähnlich sieht es bei Datenbankanbietern für Versicherer und Vertriebe aus. Diese erlauben zwar eine detaillierte Abfrage einzelner für Nachhaltigkeitsaspekte relevanter Leistungsbestandteile (z. B. Photovoltaik, energetische Modernisierung, Solarenergie), vorhandene Nachhaltigkeitseinstufungen beziehen sich aber in der Regel nicht auf das Versicherungsprodukt, sondern auf den Versicherer. Interessant ist auch, dass kaum ein Versicherer mit Rabatten für nachhaltige Gebäude oder Betriebe wirbt, was vor dem Hintergrund des höheren Schadenpotenzials (s. Kapitel 11.3) verständlich ist.

Für die Zwecke dieses Kapitels wurde eine Referenzgruppe von 19 Versicherern einschließlich Marktführern wie der Allianz oder der Sparkassenversicherung gebildet, die aufgrund ihrer Marktanteile repräsentativ erscheinen. Dieser umfassende Marktvergleich, beruhend auf der Datenbank von Franke & Bornberg Data, zeigt, dass es ein umfassendes Angebot gibt, das sich aber fast ausschließlich auf Bausteine oder Leistungen innerhalb einzelner Leistungspositionen im Bedingungswerk der Produktlinien stützt.[46] Produkte, die ausschließlich nachhaltige Leistungen umfassen, waren nicht zu identifizieren. Das Produktangebot konzentriert sich auf Bausteine für Photovoltaik- oder Solaranlagen. Vier Anbieter bieten keine eigenen Bausteine für erneuerbare Energien an, aber bei der Allianz sind Photovoltaikanlagen direkt im Bedingungswerk der Produktlinie Premium bereits enthalten.

---

45   www.check24.de, (2021) Recherche Gothaer Allgemeine vom 19.08.2021.
46   Franke & Bornberg (2021) Recherche Gothaer Allgemeine F&B Data vom 19.08.2021

Das Angebot an Versicherungsprodukten, die sich mit den Folgen des Klimawandels beschäftigen (wie z. B. Sturm und Elementarschadenversicherung), ist hier nicht berücksichtigt, da Sturm standardmäßig von der Gebäudeversicherung abgedeckt ist (zusammen mit Blitz, Leitungswasser und Feuer), während die Elementarschadenversicherung (für Überflutungen, Lawinen und Erdbeben) eine gängige Bausteinversicherung darstellt. Dies zeigt deutlich, dass Bausteine besonders geeignet sind für Risiken, die ein größeres Schadenspotenzial haben, aber nur wenige Kunden betreffen (Elementarschäden, Photovoltaik). Die Absicherung über einen eigenen Baustein mit zusätzlichen Kosten schützt den Preis für die zugrundeliegende Produktlinie, der ansonsten erhöht würden müsste (siehe hierzu auch folgende Abb. 11.9).

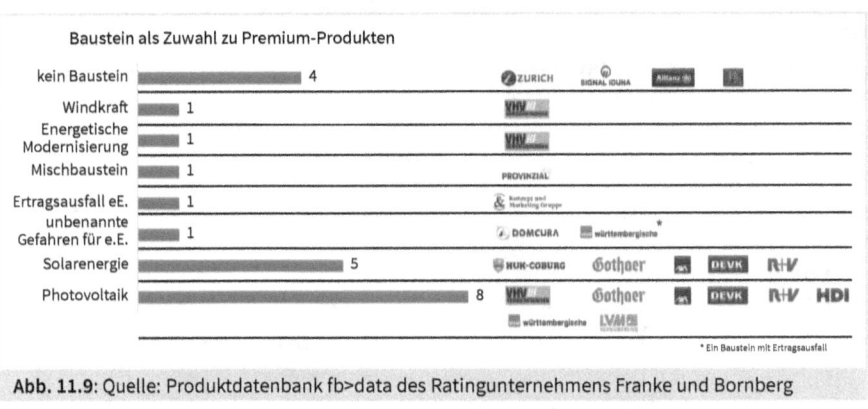

Abb. 11.9: Quelle: Produktdatenbank fb>data des Ratingunternehmens Franke und Bornberg

Im Bereich der Industrie- und Gewerbekunden wird der Versicherungsschutz auf die Bedürfnisse jedes Kunden zugeschnitten, was die Vergleichbarkeit von Produkten prinzipiell erschwert. Auch hier gibt es Ansätze, energetische Sanierung umfassender abzudecken bzw. die Anlage der Versicherungsbeiträge nachhaltiger zu gestalten. Es gibt beispielsweise Angebote im Markt, auf Wunsch des Kunden einen bestimmten Prozentsatz der Versicherungsbeiträge in sog. »Impact Investments« fließen zu lassen, also nachhaltige Investitionen, bei denen die Erreichung bestimmter ökologischer oder sozialer Ziele gleichberechtigt neben der Erzielung finanzieller Rendite steht.[47] Bei Industrie- und Gewerbekunden ist der sog. »Produktzyklus«, also der Zeitraum für die Entwicklung neuer Produkte, grundsätzlich kürzer als bei Privatkunden, kann aber auch bis zu einem Jahr dauern. Daher ist davon auszugehen, dass bis Ende 2021 weitere nachhaltige Angebote für Industrie- und Gewerbekunden auf den Markt kommen werden.

Bei den Industrie- und Gewerbekunden sind nicht nur die Bedürfnisse unterschiedlich, auch die Produktgestaltung und das Zustandekommen des jeweiligen Versi-

---

47   https://qbe.de/gemeinwesen/qbe-premiums4good/.

cherungsprodukts unterscheiden sich stark vom Privatkundengeschäft. Anders als im stark standardisierten Privatkundengeschäft werden Versicherungslösungen für Industrie- und Gewerbekunden individuell auf den Bedarf des jeweiligen Kunden zugeschnitten. Zwar arbeiten Versicherer auch hier mit bestimmten Komponenten oder Standardbausteinen, diese werden aber nach Maßgabe der Kundenbedürfnisse zusammengestellt und durch individuelle Vereinbarungen ergänzt. Dies lässt naturgemäß wesentlich weniger Raum für zusätzlichen Versicherungsschutz oder sonstige Zusatzleistungen, für die der Kunde kein tatsächliches Bedürfnis hat. Während im Privatkundenbereich bestimmte, mit geringen potenziellen Schäden verbundene Zusatzkomponenten, die nur wenige Kunden betreffen, über einen großen Vertragsbestand beitragsneutral angeboten werden können, ist dies im Bereich der Industrie- und Gewerbekunden nur schwer möglich. Zum einen sind die möglichen Schäden zwar nicht wahrscheinlicher, aber im Eintrittsfall wesentlich höher (z. B. Ladeanlage für eine Elektroautoflotte eines Industrie- und Gewerbekunden verglichen mit einer einzelnen Wallbox eines Privatkunden), können also nur schwer beitragsneutral abgedeckt werden. Zum anderen wird der Deckungsschutz individuell zusammengestellt und Industrie- und Gewerbekunden werden in der Regel sehr darauf bedacht sein, nur das an Versicherungsdeckung einzukaufen, was sie wirklich benötigen. Daher kommen hier für viele Nachhaltigkeitsthemen eher zusätzliche Bausteine (mit entsprechenden zusätzlichen Versicherungsbeiträgen) oder sogar zusätzliche Versicherungslösungen wie z. B. die technische Anlagenversicherung für Photovoltaik- oder Solaranlagen zum Einsatz.

Im Industrie- und Gewerbekundenbereich ist es hingegen aber durchaus denkbar, bei der Wiederherstellung von versicherten Gebäuden standardmäßig einen größeren Fokus auf energetischen Wiederaufbau zu legen. Bei diesen Versicherungslösungen wird in der Regel vereinbart, den tatsächlichen Schaden (d. h. den Zeitwert des jeweiligen Gebäudes) zuzüglich summenmäßig begrenzter Kosten für die Wiederherstellung zu ersetzen. Bei Vereinbarung dieses sog. »Kostenblocks« können auch Mehrkosten für den energetischen Wiederaufbau berücksichtigt werden. In gewissem Umfang ist dies ohnehin notwendig, denn aufgrund der Fortentwicklung von Bauvorschriften und Technologien ist es schlechterdings unmöglich, ein abgebranntes Fabrikgebäude von 1920 in genau demselben Zustand wieder zu errichten. Bei der Gothaer sind beispielsweise zusätzliche Kosten für den Wiederaufbau nach aktuellen Standards bei Industrie- und Gewerbekunden grundsätzlich abgedeckt, wenn dies auf entsprechenden behördlichen Auflagen beruht. Eine weitere interessante Entwicklung bei Industrie- und Gewerbekunden ist die Abdeckung von freiwilligen Maßnahmen für den behindertengerechten Wiederaufbau (z. B. Rampe statt Treppe), die inzwischen häufig in neuen Verträgen vereinbart wird.

Wie oben ausgeführt beträgt die Laufzeit der individuell vereinbarten Versicherungslösungen für Industrie- und Gewerbekunden in der Regel ein bis drei Jahre, ähnlich wie für Privatkunden. Allerdings werden bereits abgeschlossene Versicherungslösungen nicht bei jeder Erneuerung neu verhandelt, sondern nur wenn hierfür seitens des Industrie- und Gewerbekunden oder des Versicherers konkreter Bedarf besteht. Dies hat dazu geführt, dass viele Gebäudeversicherungen und sonstige Versicherungslösungen für Industrie- und Gewerbekunden im deutschen Markt auf jahrzehntealten Bedingungen und Vereinbarungen beruhen. Anders als für Privatkunden gibt es hier auch keine Updategarantie bei der Verwendung neuer Bedingungen oder Standards. Allerdings hat die BaFin angekündigt, dass Makler und Versicherer auch gegenüber Industrie- und Gewerbekunden verpflichtet werden sollen, die Aktualität des Versicherungsschutzes zu überprüfen. Dies könnte dazu führen, dass im Lauf der nächsten Jahre auch bei Industrie- und Gewerbekunden immer mehr nachhaltige Bestandteile Eingang in die individuellen Versicherungslösungen finden werden.

Insgesamt lässt sich festhalten, dass Nachhaltigkeit bei der Produktkonzeption von Gebäudeversicherungen und sonstigen Versicherungsprodukten für die Immobilienwirtschaft immer mehr von einem »Nischenthema« zum Mainstream wird. Viele Versicherer arbeiten derzeit an neuen Versicherungsprodukten und / oder der Aktualisierung bestehender Produkte und Lösungen, die in den nächsten Monaten bzw. im nächsten Jahr auf den Markt kommen werden. Dies spiegelt sowohl das steigende Interesse bei Privatkunden (eng verbunden mit dem gesamtgesellschaftlichen Bewusstsein für Nachhaltigkeit und Klimawandel) als auch den fortschreitenden Umbau der deutschen Wirtschaft hin zu nachhaltigeren und klimafreundlicheren Aktivitäten wider.

Will man sich einen Überblick darüber verschaffen, was in anderen Ländern in der Gebäudeversicherung für ökologische Gebäude angeboten wird, lohnt sich ein Blick in die »Climate Smart Insurance Products Database«,[48] die 2020 von der Versicherungsaufsichtsbehörde des Staates Kalifornien ins Leben gerufen wurde. Dort finden sich beispielsweise Regelungen zum nachhaltigen Wiederaufbau (einschließlich Austausch von Geräten gegen Energiespargeräte), zum Schutz vor Ertragsausfällen bei Photovoltaikanlagen sowie Rabatte für vorhandene Wärmepumpen, Solaranlagen oder für eine Zertifizierung nach LEED.[49]

11.5   Die Immobilienversicherung der Zukunft

An mehr Nachhaltigkeit und der Bekämpfung des und Anpassung an den Klimawandel führt kein Weg vorbei, wie die durch Starkregen ausgelöste Flutkatastrophe im Sommer 2021 gezeigt hat. Tatsächlich erwartet der GDV, dass 2021 eines der scha-

---

48   https://interactive.web.insurance.ca.gov/apex_extprd/f?p=142:1, Recherche DLA Piper am 20.08.2021.
49   https://www.usgbc.org/leed.

densträchtigsten Jahre für die deutsche Versicherungswirtschaft werden wird.[50] Der Wiederaufbau der zerstörten Immobilien birgt aber auch erhebliches Potenzial für ein nachhaltigeres und besser an das Klima angepasste Bauen. Der Beitrag der Versicherungsbranche liegt hier nicht nur im Schutz der zerstörten Vermögenswerte, sondern auch in der Unterstützung beim sinnvollen Wiederaufbau und der Unterstützung sinnvoller Präventionsmaßnahmen. Vom klassischen Modell des »Zahlers im Schadensfall« entwickeln sich Versicherer und Rückversicherer zunehmend zum Kooperationspartner des Kunden, der neben dem eigentlichen Risikotransfer zusätzlich Expertise (z. B. zu Klimarisiken oder Elementarschadengefahren), Präventionsprogramme (z. B. Einsatz von Sensorik) und (gerade bei Industrie- und Gewerbekunden) Unterstützung bei der Entwicklung zu mehr Nachhaltigkeit anbietet.

Wenn sich die derzeitigen politischen und wirtschaftlichen Prognosen bewahrheiten, steht die deutsche Immobilienwirtschaft als wesentlicher Emittent von Klimagasen in den nächsten Jahren vor einem erheblichen Umbau, der sowohl den Bau und die verwendeten Baumaterialien als auch den laufenden Betrieb von Gebäuden betreffen wird. All dies verändert auch den erforderlichen Versicherungsschutz und die Bedürfnisse der jeweiligen Kunden hin zu mehr Nachhaltigkeit in den für die Immobilienwirtschaft angebotenen Versicherungsprodukten und -lösungen. Es mag sein, dass derzeit nur wenige Privatkunden oder Industrie- und Gewerbekunden ausdrücklich nach nachhaltigen Themen und Komponenten bei der Gebäudeversicherung fragen. Es ist aber davon auszugehen, dass diese Frage in ein paar Jahren ebenso geläufig sein wird wie die nach den Kosten eines Produkts – nicht nur aufgrund der gesamtgesellschaftlichen Entwicklung, sondern auch weil derartige Fragen bei anderen Finanzthemen (z. B. beim Vertrieb von Lebensversicherungen und Fonds für Privatkunden) demnächst zwingend vorgeschrieben sind.[51]

In diesem Zusammenhang ist nicht zu unterschätzen, dass Vergleichsportale wie Check24 bereits entsprechende Labels und Abfragen verwenden. Immer mehr Privatkunden recherchieren vorab online zu den Angeboten ihres Versicherers, auch wenn der Abschluss nicht online, sondern über das Vertriebsnetzwerk des jeweiligen Versicherers erfolgt. Daher sind Versicherer sehr daran interessiert, in Vergleichsportalen positiv dargestellt zu werden und richten ihre Versicherungsprodukte nach diesen Labels und Abfragen aus (sog. »ROPO«-Effekt – »research online, purchase offline«). Es ist also zu erwarten, dass immer mehr Versicherer Nachhaltigkeitsaspekte in Privatkundenprodukte integrieren werden, um in den Rankings der Portale gut abzuschneiden.

---

50   https://www.gdv.de/de/themen/news/tiefdruckgebiet---bernd----gdv-erhoeht-schadenschaetzung-auf-4-5-bis-5-5-milliarden-euro-69038.

51   Einführung von Nachhaltigkeitspräferenzen bei der Geeignetheitsprüfung nach MiFID II und IDD ab dem 02.08.2022, Delegierte Verordnung (EU) 2021/1257 und Delegierte Verordnung (EU) 2021/1253.

Ob diese Bedürfnisse und Fragestellungen im Markt eher durch neue Produkte (insbesondere bei Gewerbekunden) oder durch Aktualisierung und Verbesserung bestehender Produktlinien (bei Privatkunden) umgesetzt werden wird, wird sich noch zeigen. Unabhängig von der konkreten Ausgestaltung dürfte auch die Versicherungsaufsicht BaFin eine treibende Rolle einnehmen. Die BaFin versteht Nachhaltigkeit als globale Aufgabe, zu der die Finanzindustrie in großem Umfang beitragen muss, so der Chief Sustainable Officer der BaFin, Frank Pierschel, schon im Mai 2019.[52] Die BaFin arbeitet in verschiedenen Initiativen auf internationaler Ebene an Nachhaltigkeitsthemen mit, z.B. auf EU-Ebene im Rahmen der EIOPA und auf internationaler Ebene im »Network for Greening the Financial System« (NGFS),[53] in dem sich Zentralbanken und Aufsichtsbehörden zusammengeschlossen haben, um die Ziele des Pariser Klimaschutzabkommens umzusetzen. Zuletzt hat sich die BaFin besonders auf Fonds und Lebensversicherungen konzentriert,[54] es ist aber zu erwarten, dass im Rahmen der laufenden Bemühungen auf EU-Ebene zur Konzeption von an den Klimawandel angepassten Sachversicherungsprodukten (s. Kapitel 11.3) über das Merkblatt zu Nachhaltigkeitsrisiken[55] hinaus weitere Anforderungen für das Sachversicherungsgeschäft und damit auch für Immobilienversicherungen folgen werden, z.B. zu den Vorgaben von als »nachhaltig« vertriebenen Produkten. Auch der GDV wird die Nachhaltigkeitspositionierung der Versicherungsbranche weiter vorantreiben, sowohl um die steigenden Kundenbedürfnisse zu decken als auch um die Geschäftsmodelle der Versicherer an den wirtschaftlichen Wandel anzupassen.

---

52   Https://www.bafin.de/SharedDocs/Veroeffentlichungen/DE/BaFinPerspektiven/2019_02/bp_19_2_
     Pierschel.html.
53   Https://www.ngfs.net/en/about-us/governance/origin-and-purpose.
54   Z.B. BaFin Konsultation 13/2021 zu einer Richtlinie für nachhaltige Fonds, abrufbar unter https://
     www.bafin.de/SharedDocs/Veroeffentlichungen/DE/Konsultation/2021/kon_13_21_WA4_Leitlinien_
     nachhaltige_Investmentvermoegen.html.
55   S. Fußnote 6.

ESG und Immobilienmanagement

12 Praxiserfahrungen zur Entwicklung und Implementierung von Nachhaltigkeitsstrategien

Aus dem Unvermeidlichen eine Tugend machen

Roger Baumann, Jens Müller

12.1 Vorüberlegungen

Selten war ein Ziel so klar definiert wie dieses: CO_2-Neutralität bis 2050, möglichst schneller – sehr viel schneller – wie der im Sommer 2021 vorgestellte Bericht des Weltklimarates (IPCC)[1] nahelegt, demzufolge die Erderwärmung deutlich rascher voranschreitet als bislang angenommen. Doch selten war gleichzeitig so unklar, wie sich ein Ziel erreichen lässt, noch dazu eines mit der denkbar größten Tragweite. Denn es geht um nicht weniger als einen auch zukünftig lebenswerten Planeten. Dazwischen liegen jährliche globale Treibhausgasemissionen von rund 52 Milliarden Tonnen[2]. Die Aufgabe, diese auf null herunterzufahren, lässt sich nur gemeinsam bewältigen – und auf allen Ebenen: politisch, gesellschaftlich, individuell und vor allem auch in der Wirtschaft.

Bereits diese Aufzählung enthält Zündstoff, denn die Prioritäten sind naturgemäß unterschiedlich gelagert. Eine wichtige Herausforderung stellt der scheinbare Konflikt zwischen Nachhaltigkeit und Wirtschaftlichkeit oder vielmehr dessen Überwindung dar. Um es mit den Worten des Abenteurers Bertrand Piccard zu sagen: »Heute gibt es keinen Grund mehr für einen Kampf zwischen Ökologie und Ökonomie. [...] Es ist rentabler geworden, die Umwelt zu schützen, als sie zu zerstören.«[3]

Trotz der bekanntermaßen vielen Facetten von nachhaltigem Handeln liegt es wohl in der Natur der Sache, dass Nachhaltigkeitsdebatten und -bestrebungen insbesondere im Immobiliensektor überwiegend auf den Kohlenstoffdioxidausstoß beziehungsweise dessen Reduktion abzielen. Immerhin ist er – im besten Falle – eine messbare Größe. Doch zumeist fehlt die Datenbasis. Gleichzeitig wächst der Druck auf die Branche, die als einer der Klimasünder schlechthin gilt.

---

1   IPCC (2021).
2   PBL Netherlands Environmental Assessment Agency (2020).
3   Zurich Invest AG (2021).

Die teils realen, teils angenommenen Hürden resultieren vor allem aus gelernten Denk- und Handlungsmustern. Immobilien sind zwar ein langlebiges Gut, die Managementstrategien erstrecken sich bislang dennoch zumeist über wenige Jahre. Heute durchgeführte Maßnahmen sollen morgen einen sichtbaren Effekt haben – eine Sanierung etwa eine höhere Attraktivität der Flächen, bessere Vermietbarkeit und im besten Falle höhere Mieten, ein Investment eine zuvor berechnete Rendite usw. Dass die Branche nun recht plötzlich vergleichsweise konkrete Strategien auch über die nächsten 30 Jahre entwickeln soll, ruft eine Bandbreite von Reaktionen hervor. Sie reichen von teilweise lähmender Unsicherheit über strategische Überlegungen bis hin zu purem Aktionismus. Alle Herangehensweisen scheint zu einen, dass der entscheidende Schritt in eine praktikable Zukunft noch aussteht. Eine wahrscheinliche Erklärung liegt darin, dass es innerhalb der zu strukturierenden langen Zeitspanne einer sehr granularen Betrachtung bedarf.

Die Lösung liegt wie so oft darin, einen Schritt nach dem anderen zu machen, Etappenziele festzulegen und diese immer wieder zu überprüfen und gegebenenfalls die Route zu korrigieren. Eine diesem Grundsatz folgende Nachhaltigkeitsstrategie muss Hand in Hand mit einer Digitalisierungsstrategie gehen, denn es geht um nicht weniger als die Dekarbonisierung einer kompletten Industrie – und zwar einer Branche, die nachweislich rund 40 % des globalen CO_2-Fußabdrucks verursacht, gleichzeitig aber mit 60 % auch die größten Einsparungspotenziale aufweist. Das eine zu senken und das andere zu heben, lässt sich nur mit einer Vielzahl an Variablen und unter Berücksichtigung zahlreicher und sich verändernder Nebenbedingungen managen. Es müssen komplexe, dynamische Modelle gerechnet werden, welche CO_2-Taxonomie und -Compliance, Investitionen, Retrofit-Maßnahmen, Bewertungen, Vermietungen, Transaktionen, Materialmodelle, Technologieverfügbarkeit und, und, und ... berücksichtigen und kontinuierlich im Blick behalten müssen. Diese wiederum müssen in einer Art »Fuzzylogic« mit den strategischen und taktischen Unternehmenszielen in Einklang gebracht werden. Dabei bleibt für diesen anspruchsvollen Implementierungsprozess wenig Zeit.

> »Kohlenstoff ist die magischste aller Substanzen, der eigentliche Stoff des Lebens. Dennoch verstehen die meisten Menschen wenig vom Kohlenstoffkreislauf – oder von den Auswirkungen unserer Verzerrung des Kreislaufs und dem Potenzial für einen klimabedingten gesellschaftlichen Zusammenbruch. Dieser Wissensbereich muss in jedem Aspekt der Bildung zentral werden, in jedem Alter und auf jeder Ebene. Das Vertrauen in die Wissenschaft muss wiederhergestellt werden, wo es untergraben wurde – und wird. In der Zwischenzeit muss die Bepreisung von Kohlenstoff von einer politischen Unwahrscheinlichkeit zu einem integralen, selbstverständlichen Teil unserer wirtschaftlichen Betriebssysteme und Märkte werden. Und zwar schnell.«[4]

---

4   John Elkington (2020).

Massive Digitalisierung ist auch deshalb alternativlos, weil das Erschließen aller statischen Informationen (ERP, Portfolio-Management, Material/Embodied Carbon usw.) und dynamischer Daten (Smart Meters, Sensoren, Wetter, Bewegungen, Material- und Energieströme usw.) nicht nur akut geschäfts-, um nicht zu sagen lebensnotwendig wird, sondern auch Grundlage für den Einsatz weiterer Zukunftstechnologien im Sinne von »Deep Tech« ist. Zu nennen sind hier Artificial Intelligence, Cloud Computing, Robotics, Blockchain, Advanced Material Science, Photonics und Electronics, Biotech sowie Quantencomputing. Der Einsatz dieser Technologien ist einerseits zum Erreichen der Nachhaltigkeitsziele zwingend erforderlich, andererseits wird er auf einer qualitativ hochwertigen Datenbasis, die Verknüpfungen und das Aufdecken von Korrelationen zulässt, überhaupt erst möglich.[5]

12.2   Problemstellung

Die Vorbemerkungen haben bereits verdeutlicht: Der Druck auf die Immobilienwirtschaft wächst – und das von verschiedenen Seiten. Physische Klimaschäden und -risiken sind ebenso sicht- und spürbar wie regulatorische Eingriffe und Verschiebungen im Nachfragefokus von Investoren und von Unternehmen. Der ESG-Dreiklang um die Aspekte Umwelt, Soziales und Unternehmensführung beschreibt dabei die entscheidenden Stellschrauben hin zu verantwortungsvollem Handeln und einer nachhaltigen Zukunft. Doch bei Lippenbekenntnissen darf und kann es nicht bleiben. Die zunehmend und richtigerweise von Unternehmen formulierten Ziele müssen in die Praxis übersetzt werden.

> »Wenn wir einen der Zeitpunkte wie 2030 oder 2050 erreichen wollen, um kohlenstoffneutral zu sein, müssen wir jedes Jahr zwischen zwei und fünf Billionen US-Dollar in die klimatechnische Nachrüstung von Gebäuden investieren.«

Greg Smithies, Partner, Fifth Wall[6]

Immobilien im Licht der Unternehmensstrategie
Die Real Estate Benchmark Studie 2021 von PwC Deutschland zeigt: 43 % der Asset-Manager wollen bestehende Produkte nach ESG-Kriterien umstellen. Rund acht von zehn Asset-Managern halten nachhaltige Produkte für wettbewerbsfähig. Das sind gute Nachrichten, doch ein Aspekt überrascht: Nur 7,7 % der Befragten verfolgen aktuell eine ganzheitliche Transformation ihrer Organisation und Strategie. Die Mehrheit

---

5   Dieser Beitrag gibt die persönliche Auffassung der Autoren wieder, welche nicht notwendigerweise mit jener der Zurich Insurance Group bzw. von BuildingMinds übereinstimmen muss.
6   Greg Smithies [LinkedIn](2021).

will die Transformation jedoch zunächst einmal auf Produktebene angehen, um anschließend Prozesse und Strukturen organisatorisch anzupassen.[7]

Wir sind allerdings der Überzeugung, dass beides verknüpft sein muss. Am Beispiel der Zurich Insurance Group (Zurich) wird unmittelbar deutlich, wie eng der Immobiliensektor an gesamtstrategische Überlegungen gebunden ist. Die Ziele der Zurich stellen auf das Pariser Klimaabkommen ab. Die Versicherungsgruppe will die ihr zur Verfügung stehenden Möglichkeiten – Kapitalanlagen, operative Geschäftstätigkeit sowie Produkte und Dienstleistungen – ausschöpfen, um den Übergang zu einer Netto-Null-Wirtschaft zu beschleunigen. Gerade dieses Bestreben, nicht mehr Treibhausgase zu emittieren, als der Atmosphäre entzogen werden, erscheint mit Blick auf Immobilien besonders herausfordernd. Das gilt umso mehr, als dass die angestrebte Reduktion der Kohlenstoffintensität seinerzeit aus einmalig erhobenen, statischen Werten abgeleitet wurde.[8] Wissenschaftliche oder szenariobasierte Ansätze fanden zu diesem Zeitpunkt keine Anwendung – und zwar schlicht, weil sie mangels nutzbarer Daten bzw. Datenerhebungen sowie angesichts noch nicht ausreichend vorangeschrittener technologischer Möglichkeiten nicht verfügbar waren. Nun müssen die damals erklärten Ziele ins Jetzt transferiert und teilweise angepasst werden, wobei sich bereits zeigt, dass auf Jahre und Jahrzehnte ein dynamischer Prozess zu gestalten ist.

Die Grundvoraussetzung dafür ist Transparenz – nicht nur auf Ebene des einzelnen Assets, sondern über das gesamte Portfolio hinweg. Digital erzeugte und gestützte Transparenz ist dabei die Grundvoraussetzung, um überhaupt den Status quo zu bestimmen, von dem aus sich unmittelbar die notwendigen Veränderungen ableiten, herbeiführen und in einer sinnvollen Taktung auf der Zeitachse managen lassen. Für all das steht allerdings nur ein sehr enges Zeitfenster von ca. zehn Jahren zur Verfügung[9]. In dieser Zeit entscheidet sich, ob Werte erhalten und im besten Falle gemehrt oder ob sie – zuvorderst durch Untätigkeit oder nicht zielführende Maßnahmen – vernichtet werden. Eine Untersuchung von Engel & Völkers Investment Consulting (Evic)[10] ergab, dass der Großteil der befragten Investoren und Eigentümer mittel- bis langfristig damit rechnet, dass ESG-Anforderungen Druck auf nicht konforme Objekte ausüben werden. Rund 10 % der Befragten erwarten, dass nicht ESG-konforme Objekte nahezu unverkäuflich sein werden und knapp 60 % gehen davon aus, dass zumindest die Preise bei nicht ESG-konformen Objekten sinken werden. Die restlichen rund 40 % zeigen sich – vielleicht gefährlich – optimistisch und fürchten keine Effekte auf die Immobilienwerte. Es geht also um weit mehr als ESG oder ein CO_2-zentriertes Reporting.

---

7   PwC (2021).
8   Zurich (2021).
9   Gemäß aktuellem IPCC-Report bzw. Prognosen des Weltklimarates ist es möglich, dass der Anstieg auf 1,5 Grad Celsius bereits in den frühen 2030er-Jahren überschritten wird. Vgl. IPCC (2021), S. 4-4.
10   Engel & Völkers Investment Consulting (2021), S. 12.

Aus der hier lediglich angerissenen Komplexität ergibt sich eine entscheidende Erkenntnis: Excel fällt als das bisher wohl am weitesten verbreitete »Managementtool« per se aus.

Die Erkenntnis, dass Transparenz der Dreh- und Angelpunkt für nachhaltiges Immobilienmanagement darstellt, könnte allerdings nicht stärker mit der Realität kollidieren. Die Branche kennt schlichtweg ihren aktuellen Carbon Footprint nicht. Das ist nicht nur mit Blick auf die operative Bewirtschaftung ein Problem, sondern schadet auch der Glaubwürdigkeit unserer Branche, die nicht müde wird, ihre in der Tat wichtige gesellschaftliche und soziale Funktion zu betonen. Hier schließt sich auch der Kreis von E zu S und G. Selbst ein stark umweltbezogener Faktor wie die CO_2-Emission steht in engem Zusammenhang mit anderen Nachhaltigkeitsaspekten, wie in Abb. 12.1 dargestellt ist. Hier wurden die Wechselbeziehungen des Carbon Footprint, dem isoliert betrachtet gemeinhin ein in erster Linie ökologischer Charakter zugesprochen wird, mit anderen Bereichen der nachhaltigen Unternehmensausrichtung ins Verhältnis gesetzt. Transparenz, aber auch die ökonomische Säule, wenn man etwa an Investor Relations oder Risikomanagement denkt, sowie die soziale Dimension, insbesondere mit Blick auf Gesundheit und Sicherheit, werden skizziert.

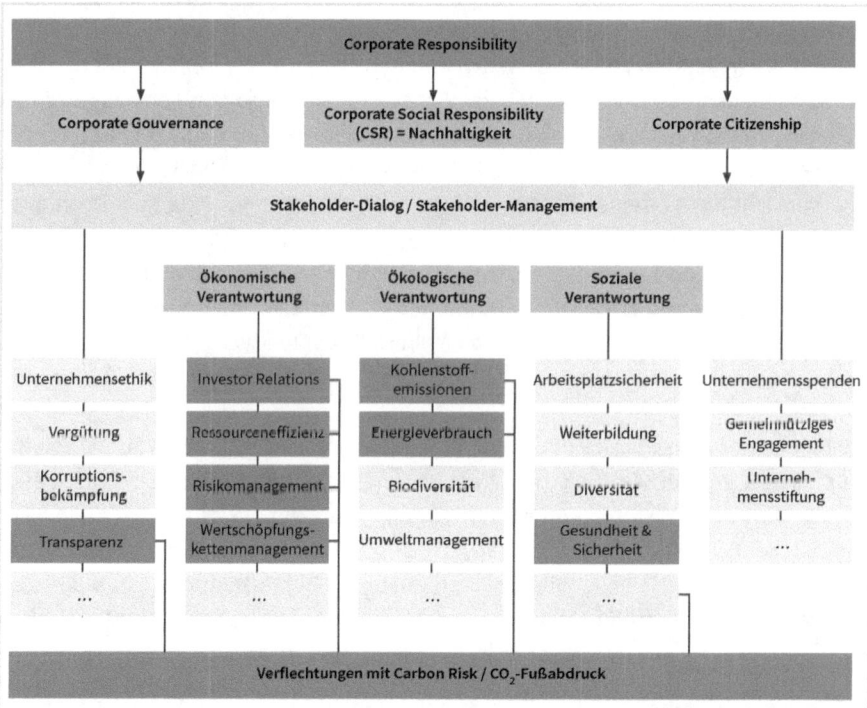

Abb. 12.1: Carbon Risk und Unternehmensverantwortung sind auf vielfältige Weise verknüpft. Quelle: Eigene Darstellung in Anlehnung an ZIA Zentraler Immobilien Ausschuss e. V. (2015), S. 62, und Carbon Risk Real Estate Monitor (2020), S. B.4.

Unterschiedliche Prioritäten und potenzielle Interessenkonflikte
Am Beispiel der Zurich zeigt sich: Nachhaltigkeit ist als eine unternehmerische Gesamtanstrengung zu begreifen, um adäquate Maßnahmen ergreifen zu können. Untersuchungen, die sich auf umfangreiche Interviews in verschiedenen Branchen, Regionen und Funktionsbereichen stützen, belegen, dass sich CEOs, CFOs, CCOs, COOs, CHROs und CTOs im Laufe der Jahre immer intensiver mit der Thematik auseinandergesetzt haben. Es wird deutlich, dass Nachhaltigkeitsthemen seit 2017 deutlich an Relevanz gewonnen haben. Am stärksten fällt das Wachstum mit einem Anstieg von 33 % pro Jahr bei jenen mit CTO-Verantwortung aus. CEOs bewegen sich mit einem Plus von 24 % auf einem Durchschnittswert, gefolgt von COOs mit 21 % Wachstum.[11]

Wenn allerdings gilt, dass alle Unternehmensbereiche involviert sind oder involviert sein sollten, prallen zwangsläufig verschiedene Interessen aufeinander. Auch dies gilt es in den strategischen Überlegungen zu berücksichtigen und adäquat aufzufangen.

Verschiedene Risikodimensionen
Die Immobilienwirtschaft wiederum ist grundsätzlich in mehrfacher Hinsicht vom Klimawandel betroffen und den daraus resultierenden Risiken ausgesetzt. Einerseits führt der Klimawandel zu immer häufigeren und extremeren Naturkatastrophen, die global zu Schäden in Milliardenhöhe führen. Nach Angaben von Munich Re decken die Versicherer im Durchschnitt etwa 35 % der weltweiten Naturkatastrophenschäden: 2019 waren das 52 Milliarden US-Dollar. Die globalen Schadenschätzungen von Aon aus extremen Wetterereignissen belaufen sich gar auf etwa 71 Milliarden US-Dollar.[12] Nicht zuletzt die Starkregenfälle im Juli 2021, die immense Verwüstungen in Deutschland und Mitteleuropa verursacht haben, zeigen die Dramatik und Dringlichkeit der Situation. Doch auch ohne direkte Schäden durch Extremwetterereignisse können sich solche sogenannten **physischen Klimarisiken** negativ auf den Wert von Immobilien auswirken. Bereits das von Marktteilnehmern antizipierte erhöhte Risiko, zum Beispiel in Regionen, die vom steigenden Meeresspiegel betroffen und einer erhöhten Überflutungsgefahr ausgesetzt sind, kann die Nachfrage und damit den Wert der Gebäude vor Ort mindern[13].[14]

Die Immobilienwirtschaft steht zudem im Fokus staatlicher Initiativen zur Verminderung des CO_2-Ausstoßes. Gleichzeitig steigt die Sensibilität potenzieller Mieter, aber auch seitens der Investoren für umweltfreundliche Gebäude. Wer sein Portfolio nicht entsprechend anpasst, sieht sich einer verringerten Nachfrage, sinkenden Mieten und Verkaufspreisen sowie steigenden Kosten durch die Bepreisung von CO_2 oder noch direkteren regulatorischen Eingriffen ausgesetzt. Diese sogenannten **transitorischen**

---

11   Microsoft (2021), S. 74.
12   Urban Land Institute, Heitmann (2020), S. 5.
13   Vgl. Ausführungen zur Untersuchung von Engel & Völkers Investment Consulting, Fußnote 10.
14   Prof. Dr. Sven Bienert (2016), Heft 14.

Risiken sind im letzten Jahrzehnt immer deutlicher hervorgetreten und es zeigt sich immer eindringlicher, dass ein effektives Immobilienrisikomanagement ohne eine Berücksichtigung von ESG-Parametern heute nicht mehr denkbar ist.

Langlebiges Asset versus Granularität der Daten

Die beschriebenen Herausforderungen, von physischen und transitorischen Risiken bis hin zu den Wechselwirkungen innerhalb der in mehreren Dimensionen (E-S-G) erklärten Unternehmensziele einerseits und jene zwischen der Unternehmens- und Immobilienebene andererseits, sind nur ein Teil der Fragestellungen, denen sich die Immobilienwirtschaft widmen muss. Eine weitere Hürde ist die erforderliche granulare Planung. Zwar wird allenthalben die lange Lebensdauer des Assets Immobilie betont, die Planungshorizonte erstrecken sich jedoch de facto über verhältnismäßig kurze Zeiträume. Die Regel sind im Schnitt eher drei bis fünf Jahre, wobei Investmentzyklen je nach Marktphase noch kürzer sein können. Nun aber wird der Branche eine Planung über 30 Jahre abverlangt. Es fehlt schlicht die Erfahrung, solche Zeiträume zu betrachten, und damit auch Kenntnis darüber, welche Parameter und Instrumente eingesetzt werden sollten.

Hilfreich können in diesem Kontext Modelle sein, mit denen sich Klimarisiken quantifizieren lassen. Derer gibt es zahlreiche am Markt. Zu nennen sind etwa PACTA (Paris Alignment Capital Transition Assessment), CISL (ClimateWise Transition Risk Framework), CAR4 (Carbon Impact Analytics), ISSE (Portfolio Climate Impact Report and Raw Data), MSCI/Carbon Delta, PwC/The CO-Firm-Climate Excellence und die Tools der SBTI (Science-based Targets Initiative).[15]

Soll konkret auf die CO_2-Emissionen beziehungsweise die großflächige Dekarbonisierung abgestellt werden, rückt auch CRREM (Carbon Risk Real Estate Monitor) in den Fokus, denn es liefert die Antwort auf die Frage, welche Informationen benötigt und wie sie ermittelt werden. Das CRREM-Projekt macht die Pariser Klimaziele für die Immobilienwirtschaft greifbar, indem es globale Emissionspfade in klare Ziele für einzelne Länder und Nutzungstypen übersetzt. CRREM wird zudem innerhalb der Net-Zero Asset Owner Alliance als Standard empfohlen und bietet eine gute Möglichkeit, Gebäude und Portfolios dahingehend zu überprüfen, ob sie »Paris-proof« sind. Erleichternd kommt hinzu, dass CRREM als Excel-Version kostenlos und im Falle von Zurich für alle Investitionsländer zur Verfügung steht.

Exkurs Net-Zero Asset Owner Alliance und Net-Zero Insurance Alliance

Die im September 2019 auf dem Climate Action Summit der Vereinten Nationen gegründete **Net-Zero Asset Owner Alliance** ist eine internationale Gruppe institutioneller Investoren, die sich dazu verpflichtet hat, die Treibhausgasemissionen

---

15   Für detaillierte Informationen vgl.: Bingler, Colesanti Senni (2020), S. 68 ff.

ihrer Anlageportfolios bis 2050 auf netto-null zu bringen. Diese Gruppe, der auch Zurich Insurance Group angehört, vereint Assets under Management von mehr als 6,6 Billionen US-Dollar auf sich. Die Mitglieder, vor allem Pensionsfonds und Versicherungen, handeln in dem Bewusstsein, dass sie eine Schlüsselrolle bei der Dekarbonisierung der Weltwirtschaft einnehmen und durch ihre Mandate die Entwicklung von Best Practices vorantreiben können – und dies aufgrund ihrer Anfälligkeit für systemische Störungen, wie sie von den Folgen des Klimawandels verursacht werden, auch müssen.[16]

Zu erwähnen ist in diesem Kontext auch die **Net-Zero Insurance Alliance** (NZIA), die auf dem G20 – Klimagipfel im Juli 2021 ins Leben gerufen wurde. Acht der weltweit größten Versicherer und Rückversicherer, darunter die Zurich Insurance Group, verpflichten sich, ihre Versicherungsportfolios bis 2050 auf Netto-Null-Treibhausgasemissionen umzustellen.[17]

CRREM zeigt unter anderem Möglichkeiten auf, wie sich das Risiko von Stranded Assets quantifizieren lässt[18]. Dem liegt die Definition des Kohlenstoffrisikos als Gefahr von Wertminderungen aufgrund des Übergangs zu einer kohlenstoffarmen Wirtschaft sowie aufgrund der physischen Auswirkungen des Klimawandels zugrunde.[19]

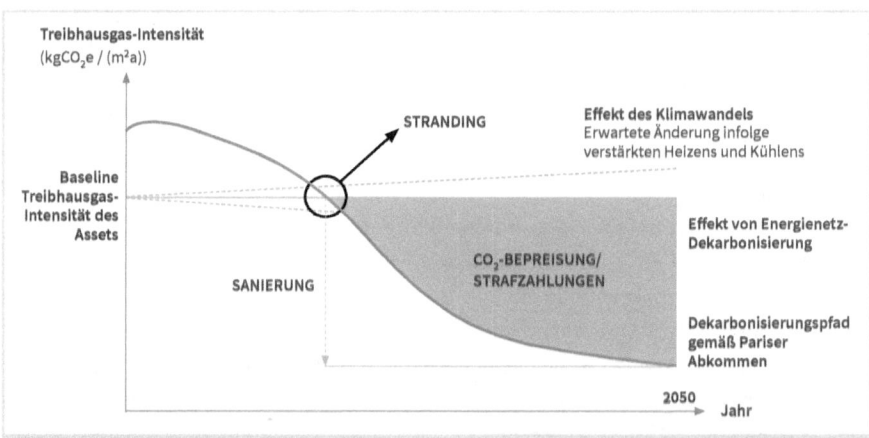

Abb. 12.2: Ohne Dekarbonisierungsmaßnahmen droht die Mehrheit der Immobilien zu »Stranded Assets« zu werden. Quelle: Eigene Darstellung BuildingMinds nach CRREM.

---

16   UNEP Finance Initiative (o.J.).
17   UNEP Finance Initiative (2021).
18   Physikalische Risiken werden im CRREM-Modell allerdings nicht berücksichtigt. Hierfür bieten sich andere Instrumente an, vgl. Fußnote 11.
19   Carbon Risk Real Estate Monitor (2020).

Es ist also festzuhalten: Weder lassen sich Unternehmens- und Real-Estate-Strategie isoliert betrachten noch dürfen die Wechselbeziehungen zwischen einzelnen Nachhaltigkeitsaspekten unterschätzt werden. Grundvoraussetzung für nachhaltiges unternehmerisches Handeln ist Transparenz. Das meint zum einen eine valide Datengrundlage, um grundsätzlich gut messbare Aspekte wie den Carbon Footprint steuern zu können. Das zielt zum anderen aber auch auf vermeintlich subjektivere Bereiche. Wo keine Transparenz, dort auch kein Vertrauen – mit potenziell negativen Auswirkungen auf die Glaubwürdigkeit und Reputation von Unternehmen. Transparenz, vor allem durch Daten, bildet also den unerlässlichen Grundstock für gelebte und belegbare unternehmerische Verantwortung.

12.3 Strategieentwicklung

Eine Nachhaltigkeitsstrategie ist die Antwort eines Unternehmens auf die Frage: »Warum handeln und investieren wir nachhaltig – und wie?« Zurich als Versicherung etwa verfolgt im Kern ein soziales Ziel: Sie führt Kapital zusammen, um für den Einzelnen finanziell nicht tragbare Risiken abzusichern. Das Credo des nachhaltigen Investierens fungiert als übergeordneter Ansatz für die Verwaltung der eigenen Reserven, der die Fähigkeit verbessert, »gut zu wirtschaften«, weil er das Risiko finanzieller Verluste mindert und zugleich neue Möglichkeiten für finanzielle Erträge schafft. Die Idee ist, dass Investitionen nicht nur durch Profit, sondern auch durch soziale und ökologische Ziele motiviert sein sollten.

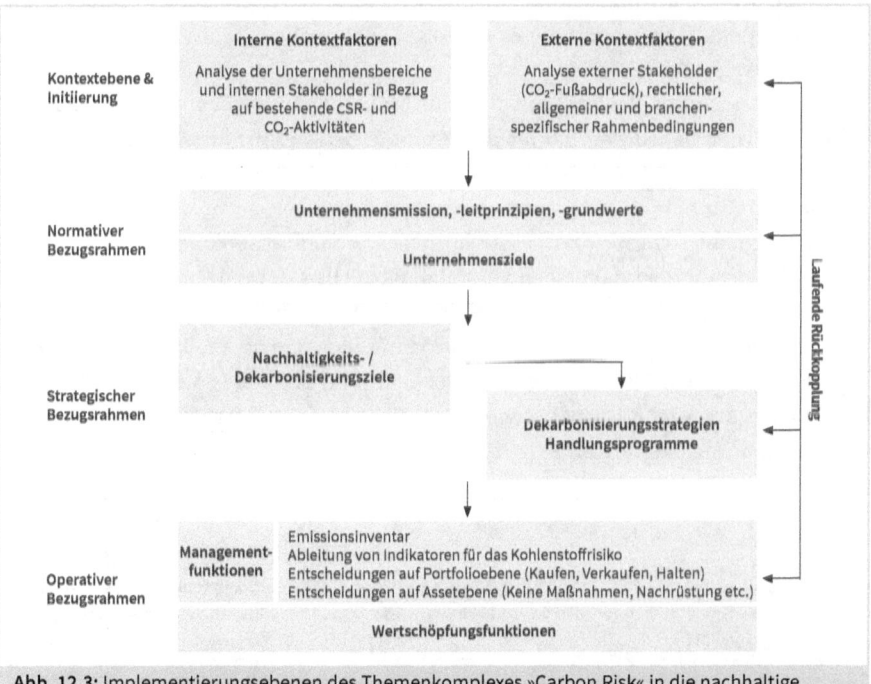

Abb. 12.3: Implementierungsebenen des Themenkomplexes »Carbon Risk« in die nachhaltige Unternehmensführung. Quelle: Vgl. ZIA Zentraler Immobilien Ausschuss e. V. (2015), S. 65, und Carbon Risk Real Estate Monitor (2020), S. B.14.

Transfer ins Immobiliensegment

Die Strategie des Gesamtkonzerns auf das Immobiliensegment zu übertragen, stellt eine erste große Herausforderung dar. Das gilt umso mehr, als dass in der Regel – und so auch bei Zurich – zuerst eine Unternehmensstrategie entwickelt wird, die es dann herunterzubrechen gilt. Man könnte also sagen, dass die Entwicklung einer Nachhaltigkeitsstrategie für Immobilienbestände als Definition von Maßnahmen zu verstehen ist, die auf die Strategie des Gesamtkonzerns einzahlen.

Zurich hat bereits 2010 eine solche Strategie aufgesetzt. Im Schweizer Immobiliensegment des Versicherers (vormals Zurich IMRE AG, seit 2018 Zurich Invest AG Real Estate (ZIAG RE)) wurde das nachhaltige Immobilienmanagement bis Ende 2013 auf allen drei Ebenen (Gesellschaft, Wirtschaft, Umwelt) für alle relevanten Funktionen und Prozesse eingeführt. Dabei wurden mittel- und langfristige Ziele gesteckt[20]:

- Mittelfristig (bis 2020) sollten die Treibhausgasemissionen des Immobilienportfolios mit Stand 2010[21] um 20 % reduziert werden. ZIAG RE entspricht damit den Zielvorgaben der Schweiz und der EU zur generellen Reduktion der Treibhausgasemissionen.

- Langfristig (bis 2050) sollten nach damaligem Bestreben die Treibhausgasemissionen des Immobilienportfolios mit Stand 2010 um 80 % reduziert, die Energieeffizienz verbessert, der Energieverbrauch und die Treibhausgasemissionen, soweit möglich und sinnvoll, minimiert und der verbleibende Energiebedarf sollte zu großen Teilen durch erneuerbare Energien gedeckt werden.

Der Formulierung der Zielvorgaben ging eine Erhebung des initialen CO_2-Fußabdrucks voran. Im Ergebnis wurden die für das gesamte Schweizer Immobilienportfolio für 2020 angestrebten CO_2-Reduktionen bereits 2019 erreicht.[22] Gleichzeitig wird in der Zielbetrachtung eine der entscheidenden Anforderungen an nachhaltiges Immobilienmanagement sichtbar: Der seinerzeit beschriebene Absenkpfad (vgl. Abb. 12.4) orientierte sich an den damaligen Vorgaben der Schweiz. Da der Bund nun bis 2050 Klimaneutralität anstrebt, muss der bestehende Absenkpfad angepasst, faktisch also verschärft werden. Die Treibhausgasemissionen sollen nun bis 2050 um 100 % gesenkt werden. In der Konsequenz heißt das: Flexibilität im Sinne des Monitorings, der Erfolgsevaluierung und der Maßnahmenanpassung ist ein zentrales Kriterium bei der Implementierung der Strategie.

---

20   Zurich IMRE AG (2019).
21   Ausgangslage 2010: rund 47.000 tCO₂eq, Energiebezugsfläche (EBF) rund 1.420 Millionen Quadratmeter.
22   Das Schweizer Immobilienportfolio der Zurich Invest AG verteilt sich auf drei Anlagegefäße (Stand: Dezember 2020):
     - die Zürich Anlagestiftung (ZAST): über 257 Liegenschaften, mehr als 80 % Wohnliegenschaften,
     - ZIF Immobilien Direkt Schweiz (ZIFIDS): 66 Liegenschaften, 80 % Wohnliegenschaften,
     - Versicherungsportfolio: über 207 Liegenschaften, rund 60 % Wohnliegenschaften, Rest primär Büroliegenschaften.

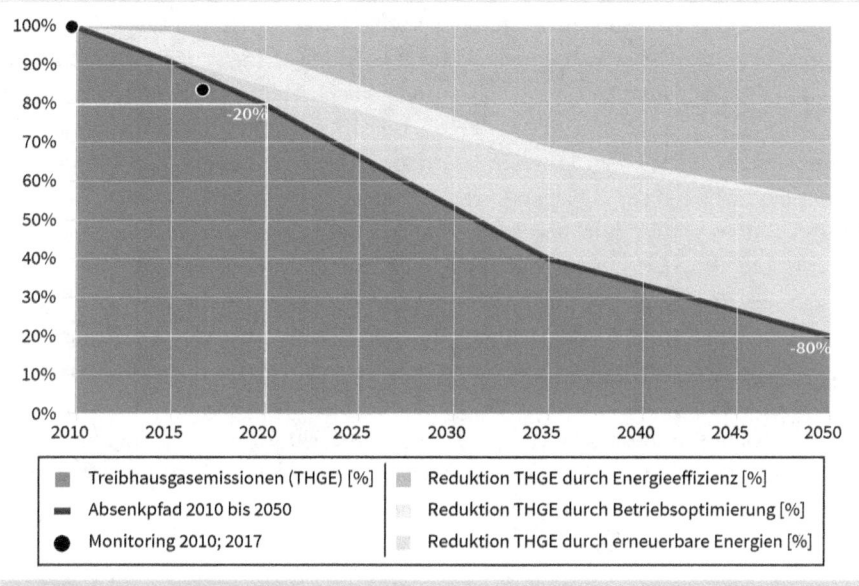

Abb. 12.4: Absenkpfad für Treibhausgasemissionen des Immobilienportfolios der Zurich Invest AG. Quelle: Zurich IMRE AG (2019).

Aus Abb. 12.4 gehen die drei wesentlichen Hebel zur Absenkung hervor: Betriebsoptimierung, Steigerung der Energieeffizienz und Erhöhung des Anteils erneuerbarer Energieträger. Dass beispielsweise energetische Sanierungen von älteren Liegenschaften, wie sie auch Zurich durchführt und wodurch der Energieverbrauch der Schweizer Immobilien der Zurich Anlagestiftung bereits um rund 15 % gesenkt werden konnte, einen großen Beitrag zur Reduktion des Energieverbrauchs leisten können, ist zunächst einmal eine Binsenweisheit – ebenso, dass sich der CO_2-Ausstoß etwa durch Einsatz erneuerbarer Energien reduzieren lässt, so um 19 % ab 2018 im gesamten betreuten Portfolio geschehen.[23] Maßgeblich ist aber die Berechen- und Planbarkeit der ergriffenen Maßnahmen.

Wechselwirkungen von Reportings und Standards

Eine erhebliche Bedeutung bei der Strategieentwicklung und -implementierung kommt auch Reportings und Reportingstandards zu, denen Unternehmen mehr oder weniger stark verpflichtet sind. Der Immobiliensektor als Geschäftsbereich ist davon unmittelbar betroffen. Im Falle der Zurich, seit 2012 »PRI Signatory«, liefert Zurich Global Real Estate beispielsweise Informationen für den PRI Report zu und erreichte ein Scoring von »A« im Jahr 2020.[24]

---

23 Zurich Invest Schweiz (o.J.).
24 Vgl. Zurich (o.J.).

Auch »The Global ESG Benchmark for Real Assets« (GRESB) ist in diesem Kontext zu nennen. Zwar handelt es sich um ein »freiwilliges« Bewertungs- und Benchmarking-system. Es hat sich aber zu einem international beachteten Standard entwickelt, der auch von Investoren zunehmend eingefordert wird. Auch Zurich hat das System für die Immobilienportfolios in der Schweiz, in Großbritannien sowie in den USA eingeführt. GRESB bietet eine gute Möglichkeit, sich mit Peers zu vergleichen, Lücken zu identi-fizieren, Daten zu »standardisieren«, zentral zu sammeln und laufend zu verbessern. Zudem bietet GRESB in Zukunft die Möglichkeit, dass die an GRESB berichteten Daten in die CRREM-Templates überführt werden. Überhaupt ist der Aspekt der Schnittstelle ein entscheidender, der bei der Datenaggregation früh mitgedacht werden muss. Eine Schnittstelle zu GRESB bietet sich aufgrund der hiesigen Detailtiefe an. Diese ist aller-dings gleichzeitig Anlass zu wiederkehrenden Diskussionen des mit GRESB verbun-denen Aufwands. Andere Bewertungssysteme wie das ULI Benchmarking, das Zurich in den USA anwendet, zeigen, dass mit deutlich geringerem Aufwand ebenfalls gute Benchmarking-Ergebnisse erzielt werden können.

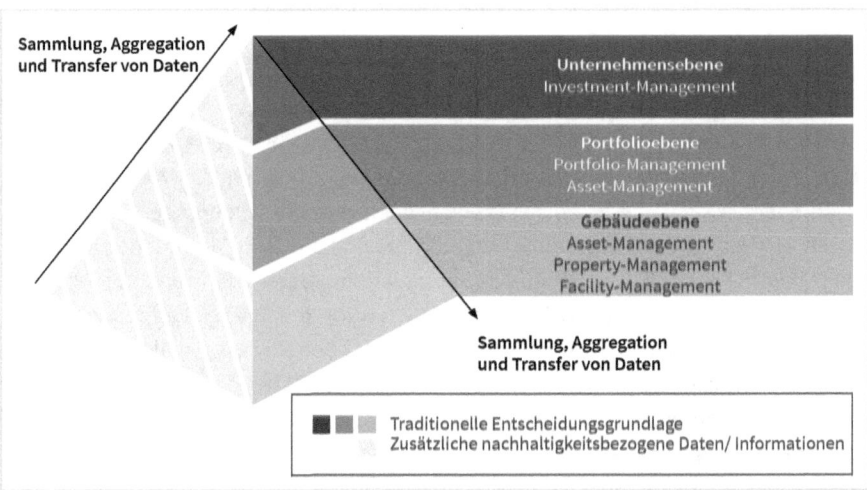

Abb. 12.5: Schematische Darstellung der Informationsebenen für die Entscheidungsfindung. Quelle: Interne Darstellung Zurich in Anlehnung an UNEP FI, 2015.

Exkurs Empire State Building – oder: Wie es (nicht) funktioniert

Das Empire State Building gehört zweifellos zu den Leuchtturmprojekten New Yorks – mit Strahlkraft weit über die Stadt- und Landesgrenzen hinaus. Der Be-griff des Leuchtturms ist dabei auch im eigentlichen Wortsinn zu verstehen. Denn trotz einigen Leerstands im Eröffnungsjahr 1931 sollten nach dem Willen des Eigentümers Alfred E. Smith alle Fenster beleuchtet sein – und davon hat das Ge-bäude mehr als 6.500.

Seither hat sich viel verändert. Der Empire State Realty Trust, dem das Gebäude inzwischen gehört, will es zu einem Musterbeispiel für Nachhaltigkeit umwandeln. In der vergangenen Dekade wurden die CO_2-Emissionen des Empire State Building um 40 % gesenkt. Nochmals genauso viel Reduktion soll in weiteren zehn Jahren gelingen.

Hinter diesen Erfolgen verbergen sich zahlreiche Herausforderungen. So wurden die besten Köpfe zusammengebracht, um geeignete Maßnahmen für das formulierte Ziel zu identifizieren. Herausgekommen ist eine gut 60 Einzelprojekte umfassende Liste – ein Maß, das jeder Wirtschaftlich- und Machbarkeit widerstrebt. Schlussendlich wurden acht Maßnahmen herausgefiltert und kombiniert, die in einem angemessenen Zeitrahmen den erforderlichen Effekt brachten.

Das Beispiel zeigt: Nachhaltigkeitsprojekte dürfen nicht isoliert betrachtet werden. Erst die Kombination geeigneter Maßnahmen und ihre intelligente Verortung auf der Zeitachse bringt den gewünschten Erfolg. Ob eine Einzelmaßnahme geeignet ist, bemisst sich dabei nicht allein an ihrem Effekt etwa auf die Reduktion von Kohlenstoffdioxidemissionen, sondern unter anderem auch an ihrem Return on Investment. Denn Ziel ist es, das Netto-Null-Ergebnis zu erreichen und gleichzeitig profitabel zu bleiben. Das gilt für das Beispiel des Empire State Building ebenso wie für nahezu jedes andere Bestandsgebäude.[25]

12.4 Strategieimplementierung

Der Übergang von der Strategieentwicklung zur Strategieimplementierung ist fließend. Weder das eine noch das andere ist jemals abgeschlossen, wie in den Ausführungen zur Strategieentwicklung bereits vor Augen geführt wurde. Gleiches gilt für die Implementierung – sie speist zum einen die kontinuierliche Weiterentwicklung der Strategieentwicklung, zum anderen befördert sie dadurch die fortlaufende Umsetzung neuer Erkenntnisse in die Praxis. Vor diesem Hintergrund meint Implementierung hier Beauftragung, Erfolgsmonitoring, Überprüfung, Strategieanpassung und beschreibt damit einen Kreislauf (vgl. Abb. 12.6).

---

25 Kaplan, Steckelberg (2020); Penningtons Manches Cooper (2021).

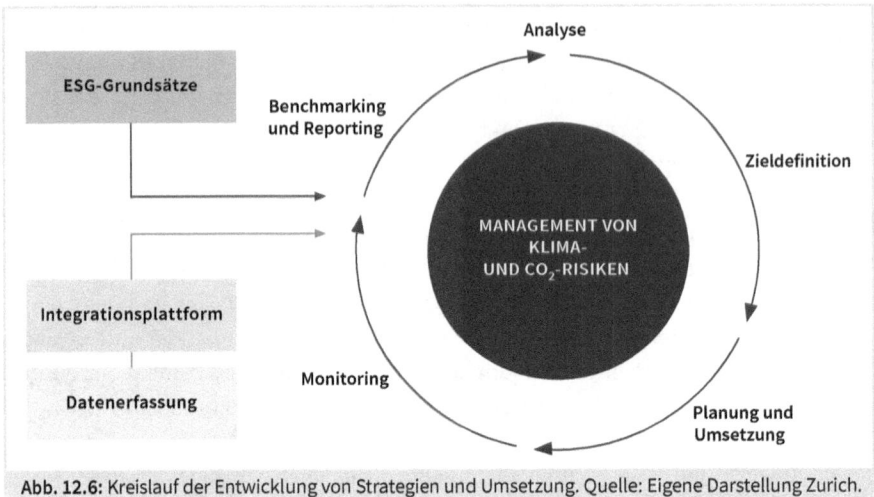

Abb. 12.6: Kreislauf der Entwicklung von Strategien und Umsetzung. Quelle: Eigene Darstellung Zurich.

Um eine gute Strategie (weiter) zu entwickeln, bedarf es detaillierter Informationen, die bei der initialen Strategieentwicklung zumeist noch nicht vorliegen. Zwar können Zielvorgaben herangezogen werden, wie am Beispiel CRREM aufgezeigt. Die Grundproblematik gleicht jedoch der Henne-Ei-Frage. In diesem Licht sind auch die folgenden Ausführungen zu betrachten. Das gilt insbesondere für das nachfolgend beschriebene Projekt »Betriebsoptimierung und Energiecontrolling« (»BOEC«)«, das an der Schnittstelle von Strategieentwicklung und -implementierung zu verorten ist.

Praxisexkurs: Projekt Betriebsoptimierung und Energiecontrolling (»BOEC«)
Bereits 2011 verfolgte das Real Estate Investment Management Schweiz der Zurich Insurance Group gemeinsam mit dem Ingenieurbüro Amstein&Walthert das Ziel der systematischen Reduktion von CO_2-Emissionen in ihrem Portfolio von rund 500 Liegenschaften. Mittels Gebäudesanierungen und Betriebsoptimierungen sollte der CO_2-Ausstoß wie erwähnt bis 2020 um 20 % gegenüber 2010 (entspricht rund 9.000 Tonnen CO_2 pro Jahr gegenüber dem Startpunkt 2010) und bis 2050 um 80 % reduziert werden. Gemeinsam mit dem externen Property-Management, dem die Umsetzung betriebsoptimierender Maßnahmen obliegt, wurde das Projekt »BOEC« gestartet.

Die Motivation: Einsparungs- und Optimierungsmöglichkeiten in Bestandsliegenschaften systematisch zu überprüfen, war bisher nur in eingeschränktem Maße möglich. Gleichzeitig sollten primär Gesamtenergieverbrauch sowie CO_2-Emissionen des Betriebs reduziert werden.

Die rund 270 Gebäude mit dem größten Anteil am CO_2-Ausstoß (ca. 80 % des Gesamtausstoßes) wurden im Rahmen eines Fünf-Jahres-Programms etappenweise betrieblich optimiert. Die Effizienz der getroffenen Maßnahmen wurde durch die Einführung eines Energiemonitorings ab 2014 periodisch überprüft und für einen Teil des Portfo-

lios online laufend und jederzeit detailliert überwacht. Bei Abweichungen von definierten Sollwerten konnte sofort korrigierend eingegriffen werden. Jedes Gebäude
wurde im Rahmen einer Betriebsoptimierung einmalig durch Energieingenieure geprüft und gesamtheitlich vor Ort optimiert. Ein großer Meilenstein dabei: Die Auswertung des Energieverbrauchs und des CO_2-Ausstoßes erfolgt per Knopfdruck und kann
in das zentrale Portfolio-Management-System übernommen sowie mit Finanzkennzahlen verknüpft werden.

Die Überwachung und Auswertung aller Gebäude übernahm Siemens Schweiz mit
dem internetbasierten Energie-Managementtool »Siemens Navigator«. Dieses Werkzeug erlaubt es allen beteiligten Parteien mit entsprechenden Zugriffsrechten, jederzeit die gewünschten Energieeffizienzdaten abzurufen. Zusätzlich ermöglicht
das Benchmarking über alle ausgewerteten Gebäude, die Mittel für eine verbesserte
Nachhaltigkeit gezielt und effektiv einzusetzen.

Das Fünf-Jahres-Projekt wurde Ende 2018 erfolgreich abgeschlossen. Unter dem Titel
»BOEC 2020« ging es bereits in eine Fortsetzung und wurde dabei neu ausgerichtet,
um den verschärften Vorgaben und neusten technologischen Entwicklungen gerecht
zu werden. Teil des neugestarteten Projekts war die Datenmigration von der bisher genutzten Cloud-Lösung zu einer neuen Cloud-basierten Plattform, die unter anderem als
Datenzulieferer für das zentrale Portfolio-Management-System und als Energie-Managementtool für die einzelnen Liegenschaften dient. Zukünftig sollen verschiedene, unter
anderem internationale Datenquellen über eine Integrationsplattform konsolidiert und
ausgewertet werden. Der bisher geltende Absenkpfad ist nach der Methodik des Schweizer Ingenieur- und Architektenverbands (SIA) definiert[26]. Für den Nachweis »Net-Zero« ist
nach aktuellem Stand die Methodik des Greenhouse Gas Protocol (GHGP) zu verwenden.
Per 2022 soll die Anpassung an die Methodik des GHGP erfolgen. Die durch das GHGP
definierte Value-Chain definiert drei Bilanzbereiche, sogenannte Scopes[27]:

- Scope 1: Alle direkten Emissionen durch den Betrieb (Gebrauch) innerhalb des Bilanzgegenstandes
- Scope 2: Die außerhalb des Bilanzgegenstandes erzeugten Emissionen der Ener-
  gleversorgung für den Betrieb (Gebrauch) des Bilanzgegenstandes wie Elektrizität
  oder Fernwärme
- Scope 3: Emissionen aus vor- und nachgelagerten Aktivitäten, unterteilt in 15 Kategorien.

---

26   Treibhausgasemissionen von Gebäuden werden in der Schweiz sehr verbreitet nach den Normen
     und Regeln des SIA und basierend auf den »Ökobilanzdaten im Baubereich« bilanziert. Zukünftig soll
     auch nach dem internationalen Standard des GHG-Protocol berichtet werden. Die Methodik wird für
     internationale Reportings verwendet, beispielsweise die Global Reporting Initiative (GRI), Carbon
     Disclosure Projekt (CDP), Global Real Estate Sustainability Benchmark (GRESB) und European Public Real
     Estate Association (EPRA) Sustainability Reporting.
27   The Greenhouse Gas Protocol (o. J.).

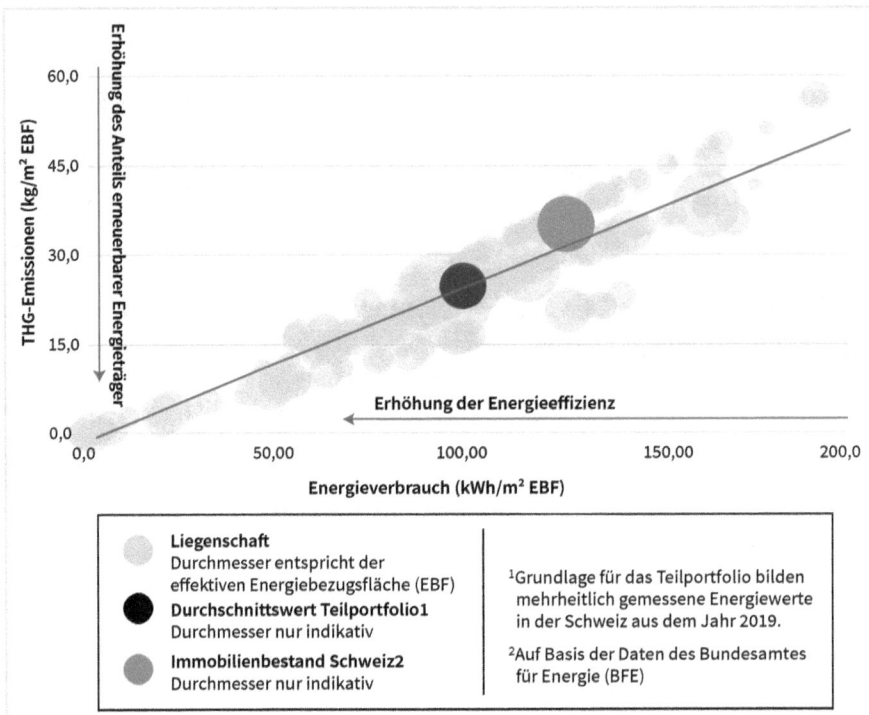

Abb. 12.7: Das Energie-Emissions-Diagramm dient der Überprüfung der Implementierung – es zeigt den Status quo eines Musterportfolios und einen möglichen Zielkorridor für die einzelnen Objekte. Quelle: Eigene Darstellung Zurich (2019).

Kosten und Profitabilität als Taktgeber

Bislang noch keine Erwähnung fand der Aspekt der Kosten von Nachhaltigkeit. Dabei ist dieser ganz entscheidend bei allen Überlegungen. Jedes Unternehmen muss profitabel arbeiten. Könnte man diesen Grundsatz aushebeln, ließen sich in einer einmaligen Kraftanstrengung die Gesamtorganisation und der gesamte Immobilienbestand ESG-konform gestalten. In der Realität ist es jedoch nicht möglich, alle sinnvollen Maßnahmen sofort umzusetzen. Umso wichtiger ist es, den Effekt einzelner Maßnahmen auf das Gesamtportfolio bewerten und diese sinnvoll entlang der Zeitachse definieren zu können. Absolute Grundvoraussetzung hierfür sind detaillierte Informationen zum Status quo des Portfolios – übersetzt: Daten – und Technologie, um mit diesen Daten arbeiten zu können. Und arbeiten heißt an dieser Stelle ganz konkret: Es müssen Szenarien entwickelt werden können.

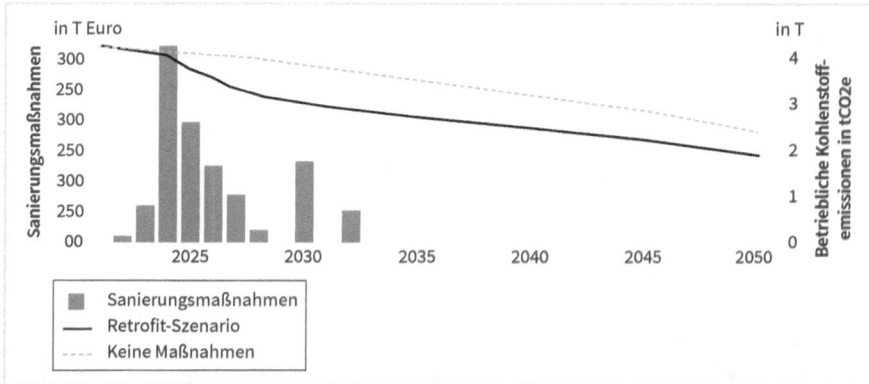

Abb. 12.8: Exemplarische Dashboard-Ansicht der voraussichtlichen Kohlenstoffemissionen im Vergleich zu den Investitionsausgaben (basierend auf geplanten energetischen Maßnahmen). Quelle: Dashboard-Ansicht BuildindMinds.

Integrierende Datenplattform und einheitliche Datensprache als Schlüssel

Aus dieser Gemengelage – regional und über verschiedene Nutzungsarten diversifiziertes Portfolio, verschiedene Datenquellen, Wechselbeziehungen von Nachhaltigkeitsaspekten und Interessenkonflikten innerhalb der Organisation, erforderliche hohe und weiter steigende Granularität der Daten sowie lange Planungshorizonte – ergibt sich die Notwendigkeit einer digitalen Plattform, auf der alles zusammenfließt. Als solche Integrationsplattform fand BuildingMinds bereits im obigen Praxisexkurs Erwähnung. Integration ist dabei in zwei Richtungen zu verstehen. Eine solche Plattform ermöglicht überhaupt erst den dualen Datenfluss, der für das nachhaltige Management von Immobilien künftig unabdingbar ist: der Fluss der Daten vom Gebäude, deren Aggregation und Monitoring sowie Abgleich und Anpassung der Zielerfüllung und Überführung ins operative Management sowie Aggregation der Daten usw.

Dreh- und Angelpunkt all dessen ist Technologie. Sie bildet die Grundlage dafür, dynamische und statische Bewirtschaftungs- und Gebäudeinformationen zu strukturieren und zu systematisieren. Indem etwa die Daten von Objekten eines Portfolios verknüpft, auswert- und justierbar werden, entstehen vollkommen neue Analysemöglichkeiten für die Entwicklung und Umsetzung unter anderem der hier beschriebenen Dekarbonisierungsstrategien.

Nur mittels Datenstandardisierung in Form eines Common Data Models (CDM) gelingt es, neben Gebäudeinformationen eine Vielzahl globaler Gebäudestandards zu konsolidieren und auswertbar zu machen.[28] Das CDM dient dabei als universelle Daten-

---

28 Die Entwicklung einer international einheitlichen Datensprache und -semantik für die Immobilienwirtschaft ist Ziel der im März 2020 gegründeten International Building Performance & Data Initiative (IBPDI). Hierfür erarbeiten die Mitgliedsunternehmen und -organisationen auf Basis international vorhandener Standards gemeinsam in thematischen Clustern das Common Data Model (CDM) for Real Estate, das transparent als Open Source zur Verfügung gestellt wird.

sprache für alle immobilienbezogenen Geschäftsprozesse und bildet die Grundlage für die digitale Plattform. Indem sie alle Daten zusammenführt, eröffnet sie Investoren, Eigentümern und allen Stakeholdern jederzeit die benötigten Informationen. Ob aus holistischer Portfolioperspektive oder auf Einzelobjektebene werden Nachhaltigkeitsstrategien, Nutzerzufriedenheits- und Profitabilitätsziele kombiniert. Das CDM vereint dabei sowohl nationale als auch internationale Standards. Sein Konzept ist von Microsofts Open Data Initiative abgeleitet und in anderen Industrien wie der Automobilbranche oder im Gesundheitssektor bereits etabliert.

Digital Twin als Nukleus

In anderen Branchen wie dem Automotive-, Energie- und Gesundheitsbereich bereits etabliert und immer stärker eingesetzt, ist das Konzept des digitalen Zwillings. Vor allem in komplexen Anlagen sowie sogenannten »High Value Assets« wie Flugzeugtriebwerken oder Windrädern kommt er zum Einsatz. Die Idee dahinter[29]: Mittels Daten erhält ein physisches Asset sein virtuelles Abbild. Auch im Immobiliensegment ist der Digital (Building) Twin als Nukleus einer digitalen Plattform zu verstehen. Er ist die Antwort auf die Frage, wie Daten in eine Plattform gelangen, um dort weiterverarbeitet zu werden. Dadurch wird der digitale Zwilling für alle Beteiligten vom Portfolio- und Asset-Manager über den Property- und Facility-Manager bis hin zu Mieter, Eigentümer, Wirtschaftsprüfer, Versicherer usw. zur zentralen und einzigen Quelle – dem Nukleus oder der sogenannten »single source of truth« – von Gebäudedaten jedweder Art.

Vor diesem Hintergrund spielt er auch eine entscheidende Rolle bei der Nachhaltigkeitsbetrachtung von Gebäuden, und das nicht etwa nur mit Blick auf die Betriebsphase. Zwar wird in der aktuellen Praxis der Fokus auf den Operational Carbon Footprint, also den CO_2-Ausstoß im engeren Sinne, gelegt. Um das Netto-Null-Ziel bis 2050 oder früher zu erreichen, greift das aber zu kurz. Es bedarf vielmehr der gesamtheitlichen Betrachtung über den gesamten Lebenszyklus eines Gebäudes hinweg. Von der Planung und Erstellung über den Betrieb bis hin zum Rückbau müssen sämtliche Stoffflüsse berücksichtigt werden, Stichwort Embodied Carbon. Für den Neubau, viel wichtiger aber für Optimierungen und Sanierungen im Bestand, werden deshalb Digital Twins als Abbild einer sich transformierenden realen Welt ein wichtiger Teil einer Nachhaltigkeitsstrategie sein.

---

29   Das Konzept des »Digitalen Zwillings« fasste Dr. Michael Grieves, Pionier des »Product Lifecycle Managements«, 2002 erstmals in Worte. Angewendet wurde es bereits deutlich früher: Als die Nasa-Mission »Apollo 13« im Jahr 1970 auf unvorhergesehene technische Probleme stieß, diente der Simulator auf der Erde, in erster Linie für das Training der Astronauten für die Reise zum Mond konzipiert, nunmehr dazu, um unter realistischen Bedingungen verschiedene Szenarien für die Rückkehr der Raumkapsel durchzuspielen.

Transparenz als oberste Prämisse und Benchmarking als Ziel

Daten, Digitaler Zwilling, Datensprache und -plattform sind also kein Selbstzweck, sondern unentbehrliche Stützen jeder tragenden (Nachhaltigkeits-)Strategie. Denn sie garantieren (Daten-)Transparenz, ohne die sich die aus dem Klimawandel resultierenden Herausforderungen nicht bewältigen lassen. Ohne Zweifel geht es in den ersten Schritten darum, gesetzlichen und regulatorischen Auflagen nachzukommen und ökologische wie ökonomische Nachteile abzuwenden. Doch an die Frage, was heute nötig ist, muss sich unmittelbar die Frage anschließen, was künftig möglich sein wird. Und die Antwort hält bisher unzugängliche Potenziale und Chancen bereit.

Denn Immobilien(unternehmen) generieren auch über Nachhaltigkeitsaspekte hinaus unzählige statische und dynamische Daten. Indem die bisherigen physischen und digitalen Datensilos aufgebrochen werden, treten diese Potenziale zutage. Aus den Daten lassen sich neue Erkenntnisse gewinnen und auch solche, die dem menschlichen Auge bisher verwehrt blieben: durch den Einsatz smarter Algorithmen, Künstlicher Intelligenz (KI) und maschinellem Lernen. Eine Studie der südkoreanischen Sungkyunkwan University über aktuelle Building Energy Performance Simulation (BEPS)-Tools belegt etwa, dass moderne Energieanalysen von Gebäuden durch datengesteuerte Modelle wie maschinelles Lernen klassischen Modellen überlegen sind.[30]

12.5 Schlusswort – oder: Because it's just the right thing to do

Die Entwicklung von tragfähigen Nachhaltigkeitsstrategien und deren Implementierung ist alternativlos. Oder um es mit den Worten von Mario Greco, CEO der Zurich Insurance Group, zu sagen: »It makes sense economically, strategically and above all, it's just the right thing to do.«[31]

Für Immobilienunternehmen und -investoren stellen die anstehenden Aufgaben einen Kraftakt dar, denn Strategieentwicklung und -implementierung müssen unter Hochdruck und – idealerweise und dadurch nicht weniger anspruchsvoll – im Kontext einer übergeordneten Unternehmensstrategie vonstattengehen. Dabei muss die Branche teils schmerzhafte Grundlagenarbeit leisten, um Maßnahmen und Investitionen in Immobilien valide begründen und zielführend umsetzen zu können. Technologie und digital vernetzte Ökosysteme rund um Gebäude und Portfolios stellen hierbei den entscheidenden Faktor dar. Nur so lassen sich Prozesse, Datenmodelle, Materialflüsse und eine Vielzahl von Messpunkten permanent bereithalten, analysieren, immer wie-

---

30 Young Min Kim, Ki Uhn Ahn & Cheol Soo Park (2015).
31 Zurich (2021a).

der abgleichen und gegebenenfalls nachjustieren. In Teilen beschreiben dies bereits die Handlungsempfehlungen, die sich aus den Ausführungen dieses Beitrags ergeben und die in Abb. 12.9 dargestellt werden.

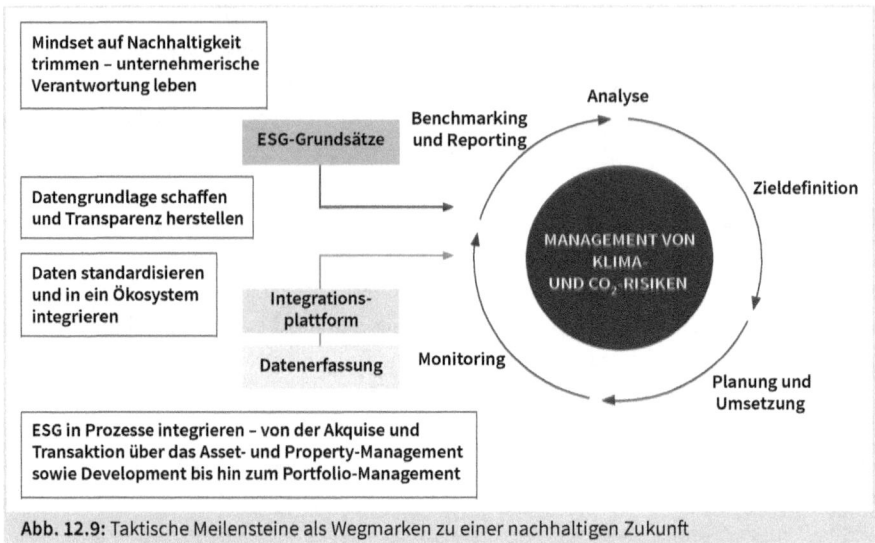

Abb. 12.9: Taktische Meilensteine als Wegmarken zu einer nachhaltigen Zukunft

Digitalisierung – wohlgemerkt kombiniert mit einem zukunftsgewandten Mindset – erlaubt dabei, Gebäude vollkommen neu zu denken: Das smarte Gebäude zerfällt digital in den smarten Quadratmeter – mit Realtime-Messung und -Bewirtschaftung und damit optimal ausgesteuerter Ressourcen-Intensität. Der smarte Quadratmeter wird responsiv. Das Konzept des digitalen Zwillings ermöglicht ein dynamisches Benchmarking des jeweiligen Idealzustandes und damit das Ansetzen von KPIs, sowohl für den Ankauf als auch für Retrofit-Maßnahmen und Transaktionen mit hohem Wertbeitrag. Hier schließt sich der Kreis zu den Eingangsworten: Ökonomie und Ökologie schließen sich nicht mehr nur nicht aus – verantwortliches Handeln zahlt sich auch unter dem Gesichtspunkt der Rentabilität aus.

Literatur

Bienert, Prof. Dr. Sven (2016): Metastudie: Nachhaltigkeit contra Rendite. Die Implikationen nachhaltigen Wirtschaftens für offene Immobilienfonds am Beispiel der Deka Immobilien Investment GmbH und der WestInvest GmbH in IRE|BS – Beiträge zur Immobilienwirtschaft, Heft 14.

Bingler, J. A./Colesanti Senni, C. (2020): Taming the Green Swan: How to improve climate-related financial risk assessments, CER-ETH – Center of Economic Research at ETH Zurich, Working Paper 20/340.

Carbon Risk Real Estate Monitor (2020): Carbon Risk Integration in Corporate Strategies within the Real Estate Sector, überarbeitete Fassung.

Elkington, John (2020): Green Swans: The Coming Boom in Regenerative Capitalism.

Engel & Völkers Investment Consulting (2021): Rendite-Risiko-ESG: Wo steht die Branche. Umfrage 2021 (https://www.engelvoelkers.com/de-de/investment-consulting/doc/ EVIC_Rendite-Risiko-ESG_Wo%20steht%20die%20Branche_Umfrage-Ergebnisse_2021. pdf, letzter Zugriff: 27.07.2021).

IPCC – The Intergovernmental Panel on Climate Change (2021): Climate Change 2021: The Physical Science Basis, (https://www.ipcc.ch/report/ar6/wg1/downloads/report/IPCC_ AR6_WGI_Full_Report.pdf, letzter Zugriff: 20.082021).

Kaplan, S./Steckelberg, A. (2020): Climate Solutions. Empire State of Green. In: The Washington Post (https://www.washingtonpost.com/gdpr-consent/?next_ url=https%3a%2f%2fwww.washingtonpost.com%2fgraphics%2f2020 %2fclimate- solutions%2fempire-state-building-emissions%2f; letzter Zugriff: 22.07.2021)

Microsoft (2021): Sustainability. Good for Business. Executive Playbook. 2021 and beyond (https://info.microsoft.com/rs/157 – GQE-382/images/EN-WBNR-Other-SRGCM4150 – eB ookSustainabilityGoodforBusiness.pdf)

PBL Netherlands Environmental Assessment Agency (2020): Trends in Global Co2 and Total Greenhouse Gas Emission; 2020 Report (https://www.pbl.nl/en/publications/trends- in-global-co2 – and-total-greenhouse-gas-emissions-2020 – report, letzter Zugriff am 29.07.2021).

Penningtons Manches Cooper (2021): Green Retrofit: What is it and what does it mean for the development industry? (letzter Zugriff 27.07.2021).

PwC (2021): Real Estate Benchmark Studie 2021 (https://www.pwc.de/de/real-estate/real- estate-benchmark-studie-2021.pdf, letzter Zugriff 29.07.2021).

Smithies, Greg [LinkedIn] (2021): »If we're going to hit any of the dates out there like 2030 or 2050 to be carbon neutral, you need to be investing between $2 and $5 trillion every year in retrofitting buildings with climate tech,« Fifth Wall Partner Greg Smithies tells Bis- now about what he believes could be the largest venture capital opportunity in history, [LinkedIn-Account von Fifth Wall] (https://www.linkedin.com/feed/update/urn:li:activ ity:6785682828945436672/ letzter Zugriff 27.07.2021).

The Greenhouse Gas Protocol (o.J.): A Corporate Accounting and Reporting Standard, Revi- sed Edition (https://ghgprotocol.org/sites/default/files/standards/ghg-protocol-revised. pdf), letzter Zugriff 30.07.2021).

UNEP Finance Initiative (o. J.): Global asset owners setting and reporting on ambitious in- terim targets for net-zero emissions by 2050 (https://www.unepfi.org/net-zero-alliance/, letzter Zugriff 30.07.2021).

UNEP Finance Initiative (2021): Net-zero Insurance Alliance (https://www.unepfi.org/net- zero-insurance/, letzter Zugriff 30.07.2021).

Urban Land Institute, Heitman (2020): Climate Risk And Real Estate. Emerging Practices for Market Assessment – New Report from ULI and Heitman.

Young Min Kim/Ki Uhn Ahn/Cheol Soo Park (2015): Lessons learned from machine learning models for existing buildings. (https://www.researchgate.net/publication/304011552_ Lessons_learned_from_machine_learning_models_for_existing_buildings, letzter Zugriff: 21.07.2021)

ZIA Zentraler Immobilien Ausschuss e. V. (2015): Nachhaltige Unternehmensführung in der Immobilienwirtschaft – Corporate Social Responsibility als Bezugsrahmen für eine nachhaltige Unternehmensführung (https://zia-deutschland.de/wp-content/uploads/2021/04/Nachhaltige_Unternehmensfuehrung_FIN1.pdf, letzter Zugriff 27.07.2021)

Zurich (o.J.): Our responsibility as an investor: doing well and doing good (https://www.zurich.com/en/sustainability/responsible-investment, letzter Zugriff: 30.07.2021)

Zurich (2021): Zurich treibt die Umsetzung von Klimazielen voran, um das zunehmende Risiko für die Gesellschaft zu bewältigen (https://www.zurich.com/de-de/media/news-releases/2021/2021 – 0331 – 01, letzter Zugriff 29.07.2021).

Zurich (2021a): Zurich commits to news sustainability actions at Climate Week NYC 2019. (https://www.zurichna.com/about/news/news-releases/2019/zurich-commits-to-new-sustainability-actions-at-climate-week-nyc-2019, letzter Zugriff 30.07.2021)

Zurich IMRE AG (2019): Nachhaltiges Immobilienmanagement: Ein Blick hinter die Fassade. (https://www.zurichinvest.ch/de/news-und-publikationen/news/2019/nachhaltiges-immobilienmanagement, letzter Zugriff 18.08.2021).

Zurich Invest AG (2021): Mario Greco im Gespräch mit Bertrand Piccard (https://youtu.be/D0_IvPh37Zg, letzter Zugriff am 29.07.2021).

Zurich Invest Schweiz (o.J.): Welche Aspekte sind uns bei Immobilien Schweiz wichtig? (https://www.zurichinvest.ch/de/ueber-uns/nachhaltigkeit/immobilien-schweiz, letzter Zugriff 30.07.2021)

13 ESG im Asset-Management

Jens Böhnlein

13.1 Am Anfang steht die Vision

Nachhaltigkeit ist das aktuelle Thema in Politik und Gesellschaft und der sich abzeichnende globale Wertewandel erfordert, dass wir alle uns früher oder später kritisch die abgewandelte Gretchenfrage: »Wie hast Du's mit der Nachhaltigkeit?« stellen und mittelfristig das eigene Geschäfts- und Betriebsmodell sowie das Produktangebot an diesen Grundsätzen ausrichten müssen.

Eine Umfrage von forsa für die Commerzbank aus dem Herbst 2020 hat ergeben, dass über zwei Drittel der rund 700 befragten Unternehmen durch die Integration von Nachhaltigkeit in ihre Unternehmenspolitik eine Verbesserung der Reputation und eine Stärkung der Kundenbindung erwarten.

Im Gegensatz zur Immobilienwirtschaft ist der Umbau des Energiesektors bereits in vollem Gange und die Energiewirtschaft verzeichnet unter allen Sektoren bisher die größten Fortschritte in der Minderung der Treibhausgasemissionen. Gründe für diese Entwicklung sind vor allem in der Reform des europäischen Emissionshandels, dem niedrigen Gaspreis, dem Ausbau von Wind- und Solarenergie sowie der Abschaltung erster Kohlekraftwerke zu finden.[1] Die Automobilindustrie als Teil des Verkehrssektors steht vor ihrer wohl größten Transformation: Die Einführung strengerer Abgasnormen und die Forcierung des Umstiegs auf E-Mobilität zeigen deutlich, dass ernsthafte politische Absichten auch zügig durchgesetzt werden können.

Durch ihren außerordentlich hohen Gesamtbeitrag zu den Treibhausgasemissionen gerät die Immobilienwirtschaft zunehmend in den öffentlichen und politischen Fokus. Der Gebäudebereich ist für 16,2 % der Treibhausgasemissionen unmittelbar verantwortlich, wobei nach dem Quellprinzip[2] nur die direkten Emissionen im oder am Gebäude zugeordnet werden. Dies sind im Regelfall CO_2-Emissionen aus der Verbrennung von Gas oder Heizöl in Heizungskesseln oder gebäudespezifischen Blockheizkraftwerken. Berücksichtigt man zusätzlich die indirekten Emissionen, die für die

---

1   Quelle: https://www.umweltbundesamt.de/daten/klima/treibhausgas-emissionen-in-deutschland#emissionsentwicklung.
2   Die Anwendung des Quellprinzips bedeutet, dass im Klimaschutzplan die mit den Stromverbräuchen der Energieversorgung von Gebäuden aus der öffentlichen Stromerzeugung und der Fernwärmeversorgung verbundenen Emissionen dem Sektor Energiewirtschaft zugeordnet werden und nicht der Immobilienwirtschaft.

Bereitstellung von Energie im Gebäudesektor anfallen, erhöht sich der Anteil des Immobiliensektors auf rund ein Viertel der Gesamtemissionen. Hinzu kommen weitere indirekte Emissionen durch die Produktion von Baustoffen, Bauteilen und Anlagentechnik im Industriesektor.

Die hohe Zahl an Immobilien, das Auseinanderfallen und die Heterogenität von Gebäudeeigentümern, Nutzern, Mietern und gebäudebezogenen Dienstleistern setzt die Immobilienwirtschaft von vielen Seiten unter Druck. Lange Investitionszyklen von Gebäuden sind mit den geforderten CO_2-Minderungen in Übereinstimmung zu bringen. Diskussionen über sozialverträgliche Projekte sowie innovative Lösungen für neue, hinsichtlich nachhaltigen Handelns weitaus anspruchsvollere Generationen werden die Branche vor bisher unbekannte Herausforderungen stellen. Unter Betrachtung der Renovierungsquote des Gebäudebestandes von lediglich 1 % im Jahr 2020 scheinen zweckgebundene Eingriffe der Politik in den Markt derzeit von entscheidender Bedeutung zu sein.

Zur ganzheitlichen Verwirklichung der Nachhaltigkeitsziele müssen auch die Kapitalflüsse hin zu nachhaltigen Investitionen gelenkt werden. Das Finanzsystem muss sich den neuen Rahmenbedingungen anpassen und die Wirtschaft in ihren Bemühungen hin zu einem nachhaltigen Immobilienmanagement unterstützen. Investoren haben bereits zum Teil durch die Aufnahme von Nachhaltigkeitskriterien ihre Investitionsentscheidungen angepasst und zum Aufschwung auf dem Markt von nachhaltigen Anlagen beigetragen.

13.1.1   Individuelle Zieldefinition

Die strategische Ausrichtung eines Unternehmens ist einer der wichtigsten Faktoren, die darüber entscheiden, ob ein Unternehmen am Markt erfolgreich agieren kann. Unternehmen müssen sich daher zwangsläufig mit neuen Regulatorien auseinandersetzen, und am Beginn dieser Auseinandersetzung steht die Frage: Ist ESG, also die inhaltliche Integration oder sogar die Neupositionierung des Unternehmens nach Kriterien für gutes Management im Hinblick auf **E**nvironment, **S**ocial und **G**overnance, nur ein Pflichtthema, das gezwungenermaßen genau so weit umgesetzt wird wie erforderlich, oder soll ESG gelebt und die damit verbundenen Prozesse als Kernprozesse in die eigene Tätigkeit integriert werden?

Die Commerz Real hat sich dafür entschieden, das Thema Nachhaltigkeit aktiv in ihre Unternehmenskultur und -politik aufzunehmen. Der Schwerpunkt dabei liegt, neben der Erfüllung der regulatorischen Anforderungen von Seiten des Gesetzgebers, auch in der konsequenten Ableitung auf das Geschäftsmodell und die Arbeitsweisen der CR-Gruppe. Für Fondsprodukte bedeutet dies, dass transparent dargestellt werden muss, ob und zu welchem Erfüllungsgrad Nachhaltigkeitsfaktoren in die DNA des Produkts – Anlagestrategien, Investitionsprozesse und das Risikomanagement – integriert werden.

Auf der Asset-Ebene werden nachhaltige und innovative Auswahlkriterien immer wichtiger, um Zustimmungserfordernissen bei der Objektauswahl gerecht zu werden, Investitionen zu sichern, Nachhaltigkeitsrisiken zu kennen und Bedürfnisse von Mietern zu befriedigen. Unter diesem Aspekt wurde das Immobilien-Sondervermögen Hausinvest zu einem nachhaltigen Finanzprodukt gemäß Artikel 8 der EU-Offenlegungsverordnung weiterentwickelt. Im Rahmen seiner Anlagestrategie fördert Hausinvest die ESG-Faktoren und ist dabei insbesondere bestrebt, bei Immobilieninvestitionen einen positiven Beitrag zum Umweltziel des Klimaschutzes zu leisten. Aus diesem Grund hat sich das Sondervermögen das Ziel gesetzt, zur Senkung von CO_2-Emissionen beizutragen und diese in den Bereich von 14 kg CO_2e/m^2 bis spätestens 2050 zu reduzieren.

Des Weiteren werden in Zukunft im Rahmen der Sustainability Due Diligence die physischen und transitorischen Klimarisiken bewertet. Damit erfolgt nicht nur eine allgemeine Risikobewertung im Kontext der rechtlichen Parameter, sondern auch eine ergänzende Bewertung auf Basis der individuellen Anlagestrategie eines (Finanz-) Produktes. Die Vorgaben des eigenen Produktes im Kontext von ESG können somit verlässlich überprüft und an die langfristige Portfolio-Strategie angepasst und ausgerichtet werden.

Doch damit ist es nicht getan, denn um als erfolgreiches Produkt auch bei künftigen Generationen bestehen zu können, wurden zudem belastbare Ziele im Kontext von S und G definiert, die sich bereits heute auf Investitionsentscheidungen (z. B. bezahlbares und soziales Wohnen) auswirken oder Geschäftsprozessen neue Inhalte geben (z. B. nachhaltige Verträge auf der Bewirtschaftungsebene wie etwa beim Property Management).

Bei ihren Investitionsentscheidungen wird die Commerz Real davon geleitet, »*nachhaltige Lebenswelten*« zu schaffen, und betrachtet dies als Teil der Selbstverpflichtung eines nachhaltigen und digitalen Asset- und Investmentmanagers, bei dem es »*in der Verantwortung des Unternehmens liegt, Lebenswelten zu schützen und eine nachhaltige Welt von morgen zu gestalten. Sustainable4Life bedeutet, alle zur Verfügung stehenden Ressourcen der Commerz Real AG – in den Portfolios, dem Team, bei Prozessen und der Innovationskraft – zu nutzen. Für nachhaltige Lebensräume, eine gesunde Natur, glückliche Menschen und eben auch den ökonomischen Erfolg.*«[3]

---

3   »Wir schaffen nachhaltige Lebenswelten, die begeistern. Erfolg durch Verantwortung«, Auszug aus dem
       Mission Statement der Nachhaltigkeitsstrategie »Sustainable4Life« der Commerz Real AG

13.1.2 Strategiedefinition

Einer strategischen Neuausrichtung folgt auch eine Veränderung im Produktportfolio. Wer nachhaltige Produkte anbieten möchte, wird evaluieren müssen, inwieweit sich die strategischen Ambitionen auf das Produkt und die Assets herunterbrechen lassen. Hierzu müssen die Frage, was ein ESG-konformes Produkt ausmacht, beantwortet und diese Kriterien auf die Ebene des Produktes übersetzt werden. Die eigenen geschäftspolitischen Ziele auf Corporate Ebene dürfen nicht mit der Ebene der Produkte vermengt werden. So können z. B. nicht nur die mit den Produkten verfolgten Zielsetzungen unterschiedlich sein, sondern sich auch innerhalb einer Produktkategorie unterscheiden. Gleichwohl zahlen diese Ziele auf die Produkte in vielerlei Hinsicht ein. Sei es durch ein besseres Verständnis der Relevanz für die Aufgaben oder auch die Integration von belastbaren Geschäftsprozessen. Derzeit stehen dabei vor allem das S und E im Vordergrund, wobei das G wie das Fundament eines Hauses den Unterbau liefert und somit alle Initiativen rund um das S und E trägt. E+S+G stehen gleichberechtigt nebeneinander und resultieren somit gegebenenfalls in unterschiedlichen Ausprägungen und Zielen innerhalb der einzelnen Kategorien. Sie können durchaus individuell stärker ausgeprägt sein, nie aber zu Lasten des anderen. Vor dem Hintergrund der notwendigen und schnellen Absenkung der Treibhausgasemissionen und des fortschreitenden Klimawandels hat sich beispielsweise der Hausinvest als wichtigstes und erstes Ziel die CO_2-Reduzierung gesetzt, andere Produkte definieren andere Aufgaben als vordringlicher und treiben diese voran.

Die Herausforderung bleibt jedoch immer die gleiche: eine Strategie auf Portfolioebene zu entwickeln, die einen Umbau des Portfolios in Richtung ESG ermöglicht. Bei der Commerz Real wurde sich für die Strategie entschieden, nicht nur auf regulatorische Anforderungen zu reagieren, sondern die Zukunft aktiv zu gestalten und Nachhaltigkeit zum Teil der eigenen DNA werden zu lassen. Dabei stehen ökologische und ökonomische Rendite mittelfristig nicht in Konkurrenz: Der Einkauf von nachhaltigen Produkten wird als eine Investition in die Zukunft gesehen, die frühzeitig auf eine sich verändernde Nachfrage reagiert und somit einer Absicherung der ökonomischen Rendite dient. Hinzu kommt, dass technische Veränderungen an den Objekten in der Regel zu einer deutlichen Reduktion des Energiebedarfs und damit zu niedrigeren Betriebskosten des Objekts führen und somit als wichtige Pfeiler der Strategie gelten.

13.2 Von der Vision zur Umsetzung

Der Ablauf der Produktkonzeption ist grundsätzlich bei jedem Projekt strukturell identisch und beginnt bei der Commerz Real mit einer ersten Analyse und Bewertung der Bedürfnisse und Schwerpunkte, auf die das Produkt ausgerichtet werden soll. Sobald die wesentlichen Ziele definiert und kommuniziert sind, müssen geeignete Maßnahmen identifiziert und messbar gemacht werden, um die Umsetzung im operativen Bereich zu erreichen und die erforderliche Transparenz sicherzustellen. Eine kontinuierliche Fortschrittsmessung mit einer qualitativen und quantitativen Bewertung ermöglicht es, Anpassungen durchzuführen, Veränderungen einzusteuern und vor allem das Erreichen der definierten Ziele sicherzustellen.

13.2.1   Voraussetzungen

Schon frühzeitig stellen wir uns der Frage, welche Grundlagen wir für den Umbau in Richtung Nachhaltigkeit benötigen, was davon bereits vorhanden ist und wie wir fehlende Informationen beschaffen können. Die Immobilienwirtschaft selbst verfügt bereits grundsätzlich über einen großen Datenschatz. In Standortanalysen, Mietverträgen, Gutachten und Reportings werden zahlreiche Daten erhoben, bleiben jedoch zum Teil ungenutzt, da ihre Relevanz als zu gering eingeschätzt wird. Gleichzeitig werden andere, potenziell zukünftig relevante Daten derzeit gar nicht erst erhoben. Eine weitere Hürde liegt in der Heterogenität vorhandener Daten, die eine Auswertung zum jetzigen Zeitpunkt erschweren. Zum Teil werden Daten direkt auf Asset-Ebene erhoben, zum Teil können Informationen erst zu einem späteren Zeitpunkt durch die Abfrage bei einem Energieversorger generiert werden. Jede Datenerhebung steht dabei im Kontext der jeweiligen rechtlichen Voraussetzungen und der zum Teil sehr unterschiedlichen landesspezifischen Vorgaben.

Dennoch, der stetige Ruf nach einem allgemeingültigen Standard ist hier verfehlt, denn diesen wird es auf globaler Ebene nicht geben. Vielmehr ist es die Aufgabe des Asset-Managements, die für die Bewirtschaftung der Immobilien relevanten Kennziffern zu definieren, in der Folge hieraus die strategische Basis für das Portfolio-Management zu schaffen und künftige Anforderungen von Käufern der Produkte zu antizipieren.

Für die Ausrichtung auf ESG-Themen spielen Daten und damit Wissen jedoch eine herausragende Rolle. Die Ressourcenknappheit und der Klimawandel erfordern den Übergang zu einer kohlenstoffneutralen, ökologisch nachhaltigen und schadstofffreien Kreislaufwirtschaft bis 2050. Auf das Baugewerbe entfallen über 35 % des gesamten Abfallaufkommens in der EU.[4] Wir müssen also wissen, wo wir welche Mengen an ESG-kritischen Ressourcen nutzen, wie wir den Verbrauch reduzieren bzw. welche Alternativen wir einsetzen können und welche Maßnahmen zu einem abgestimmten Handeln wir zur Verfügung haben. Dies ist nur ein Beispiel von vielen, bei denen es um

---

4   Quelle: https://www.europarl.europa.eu/news/de/headlines/society/20210128STO96607/wie-will-die-eu-bis-2050-eine-kreislaufwirtschaft-erreichen.

Daten geht und ohne die ein neuartiger und strukturierter Wertschöpfungsansatz im Kontext von Nachhaltigkeit nicht etabliert werden kann.

Gleichwohl gilt für alle: Ohne die dazugehörige Datenbasis und einem strukturierten Ansatz eines Bottom-up-Datenflusses ist eine Interpretation und damit die Ableitung von elementaren Unternehmensentscheidungen nicht möglich. Eine Aufgabe, die sich im ersten Moment vergleichsweise einfach anhört – doch wer verfügt heute tatsächlich über eine ausreichende Datenbasis zu den wesentlichen Energieströmen in seinem Portfolio? Zu nennen sind hier vertragliche Vereinbarungen, die eine belastbare Basis für das Erfassen von Daten bieten. Entsprechend sinnvoll ist es z. B., Regelungen im Mietvertrag aufzunehmen, die einen Austausch von Daten vorsehen. Dabei ist jedoch zu beachten, dass die von Mieter und Vermieter jeweils verursachten Emissionen eindeutig zugeordnet werden, da nur auf Basis eines für beide Parteien transparenten Prozesses eine vertrauensvolle und zukunftsgerichtete Zusammenarbeit möglich ist.

Parallel zum Aufbau einer Datenbasis muss die Risikopolitik die aus dem Klimawandel resultierenden Risiken berücksichtigen, wobei auch andere ökologische und soziale Trends gravierende Finanzrisiken mit sich bringen können. Physische Klimarisiken ergeben sich sowohl aus einzelnen Extremwetterereignissen und deren Folgen als auch durch langfristige Veränderungen klimatischer und ökologischer Bedingungen. Indirekte Folgen wie das Wegbrechen von Lieferketten und klimabedingte Migration können ebenso wie die Verantwortungsübernahme für die Verursachung von Umweltschäden beachtliche Risiken nach sich ziehen. Transitorische Klimarisiken im Zuge der Umstellung auf eine grundsätzlich emissionsfreie Wirtschaft können zunehmen. Auch die zur Steuerung und Regulierung eingeführten politischen Maßnahmen können zu einer Verteuerung und/oder Verknappung fossiler Energieträger führen, damit einen zusätzlichen Kostenfaktor bei der erforderliche Sanierung von Gebäuden oder Anlagen darstellen und die bereits hohen Investitionskosten nochmals steigern. Entsprechend frühzeitig sind diese Veränderungen in der Ausrichtung des Portfolios zu berücksichtigen und operativ durch das Asset-Management voranzutreiben. Wird die notwendige Reduzierung der Treibhausgasemissionen nicht rechtzeitig vorangetrieben und erfolgreich umgesetzt, werden die physischen Risiken weiter zunehmen und zu einer Erhöhung der transitorischen Risiken führen.[5]

Wenn zukünftig alle Unternehmen angehalten sind, ihren CO_2e-Fußabdruck möglichst zu reduzieren, wird es für sie immer wichtiger, auch nachhaltige Immobilien anzumieten, die auf die Ziele des Unternehmens einzahlen. Der CO_2e-Fußabdruck ist dabei nur ein relevanter Aspekt, wird aber mit einer Verschärfung der gesetzlichen Vorgaben zu-

---

[5]   Quelle: file:///C:/Users/2550LINK/AppData/Local/Temp/dl_mb_Nachhaltigkeitsrisiken.pdf
BaFin Merkblatt zum Umgang mit Nachhaltigkeitsrisiken.

nehmend wichtiger werden. Dies vorausgesetzt, besteht ein relevantes und tendenziell im Zeitablauf wachsendes Nachvermietungsrisiko für nicht nachhaltige Objekte. Solche Risiken müssen im Risikomanagement quantifiziert werden. Schlussendlich wird der Wert der Immobilie von den CO_2e-Emissionen wesentlich beeinflusst. Weil diese Emissionen in den nächsten Jahren deutlich reduziert werden müssen, ist es durchaus denkbar, dass sich zum nominalen Wert des Objektes auch ein weiterer Faktor etabliert, der »Carbon Currency«. Nicht nur, dass dieser neue Indikator als neutrale Messgröße zur Beurteilung des Portfolios und zur Entwicklung einer langfristigen Produktstrategie dienen kann. Auch die bereits heute erkennbare steigende Erhöhung der Kosten für den verursachten CO_2e-Ausstoß wird mit zunehmendem Wert einen immer größer werdenden Kostenfaktor begründen, sofern keine CO_2e-reduzierenden Maßnahmen umgesetzt werden. Erst wenn potenzielle Maßnahmen und Effekte quantifizierbar sind, können Handlungsalternativen bewertet und eine ESG-konforme Portfoliostrategie festgelegt werden.

13.2.2   Verantwortung

Das Thema ESG muss ein Unternehmen als Ganzes durchdringen, um wirksam gelebt zu werden. Nur wenn alle Beteiligten davon überzeugt sind und sich selbst zur Mitwirkung motivieren, ist auch ein nachhaltiger Erfolg im Unternehmen zu erreichen. Dies erfordert einen interdisziplinären Kulturwandel auf allen Ebenen des Unternehmens, der alle Beschäftigten erreicht, überzeugt und mitnimmt. Kommunikation und Umsetzung müssen deshalb sowohl top-down als auch bottom-up fließen, ohne engmaschige Rückmeldungen und gegenseitige Information wird das Ziel nicht zu erreichen sein. Letztlich bedeutet die Implementierung eine Transformation sowohl der Organisation und als auch der Mentalität der in ihr aktiven Menschen.

Die Erreichung von ESG-Konformität fordert ein hohes Maß an Fachwissen, Expertise und Analyse. Für das Thema Konformität in Fonds und Unternehmen ist eine Qualitätssicherung erforderlich, die über die Einhaltung interner Standards hinausgeht. Bereits bei der Due Diligence von potenziellen Investments muss eine Abfrage der ESG-Kriterien durchgeführt werden.

Externe Ratingagenturen wie z. B. Scope[6], die mit einer eigenen Matrix die Umsetzung prüfen, versuchen eine Vergleichbarkeit zwischen Produkten und Unternehmen herzustellen. Eine erfolgreiche Zertifizierung erleichtert es Externen, die Nachhaltigkeitsperformance eines Unternehmens und/oder Assets zu beurteilen, und kann so vertrauensbildend wirken. Energieperformance-Zertifikate geben eine Einordnung

---

6   Quelle: www.scopegroup.com.

der energetischen Performance eines Gebäudes, unterscheiden sich jedoch deutlich hinsichtlich ihrer Ausprägungen und Klassen innerhalb der Europäischen Union. Nicht zu unterschätzen sind die Chancen einer aktiven Kommunikation und Einbindung von Mietern und Management. Aktualisierte Reporting-Anforderungen und operable Mieterleitfäden im Kontext ESG helfen bei der Umsetzung der Nachhaltigkeitsziele und dabei, der Verantwortung für deren Erreichung gerecht zu werden.

Individuell zurechenbar sind in vielen Fällen Verbräuche und Emissionen, die als quantitative Faktoren tendenziell einfacher zu erfassen sind als Governance-Faktoren, jedoch keinesfalls weniger wichtig sind. So schnell wie möglich müssen alle relevanten Daten (dazu zählen Energie- und Wasserverbrauch, Abfallaufkommen, CO_2e-Emissionen und andere) erfasst und verarbeitet werden, um diese zur Ableitung von Handlungsmaßnahmen im Portfolio verfügbar zu haben.

Schwieriger gestaltet sich die Erfassung bei qualitativen Faktoren, die ein nachhaltiges Investment (sustainable investment) ausmachen, wie z. B. die Bewertung der sozialen Beschaffenheit eines Objektes und deren Wirkung auf die Umwelt. Die entsprechenden KPI müssen teilweise noch entwickelt bzw. operativ verankert werden. Erste Konzepte und Umsetzungsstrategien existieren bereits, da aber die Bewertungsansätze der Produkte transparent und messbar sein müssen, ist die Weiterentwicklung unabdingbar und alternativlos.

Moderne Technologie und künstliche Intelligenz ermöglichen die Optimierung des Energieeinsatzes in Bestandsgebäuden, sofern die Gebäudedaten vollständig erfasst sind, und bedienen damit bereits die Transparenzanforderungen der ESG-Kriterien. Im laufenden Betrieb verlieren Anlagen wie Wärmepumpen, Heizungen, Klimageräte oder Produktionsanlagen ohne kontinuierliche Überwachung schnell an Effizienz. Die stetige und durch digitale Systeme granulare Analyse der aktuellen Gebäudeperformance liefert schnell wichtige Erkenntnisse über den Energieverbrauch, die Nutzerzufriedenheit, den Komfort und die Betriebsweise. Notwendige Optimierungspotenziale mit Fokus auf das Kosten-Nutzen-Verhältnis können ermittelt und über kleine Anpassungen mit oft großer Wirkung realisiert werden. Mit der Optimierung der Gebäudeautomation und des Nutzerverhaltens können, auch ohne große Investitionen, schnell sichtbare Einsparungen erzielt werden.

Gerade die Reduzierung der Energieverbräuche, etwa durch den Einsatz von Künstlicher Intelligenz (Stichwort Smart Building), geht einher mit einer Senkung der laufenden Kosten. Ökologie und Ökonomie schließen sich insbesondere in diesem Kontext nicht aus.

13.3   Einbeziehen der Stakeholder

Die bisherigen Ausführungen verdeutlichen, dass ein konsequenter Portfolioumbau in Richtung Nachhaltigkeit als isolierte Entscheidung top-down nicht funktionieren wird. Um durch die Qualität der eigenen Produkte und Leistungen sowie durch erfolgreiche und nachhaltige Geschäftstätigkeit im Wettbewerb zu überzeugen, muss sich das Asset- wie auch das Investmentmanagement entlang der gesamten Wertschöpfungskette nachhaltig ausrichten. Dies betrifft gleichermaßen die Produkte wie auch die Unternehmensprozesse. Es wird der konsequente Ansatz benötigt, dass sich wirtschaftlicher Erfolg und verantwortungsvolles Handeln nicht ausschließen, sondern gegenseitig bedingen. Dieses Verständnis und ein entsprechendes Handeln erwarten wir bei der Commerz Real nicht nur von uns selbst, sondern auch von den Stakeholdern, mit denen wir interagieren.

13.3.1   Dienstleister

Die Sicherstellung positiver Renditen und Wertentwicklungen sowie der immer mehr an Bedeutung gewinnende Schutz vor Abwärtsrisiken sind zentrale strategische Ziele bei Immobilieninvestitionen. Um diese Ziele nachhaltig zu erreichen, müssen verschiedene Partner im Nachhaltigkeitssinne zusammenarbeiten. Dies betrifft alle Funktionen entlang der Wertschöpfungskette vom Transaktions-Management über das Fund-Management, Asset-Management und Property Management bis hin zu den Projektentwicklern im Neubau.

Zum größten Teil wird das Immobilienvermögen in Bestandsobjekten gebunden. Wird für diesen Bestand eine nachhaltige, grüne Bewirtschaftung angestrebt, müssen sich vor allem die Arbeiten am Objekt und das Nutzerverhalten neu an Nachhaltigkeitskriterien orientieren.

Zu Beginn sollte jede zu erbringende Leistung nach ihrem ökologischen und wirtschaftlichen Nutzen in einem Scoring-Modell bewertet werden. Durch eine Gegenüberstellung des nachhaltigen und wirtschaftlichen Nutzens einer Leistung können wesentliche Handlungsfelder mit gleichzeitig hoher ESG-Relevanz und wirtschaftlicher Bedeutung identifiziert werden. In diesen Fällen ist es nicht nur aus Gründen der Nachhaltigkeit sinnvoll, aktiv zu werden, es besteht auch eine vergleichsweise hohe ökonomische Motivation.

Um die Zusammenarbeit mit den Dienstleistern umfassend nachhaltig zu gestalten und der Verantwortung auch über die eigenen Unternehmensgrenzen hinweg gerecht zu werden, erwartet die Commerz Real von den Dienstleistern, Lieferanten und Business-Partnern sowie deren Mitarbeitern, sich verantwortungsvoll zu verhalten, sich jederzeit und überall an geltende Gesetze zu halten und ethische Grundwerte zu respektieren. Hierzu zählt auch, mit ökologischen Herausforderungen umsichtig und vorausschauend umzugehen und auf die Entwicklung und Verbreitung umweltfreundlicher Technologien hinzuwirken. Auch die Dienstleister sollen daran arbeiten, ihre Emissionen zu verringern und die Umweltkennzahlen von Produkten und Dienstleistungen zu verbessern. Dies bedingt, dass auch sie selbst ein proaktives Management der wichtigsten Umweltindikatoren, einschließlich der Reduzierung der Treibhausgasemissionen, implementiert haben und betreiben. Um den Einsatz umwelt- und gesundheitsgefährdender Stoffe und Materialien zu reduzieren, müssen sich die Partner mit der Identifizierung umweltfreundlicher, alternativer Lösungen auseinandersetzen, die langfristig wirksam sind.

Zur optimierten Steuerung der Dienstleister auf dem Weg zu einer transparenten Leistungsbewertung hat die Commerz Real eigene, messbare Leistungskennzahlen für Steuerungs-, Benchmarking- und Incentivierungszwecke entwickelt und festgelegt. Die Steuerung bezieht sich auf die Lieferung und Bewertung der Verbrauchswerte sowie die Analyse von Abweichungen zu den Sollwerten als Voraussetzung für die Einführung eines neuen Bewertungssystems im Sinne eines Benchmarkings und setzt letztlich auf eine Vergütungsstruktur mit einer steuernden Bonus-Malus-Regelung.

Entsprechend müssen alle Beteiligten an dieser Stelle ihren Datenhaushalt überprüfen und ggf. überdenken, denn nur wenn sie eine gleichermaßen einheitliche Datenerhebung von der Objekt- bis zur Dienstleistungsebene und darüber hinaus zum Portfolio- und Risikomanagement verfügen, werden ausreichend geeignete Daten zur Verfügung stehen, um eine stringente ESG-KPI-Definition festzulegen. Denn die Konsistenz und Verfügbarkeit von Daten ist erfolgsentscheidend.

13.3.2   Mieter und Nutzer

Die Nutzungsphase einer Immobilie hat einen entscheidenden Einfluss auf die CO_2e-Emissionen. Die zunehmende Bedeutung von Nachhaltigkeitszielen innerhalb der Unternehmen führt dazu, dass grüne Mietverträge auf Mieter- und Eigentümerseite verstärkt als geeignetes Instrument wahrgenommen werden, gemeinsame Ziele zu definieren und Maßnahmen zu vereinbaren.

Diese sogenannten »Green Leases« sind Mietverträge mit speziell auf Nachhaltigkeit ausgerichteten Regelungen. Ihre Zielsetzung ist es, die Mieter zu einer (in ökologischer, ökonomischer und sozialer Hinsicht) nachhaltigen Nutzung der Immobilie und den Vermieter zur nachhaltigen Bewirtschaftung anzuhalten. Durch die gemeinsamen Ziele treten Mieter und Eigentümer verstärkt in einen Dialog und arbeiten gemeinschaftlich an Optimierungen. Häufig enthalten solche grünen Mietverträge keine konkreten Verpflichtungen, sondern Bekenntnisse eines gemeinsamen Verständnisses, da der Vermieter nicht in den Geschäftsbetrieb seines Mieters eingreifen kann und sollte. Gleichwohl muss sichergestellt werden, dass der Vermieter Maßnahmen umsetzen kann, die der Umwelt zugutekommen und die möglicherweise nur mit der Erhebung von neuen Daten möglich sind. Hier ist es besonders wichtig, diese Maßnahmen transparent darzustellen und damit das Vertrauen auf beiden Seiten zu fördern, dass diese Informationen auch und ausschließlich zielgerichtet verwendet werden. Die erhobenen und möglicherweise personenbezogenen Daten sind zu anonymisieren, um vor dem Hintergrund der dahinterstehenden Prozessketten noch eine operative Umsetzbarkeit gewährleisten zu können. Nachhaltigkeit muss für Mieter wie für Vermieter ein Teil der DNA werden, denn erst dann greifen auch alle Maßnahmen auf den unterschiedlichsten Ebenen effizient ineinander.

Mit der konsequenten Veränderung der Lebenswelten im Kontext der Nachhaltigkeit werden auch die Mieter eine Veränderung ihres eigenen Geschäftsbetriebs vorantreiben und dabei selbst zu neuen Fragestellungen und Anforderungen gelangen. Genau an diesem Punkt sehen wir ein großes Potenzial, die gemeinsamen Interessen zu definieren und künftig eine viel stärkere Verbindlichkeit in den unterschiedlichen Themenaspekten zu erreichen – durch Überzeugung und gemeinsame Ziele statt durch rein administrative Regelungen.

Der dabei oft im Raum stehende Zielkonflikt zwischen Ökologie und Ökonomie sollte besprochen und anhand konkreter Vereinbarungen im Mietvertrag berücksichtigt und idealerweise aufgelöst werden. Denn langfristig wird es möglich sein, die vermeintliche Konkurrenz zwischen ökologischen und ökonomischen Zielen aufzuheben, auch wenn dies in manchen Bereichen eine höhere Anfangsinvestition erfordern kann. So bietet zum Beispiel ein sparsamer Ressourceneinsatz ein erhebliches Potenzial für Kosteneinsparungen. Wenn die Optimierung des Ressourcenverbrauchs durch einen Green Lease die Zertifizierung der Immobilie ermöglicht, wird sie attraktiver für Verkaufs- und Finanzierungsverhandlungen. Gleichzeitig fördert ein effektiver Green Lease Transparenz und Effizienz des Informationsaustausches zwischen Vermieter und Mieter zu Verbrauchswerten und deren Optimierung, wovon beide Parteien profitieren.

13.3.3 Anleger

Für ein Unternehmen wie die Commerz Real stellen die Anleger ihrer Fonds ihre Kunden im engeren Sinne dar. Den Kundennutzen und die Zufriedenheit der Anleger zu fördern, ist deshalb die wichtigste Voraussetzung für den Erfolg und damit für eine nachhaltige Stärke des Unternehmens. In der zu Beginn zitierten Studie der Commerzbank in Zusammenarbeit mit forsa fühlten sich die befragten Unternehmen in erster Linie ihren Kunden hinsichtlich Nachhaltigkeit verpflichtet.

Investoren und Anleger orientieren sich in ihren Unternehmens- und Produktanalysen nicht nur an wichtigen Finanzkennzahlen und wirtschaftlichen Erfolgen, sondern zunehmend auch an der Qualität von nachhaltigkeitsrelevanten Kriterien. Es ist daher ratsam, verlässliche Informationen zu wesentlichen (finanziellen und nichtfinanziellen) Wertschöpfungsfaktoren und den wechselseitigen Abhängigkeiten zwischen diesen Faktoren zur Verfügung zu stellen. Dabei ist es wichtig zu erläutern, inwieweit diese Faktoren bereits in der Strategie, der Unternehmensführung und der Geschäftstätigkeit Berücksichtigung finden. Unternehmerische Verantwortung ernst zu nehmen heißt, Risiken und Chancen zu verstehen, die mit ESG-Themen verbunden sind. Für Anleger erweisen sich Nachhaltigkeitsinformationen als besonders relevant, wenn sie zu anderen strategischen und für eine Anlageentscheidung relevanten Informationen in Beziehung gesetzt werden und so eine Bewertung von Unternehmen erleichtern. Es gibt eine positive Korrelation zwischen guter Unternehmensführung und einer positiven Wertentwicklung, erhöhte Transparenz steigert das Anlegervertrauen und führt zu besseren Bewertungen.[7] Eine Kultur des verantwortungsvollen und ergebnisorientierten Handelns kann dazu beitragen, kurzsichtige Managemententscheidungen und daraus resultierende Kosten zu vermeiden.

Die für die Offenlegung bestimmten Inhalte sollten für die Anleger jederzeit abrufbar und transparent sein. Denn die Integration von ESG-Daten in allgemeine Informationen hat nur dann einen Mehrwert für Stakeholder, wenn diese wissen, dass solche Informationen existieren und berücksichtigt werden. Daher sollte Nachhaltigkeit auch zum Bestandteil der allgemeinen Unternehmenskommunikation werden. Dies setzt eine zuverlässige Datenbasis, messbare Ziele und vergleichbare Zahlen voraus. Als ein Schlüsselfaktor der Kommunikation zum Thema Nachhaltigkeit sollte zu jeder Zeit der Grundsatz der Wesentlichkeit Beachtung finden. Nachhaltigkeitsinformationen werden als wesentlich eingestuft, wenn sie die Fähigkeit des Unternehmens, Wert zu generieren und zu erhalten, beeinflussen können oder bereits beeinflussen.

Ein verlässliches Nachhaltigkeitszertifikat, der Nachweis, dass die Immobilie nachhaltig gemanagt und genutzt wird, kann beim Anleger wie auch beim Mieter ein echter Wettbewerbsvorteil sein. Zertifikate aus reiner Marketingsicht zu sammeln, reicht nicht mehr aus. Denn Objekte mit nachgewiesener Umweltverträglichkeit werden zukünftig von Mietern vermehrt nachgefragt werden, so dass ihre Nachvermietbarkeit verbessert wird. Wenn dies für einige oder sogar die Mehrzahl der Immobilien im Portfolio gilt, kann ein Anbieter glaubhaft machen, dass unter seinen Ankaufskriterien

---

7   https://www.dws.de/informieren/maerkte/aktien/gute-unternehmensfuehrung-zahlt-sich-aus/.

Nachhaltigkeit ganz vorne steht, und sich damit von Konkurrenzprodukten abheben. Damit schließt sich wieder der Kreis zum Anleger, der auf Basis dieser Informationen nochmals eine neutrale Einschätzung und Bewertung erhält, die seine Entscheidungen in der Anlagestrategie unterstützen.

Hinzu kommt: Die Anleger von morgen sind nicht die Anleger von gestern und von heute. Ihre Bedürfnisse, die Anforderungen, die sie an Anlageprodukte stellen, entwickeln sich weiter. So wie wir heute bei der Anschaffung eines Kühlschranks auf dessen Energieeffizienzklasse achten, was vor 50 Jahren noch völlig irrelevant war, so wird für Anlageentscheidungen zukünftig immer öfter die Nachhaltigkeit des potenziellen Investments ausschlaggebend. Der gesellschaftliche Wertewandel zeigt sich auch in der Auswahl der Geldanlageprodukte.

13.4 Praktische Umsetzung

Am 10. März 2021 und somit unmittelbar mit deren Inkrafttreten hat die Commerz Real sich entschieden, den Hausinvest zum nachhaltigen Produkt nach Artikel 8 gemäß EU-Offenlegungsverordnung einzustufen. Diese Entscheidung konnte nur getroffen werden, weil im Unternehmen schon zuvor der Fokus auf Nachhaltigkeit gelegt und deshalb mit der Entwicklung eigener Kennziffern begonnen sowie ESG-relevante Daten erhoben wurden. Auf Grundlage dieser belastbaren Informationen konnten der Hausinvest daher so zeitnah zu einem ESG-konformen Artikel-8-Produkt entwickelt und entsprechende Anpassungen in der Offenlegung umgesetzt werden. Einer der Schwerpunkte ist dabei die nachhaltige Reduzierung der Emissionen gemäß den Pariser Klimazielen, sowie weiterer Maßnahmen, die im Kontext der beiden weiteren Kriterien S und G stehen. So ist zum Beispiel ein weiteres Ziel des Produktes die Investition in bezahlbares und gefördertes Wohnen.

> **Exkurs: EU-Offenlegungsverordnung und die Artikel 8 und 9** !
>
> Am 10. März 2021 trat die EU-Verordnung zur Transparenzpflicht nachhaltiger Finanzprodukte (Sustainable Finance Disclosure Regulation, SFDR) in Kraft, auf Deutsch auch als Offenlegungsverordnung bekannt (siehe hierzu Kapitel 1).
> Besonders zu beachten im Asset-Management ist Artikel 7 der SFDR, da ab spätestens 30. Dezember 2022 die wichtigsten nachteiligen Auswirkungen auf Nachhaltigkeitsfaktoren für Produkte offenzulegen sind, die diese berücksichtigen. Dies erfolgt anhand eines PAI-Statements (Principal Adverse Impacts on Sustainability – PAI).
> Die PAI der Level-II-Verordnung umfassen Indikatoren aus den Bereichen Treibhausgasemissionen, Energieeffizienz, Biodiversität, Wasser, Abfall, Soziales/Mitarbeiter, Menschenrechte und Korruption. Damit soll ein möglichst umfassendes Nachhaltigkeitsbild aus allen drei ESG-Kategorien entstehen, wobei im Falle von Real Assets wie Immobilien eine eigene Abfrage definiert wurde.

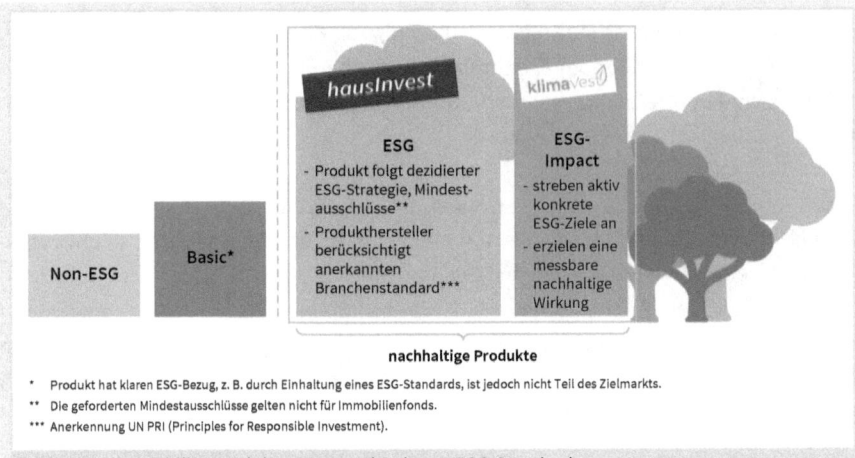

Abb. 13.1: Immobilienprodukte mit verschiedenen ESG-Standards

Für das Management des Produktes bedeutet die SFDR, dass die ESG-Kriterien des Fonds offengelegt und die jeweiligen Ziele klar definiert werden müssen. Für ein international allokiertes Produkt, welches gleichermaßen in unterschiedliche Nutzungsarten investiert ist, ergeben sich hieraus Herausforderungen, da die Vorgaben nicht nur für neu erworbene Produkte gelten, sondern über das gesamte Sondervermögen umgesetzt werden müssen. Entsprechend hoch sind die selbst gesteckten Ziele.

Mit der SFDR und den Level-II-Anforderungen der PAI sowie der in Konsultation befindlichen taxonomie-bezogenen Offenlegungspflichten hat die EU klare Vorgaben für Finanzprodukte vorgegeben, die sich auch künftig noch auf die Produktlandschaft auswirken werden. So ist stark davon auszugehen, dass auch Artikel-9-Produkte auf dem Markt speziell für institutionelle Investoren entstehen werden, die jedoch voraussichtlich nur durch Neuauflegung und ohne Bestand etabliert werden können, um die geforderte nachhaltige Zielsetzung zu erreichen. Entsprechend notwendig ist es also, die hausinternen Prozesse auf die jeweiligen Vorgaben auszurichten und ein Managementsystem wie auch einen Datenhaushalt aufzubauen, um so in der Lage zu sein, die sich voraussichtlich noch weiter verschärfenden Vorgaben zu erfüllen. Entscheidend ist, dass die entsprechenden Kompetenzen geschaffen werden, um die vollständige Nachhaltigkeitswirkung der einzelnen Investitionen zu verstehen und ein allgemeines Verständnis zum Umgang mit den Vorgaben der SFDR des Portfolios zu schaffen.

13.4.1   Datenfluss

Wie bereits beschrieben bildet eine adäquate Datengrundlage die Voraussetzung für die Bewertung des Nachhaltigkeitspotenzials einer Immobilie. Eine der wichtigsten Voraussetzungen für die Erfassung von tagesaktuellen relevanten Verbrauchsdaten ist Smart Metering. Sogenannte »Intelligente Zähler« (z. B. für Gas, Wasser oder Strom) empfangen und senden Daten digital und erlauben so eine intelligente Netz- und Ressourcensteuerung. Die Verbräuche lassen sich minutengenau ablesen und analysieren und unterstützen so den Energieverbraucher bei seinen Einsparungsbemühungen. Intelligente Stromzähler stellen also die Voraussetzung dar für intelligente Stromnetze (Smart Grids), die dazu dienen, Stromproduktion und -verbrauch aufeinander abzustimmen. Auch variable Stromtarife sind damit möglich, die etwa den Strompreis zu nachfrageschwachen Zeiten senken und bei stärkerer Nachfrage erhöhen. Der Startschuss für die gesetzliche Verpflichtung zum Rollout dieser Systeme in Deutschland war die »Markterklärung« durch das Bundesamt für Sicherheit in der Informationstechnik am 31. Januar 2020. Verpflichtend ist die Technologie (vorläufig) nicht für private, sondern nur für gewerbliche (Groß-)Energieabnehmer. Spätestens Ende 2021 werden alle Stromzähler in unserem deutschen Portfolio der gewerblichen Objekte umgerüstet sein. Erste Pilotprojekte zu Gas und Wasser sind bereits in der praktischen Prüfung.

Das französische und das deutsche Hausinvest-Portfolio konnte bereits vollständig auf die Nutzung von Ökostrom auf den Allgemeinflächen umgestellt werden. In Deutschland wurde eine gemeinsame Mieterstrominitiative mit dem Stromversorger vorgenommen, auch um damit die Einführung einer digitalen Zählerstruktur als First Mover zu beschleunigen.

Zusammen mit dem Projektpartner der Commerz Real aus dem Energiesektor, einem integrierten Energieversorger aus Frankfurt, erfolgt die Datenerfassung auf dem geschützten Datenportal des Anbieters und dient als Grundlage für die Analyse und Optimierung der Verbräuche. Für die Mieter erlaubt diese Partnerschaft die Versorgung mit Ökostrom zu attraktiven Konditionen und eine effiziente Reduzierung von operativen Kosten auf Basis der digitalen Verbrauchserfassung. Das Contracting, also die integrierte Energieversorgung auf Portfolio- und Unternehmensebene, erlaubt eine Anpassung an individuelle Wünsche und ermöglicht, gemeinsam Innovationen umzusetzen. Die integrierte Datenanalyse legt den Grundstein für eine verbrauchsgerechte Abrechnung und für die Entwicklung verbrauchssenkender Strategien ohne Komforteinbußen – von beidem profitieren sowohl Mieter und Nutzer als auch Asset-Manager und Anleger. Die einen durch angenehmes Raumklima entsprechend ihrer individuellen Vorlieben, die anderen durch sinkende Verbrauchskosten, die ihrerseits durch sinkende Nebenkosten die Vermietbarkeit des Objekts fördern und so die Performance für die Anleger tendenziell verbessern.

13.4.2 Rentabilitätsberechnung

So erstrebenswert Nachhaltigkeit auch sein mag: Als dem Anleger verpflichteter Asset-Manager hat die Commerz Real immer auch auf die Rentabilität ihrer Aktivitäten zu achten. Der Hausinvest ist in erster Linie ein Offener Immobilienfonds, ein Finanzprodukt, das sich aber seiner Verantwortung beim Thema Nachhaltigkeit bewusst ist. Um zu beweisen, dass ein Zielkonflikt zwischen Nachhaltigkeit und langfristiger Rendite nicht besteht, müssen alle vorgesehenen Maßnahmen zur Erreichung der

Nachhaltigkeitsziele strikten Rentabilitätskontrollen unterzogen werden. Da die Mittel für die Maßnahmendurchführung begrenzt sind, ist es wichtig, den Grenznutzen jeder potenziellen Maßnahme abschätzen zu können, damit die Kraft dort eingesetzt wird, wo sie den größtmöglichen Nutzen bringt. Solche Berechnungen sind am ehesten mit einer Deckungsbeitragsrechnung herkömmlicher Prägung zu vergleichen: Welche Maßnahme leistet relativ zum eingesetzten Kapitel den größten Beitrag zur Erreichung der Nachhaltigkeitsziele?

Das Ziel der Commerz Real ist, hierzu ein »ESG-Dashboard« für das Asset-Management zu entwickeln, um auf Basis von in Echtzeit übermittelten Verbrauchsdaten portfolioweite Reportings, Analysen und letztlich eine datengetriebene Steuerung der ESG-Performance des gesamten Portfolios zu ermöglichen. Auswirkungen einzelner Änderungen, Störungen und Optimierungen lassen sich auf diesem Wege künftig digital abrufen und erlauben dem Asset-Management die unverzügliche Reaktion, Optimierung und Dokumentation. Die hieraus abgeleiteten Maßnahmen führen gleichzeitig zu einer Reduzierung der Bewirtschaftungskosten und damit zur Senkung der Kosten für den Mieter. Hierdurch wird die Grundlage geschaffen, die Mieterzufriedenheit im Kontext der Nachhaltigkeit zu erhöhen und auch die Wettbewerbsfähigkeit des Produktes zu stärken.

13.4.3 Pilotprojekte

Eine effiziente Möglichkeit zur Erzielung von Erfolgen im operativen Betrieb ist der systematische Einsatz von Pilotprojekten. Sie bieten die Chance, gezielt Maßnahmen in variablen Umgebungen, wie z. B. unterschiedlichen Nutzungsarten oder bei unterschiedlicher technischer Ausstattung, zu testen. Insbesondere im Bereich der Haustechnik bietet der Bestand ein großes Potenzial, denn durch den Einsatz von Künstlicher Intelligenz lässt sich das bestehende System erweitern, ohne die komplette Technik tauschen zu müssen. So lässt sich zum Beispiel eine intelligente Gebäudeklimatisierung etablieren und damit ohne eine komplette Sanierung das Gebäude verbessern. Später helfen diese Erkenntnisse wiederum bereits beim Ankauf von neuen Objekten, um, wo immer möglich, klare Vorgaben bei der digitalen wie auch technischen Infrastruktur zu machen, die gleichzeitig auch die Basis für ein durchgängig digitales Steuerungssystem legen.

Die Reduzierung des Energieeinsatzes mittels Künstlicher Intelligenz ist im Vergleich zum Einsatz baulicher Maßnahmen etwas aufwendiger. Sie umfasst:
- Erfassung der technischen Voraussetzungen im Portfolio (hinsichtlich baulicher Gegebenheiten, bereits vorhandener Anlagentechnik und Mieterstruktur).
- Quantifizierung der notwendigen technischen Aufrüstung: Welche Ausstattung der Objekte mit Sensorik, Gebäudeleittechnik etc. ist erforderlich? Was kosten die Maßnahmen? Sind sie rentabel (während der prognostizierten Haltedauer)?

- Anpassung der bestehenden Mietverträge im Sinne eines Green Leases, wo dies nötig ist, um Interessengleichlauf zwischen Vermieter, Mietern und den Menschen im Objekt sicherzustellen.
- Erstprogrammierung der Steuerungstechnik: Im weiteren Verlauf stellt sich die künstliche Intelligenz als selbstlernendes System selbsttätig und flexibel auf die Anforderungen der Nutzer hinsichtlich Raumtemperatur und -qualität ein, ohne dass die Nutzer aktiv Einstellungen vornehmen müssen. So sinkt das Risiko einer Fehlbedienung.

Um eine möglichst breite Erfahrungsbasis zu sammeln, wurden von uns bereits verschiedene Pilotprojekte gestartet. So ist zum Beispiel ein Projekt darauf ausgerichtet, durch eine Optimierung des Energieverbrauchs von Heizung, Lüftung und Klimatechnik nicht nur CO_2e-Emissionen einzusparen, sondern auch die Kosten für die Mieter zu reduzieren. Andere Pilotprojekte arbeiten mit einer Cloud-gestützten Künstlichen Intelligenz zur Betriebsoptimierung und autonomen Anlagenregelung und erlauben hieraus den Aufbau einer einheitlichen Datengrundlage bis hin zur Priorisierung von Modernisierungsmaßnahmen.

Diese parallelen Pilotprojekte erlauben uns einen Vergleich der unterschiedlichen Angebote auf Basis von belastbaren Ergebnissen innerhalb des eigenen Portfolios. Wo liegen die Stärken und Schwächen der verschiedenen Systeme? Welches System passt zu welchem Objekt? Welcher Dienstleister ist am leistungsfähigsten? Aus diesen Erfahrungen werden Kriterien für die Wahl der jeweils am besten geeigneten Lösung abgeleitet und ermöglichen somit durch eine Vielzahl von Lösungen eine schnelle Umsetzung im Portfolio.

13.4.4 Ausblick

Mit der Klassifizierung des Hausinvest als Artikel-8-Produkt hat sich das Sondervermögen als Finanzprodukt bereits der Förderung ökologischer und/oder sozialer Merkmale verpflichtet und ist dabei insbesondere bestrebt, bei Immobilieninvestitionen einen positiven Beitrag zu dem von der Europäischen Union definierten Umweltziel des Klimaschutzes zu leisten und dies in seiner Anlagestrategie zu hinterlegen. Und auch hier gilt: So wie sich die Anforderungen an ESG verändern, so verändern sich auch die Vorgaben des Produktes. Nachhaltigkeit ist ein Marathon und kein Sprint, und die Basis für eine erfolgreiche und nachhaltige Zukunft wurde mit der Umsetzung als Artikel-8-Produkt bereits gelegt.

Bei der Ankaufsprüfung durchlaufen die Immobilien eine »Sustainability Due Diligence«, in der eine klare Einordnung sowie ein möglicher Entwicklungspfad im Kontext der Nachhaltigkeit für jede einzelne Immobilie definiert werden. Die Gesellschaft orientiert sich hierbei an den jeweils länderspezifischen Standards der Energieeffizienz, Nutzerzufriedenheit und Innovation und gestaltet diese unter dem Gesichtspunkt des angestrebten Umweltzieles des Klimaschutzes in einem integrierten Prozess.

Weiterhin erfolgt eine Erfassung von Indikatoren, wie z. B. dem spezifischen Energieverbrauch (kWh/qm/p. a.), dem Carbon Footprint (kg CO_2e/qm/p. a.), dem spezifischen Wasserverbrauch (m3/qm/p. a.) und der spezifischen Abfallmenge (kg/qm/p. a.), sowie ein regelmäßiger Verbrauchsdatenerfassungsprozess und dessen Umsetzung in Property- und Facility-Management-Verträgen. Die Erfassung verfügbarer Daten zu den CO_2e-Emissionen der Immobilien des Sondervermögens sowie deren Auswertung hinsichtlich des Branchendurchschnitts, wie auch der gezielte Energieeinkauf und Maßnahmen der energetischen Optimierung (beispielsweise der Gebäudehülle sowie Gebäudesteuerung), werden dabei ebenso forciert wie die Optimierung der Verträge mit Property- und Facility-Management, die in 2021 im Kontext der Neuausschreibung des Property Managements für das deutsche Büroportfolio erfolgte.

13.5   Vision

Nachhaltigkeit ist komplex und erfordert eine dezidierte Bewertung der jeweiligen Handlungsfelder, um eine operative Integration in den Alltag des Asset-Managements sicherzustellen. Wir verbringen den größten Teil unseres Lebens in Gebäuden und die Wirkungskette beginnt bereits, bevor wir ein Gebäude zum ersten Mal betreten – bei der Erzeugung und dem Transport von Materialien und dem Bau des Gebäudes Die Immobilien, in denen wir leben und arbeiten, haben einen erheblichen Einfluss auf den Klimawandel. Um ihre Treibhausgasemissionen zu reduzieren, muss der gesamte Lebenszyklus von der Planung über die Realisierung und Nutzungsphase bis zum Recycling der eingesetzten Materialien betrachtet werden. Es ist also nicht nur das Asset-Management während der Nutzungsphase der Immobilie gefordert, die energiebezogenen Emissionen durch Heizung, Kühlung, Lüftung und Beleuchtung zu reduzieren, sondern wir müssen uns heute schon mit der Wiederverwertung der eingesetzten Materialien und der Umnutzung und Aufwertung der bestehenden Gebäude für eine »grüne« Immobilie in der Zukunft beschäftigen. Nur so können wir sicherstellen, dass wir mit unseren Investitionen gezielt zum Klimaschutz beitragen und diese damit zum Teil einer nachhaltigen Wirtschaftstätigkeit machen.

14 ESG Due Diligence als Werttreiber für Erwerb und Bestandshaltung von Immobilien

Thomas Veith, Thorsten Loose und Alexia Tsiter

Die ESG Due Diligence prüft die Beschaffenheit einer Immobilie nach umweltspezifischen bzw. ökologischen Nachhaltigkeitsgesichtspunkten (E) sowie sozialen (S) und organisatorischen (G) Aspekten. Die Ergebnisse haben unmittelbar Auswirkungen auf Kaufpreise, Capex-Bedarf, Financial Modelling und Klauseln im Kaufvertrag. Am Finanzierungsmarkt zeigt sich bereits heute, dass ESG zu besseren Finanzierungskonditionen führt. Die ESG Due Diligence kann entweder als Voranalyse, um einen Prozess zu starten, oder spätestens als Teil des allgemeinen Due-Diligence-Prozesses neben den anderen Disziplinen laufen. Die Pflicht zur Durchführung einer ESG Due Diligence ergibt sich für Unternehmen des Finanzdienstleistungssektors aus den Vorgaben der EU-Gesetzgebung hinsichtlich der Transparenz bei der Einbeziehung der Nachhaltigkeitsrisiken. Unternehmen können ähnliche Kriterien auch in ihrer Strategie verankern und somit eine Selbstverpflichtung zur Due Diligence auslösen.

14.1 Warum ESG Due Diligence?

Einleitung

In jüngerer Zeit wird der klassische Transaktionsprozess (Financial, Tax, Legal, Technical Due Diligence) in der Immobilienwirtschaft um einen neuen Baustein erweitert. Die relativ neue Disziplin ESG Due Diligence (ESG DD) ergänzt die altbekannten Arbeitspakete. Im Folgenden wird darauf eingegangen, aus welchem rechtlichen Hintergrund die ESG Due Diligence entstanden ist, wer betroffen ist, diese durchzuführen, und wie die Prüfung der drei Bestandteile E (Environmental) S (Social) und G (Governance) zusammen das Gesamtpaket ESG bilden. Dieser Aufsatz beschränkt die Due-Diligence-Handlungen rein auf Immobilien und nimmt an gegebener Stelle lediglich die Unterscheidung Bestandsportfolio oder Ankauf einer Immobilie vor. Im Rahmen der Immobilientransaktion analysiert die ESG Due Diligence die Immobilie vor dem Hintergrund der herrschenden Regulatorik, der Strategie, die sich ein Unternehmen gegeben hat, und bewertet, inwieweit das Projekt zum einen taxonomie-konform ist und zum anderen in die Unternehmensstrategie passt.

Aus Sicht des Käufers hilft die Due Diligence, Informationsasymmetrien auch hinsichtlich der eher »weichen« Faktoren zu beseitigen. ESG ist eine Disziplin, die sich teilweise auch an weichen Kriterien ausrichtet und daher auch weiche Risiken adressiert, wie beispielsweise Reputationsrisiken. Reputationsrisiken können sich zum Beispiel aus der Nichteinhaltung von Arbeitsstandards in Unternehmen der Lieferkette erge-ben oder auch aus Protesten von Anwohnern im Hinblick auf den Bau der spezifischen Immobilie. Diese weichen Faktoren können harte finanzielle Auswirkungen wie auf die Wertermittlung des Gebäudes haben. Aus den Ergebnissen der ESG Due Diligence können sich insbesondere Anpassungsbedarf im Kaufpreis und die Abschätzung zu-künftigen Capex-Bedarfs ergeben.

Weiterhin sehen wir am Markt, dass auch heute bereits die Kreditgeber ihre Kriterien bei der Kreditvergabe erweitern. Die Beantwortung der Frage, ob eine Immobilie auch aus ESG-Gesichtspunkten geprüft wurde, schlägt sich in angepassten Finanzierungs-konditionen nieder. Für in Deutschland tätige Kreditgeber ergibt sich aus dem »Merk-blatt zum Umgang mit Nachhaltigkeitsrisiken«[1] der Bafin die Empfehlung, bei der Kreditvergabe auch den Aspekt Nachhaltigkeit zu berücksichtigen, sodass dadurch auch zukünftig die Nachfrage nach ESG-konformen Immobilien eine immer wichtigere Rolle spielen wird.

Exkurs: Bedeutung der EU-Taxonomie[2]

Die EU-Taxonomie, welche am 12. Juli 2020 in Kraft getreten ist, bildet die Basis zur Bestimmung des Umfangs der ESG Due Diligence. Derzeit umfasst sie primär nur die Environmental-Kriterien im Detail (Technical Screening Criteria). Zum Stand dieses Artikels (Juli 2021) ist avisiert, dass die weiteren Kriterienkataloge für Social und Governance ausgearbeitet werden. Es existiert der Delegated Act[3], welcher am 04. Juni 2021 in Kraft getreten ist, der die bestehende Taxonomie weiterentwickelt hat. Hier werden bereits die beiden ersten Themenkomplexe Mitigation und Adaptation hinsichtlich des Klimawandels spezifiziert. Es wird erwartet, dass sich die Prüfungshandlungen hinsichtlich der weiteren vier En-vironmental-Aspekte anhand des »Environmental Delegated Act« noch weiter verschärfen werden. Der grundlegende Gedanke der ESG Due Diligence, wie im weiteren Verlauf des Artikels dargelegt, kann dennoch auch ohne dieses an-gepasste Regelwerk betrachtet werden. Die EU-Taxonomie bildet hierbei einen Rahmen für nachhaltige Investitionen (Sustainable Finance) für Finanzmarktteil-nehmer.

---

1   Merkblatt zum Umgang mit Nachhaltigkeitsrisiken der Bundesanstalt für Finanzdienstleistungsaufsicht (BaFin) vom 20. Dezember 2019.
2   VERORDNUNG (EU) 2020/852 DES EUROPÄISCHEN PARLAMENTS UND DES RATES vom 18. Juni 2020 über die Einrichtung eines Rahmens zur Erleichterung nachhaltiger Investitionen und zur Änderung der Verordnung (EU) 2019/2088.
3   Delegated Act C (2021) 2800 final vom 04. Juni 2021.

14.2 Für wen macht die ESG Due Diligence Sinn?

Grundsätzlich kann man den Kreis derer, die eine ESG Due Diligence durchführen, zweiteilen. Zum einen gibt es die Unternehmen, die sich selber im Rahmen ihrer Geschäftspolitik mit dem Thema Nachhaltigkeit auseinandergesetzt und dies als strategisches Rational kodifiziert haben (»Wer kann?«). Zum anderen gibt es die Unternehmen, die seit März 2020 per EU-Offenlegungsverordnung gezwungen sind, sich mit dem Thema auseinanderzusetzen (»Wer muss?«), und für die es daher geboten ist, die ESG Due Diligence durchzuführen, um den geforderten Nachweis zu erbringen, dass sie sich ernsthaft mit der Nachhaltigkeitsthematik beschäftigt haben.

14.2.1 Wer kann?

In dem Moment, in dem sich ein Unternehmen eine eigene ESG- oder Nachhaltigkeitsstrategie gegeben hat, ist es sinnvoll, auch die aktuellen und künftigen Immobilieninvestments der ESG Due Diligence zu unterziehen, um einen Soll-Ist-Abgleich zwischen Bestand und Strategie durchzuführen (GAP-Analyse). Hierzu sollte die ESG-Strategie einen messbaren Katalog von definierten Key Performance Indicators (KPIs) (z. B. Energieausweis, Einsatz erneuerbarer Energien, Gebäudezertifizierung, Mieterausschlussliste, ESG-Konformität von Unternehmen der Lieferkette, oder Maßnahmen zur Verhinderung von Korruption – KYC/AML Prüfung) für umwelt-, sozial- und governancebezogene Kriterien auf Basis von EU-Verordnungen, nationalen Gesetzen und strategischen Zielen des Unternehmens enthalten. Anhand dieser KPIs können dann sowohl das existierende Bestandsportfolio als auch potenziell zukünftig zu erwerbende Immobilien entsprechend bewertet werden. Bei der Prüfung des Bestandsportfolios ist zu entscheiden, ob man dieses um nicht-ESG-konforme Immobilien bereinigt. Dies hat den positiven Nebeneffekt, dass man, wenn man dies frühzeitig angeht, eine breitere Käuferschicht ansprechen kann, solange im Markt ESG-Strategien noch nicht vollumfassend etabliert sind. Im Gegenzug heißt es aber auch, dass im Zeitablauf diese nicht-konformen Immobilien immer schwieriger bzw. nur mit hohen Abschlägen einen Käufer finden. Im Worst Case ist auch ein Szenario denkbar, in dem ein Gebäude erst durch umfassende Renovierungen ESG-konform gemacht werden muss, damit es überhaupt marktgängig wird. Im Rahmen des Ankaufs bietet die GAP-Analyse die Chance, Prozesse auf Basis der eigenen Strategie vorab zu bewerten und dadurch auch frühzeitig Go/No-Go Entscheidungen zu treffen und somit gegebenenfalls Kosten sparen. Diese Kosten sind zum einen die Transaktionskosten, die in der Regel 1-2 % des Volumens an Beratergebühren ausmachen, aber auch die Kosten, die sich aus dem Erwerb und der Überführung in den eigenen Bestand ergeben. Die laufenden Kosten der Erhaltung des Gebäudes werden auch im Financial Model in der Modellierung des Capex-Bedarfs eine Rolle spielen und Auswirkungen auf die Rendite und einen positiven Exit Case haben. Um

diese neuen Aspekte ausreichend würdigen zu können, bedarf dies jedoch einer Sach-
kenntnis der Thematik bzw. die Einbindung eines DD-Beraters mit engem Scoping vorab des eigentlichen Prozesses.

14.2.2   Wer muss?

Seit dem 10. März 2020 müssen Unternehmen des Finanzdienstleistungssektors den
Vorgaben der EU-Gesetzgebung hinsichtlich der Transparenz bei der Einbeziehung
der Nachhaltigkeitsrisiken Folge leisten. Die Basis dafür bildet die Offenlegungsverordnung[4]. Um dies zu gewährleisten, müssen die von der Offenlegungsverordnung
betroffenen Unternehmen darlegen, dass sie sich grundsätzlich mit der Thematik
auseinandergesetzt haben: Das heißt unter anderem, ob ihre Investitionsentscheidungen wesentliche Nachhaltigkeitsmerkmale aufweisen oder auch nicht (siehe u. a.
Artikel 6, 8, 9 der Offenlegungsverordnung). Es muss im zweiten Falle der Nachweis
geführt werden, dass eine bewusste Entscheidung gegen die Einbeziehung der Nachhaltigkeitsmerkmale getroffen wurde. Die betroffenen Unternehmen laut Definition
des Artikel 2 sind im Wesentlichen (nicht abschließend aufgelistet):
- Finanzberater,
- Versicherungsunternehmen,
- Verwalter alternativer Investmentfonds und
- Unternehmen, die Portfolioverwaltung als Dienstleistung anbieten.

Im Ankauf und Bestand ist hierfür die Durchführung der ESG Due Diligence ein probates
Mittel, um den geforderten Nachweis hinsichtlich der Transparenzkriterien hinreichend
berücksichtigt zu haben. Im Bestandsportfolio dient die Due Diligence dazu, im Nach-
hinein diesen Nachweis der Auseinandersetzung führen zu können. Im Ankauf stellt die
ESG Due Diligence als Teil des Screenings und Transaktionsprozesses sicher, dass die Konformität mit der Offenlegungsverordnung auch bei weiteren Zukäufen gewahrt bleibt.

14.3   In welcher Phase im Transaktionsprozess sollte die ESG Due Diligence durchgeführt werden?

Wie oben erwähnt, kann ein Vorab-Screening durchaus sinnvoll sein, um eine Go/No-
Go-Entscheidung für einen Due-Diligence-Prozess zu treffen. Im Falle, dass ein Unternehmen eine ESG-Strategie und im Rahmen dieser eine Liste mit Ausschlusskriterien
bzgl. ESG-Kriterien formuliert hat, sollten diese beim Pre-Screening vor der Transak-

---

4   VERORDNUNG (EU) 2019/2088 DES EUROPÄISCHEN PARLAMENTS UND DES RATES vom 27. November 2019
über nachhaltigkeitsbezogene Offenlegungspflichten im Finanzdienstleistungssektor.

tion von der Investitionsabteilung geprüft werden. Solche Kriterien können sich auf den Ausschluss bestimmter Mieter/Branchen (Glücksspiel, Rüstungsindustrie) (»Vermietungsverbot an Mieter aus gewissen Branchen«) oder nicht klassifizierte Gebäude beziehen. Dies ist nicht ausschließlich auf die Fertigungs- bzw. Produktionsstätte zu beziehen. Eine eng ausgelegte ESG-Strategie kann beispielsweise auch verhindern, dass ein Mieter, der in einer der o.a. Branchen tätig ist und eine reine Bürofläche in einem Gebäude anmietet, damit das gesamte Gebäude als nicht ESG-konform klassifiziert und dieses daher gar nicht erst in die Transaktionsphase kommt.

Sobald die Entscheidung, den Prozess zu starten, positiv getroffen wurde und die Due-Diligence-Arbeitspakete festgelegt wurden, ist die ESG Due Diligence zeitlich parallel mit den anderen Due-Diligence-Workstreams zu schalten. Da es um eine Taxonomie-Konformität des Gebäudes geht, ist eine Anbindung an die Technical DD sinnvoll. Hier bestehen große Schnittmengen. Die Ergebnisse der ESG DD haben gleichzeitig einen direkten Einfluss auf die Bewertung sowie die Kaufpreisfindung. Somit ist dieser Baustein zwingend vor Finalisierung der Bewertung und den Kaufvertragsverhandlungen abzuschließen, damit die Erkenntnisse aus dem Prozess noch berücksichtigt werden können.

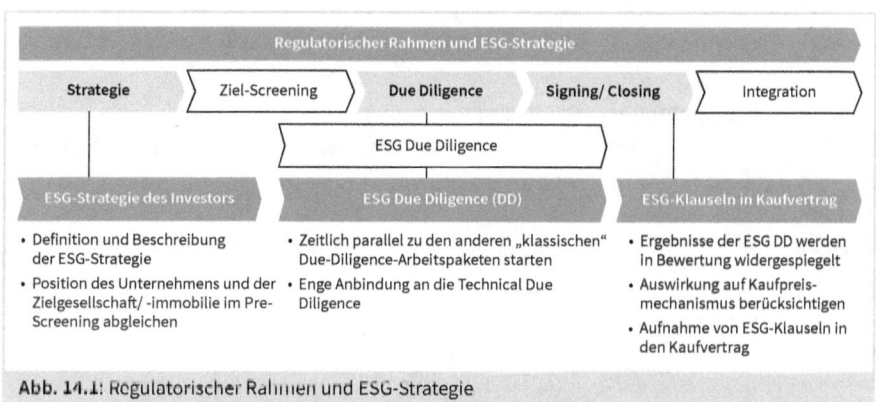

Abb. 14.1: Regulatorischer Rahmen und ESG-Strategie

14.4   Was wird in E – S – G analysiert?

14.4.1   Allgemein

In der ESG Due Diligence wird die Immobilie hinsichtlich der Kriterien E – S – G analysiert. Prüfungsgegenstand ist die Beschaffenheit des Gebäudes aus umweltspezifischen bzw. ökologischen Nachhaltigkeitsgesichtspunkten (E), sozialen (S) und organisatorischen/Unternehmensführung (G) Aspekten. Der Umfang der ESG Due Diligence unterscheidet sich signifikant danach, ob es sich um ein Altbestandsobjekt mit Fertigstellung vor dem 31. Dezember 2020 oder einem Neubau, der zu dem vorgenannten Zeitpunkt noch nicht fertiggestellt wurde, handelt. Hierzu gehören auch neu beauftragte Renovierungsarbeiten. Diese Unterscheidung wird im Artikel 7 des Delegated Act in der Fassung vom 04. Juni 2021 bzw. in der EU-Taxonomie vorgenommen. Um einem der grundlegenden Ziele der EU-Taxonomie – Anpassung an den Klimawandel – zu entsprechen, ist zum Beispiel bei einem Neubau erforderlich, dass die Energie-Performance durch den Bau des Gebäudes den Grenzwert eines »nearly zero energy building« nicht überschreitet, 70 % der Bau- und Abrissmaterialien wiederverwertet/ recycelt werden können und die gesamte Lieferkette inklusive der Dienstleister geprüft werden muss. Entscheidend ist, dass nicht nur die Tätigkeit bzw. das Gebäude an sich betrachtet wird, sondern im Neubau die gesamte Lieferkette sämtlicher Materialien und Gewerke zu prüfen ist. Bei Bestandsgebäuden, die vor dem 31. Dezember 2020 fertiggestellt wurden, kann ein Großteil dieser Nachweise gemäß Artikel 7.7 des Delegated Act weitgehend entfallen und verringert somit den Prüfungsumfang. Renovierungsarbeiten an Bestandsgebäuden (je nach Volumen) müssen wiederum andere Nachweise für die spezifischen Maßnahmen vorlegen. Daher ist je nach Projekt bzw. Art der Immobilie und somit Hintergrund der Prüfung und Beauftragung einer ESG DD der Umfang der ESG DD anhand des Delegated Act bzw. der EU-Taxonomie zu prüfen und festzulegen.

14.4.2   Environmental – Welche ökologischen Merkmale hat das Gebäude?

Generell werden unter dem »E« (Environmental) Merkmale geprüft, inwieweit eine Immobilie mindestens eines der sechs ökologischen Ziele (»environmental objectives«) aus dem Artikel 17 der EU-Taxonomie erfüllt.

Diese sind
- Abschwächung des Klimawandels,
- Anpassung an den Klimawandel,
- nachhaltige Nutzung und Schutz von Wasser- und Meeresressourcen,
- Übergang zu einer Kreislaufwirtschaft, Abfallvermeidung und Recycling,
- Vermeidung und Kontrolle von Umweltverschmutzung und
- Schutz von gesunden Ökosystemen.

In mindestens einem der oben angeführten Ziele muss ein wesentlicher Beitrag geleistet und gleichzeitig darf in keinem der übrigen ökologischen Ziele ein signifikanter Schaden verursacht werden. Als Referenzrahmen gilt hierbei das Konzept des »do no significant harm« (DNSH). Demnach wird eine Tätigkeit nur dann als nachhaltig oder taxonomie-konform eingestuft, wenn sie von den oben erwähnten sechs Umweltzielen keinem signifikant schadet und gleichzeitig die Mindeststandards bei S (Social) und G (Governance) einhält. Die neu verabschiedete Delegated Regulation (C (2021) 2800 final) legt hierbei die technischen Screening-Kriterien fest. Anhand derer wird untersucht, ob bestimmte Wirtschaftstätigkeiten als wesentlicher Beitrag zur Eindämmung des Klimawandels (Mitigation) und zur Anpassung an den Klimawandel

(Adaptation) eingestuft werden können. Der »Environmental Delegated Act« wird zu den vier noch nicht geregelten Zielen zu einem späteren Zeitpunkt Regelungen erarbeiten. Hinsichtlich der Regelungen zum Erwerb und Besitz von Gebäuden ist eine Verschärfung dahingehend zu erwarten und es sind auch die Gebäude innerhalb der besten 15 % in Bezug auf die Gesamtenergieeffizienz auf nationaler oder regionaler Ebene als Referenzrahmen einzubeziehen. Außerdem wurden technische Anpassungen vorgenommen, z. B. bei den Kriterien für den Wasserverbrauch und die energieeffiziente Ausstattung von Gebäuden.

Bezogen auf die Immobilie bedeutet der Baustein Environmental DD daher das Folgende:
Unter den ökologischen Aspekten wird das Gebäude aus zwei Blickwinkeln betrachtet. Einerseits dahingehend, welchen Einfluss das Gebäude auf die direkte Umwelt hat (Ziel 1; Inside-out-Betrachtung). Bei der Bewertung von Immobilien zur Erreichung des Ziels 1 geht es daher primär um die Frage, welche Baustoffe genutzt wurden, wie das Gebäude geheizt bzw. gekühlt wird oder welchen CO_2-Fußabdruck das Gebäude verursacht. Hier wird der Tatsache Rechnung gezollt, dass Immobilien als ein massiver Treiber des CO_2-Ausstoßes charakterisiert werden. Generell gesprochen geht es darum, sich aktiv mit der Frage auseinandergesetzt zu haben, welche Auswirkungen und Risiken sich aus der Inside-out-Betrachtung ergeben und wie man diese mitigieren kann bzw. welche Gegenmaßnahmen vielleicht sogar schon vorgenommen wurden. Beim zweiten Ziel stellt sich die Frage, welchen Einfluss die Umwelt auf das Gebäude hat (Ziel 2; Outside-in-Betrachtung). Daher prüft man an dieser Stelle, ob potenzielle physische Klimarisiken identifiziert und minimiert wurden (Stranded Assets).

14.4.3   Social – Welche sozialen Merkmale hat das Gebäude?

Die Prüfung des Bausteins »S« (Social) betrifft die sozialen Mindeststandards, die einzuhalten sind. Diese umfassen die Einhaltung der Kernarbeitsnormen der internationalen Arbeitsorganisation (ILO und OECD Guideline for MNE) und allgemeinere Menschenrechtsstandards (z. B. keine Zwangsarbeit, Kinderarbeit etc.) sowie UNGP (»United Nations Guiding Principles on Business and Human Rights«). Hierbei ist die UN Human Rights Charta der richtige Referenzrahmen. Weitergehend werden Aspekte wie Einhaltung nationaler und internationaler Vorschriften bei den Lieferketten, Arbeitsplatzbeschaffenheit und -sicherheit geprüft. Die sozialen Aspekte sind diejenigen, die am ehesten zu Reputationsschäden führen können. Beispielsweise können hier Proteste gegen Bauvorhaben, die keine Akzeptanz in der Bevölkerung haben, hervorgerufen werden. Ist man sich als Ergebnis einer frühzeitigen Prüfung des Bausteins S dieses Risikos bewusst, kann man diesem entgegenwirken, indem man zum Beispiel Bürgergespräche organisiert und die betroffenen Personen aktiv bei dem Vorhaben mit einbezieht.

Generell werden unter dem »S« die folgenden Aspekte einer Prüfung unterzogen:

- Einhaltung arbeitsrechtlicher Standards entlang der gesamten Lieferkette (insb. keine Kinderarbeit, keine Zwangsarbeit),
- Einhaltung der Arbeitssicherheit,
- faire Bedingungen am Arbeitsplatz, gleiche Chancen, Diversität, Gewerkschafts- und Versammlungsfreiheit,
- Gesundheitsschutz und Gewährung von Sicherheitsstandards am Arbeitsplatz und
- aktives Stakeholdermanagement (z. B. Gemeinden).

14.4.4   Governance – Verhalten sich die Stakeholder richtig?

Der Baustein G – Governance prüft, inwieweit das Unternehmen bzw. das Objekt in einer konformen Art und Weise gemanagt wird und inwieweit die Stakeholder sich korrekt im Sinne der Governance verhalten. Hier werden grundlegend die Risikoprozesse, Reportingstandards und die Verankerung von Nachhaltigkeitsmanagement in den Geschäftsprozessen geprüft. Mögliche Prüffelder in dieser Disziplin der Due Diligence sind:

- Steuerehrlichkeit,
- Etablierung von Risikokontrollsystemen, die u. a. Korruption verhindern,
- Nachhaltigkeitsmanagement,
- Gewährleistungen von Arbeitnehmerrechten,
- Schutz von sensiblen, persönlichen Daten,
- Offenlegung von Informationen auf »Need-to-know«-Basis,
- Selbstverpflichtung des Vorstandes / Managements, die Vergütung an Nachhaltigkeitsziele zu knüpfen und
- Definition und Überwachung von Risiken / Chancen bei der Akquisition.

Die Prüfung der ESG-Kriterien bedeuten für den Transaktionsprozess, dass hier eine gezielte GAP-Analyse vorgenommen und eine »Deal / No-Deal-Entscheidung« auf Basis der ESG-Risikobewertung vom Transaktionsteam getroffen werden kann. Unterscheidet man wieder die ESG Due Diligence im Bestandsportfolio im Verhältnis zum Ankaufsprozess, bedeutet dies unterschiedliche Risiken und Chancen für das Unternehmen, welche im nächsten Kapitel erläutert werden.

14.5   Chancen / Risiken

Da die ESG DD für viele Marktteilnehmer derzeit noch freiwillig ist, stellt sich die Frage, warum man zusätzliches Geld ausgeben sollte, um diese durchzuführen. Denn die ESG Due Diligence mag von vielen Käufern als zusätzlicher Kostentreiber im Ankaufsprozess empfunden werden, deren Sinn sich nicht direkt erschließt. Dieser Baustein hilft aber, das Gebäude aus einem anderen Blickwinkel kennenzulernen und die künftigen

Kosten der Bewirtschaftung abzuschätzen. Es ist gewissermaßen ein Blick in die Zukunft, um die weiteren Kosten der Ertüchtigung des Gebäudes zu planen, insbesondere auch vor dem Hintergrund der sich im stetigen Wandel befindenden Regulatorik. Schaut man sich beispielsweise im Ankaufsprozess ein Gebäude an, was dem BREEAM Gold Standard »as is« entspricht, zeigt sich dennoch, dass dieser Standard eine Zeitpunktbetrachtung darstellt und man sich bei einer Immobilie auch den Zeitverlauf und die damit einhergehenden operativen KPIs anschauen muss. Letzteres wird wiederum z. B. durch das Zertifikat »BREEAM in use« gemessen. Dies erfordert, dass zusätzliches Capex geplant und ausgegeben gehört, welches auch die operativen Bewirtschaftungskosten mehr im Fokus hat und nachhaltig senkt (z. B. smart metering), auch vor dem Hintergrund strengerer Auflagen (CO_2-Emissionen).

Im Bestand kann der Eigentümer eine bewusste Entscheidung treffen, ob sein Bestand die selbst gesteckten oder regulatorischen Zielbilder erfüllt, und entscheiden, ob er sein Portfolio ggf. durch Verkäufe bereinigen möchte. Im Ankaufsprozess kann eine frühzeitige ESG Due Diligence eine Entscheidung herbeiführen, ob das Zielobjekt in die eigene Strategie passt bzw. es überhaupt zulässig ist, dieses zu erwerben. Eine bewusste aktive Steuerung anhand ESG erlaubt dem Bestandshalter ein Benchmarking für Neuakquisitionen im Vergleich zum bestehenden Portfolio vorzunehmen. Die Ergebnisse werden künftig auch gewichtet in das gesamte Investment Memorandum aufzunehmen und zu würdigen sein. Dies bedeutet auch die Etablierung eines neuen Prozesses in dem Verhältnis Markt (Ankauf) und Marktfolge (Asset-Management). Die Ergebnisse der ESG Due Diligence bilden gewissermaßen den Startpunkt für ein aktives, an den Zielen der ESG-Strategie ausgerichtetes Asset-Management.

Im Zeitablauf ist zu erwarten, dass die beiden Teams Markt und Marktfolge angepasste Zielvorgaben in ihren Jahreszielen erhalten werden, um die Einhaltung der ESG-Strategie zu reflektieren. Dies ist die logische, konsequente Fortsetzung der Performancemessung des Top Management Levels an die Nachhaltigkeitsziele auf den weiteren Managementebenen.

Darüber hinaus sehen wir es als hochgradig wahrscheinlich an, dass Banken und weitere Finanzierer am Kapitalmarkt künftig Risikoaufschläge auf Kredite vornehmen werden, sollten ESG-Kriterien nicht eingehalten werden. Es besteht also auch ein rein finanziell getriebener Ansatz für eine »grüne« Strategie hinsichtlich des Gebäudes. Zudem wird der Markt und die Öffentlichkeit insbesondere vor dem Hintergrund des Klimawandels verstärkt auf nachhaltige Immobilien setzen, um Risiken von Stranded Assets und Kosten durch CO_2-Steuern etc. zu vermeiden. ESG ist aber auch ein Marketinginstrument für eine bessere Reputation, denn Mieter und Investoren fangen an, sich damit auseinanderzusetzen. Ignoriert man ESG, ist davon auszugehen, dass Investoren ihr Kapital künftig woanders einsetzen. Mieter mit einer ESG-Strategie können ebenfalls davon absehen, in einem nicht-konformen Gebäude einen Mietvertrag abzuschließen.

14.6   Ausblick

Die Bedeutung von ESG auf die Immobilienwirtschaft ist unbestritten und irreversibel. Die Prozesse und Prüfungsumfänge hingegen sind derzeit noch nicht etabliert und werden sich auch vor dem Hintergrund der sich ändernden Regulatorik weiter wandeln. Wir gehen aber dennoch davon aus, dass sich die ESG Due Diligence in einen standardisierten Baustein im Ankaufsprozess etablieren wird und sich auch die Anforderungslisten hinsichtlich benötigter Daten, Dokumente und Informationen immer weiter standardisieren lassen. Spannend wird hierbei, inwieweit technische Lösungen wie Software, die Vertragsinhalte auslesen kann, den Prozess weiter digitalisieren können. Man muss hier aber auch klar sagen, dass der derzeitige Stand der Unternehmen zur Prüfung der Unterlagen noch nicht ausreichend standardisiert und im Fokus ist. Gerade auch Mieter in den Objekten sind nicht hinreichend incentiviert, hier einen Beitrag zu leisten, da sie nicht direkt von der ESG-Konformität des Gebäudes partizipieren.

Unbestritten ist aber auch, dass die Kosten wie Capex und zusätzliches Capex zur Senkung der operativen Kosten taxiert und diese ausgegeben werden. Dies wird sich in neuartigen Klauseln, Garantien etc. im Kaufvertrag widerspiegeln. Auch hier ist mit einer Standardisierung im Zeitablauf zu rechnen. Darüber hinaus erwarten wir Anpassungen auf den Kaufpreis, die sich aus der ESG Due Diligence logisch ergeben werden. Der Kapitalmarkt fordert bereits jetzt zum Teil die Nachweise bei der Kreditvergabe ein, dass man sich mit dem Thema ESG im Ankaufsprozess beschäftigt hat, und honoriert dies mit besseren Konditionen. Spiegelbildlich bedeutet das zukünftig, dass es Aufschläge auf die Konditionen gibt, wenn ein Investor das Thema ESG nicht berücksichtigt hat und es im schlimmsten Fall zur Ablehnung einer Kreditanfrage kommen kann. Auf der anderen Seite werden sich die Renditen durch höhere Multiplier für »grüne« bzw. konforme Immobilien verbessern. Neben den Aspekten Capex, Kreditkonditionen und Kaufpreisanpassungen gibt es einen weiteren Aspekt, der derzeit noch keine Rolle spielt, von dem wir aber ausgehen, dass dieser im Zeitablauf immer relevanter werden wird. Dies ist der Aspekt der »Stranded Assets«: Vor dem Hintergrund des voranschreitenden Klimawandels werden Immobilien, die derzeit funktionsfähig sind, im Zeitablauf aus verschiedenen Gründen nicht mehr nutzbar sein. Diese Gründe sind zum Beispiel Waldbrände, die gegebenenfalls ganze Regionen nicht mehr nutzbar machen, oder der Anstieg des Meeresspiegels. So geht man davon aus, dass Immobilien in Küstenregionen bei einer geringen Erhöhung des Meeresspiegels im wahrsten Sinne des Wortes untergehen.

15 ESG-Integration im Investment Management

Nachhaltig, resilient und performant

Martin Brühl

15.1 Ausgangslage

Das Akronym ESG überstrahlt derzeit alles im Kapitalmarkt und macht natürlich auch vor der »alternativen« Assetklasse Immobilien nicht halt. Durch die in den vorstehenden Kapiteln beschriebenen einschlägigen gesetzlichen Initiativen – von manchen Marktteilnehmern geradezu als regulatorischer »Push« empfunden – bekommt insbesondere das »E«, also der Umweltschutz, im Immobilien-Transaktionsgeschäft einen neuen Stellenwert und überragt dabei die Aspekte Soziales und Governance. »Menschheitsfragen« wie die Vereinbarkeit von Ökologie und Ökonomie, die Dialektik von Langfrist- vs. Kurzfristdenken und der verantwortungsvolle Umgang mit Ressourcen haben in den Fragen der Taxonomie-Konformität sowie nach einem positiven Beitrag von Immobilieninvestments zur Einschränkung der globalen Erwärmung auf 1,5° bzw. 2,0° Celsius einen neuen Kristallisationspunkt gefunden.

Neuer ESG-Imperativ

Aus einem »*nice to have*« ist ein »*must have*« geworden und dies genau in einer Marktphase, die seit der Finanzkrise nach 2010 geprägt ist durch eine ungebrochene Flucht in Sachwerte in »sicheren Häfen«, »japanifizierte« Volkswirtschaften mit negativen Realzinsen bei gleichzeitiger pandemiebedingter Unsicherheit in der Fundamentalwirtschaft. Medienwirksame Vorwürfe zu Greenwashing in der regulierten Fondsszene im Sommer 2021 haben die Regulatoren zusätzlich sensibilisiert und damit zu einem »perfekten Sturm« beigetragen, durch den Immobilien-Vermögensverwalter und deren Investment Manager nun beherzt navigieren müssen. Dieser Beitrag zeigt Wege auf, wie sie dies in einer von Regulungs*eifer* und Regelungs*lücken* gleichermaßen geprägten Anpassungsphase tun können.

Die eingenommene Perspektive ist hierbei die eines nach dem Gesetz über Kapitalanlagegesellschaften (KAGG) regulierten Vermögensverwalters, der anstrebt, seine Publikums-Immobilien-Sondervermögen gemäß Artikel 8 der VO (EU) 2019/2088 (»-Offenlegungsverordnung«) auszurichten und dies in deren Besonderen Anlagebedingungen entsprechend verankern muss. Anderweitig oder geringfügiger regulierte

Player mögen aktuell noch größere Spielräume im Immobilienmarktgeschehen haben, doch der ESG-Zeitgeist dürfte auch sie erwartungsgemäß bald einholen.

Durch Transaktionsmanagement Nachhaltigkeitsrisiken mitigieren

Es stellt sich also die Frage, inwieweit ESG-Kriterien in Investmentprozesse implementiert werden können und wie sich hieraus auf Sicht eine branchenweite »Best Practice« entwickeln kann. Im Grundsatz geht es darum, mit jeder Investition oder Disposition Nachhaltigkeitsrisiken zu mitigieren. Unter Nachhaltigkeitsrisiken werden Einflüsse aus den Bereichen Umwelt, Soziales oder Unternehmensführung subsummiert, deren Eintreten tatsächlich oder potenziell wesentliche negative Auswirkungen auf den Wert der Investition einer Kapitalanlage in Immobilien haben könnten (siehe hierzu auch Kapitel 6).

Wie bereits angemerkt, befinden sich die regulatorischen Anforderungen an die Ausgestaltung sozialer Kriterien (»S«) zum Zeitpunkt der Erstellung dieses Beitrags noch in der Entwicklung. So sind die sozialen Kriterien, die sich aus dem BaFin-Merkblatt zum Umgang mit Nachhaltigkeitsrisiken ergeben, in erster Linie auf Investitionen in Wertpapiere und weniger auf Investitionen in Gewerbeimmobilien ausgelegt. Auch die sozialen Kriterien gemäß Taxonomie befinden sich noch in Ausarbeitung und werden Ende 2021 erwartet. Doch auch ohne einen konkreteren Regelungsrahmen wird in der Vermögensverwaltungspraxis bei Investitionsentscheidungen als auch im Rahmen der Bestandsverwaltung regelmäßig überprüft, inwieweit soziale Kriterien in die Entscheidungen mit einbezogen werden können.

Es sei an dieser Stelle auch die These gestattet, dass aus der vorstehend beschriebenen Perspektive der rechtliche und fachliche Ordnungsrahmen für die Leitung und Überwachung eines Unternehmens (»G«) gegeben sein sollte, eine Regel, die hoffentlich nicht durch Ausnahmen bestätigt werden muss. Dazu gehört auch, dass regulierte Vermögensverwalter sich in unterschiedlicher Form einer Selbstdisziplin unterwerfen, in welche Unternehmen sie nicht investieren bzw. mit welchen sie keine Mietverhältnisse begründen wollen. Wer etwa Atomwaffen, Landminen und Splitterbomben herstellt oder sich nicht nachweislich von Kinderarbeit distanziert, sollte auf die »Schwarze Liste« kommen und damit konsequent weder ins Aktienportfolio noch als Mieter in ein Gebäude des verwalteten Sondervermögens.

Sustainability First

Vor diesem Hintergrund liegt der Schwerpunkt dieses Beitrags auf dem »E« des ESG-Prozesses: Vermögensverwalter stehen vor der Herkulesaufgabe, ihre Immobilienportfolien zügig zu dekarbonisieren. Neben der energetischen Optimierung im Bestand – etwa durch aktives Asset-Management mit externen Dienstleistern – kann das Investment Management hierbei einen weiteren Anteil leisten: indem durch zielgerichtetes Investieren und Deinvestieren zur Verjüngung, Umschichtung und Diversifikation hin zu klimaneutralen Beständen sowie einem positiven Beitrag mittels der Beachtung des CRREM-Pfades (Carbon Risk Real Estate Monitor) beigetragen wird. Der CRREM-Pfad definiert dabei den maximalen Energieverbrauch in kWh/m² p. a. bzw. den CO_2-Verbrauch in kg/m² p. a., um die Erderwärmung gemäß des Pariser Klimaabkommens (2015) auf 1,5° bzw. 2,0° Celsius zu begrenzen. Dabei sinkt der Richtwert jedes Jahr, sodass sich als ein Entwicklungsweg der CRREM-Pfad abzeichnet. Jede Überschreitung des Grenzwertes trägt zur Erwärmung über das Klimaziel hinaus bei – Unterschreitungen helfen, die Pariser Ziele einzuhalten.

In einem – verglichen mit Wertpapiermärkten – eher intransparenten, rigiden und ineffizienten Immobilienmarkt mit ungebrochener Renditekompression und explodierten Baukosten ist die strenge Berücksichtigung von Nachhaltigkeitskriterien alles andere als banal. Nicht zuletzt, weil »Nachhaltigkeit« in diesem sich aus unzähligen regionalen und sektoralen Teilmärkten mit oft ganz eigenen Spielregeln und Rahmenbedingungen zusammensetzenden »Markt« lange Zeit bestenfalls eine gut besetzte Nebenrolle spielte. Und selbst bei angenommener vollständiger Transparenz kann aufgrund der naturgemäßen Illiquidität von Immobilien im Vergleich zu beispielsweise Aktien ein Immobilienportfolio nicht ohne Weiteres kurzfristig im Sinne der Nachhaltigkeit umstrukturiert werden. Dies liegt neben längeren An- und Verkaufsprozessen eben auch vornehmlich am Missverhältnis zwischen gemäß Taxonomie nachhaltigen Investments und der hohen Nachfrage bzw. Kapitalallokation in diese Assetklasse.

In der Vergangenheit waren weder Renditeunterschiede, etwa durch Risikoprämien für Gebäude ohne Nachhaltigkeitszertifikat, empirisch robust messbar – auch wenn im Sachverständigenwesen und von manchen Beratern diese in Ermangelung belastbarer Vergleichstransaktionen durchaus »gefühlt« werden konnten –, noch waren Anleger flächendeckend wirklich bereit, spürbare Renditeabschläge für besonders »grüne« Gebäude hinzunehmen. Das ändert sich zum Zeitpunkt der Herausgabe dieses Buchs merklich.

15.2 Nachhaltigkeitsprüfung im Ankaufsprozess

Um etwaigen Missverständnissen vorzubeugen: Umweltbezogene Aspekte werden im Investmentprozess schon seit vielen Jahren berücksichtigt, wobei sich Marktakteure in Ermangelung branchenweiter, national gesetzlicher oder gar globaler Standards häufig auf die in Kapitel 2 beschriebene Gebäudezertifizierung gestützt haben, um mehr oder weniger »grüne« Portfolien zusammenzustellen. Dies verlockte bisweilen dazu, mit dem Anteil an Gebäuden mit Green-Building-Zertifikat zu werben, was zwar seine Berechtigung hatte, zukünftig aber nicht den Grad der Taxonomie-Konformität nach EU-Offenlegungsverordnung determiniert. Da die Taxonomie und der CRREM-Pfad den Energiebedarf bzw. die CO_2-Emission als ausschlaggebende Maßgrößen definieren, ist es vielmehr so, dass eine alleinige Betrachtung von Zertifikaten in diesem Zusammenhang deutlich zu kurz greift, da der Energiebedarf in kWh/m² p. a. bzw. der dazu benötigte CO_2-Ausstoß kaum oder keinen Einfluss auf das Nachhaltigkeitszertifikat hat. In Teilen muss das reine Abstellen auf Zertifikate zur Beurteilung der Nachhaltigkeit sogar als Mittel zum Greenwashing bezeichnet werden.

Gelebte Praxis

Flankierend zur Forderung einer Gebäudezertifizierung kommen bei Investitionsentscheidungen branchenweit Instrumente, Werkzeuge und Richtlinien zum Einsatz, um Nachhaltigkeitsprüfungen im Transaktionsprozess zu implementieren, sowohl im Ankauf als auch bei der Vendor Due Diligence im Verkauf. Dies beinhaltet regelmäßig die Abfrage bzw. Erhebung von Gebäudedaten zu den Aspekten Energy Monitoring, Primärenergiebedarf und CO_2-Emissionen und umfasst u. a. die nachstehenden Parameter:

- Heizleistung (W/m²)
- Kühlleistung (W/m²)
- Elektrische Anschlussleistung(W/m²)
- Vorhandensein von Systemwasseranalysen für Bestandsgebäude
- Energiemonitoring (digitale Zähler vorhanden / über BUS vernetzt)
- Energieeffizienzklasse (EPC-Rating)
- Primärenergieverbrauch (kWh/m² Jahr) kalkulatorisch oder nach Verbrauch
- CO^2-Emissionen (kg/m² Jahr)

Bei Immobilienanlegern sind auf dieser Grundlage umweltbezogene Prüfungsroutinen als fester Bestandteil des Underwritings entstanden. So werden beispielsweise in mehrdimensionalen Scoring-Modellen Nachhaltigkeitskriterien und deren Gewichtungen und Schwellenwerte für den Gesamt-Score nutzungs- und teilmarktspezifisch definiert. Je nach Strenge kann dies dazu führen, dass bei Nichterreichen eines »grünen« Mindest-Scores die Kosten für die zur Erreichung erforderliche technische Ertüchtigung des Gebäudes in die Ankaufskalkulationen eingestellt werden müssen – mit den entsprechenden Folgen für die resultierende Objekt-Performance bzw. den Handlungsspielraum des Investment Managers in den Ankaufsverhandlungen. Je nachdem, auf wie viel Verständnis dieser mit seinen Nachhaltigkeitsanforderungen in einem seit über einer Dekade vorherrschenden Verkäufermarkt stößt, kann daraus auch schon mal ein signifikantes Red-Flag im Rahmen der Due Diligence bis hin zu einem Deal-Breaker werden.

Dies bringt uns zu den eingangs beschriebenen herausfordernden Rahmenbedingungen des Immobilien-Investmentmarktes, die jetzt noch um das »Scharfschalten« der europäischen und nationalen Regularien gegen etwaiges Greenwashing ergänzt werden.

Umgang mit neuen Taxonomie-Anforderungen

Durch pandemiebedingte Ertragsausfälle in Nutzungsarten wie Hotel und Einzelhandel sind Vermögensverwalter – je nach Präferenz der Anleger und dem Grad ihrer Diversifikation in vermeintlich resiliente Nutzungsarten – gehalten, ausschüttungsfähige Erträge aus weitgehend stabilisierten Bestandsimmobilien zu generieren. Gegenläufig hierzu zeichnet sich auf Seiten der Investoren derzeit die Tendenz ab, durch Projektankäufe (im Branchenjargon »Forward Deals«) noch den einen oder anderen Basispunkt an Renditeprämie zu erhalten und angemessene Investment-Performance zu generieren.

Die Berücksichtigung der klimabezogenen Taxonomie-Konformität setzt an dieser Stelle an und stellt die Frage nach Bestandsobjekt oder Neubauprojekt aus einem zusätzlichen Blickwinkel. Grundlage für die Anwendung der EU-Taxonomie im Investmentprozess bildet der in Kapitel 1 adressierte »Final Report of the Technical Expert Group on Sustainable Finance«, welcher im März 2020 seitens der im Juli 2018 beauftragten Expertengruppe (TEG) veröffentlicht wurde. Diese erste Version von technischen Bewertungskriterien setzt einen groben Orientierungsrahmen, lässt jedoch noch diverse Fragen offen. In einer Übergangsphase, die noch zwei bis drei Jahre anhalten dürfte, ist dies eine besondere Herausforderung, die mit transitorischen Risiken verbunden ist und die Übergangsstrategien erfordert.

Nehmen wir Gebäude, die nach dem 1. Januar 2021 fertiggestellt werden. Um taxonomiekonform zu sein, muss die zu erwerbende Immobilie laut technischem Anhang in Bezug auf ihren Primärenergiebedarf 10% unterhalb des nationalen nZEB-Standards liegen. Das Akronym steht hierbei für »nearly zero energy building«. Der Begriff wird in der »EU-Richtlinie über die Gesamtenergieeffizienz von Gebäuden« definiert, die Ausgestaltung des Niedrigstenergiegebäudestandards ist allerdings den Mitgliedsstaaten überlassen und ein grenzüberschreitend tätiger Immobilieninvestor muss jeweils landesspezifische Anforderungen berücksichtigen. Herausforderung hierbei: Zum Zeitpunkt der Baugenehmigung dieser Generation von Neubauten war »nZEB-10%« als Schwellenwert in vielen Fällen noch nicht einschlägig und wurde folglich nicht berücksichtigt.

Mind the Gap

Es tut sich also für Investment Manager eine »Marktlücke« – zeitlich wie inhaltlich – auf, die je nach Planungs- und Baufertigstellungszyklus bis Ende 2024 andauern mag. Für das Investment Management folgen hieraus zunächst transitorische Schwierigkeiten beim Sourcing geeigneter Investitionsmöglichkeiten aufgrund mangelnder Taxonomie-Konformität bei einer Vielzahl der kurz- bis mittelfristig fertiggestellten Projekte. Doch auch ein Ankauf von taxonomie-konformen Neubauten und Projektentwicklungen ist bis auf Weiteres fast ausschließlich als Forward Deal möglich, welche zu Beginn der Haltephase keine laufenden Erträge zum Fondsergebnis beitragen.

Bei Fertigstellungen nach 2023/24 ist zu erwarten, dass sich der Markt aufgrund des regulatorischen Drucks und der korrespondierenden Nachfrage institutioneller Investoren neu kalibrieren wird. Am Ende dieser Übergangsphase werden die nZEM-10%-Neubauten erwartungsgemäß taxonomie-konform (und entsprechend nachgefragt, also teuer) sein. Es muss an dieser Stelle jedoch erwähnt werden, dass derzeit beispielsweise in Deutschland die Erfüllung von nZEB-10% keine Voraussetzung für eine Baugenehmigung darstellt. Projektentwickler werden somit nur durch die Anforderungen institutioneller Investoren als Abnehmer ihrer Neubauten zur Entwicklung taxonomie-konformer Objekte bewogen. Dieser Umstand kann zu zusätzlichem Druck auf der Angebotsseite und steigenden Preisen führen. Die »grüne Prämie« wird messbar werden, der Anleger muss es bezahlen – doch so funktioniert Regulierung.

Gebaut vor dem »Green Day« 01.01.2021

Warum also nicht gleich in geeignete Bestandsimmobilien investieren? Betrachten wir ein bis einschließlich 31. Dezember 2020 fertiggestelltes Bestandsobjekt. Um taxonomie-konform zu sein (bzw. im Umkehrschluss eine wie auch immer final definierte »Schmutzgrenze« für nicht-konforme Objekte im Portfolio nicht zusätzlich zum Altbestand zu belasten), muss die Immobilie ein EPC-Rating A (Energy Performance Certificate) besitzen oder mit ihrem inferioren Rating zumindest in Bezug auf ihren Primärenergiebedarf zu den Top 15% ihres »Marktes« gehören[1]. Leider ist aktuell noch nicht final geklärt, ob sich dies auf einen definierten lokalen Teilmarkt, den gesamten Ballungsraum oder den nationalen Gesamtmarkt bezieht.

Man stelle sich eine Haussman'sche Büroimmobilie im Prime-Teilmarkt des »Triangle D'Or« in Paris vor. Nach einem EPC-Rating A fragt der potenzielle Investor hier vergeblich: Gebaut in den 1920er Jahren mit denkmalgeschützter Steinfassade sind nicht alleine einer zeitgemäßen Dämmung schnell Grenzen gesetzt. Bei der Top-15%-Regel stellt sich die Frage, in welchem Teilmarkt das Gebäude der sprichwörtliche »Einäugige unter den Blinden« sein soll: im eng definierten Goldenen Dreieck, im Pariser

---

1   Vgl. »Final Report of the TEG on the EU taxonomy«, März 2020.

Stadtgebiet »*intra morus*«, also innerhalb der Ringautobahn »Péripherique«, im Ballungsraum Paris (»Ile de France«) oder in der ganzen Republik, was aufgrund der zentralistischen Struktur des Landes ein ganz anderes Gesamtbild als Vergleichsmaßstab ergäbe.

Obgleich sich die Meinung durchzusetzen scheint, dass die geeignete Benchmark hier der *nationale* Gebäudebestand sei, unterstreicht das Beispiel ein praktisches Problem bei der Anwendung der Top-15%-Regel. Ein weiteres und in der Praxis noch viel weitreichenderes Problem besteht in der Verfügbarkeit von Daten zur Einordnung des gegenständlichen Ankaufsobjektes in seinen wie auch immer gefassten Teilmarkt. Wie bereits erwähnt, herrscht in Immobilienmärkten abhängig von lokalen Auflagen und Gepflogenheiten eine teils große Intransparenz. Vielerorts wird die Gesamtqualität des Gebäudebestandes (noch) nicht erfasst, geschweige denn behördlich belastbar nachgehalten. So muss z. B. in Großbritannien das EPC bei staatlichen Stellen eingereicht werden. Die dadurch erfassten Daten lassen somit auf den Gesamtbestand schließen und ermöglichen die Einordnung einer Immobilie im Marktkontext. Die jedoch aktuell noch vorhandenen Grauzonen machen die sichere Einschätzung von Bestandsimmobilien in der Mehrheit aller Märkte aufgrund unzureichender Datenlage nur eingeschränkt möglich.

Wird eine Immobile auf der Grundlage der »Top 15%« angekauft und geht in das Bestandsportfolio des Fonds über, so muss das Objekt auch langfristig in dieser 15%-Liga gehalten werden: In einer sich durch Neubauten sukzessive verjüngenden Nachbarschaft mit besseren EPC-Ratings muss das Objekt weiter umweltbezogen verbessert werden, sonst droht perspektivisch der Abstieg in die »Schmutzgrenze«.

Kapitalallokation in nachhaltige Refurbishments

Die EU-Taxonomie zur nachhaltigen Finanzwirtschaft zielt auf die Vermeidung von Fehlallokation von Kapital bzw. auf die Lenkung von Kapital zur Förderung der in Kapitel 1 beschriebenen sechs Klimaziele. Was liegt also näher, als eine real existierende Immobilie, die mit der Zielsetzung einer signifikanten klimabezogenen Verbesserung erworben wird, in den Kreis der taxonomie-konformen Vermögensgegenstände aufzunehmen? Und in der Tat: Die Expertengruppe TEG empfiehlt – und Investment Manager richten sich danach –, dass die Erfordernis eines EPC-Ratings A oder der Nachweis der Zugehörigkeit in die Top 15%-Gebäudeelite entfällt, wenn durch Sanierung/Repositionierung mindestens 30% des Primärenergiebedarfs eingespart werden können. So wird mit dem eingesetzten Kapital für den Ankauf der Bestandsimmobilie und nachfolgende Baumaßnahmen zweifelsohne Wirkung im Kontext des Klimaziels erreicht.

Der Vollständigkeit halber sei angemerkt, dass dieser Refurbishment-Ansatz ein ressourcenintensiver Investmentstil ist, der stärker noch als die vorstehend beschriebenen Forward-Deals von nachhaltigen Neubauprojekten der Generierung von sofort ausschüttbaren Erträgen zuwiderläuft und dass nach der Haltedauer die erlangte Taxonomie-Konformität aus heutiger Sicht nicht mitveräußert werden kann. Mögliche Exit-Risiken müssen in einem solchen Business-Case daher immer Berücksichtigung finden. Gleichwohl sehen nationale Gesetze in Frankreich ohnehin eine Energieeinsparung von 40 % bis zum Jahr 2023 vor – die Taxonomie-Kriterien werden also gewissermaßen von nationalem Recht überholt.

Über allem schwebt »Do No Significant Harm«

Die inhaltliche Grundlage der EU-Taxonomie bieten die bereits in Kapitel 1 beschriebenen sechs Umweltziele (SDGs):
Um im Sinne des Taxonomie-Systems als ökologisch nachhaltig zu gelten, müssen Wirtschaftsaktivitäten grundsätzlich einen wesentlichen Beitrag zu einem der sechs Umweltziele leisten. Jedoch dürfen sie keine erheblichen Beeinträchtigungen auf die anderen fünf Umweltziele haben. Wird zum Beispiel ein wesentlicher Beitrag zum Klimaschutz angestrebt, dann gelten in diesem System die Punkte 2-6 als »Do No Significant Harm« (DNSH)-Kriterien. Die DNSH-Kriterien unterscheiden sich für die drei taxonomischen Kategorien Neubau, energetische Verbesserung und Bestand, da nicht alle Punkte bzw. Ziele in jedem Szenario Anwendung finden können. Bei den Kriterien handelt es sich zudem um Ausschlusskriterien, d. h., sollte ein gefordertes Kriterium nicht erfüllt sein, hat das automatisch zur Folge, dass die Immobilie nicht als taxonomie-konform eingestuft werden kann. So wird im Neubau beispielsweise unter Punkt 3 die Durchlaufmenge für Wasserhähne an Waschbecken definiert. Unter Punkt 4 wird der Anteil der recycelbaren Rohstoffe, die in einem Objekt verbaut werden, auf mindestens 70 % festgelegt. Dabei gilt auch, dass die gesamte Abbruchmasse im Abriss-Neubau-Fall zu mindestens 70 % recycelt wurde. Beide Beispiele sind sowohl für den Neubau mit Fertigstellung ab dem 01. Januar 2021 als auch bei Renovierungen anzuwenden, da für den Bestand diese Vorgaben bei der Mehrheit der Objekte nicht erfüllbar wären.

15.3   Fazit und Ausblick

Zielgerichtete Portfolioumschichtungen fördern die Klimaneutralität von Portfolios und Fonds. Auf dem eingeschlagenen langen Pfad der Dekarbonisierung sehen sich Investment Manager einem Dickicht und zugleich Flickenteppich nationaler Gesetze, Umsetzungsverordnungen und Datengrundlagen ausgesetzt. Zwar konnte der Technische Expertenrat der EU einen Orientierungsrahmen schaffen, jedoch gibt es noch viel Regelungs- und Definitionslücken und somit Interpretationsspielraum im Tagesgeschäft (vgl. Abb. 15.1).

So bleiben diverse Fragestellungen in der Praxis des Investment Managements aktuell noch offen: Wie soll beispielsweise im Bestandsmarkt mit Immobilien verfahren werden, die aus Bauteilen unterschiedlicher Generationen und Baustandards bestehen und dadurch über divergierende EPC-Ratings verfügen? Teilt auch der klimaneutrale neue Gebäudetrakt das Schicksal des denkmalgeschützten, weniger energieeffizienten Altbaus? Oder wird wie im Sachverständigenwesen beim gewichteten mittleren Baujahr zur Bemessung der wirtschaftlichen Restnutzungsdauer ein gewichtetes EPC-Rating abgeleitet? Und nach welchem Gewichtungsfaktor: Wert, Fläche oder Wiederherstellungskosten?

Man stelle sich ein ansonsten taxonomie-konformes Fachmarktzentrum vor, das über eine Tankstelle verfügt. Wie umgehen mit der Forderung »Do No Significant Harm«, wo doch das Lagern und Vertreiben fossiler Brennstoffen in Konflikt mit mindestens dem Ziel des Klimaschutzes steht, wenn das Hauptziel eines wesentlichen Beitrages zur Anpassung an den Klimawandel verfolgt wird? Kann die Tankstelle grundbuchlich real abgetrennt werden und – wenn sie aus dem Transaktionskontext heraus zwingend miterworben werden muss – »infiziert« sie das Ankaufsobjekt ungeachtet ihres geringen Flächen- und Wertbeitrages in Gänze oder kann sie anteilig in die »Schmutzquote« eingebucht und muss dann aber als »Principal Adverse Impact (PAI)« gemäß EU-Offenlegungsverordnung als nachteilige Auswirkung dieser Investitionsentscheidung auf Nachhaltigkeitsfaktoren im Zuge der Rechnungslegung offengelegt werden? Dies mögen Detailfragen sein, aber daran scheitern in der Praxis Deals.

Zum Erscheinungszeitpunkt dieses Buchs, das einen wichtigen Beitrag zur ESG-Integration leistet, wird im deutschen und internationalen Immobilienkapitalmarkt an der Weiterentwicklung von technischen Standards, Best Practices und Werkzeugen gearbeitet, damit Kapitalströme so gelenkt werden können, dass sie »Wirkung« erzielen im Kampf gegen die Klimaerwärmung mit all ihren Folgen. Die Transition mag derzeit nicht nur für die Transaktionsbeteiligten mit Wirrungen, Mühsal und Kapitalaufwand verbunden sein – das Ziel jedoch lohnt allemal.

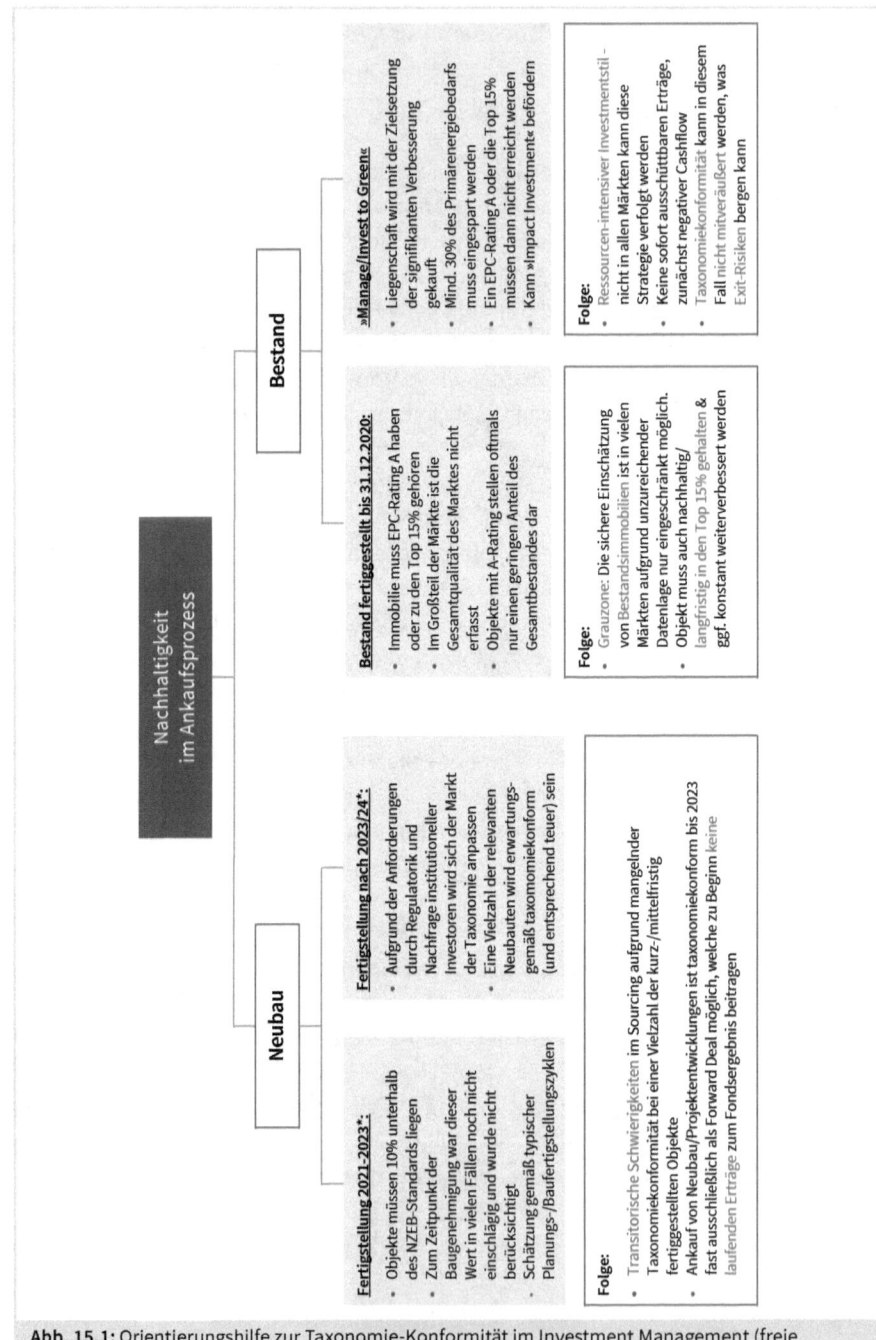

Abb. 15.1: Orientierungshilfe zur Taxonomie-Konformität im Investment Management (freie Interpretation)

16 ESG-Kriterien in der ESG-Immobilienfinanzierung

Dr. Anja Kleinke

16.1 Einleitung

> »(…) Da wir zunehmend mit den katastrophalen und unvorhersehbaren Folgen
> des Klimawandels und der Ressourcenverknappung konfrontiert sind, ist
> dringendes Handeln erforderlich, um die politischen Maßnahmen an diese
> neue Realität anzupassen. Dem Finanzsystem kommt dabei eine Schlüsselrolle
> zu. Um die aus der Finanzkrise gezogenen Lehren zu verwerten, wird das
> Finanzsystem derzeit reformiert und kann vor diesem Hintergrund ein Teil der
> Lösung für eine umweltverträglichere und nachhaltigere Wirtschaft sein (…)«
> (Europäische Kommission) [1]

Der vorliegende Beitrag soll einen Einblick in die aktuellen Transformationsprozesse in Deutschland beim Thema ESG-Kriterien in der Immobilienfinanzierung geben. Nachhaltige Immobilienfinanzierungen gibt es seit einigen Jahren mit wachsender Nachfrage. Bisher werden die ESG-Kriterien aber nicht immer inhaltlich, qualitativ und quantitativ einheitlich in den verschiedenen bestehenden Scoring-Modellen verwendet.

Dieses Kapitel geht zunächst auf die Bedeutung von Immobilien und Immobilieninvestitionen bei der Erreichung der Klimaziele der EU und Deutschlands ein. Dies steht in Zusammenhang mit dem international und auf EU-Ebene eingeleiteten Transformationsprozess des Finanzwesens in ein nachhaltiges Finanzwesen (Sustainable Finance). Dabei helfen ESG-Kriterien insbesondere der Transparenz, der Vergleichbarkeit und der Beurteilung von Nachhaltigkeitsaspekten und dienen bei Investitions- und Finanzierungsentscheidungen. Im Folgenden werden die schrittweise Einführung und Präzisierung von ESG-Kriterien als *einheitliche* Klassifikationsstandards in der EU und auf nationaler Ebene im Zusammenhang mit dem *EU-Aktionsplan zur Finanzierung nachhaltigen Wachstums* ausgeführt. Es geht um eine Pflicht von Investoren, ESG-Faktoren zu berücksichtigen und offenzulegen; ESG-Kriterien sollen bei der Investitionsberatung, bei Ratings und von Datenlieferanten berücksichtigt werden[2] und

---

1 Europäische Kommission, COM(2018) 97 final, Mitteilung der Kommission an das Europäische Parlament, den Europäischen Rat, den Rat, die Europäische Zentralbank, den Europäischen Wirtschafts- und Sozialausschuss und den Ausschuss der Regionen Aktionsplan: Finanzierung nachhaltigen Wachstums, 08.03.2018, S. 1.

2 Europäische Kommission, COM(2018) 97 final, Mitteilung der Kommission an das Europäische Parlament, den Europäischen Rat, den Rat, die Europäische Zentralbank, den Europäischen Wirtschafts- und Sozialausschuss und den Ausschuss der Regionen Aktionsplan: Finanzierung nachhaltigen Wachstums, 08.03.2018, S. 2-3 und Abbildung IV-Visualisierung der Maßnahmen, S. 22.

haben also eine zunehmende Bedeutung für das Finanzwesen und damit auch für Immobilienfinanzierungen.

Der Schwerpunkt des Kapitels liegt auf der Betrachtung des Status quo der ESG-Integration für Marktteilnehmer. Dies steht in Zusammenhang mit dem Maßnahmenpaket der jungen Deutschen Sustainable Finance-Strategie, welche bezogen auf das Thema ESG-Kriterien in der Immobilienfinanzierung näher beleuchtet wird. Sie zeigt kurz-, mittel- und langfristige Ziele, verschiedene Handlungsfelder und diesbezüglich geplante Maßnahmen auf, die unter anderem den Bereich ESG-Kriterien und Nachhaltiges Finanzwesen (Sustainable Finance) betreffen.

16.2   Bedeutung von Immobilien und Immobilieninvestitionen bei der Erreichung der Klimaziele der EU und Deutschlands

Die Bundesregierung hat im Zusammenhang mit den europäischen Klimazielen eine deutsche Klimastrategie formuliert. In Deutschland soll gemäß »Klimaschutzplan 2050« der Bundesregierung beispielsweise der Gebäudebestand bis zum Jahr 2050 nahezu klimaneutral sein. Dieses Ziel soll durch Kombination von Energieeffizienz und erneuerbaren Energien erreicht werden. Dazu wurden bereits verschiedene Maßnahmen umgesetzt und vorangetrieben, die die Bereiche Neubauten und auch Bestandgebäude betreffen.[3] Von Bedeutung ist dies für den gesamten Immobiliensektor, darunter die Realwirtschaft sowie die Finanzwirtschaft. Die umfasst Beteiligte und Akteure wie etwa bestimmte Eigentümer (private und institutionelle), Nutzer, Versicherungen, Planer, Projektentwickler, Bauunternehmen und Hersteller von Bauprodukten. Die Finanzwirtschaft nimmt insbesondere bei der Finanzierung des Sanierungs- und Neubaubedarfs für die Umwandlung in einen klimaneutralen Gebäudebestand eine wichtige Rolle ein.

Da öffentliche Mittel für die wirtschaftliche Transformation zur Nachhaltigkeit allein nicht ausreichen, soll zukünftig mehr privates Kapital in nachhaltigere Immobilieninvestitionen umgelenkt werden.[4]

---

3   Umwelt Bundesamt in: https://www.umweltbundesamt.de/daten/klima/europaeische-energie-klimaziele (Zugriff am 01.10.2019); Bundesregierung in: https://www.bundesregierung.de/breg-de/themen/ energiewende/fragen-und-antworten/energieeffizienz-und-energiesparen/gebaeudesanierung-452112, (01.10.2019); Bundesministerium für Umwelt, Naturschutz und nukleare Sicherheit (BMU)Referat Öffentlichkeitsarbeit (Hrsg.) 2. Aufl. 02/2019, in: https://www.bmu.de/fileadmin/Daten_BMU/Download_ PDF/Klimaschutz/klimaschutzplan_2050_bf.pdf, (Zugriff am 22.07.2020).
4   Europäische Kommission, COM(2018) 97 final, Mitteilung der Kommission an das Europäische Parlament, den Europäischen Rat, den Rat, die Europäische Zentralbank, den Europäischen Wirtschafts- und Sozialausschuss und den Ausschuss der Regionen Aktionsplan: Finanzierung nachhaltigen Wachstums, 08.03.2018, S. 1

Besonderheiten im Immobilienbereich bestehen neben der Individualität und jeweiligen Standortgebundenheit von Gebäuden insbesondere in verhältnismäßig langen Kreditlaufzeiten der Finanzierungen und hohen Mittelbedarfen, und zwar in Verbindung mit den zyklischen Besonderheiten im gesamten Immobilienlebenszyklus: von der Errichtung, dem Betrieb, etwaigen Modernisierungs- und Refurbishmentmaßnahmen bis hin zum Rückbau und der Verwertung.

16.3   Nachhaltige Finanzwirtschaft – Sustainable Finance und ESG-Integration

Das Finanzsystem gilt als Teil der Lösung für eine umweltverträglichere und nachhaltigere Wirtschaft. In dem Zusammenhang sollen Finanzfragen und die spezifischen Erfordernisse der europäischen und der globalen Wirtschaft zum Nutzen des Planeten und der Gesellschaft miteinander verknüpft werden. Die Finanzwirtschaft

> *»(…) muss die nötigen Mittel für die Große Transformation mobilisieren. Sustainable Finance zielt darauf ab, alle Marktkräfte für eine wirksame Kapitalallokation verbunden mit einem belastbaren Risikomanagement zu aktivieren.*

> *Das heutige Finanzsystem wird diesem Anspruch bisher nur unzureichend gerecht.«*[5]

Der 2018 von der Europäischen Kommission formulierte Aktionsplan für ein nachhaltiges Finanzwesen zielt insbesondere auf Folgendes ab:

> *»1. die Kapitalflüsse auf nachhaltige Investitionen umzulenken, um ein nachhaltiges und integratives Wachstum zu erreichen;*

> *2. finanzielle Risiken, die sich aus dem Klimawandel, der Ressourcenknappheit, der Umweltzerstörung und sozialen Problemen ergeben, zu bewältigen;*

> *3. Transparenz und Langfristigkeit in der Finanz- und Wirtschaftstätigkeit zu fördern. (…)«*[6]

---

5   Löffler, Karsten, (Vorsitzender des Beirats)/ Jeromin, Kristina (Stellvertretende Vorsitzende des Beirats), Sustainable-Finance-Beirat, Shifting the Trillions. Ein nachhaltiges Finanzsystem für die Große Transformation. 31 Empfehlungen des Sustainable-Finance-Beirats an die Bundesregierung, 25. Februar 2021, Abschlussbericht, Executive Summary S. 4 in: https://sustainable-finance-beirat.de/wp-content/uploads/2021/02/210224_SFB_-Abschlussbericht-2021.pdf, (Zugriff am 09.05.202).

6   Europäische Kommission, COM(2018) 97 final, Aktionsplan: Finanzierung nachhaltigen Wachstums, 08.03.2018, S. 2-3.

Dem liegt laut der Europäischen Kommission die Erkenntnis zugrunde, dass die Berücksichtigung längerfristiger Nachhaltigkeitsbelange wirtschaftlich sinnvoll sei und die Renditen der Anleger dadurch nicht zwangsläufig geschmälert würden. Bisher seien im Rahmen von Investitionsentscheidungen Faktoren, die auf umweltbezogenen und sozialen Erwägungen beruhten, häufig nicht ausreichend berücksichtigt worden, da davon auszugehen sei, dass die damit verbundenen Risiken erst nach längerer Zeit zum Tragen kämen.[7]

Sustainable Finance als Beitrag der Finanzmärkte zur Wandlung gesellschaftlicher, umweltbeeinflussender und wirtschaftlicher Faktoren

Der Begriff »Nachhaltiges Finanzwesen« (engl.: Sustainable Finance) bezieht sich gemäß Europäischer Kommission in der Regel auf die Berücksichtigung umweltbezogener und sozialer Erwägungen bei Investitionsentscheidungen, was zu mehr Investitionen in längerfristige und nachhaltige Aktivitäten führe. Zudem spiele die Governance eine wesentliche Rolle. Von der BaFin wird Nachhaltige Finanzwirtschaft als Beitrag der Finanzmärkte zur Wandlung gesellschaftlicher, umweltbeeinflussender und wirtschaftlicher Faktoren definiert, um der Menschheit langfristig das Überleben auf der Erde zu ermöglichen. Umwelt- und Klimarisiken bilden den größten Teil des Themenkomplexes.[8]

Nachhaltigkeitsrisiken sind laut Bundesregierung auch Anlagerisiken.[9] Kreditinstitute waren laut Sustainable-Finance-Beirat der Bundesregierung bislang nicht verpflichtet, Nachhaltigkeitswirkungen in der Kreditvergabe zu erfassen. Folglich seien sie daher mehrheitlich nicht in der Lage, transparent darüber zu berichten. Weder auf Einzelkredit- noch auf Kreditportfolioebene könnten Kreditinstitute auf strukturierte Informationen über verbundene Nachhaltigkeitsrisiken, externe Nachhaltigkeitseffekte und Abweichungen von Zielvorgaben hinsichtlich ihrer Engagements zurückgreifen. Die Übereinstimmung des Kreditportfolios mit globalen Nachhaltigkeitszielen könne ebenso wenig überprüft werden. Ohne die systematische Erfassung der relevanten Informationen auf Institutsebene sei es laut Sustainable-Finance-Beirat der Bundesregierung nicht möglich, das systemische Nachhaltigkeitsrisiko des gesamten

---

7   Europäische Kommission, COM(2018) 97 final, Aktionsplan: Finanzierung nachhaltigen Wachstums 08.03.2018, S. 2-3 und zu Abb. IV-Visualisierung der Maßnahmen, S. 22.

8   BaFin Bundesanstalt für Finanzdienstleistungsaufsicht, Publikationen & Daten, BaFinJournal, Fachartikel, Nachhaltige Finanzwirtschaft: Veränderungen in Umwelt und Gesellschaft – Umgang der BaFin mit Risiken, 15.05.2018 in: https://www.bafin.de/SharedDocs/Veroeffentlichungen/DE/Fachartikel/2018/fa_bj_1805_nachhaltige_Finanzwirtschaft.html;jsessionid=6F75DE7ABE4B1F01A88D1B131E2B7DED.2_cid502, (Zugriff am 01.04.2021)

9   Die Bundesregierung, Deutsche Sustainable Finance-Strategie, 05.05.2021, S. 6 in: https://www.bundesfinanzministerium.de/Content/DE/Downloads/Broschueren_Bestellservice/deutsche-sustainable-finance-strategie.pdf?__blob=publicationFile&v=9, (Zugriff am 09.05.2021).

Kreditsektors zu bewerten.[10]. Daran, dies zu verbessern, wird nun gearbeitet. Eine wichtige zukünftige Aufgabe im Bereich Sustainable Finance ist es gemäß der Bundesregierung, die Methodik für die Berücksichtigung aller 17 SDGs [SDG = Sustainable Development Goals, Vereinte Nationen mit Agenda 2030 mit 17 Zielen für nachhaltige Entwicklung] in Investitions- und Finanzierungsentscheidungen auf denselben Entwicklungsstand zu bringen. Beispielsweise sei es verglichen mit der Klimawirkung von Investitionen deutlich schwerer, die Auswirkungen von Finanzaktivitäten auf Biodiversität und Ökosystemleistungen oder die Sicherung der Menschenrechte zu bewerten. Hierzu zähle auch, für Investoren sichtbar zu machen, wie sich Investitionen auf unterschiedliche Nachhaltigkeitsaspekte auswirkten, welche Wechselwirkungen zwischen den unterschiedlichen Dimensionen von Nachhaltigkeit zu erwarten seien und wie sich Nachhaltigkeit auf den Wert von Investitionen auswirken könne.[11]

Die Nachfrage nach nachhaltigen Finanzierungen wächst seit Jahren, beschleunigt durch die Maßnahmen und Verordnungen der EU in Folge des Aktionsplans zur Finanzierung nachhaltigen Wachstums. Nachhaltigkeit hat sich laut der Bundesbank zu einem zentralen Thema und wichtigen Anlagekriterium an den Finanzmärkten entwickelt. Aufsichtliche Meldedaten des Europäischen Systems der Zentralbanken zeigten das Marktwachstum in Europa gerade auch im Bereich der grünen Anleihen auf.[12]

Im Teilbereich Immobilienfinanzierungen und -investitionen ist auch ein wachsender Marktanteil nachhaltiger Anlagen und Produkte zu verzeichnen:

> »(...) Nach einer Scope-Umfrage unter 42 Asset-Managern planen mehr als 80 Prozent, in den kommenden zwei Jahren nachhaltige Immobilienprodukte aufzulegen. Während die stetig steigenden Zertifizierungsquoten (...) in den vergangenen Jahren ein erster Beleg für die Nachhaltigkeitsausrichtung der Fonds waren, bestimmen die Taxonomie-Anforderungen und die Offenlegungsverordnung zunehmend die strategische Ausrichtung und damit die Maßnahmen, die notwendig sind, um Immobilienportfolios zukunftsfähig auszurichten. (...)«[13]

---

10   Sustainable-Finance-Beirat der Bundesregierung, Shifting the Trillions. Ein nachhaltiges Finanzsystem für die Große Transformation. 31 Empfehlungen des Sustainable-Finance-Beirats an die Bundesregierung, 25. Februar 2021. S. 22 in: https://sustainable-finance-beirat.de/wp-content/uploads/2021/02/210224_SFB_-Abschlussbericht-2021.pdf,. (Zugriff am 09.05.2021).

11   Die Bundesregierung, Deutsche Sustainable Finance-Strategie, Maßnahme 13: ESG-Wirkungs- und Bewertungsmethoden weiterentwickeln, 05.05.2021, S. 28.

12   Deutsche Bundesbank, Monatsbericht, Oktober 2019, Der Markt für nachhaltige Finanzanlagen: eine Bestandsaufnahme, S. 13 in: https://www.bundesbank.de/resource/blob/811956/d85bc0de1703eacffcfdd d4794e6e3e0/mL/2019-10-nachhaltige-finanzanlage-data.pdf, (Zugriff am 09.05.2021).

13   O. V., Immobilienmanager Magazin, Mehr Immobilienfonds mit ESG-Zertifikat, 02.06.2021, in: https://www. immobilienmanager.de/mehr-immobilienfonds-mit-esg-zertifikat/150/83719/, (Zugriff am 01.07.2021)

In dem Zusammenhang geht es auch um Sicherung der Rendite, um Nachhaltigkeitszertifizierungen der Immobilien selbst und die sich daraus ergebenden Chancen:

> »(...) Renditen werden nicht zwangsläufig durch die Berücksichtigung längerfris-
> tiger Nachhaltigskeitsbelange geschmälert. Mieter fragen häufig nur noch an,
> wenn Nachhaltigkeitslabel für Immobilien vorhanden sind. Ohne Mieter lässt sich
> keine Rendite erzielen. Des Weiteren können aufgrund eines fehlenden Labels per-
> spektivisch auch die Kosten für die Finanzierung steigen, weil Banken oder Debt
> Funds wegen der Einstufung z. B. ein größeres Risiko sehen und entsprechend be-
> preisen. Ohne diese Nachweise würden die indirekten Kosten steigen. Ergänzend
> wird das Thema Nutzerevaluation an Bedeutung gewinnen, der Nachweis, dass
> auch die Mieter sich wohlfühlen. (...) Eine Chance besteht darin, dass zukünftig
> alle drei Belange des ESG berücksichtigt werden. Seit Jahren liegt der Fokus auf
> ›grünen‹ Gebäuden, aber der Nutzer ist bisher außen vor geblieben. Eine differen-
> ziertere Auseinandersetzung mit den Nutzerbedürfnissen sehe ich als Chance«
> (Dr. Dirk Krupper, Geschäftsführer Immobilien & Alternative Investments,
> Helaba Invest Kapitalverwaltungsgesellschaft mbH) [14, 15]

Integration von ESG-Kriterien zur Nachhaltigkeitsklassifikation

ESG-Kriterien haben eine zunehmende Bedeutung für das Finanzwesen und damit
auch für Immobilienfinanzierungen. Im Aktionsplan der EU von 2018 für ein nachhaltiges Finanzwesen wurde unter anderem formuliert, dass ESG-Kriterien bei der Investitionsberatung, bei Ratings und Datenlieferanten berücksichtigt werden sollten und
dass es eine Pflicht der Investoren geben solle, die ESG-Faktoren zu berücksichtigen
und offenzulegen.[16]

16.4   Sustainable-Finance-Strategie auf EU-Ebene und ESG-Integration

Die Stärkung von Sustainable Finance in der EU und damit die Integration und Offenlegung von ESG-Kriterien wird in verschiedenen Stufen schrittweise vorbereitet und
umgesetzt. Dazu zählen regulatorische Standards für verschiedene Finanzmarktteilnehmer und deren Produkte. Es betrifft aber auch die Realwirtschaft mit neuen

---

14   Krupper Dr., Dirk, Geschäftsführer Immobilien & Alternative InvestmentsHelaba Invest
     Kapitalverwaltungsgesellschaft mbH, Frankfurt am Main, Expertenbefragung vom 23.07.2021.
15   Vgl. Krupper, Dirk, Nutzerbasierte Bewertung von Büroimmobilien. Eine Post-Occupancy Evaluation auf
     Basis umweltpsychologischer Aspekte unter besonderer Berücksichtigung von Zufriedenheit, Gesundheit
     und Produktivität, 2. unverändert. Aufl., 2016.
16   Europäische Kommission, COM(2018) 97 final, Aktionsplan: Finanzierung nachhaltigen Wachstums
     08.03.2018, S. 2-3 und Abb. IV-Visualisierung der Maßnahmen, S. 22.

rechtlichen Vorgaben. Sustainable Finance gilt als einer der entscheidenden Hebel, um Kapital dafür zu mobilisieren, die Wirtschaft nachhaltig(er) zu gestalten und Investitionen in die Zukunft zu ermöglichen. Richtungsweisend war zunächst der oben genannte Aktionsplan zur Finanzierung nachhaltigen Wachstums, dem eine Reihe von Maßnahmen folgten.[17]

Dazu zählen folgende Verordnungen:
- EU-Transparenzverordnung (VO EU 2019/2088) vom 27.11.2019 über nachhaltigkeitsbezogene Offenlegungspflichten im Finanzdienstleistungssektor, die ab März 2021 einzuhalten ist.
- EU-Benchmark-Verordnung (VO [EU] 2019/2089) vom 27.11.2019 zu EU-Referenzwerten für den klimabedingten Wandel, hinsichtlich auf das Übereinkommen von Paris abgestimmter EU-Referenzwerte sowie hinsichtlich nachhaltigkeitsbezogener Offenlegungen für Referenzwerte, zu der seit April 2020 wesentliche Pflichten Anwendung finden. Hierin gibt es auch Regelungen zur Angabe der Verfolgung von ESG-Zielen.
- EU-Taxonomie-Verordnung (VO EU 2020/852) vom 18. Juni 2020 über die Einrichtung eines Rahmens zur Erleichterung nachhaltiger Investitionen. Es geht um ein umfassendes Klassifikationssystem für nachhaltige wirtschaftliche Aktivitäten. Die EU-Taxonomie bietet Finanzmarktanlegern eine Informationshilfe darüber, mit welchen Investitionen ökologisch nachhaltige Wirtschaftstätigkeiten finanziert werden. Es geht unter anderem um auf EU-Ebene harmonisierte Nachhaltigkeitskriterien innerhalb der verschiedenen nationalen Klassifizierungssysteme. Ergänzend beschreibt sie die Zielsetzung, EU-weit einheitliche Standards und Verständnis über nachhaltige Investitionen und deren Kriterien zu erlangen.

Im Rahmen verschiedener definierter Umweltziele bestehen zunächst Konkretisierungen nur der Umweltziele Klimaschutz und Klimaanpassung. Im weiteren Verlauf müssen Maßnahmen für weitere Umweltziele erarbeitet werden.

In dem Zusammenhang richtet sich die Taxonomie-Verordnung auch explizit an den Bau- und Immobiliensektor. Hierbei wurden bereits vorab von der EU Technical Expert Group on Sustainable Finance (Technische Expertengruppe der EU für Sustainable Finance) vier Wirtschaftsaktivitäten des Immobiliensektors identifiziert, die einen signifikanten Beitrag zur Verringerung der Treibhausgasemissionen leisten können. Dies sind:
1. Neubaumaßnahmen und Projektentwicklungen (»*Construction of new buildings*«)
2. Sanierungsmaßnahmen und Refurbishments von Bestandsimmobilien (»*Building renovation*«)

---

17   Die Bundesregierung (Hrsg.), Deutsche Nachhaltigkeitsstrategie, Weiterentwicklung 2021, 15. Dezember 2020, Kabinettbeschluss vom 10. März 2021, S. 38-39 in: www.bundesregierung.de/publikationen (Zugriff am 01.03.2021).

3. Spezielle Sanierungs- und Modernisierungsmaßnahmen (»*Individual measures and professional services*«)
4. Ankauf und Eigentümerschaft von Immobilien (»*Acquisition and ownership*«) [18]

Für den Immobilien- und Bausektor gilt es nun, EU-weit harmonisierte sowie künftig noch zu harmonisierende Nachhaltigkeitskriterien innerhalb der verschiedenen nationalen Klassifizierungssysteme zu etablieren.

Die Taxonomie-Verordnung bildet das Kernstück des Aktionsplans Finanzierung nachhaltigen Wachstums. [19] Sich daraus ergebende neue rechtliche Vorgaben treten schrittweise in Kraft, und Konkretisierungen werden zukünftig weiterentwickelt. Die Bundesregierung begleitet die vielfältigen Initiativen auf europäischer Ebene aktiv, sie hat mit dem Sustainable-Finance-Beirat der Bundesregierung ein Beratungsgremium mit Finanz-, Wirtschafts- sowie Nachhaltigkeitsexpertise etabliert und 2021 eine nationale Deutsche Sustainable Finance-Strategie erarbeitet. [20]

16.5   Status quo zur ESG-Integration: Von der Selbstverpflichtung zum Ziel einheitlicher Klassifikationsstandards für Nachhaltigkeit

In diesem Zusammenhang mit nachhaltigen Finanzierungen und Investitionen gibt es eine Reihe von Selbstverpflichtungsstandards zu Nachhaltigkeitszielen, denen sich die Investoren in steigender Zahl verpflichten. Sie gehen vielfach auf Initiativen der Finanzwirtschaft, der UN oder auch auf NGOs zurück und sind teilweise weltweit etabliert. [21] Einige davon haben zusätzlich eine spezifische Ausrichtung auf den Immobilienbereich.

---

18 EU Technical Expert Group on Sustainable Finance, Finding a Sustainable European Economy, Taxonomy Report, Technical Annex, 26. Construction, Real estate activities, 26.1.1 Why construction and real estate are addressed in the Taxonomy, March 2020, S. 367 ff. in: https://ec.europa.eu/info/sites/default/files/business_economy_euro/banking_and_finance/documents/200309-sustainable-finance-teg-final-report-taxonomy-annexes_en.pdf, (Zugriff am 01.07.2021) und
EU Technical Expert Group on Sustainable Finance, Finding a Sustainable European Economy, Taxonomy Technical Report, 26. Construction, Real estate activities, 26.1.1 Why construction and real estate are addressed in the Taxonomy, June 2019, S. 363 f. in: https://ec.europa.eu/info/sites/default/files/business_economy_euro/banking_and_finance/documents/190618-sustainable-finance-teg-report-taxonomy_en.pdf, (Zugriff am 01.4.2021).
19 Vgl. Die Bundesregierung (Hrsg.), Deutsche Nachhaltigkeitsstrategie, Weiterentwicklung 2021, 15. Dezember 2020, Kabinettbeschluss vom 10. März 2021, S. 38-39 in: www.bundesregierung.de/publikationen (Zugriff am 01.03.2021).
20 Vgl. Die Bundesregierung (Hrsg.), Deutsche Nachhaltigkeitsstrategie, Weiterentwicklung 2021, 15. Dezember 2020, Kabinettbeschluss vom 10. März 2021, S. 60 und Die Bundesregierung, Deutsche Sustainable Finance-Strategie, 05.05.2021, S. 6.
21 Die Bundesregierung, Deutsche Sustainable Finance-Strategie, 05.05.2021, S. 29.

Zahlreiche Unternehmen haben bereits Nachhaltigkeitsziele und ESG-Kriterien in ihre Investmentausgestaltung integriert und dies in einer eigenen ESG-Richtlinie (engl.: ESG-Policy) veröffentlicht.

Gemäß EU-Taxonomie-Verordnung und in der Deutschen Sustainable Finance-Strategie geht es nun kurz- und mittelfristig auch darum, die Kriterien der verschiedenen Standards vergleichbar zu machen sowie zu einigen Kriterien (insbesondere hinsichtlich der SDGs) auch erst eine geeignete Messbarkeit zu entwickeln. Damit sollen auf dieser Grundlage jeweils transparente, strukturierte Informationen über damit verbundene Nachhaltigkeitsrisiken vorliegen.

Außerdem ist es notwendig, eine ausreichende Datenlage für eine umfassende Klassifikation nach ESG-Kriterien zu haben. Das ist aber gerade bei Immobilien noch nicht immer der Fall – insbesondere hinsichtlich ihrer individuellen bautechnischen Aspekte, Zeitpunkte der Errichtung, ggf. Voreigentümer sowie auch des unterschiedlichen Digitalisierungsgrades von Informationen. Dazu erläutert Dr. Dirk Krupper, Geschäftsführer Immobilien & Alternative Investments, Helaba Invest Kapitalverwaltungsgesellschaft mbH:

> *»Voraussetzung ist die Transparenz der Daten und eine vollständige Abdeckung von Informationen, um vollständige ESG-Scorings und ESG-Ratings von Investitionen umzusetzen. Dies ist aktuell noch nicht immer gegeben. Grund ist, dass es noch keine allgemeingültigen Standards gibt und die Immobilieninvestitionen in der Regel Individualinvestitionen sind, deren Informationen jeweils einzeln aufbereitet werden müssen.«*[22]

16.6   Auswahl bestehender Selbstverpflichtungsstandards zu Nachhaltigkeitszielen

Im Folgenden wird eine Auswahl bestehender Selbstverpflichtungsstandards zu Nachhaltigkeitszielen aufgeführt:

UN PRI – Principles for Responsible Investment

2006 wurde die Investoreninitiative UN PRI (PRI = Principles for Responsible Investment) in Partnerschaft mit der UNEP Finance Initiative und dem UN Global Compact gegründet. Der Prozess wurde vom UNO-Generalsekretär ins Leben gerufen. *»Die*

---

22   Krupper Dr., Dirk, Geschäftsführer Immobilien & Alternative InvestmentsHelaba Invest Kapitalverwaltungsgesellschaft mbH, Frankfurt am Main, Expertenbefragung vom 23.07.2021.

Prinzipien für verantwortliches Investieren wurden von einer internationalen Gruppe institutioneller Investoren entwickelt und tragen der zunehmenden Relevanz von Umwelt-, Sozial- und Unternehmensführungsthemen für die Investitionspraxis Rechnung (...) Gemeinsam mit ihrem internationalen Netzwerk an Unterzeichnern widmet sich die PRI-Initiative der praktischen Umsetzung der sechs Prinzipien für verantwortliches Investieren. Ziel ist ein besseres Verständnis der Auswirkungen von Investitionsaktivitäten auf Umwelt-, Sozial- und Unternehmensführungsthemen sowie die Unterstützung der Unterzeichner bei der Integration dieser Fragestellungen in ihre Investitionsentscheidungen(...)«.[23] Die UN PRI hat inzwischen im Jahr 2021 international mehr als 3800 Unterzeichner.[24] Teile der bereits 2006 formulierten Prinzipien finden sich in weiterentwickelter Form in den aktuellen EU-Strategien zur ESG-Integration wieder.

Agenda 2030 – 17 Ziele für nachhaltige Entwicklung (17 Sustainable Development Goals, SDGs)

Die 2015 von den Vereinten Nationen verabschiedeten einzelnen 17 SDGs in Investitions- und Finanzierungsentscheidungen zukünftig auf denselben (Kriterien-)Entwicklungsstand zu bringen, zählt laut Bundesregierung zu einer wichtigen Aufgabe im Bereich Sustainable Finance.[25]

Weitere internationale Selbstverpflichtungsstandards, mit denen sich Finanzmarktakteure zu Nachhaltigkeitszielen bekennen, sind beispielsweise die UN Principles for Responsible Banking, die UN Principles for Sustainable Insurance, der UN Global Compact, die Net-Zero Asset Owner Alliance, ClimateAction100+ und der Finance for Biodiversity Pledge. Auch deutsche Finanzinstitute sind Unterzeichner vieler dieser Initiativen. Finanzmarktakteure sind laut Bundesregierung aber auch in branchenübergreifenden Initiativen wie beispielsweise der Charter der Vielfalt oder dem Deutschen Nachhaltigkeitskodex aktiv. Zudem gibt es nationale Sustainable-Finance-Initiativen wie z. B. die Selbstverpflichtung der Sparkassen oder die Klimaschutz-Selbstverpflichtung des Finanzsektors.[26]

Nachhaltigkeitskodex der Immobilienwirtschaft

In der Immobilienwirtschaft werden ergänzend Kodizes, Benchmarks und Zertifizierungen für einzelne Immobilien, Immobilienportfolios oder auch Immobilien-

---

23 PRI UN PRI Principles for Responsible Investment, Prinzipien für Verantwortliches Investieren. Eine Investoreninitiative in Partnerschaft mit der UNEP Finance Initiative und dem UN Global Compact, 2019, S. 4. in www.unglobalcompact.org, (Zugriff am 01.04.2021).

24 PRI UN PRI Principles for Responsible Investment, What ist the PRI in: https://www.unpri.org/pri/about-the-pri, (Zugriff am 01.07.2021)

25 Die Bundesregierung, Deutsche Sustainable Finance-Strategie, Maßnahme 13: ESG-Wirkungs- und Bewertungsmethoden weiterentwickeln, 05.05.2021, S. 28.

26 Die Bundesregierung, Deutsche Sustainable Finance-Strategie, 05.05.2021, S. 29.

unternehmen und Immobilienfonds verwendet. So hat der ZIA Zentraler Immobilien Ausschuss als Spitzenverband der deutschen Immobilienwirtschaft im Jahr 2011 den »Nachhaltigkeitskodex der Immobilienwirtschaft« herausgegeben.[27]

Green-Building-Zertifizierungen

Auf Immobilienebene lassen Immobilienprojektentwickler und Bestandshalter ihre Immobilien häufig nach einem oder mehreren der verschiedenen Green-Building-Zertifizierungen zertifizieren. Die meisten von ihnen sind im internationalen Dachverband WGBC World Green Building Council organisiert. Zu in Deutschland etablierten Bewertungs- und Zertifizierungssystemen gehören beispielsweise das DGNB (Deutsche Gütesiegel Nachhaltiges Bauen der Deutschen Gesellschaft für Nachhaltiges Bauen), das BNB-Bewertungssystem (Nachhaltiges Bauen des Bundesministeriums des Innern, für Bau und Heimat), das vom US Green Building Council entwickelte Zertifizierungsverfahren LEED (Leadership in Energy and Environmental Design) und das in Großbritannien entwickelte Zertifizierungsverfahren BREEAM (Building Research Establishment Environmental Assessment Method).

Nachhaltigkeitsperformance auf Immobilienunternehmens- oder Fondsebene

Um auf Unternehmens- oder Fondsebene die Nachhaltigkeitsperformance zu messen und zu vergleichen, verwenden Immobilienunternehmen und Immobilienfonds beispielsweise das internationale GRESB-Bewertungssystem (Global ESG Benchmark for Real Assets).[28]

Eine relativ junge deutsche Brancheninitiative ist zudem die im Jahr 2020 gegründete ECORE – ESG Circle of Real Estate Initiative für ESG-Konformität in Immobilienportfolios. Das Ecore-Scoring bildet über ESG-Themen hinaus unter anderem auch die erforderlichen Kriterien der EU-Taxonomie-Verordnung ab.[29]

16.7   Deutsche Sustainable Finance-Strategie

Das Bundeskabinett hat am 05.05.2021 die erste deutsche Strategie für Nachhaltige Finanzierung (»Sustainable Finance«) beschlossen. Die Strategie verfolgt das Ziel, Investitionen für Klimaschutz und Nachhaltigkeit zu mobilisieren und zugleich die

---

27   ZIA Zentraler Immobilien Ausschuss e. V. (Hrsg.), Nachhaltigkeit in der Immobilienwirtschaft– Kodex, Berichte und Compliance. In: https://www.zia-deutschland.de/fileadmin/ Redaktion/Positionen/PDF/ZIA-Nachhaltigkeitsleitfaden.pdf, 2012 S. 15, (22.09.2020).

28   GRESB The Global ESG Benchmark for Real Assets in: https://gresb.com/, (Zugriff am 10.07.2021).

29   ECORE – ESG Circle of Real Estate Initiative für ESG-Konformität in Immobilienportfolios in: https://www.ecore-scoring.com/, (Zugriff am 10.07.2021).

zunehmenden Klimarisiken für das Finanzsystem zu adressieren.[30] Dabei nimmt die Strategie Bezug auf die vorgenannten verschiedenen Initiativen auf internationaler, darunter der europäischen Ebene. Wesentlich ist dabei auch die Berücksichtigung des aktuellen Status quo und die offenen Fragen der verschiedenen Marktteilnehmer aus Finanzwirtschaft, Realwirtschaft und Wissenschaft in Deutschland. Dies bezieht sich auf die Ziele, den Politikrahmen und die Umsetzung nachhaltiger Finanzierung in Deutschland. Viele Aspekte betreffen ESG-Kriterien, Methoden zur Wirkungsmessung, deren Verbesserung und Umsetzung sowie konkrete Anwendungen im Risikomanagement, der Berichterstattung und Beratung.

16.7.1   Aufbau der Deutschen Sustainable Finance-Strategie

In der Deutschen Sustainable Finance-Strategie sind übergeordnete Ziele definiert, die auf verschiedene Handlungsfelder abzielen. Sie haben unterschiedliche Zeithorizonte von kurz-, mittel- bis langfristig. Im Folgenden sind die fünf Ziele aufgeführt:
* Ziel 1: Sustainable Finance weltweit und europäisch voranbringen.
* Ziel 2: Chancen ergreifen, Transformation finanzieren, Nachhaltigkeitswirkung verankern.
* Ziel 3: Risikomanagement der Finanzindustrie gezielt verbessern und Finanzmarktstabilität gewährleisten.
* Ziel 4: Finanzstandort Deutschland stärken und Expertise ausbauen.
* Ziel 5: Bund als Vorbild für Sustainable Finance im Finanzsystem etablieren.

Folgende acht Handlungsfelder wurden formuliert, die auf eines oder mehrere der Ziele einzahlen. Die Handlungsfelder betreffen internationale und nationale Bereiche und lauten wie folgt:
* Handlungsfeld Sustainable Finance auf der globalen und europäischen Ebene stärken
* Handlungsfeld Transparenz verbessern
* Handlungsfeld Risikomanagement und Aufsicht stärken
* Handlungsfeld Methoden zur Wirkungsmessung verbessern und umsetzen
* Handlungsfeld Transformation finanzieren
* Handlungsfeld Der Bund am Kapitalmarkt
* Handlungsfeld Institutionen stärken, Wissen generieren und teilen
* Handlungsfeld Ressortübergreifende Sustainable-Finance-Arbeitsgruppe

---

30 Köstler, Lora, Behördenspiegel, Bundesregierung beschließt Strategie für Nachhaltige Finanzierung, Behördenspiegel, Finanzen, O.S. in: https://www.behoerden-spiegel.de/2021/05/07/bundesregierung-beschliesst-strategie-fuer-nachhaltige-finanzierung/, (Zugriff am 09.05.2021).

Jedem der Handlungsfelder sind verschiedene Maßnahmen zugeordnet. Insgesamt sind es 26 Maßnahmen mit detaillierten Beschreibungen.[31]

Im Folgenden werden je nach Handlungsfeld die Ziele, Maßnahmenüberschriften und Zeithorizonte der Umsetzung tabellarisch dargestellt. Der jeweilige Bezug der Maßnahmen zu den Zielen der Deutschen Sustainable Finance-Strategie ist mit einem Kreuz markiert. Nicht jede Maßnahme zählt dabei auf dieselben Ziele ein, und nicht jede Maßnahme hat den gleichen Zeithorizont der Umsetzung. Die jeweiligen Maßnahmen, die hier nur als Überschrift aufgeführt werden, sind in der Deutschen Sustainable Finance-Strategie detailliert beschrieben. Unter den hier abgebildeten Übersichten je nach Handlungsfeld sind beispielhaft Teilaspekte der einzelnen Maßnahmen aufgeführt, die von Relevanz für eine Klassifikation und Anwendung von ESG-Kriterien sind.

16.7.2   Handlungsfeld Sustainable Finance auf der globalen und europäischen Ebene stärken

Nr.	Maßnahme	Zeithorizont	Ziel 1: Sustainable Finance weltweit und europäisch voranbringen	Ziel 2: Chancen ergreifen, Transformation finanzieren, Nachhaltigkeitswirkung verankern	Ziel 3: Risikomanagement der Finanzindustrie gezielt verbessern und Finanzmarktstabilität gewährleisten	Ziel 4: Finanzstandort Deutschland stärken und Expertise ausbauen	Ziel 5: Bund als Vorbild für Sustainable Finance im Finanzsystem etablieren
1	Sustainable Finance – ein wichtiges Thema der deutschen G7-Präsidentschaft 2022	kurzfristig	X				
2	Den weltweiten Dialog fördern	mittelfristig	X			X	
3	Sustainable Finance in der Entwicklungszusammenarbeit fördern	mittelfristig	X	X	X		

---

31   Die Bundesregierung, Deutsche Sustainable Finance-Strategie, 05.05.2021.

Nr.	Maßnahme	Zeithorizont	Ziel 1: Sustainable Finance weltweit und europäisch voranbringen	Ziel 2: Chancen ergreifen, Transformation finanzieren, Nachhaltigkeitswirkung verankern	Ziel 3: Risikomanagement der Finanzindustrie gezielt verbessern und Finanzmarktstabilität gewährleisten	Ziel 4: Finanzstandort Deutschland stärken und Expertise ausbauen	Ziel 5: Bund als Vorbild für Sustainable Finance im Finanzsystem etablieren
4	Sustainable Finance bei multilateralen Entwicklungsbanken stärken	kurzfristig	X	X	X		
5	Europäische Sustainable Finance-Agenda voranbringen	Kurz- und mittelfristig	X	X	X	X	
6	Weiterentwicklung der EU-Taxonomie	Kurz- und mittelfristig	X	X		X	
7	Stärkung gesellschaftlicher Unternehmensverantwortung	kurzfristig	X	X	X		

Tab. 1: Handlungsfeld Sustainable Finance auf der globalen und europäischen Ebene stärken – Maßnahmen und deren Zeithorizonte (Eigene Darstellung basierend auf der Deutschen Sustainable Finance-Strategie, Die Bundesregierung 05.05.2021)

Im Handlungsfeld *Sustainable Finance auf der globalen und europäischen Ebene stärken* sind beispielsweise folgende Teilaspekte der einzelnen Maßnahmen von Relevanz für eine Klassifikation und Anwendung von ESG-Kriterien:

*   Kompetenzbildung und Sensibilisierung von Finanzakteuren zur Einbettung von Nachhaltigkeitsstandards in Strategien, Prozesse und Praktiken,
*   Etablierung und Umsetzung förderlicher Rahmenbedingungen und Standards,
*   Stärkung von Sustainable Corporate Governance,
*   vermehrte Berücksichtigung und Einführung sozialer Aspekte,
*   verstärkte Berücksichtigung von Nachhaltigkeit in der Kreditvergabe im Sinne zusätzlicher Fördermöglichkeiten,
*   Einführung des EU-Green-Bond-Standards,
*   EU-weites Aufeinanderabstimmen der Transparenzanforderungen,
*   Etablierung eines Sustainable Finance Eco-Labels für Finanzprodukte,

- Harmonisierung von Nachhaltigkeitskriterien der Realwirtschaft mit denen der Finanzwirtschaft und
- Stärkung der Nachhaltigkeitsexpertise in den Leitungsgremien.[32]

16.7.3 Handlungsfeld Transparenz verbessern

Nr.	Maßnahme	Zeithorizont	Ziel 1: Sustainable Finance weltweit und europäisch voranbringen	Ziel 2: Chancen ergreifen, Transformation finanzieren, Nachhaltigkeitswirkung verankern	Ziel 3: Risikomanagement der Finanzindustrie gezielt verbessern und Finanzmarktstabilität gewährleisten	Ziel 4: Finanzstandort Deutschland stärken und Expertise ausbauen	Ziel 5: Bund als Vorbild für Sustainable Finance im Finanzsystem etablieren
8	Stärkung der nichtfinanziellen Unternehmensberichterstattung	mittelfristig	X	X	X	X	
9	»Nachhaltigkeitsampel« für Anlageprodukte	mittelfristig	X	X	X	X	
10	Zugang zu nachhaltigkeitsbezogenen Unternehmensinformationen verbessern	kurz- bis mittelfristig	X	X	X	X	

Tab. 2: Handlungsfeld Transparenz verbessern – Maßnahmen und deren Zeithorizonte (Eigene Darstellung basierend auf der Deutschen Sustainable Finance-Strategie, Die Bundesregierung 05.05.2021)

Im Handlungsfeld *Transparenz verbessern* sind beispielsweise folgende Teilaspekte der einzelnen Maßnahmen von Relevanz für eine Klassifikation und Anwendung von ESG-Kriterien:

- die Berichterstattung über das ganze Spektrum von Nachhaltigkeitsrisiken, die sich auf »relevante und ggf. branchenspezifische und damit ›passgenaue‹ Indikatoren und Metriken fokussieren und sich dabei – soweit möglich – an bereits bestehenden globalen Rahmenwerken und Standards« orientieren,

---

32 Die Bundesregierung, Deutsche Sustainable Finance-Strategie, 05.05.2021, S. 18 ff.

- die Einrichtung eines zentralen Zugangs (European Single Access Point) für Anleger zu finanziellen und nichtfinanziellen (nachhaltigkeitsbezogenen) Unternehmensinformationen und
- Optionen für die Einführung einer Nachhaltigkeitsampel für Anlageprodukte.[33]

16.7.4 Handlungsfeld Risikomanagement und Aufsicht stärken

Nr.	Maßnahme	Zeithorizont	Ziel 1: Sustainable Finance weltweit und europäisch voranbringen	Ziel 2: Chancen ergreifen, Transformation finanzieren, Nachhaltigkeitswirkung verankern	Ziel 3: Risikomanagement der Finanzindustrie gezielt verbessern und Finanzmarktstabilität gewährleisten	Ziel 4: Finanzstandort Deutschland stärken und Expertise ausbauen	Ziel 5: Bund als Vorbild für Sustainable Finance im Finanzsystem etablieren
11	Verbesserte Aufsicht durch Stärkung der BaFin	kurzfristig	X		X		X
12	Unterstützung der Real- und Finanzwirtschaft bei der Verbesserung des Risikomanagements von physischen Klimarisiken	mittel- bis langfristig			X		X

Tab. 3: Handlungsfeld Risikomanagement und Aufsicht stärken – Maßnahmen und deren Zeithorizonte (Eigene Darstellung basierend auf der Deutschen Sustainable Finance-Strategie, Die Bundesregierung 05.05.2021)

Im Handlungsfeld *Risikomanagement und Aufsicht stärken* sind beispielsweise folgende Teilaspekte der einzelnen Maßnahmen von Relevanz für eine Klassifikation und Anwendung von ESG-Kriterien:
- die Identifikation konkreter Risiken, Wirkungskanäle und Datenerfordernisse,
- die Verbesserung von Methoden und Daten und
- die Übung der Identifikation eigener Risiken und Aufnahme in eigene Risikomanagementsysteme.[34]

---

33   Die Bundesregierung, Deutsche Sustainable Finance-Strategie, 05.05.2021, S. 23 ff.
34   Die Bundesregierung, Deutsche Sustainable Finance-Strategie, 05.05.2021, S. 26 ff.

16.7.5   Handlungsfeld Methoden zur Wirkungsmessung verbessern und umsetzen

Nr.	Maßnahme	Zeithori-zont	Ziel 1: Sustainable Finance weltweit und europäisch voranbringen	Ziel 2: Chancen ergreifen, Transformation finanzieren, Nachhaltigkeitswirkung verankern	Ziel 3: Risikomanagement der Finanzindustrie gezielt verbessern und Finanzmarktstabilität gewährleisten	Ziel 4: Finanzstandort Deutschland stärken und Expertise ausbauen	Ziel 5: Bund als Vorbild für Sustainable Finance im Finanzsystem etablieren
13	ESG-Wirkungs- und Bewertungsmethoden weiterentwickeln	kurzfristig		X		X	

Tab. 4: Handlungsfeld Methoden zur Wirkungsmessung verbessern und umsetzen – Maßnahmen und deren Zeithorizonte (Eigene Darstellung basierend auf der Deutschen Sustainable Finance-Strategie, Die Bundesregierung 05.05.2021)

Im Handlungsfeld *Methoden zur Wirkungsmessung verbessern und umsetzen* sind beispielsweise folgende Teilaspekte der einzelnen Maßnahmen von Relevanz für eine Klassifikation und Anwendung von ESG-Kriterien:

- die Methodik für die Berücksichtigung aller 17 SDGs in Investitions- und Finanzierungsentscheidungen auf denselben Entwicklungsstand bringen (beispielsweise Auswirkungen von Finanzaktivitäten auf Biodiversität und Ökosystemleistungen, Bewertung der Sicherung der Menschenrechte),
- die Sichtbarkeit für Investoren, wie sich Investitionen auf unterschiedliche Nachhaltigkeitsaspekte auswirken, welche Wechselwirkungen zwischen den unterschiedlichen Dimensionen von Nachhaltigkeit zu erwarten sind und wie sich Nachhaltigkeit auf den Wert von Investitionen auswirken kann,
- die Weiterentwicklung bestehender Kriterien und Indikatoren sowie Wirkungsmess- und Bewertungsmethoden für nachhaltige Kredite und Kapitalmarktprodukte und
- Szenarioanalysen zur Erfassung der Anpassung an den Klimawandel (beispielsweise Messbarkeit der Auswirkungen von Wasserrisiken für Investitionsentscheidungen).[35]

---

35   Die Bundesregierung, Deutsche Sustainable Finance-Strategie, 05.05.2021, S. 28 ff.

16.7.6   Handlungsfeld Transformation finanzieren

Nr.	Maßnahme	Zeithori-zont	Ziel 1: Sustai-nable Finance welt-weit und euro-päisch voran-bringen	Ziel 2: Chancen ergreifen, Trans-formation finan-zieren, Nachhal-tigkeits-wirkung verankern	Ziel 3: Risikoma-nagement der Finanz-industrie gezielt verbessern und Finanz-markt-stabilität gewährleis-ten	Ziel 4: Finanz-standort Deutsch-land stär-ken und Expertise ausbauen	Ziel 5: Bund als Vorbild für Sus-tainable Finance im Finanz-system etablie-ren
14	KfW zur Transformationsbank weiterentwickeln	kurz- bis mittelfristig	X	X	X	X	X
15	Nachhaltigkeit beim Zukunfts-fonds berücksichtigen	kurzfristig		X	X	X	X
16	Nachhaltigkeit in der Außen-wirtschaftsfinanzierung expli-zit berücksichtigen	kurzfristig	X	X	X	X	X
17	Nachhaltigkeit bei Gewähr-leistungen im Inland explizit berücksichtigen	kurzfristig		X	X	X	X

Tab. 5: Handlungsfeld Transformation finanzieren – Maßnahmen und deren Zeithorizonte (Eigene Darstellung basierend auf der Deutschen Sustainable Finance-Strategie, Die Bundesregierung 05.05.2021)

Im Handlungsfeld *Transformation finanzieren* sind beispielsweise folgende Teilaspek-te der einzelnen Maßnahmen von Relevanz für eine Klassifikation und Anwendung von ESG-Kriterien:

- Weiterentwicklung der KfW zur transformativen Förderbank (neue Ziele im strate-gischen Zielsystem der KfW zum »SDG-Beitrag der KfW-Finanzierungen« und der »Paris-Kompatibilität der KfW-Finanzierungen«),
- Stärkung der systematischen Integration von ESG-Risikofaktoren in das Risikoma-nagement der KfW,
- Aufbau eines Impactmanagements in der KfW, um die Wirkungen der von der KfW mitfinanzierten Vorhaben auf die Nachhaltigkeits- und Klimaziele noch genauer messen und ansteuern zu können,
- KfW-Portfolio bis spätestens 2050 klimaneutral gestalten,
- Stärkung von Innovation im Bereich nachhaltiger Finanzprodukte am Finanzplatz Deutschland durch Intensivierung der Zusammenarbeit der KfW mit der deut-schen Finanzbranche und

- Evaluierung von Maßnahmen zur Weiterentwicklung des Kreditangebots für Investitionen in Nachhaltigkeit beziehungsweise des Programms zum Ankauf von Green Bonds.[36]

16.7.7   Handlungsfeld Der Bund am Kapitalmarkt

Nr.	Maßnahme	Zeithorizont	Ziel 1: Sustainable Finance weltweit und europäisch voranbringen	Ziel 2: Chancen ergreifen, Transformation finanzieren, Nachhaltigkeitswirkung verankern	Ziel 3: Risikomanagement der Finanzindustrie gezielt verbessern und Finanzmarktstabilität gewährleisten	Ziel 4: Finanzstandort Deutschland stärken und Expertise ausbauen	Ziel 5: Bund als Vorbild für Sustainable Finance im Finanzsystem etablieren
18	Etablierung einer grünen Bund-Renditekurve	kurzfristig	X	X		X	X
19	Nachhaltigkeit und Transparenz in der Kapitalanlage des Bundes verbessern	kurzfristig		X			X

Tab. 6: Handlungsfeld Der Bund am Kapitalmarkt – Maßnahmen und deren Zeithorizonte (Eigene Darstellung basierend auf der Deutschen Sustainable Finance-Strategie, Die Bundesregierung 05.05.2021)

Im Handlungsfeld *Der Bund am Kapitalmarkt* sind beispielsweise folgende Teilaspekte der einzelnen Maßnahmen von Relevanz für eine Klassifikation und Anwendung von ESG-Kriterien:

- Etablierung einer grünen Bund-Renditekurve,
- Verbesserung der Berichterstattung über die Kapitalanlagen des Bundes auch im Hinblick auf Nachhaltigkeitsaspekte,
- Berichte über Taxonomie-Kompatibilität von Anlagen des Bundes,
- Umsetzung des beschlossenen Nachhaltigkeitskonzeptes durch Aktienanlagen in Nachhaltigkeitsindizes für die Sondervermögen Versorgungsrücklage und Versorgungsfonds des Bundes, Versorgungsfonds der Bundesagentur für Arbeit sowie Vorsorgefonds der sozialen Pflegeversicherung. (Die Anlagestrategie des Anlageausschusses integriert ESG-Kriterien, kombiniert Ausschlüsse und eine Auswahl von Unternehmen, die mit Blick auf ihr Nachhaltigkeitsrating führend in ihrer Branche sind. Berücksichtigung auch international anerkannter ESG-Normen und –Standards.)[37]

---

36   Die Bundesregierung, Deutsche Sustainable Finance-Strategie, 05.05.2021, S. 30 ff.
37   Die Bundesregierung, Deutsche Sustainable Finance-Strategie, 05.05.2021, S. 33 ff.

16.7.8   Handlungsfeld Institutionen stärken, Wissen generieren und teilen

Nr.	Maßnahme	Zeithorizont	Ziel 1: Sustainable Finance weltweit und europäisch voranbringen	Ziel 2: Chancen ergreifen, Transformation finanzieren, Nachhaltigkeitswirkung verankern	Ziel 3: Risikomanagement der Finanzindustrie gezielt verbessern und Finanzmarktstabilität gewährleisten	Ziel 4: Finanzstandort Deutschland stärken und Expertise ausbauen	Ziel 5: Bund als Vorbild für Sustainable Finance im Finanzsystem etablieren
20	Kompetente Beratung durch Integration in Sachkundeprüfung, Lehrgänge und breites Weiterbildungsportfolio	kurzfristig		X			X
21	Anleger*innen und Investor*innen besser informieren	mittelfristig		X	X		X
22	Grundlegende Forschung und Wissensvermittlung stärken	mittelfristig	X				X
23	Dialog mit den Bundesländern und Kommunen verstetigen	kurzfristig					X
24	Indikatoren erarbeiten, um die Entwicklungen am Sustainable Finance-Standort besser zu messen und zu analysieren	mittelfristig					X

Tab. 7: Handlungsfeld Institutionen stärken, Wissen generieren und teilen – Maßnahmen und deren Zeithorizonte (Eigene Darstellung basierend auf der Deutschen Sustainable Finance-Strategie, Die Bundesregierung 05.05.2021)

Im Handlungsfeld *Institutionen stärken, Wissen generieren und teilen* sind beispielsweise folgende Teilaspekte der einzelnen Maßnahmen von Relevanz für eine Klassifikation und Anwendung von ESG-Kriterien:

- kompetente Beratung durch Integration in Sachkundeprüfung, Lehrgänge und breites Weiterbildungsportfolio,
- Bereitstellung kompakter Informationen für Anleger zu verlässlichen ESG-Bewertungskriterien,
- Verbesserung der Kohärenz und Orientierung in der Vielzahl verfügbarer ESG-Standards,

- Prüfung der etwaigen Erweiterung der Wissenschaftsplattform Sustainable Finance in Richtung »Wissenschafts- und Innovationsplattform Sustainable Finance«, um die Verzahnung mit der Finanzwirtschaft zu stärken (ggf. Einbindung einschlägiger Verbände der Finanzwirtschaft),
- Förderung der Forschung zu Finanzmärkten und anderen SDGs,
- Austausch mit den Bundesländern und Kommunen zu der Integration von Nachhaltigkeitsaspekten in die Kapitalanlage oder die Aktualisierung bzw. Konkretisierung der Gemeinwohlorientierung öffentlich-rechtlicher Finanzunternehmen und
- Verbesserung der Messbarkeit von Sustainable Finance im Finanzsystem in Deutschland.[38]

16.7.9   Handlungsfeld Ressortübergreifende Sustainable-Finance-Arbeitsgruppe

Nr.	Maßnahme	Zeithorizont	Ziel 1: Sustainable Finance weltweit und europäisch voranbringen	Ziel 2: Chancen ergreifen, Transformation finanzieren, Nachhaltigkeitswirkung verankern	Ziel 3: Risikomanagement der Finanzindustrie gezielt verbessern und Finanzmarktstabilität gewährleisten	Ziel 4: Finanzstandort Deutschland stärken und Expertise ausbauen	Ziel 5: Bund als Vorbild für Sustainable Finance im Finanzsystem etablieren
25	Ressortübergreifende Sustainable-Finance-Arbeitsgruppe	kurzfristig					X
26	Perspektiven für den Sustainable-Finance-Beirat	kurzfristig					X

Tab. 8: Handlungsfeld Ressortübergreifende Sustainable-Finance-Arbeitsgruppe – Maßnahmen und deren Zeithorizonte (Eigene Darstellung basierend auf der Deutschen Sustainable Finance-Strategie, Die Bundesregierung 05.05.2021)

Im Handlungsfeld *Ressortübergreifende Sustainable-Finance-Arbeitsgruppe* sind beispielsweise folgende Aspekte von Relevanz für eine Klassifikation und Anwendung von ESG-Kriterien:

---

38   Die Bundesregierung, Deutsche Sustainable Finance-Strategie, 05.05.2021, S. 36 ff.

- Ressortübergreifende Sustainable-Finance-Arbeitsgruppe und
- Fortsetzung der Institutionalisierung des Dialoges zwischen Bundesregierung, Finanzindustrie, Realwirtschaft, Wissenschaft sowie Zivilgesellschaft.[39]

16.8   Zusammenfassung und Ausblick

Das Finanzsystem ist gemäß Europäischer Kommission Teil der Lösung für eine umweltverträglichere und nachhaltigere Wirtschaft. Da öffentliche Mittel für die wirtschaftliche Transformation zur Nachhaltigkeit allein nicht ausreichen, soll zukünftig mehr privates Kapital in nachhaltigere Immobilieninvestitionen umgelenkt werden, z. B. mit Investitionen, die unter anderem zu einem nahezu klimaneutralen Gebäudebestand in Deutschland bis 2050 führen. Dabei gilt es auch, über Nachhaltigkeitsauswirkungen umfassendere Kenntnis zu haben.

Ein Weg zur Erreichung dieser Ziele ist es, von der Selbstverpflichtung von Marktteilnehmern zu EU-einheitlichen Klassifikationsstandards für Nachhaltigkeit auf dem Markt nachhaltiger Immobilienfinanzierungen zu gelangen.

Die Stärkung eines nachhaltigen Finanzwesens (Sustainable Finance) in der EU und die damit verbundene Integration und Offenlegung von ESG-Kriterien wurde und wird in verschiedenen Stufen schrittweise vorbereitet und umgesetzt. Dazu zählen regulatorische Standards für verschiedene Finanzmarktteilnehmer und deren Produkte. ESG-Kriterien haben damit eine zunehmende Bedeutung für Immobilienfinanzierungen. Diesbezügliche Informationen sind unter anderem von Datenlieferanten abzufragen, zu klassifizieren, anderen zur Verfügung zu stellen und sie in der Kreditvergabe, bei der Investitionsberatung, bei Ratings, der Risikobetrachtung sowie der Immobilienanlagestrategie zu berücksichtigen. Dabei sind die Besonderheiten von Immobilien und des Immobilienlebenszyklus von Relevanz. Es wird davon ausgegangen, dass die Berücksichtigung längerfristiger Nachhaltigkeitsbelange wirtschaftlich sinnvoll ist und die Renditen der Anleger dadurch nicht zwangsläufig geschmälert werden.

Viele Akteure in der Immobilienwirtschaft passen ihre Geschäftsstrategien darauf an, verwenden Nachhaltigkeitsbewertungen, haben bereits nachhaltige Anlageprodukte umgesetzt, sind in Interessenvertretungen und über Brancheninitiativen organisiert und/oder haben eigene ESG-Richtlinien aufgestellt. Dies steht in Zusammenhang mit dem Maßnahmenpaket der jungen Deutschen Sustainable Finance-Strategie. Dabei wird auch an der Einführung einer Nachhaltigkeitsampel für Anlageprodukte, einem Sustainable Finance Eco-Label für Finanzprodukte sowie einem EU-Green-Bond-

---

39   Die Bundesregierung, Deutsche Sustainable Finance-Strategie, 05.05.2021, S. 39.

Standard gearbeitet. Aspekte der weiteren Forschung werden auch die qualitative und quantitative Weiterentwicklung der Messbarkeit verschiedener Kriterien der SDGs sein, darunter die sozialen Aspekte. Und es wird weiter an Lösungen der praktikablen Zurverfügungstellung einer geeigneten Datenlage aller Kriterien gearbeitet.

Dies hat unter Umständen Auswirkungen auf die Geschäftsmodelle und Anlagestrategien verschiedener Marktteilnehmer und kann zu Chancen einerseits und zu Risiken andererseits führen. Alle Beteiligten, darunter Realwirtschaft, Finanzwirtschaft und Wissenschaft, sind daher gehalten, sich weiterhin laufend zu informieren und – direkt oder indirekt über ihre Interessenvertretungen – gemeinsam mit daran zu wirken, die Rahmenbedingungen zu schaffen, um die ambitionierten Nachhaltigkeitsziele und die Transformation in eine nachhaltigere Wirtschaft umzusetzen.

Es zeigt sich, dass Nachhaltigkeitsrisiken auch Finanzierungsrisiken sind und dass klassifizierte, transparent aufgezeigte ESG-Kriterien als wichtiges Instrument gelten, um diese zu bewerten und diesbezüglich immobilienbezogene Investitions- und Finanzierungsentscheidungen zu treffen.

Literatur

BaFin Bundesanstalt für Finanzdienstleistungsaufsicht, Publikationen & Daten, BaFin-Journal, Fachartikel, Nachhaltige Finanzwirtschaft: Veränderungen in Umwelt und Gesellschaft – Umgang der BaFin mit Risiken, 15.05.2018 in: https://www.bafin.de/SharedDocs/Veroeffentlichungen/DE/Fachartikel/2018/fa_bj_1805_nachhaltige_Finanzwirtschaft.html;jsessionid=6F75DE7ABE4B1F01A88D1B131E2B7DED.2_cid502, (Zugriff am 01.04.2021)

Bundesregierung (Hrsg.), Deutsche Nachhaltigkeitsstrategie, Weiterentwicklung 2021, 15. Dezember 2020, Kabinettbeschluss vom 10. März 2021.

Bundesregierung, Deutsche Sustainable Finance-Strategie, 05.05.2021.

Deutsche Bundesbank, Monatsbericht, Oktober 2019, Der Markt für nachhaltige Finanzanlagen: eine Bestandsaufnahme, S. 13 in: https://www.bundesbank.de/resource/blob/811956/d85bc0de1703eacffcfddd4794e6e3e0/mL/2019 – 10 – nachhaltige-finanzanlage-data.pdf, (Zugriff am 09.05.2021).

ECORE   ESG Circle of Real Estate Initiative für ESG-Konformität in Immobilienportfolios in: https://www.ecore-scoring.com/, (Zugriff am 10.07.2021).

EU Technical Expert Group on Sustainable Finance, Construction, Real estate activities, 26.1.1 Why construction and real estate are addressed in the Taxonomy, March 2020 in: https://ec.europa.eu/info/sites/default/files/business_economy_euro/banking_and_finance/documents/200309 – sustainable-finance-teg-final-report-taxonomy-annexes_en.pdf, (Zugriff am 01.07.2021) und European Commission, EU Buildings Database in: https://ec.europa.eu/energy/en/eu-buildings-database (Zugriff am 01.07.2021).

EU Technical Expert Group on Sustainable Finance, Finding a Sustainable Euro-
    pean Economy, Taxonomy Technical Report, June 2019 in: https://ec.europa.
    eu/info/sites/default/files/business_economy_euro/banking_and_finance/
    documents/190618 – sustainable-finance-teg-report-taxonomy_en.pdf, (Zugriff am
    01.4.2021)

Europäische Kommission, COM(2018) 97 final, Mitteilung der Kommission an das Euro-
    päische Parlament, den Europäischen Rat, den Rat, die Europäische Zentralbank,
    den Europäischen Wirtschafts- und Sozialausschuss und den Ausschuss der Regionen
    Aktionsplan: Finanzierung nachhaltigen Wachstums, 08.03.2018.

Europäische Kommission, Energie, Klimawandel, Umwelt, Klimapolitik, EU-Maßnahmen,
    Klimaschutz: Strategien und Ziele in: https://ec.europa.eu/clima/policies/strategies_de,
    (Zugriff am 01.04.2021).

Europäische Kommission, Klima- und energiepolitischer Rahmen bis 2030 in: https://
    ec.europa.eu/clima/policies/strategies/2030_de, (Zugriff am 01.04.2021)

GRESB The Global ESG Benchmark for Real Assets in: https://gresb.com/, (Zugriff am
    10.07.2021).

Helaba Invest, ESG-Investment-Policy, Frankfurt am Main, 01.02.2021 in: https://www.
    helaba-invest.de/wp-content/uploads/ESG-Investment-Policy-der-Helaba-Invest.pdf,
    (Zugriff am 23.07.2021).

Immobilienmanager Magazin, Mehr Immobilienfonds mit ESG-Zertifikat, 02.06.2021,
    in: https://www.immobilienmanager.de/mehr-immobilienfonds-mit-esg-
    zertifikat/150/83719/, (Zugriff am 01.07.2021)

Köstler, Lora, Behördenspiegel, Bundesregierung beschließt Strategie für Nachhaltige
    Finanzierung, Behördenspiegel, Finanzen, O.S. in: https://www.behoerden-spiegel.
    de/2021/05/07/bundesregierung-beschliesst-strategie-fuer-nachhaltige-finanzierung/,
    (Zugriff am 09.05.2021).

Krupper Dr., Dirk, Geschäftsführer Immobilien & Alternative InvestmentsHelaba Invest
    Kapitalverwaltungsgesellschaft mbH, Frankfurt am Main, Expertenbefragung vom
    23.07.2021.

Krupper, Dirk, Nutzerbasierte Bewertung von Büroimmobilien. Eine Post-Occupancy Eva-
    luation auf Basis umweltpsychologischer Aspekte unter besonderer Berücksichtigung
    von Zufriedenheit, Gesundheit und Produktivität, 2. unverändert. Aufl., 2016.

Löffler, Karsten, (Vorsizender des Beirats)/ Jeromin, Kristina (Stellvertretende Vorsitzende
    des Beirats), Sustainable-Finance-Beirat der Bundesregierung, Shifting the Trillions.
    Ein nachhaltiges Finanzsystem für die Große Transformation. 31 Empfehlungen des
    Sustainable-Finance-Beirats an die Bundesregierung, 25. Februar 2021, Abschluss-
    bericht, Executive Summary S. 4 in: https://sustainable-finance-beirat.de/wp-content/
    uploads/2021/02/210224_SFB_-Abschlussbericht-2021.pdf, (Zugriff am 09.05.202).

PRI UN PRI Principles for Responsible Investment, Prinzipien für Verantwortliches Investie-
    ren. Eine Investoreninitiative in Partnerschaft mit der UNEP Finance Initiative und dem
    UN Global Compact, 2019, S. 4. in www.unglobalcompact.org, (Zugriff am 01.04.2021).

PRI UN PRI Principles for Responsible Investment, What ist the PRI in: https://www.unpri.org/pri/about-the-pri, (Zugriff am 01.07.2021)

Sustainable-Finance-Beirat der Bundesregierung, Shifting the Trillions. Ein nachhaltiges Finanzsystem für die Große Transformation. 31 Empfehlungen des Sustainable-Finance-Beirats an die Bundesregierung, 25. Februar 2021. S. 22 in: https://sustainable-finance-beirat.de/wp-content/uploads/2021/02/210224_SFB_-Abschlussbericht-2021.pdf,. (Zugriff am 09.05.2021).

Umwelt Bundesamt in: https://www.umweltbundesamt.de/daten/klima/europaeische-energie-klimaziele (Zugriff am 01.10.2019); Bundesregierung in: https://www.bundesregierung.de/breg-de/themen/energiewende/fragen-und-antworten/energieeffizienz-und-energiesparen/gebaeudesanierung-452112, (01.10.2019); Bundesministerium für Umwelt, Naturschutz und nukleare Sicherheit (BMU)Referat Öffentlichkeitsarbeit (Hrsg.) 2. Aufl. 02/2019, in: https://www.bmu.de/fileadmin/Daten_BMU/Download_PDF/Klimaschutz/klimaschutzplan_2050_bf.pdf, (Zugriff am 22.07.2020).

ZIA Zentraler Immobilien Ausschuss e. V. (Hrsg.), Nachhaltigkeit in der Immobilienwirtschaft– Kodex, Berichte und Compliance. In: https://www.zia-deutschland.de/fileadmin/Redaktion/Positionen/PDF/ZIA-Nachhaltigkeitsleitfaden.pdf, 2012, S. 15, (22.09.2020).

17 ESG in der Immobilienbewertung

Dirk Kadel, Johannes von Richthofen und Dr. Florian Hackelberg

17.1 Einleitung

Mit Verabschiedung des Pariser Klimaabkommens 2015 sowie den UN-Klimazielen wurde das Fundament für die umfangreiche Berücksichtigung von Umweltschutz, gesellschaftlichen Aspekten und Unternehmensführung in unserem Wirtschaftssystem gelegt[1]. Gemeinsam erfahren diese Themenaspekte unter dem Schlagwort ESG (Environmental, Social and Governance) zunehmend eine raumgreifende Entwicklung und werden jüngst nicht nur durch Regierungen, sondern verstärkt auch durch die Wirtschaft bzw. die Kapitalmärkte getrieben. Diese Entwicklungen haben bereits heute sowohl Auswirkungen auf das Investitionsverhalten als auch auf die Errichtung und Bewirtschaftung von Immobilien. Mithin stellt sich die Frage, ob und ggf. in welchem Umfang sich diese Entwicklungen auf die Werthaltigkeit von Immobilien auswirken und marktadäquat in der Immobilienbewertung berücksichtigt werden können.

Die folgenden Ausführungen sollen, neben einer definitorischen Abgrenzung des Begriffs ESG auf die Immobilienwirtschaft, mögliche Abhängigkeiten des ökonomischen Immobilienwerts von der Implementierung ökologisch und sozial nachhaltiger Errichtungs- und Betriebsstandards darlegen.

Das Kapitel beginnt mit einer Einführung in die Immobilienbewertung und die relevanten Bewertungsverfahren. Der Fokus der Ausführungen liegt dabei auf den ertragsorientierten Bewertungsverfahren, welche im Umfeld der institutionellen Immobilienwirtschaft regelmäßig ihre Anwendung finden.

17.2 Bewertungsgrundlagen

17.2.1 Bewertungsanlässe

Der Wert einer Immobilie kann aus verschiedensten Gründen und für die unterschiedlichsten Zwecke von Interesse sein und eine Bewertung erforderlich machen.[2] Zum einen sind dies Anlässe, bei denen eine Bewertung in ökonomischer Hinsicht als Ent-

---

1 Vgl. United Nations, Ziele für eine nachhaltige Entwicklung.
2 Leopoldsberger, Gerrit et al. (2016), S. 427.

scheidungsgrundlage beispielsweise im Rahmen von Transaktionen, Unternehmens-
zusammenschlüssen oder Finanzierungen sinnvoll ist. Zum anderen gibt es Anlässe,
für die eine Bewertung aufgrund der regulatorischen Rahmenbedingungen vorgeschrieben ist. Beispiele hierfür sind steuerliche Zwecke oder die Bewertung von Immobilien im Rahmen der Finanzberichterstattung.[3]

Neben der Art und Beschaffenheit des Bewertungsobjekts hat der Bewertungsanlass
erhebliche Auswirkungen auf das heranzuziehende Bewertungsverfahren sowie auf
Natur und Art des zu ermittelnden Werts.

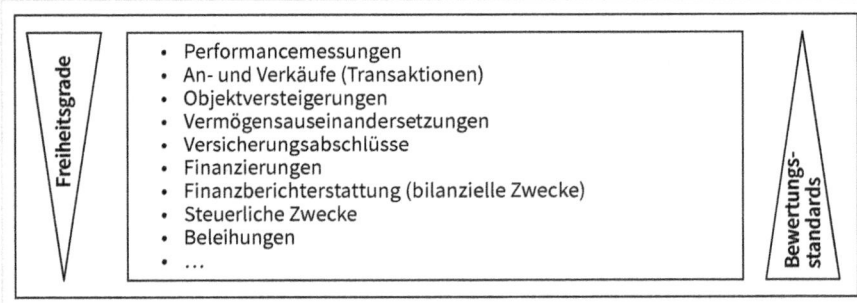

Abb. 17.1: Bewertungsanlässe und Freiheitsgrade (die dargestellte Hierarchie ist tendenziell, aber
nicht in jedem Falle zwingend.) Quelle: Eigene Darstellung, vgl. hierzu auch Sommer, Götz; Kröll, Ralf
(2017) S. 2.

Zu beachten ist, dass es in der Wertermittlung nicht nur *den einen* Wert gibt, sondern
für unterschiedliche Bewertungsanlässe Werte ermittelt werden können, die sich aufgrund ihrer definitorischen Eigenschaften und den daraus folgenden Bewertungsan-
sätzen im Ergebnis für ein und denselben Bewertungsgegenstand mitunter erheblich
voneinander unterscheiden.[4]

17.2.2   Wert und Preis

Auch wenn die Begrifflichkeiten »Wert« und »Preis« in der Umgangssprache bisweilen
synonym verwandt werden, sind die Termini strikt voneinander zu trennen. Der Preis
ist das Ergebnis einer konkreten Tauschaktion und daher immer durch die individuellen
und subjektiven Vorstellungen der Vertragsparteien über einen Vermögensgegenstand
gekennzeichnet. Im Gegensatz dazu ist der Wert einer Sache intersubjektiv und spiegelt
die aggregierte Preisvorstellungen einer Gruppe von Marktteilnehmern wider.[5]

---

3   Metzger, Bernd (2018), S. 14 f.
4   Metzger, Bernd (2018), S. 13 f.
5   Kleiber, Wolfgang (2017), S. 454

17.2.3 Wertkonzepte und Wertdefinitionen

Der Verkehrswert eines Grundstücks (Grund und Boden sowie aufstehende Gebäude und Außenanlagen) wird gemäß § 194 Baugesetzbuch (BauGB) durch den Preis bestimmt, der zum Wertermittlungsstichtag im gewöhnlichen Geschäftsverkehr nach den tatsächlichen Eigenschaften des Grundstücks zu erzielen wäre. Unter gewöhnlichem Geschäftsverkehr ist der Handel auf einem freien Markt zu verstehen, wobei weder Käufer noch Verkäufer unter Zeitdruck, Zwang oder Not stehen und allein objektive Maßstäbe preisbestimmend sind.[6] Der Wertermittlungsstichtag ist der Tag, auf den sich die Wertermittlung bezieht.[7] Gemäß den Definitionen der International Valuation Standards (IVS) ist der Marktwert »der geschätzte Betrag, für den ein Vermögensgegenstand oder eine Verbindlichkeit am Bewertungsstichtag von einem bereitwilligen Verkäufer im Rahmen eines marktüblichen Geschäfts nach ordnungsgemäßer Vermarktung an einen bereitwilligen Käufer verkauft werden könnte, wobei Käufer und Verkäufer sachkundig, umsichtig und ohne Zwang handeln.«[8]

Diese Definition des Marktwerts gemäß IVS, welche auch von der Royal Institution of Chartered Surveyors (RICS) übernommen wurde, hat dieselbe Bedeutung wie der Verkehrswert nach § 194 BauGB.[9] Beide Wertekonzepte basieren auf dem Verständnis, dass der Wert unter dem Konzept »highest and best use« abgeleitet wird, das heißt eine Nutzung, die technisch und rechtlich möglich und wirtschaftlich machbar ist und zu dem höchsten Wert führt.

17.2.4 Bewertungsprozess

Der Bewertungsprozess wird im Wesentlichen wie in der nachfolgenden Abb. 17.2 dargestellt in vier Phasen unterteilt. Bei der Ausgestaltung der einzelnen Prozessschritte ist neben dem Bewertungsobjekt insbesondere der Bewertungsanlass und vereinbarte Bewertungsumfang entscheidend. Dieser kann im Einzelfall von einer indikativen Werteinschätzung der Immobilie bis zur Erstellung eines Vollgutachtens inklusive Besichtigung reichen.

---

6 BGH, Urt. vom 23.02.1979 – III R 44/74
7 § 3 Abs. 1 der Immobilienwertermittlungsverordnung vom 19. Mai 2010; ImmoWertV.
8 Siehe IVS 104, Absatz 30.1 und vgl. Hierzu auch Parker, David (2016), S. 17 ff.
9 Kleiber, Wolfgang (2017), S. 376.

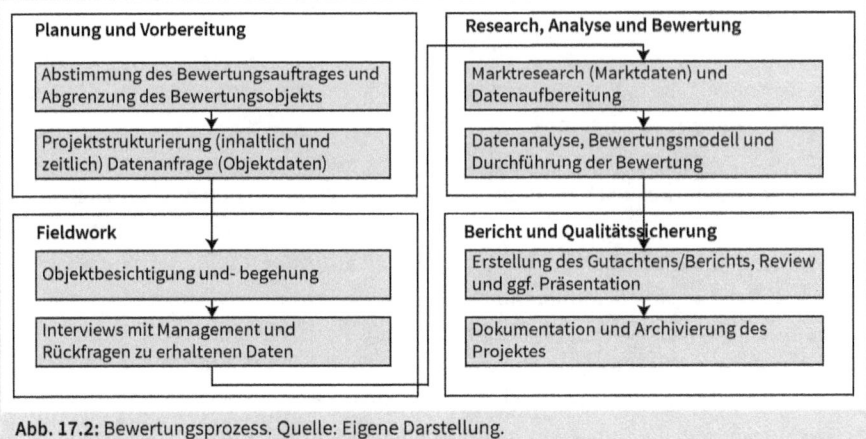

Abb. 17.2: Bewertungsprozess. Quelle: Eigene Darstellung.

Auch der zu erstellende Bewertungsbericht wird regelmäßig vom Bewertungshintergrund abhängen. So wird im Rahmen einer ersten indikativen Kaufpreisschätzung nicht derselbe formale Detaillierungsgrad wie bei der Beleihungswertermittlung oder der Bewertung im Rahmen der Finanzberichterstattung erforderlich sein.

17.3   Rahmenbedingungen und Immobilienwertermittlungsverordnung

17.3.1   Normierte Verfahren (ImmoWertV)

Die Ermittlung des Verkehrswerts kann gemäß der Immobilienwertermittlungsverordnung (ImmoWertV) nach dem Vergleichswertverfahren, dem Ertragswertverfahren oder dem Sachwertverfahren oder mehreren dieser Verfahren vorgenommen werden. Entscheidend für die Auswahl der geeignetsten Verfahren ist neben dem Bewertungsanlass die Art des Wertermittlungsobjekts unter Berücksichtigung der im gewöhnlichen Geschäftsverkehr bestehenden Gepflogenheiten und der sonstigen Umstände des Einzelfalls. Aus den Ergebnissen der gewählten Verfahren wird der Verkehrswert unter Würdigung der Aussagefähigkeit der Verfahrensergebnisse abgeleitet.[10]

---

10   Leopoldsberger, Gerrit et al. (2016), S. 434.

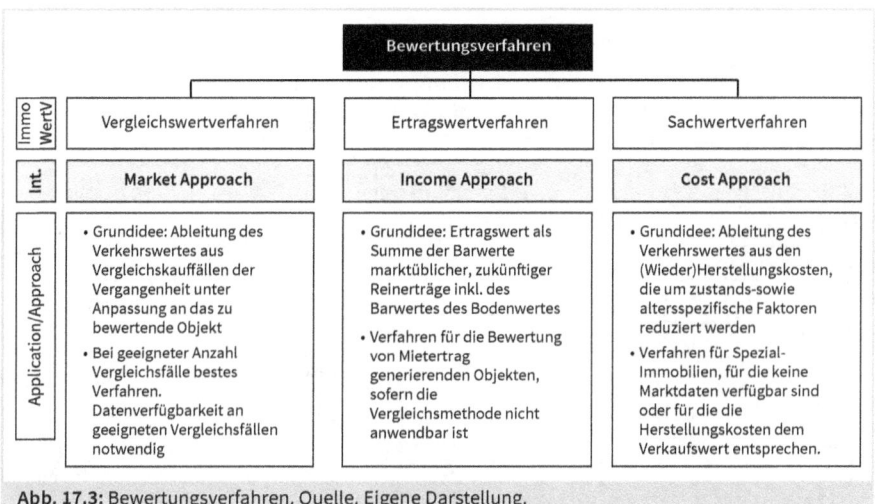

Abb. 17.3: Bewertungsverfahren. Quelle. Eigene Darstellung.

In der Praxis werden diese Bestimmungen in aller Regel wie folgt angewendet:

- Das Vergleichswertverfahren wird überwiegend nur zur Ermittlung des Bodenwerts und des Werts von Eigentumswohnungen, gelegentlich auch von weitgehend gleichartigen (Wohn-)Gebäuden (meist Einfamilienhäusern) herangezogen.

- Das Ertragswertverfahren wird regelmäßig für Grundstücke herangezogen, bei denen die Ertragserzielung im Vordergrund steht.[11] Es wird daher insbesondere bei Mietgrundstücken, Geschäftsgrundstücken und gemischt genutzten Grundstücken gewählt.[12]

- Das Sachwertverfahren wird oftmals für Grundstücke herangezogen, bei denen es auf einen Ertrag nicht in erster Linie ankommt oder ein solcher nicht hinreichend genau bestimmt werden kann.[13,14] Es wird daher insbesondere bei Spezialimmobilien und bei für spezielle Nutzungen errichteten Gewerbeimmobilien sowie bei eigengenutzten Wohngrundstücken gewählt.[15]

Überwiegend bilden das Ertrags- oder das Sachwertverfahren (in die der im Vergleichswertverfahren ermittelte Bodenwert einbezogen wird) die Grundlage für die Ermittlung des Verkehrswerts bebauter Grundstücke.

---

11 Vgl. Metzger, Bernd (2018), S. 64.
12 Wyatt, Peter (2013), S. 115.
13 RICS (2007), S. 2.
14 Sommer, Götz/Kröll, Ralf (2017), S. 243 ff.
15 Leopoldsberger, Gerrit et al. (2016), S. 435.

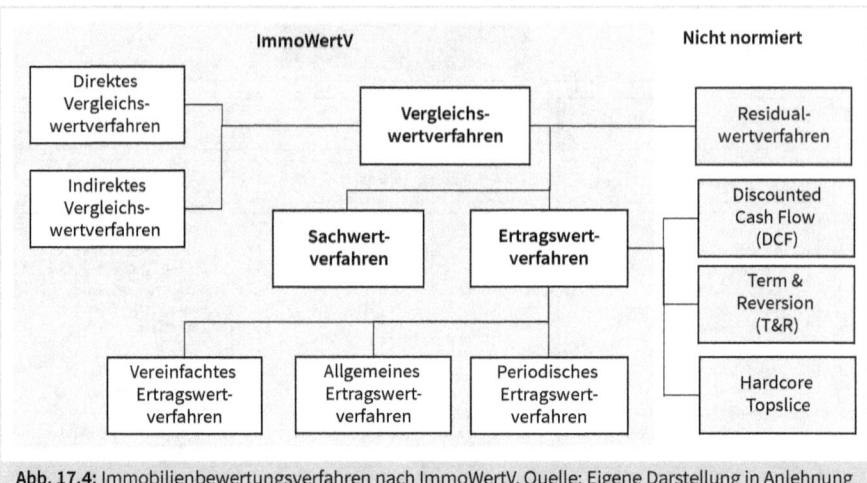

Abb. 17.4: Immobilienbewertungsverfahren nach ImmoWertV. Quelle: Eigene Darstellung in Anlehnung an ImmoWertV (2010), vgl. auch Metzger, Bernd (2018) S. 59 und Kleiber, Wolfgang (2017), S. 961.

17.3.2   Grundlagen für die Wertermittlung von Grund und Boden

Zur Ermittlung des Werts des Grund und Bodens (Bodenwert) sind grundsätzlich Kaufpreise vergleichbarer Grundstücke heranzuziehen. Gemäß ImmoWertV kann die Ermittlung des Bodenwerts auch unter Anwendung geeigneter Bodenrichtwerte erfolgen.[16] Diese werden von den Gutachterausschüssen auf der Grundlage von Kaufpreissammlungen ermittelt und veröffentlicht.[17] Den Ordnungsrahmen hierfür bildet die 2011 in Kraft getretene Bodenrichtwertrichtlinie.

Wertbeeinflussende Abweichungen der Grundstücksmerkmale und Änderungen der allgemeinen Wertverhältnisse gegenüber dem Wertermittlungsobjekt bzw. dem Wertermittlungsstichtag sind durch marktgerechte Zu- und Abschläge oder in anderer geeigneter Weise zu berücksichtigen.[18] Zu den wertbeeinflussenden Merkmalen gehören die Lagemerkmale des Grundstücks, die auf ihm ruhenden Rechte und Belastungen, die Art und das Maß seiner zulässigen baulichen Nutzung, der Grundstückszuschnitt, der Erschließungs- und abgabenrechtliche Zustand und die Bodenbeschaffenheit. Darüber hinaus können sich Wertminderungen auch ergeben aus schädlichen Bodenveränderungen, aus der Belastung der Grundstücke durch wirtschaftlich/technisch verbrauchte Substanz, aus einem Abbruchgebot oder anderen behördlichen Auflagen (z. B. Denkmalschutz).[19]

---

16   Vgl. § 16 Abs. 1 S. 2
17   (vgl. §§ 193 ff. BauGB)
18   Richtlinie zur Ermittlung des Vergleichswerts und des Bodenwerts (Vergleichswertrichtlinie – VW-RL) vom 20. März 2014
19   Vgl. Sommer, Götz/Piehler, Jürgen (2003) Gruppe 3.2 S. 3 ff. und Bolsenkötter, Heinz/Detemple, Peter/ Marettek, Christian (2002): S. 57

17.4 Bewertung von Gebäuden und Außenanlagen

Im Folgenden werden die gängigen in Deutschland angewandten Bewertungsverfahren beschrieben. Der Schwerpunkt der Ausführungen liegt dabei auf den ertragsorientierten Verfahren. Diese kommen in der Bewertungspraxis insbesondere im Zusammenhang mit unternehmerischen Investitionsentscheidungen regelmäßig zum Einsatz.

Bei der Wertermittlung von Gebäuden bildet die (Miet-)Fläche oder der Rauminhalt die Grundlage der Bewertung; die Verfahren berücksichtigen zudem die Restnutzungsdauer der Gebäude und es sind bedarfsweise Abschläge für Baumängel und/oder unterlassene Reparaturen vorzunehmen.[20]

17.4.1 Vergleichswertverfahren

Das Vergleichswertverfahren wird allgemein als das beste Bewertungsverfahren anerkannt, da der Wert der Immobilie direkt aus dem Marktgeschehen abgeleitet wird. Der Immobilienwert wird aus dem Vergleich mit anderen tatsächlich getätigten Immobilientransaktionen ermittelt.[21]

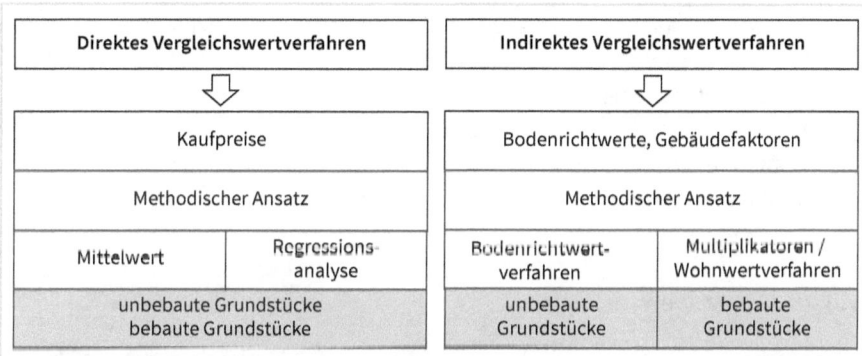

Abb. 17.5: Vergleichswertverfahren gem. ImmoWertV. Quelle: Eigene Darstellung, vgl. auch Sommer, Götz/Kröll, Ralf (2017) S. 30.

Es wird dabei zwischen dem direkten und dem indirekten Vergleichswertverfahren unterschieden.[22] Das Vergleichswertverfahren mit tatsächlich gezahlten Kaufpreisen hat dabei Vorrang vor der Bodenrichtwertmethode.

---

20 Marettek, Christian/Dörschell, Andreas/Hellenbrand, Andreas (2004), S. 72.
21 Vgl. Metzger, Bernd (2018) S. 60.
22 Leopoldsberger, Gerrit et al. (2016), S. 434 ff.

17.4.1.1   Direktes Vergleichswertverfahren

Beim direkten Vergleichsverfahren wird der Vergleichswert aus einer ausreichenden Anzahl von Vergleichspreisen ermittelt. Für die Ableitung der Referenzpreise sind die Kaufpreise solcher Grundstücke zu verwenden, deren Grundstücksmerkmale dem zu bewertenden Grundstück hinreichend ähnlich sind. Zu den wesentlichen bei der Anpassung der Vergleichspreise durch Zu- und Abschläge zu würdigenden wertbeeinflussenden Merkmalen gehören neben Stichtagsabweichungen beispielsweise die Wohnfläche, Ausstattungsmerkmale, Erhaltungszustand und Alter, Wohnumfeld, Bezugsfreiheit und etwa vorangegangene Veräußerungen, vor allem aber Lagemerkmale.

Änderungen der Marktentwicklung oder Abweichungen einzelner Gebäudemerkmale sind in der Regel anhand von Indexreihen oder Umrechnungskoeffizienten zu berücksichtigen. Wenn in dem Gebiet, in dem sich der Standort befindet, nicht genügend vergleichbare Preise vorhanden sind, können auch Vergleichspreise aus anderen vergleichbaren Gebieten verwendet werden. [23]

17.4.1.2   Indirektes Vergleichswertverfahren

Im Falle einer unzureichenden Anzahl vergleichbarer Transaktionen kann das indirekte Vergleichswertverfahren angewendet werden. Hierbei werden anstelle von Vergleichspreisen geeignete Vergleichsfaktoren herangezogen; diese werden auf den jährlichen Ertrag oder eine andere geeignete Einheit bezogen.

Solche indirekten Vergleichsfaktoren werden in der Regel von den örtlichen Gutachterausschüssen für Grundstückswerte (GAA) veröffentlicht. [24]

17.4.2   Ertragswertverfahren

Beim Ertragswertverfahren[25] wird, ausgehend von bei ordnungsgemäßer Bewirtschaftung und zulässiger Nutzung marktüblich erzielbaren Nutzungserlösen je Bezugseinheit (z. B. monatliche Miete je qm Nutzfläche oder Bruttogrundfläche) zunächst der periodenbezogene Rohertrag ermittelt, aus dem durch Abzug der nicht umlegbaren Bewirtschaftungskosten der Reinertrag errechnet wird. [26] In der Regel wird dabei von einer Nettokaltmiete ausgegangen, von der Verwaltungskosten, Instandhaltungskos-

---

23   ImmoWertV (2010), § 15.
24   Kleiber, Wolfgang (2017), S. 419.
25   ImmoWertV (2010), § 17 Abs. 2 (1; 1).
26   Sommer, Götz/Kröll, Ralf (2017), S. 46.

ten und Mietausfallwagnis sowie (soweit wesentlich) vermieterseitige Betriebskosten als nicht umlegbare Bewirtschaftungskosten abgezogen werden.[27]

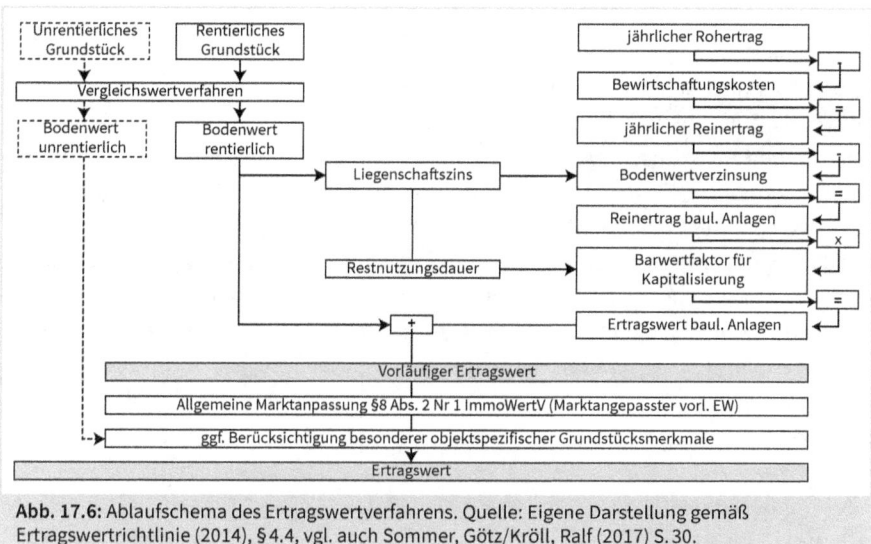

Abb. 17.6: Ablaufschema des Ertragswertverfahrens. Quelle: Eigene Darstellung gemäß Ertragswertrichtlinie (2014), §4.4, vgl. auch Sommer, Götz/Kröll, Ralf (2017) S. 30.

Bei der Bemessung der Nutzungserlöse wird grundsätzlich unterstellt, dass sich die Mietflächen in einem baulichen Zustand befinden, wie er sich nach Durchführung der Instandhaltungs- oder anderen baulichen Maßnahmen darstellt, die Basis für die ggf. berücksichtigte Wertminderung aufgrund unterlassener Reparaturen sind.

Bei dem nach ImmoWertV geregelten Ertragswertverfahren wird, anders als bei seinen internationalen Entsprechungen, der Reinertrag in den Bodenwertanteil und den Gebäudewertanteil aufgeteilt[28], weil der Reinertrag aus dem Gebäude verfahrensgemäß nur über die Nutzungsdauer des Gebäudes erzielt werden kann, während die Bodennutzung als zeitlich nicht beschränkt angenommen wird.[29] Der Bodenwertanteil ergibt sich, indem der ermittelte Bodenwert mit dem Liegenschaftszinssatz multipliziert wird.[30] Die Differenz aus Reinertrag und Bodenwertanteil ist der Gebäudewertanteil. Dieser wird für die Restnutzungsdauer des Gebäudes ebenfalls unter Ansatz des Liegenschaftszinssatzes kapitalisiert (Barwertberechnung); das Ergebnis ist der Gebäudewert.[31]

---

27 Leopoldsberger, Gerrit et al. (2016), S. 444.
28 Siehe auch Sommer, Götz/Kröll, Ralf (2017), S. 47 ff.
29 Vgl. ImmoWertV (2010) § 17 Abs. 2 S. 1 Nr. 1.
30 Marettek, Christian/Dörschell, Andreas/Hellenbrand, Andreas (2004), S. 107.
31 Leopoldsberger, Gerrit et al. (2016), S. 443.

Durch Addition des Bodenwerts, der im Sinne des Ertragswertverfahrens auch als Barwert einer ewigen Bodenrente angesehen werden kann, und des Gebäudewerts ergibt sich der Ertragswert des Grundstücks.

Der für die Kapitalisierung der Reinerträge herangezogene Liegenschaftszinssatz ist das Maß für die durchschnittliche marktübliche Verzinsung des in einer Liegenschaft in der Regel langfristig gebundenen Kapitals. [32][33] Er enthält einen (risikofreien) Basiszinssatz und Risikozuschläge und ist darüber hinaus ein Maß für künftig erwartete Wertsteigerungen. In der Wertermittlungspraxis wird er jedoch überwiegend nicht kumulativ, sondern regelmäßig von den zuständigen Gutachterausschüssen deduktiv auf Basis von Marktanalysen ermittelt. [34] Der Liegenschaftszinssatz ist u. a. abhängig von Nutzungsart, Lagemerkmalen, Miethöhe und Restnutzungsdauer. Seine sachgerechte Ermittlung ist allein schon deswegen geboten, weil er für die Berechnung des Gebäudewerts – insbesondere bei längerer Restnutzungsdauer – von ausschlaggebender Bedeutung ist.

17.4.3 Sachwertverfahren

Bei der Ermittlung des Sachwerts von Gebäuden wird, ausgehend von Normalherstellungskosten (beispielsweise NHK 2010)[35] je Bezugseinheit (z. B. je qm Brutto-Grundfläche) und durch Addition der meist als Prozentsätze der Normalherstellungskosten ermittelten Werte der baulichen Außenanlagen und sonstigen Anlagen zunächst deren stichtagsbezogener Herstellungswert ermittelt. [36] Hiervon wird zur Bestimmung des rechnerischen Zeitwerts die Alterswertminderung angesetzt, die entweder in Form von in der Regel linear unter Berücksichtigung von Gesamtnutzungsdauer und Restnutzungsdauer ermittelten Abschreibungen oder – insbesondere bei älteren, sanierten (bzw. sanierungswürdigen) Gebäuden – aus dem Verhältnis der erneuerten (bzw. zu erneuernden) zu den alten Bauwerksteilen ermittelt wird. [37]

Durch Hinzurechnung des ermittelten Bodenwerts ergibt sich der vorläufige Sachwert des Grundstücks.

---

32 Marettek, Christian/Dörschell, Andreas/Hellenbrand, Andreas (2004), S. 107.
33 Für eine Überblick typischer Spannbreiten von Liegenschaftszinssätzen verschiedener Gebäude-Nutzungsarten vgl. auch Kleiber, Wolfgang (2017), pp. 1814-1815.
34 Thomas, Matthias (2012), p. 794 ff.
35 In der Wertermittlungspraxis regelmäßig auf Basis der Anlage 1 der Sachwert-Richtlinie SW-RL (NHK 2010) und mithilfe geeigneter Baupreisindexreihen an die Wertverhältnisse zum Bewertungsstichtag angepasst.
36 Kleiber, Wolfgang (2017), S. 1820.
37 Sommer, Götz/Kröll, Ralf (2017), S. 163.

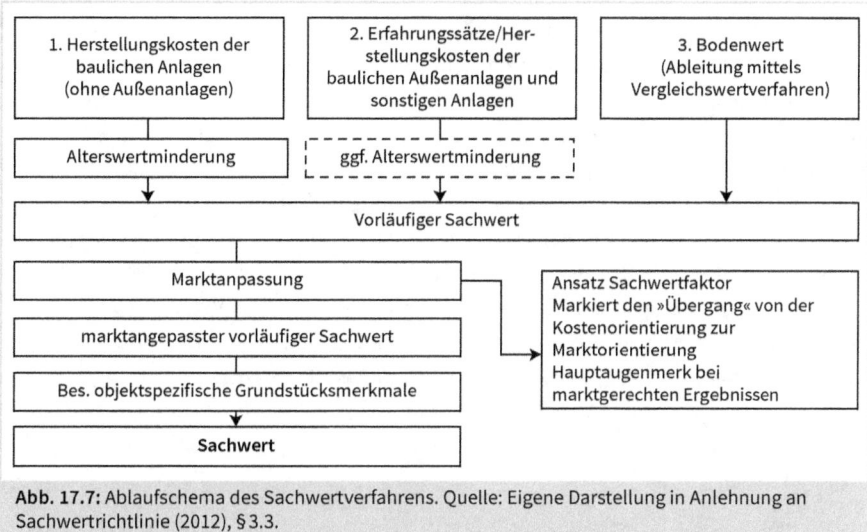

Abb. 17.7: Ablaufschema des Sachwertverfahrens. Quelle: Eigene Darstellung in Anlehnung an Sachwertrichtlinie (2012), § 3.3.

Zur Ableitung des Verkehrswerts ist (regelmäßig auf Basis der von den Gutachterausschüssen zu ermittelnden Faktoren) eine Marktanpassung vorzunehmen, und vorher noch nicht berücksichtigte objektspezifische Merkmale des zu bewertenden Grundstücks sind gegebenenfalls durch Zu-/Abschläge oder in anderer geeigneter Weise zu berücksichtigen.

17.4.4   Nicht normierte Verfahren und DCF-Verfahren

Daneben werden in der deutschen Wertermittlungspraxis regelmäßig die im angelsächsischen Raum verbreiteten, sog. nicht normierten Verfahren angewandt. Hierunter fallen vor allem die Investment-Methode in der Ausprägung als Term and Reversion- oder Discounted-Cash-Flow(DCF)-Verfahren und das Residualwertverfahren.[38] Diese Verfahren werden u. a. im IDW Standard S 10[39] (Ziff. 3.3.2; 3.2.3 bzw. 3.2.5) angeführt. Gemäß Ziff. 1.5.5 der Wertermittlungsrichtlinien i. d. F. v. 1. März 2006 (WertR 06) können diese oder andere Verfahren angewandt werden.[40]

---

38   Das Residualwertverfahren wird regelmäßig im Rahmen von Projektwicklungen angewandt. Auf Basis möglicher Verkaufs- oder Vermietungserlöse und unter Berücksichtigung aller noch zur Fertigstellung anfallenden Kosten wird der Wert des Grundstücks ermittelt. Auf eine ausführliche Erläuterung des Residualwertverfahrens wird an dieser Stelle verzichtet und auf die einschlägige Fachliteratur verwiesen.

39   Der IDW Standard S 10 legt die Grundsätze dar, nach denen Wirtschaftsprüfer Immobilien bewerten oder die sie als Grundlage für die Beurteilung von Immobilienbewertungen heranziehen. Ferner werden für die Abgabe eines Bewertungsgutachtens die Anforderungen an die Berichterstattung und Dokumentation des Bewertungsergebnisses dargestellt.

40   Vgl.: WertR 06 (2006), Absatz 1.5.5.

Das DCF-Verfahren ist ein zweistufiges finanzmathematisches Modell zur Ermittlung des Barwerts der künftigen Erträge der Immobilie, der als ihr Marktwert angesehen wird.[41] Hierfür wird zunächst für eine »Halteperiode« von zumeist zehn Jahren eine detaillierte Prognoserechnung der Einnahmen und Ausgaben aufgestellt. Basis hierfür sind bestehende vertragliche Vereinbarungen sowie Marktentwicklungsprognosen. Danach wird der Reinertrag am Ende der Halteperiode auf ewig kapitalisiert und bildet einen hypothetischen Verkaufswert. Dabei ist die Halteperiode grundsätzlich so zu wählen, dass die Reinerträge an deren Ende als stabilisiert, d.h. unbeeinflusst von besonderen ertragsbeeinflussenden Umständen (wie beispielsweise temporärer Leerstand), angesehen werden können. Die jahresweisen Einnahmenüberschüsse oder Fehlbeträge und der Verkaufswert werden jeweils auf den Ermittlungsstichtag abgezinst und addiert, um den Marktwert zu ermitteln.[42]

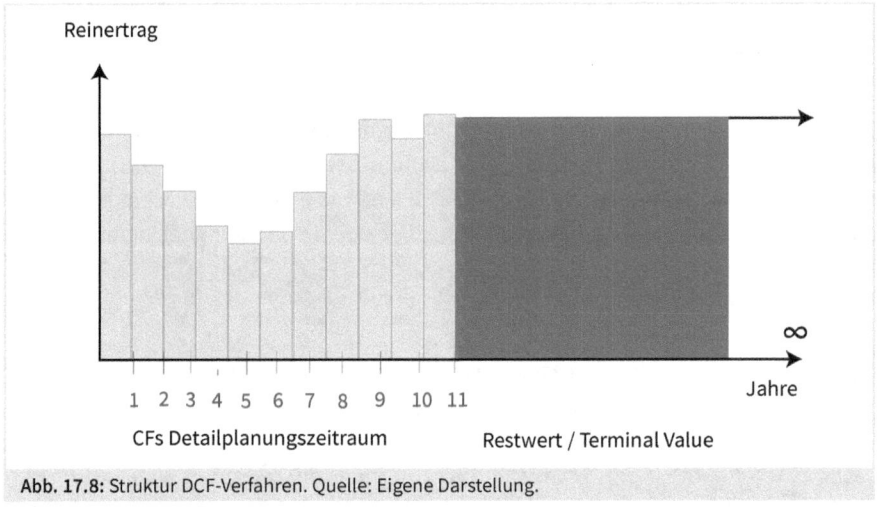

Abb. 17.8: Struktur DCF-Verfahren. Quelle: Eigene Darstellung.

Bei dem DCF-Verfahren findet weder der Bodenwert noch die Restnutzungsdauer der Anlagen explizit Berücksichtigung; beide Einflussfaktoren gehen in die jeweiligen Zinssätze (Diskontierungs- und Kapitalisierungszinssatz) ein. Diese Zinssätze bilden zudem meist die Netto-Rendite ab, da auf den Reinertrag und nicht den Rohertrag abgestellt wird. In diesen Fällen ist das Ergebnis der Barwertrechnung um die typischen Anschaffungskosten (i.d.R. Grunderwerbsteuer sowie Kosten für Makler, Notar und Grundbuchamt) zu mindern.

---

41   Vgl. IDW S 10 Ziff. 3.2.3.
42   Baum, Andrew/Mackmin, David/Nunnington, Nick (2018), S. 56 ff.

In den vorhergehenden Abschnitten wurden sowohl die normierten als auch die nicht normierten Bewertungsverfahren dargestellt und die wesentlichen Parameter dieser Verfahren benannt. Im Folgenden wird nun zunächst der aktuelle, regulatorische ESG-Rahmen beleuchtet. Anschließend werden die Implikationen für die Immobilienwirtschaft im Allgemeinen sowie die Wertermittlung im Speziellen betrachtet und Vorschläge für eine mögliche Integration von ESG in die Wertermittlung dargestellt.

17.5 ESG in der Immobilienbewertung

17.5.1 Berücksichtigung der EU-Taxonomie in der Immobilienwirtschaft

Aufgrund der Tatsache, dass Gebäude in der EU für rd. 40 % des Energieverbrauchs sowie rd. 36 % der Kohlendioxidemissionen verantwortlich sind[43], ist zu erwarten, dass die Immobilienwirtschaft einen wesentlichen Beitrag zur Umsetzung von ESG zu leisten hat und damit vor großen Herausforderungen steht. Dabei werden mehrere Teilbereiche der Immobilienwirtschaft betroffen sein, allen voran Finanzierung, Bau und Betrieb, aber auch Vermögensanlage und Bilanzierung. Dies zeigt exemplarisch den komplexen Zusammenhang, der sich für die Immobilienwirtschaft in Verbindung mit ESG auftut.

Für die Immobilienwirtschaft sind dem Delegated Act für die Umweltziele Klimaschutz sowie Anpassung an den Klimawandel folgende Kriterien zu entnehmen:
- Errichtung neuer Gebäude (Primärenergiebedarf muss min. 10 % unter dem national definierten Nearly-Net-Zero-Energy-Building-Standard (»NZEB«) liegen)
- Modernisierung (Maßnahme fällt in den Anwendungsbereich der »Energy Performance of Buildings Directive« oder Reduzierung des Primärenergiebedarfs um min. 30 %)
- Inbetriebnahme, Instandhaltung und Reparatur (umfangreiches Bündel von Einzelmaßnahmen; z. B. Installation von E-Ladestationen)
- Erwerb und Eigentum (Gebäude errichtet ab 2021: siehe Kriterien Errichtung neuer Gebäude; Gebäude errichtet vor 2021: Gebäudeenergieausweis der Klasse A oder das Objekt gehört zu den Top-15 % des regionalen oder nationalen Gebäudebestands nach Primärenergiebedarf)

---

43 Vgl. Europäische Kommission (2020): Im Blickpunkt – Energieeffizienz von Gebäuden.

Folglich können Wirtschaftstätigkeiten nur dann als nachhaltig bzw. taxonomie-kompatibel eingestuft werden, wenn sie mit den oben genannten Bewertungskriterien konform sind und nicht gegen Maßgaben der DNSH-Kriterien verstoßen. Hier liegen bereits Vorschläge und regelmäßige Berichte der Unternehmen vor. Die Herausforderung besteht nunmehr darin, diese beschreibenden Faktoren auch stärker mess- und bewertbar in der Praxis einzuführen und anzuwenden.

Abb. 17.9 ordnet den verschiedenen ESG-Teilbereichen mögliche Maßnahmen für die Immobilienwirtschaft zu. Dabei wird deutlich, dass ESG nicht nur objektbezogene Merkmale bzw. Maßnahmen umfasst (z. B. Einsatz erneuerbarer Energien), sondern auch Maßnahmen benennt, die auf Ebene des jeweiligen Unternehmens (z. B. Good Governance), losgelöst vom Objekt, zu betrachten sind.

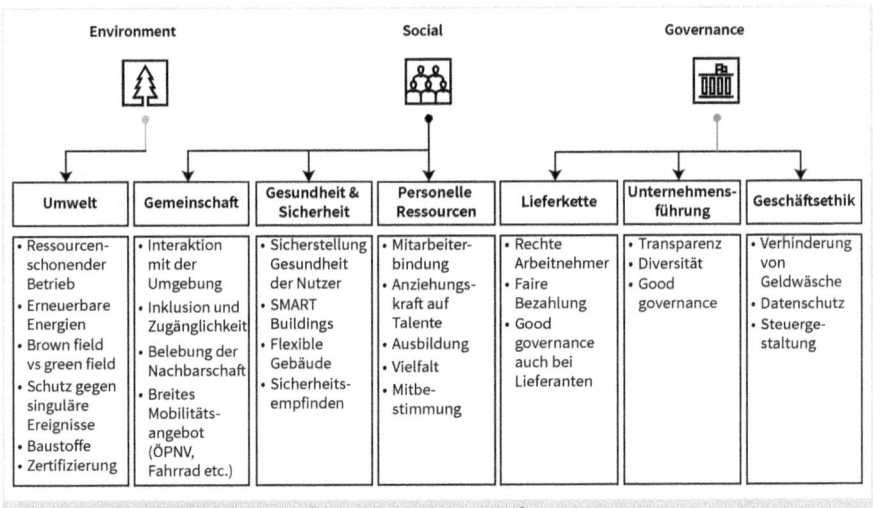

Abb. 17.9: ESG Einflussfaktoren auf die Immobilienwirtschaft

Bei der Betrachtung auf Ebene der einzelnen Immobilie (Asset- oder Objektebene) und der Überlegung nach möglichen wertbeeinflussenden Faktoren zeigt sich ein differenziertes Bild. Während den Bereichen Umwelt und Soziales direkter Einfluss auf die Immobilie zugeschrieben werden kann, beziehen sich Teile des Bereichs Social sowie der gesamte Bereich Governance eher auf die unternehmensbezogenen Bereiche wie Lieferketten, Unternehmensführung und Geschäftsethik und mithin nur indirekt auf die (einzelne) Immobilie.

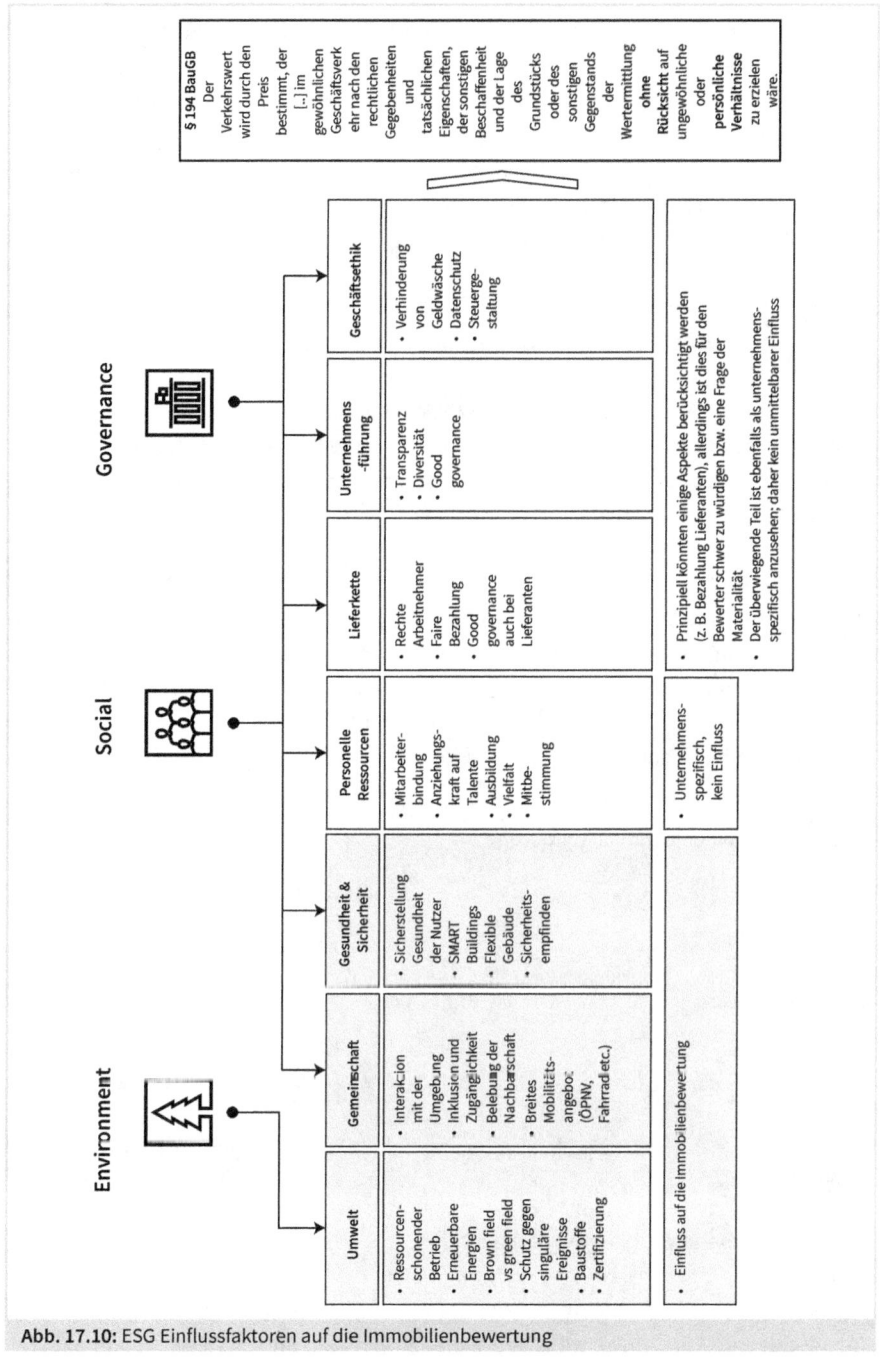

Abb. 17.10: ESG Einflussfaktoren auf die Immobilienbewertung

Folglich wird im Rahmen der Immobilienbewertung der Fokus primär auf den ersten beiden Aspekten liegen: Environment und Social (siehe Abb. 17.10). Gerade der qualifizierbare Teil von umweltrelevanten Einflussfaktoren ist in der Diskussion in den Vordergrund gerückt. Die Auswirkungen ESG-konformen bzw. auch nicht-konformen Handelns sind bereits heute an den internationalen Kapitalmärkten und den Auswirkungen auf die Unternehmenswerte von Immobiliengesellschaften zu beobachten.

17.5.2 ESG-Auswirkungen auf die Werthaltigkeit von Immobilienunternehmen

Eine interne PwC-Analyse auf globalem Niveau über alle Wirtschaftsbranchen hinweg hat gezeigt, dass es einen messbaren Zusammenhang bzw. eine Korrelation zwischen der Marktkapitalisierung eines Unternehmens, der Wachstumserwartung und der Risikobeurteilung durch die Finanzmärkte und dessen ESG-Rating gibt.[44]

Über alle Branchen hinweg wurde dabei herausgearbeitet, dass Unternehmen mit einem durchschnittlichen bzw. guten ESG-Rating durch den Kapitalmarkt grundsätzlich höher, wachstumsorientierter und risikoärmer bewertet werden (bis zu +25 %) als Unternehmen mit einem im Vergleich schlechteren ESG-Rating bzw. für solche Unternehmen Bewertungsabschläge festgestellt wurden (bis zu -10 %), wie in der folgenden Darstellung auf aggregiertem Niveau illustriert:

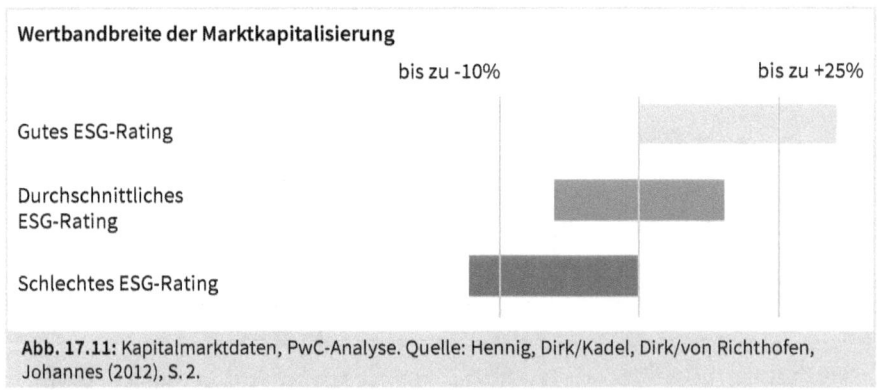

Abb. 17.11: Kapitalmarktdaten, PwC-Analyse. Quelle: Hennig, Dirk/Kadel, Dirk/von Richthofen, Johannes (2012), S. 2.

In Bezug auf die Immobilienwirtschaft zeigt sich, dass Unternehmen mit einem guten ESG-Rating besser bewertet werden (bis zu +20 %) als Unternehmen mit einem durchschnittlichen ESG-Rating. Auf der anderen Seite werden aber Unternehmen mit einem schlechten ESG-Rating mit deutlichen Bewertungsabschlägen versehen (bis zu

---

44 Hennig, Dirk/Kadel, Dirk/von Richthofen, Johannes (2021), S. 2 ff.

-45 %). Hierbei ist jedoch anzumerken, dass sich die analysierten Unternehmen über verschiedene Bereiche der Immobilienwirtschaft verteilen (u. a. Projektentwickler, Bestandshalter). Zudem ist die Anzahl der untersuchten Unternehmen der Immobilienwirtschaft als nicht repräsentativ einzuordnen. Gleichwohl stehen die Ergebnisse für die Immobilienwirtschaft im Einklang mit der Hypothese sowie den Ergebnissen auf globaler, über alle Industrien hinweg gesehener Ebene.

Es zeigt sich mithin, dass ESG grundsätzlich über alle Branchen hinweg, aber auch spezifisch in der Immobilienwirtschaft, Auswirkung auf die Performance bzw. die Bewertung von Unternehmen hat. Für die Immobilienwirtschaft zeigen die Ergebnisse, dass ein gutes ESG-Rating zu materiellen Bewertungsaufschlägen führt. Die Ergebnisse zeigen aber auch, dass ein schlechtes ESG-Rating zu materiellen Nachteilen führt: Unternehmen, die ESG in der Immobilienwirtschaft nicht berücksichtigen bzw. ein schlechtes ESG-Rating haben, setzen sich erheblichen Risiken aus – sowohl operativen Risiken wie auch Kapitalmarktrisiken.

Basierend auf diesen Untersuchungen kann darauf geschlossen werden, dass ESG einen Einfluss nicht nur auf den Wert von immobilienhaltenden Unternehmen hat, sondern entsprechend auch auf den Wert der Immobilien selbst.

17.5.3   Auswirkung auf die Immobilienbewertung

Die genannten ESG-Kriterien haben keine strukturellen Auswirkungen auf das anzuwendende Bewertungsverfahren oder die grundsätzliche methodische Vorgehensweise, können sich aber wie nachfolgend ausgeführt auf die Bewertungsparameter auswirken, die wir hier am Beispiel des Ertragswertverfahrens beleuchten.[45]

Im Rahmen einer ertragsorientierten Bewertung und im Kontext der beschriebenen, sowohl durch die Märkte als auch den Regulator getriebenen Entwicklung, kann berechtigterweise davon ausgegangen werden, dass ESG auf unterschiedliche Bewertungsparameter wirken kann. Dabei handelt es sich zum einen um die marktseitigen Parameter (Miete und Zinssatz) und zum anderen um die objektspezifischen Parameter (Bewirtschaftungskosten und Restnutzungsdauer). Somit werden sowohl ein geändertes Nachfrageverhalten als auch technische Aspekte des Gebäudes durch ESG erfasst.

Eine Wertanpassung von ESG-Kriterien als additiven Faktor ähnlich des Marktanpassungsfaktors oder als »besondere objektspezifische Grundstücksmerkmale« er-

---

45   Wübbelmann, Klara/Hackelberg, Florian (2021), S. 19.

scheint nicht sachgerecht. Zum einen wird dieser Faktor der Höhe nach schwierig zu substantiieren sein und damit regelmäßig subjektiven Einschätzungen unterliegen, zum anderen besteht die Gefahr einer »Doppelberücksichtigung«, da einzelne Faktoren möglicherweise bereits in den Eingangsparametern abgebildet wurden. Es empfiehlt sich daher die Einflussfaktoren von ESG exklusiv in den einzelnen Eingangsparametern wie in Abb. 17.12 dargestellt wertsteigernd oder wertmindernd zu berücksichtigen.

Auch hier ist es essenziell, dass Faktoren nicht mehrfach berücksichtigt werden: beispielsweise sowohl in einer erhöhten Miete als auch einem reduzierten Zinssatz. Vielmehr ist zu prüfen, in welchem Parameter eine Berücksichtigung am sachgerechtesten erscheint, und dann bei diesem Parameter transparent anzusetzen. Eine entsprechende Erläuterung ist dementsprechend im Gutachten zur gewählten Vorgehensweise darzulegen.

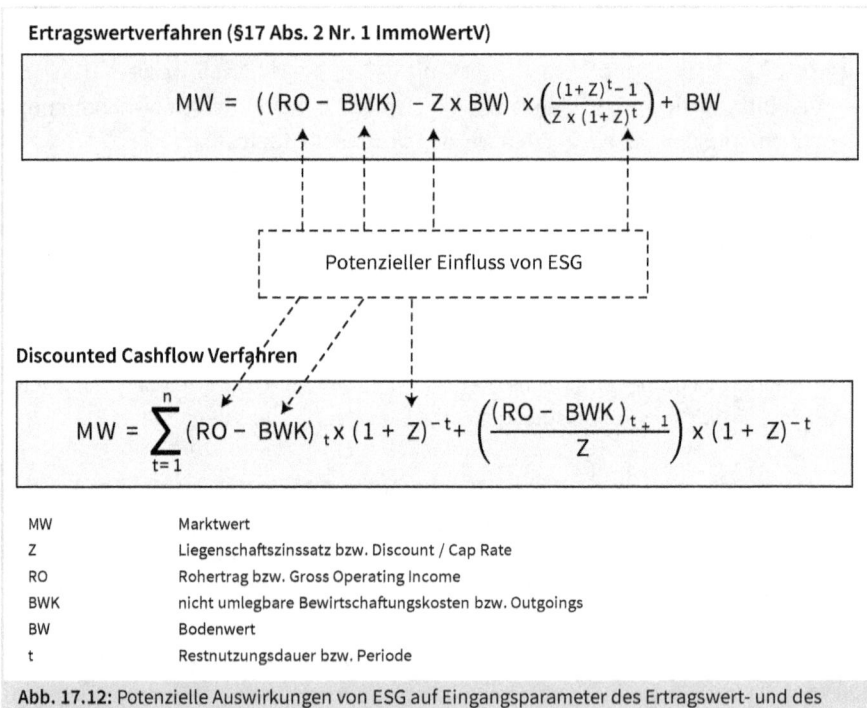

Abb. 17.12: Potenzielle Auswirkungen von ESG auf Eingangsparameter des Ertragswert- und des DCF-Verfahrens

Die Herausforderung im Rahmen der Immobilienbewertung wird dabei regelmäßig die Transformationsleistung des Gutachters bzw. der Gutachterin sein, welche den qualitativen Einfluss quantitativ in den Parametern ansetzen müssen.

17.5.4 Auswirkungen auf den Rohertrag

Ein wesentlicher potenziell durch ESG-Kriterien beeinflusster Eingangsparameter ist der anzusetzende marktübliche Mietzins bzw. Jahresrohertrag.

Nachhaltige Gewerbeimmobilien werden in vielen Fällen in Spitzenlagen wie der Innenstadt oder etablierten Bürovierteln errichtet. Auch wenn die Miete über der ortsüblichen Marktmiete liegt, ist es schwierig, das Delta eindeutig zu bestimmen, welches auf die Nachhaltigkeit der Immobilie zurückzuführen ist (Korrelation vs. Kausalität).[46] Dennoch weist eine Vielzahl veröffentlichter Studien Mietprämien zertifizierter Gebäude auf (vgl. Abb. 17.13).

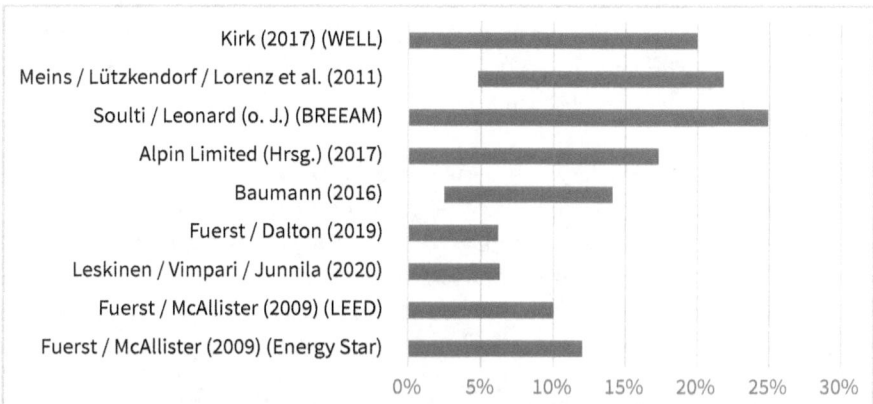

Abb. 17.13: Mietpreisaufschläge bei zertifizierten Gebäuden. Quelle: Vgl. Eigene Darstellung i. A. a. Fuerst/McAllister (2009), S. 17; Leskinen/Vimpari/Junnila (2020), S. 8; Fuerst/Dalton (2019), S. 186; Baumann (2016), S. 81; Alpin Limited (Hrsg.) (2017), S. 25; Soulti/Leonard (o. J.), S. 5; Meins/Lützkendorf/Lorenz et al. (2011), S. 29; Kirk (2017) nach Wübbelmann, Klara7Hackelberg, Florian (2021), S. 20.

Die vorstehende Abbildung zeigt prozentuale Zuschläge der Mieten zertifizierter Gebäude im Vergleich zu konventionellen Gebäuden. Viele am Markt etablierte Systeme beziehen neben den ökologischen Aspekten auch soziale und ökonomische Faktoren mit in die Bewertung ein. Arbeitnehmer achten vermehrt auf Komfort und Wohlbefinden am Arbeitsplatz. Darin liegt ein wichtiger Grund für die höhere Zahlungsbereitschaft seitens der Unternehmen. Studien zufolge können die Personalfluktuation bei Unternehmen mit zufriedenen Mitarbeitern durchschnittlich um 20-65 % gemindert und die Produktivität um bis zu 21 % gesteigert werden.[47]

---

46 Wübbelmann, Klara/Hackelberg, Florian (2021), S. 19.
47 Vgl. Heath/Jackson/Goode (2018), S. 13.

Zudem weisen Unternehmen, welche nachhaltige Immobilien anmieten, im Allgemeinen eine höhere Solvenz als andere Unternehmen auf.[48] Die Umsetzung ESG-konformer Büroimmobilien kann durchaus eine Chance für Investoren sein, den Cash-Flow zu erhöhen oder zumindest durch die Performance der Unternehmen, welche die Flächen nutzen, zu stabilisieren.[49] Dabei sollten die in der vorstehenden Abbildung dargestellten Spannen eher als Tendenz denn als pauschaler Bewertungsansatz verstanden werden.[50]

Neben diesen positiven Effekten bei der Vermietung von ESG-konformen Gebäuden können perspektivisch Veränderungen gegenüber herkömmlichen Gebäuden auch über einen Discount von sogenannten *Brown Buildings* verzeichnet werden. Die RICS hat in einer weltweiten Umfrage mit verschiedenen Akteuren der gewerblichen Immobilienwirtschaft herausgefunden, dass neben Mietpreisaufschlägen zertifizierter Gebäude (35% Zustimmung) auch Mietpreisrückgänge nicht-zertifizierter Gebäude (40% Zustimmung) gesehen werden.[51]

Ein weiterer Aspekt neben der Zertifizierung eines Gebäudes ist durch die Etablierung der EU-Taxonomie hinzugetreten, welche sich von den verschiedenen Gebäudezertifikaten dahingehend unterscheidet, dass sie einen einheitlichen, rechtssicheren Bewertungsrahmen zur Verfügung stellt. Dabei erstreckt sich der Wirkungsraum zudem über die Europäische Union hinaus auf verschiedene Länder, die bereits angedeutet haben, dass sie die Kriterien der EU-Taxonomie ebenfalls anwenden wollen.

Dementsprechend kann auf der Seite der Nutzer, analog o. g. Studie der RICS, davon ausgegangen werden, dass ein taxonomie-kompatibles Gebäude zukünftig für mehr Nutzer interessant bzw. belegungsfähig ist als ein nicht taxonomie-kompatibles Gebäude (beispielsweise weil Unternehmen aufgrund von Corporate Governance nur noch entsprechende taxonomie-kompatible Gebäude anmieten).

17.5.5   Bewirtschaftungskosten

Verwaltungskosten
Die Verwaltungskosten beinhalten im Wesentlichen die Kosten für die kaufmännische Verwaltung des Gebäudes. Aufgrund der Etablierung von ESG-Kriterien oder der EU-Taxonomie drängen sich keine zusätzliche Kostenpositionen auf, die infolge von ESG einen Anstieg bzw. einen Rückgang erfahren könnten. Dementsprechend kann davon

---

48   Vgl. PATRIZIA AG (Hrsg.), Nachhaltigkeit in der Immobilienbranche (2018).
49   Vgl. Catella Group (Hrsg.), Market Tracker ESG Investment (2020), S. 3.
50   Wübbelmann, Klara/Hackelberg, Florian (2021), S. 19.
51   Wübbelmann, Klara/Hackelberg, Florian (2021), S. 19 f.

ausgegangen werden, dass Verwaltungskosten i. S. d. Wertermittlung nicht maßgeblich durch ESG beeinflusst werden.

Betriebs- und Instandhaltungskosten

Ein weiterer Grund für die höhere Mietpreisakzeptanz kann in der Senkung der Betriebs- und auch Instandhaltungskosten benannt werden. Durch Maßnahmen zur Reduzierung etwaiger Emissionen, unter anderem durch Nutzung erneuerbarer Energien oder ein Verbrauchsmonitoring mittels Vernetzung intelligenter Technologien, können Verbräuche und Kosten gesenkt werden. Von den sinkenden Kosten während des laufenden Betriebes profitiert bei einer Umlage der Mieter. [52]

Mit Monitoringsystemen können Instandhaltungs- und Wartungsintervalle optimiert und somit Instandhaltungskosten oder Schadenskosten minimiert werden. Die Immobilie ist langlebiger, die Qualität wird gesichert und es kann ein ökologischer sowie ökonomischer Mehrwert geschaffen werden. Anfänglich höhere Investitionskosten werden durch Kosteneinsparungen während des Betriebes früher amortisiert. [53] Gleichwohl ist an dieser Stelle auch auf eine Untersuchung der Immobilieninvestment Gesellschaft M&G Real Estate hinzuweisen, die nahelegt, das zertifizierte Gebäude aufgrund der erhöhten Komplexität der technischen Anlagen und Leitsysteme partiell höhere Kosten induzieren[54]. Folglich kann nicht ausgeschlossen werden, dass die beschriebenen, gegenläufigen Effekte sich aufheben bzw. materielle Auswirkungen nicht per se angenommen werden können.

Weiterhin ist es im Gesamtlebenszyklus sinnvoll, robuste, qualitativ hochwertige Baumaterialien zu verwenden. Im Gegensatz zu kostengünstigen, nicht-nachhaltigen Materialien kann die Langlebigkeit maximiert und ein Austausch der Bauelemente muss weniger häufig durchgeführt werden.

Mietausfallwagnis

Das Mietausfallwagnis subsummiert die Kosten, die durch das Risiko von temporärem Leerstand sowie Zahlungsunfähigkeit auf Seiten des Mieters und damit verbundene Kosten für den Vermieter entstehen[55]. Somit hängt das Mietausfallwagnis auch stark von der Objektqualität und der damit einhergehenden Marktgängigkeit ab, welche unmittelbar auf seinen Nutzerkreis wirkt. Hierzu gibt es unterschiedliche Studien, die eine erhöhte Nutzerzufriedenheit und geringere Fluktuation für zertifizierte Gebäude nachgewiesen haben.[56] Dieser Gedankengang lässt sich plausibel auch auf

---

52 Wübbelmann, Klara/Hackelberg, Florian (2021), S. 20 f.
53 Vgl. Bundesinstitut für Bau-, Stadt- und Raumforschung (Hrsg.), Nachhaltiges Bauen (2010), S. 9.
54 Vgl. hierzu Studie von M&G Real Estate (2018), S. 4.
55 Vgl. ImmoWertV s§ 19 Abs. 2 Nr. 3.
56 Vgl. Alpin Limited (Hrsg.) (2017); PATRIZIA AG (Hrsg.) (2018) und PricewaterhouseCoopers GmbH (Hrsg.) (2020), S. 34.

taxonomie- bzw. ESG-kompatible Gebäude übertragen. Gleichwohl wird im Rahmen der Wertermittlung gem. ImmoWertV eine entsprechende Bandbreite zur Verfügung gestellt, so dass nicht von einem spezifischen Abschlag oder Zuschlag für ESG-konforme bzw. nicht-konforme Objekte ausgegangen werden kann. Vielmehr sollten bei der Wertermittlung die entsprechenden Bandbreiten für die Einschätzung des Mietausfallwagnisses als ausreichendes Maß genutzt werden.

Im Rahmen der Betrachtung der Betriebs- und Bewirtschaftungskosten ist deutlich geworden, dass nach aktuellem Verständnis nicht von einer materiellen Beeinflussung der Verwaltungskosten und des Mietausfallwagnisses ausgegangen werden kann. Hingegen zeigt sich für Betriebskosten und Instandhaltungskosten, dass die überwiegende Praxis von einem positiven Einfluss, also einem Rückgang dieser Kosten, ausgeht. Gleichwohl sind auch steigende Instandhaltungs- und Wartungskosten aufgrund komplexerer Gebäude- und Leittechnik belegt worden. Insgesamt sollten daher im Rahmen der Wertermittlung die objektspezifischen Bewirtschaftungskosten durch den Gutachter oder die Gutachterin für die jeweilige Immobilie individuell gewürdigt werden.

17.5.6   Nutzungsdauer

Die Restnutzungsdauer ist der Zeitraum, für den – vom Bewertungsstichtag an gerechnet – von einer wirtschaftlichen Nutzungsmöglichkeit des Gebäudes auszugehen ist. Sie ist kürzer als die (technische) Restlebensdauer, die im Wesentlichen von der Ausführung der Fundamente und der anderen tragenden Bauteile abhängt.[57]

Die Restnutzungsdauer kann errechnet werden als Differenz aus der üblichen Gesamtnutzungsdauer eines Gebäudes und dessen Alter am Bewertungsstichtag. Sie wird maßgeblich von Kosten-/Ertrags-Überlegungen bestimmt. Entsprechend dem baulichen Zustand des Gebäudes, den allgemeinen und örtlichen wirtschaftlichen Verhältnissen sowie der zukünftigen Verwertbarkeit (Nutzungsnachfrage) ist sie gegebenenfalls anzupassen, wobei in der Wertermittlungspraxis eine Schätzung der Restnutzungsdauer auf Basis dieser Wertmerkmale und ohne ausdrückliche Berücksichtigung des Baujahrs ebenfalls üblich ist.

Nach allgemeiner Erfahrung gestalten sich die Revitalisierungszyklen vor allem gewerblich genutzter Immobilien aufgrund eines sich immer schneller ändernden Nachfrageverhaltens zunehmend kürzer. In der Fachliteratur hält diese Entwicklung indes überwiegend nur zögerlich Einzug; die dort empfohlenen Spannen für Gesamtnut-

---

57   Sommer, Götz/Kröll, Ralf (2017), S. 163.

zungsdauer und Restnutzungsdauer sind daher als Obergrenzen anzusehen, für deren Erreichung es nicht nur einer fachgerechten, permanenten Instandhaltung bedarf, sondern auch der notwendigen Anpassung an zeitgemäße Erfordernisse, z. B. der Ausstattung und der technischen Ausrüstung.

Als zusätzliches Kriterium ist zudem die Nutzungsdauer eines Objekts nachhaltig für Fälle zu berücksichtigen, in denen der Regulator diese beschränkt. Als Beispiel sei an dieser Stelle auf die Gesetzeslage in den Niederlanden verwiesen, welche gewissen Immobilien die Nutzung ab 2023 untersagt[58]. Dies ist jedoch je nach Standort individuell für die Immobilie zu prüfen. Bei entsprechenden Objekten ist dann im Rahmen der Bewertung die Kapitalisierung auf den verbleibenden Nutzungszeitraum zu begrenzen.

17.5.7   Kapitalisierungszinssatz/Liegenschaftszinssatz

Der Zinssatz reflektiert das Risiko-Rendite-Profil der zugrundeliegenden Immobilie. Dabei werden sämtliche Aspekte (Lage, Nutzung, Vermietungsquote, Baujahr, Mieterstruktur etc.) miteinbezogen. Ferner ist der potenzielle Investorenkreis kritisch zu würdigen.

Insbesondere in diesem Kontext ist die Wirkung der EU-Taxonomie nicht zu unterschätzen, welche zukünftig Transparenz und ein einheitliches, rechtssicheres Verständnis bei Investoren in Bezug auf Nachhaltigkeit schafft. Somit wird es für Marktteilnehmer künftig möglich, zwischen nachhaltigen und nicht-nachhaltigen Immobilien gem. EU-Taxonomie zu wählen. Dadurch wird der Investorenkreis unmittelbar durch ESG beeinflusst: ESG-konforme Immobilien zeichnen sich durch geringere Risiken bei der Erzielung von Einkommensströmen (z. B. Marktmiete, Vermietungsgrad) als auch höhere Preise im Falle einer Veräußerung aus[59]. Daher muss der Einfluss von ESG auf den Kapitalisierungszinssatz als maßgeblich angenommen werden.

17.5.8   Zwischenfazit

Die vorhergehenden Abschnitte haben gezeigt, dass eine ESG- bzw. taxonomie-kompatible Immobilie auf unterschiedlichen Ebenen, nach aktuellem Wissensstand, als vorteilhaft gegenüber einer nicht ESG- bzw. taxonomie-kompatiblen Immobilie eingeordnet werden kann. Es wurde zudem deutlich, dass der Einfluss auf die jeweiligen

---

58   Vgl. Jacomijn Christ (2018).
59   Vgl. PATRIZIA AG (Hrsg.) (2018) und PricewaterhouseCoopers GmbH (Hrsg.) (2020), S. 34.

Parameter Rohertrag, Bewirtschaftungs- und Betriebskosten, Mietausfallwagnis und Restnutzungsdauer in unterschiedlichen Ausprägungen auftreten kann und ebenfalls stark von der individuellen Immobilie abhängt.

Darüber hinaus sollte an dieser Stelle aber auch darauf hingewiesen werden, dass es – abseits der Analysen von Kapitalmarktdaten sowie empirischen Einschätzung von Immobilienmarktteilnehmern – derzeit noch keine messbaren Auswirkungen von ESG- bzw. Taxonomie-Kompatibilität auf den Verkehrswert einer Immobilie gibt. Gleichwohl ist dies auch dem Umstand geschuldet, dass die Ausweisung des ESG- bzw. taxonomie-kompatiblen Wertanteils an der Immobilie bis dato nicht vorgesehen ist. Hier besteht zweifelsohne weiterer Bedarf bzw. dies wird durch die Immobilien-märkte noch auszuprägen sein.

In Anbetracht des eben Ausgeführten sowie vor dem Hintergrund der Erarbeitung eines praxistauglichen, möglichen Verfahrensansatzes, wurde auf die Ergebnisse der internen PwC-Kapitalmarktanalysen zurückgegriffen. Basierend auf den genannten Analysen erscheint es plausibel, den Einfluss von ESG im Zinssatz zu berücksichtigen. Hierfür spricht insbesondere die direkte Verknüpfung zwischen Liegenschaftszinssatz bzw. Renditeerwartung der Investoren und des Kapitalmarkts. Im Liegenschaftszins-satz wird die Berücksichtigung des spezifischen Immobilienrisikos unmittelbar vorge-nommen. Darüber hinaus können weitere Effekte von ESG bzw. der EU-Taxonomie auf die o. g. Parameter hier subsummiert werden und sind daher nicht mehr explizit oder implizit bei diesen Parametern zu berücksichtigen. Zudem können auch bestehende Finanzierungsvorteile (Green Bonds) für ESG-konforme Gebäude so plausibel erfasst werden.

17.5.9 Vorgehensweise bei der Anpassung des Zinssatzes

Der vorangestellte Abschnitt zeigt auf, dass ESG bzw. die EU-Taxonomie im Rahmen der Wertermittlung subsummierend bei der Bestimmung des angemessenen Liegen-schaftszinssatzes erfasst werden kann.

Im Folgenden wird ausgeführt, wie die Berücksichtigung von ESG auf Objektebene im Rahmen der Bestimmung des angemessenen Liegenschaftszinssatzes erfolgen kann, auch vor dem Hintergrund fehlender empirischer Belege für die Auswirkung auf die Wertermittlung im Rahmen der übrigen genannten Parameter. Somit ist bei der Be-stimmung des objektspezifischen Liegenschaftszinssatzes ESG als zusätzliches Krite-rium in Ansatz zu bringen, welches zudem mögliche Restriktionen von ESG auf der Marktmietebene berücksichtigt.

Folgt man dabei den Ergebnissen der obigen Ausführungen, so kann vereinfachend von drei Szenarien ausgegangen werden, welche die Sicht des Kapitalmarkts auf ESG mit der Immobilie verbindet:

a) Immobilie mit gutem ESG-Rating: Zinsabschlag (d.h. Werterhöhung)

b) Immobilie mit durchschnittlichem ESG-Rating: unveränderter Kapitalisierungszins

c) Immobilie mit schlechtem ESG-Rating: Zinsaufschlag (d.h. Wertminderung)

Praktische Umsetzung in der Wertermittlung

Die dargelegte Vorgehensweise zur Berücksichtigung von ESG im Rahmen der Bestimmung des angemessenen Kapitalisierungszinssatzes bei der Wertermittlung erfordert, wie eben beschrieben, ein objektspezifisches ESG-Rating zur Einordnung des Objektes in die Kategorie A, B oder C. Hierfür ist es beispielsweise denkbar, auf die EU-Taxonomie abzustellen und dies durch passende Zertifizierungssysteme zu ergänzen. Dabei bieten sich bestehende Zertifizierungssysteme als Basis für die Ermittlung eines entsprechenden Ratingmodells an. Diese sind anschließend um die Kriterien der EU-Taxonomie sowie weitere ESG-Kriterien zu ergänzen. Unter Verwendung dieser Aspekte hat PwC ein Tool entwickelt, welches im Rahmen der Wertermittlung eingesetzt werden kann. Anhand eines Fragenkatalogs kann so eine indikative Einschätzung bzgl. der Taxonomie-Kompatibilität getroffen werden. Ferner ermöglich das Tool eine Einstufung in eine der genannten Kategorien A (gutes ESG-Rating), B (durchschnittliches ESG-Rating) und C (schlechtes ESG-Rating).

Nach Einordnung bzw. erfolgtem Rating wird anhand der Kategorie der Liegenschaftszinssatz entsprechend adjustiert. Hierbei wird aufgrund der beschriebenen Einschränkungen für die Immobilienwirtschaft vorläufig auf die globalen Ergebnisse der Analyse abgestellt, die durch die Ergebnisse der Immobilienwirtschaft grundsätzlich gestützt werden. Der resultierende Effekt von bis zu -10% (Wertminderung, d.h. eine Erhöhung des Kapitalisierungszinssatzes) bzw. bis zu +25% (Werterhöhung, d.h. Verringerung des Kapitalisierungszinssatzes) wird durch entsprechende Zu- und Abschlagsfaktoren berücksichtigt:

a) Kapitalisierungszinssatz x [Faktor von 0,75 – 1,00]

b) Kapitalisierungszinssatz unverändert

c) Kapitalisierungszinssatz x [Faktor von 1,00 – 1,10]

Die exakte Adjustierung des Liegenschaftszinssatzes obliegt dabei dem Gutachter oder der Gutachterin, welcher die genaue Rating-Einschätzung des zu bewertenden Objekts berücksichtigt (beispielsweise kann ein Objekt, das in Kategorie A eingeordnet ist, ein sehr gutes Rating aufweisen oder an der Grenze zu einem durchschnittlichen Rating liegen).

Abschließend wird der so ermittelte Liegenschaftszinssatz für die Wertermittlung in Ansatz gebracht. Somit wird, neben den etablierten Merkmalen wie Lage, Nutzung, Baujahr, Mieterbesatz, Vermietungsquote usw., auch das ESG-Rating bzw. die Taxonomie-Kompatibilität berücksichtigt.

17.6   Zusammenfassung

Bewerten heißt Vergleichen. Insbesondere vor dem Hintergrund der aktuell noch unzureichenden Datenverfügbarkeit stellt die quantifizierende Transformationsleistung und somit transparente Berücksichtigung von ESG-Kriterien regelmäßig die wesentliche Herausforderung im Rahmen der Immobilienbewertung dar. Mit der immobilienspezifischen Berücksichtigung von ESG-Kriterien im Rahmen der Immobilienbewertung können mittels einer entsprechenden Anpassung des Liegenschaftszinssatzes die Erkenntnisse aus den kapitalmarktbasierten Analysen auf die Immobilienbewertung übertragen werden.

Dabei ist hervorzuheben, dass es aufgrund der bis dato noch limitierten Datenverfügbarkeit angezeigt ist, die beschriebene Vorgehensweise insbesondere in quantitativer Hinsicht sukzessive weiterzuentwickeln. Vor diesem Hintergrund soll die dargelegte Vorgehensweise auch als Debattenbeitrag verstanden werden, um die Diskussion über die Berücksichtigung von ESG in der Wertermittlung voranzubringen, und gleichzeitig Lösungsmöglichkeiten durch die integrierte Betrachtung Immobilie, Immobilienunternehmen und Kapitalmärkte anbieten

Literatur

Alpin Limited (Hrsg.) (2017): LEED Costs, Benefits and ROI – (Energy, Water, CapEx, Health an Productivity; online verfügbar unter https://media.alpinme.com/pws/LEED-Costs-Benefits-ROI1.pdf; zuletzt aktualisiert: o. D.; zuletzt geprüft: 05.07.2021.

Bolsenkötter, Heinz/Detemple, Peter/Marettek, Christian (2002): Die Eröffnungsbilanz der Gebietskörperschaft, Frankfurt 2002.

Baum, Andrew/Mackmin, David/Nunnington, Nick (2018): The Income Approach to Property Valuation, 7. Ed, Routledge, London, 2015.

Geltner, David/De Neufville, Richard (2018): Flexibility and Real Estate Valuation under Uncertainty – A practical Guide for the developer, Wiley Blackwell, Oxford, 2018.

Geppert Hubert/Werling, Ullrich (Hrsg.) (2011): Wertermittlung von Immobilieninvestments, Manager Verlag, Köln 2011.

Gondring, Hanspeter (2013): Immobilienwirtschaft. Handbuch für Studium und Praxis, Vahlen, München 2013.

Hausmann, Andrea/Rolf, Andrea/Kröll, Ralf (2015): Rechte und Belastungen in der Immobilienbewertung, 5. Ed., Werner Verlag, München 2015.

Hennig, Dirk/Kadel, Dirk/von Richthofen, Johannes (2012):ESG in der Immobilienbewertung, ein Diskussionspapier zu Bewertungs- und Ratingmodellen, PwC, Frankfurt, online verfügbar unter ESG in der Immobilienbewertung (pwc.de), zuletzt aktualisiert: 15.03.2021; zuletzt geprüft: 05.07.2021.

Heath, Oliver/Jackson, Victoria/Goode, Eden (2018): Well Building Standard (2018), S. 13 online verfügbar unter ec_eu-wellbuildingguide-en.pdf (scene7.com) zuletzt geprüft: 05.07.2021.

Isaac, David/O'Leary, John (2013): Property Valuation Techniques, Palgrave Macmillan, New York 2013.

Jacomijn Christ (2018): Energy Label C Obligation for All Office Buildings in the Netherlands in 2023 (With Few Exceptions); National Law Review (Hrsg.); online verfügbar unter: https://www.natlawreview.com/article/energy-label-c-obligation-all-office-buildings-netherlands-2023 – few-exceptions; zuletzt geprüft: 05.07.2021.

Kleiber, Wolfgang (2014): Verkehrswertermittlung von Grundstücken, Kommentar und Handbuch, 7. Ed., Bundesanzeiger Verlag Köln 2014.

Kleiber, Wolfgang (2017): Verkehrswertermittlung von Grundstücken, Kommentar und Handbuch, 8. Ed., Bundesanzeiger Verlag Köln 2017.

Kleiber, Wolfgang (2018): Wertermittlung nach ImmoWertV. Praxiskommentar zur Verkehrswertermittlung von Grundstücken. 8. Ed, Bundesanzeiger Verlag, Köln 2018.

Leopoldsberger, Gerrit (2017): Wertermittlung von Immobilien. In: Mändle, Markus (ed.): Handbuch Immobilienwirtschaft. Haufe, Freiburg 2017, S. 479-518.

Leopoldsberger, Gerrit/Thomas, Matthias/Naubereit, Philipp (2016): Immobilienbewertung. In Schulte, Karl-Werner/Bone-Winkel, Stephan/Schäfers, Wolfgang (ed.) Immobilien-Ökonomie 1, Betriebswirtschaftliche Grundlagen, 5. Ed., Oldenbourg, 2016.

Manganelli, Benedetto (2015), Real Estate Investing – Market Analysis, Valuation Techniques, and Risk Management, Springer, Heidelberg, 2015.

Marettek, Christian/Dorschell, Andreas/Hellenbrand, Andreas (2004):Kommunales Vermögen richtig bewerten – Haufe Praxisratgeber zur Erstellung der Eröffnungsbilanz und als Grundlage der erweiterten Kameralistik, 2. Aktualisierte Auflage 2004.

Metzger, Bernd (2018): Wertermittlung von Immobilien. Haufe, Freiburg 2018.

Patrizia AG (Hrsg.) (2018): Nachhaltigkeit in der Immobilienbranche: Verantwortlich Investieren zahlt sich aus; online verfügbar unter https://www.patrizia.ag/de/detail/trends-and-more/nachhaltigkeit-in-der-immobilienbranche-verantwortlich-investieren-zahlt-sich-aus/; zuletzt aktualisiert: 14.06.2018; zuletzt geprüft: 05.07.2021.

Parker, David (2016): International Valuation Standards, A Guide to the Valuation of Real Property Assets, Wiley Blackwell, Oxford 2016.

PricewaterhouseCoopers GmbH (Hrsg.) (2020): Covid-19 Impact on Real Estate; online verfügbar unter https://blogs.pwc.de/real-estate/files/2020/04/PwC_RE_COVID19_WebCast_22.04.2020_Deutsch.pdf; zuletzt aktualisiert: 22.04.2020; zuletzt geprüft: 05.07.2021.

Schaper, Daniela/Moll-Amrein, Marianne (2016): Wertermittlungsverfahren, Bundesanzeigerverlag, Köln 2016.

Sommer, Götz/Kröll, Ralf (2017): Lehrbuch zur Immobilienbewertung, 5. Ed. Werner Verlag, München 2017): Property Valuation, 2. Ed. Wiley Blackwell, Oxford 2013.

Sommer, Götz/Piehler, Jürgen (Hrsg.) (2003): Grundstücks- und Gebäudewertermittlung für die Praxis (WertE), Orga-Handbuch, Freiburg, Loseblatt Stand März 2003.

Simon, Thore/Gillich, Tobias (2012): Wertermittlung von Grundstücken. 6. Ed. Werner Verlag, München 2012.

Thomas, Matthias (2011): Immobilienbewertung. In Rottke, Nico/Thomas, Matthias (ed.). Immobilienwirtschaftslehre Band 1 Management. Manager Verlag, Köln 2011, S. 763-834.

Wübbelmann, Klara/Hackelberg, Florian (2021): ESG in der Immobilienbewertung, in: Der Immobilienbewerter – Zeitschrift für die Bewertungspraxis, S. 18-22, Köln: Reguvis, 2021.

Wyatt, Peter (2013): Property Valuation, 2. Ed., Wiley Blackwell, Oxford 2013.

Zimmermann, Peter (2010): ImmoWertV – Immobilienwertermittlung, Kommentar. C.H.Beck, München 2010.

Gesetzestexte und Verordnungen

BauGB (2017), Baugesetzbuch (BauGB), Berlin 2017.

EW-RL (2015), Richtlinie zur Ermittlung des Ertragswertes (Ertragswertrichtlinie – EW-RL), Berlin 2015.

IDW S10 (2013), Grundsätze zur Bewertung von Immobilien, Institut der Wirtschaftsprüfer Standard 10, Düsseldorf 2013.

ImmoWertV (2010), Verordnung über die Grundsätze zur Ermittlung des Verkehrswertes von Grundstücken, (Immobilienwertermittlungsverordnung – ImmoWertV), Berlin 2010.

SW-RL (2012), Richtlinie zur Ermittlung des Sachwertes (Sachwertrichtlinie – SW-RL), Berlin 2012.

VW-RL (2014), Richtlinie zur Ermittlung des Vergleichswerts und des Bodenwerts (Vergleichswertrichtlinie – VW-RL), Berlin 2014.

WertR (2016), Wertermittlungsrichtlinie WertR 2006, Berlin 2016.

18 Implementierung von ESG-Kriterien in Immobilienverträgen

Christiane Conrads, Mario Lindner und Dr. Philipp Schott

18.1 Einleitung

Eine Strategie zur Verfolgung von Kriterien in den Bereichen *Environmental, Social and Governance* (»**ESG**«)[1] ist nur dann erfolgreich, wenn sie in sämtlichen immobilienbezogenen Verträgen umgesetzt wird. Andernfalls bleiben Nachhaltigkeitspotenziale ungenutzt und es drohen Vertragsverletzungen[2] und Gesetzesverstöße. Angesichts der Tatsache, dass die Entwicklung hin zu nachhaltigeren Immobilienanlagen ein dynamischer Prozess ist – der gerade erst begonnen hat –, gilt es auch im Rahmen der Vertragsgestaltung, zukünftige Entwicklungen zu antizipieren und für hinreichend Flexibilität sowie angesichts steigender Berichtsanforderungen für Transparenz zu sorgen.

In diesem Kapitel wird ein Überblick über die Themen gegeben, die bei der Gestaltung von Immobilienverträgen im Hinblick auf die Erstellung, Anpassung und Umsetzung von ESG-Strategien von Bedeutung sind. Neben der Erläuterung von inhaltlichen Gestaltungsmöglichkeiten wird auf die rechtlichen Rahmenbedingungen eingegangen. Angesichts komplexer Ursache-Wirkungs-Zusammenhänge, neuer Sachverhalte sowie fehlender Standards und eindeutiger regulatorischer Vorgaben stellt die vertragliche Implementierung von ESG-Kriterien für viele Immobilienunternehmen eine große Herausforderung dar. Die nachfolgenden Ausführungen spiegeln das Ergebnis zahlreicher Projekte zur Entwicklung von Musterverträgen und Vertragsverhandlungen wider und sind als Hilfestellung für die Entwicklung neuer rechtlicher Marktstandards im Zusammenhang mit der vertraglichen Implementierung von ESG-Strategien gedacht.

18.2 Allgemeine Erwägungen

Verträge, die ESG-bezogene Regelungen enthalten, werden meist auch als »grüne« Verträge bezeichnet. Diese stellen keinen eigenen Vertragstyp dar, sondern sind Standardverträge (etwa Kauf-, Miet- und Dienstleistungsverträge), die um bestimmte »grüne« Regelungen zur Erreichung von höheren Umwelt- und Sozialstandards erwei-

---

1   Der Begriff »ESG« wird in diesem Beitrag gleichbedeutend mit dem Begriff »Nachhaltigkeit« verwendet.
2   Beispielsweise durch die Nichteinhaltung von ESG-Verpflichtungen in einzelnen Vertragsverhältnissen.

tert wurden. Dabei bleibt es allerdings mangels gesetzlicher Vorgaben den jeweiligen Vertragsparteien überlassen, welche »grüne« Vereinbarungen getroffen werden. Während in der Vergangenheit Verträge bereits dann als »grün« bezeichnet wurden, wenn sie lediglich unverbindliche Absichtserklärungen zu Nachhaltigkeitszielen enthielten, ist in der letzten Zeit vermehrt zu beobachten, dass verbindliche, konkrete ESG-Pflichten vereinbart werden.

In diesem Abschnitt wird zunächst auf die allgemeinen zivilrechtlichen Anforderungen an ESG-konforme Vereinbarungen eingegangen. Zudem werden beispielhaft Regelungsinhalte dargestellt, die regelmäßig zur Absicherung von ESG-Strategien vereinbart werden. Wichtige Ziele sind hierbei vor allem:

- die Schaffung und Sicherstellung von Transparenz (etwa durch Datenaustauschregeln),
- die zukünftige Flexibilität des Vertragsverhältnisses (z. B. durch Anpassung von Dauerschuldverhältnissen an Fortentwicklungen von ESG-Strategien),
- die Absicherung von Mindeststandards im Bereich des Risikomanagements (physische und transitorische Risiken der ESG-Transformation) und
- die Erreichung höherer Nachhaltigkeitsstandards (z. B. des Baukörpers, des Gebäudebetriebs und in der Gebäudenutzung).

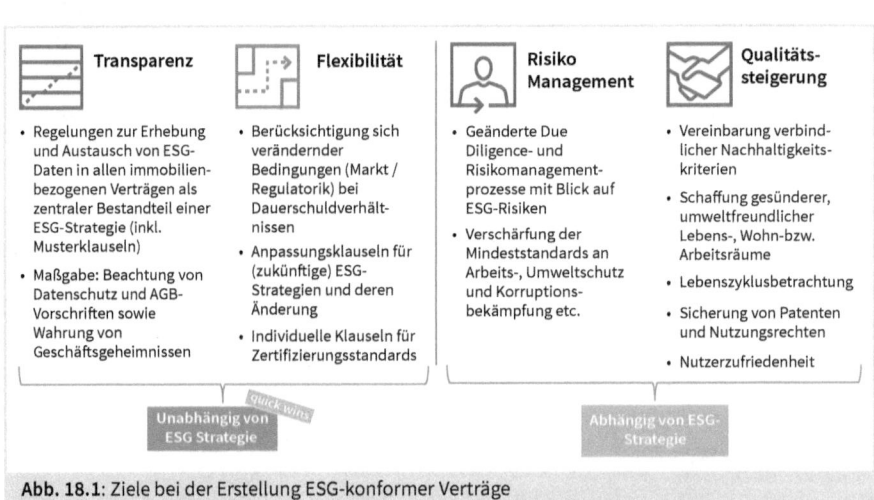

Abb. 18.1: Ziele bei der Erstellung ESG-konformer Verträge

Während die vorstehenden Ziele die Grundlage für die Erstellung ESG-bezogener Vertragsregelungen bilden, ist zu beachten, dass ein Kanon typischer ESG-Regelungen noch nicht vollständig entwickelt ist. Angesichts der Tatsache, dass die ESG-Transformation in den Bereichen Regulatorik und Markt gerade erst am Anfang steht, ist davon auszugehen, dass auch im Bereich der Vertragsgestaltung eine kontinuierliche Weiterentwicklung von Musterregelungen zu erwarten ist.

18.2.1   Rechtliche Anforderungen

18.2.1.1   Grundsätzliche zivilrechtliche Anforderungen an die Vertragsgestaltung

Grundsätzlich gelten für die Implementierung von ESG-Kriterien in Immobilienverträgen die allgemeinen zivilrechtlichen Regeln, vor allem die des BGB (z. B. von Angebot und Annahme, Formvorschriften, Besonderheiten bei Allgemeinen Geschäftsbedingungen).

Für die Vereinbarung von ESG-Kriterien in Immobilienverträgen existiert noch kein Marktstandard (Rechtsprechung ist ebenfalls noch nicht ersichtlich). Am weitesten fortentwickelt dürften sog. grüne Mietverträge (*green leases*) sein.[3]

Den Schwerpunkt vertraglicher ESG-Regelungen bilden typischerweise Regelungen über:
* Zielsetzungen/gemeinsames ESG-Verständnis
* Geltende Mindeststandards
* Datenerhebung und -austausch
* Berichterstattung
* Compliance (insbes. ESG-Selbstverpflichtung und Lieferantenmanagement)
* Vertragsanpassung bei zukünftigen Änderungen der Verhältnisse (Fortentwicklung der ESG-Strategie)

ESG-Regelungen in Immobilienverträgen können auch ein Vertragsstrafen- bzw. Bonussystem enthalten. Dieses koppelt das Erreichen bestimmter ESG-Kriterien an finanzielle Vor- oder Nachteile für eine der Vertragsparteien. Als Beispiel hierfür aus Mietverträgen sei die gestaffelte Umlage des dem Vermieter in Rechnung gestellten CO_2-Preises auf den Mieter genannt. Die Staffelung könnte sich z. B. danach richten, welcher Gebäudestandard erreicht wird.

Bei der Vereinbarung von sog. Benchmarks in langfristigen Verträgen ist denkbar, ein einseitiges Leistungsbestimmungsrecht nach § 315 BGB vorzusehen, damit die zu erreichenden Nachhaltigkeitsziele später von einer Vertragspartei nach billigem Ermessen nachjustiert werden können. Eine solche einseitige Festlegung ist engen Grenzen unterworfen, da diese die andere Partei nicht über Gebühr belasten darf und das ausgeübte Ermessen der Vertragspartei gerichtlich überprüfbar ist. Dies ist in der Praxis im Zusammenhang mit der Umsetzung von ESG-Strategien bislang kaum erprobt und es bleibt abzuwarten, wie viel Gestaltungsspielraum die Rechtsprechung den Vertragsparteien in solchen Fällen einräumen wird.

---

3   Siehe dazu Kapitel 18.3.2.

18.2.1.2   Zivilrechtlich mögliche Regelungstypen

Vertragliche ESG-Regelungen lassen sich je nach ihrer Intensität in verschiedene Typen einteilen:

18.2.1.2.1   Bloße Zielsetzungen bzw. Absichtserklärungen

Der unverbindlichste Regelungstyp sind Zielsetzungen bzw. Absichtserklärungen (z. B. »Die Vertragsparteien werden die nachstehend genannten Nachhaltigkeitsziele verfolgen …«). Diese finden sich oft in den Präambeln/Vorbemerkungen zum eigentlichen Vertragsinhalt.

Zielsetzungen/Absichtserklärungen sind für die Auslegung der Vertragsregelungen hilfreich und wichtig, ansonsten aber meist ohne rechtliche Konsequenzen. Falls die Nichterreichung von gesetzten Zielen im Vertrag sanktioniert werden soll, bedarf es einer gesonderten dahingehenden Vereinbarung, in der die jeweiligen Rechtsfolgen geregelt werden.

18.2.1.2.2   Bemühensklauseln

Des Weiteren gibt es sogenannte Bemühensklauseln. Diese können in verschiedenen Abstufungen vereinbart werden, je nachdem in welcher Ausprägung das Bemühen geschuldet sein soll. In der Praxis finden sich Verpflichtungen derart, »sich nach besten Kräften« bzw. »bestmöglich« zu bemühen (*best efforts*), »vernünftige Bemühungen« (*reasonable efforts*) oder einfach nur Bemühungen einzusetzen (z. B. »Der Darlehensnehmer bemüht sich, die Green Principles einzuhalten.«).

Das vertraglich geschuldete Ausmaß der Bemühungen ist durch Auslegung des Vertragsinhalts zu ermitteln, wobei meist kein eindeutiges Ergebnis zu bestimmen sein wird. Zur Vermeidung der diesen Bemühensklauseln immanenten Unbestimmtheit[4] empfiehlt es sich, bereits bei der Vertragserstellung Einzelheiten der geschuldeten Bemühungen zu regeln. Als Grundregel lässt sich festhalten, dass das zu erbringende Leistungsprogramm infolge einer Bemühensklausel weniger sein dürfte als bei normalen Verpflichtungen.[5]

---

4   So auch Schanze, Erich: Die Mängel der Impfstoffverträge (ZIP 2021, 882, 884). Andere charakterisieren Bemühensklauseln als »im Prozess schwer durchzusetzen« (Steiner in: Inderst/Bannenberg/Poppe, Compliance, 3. Aufl. 2017, 3.4.2 Compliance-Klauseln, Rn. 1210).

5   Für Bemühensklauseln in Leasingverträgen vgl. Assies in: v. Westphalen, Der Leasingvertrag, 7. Aufl. 2015, D. Vertragsabschluss zwischen Leasinggeber und Leasingnehmer, Rn. 135.

18.2.1.2.3 Beschaffenheitsvereinbarungen (in Kauf- und Mietverträgen)

Im Bereich der Kauf- und Mietverträge kommen Beschaffenheitsvereinbarungen bzw. -angaben vor, bei denen zwischen den Vertragsparteien bestimmte natürliche oder rechtliche Eigenschaften der Kaufsache bzw. der Mietsache vereinbart werden. Bei Vorliegen von Beschaffenheitsangaben bestimmen sich die Rechtsfolgen bei Abweichungen davon nach dem jeweiligen Gewährleistungsregime im Kauf- und Mietrecht; es liegt ein sogenannter Mangel vor, dessen Rechtsfolgen im Kauf- und Mietrecht detailliert geregelt sind[6].

18.2.1.2.4 Normale Verpflichtungen

Die Vereinbarung von Verpflichtungen der Vertragsparteien stellt den Normalfall dar.

Die Rechtsfolgen von nicht eingehaltenen Verpflichtungen hängen davon ab, ob den Schuldner ein Verschulden trifft (sogenanntes Vertretenmüssen). Die schuldhafte Nichteinhaltung von Verpflichtungen führt dazu, dass sich der Schuldner in Verzug befindet, der Gläubiger auf Erfüllung bzw. Leistung klagen und später eventuell Schadensersatz fordern kann.

Voraussetzung für einen Schadensersatzanspruch ist, dass der Gläubiger einen Schaden darlegen und beweisen kann. Bei vereinbarten ESG-Pflichten kann es in der Praxis schwierig sein, den durch die Nichteinhaltung der vereinbarten Pflicht erlittenen Schaden zu ermitteln. Die Vertragsparteien können sich in diesem Fall durch die Vereinbarung von Vertragsstrafen bzw. pauschalierten Schadensersatz behelfen (zur AGB-Problematik solcher Klauseln siehe Kapitel 18.2.1.4).

18.2.1.2.5 Garantien

Die stärkste vertragliche Regelung ist die Vereinbarung einer (echten) Garantie, bei der der Garant verschuldensunabhängig für den Erfolg des Garantierten einstehen soll.

Hält ein Vertragspartner eine gegebene Garantie nicht ein, so muss er den Begünstigten der Garantie so stellen, als ob der garantierte Erfolg eingetreten sei (ohne dass es auf ein Verschulden des Garanten ankommt).

Daneben gibt es in Kaufverträgen auch die sogenannte unselbstständige Garantie gemäß § 443 BGB, mit der der Verkäufer seine Einstandspflicht für bestimmte Eigenschaften und Umstände der Kaufsache über das gesetzliche Gewährleistungsregime hinaus erweitern kann.

---

6   Vgl. §§ 437, 536, 536a BGB.

18.2.1.2.6   Nutzung in der Praxis

In der Vergangenheit fanden sich vorrangig bloße Zielsetzungen und Bemühensklauseln, die das Grundverständnis des Themas Nachhaltigkeit der Parteien wiedergegeben haben und den regelmäßigen Dialog zu ESG-Kriterien fördern sollten (Stichworte: Aufklärung und Freiwilligkeit). Beschaffenheitsvereinbarungen finden sich seit geraumer Zeit in Bezug auf erreichte Zertifizierungsstandards. Dies gilt insbesondere für Bestandszertifizierungen, die jährliche Prüfungen des Gebäudebetriebs vorsehen. Neuerdings nehmen weitere verbindliche Angaben zur Beschaffenheit (etwa bei Immobilientransaktionen in Bezug auf die Konformität mit der EU-Taxonomie-Verordnung) und verbindliche Parteivereinbarungen (etwa zum Datenaustausch) als normale Verpflichtungen deutlich zu. Demgegenüber sind Garantievereinbarungen (ebenso wie Vertragsstrafenregelungen) mit ESG-Bezug in der Praxis derzeit gar nicht anzutreffen.

Es bleibt abzuwarten, inwiefern mit fortschreitender ESG-Transformation eine weitere Verschiebung hin zu verbindlichen Regelungen stattfinden wird.

18.2.1.3   Zwingende gesetzliche Anforderungen

In vielen Bereichen existieren zwingende gesetzliche Regelungen, deren Nichteinhaltung auch die vertraglichen ESG-Regelungen erfassen kann. Für vereinbarte ESG-Regelungen sind z. B. Formerfordernisse bei Kauf- und Mietverträgen sowie der Datenschutz zu beachten.

Grundstückskaufverträge bedürfen gemäß § 311b Abs. 1 BGB der notariellen Beurkundung. Zu beurkunden sind alle vertraglichen Haupt- und Nebenabreden, soweit diese von den Parteien für wesentlich gehalten werden.[7] Auch wesentliche Änderungen des Kaufvertrages müssen beurkundet werden.

Wohnraum- und Gewerbemietverträge mit einer Laufzeit von mehr als einem Jahr unterliegen dem Schriftformerfordernis gemäß §§ 550, 578 Abs. 1, 2 BGB. Das Formerfordernis erstreckt sich grundsätzlich auf alle Vertragsabreden und erfasst auch alle nachträglichen Änderungen des Mietvertrags. Das bedeutet, dass bei Vertragsanpassungen ein schriftlicher Nachtrag erforderlich wird. Im Mietrecht gibt es weitere zwingende gesetzliche Regelungen, die auch bei der Vereinbarung von ESG-spezifischen Regelungen Vorrang genießen (z. B. Abrechnungsregeln nach der Heizkostenverordnung, Unwirksamkeit von Vertragsstrafen in Wohnraummietverträgen gemäß § 555 BGB).

---

7   Jauernig/Stadler, 18. Aufl. 2021, BGB § 311b Rn. 15.

Soweit es in vertraglichen ESG-Regelungen um die Sammlung und den Austausch von personenbezogenen Daten im Sinne von Art. 4 Nr. 1 der Datenschutz-Grundverordnung (DSGVO) geht, sind die Vorgaben derselben zu beachten. Schwierigkeiten wird die Abgrenzung bereiten, ab wann z. B. Energieverbrauchsdaten mehrerer Mieteinheiten einen Rückschluss auf den Verbrauch einer einzelnen natürlichen Person zulassen, was sie dann zu personenbezogenen Daten machen würde.[8]

18.2.1.4 Recht der Allgemeinen Geschäftsbedingungen

Neben zwingenden gesetzlichen Anforderungen bildet das Recht der Allgemeinen Geschäftsbedingungen gem. §§ 305 ff. BGB einen bei der Erstellung von ESG-bezogenen Regelungen einzuhaltenden Rahmen. Werden Vertragsbedingungen von einer Partei einseitig gestellt und ist die Verwendung für mehr als einen Fall beabsichtigt, handelt es sich im Zweifel um Allgemeine Geschäftsbedingungen, § 305 Abs. 1 BGB.

Zu beachten ist bei der Verwendung von allgemein gehaltenen ESG-Pflichten stets das Transparenzgebot nach § 307 Abs. 3 S. 2 BGB, das auch zwischen Unternehmern gilt.[9] Die Rechte und Pflichten der Parteien müssen danach so klar und präzise wie möglich beschrieben werden. Insbesondere dürfen dem Verwender keine ungerechtfertigten Spielräume bei der Auslegung der Klausel zustehen, die dieser einseitig nutzen kann. Unklarheiten bei der Auslegung von AGB gehen zu Lasten der Partei, die die AGB erstellt hat (§ 305c Abs. 2 BGB). Weiterhin dürfen Klauseln nicht zu einer Verschleierung von Risiken und preiserhöhenden Bestandteilen führen, die der Vertragspartner nicht kennt und daher zu einem von ihm nicht gewollten Vertragsabschluss verleitet wird.[10]

Die unten im Detail besprochen Vertragsanpassungsklauseln[11] können im Einzelfall eine Form der Preiserhöhungsklausel darstellen, sodass sie bei formularvertraglicher Vereinbarung den AGB-rechtlichen Beschränkungen der §§ 307, 309 Nr. 1 BGB unterliegen können.

> **Praxistipp:** Wann immer möglich, sollten Handlungspflichten des Mieters möglichst konkret formuliert werden, da es noch keine Best-Practice bei der Einhaltung von ESG-Standards gibt. Daneben ist es ratsam, weite Auffangklauseln zu vereinbaren, um eine möglichst umfassende Erreichung von ESG-Standards sicherzustellen. Allerdings ist zu beachten, dass es hierdurch schnell zu Verstößen gegen AGB-Recht nach §§ 307 ff. BGB kommen kann. Auffangklauseln sollten mit Augenmaß verwendet und deren Erstellung von einem erfahrenen Berater begleitet werden. Vertragsanpassungsklauseln können die Änderung von Anforderungen absichern.

---

8   Zu den Einzelheiten siehe Kapitel 5.5.
9   BGH, Urteil vom 25.10.2017 – XII ZR 1/17 = NJW-RR 2018, 198
10 Vgl. Jauernig/Stadler, 18. Aufl. 2021, BGB § 307 Rn. 7.
11 Siehe Kapitel 18.2.5.

Auch bei der vertraglichen Gestaltung der Rechtsfolgen ist im Blick zu behalten, dass diese im Fall der Verwendung von Allgemeinen Geschäftsbedingungen keinen Verstoß gegen die §§ 307 ff. BGB darstellen. In Betracht kommen hier insbesondere die spezifischen Klauselverbote der §§ 308, 309 BGB, wobei die Anwendung des § 308 Nrn. 1, 2-8 BGB gegenüber Unternehmern ausgeschlossen ist (§ 310 Abs. 1 BGB). Der in § 310 Abs. 1 BGB vorgesehene Ausschluss von § 309 BGB im unternehmerischen Geschäftsverkehr ist dagegen praktisch weitgehend irrelevant, da die Klauselverbote des § 309 BGB in der Regel im Rahmen der Prüfung einer unangemessenen Benachteiligung im Sinne der Generalklausel des § 307 Abs. 1, 2 BGB berücksichtigt werden.[12] So ist etwa die Vereinbarung eines pauschalierten Schadensersatzes oder das Versprechen einer Vertragsstrafe bei Verzug in Allgemeinen Geschäftsbedingungen zwischen Unternehmern problematisch, da sie zwischen Unternehmer und Verbraucher nicht vereinbart werden können.[13]

Bei einer formularvertraglichen Vertragsstrafe zwischen Unternehmern sollte man das Verschuldenserfordernis in der Klausel ausdrücklich erwähnen und darauf achten, dass die Höhe der Vertragsstrafe und der Vertragsverstoß in einem angemessenen Verhältnis zueinander stehen.[14]

Formularvertraglicher pauschalierter Schadensersatz zwischen Unternehmern darf die Höhe des nach dem gewöhnlichen Verlauf zu erwartenden Schadens nicht übersteigen (§§ 307, 309 Nr. 5 BGB).[15]

> **Praxistipp:** Gerade weil die Vereinbarung von ESG-Handlungspflichten und deren Rechtsfolgen untypische Regelungen darstellen, sollte bei der Formulierung der Rechtsfolgen besonders darauf geachtet werden, potenzielle Verstöße gegen AGB-Recht zu vermeiden, indem transparente und angemessene Regelungen vereinbart werden.

18.2.2   Regelung des gemeinsamen Verständnisses in Bezug auf ESG

Mangels gesetzlicher Vorgaben und einheitlicher Rechtsgrundsätze empfiehlt es sich, zunächst das gemeinsame Verständnis der Begriffe »Nachhaltigkeit«, »grün« bzw. »ESG« festzulegen. Als Regelungsort bieten sich die Präambel oder die anfänglichen Bestimmungen eines Vertrages an. Ziel einer solchen Verständnisregelung ist es, Maßstäbe entsprechend der jeweilig verfolgten ESG-Strategien zu setzen, nach denen die dann folgenden Vertragsbestimmungen auszulegen sind.

---

12   BGH, Urteil vom 29.10.1997 – VIII ZR 347/96 = NJW 1998, 677.
13   § 309 Nrn. 5, 6 BGB.
14   Vgl. Guhling/Günter/Makowski, 2. Aufl. 2019, BGB § 555 Rn. 5.
15   Vgl. Guhling/Günter/Makowski, 2. Aufl. 2019, BGB § 555 Rn. 6.

Die Regelung des gemeinsamen Verständnisses wird zumeist durch vertragliche Zielsetzungen bzw. Absichtserklärungen geschaffen. Dabei bietet es sich an, sowohl konkrete als auch »weiche« Ziele (bzw. Absichten) vorzugeben. Insbesondere angestrebte technische Benchmarks wie der CO_2-Footprint, der Einsatz von nachhaltig gewonnener Energie oder die Menge des erzeugten Abfalls können – sowohl auf Objektebene als auch auf Portfolioebene – sehr genau vorgegeben werden.[16]

Liegt eine ausformulierte und detaillierte ESG-Strategie bereits vor, sollten deren Leitprinzipien und Rahmenbedingungen daher ausdrücklich als Vertragsgrundlage vereinbart werden. Haben beide Parteien bereits eine eigene ESG-Strategie (ganz oder teilweise, etwas als Klimaschutzstrategie) entwickelt, empfiehlt es sich, diese Strategien in den Vertragsverhandlungen zunächst gegeneinander abzugleichen, um Schnittmengen und Abweichungen zu ermitteln.

Um künftige Anpassungen von ESG-Strategien zu erleichtern (z. B. zur Umsetzung höherer Standards oder zur Ablösung veralteter Methoden), können sich Regelungen anbieten, die einen regelmäßigen Wissensaustausch über ESG-Kriterien vorsehen.

18.2.3   Erhöhung von Transparenz und Sicherstellung von Berichterstattung und Benchmarking

Zentrale Voraussetzung für die (Nachhaltigkeits-)Berichterstattung von Immobilieneigentümern (aber auch für die Zertifizierung von Gebäuden) ist die Verfügbarkeit von relevanten Daten bzw. die Verbesserung/Vereinheitlichung der Qualität solcher Daten (insbesondere bei Immobilienportfolios). Relevante Daten sind in diesem Zusammenhang z. B. Verbräuche in einer Immobilie (Strom, Wasser, Gas) oder das Müllaufkommen, aber auch die Anzahl von Fahrradstellplätzen, die Größe der Grünflächen, die Raumluftqualität sowie die bei der Errichtung eines Gebäudes benutzten Baustoffe. Bei Gewerbeimmobilien sind z. B. die Öffnungsdauer und -frequenz von Wirtschaftseinheiten relevante Daten. Die Anzahl der bei der Gebäudebewirtschaftung messbaren Daten hat sich in den letzten Jahren durch den technischen Fortschritt weiter erhöht. Heute lassen sich Gebäude mit einer Vielzahl von Sensoren und Zählern ausstatten, um z. B. Verbräuche zeitgenau auf einzelne Einheiten herunterzubrechen und zu analysieren und diese dann anhand intelligenter Steuerung zu reduzieren (sogenannte Smart-Building-Lösungen).

Vor diesem Hintergrund sind vertragliche Regelungen, die die Erhebung und den Austausch von den eben beschriebenen ESG-Daten sicherstellen, ein zentrales Element

---

16   Zu den Nachteilen von bloßen vertraglichen Zielsetzungen siehe Kapitel 18.2.1.2.1.

für eine ESG-konforme Vertragsgestaltung. In der Praxis wurden deshalb sogenannte Datenerhebungs- und austauschklauseln entwickelt, die zunehmend an Bedeutung gewinnen.

Die Klauseln sind entweder als Bemühensklauseln oder als normale Verpflichtungen ausgestaltet. Sie regeln das gegenseitige Austauschen von Unterlagen und Daten, die im Zusammenhang mit der nachhaltigen Nutzung bzw. Bewirtschaftung der Immobilie entstehen. Die Partei, die für die Bereitstellung der relevanten Daten verantwortlich ist, wird dabei häufig auf Haftungsausschlüsse für die inhaltliche Richtigkeit der jeweiligen Daten bestehen. Soweit es sich um personenbezogene Daten im Sinne der Datenschutz-Grundverordnung handelt, sollten diese pseudonymisiert bzw. anonymisiert werden. Man sollte auch darauf achten, dass Geschäftsgeheimnisse der Parteien von der Datenerhebungs- und austauschklausel ausgenommen sind.[17] Zur Reduzierung des Aufwands kann einer Partei eine Vollmacht zur Abfrage von unkritischen auszutauschenden Daten bei Dienstleistern erteilt werden. Praktischerweise sollte die Datenaustauschregelung von einem vertraglichen Betretungsrecht einer Partei flankiert werden, um ein eigenes Auslesen der Daten zu ermöglichen.

Datenerhebungs- und austauschklauseln setzen einen Datenfluss in Gang, der über Bewertungs- und Berichtssysteme ein Benchmarking sowie Qualitätssicherung und -verbesserung ermöglicht, welches zunehmend regulatorisch gefordert und Bestandteil von Risikomanagementprozessen wird.

Um Ineffizienzen und unnötige Kosten zu vermeiden, sollten Datenaustauschklauseln in jedem Vertrag während des gesamten Lebenszyklus von Immobilien implementiert werden – angefangen bei Planungs- und Bauverträgen, Verträgen über Zertifizierung, Kaufverträgen sowie allen Vereinbarungen über Asset-, Property- und Facility-Management. Bei der Implementierung digitaler Instrumente – zum Beispiel Raumklima-Kontrollsysteme – sollte sichergestellt werden, dass alle relevanten Daten an die jeweiligen Manager übertragen und von diesen aufbewahrt werden. Aus ESG-Sicht kann eine verlässliche Datenbasis beispielsweise Maßnahmen zur Effizienzsteigerung des Gebäudebetriebs unterstützen; die Kenntnis von Bauweisen und Materialien ermöglicht regelmäßig nachhaltigere Sanierungen, alternative Nutzungen oder den Rückbau. ESG-Daten sollten grundsätzlich aus und in jeder Phase des Lebenszyklus der Immobilie verfügbar sein.

Bis zur Verfügbarkeit von Industriestandards sollten sich Datenaustauschklauseln auf den Austausch von Daten in Standardformaten (z. B. Word-, PDF- oder Excel-Dokumente) konzentrieren und möglicherweise zukünftige Optimierungen ermöglichen.

---

17   So ist z. B. die Offenlegung von Lieferantenbeziehungen nicht immer im Interesse aller Parteien.

18.2.4 Compliance (Social-and-Governance-Klauseln)

In Immobilienverträgen können und sollten auch Anforderungen an Soziales und gute Unternehmensführung vereinbart werden. Wenn ein Unternehmen beispielsweise Mitglied des *United Nations Global Compact* ist, sollte die Einhaltung der zehn Prinzipien aus den Bereichen Menschenrechte, Arbeitsschutznormen, Umweltschutz und Korruptionsbekämpfung zumindest als Bemühensklausel von der anderen Vertragspartei eingefordert werden. Es kann auch die Einhaltung internationaler sozialer und arbeitsrechtlicher Mindeststandards gemäß Art. 18 EU-Taxonomie-Verordnung vereinbart werden. Wenn das Unternehmen eigene ethische Standards bzw. Arbeits- und Sozialstandards festgelegt hat, sollte auf diese im Vertrag Bezug genommen und deren Einhaltung von der Gegenseite gefordert werden. Wenn das Unternehmen keine eigenen Standards entwickelt hat, lassen sich folgende in der Immobilienwirtschaft relevante Standards vereinbaren:
- BVI-Wohlverhaltensrichtlinien
- BVI-Leitlinien für Nachhaltiges Immobilienportfoliomanagement
- ZIA-Leitfaden »Nachhaltigkeit in der Immobilienwirtschaft«
- Principles for Responsible Investment

Zusätzlich sollte eine Anti-Korruptionsklausel vereinbart werden.

Im Vorfeld zum Vertragsschluss werden zunehmend sogenannte Präqualifizierungsfragebögen (wie beispielsweise vom Zentralen Immobilien Ausschuss e. V. entwickelt) in Bezug auf Lieferketten ausgetauscht. Dies steht regelmäßig im Zusammenhang mit Regelungen zum nachhaltigen Lieferantenmanagement, wonach von den Parteien beauftragte Subunternehmer ebenfalls zur Befolgung vorgegebener Mindeststandards verpflichtet werden sollen. Schließlich enthalten Verträge vermehrt sogenannte ESG-Selbstverpflichtungen der anderen Vertragspartei. In diesen verpflichtet sich die eine Vertragspartei gegenüber der anderen zur Offenlegung ihrer eigenen ESG-Strategie sowie zur Einhaltung bestimmter aufgeführter Mindeststandards.

Praxistipp: Bei Vereinbarungen zum Lieferantenmanagement sollten die Vertragsparteien Augenmerk darauf legen, ob die eigenen Lieferanten und Dienstleister wirklich in der Lage sind, die Nachhaltigkeitsanforderungen der Gegenseite zu erfüllen. Ansonsten würde man sich zu sehr bei der Auswahl der eigenen Vertragspartner einengen oder sogar direkt in einen Vertragsverstoß hineinlaufen.

18.2.5 Anpassung von laufenden Verträgen an veränderte/höhere ESG-Anforderungen

Angesichts der Tatsache, dass die Anforderungen, die seitens Regulatorik und Markt an nachhaltige Immobilieninvestments gestellt werden, die nächsten Jahre weiterhin deutlich zunehmen werden, sollten insbesondere langfristige Verträge sogenannte Vertragsanpassungsklauseln vorsehen. Diese erlauben es den Parteien, die Vertragsverhältnisse den zukünftigen ESG-Entwicklungen anzupassen.[18] Ziel sollte neben hinreichender Flexibilität für die Fortentwicklung der eigenen ESG-Strategie insbesondere sein, die Vermiet-, Veräußer- und Finanzierbarkeit – auch bei geänderten regulatorischen Anforderungen – langfristig sicherzustellen.

Vertragsanpassungsklauseln sind häufig als bloße Sprechklauseln anzutreffen, in denen die Parteien vereinbaren, bei Eintritt bestimmter Voraussetzungen über die Anpassung des Vertrages zu verhandeln. Eine Pflicht zur Einigung kann daraus zwar nicht abgeleitet werden, jedoch müssen die Parteien ernsthaft miteinander verhandeln.

Seltener werden qualifizierte Vertragsanpassungsklauseln vereinbart, bei denen der Anpassungszeitpunkt und -mechanismus konkret festgelegt werden oder ein sachverständiger Dritter den neuen Vertragsinhalt (nach billigem Ermessen gemäß §§ 317 ff. BGB) festlegen soll. Auch hier gilt: Je detaillierter der Vertragsanpassungsmechanismus geregelt ist, desto weniger streitanfällig ist die Regelung später.

Praxistipp: Beim Entwurf von Vertragsanpassungsklauseln als bloße Sprechklauseln sollte man sich immer vor Augen halten, was eigentlich beim Scheitern der Verhandlungen passieren soll. Dieser Fall sollte zwischen den Vertragsparteien besprochen werden, um eventuell eine qualifizierte Vertragsanpassungsklausel zu vereinbaren.

Als auslösendes Moment für eine Vertragsanpassung wird bei ESG-Regelungen fast immer die Verschärfung der regulatorischen Anforderungen an eine nachhaltige (ESG-konforme) Nutzung/Bewirtschaftung der Immobilie vereinbart. In der Praxis versucht eine Vertragspartei häufig, die eigene (freiwillige) Änderung selbst gesetzter Ziele/strategischer Vorgaben (z. B. die Erreichung höherer Nachhaltigkeitsstandards) als Anlass einer Vertragsanpassung zu vereinbaren. Dies ist erwartungsgemäß nicht immer durchsetzbar.

In der Praxis kommt es vor, dass Parteien von Dauerschuldverhältnissen (insbes. Miet- und Bewirtschaftungsverträgen) zukünftige Kostentragungspflichten im Zusammenhang mit ESG-Maßnahmen vereinbaren wollen. Bei diesen Regelungen ist insbesondere das Recht der Allgemeinen Geschäftsbedingungen (vgl. Kapitel 18.2.1.4) zu beachten und empfiehlt sich die Vereinbarung klarer Höchstgrenzen (*Caps*).

---

18   Relevant werden Vertragsanpassungsklauseln insbesondere dann, wenn neue Regeln nur eine Vertragspartei betreffen (z. B. Offenlegungspflichten), diese Neuregelungen aber keine flankierenden Regelungen für bestehende Verträge enthalten.

18.3 Besonderheiten bei einzelnen Vertragsarten

18.3.1 Kaufverträge

Zahlreiche Unternehmen haben ihre Due Diligence- und Risikomanagementprozesse bereits angepasst, um ESG-Risiken gezielt zu überwachen. So werden im Ankauf Objekte mit hohem Standortrisiko (etwa durch politische Unruhen oder Extremwetter) ausgeschlossen und Nachhaltigkeitskriterien (etwa Klimaauswirkungen, Ressourcenschonung, Nutzerkomfort) bewertet. Die identifizierten Themen fließen bei der Ermittlung von Kaufpreisen und Managementbudgets mit ein. Des Weiteren verfolgen immer mehr Unternehmen zur Vermeidung von Reputationsschäden und Einhaltung regulatorischer Anforderungen Mindeststandards an Arbeits-, Umweltschutz sowie Korruptionsbekämpfung, die sie auch von ihren Vertragspartnern (inkl. Verkäufern) einfordern. Diese Anforderungen gilt es, bei der Vertragsgestaltung im Blick zu behalten und an Vertragspartner weiterzugeben.

Bei der rechtlichen Prüfung (*Legal Due Diligence*) einer Immobilie in Zusammenhang mit einem avisierten Kauf geht es zunehmend regelmäßig darum, die Einhaltung der ESG-Standards (etwa Konformität mit der EU-Taxonomie-Verordnung) in der Vergangenheit, also etwa bei Bau und Planung, der früheren Bewirtschaftung sowie Nutzung der Immobilie zu beleuchten.

Neben der Berücksichtigung von den Ergebnissen der ESG-bezogenen Prüfung im Rahmen von Kaufpreisen und Managementbudgets fließen diese auch vermehrt in die vertraglichen Bestimmungen der Kaufverträge ein. So verlangen bereits heute erste institutionelle Investoren Beschaffenheitsvereinbarungen bzw. Garantien des Verkäufers für erreichte Gebäudestandards (z. B. Zertifizierungen) in den Kaufverträgen. Theoretisch kann das kaufvertragliche Gewährleistungsregime ESG-Aspekte umfassend abdecken. Es bleibt abzuwarten, welche Kriterien zukünftig als Beschaffenheitsangaben oder sogar als Garantien vereinbart werden.

Angesichts steigender Berichtsanforderungen gewinnt auch das Thema Datenaustausch im Rahmen von Immobilientransaktionen an Bedeutung. Beispielsweise werden Käufer zunehmend aufgrund der Anforderungen der EU-Taxonomie-Verordnung verbindliche Angaben zu den im Gebäude verbauten Baustoffen und angewendeten Bauweisen benötigen. Erwartungsgemäß werden auch historische Verbrauchsdaten des Gebäudes Gegenstand eines Immobilienkaufs sein. Der Käufer könnte zudem daran interessiert sein, vor Vollzug des Vertrages vom Verkäufer Informationen über bestimmte *Social-and-Governance*-Aspekte der an der Gebäudeerstellung beteiligten Baufirmen zu erfahren.

Neben der Aufnahme einer vertraglichen Verpflichtung des Verkäufers zur Übergabe der maßgeblichen Daten an den Käufer, ist in diesem Zusammenhang die Haftung des Verkäufers für die Richtigkeit der Daten zu erörtern und vertraglich zu regeln.

Praxistipp: Wir empfehlen Verkäufern, die Haftung zumindest für nicht selbst erhobene Immobiliendaten soweit wie möglich auszuschließen, da ansonsten eine Gewährleistung ohne Regressmöglichkeit droht, da Ansprüche unter den ursprünglichen Bauverträgen, Kaufverträgen verjährt oder ebenso ausgeschlossen sein können.

Des Weiteren sollte im Rahmen der Due Diligence geprüft werden, inwiefern immaterialgüterrechtlich geschützte Werke zur Steigerung des Nachhaltigkeitsniveaus (z. B. neuartige bautechnische Energieeffizienzlösungen) zum Kaufgegenstand gehören sollen. Aus Käufersicht gilt es hier, im Kaufvertrag die Übertragung der Nutzungs- und Verwertungsrechte an dieser Lösung sicherzustellen. Andernfalls drohen beispielsweise Einschränkungen bei Umbaumaßnahmen oder Lizenzzahlungen.

Bei Immobilienkaufverträgen mit der öffentlichen Hand trifft man bereits heute auf sogenannte »grüne« Dienstbarkeiten. Dabei handelt es sich um beschränkte persönliche Dienstbarkeiten im Sinne der §§ 1090 ff. BGB, bei denen sich die Kommune bestimmte Anforderungen an den Bau oder die Energielieferung dinglich sichern lässt. Die Praxis dazu ist noch sehr unbestimmt, aber in der Entwicklung.

18.3.2   Mietverträge

Der Betrieb ist die längste Phase im Lebenszyklus einer Immobilie, weshalb ESG-Regelungen in langfristigen Mietverträgen eine große Relevanz für die Nachhaltigkeit einer Immobilie haben. Zudem werden nachhaltige Immobilien und ESG-konforme Mietvertragsregelungen mit einer gesteigerten Nutzerzufriedenheit in Verbindung gebracht.

Fehlen spezifische Regelungen im Mietvertrag, ist der Mieter unabhängig von der Immobilie und den Nachhaltigkeitsanforderungen, die für diese gelten, gegenüber dem Vermieter nicht verpflichtet, selbst besondere ESG-Anforderungen einzuhalten. Dasselbe gilt umgekehrt für den Vermieter: Dieser ist vertraglich lediglich dazu verpflichtet, dem Mieter den vertragsgemäßen Gebrauch der Mietsache zu ermöglichen (§ 535 Abs. 1 BGB).

Deshalb haben sich bereits vor einiger Zeit am Markt »grüne Mietverträge« (*green leases*) mit besonderen Nachhaltigkeitsklauseln entwickelt. Diese enthalten sowohl beiderseitige Verpflichtungen als auch einseitige Verpflichtungen des Vermieters und des Mieters zur nachhaltigen Bewirtschaftung der Immobilie. Beide Seiten verpflichten sich meist zu einem regelmäßigen Austausch über Nachhaltigkeit (sog. Nachhaltigkeitsdialog). In sog. Zertifizierungsklauseln verpflichten sich beide Parteien zudem, einen bestimmten zertifizierten Gebäudestandard beizubehalten bzw. zu erreichen. Oft behalten sich Mieter und Vermieter auch das Recht vor, während des Mietverhältnisses höhere oder neue Zertifizierungsstandards zu erreichen.

Grüne Mietverträge enthalten aber auch Regelungen betreffend die flexible Nutzbarkeit der Mietsache durch den Mieter, z. B. die vertragliche Erlaubnis für den Mieter, nicht tragende Wände versetzen zu können, kombiniert mit der Berücksichtigung der zukünftigen eventuellen Wandversetzungen bei der Planung der Versorgungsleitungen. Somit werden bautechnisch unkomplizierte Änderungen der Raumstruktur durch den Mieter möglich und führen zu einer nachhaltigen Nutzung der Mietsache.

Außerdem können grüne Mietverträge als Anlage eine Art Nutzerhandbuch für die Immobilie enthalten, welches Empfehlungen des Vermieters zur nachhaltigen Nutzung für die spezielle Mietsache enthält (das Nutzerhandbuch kann eventuell auch verbindliche Verpflichtungen enthalten).

Möglich ist auch, den nach § 10 Brennstoffemissionshandelsgesetz von dem/den Energielieferanten des Vermieters erhobenen und auf den Vermieter umgelegten Preis für den Erwerb von Emissionszertifikaten auf den Mieter gestaffelt umzulegen. Die Staffelung könnte sich z. B. danach richten, ob ein bestimmter Gebäudestandard erreicht wird. Soweit Pflichten zur Reduzierung von Verbräuchen oder Emissionen vorgesehen sind, können hier auch konkrete Ziele ausgewiesen und sog. Benchmarks vereinbart werden. Dies kann unter anderem auch vorsehen, dass eine kontinuierlich steigende Einsparung erreicht werden muss, etwa eine Reduzierung des Stromverbrauchs gegenüber dem ersten Mietjahr oder dem Vorjahr um einen bestimmten Prozentsatz.

Im Folgenden gehen wir auf typische Vermieter- und Mieterpflichten in ESG-Klauseln grüner Mietverträge ein. Die unten aufgeführte Aufteilung in Verpflichtungen und Bemühungen ist nicht zwingend und wird deshalb immer Gegenstand der Verhandlungen zwischen Vermieter und Mieter sein.

18.3.2.1 Typische Vermieterpflichten

Die vermieterseitigen Pflichten in einem grünen Mietvertrag betreffen meist den Baukörper. Erhaltungs-, Modernisierungs- und sonstige Baumaßnahmen sollen in ökologisch unbedenklicher Weise und unter Einsatz umweltfreundlicher Baumaterialien durchgeführt werden. Bestimmte energetische Sanierungen oder sonstige nachhaltige Umbaumaßnahmen sollen vom Vermieter durchgeführt werden. Andere Vorgaben betreffen:

- Lieferung elektrischer Energie und Wärme aus erneuerbaren Energiequellen
- Anwendung umweltschonender Reinigungsverfahren (ökologisch unbedenkliche Reinigungsmittel, minimierter Wassereinsatz) für das Gebäude, beauftragte Dienstleister sind entsprechend zu instruieren
- Ausstattung des Gebäudes bzw. der Mietsache mit digitalen Zähler-, Mess- und Steuerungseinrichtungen
- Ausstattung des Gebäudes mit elektrischen Ladestationen[19]
- Naturnahe Gestaltung des Außenbereichs des Gebäudes
- Durchführung eines Energiemonitorings für das Gebäude und die Mietsache
- Regelmäßige Ermittlung der CO_2-Bilanz des Gebäudes (und Information des Mieters)
- Einsatz eines qualifizierten Property Managers, der eine nachhaltige und energieeffiziente Verwaltung der Mietsache sicherstellt
- Turnusmäßige Erstellung von Nachhaltigkeitsberichten

Für folgende Vorgaben an den Vermieter werden derzeit in der Praxis meist nur Bemühensklauseln vereinbart:
- Ermöglichung des Bezugs von dezentral erzeugter erneuerbarer Energie (Mieterstrommodell)
- Verbesserung der Infrastruktur für Fahrradnutzung durch Mieter (z. B. überdachte und diebstahlsichere Stellplätze)
- Beibehalten eines bereits erhaltenen bzw. Anstreben eines höheren Gebäudezertifikates
- Compliance-Maßnahmen (siehe dazu Kapitel 18.2.4.)

Für bestimmte der oben genannten Maßnahmen wird der Vermieter versuchen, die Kosten der Maßnahmen und die Betriebskosten (anteilig) vertraglich auf den Mieter umzulegen.

Bei der vertraglichen Ausgestaltung der Vermieterpflichten ist zu beachten, dass § 536 Abs. 2 BGB das Fehlen oder den Wegfall »zugesicherter Eigenschaften« einem Mangel der Mietsache gleichstellt, sodass dem Mieter die mietrechtlichen Gewährleistungsrechte Minderung und ggf. Schadensersatz zustehen. Bei der Mietvertragserstellung und -verhandlung sollte deshalb mithilfe von rechtlichen Beratern die vertragliche Einordnung der vermieterseitigen ESG-Verpflichtungen geprüft und optimiert werden.

---

19   Seit 01.12.2020 gibt § 554 BGB dem Wohnraummieter und (über § 578 Abs. 1, 2 BGB) dem Gewerbemieter einen gesetzlichen Anspruch auf Zustimmung zu zumutbaren Baumaßnahmen zur Errichtung von Ladestationen.

18.3.2.2   Typische Mieterpflichten

Der Mieter verpflichtet sich in grünen Mietverträgen meist zur ressourcenschonenden Nutzung der Immobilie. Was das im Detail bedeutet, wird häufig in einer separaten Anlage zum Mietvertrag geregelt. Folgende Vorgaben an den Mieter sind anzutreffen:

- Bezug elektrischer Energie und Wärme aus erneuerbaren Energiequellen
- Anwendung umweltschonender Reinigungsverfahren (ökologisch unbedenkliche Reinigungsmittel, minimierter Wassereinsatz) für die Mietsache, beauftragte Dienstleister sind entsprechend zu instruieren
- Abfalltrennung
- Einsatz energiesparender Leuchtmittel (z. B. LED-Lampen)
- Nutzung bestimmter technischer Ausstattung, um Energie zu sparen (z. B. Zeitschaltuhren, Bewegungsmelder)
- Abschalten von Energieverbrauchern außerhalb der Nutzungs-/Arbeitszeit
- Anforderungen an Beheizung und Lüftung der Mietsache
- Zurverfügungstellen von Energieverbrauchswerten
- Gestattung der Erfassung und Übermittlung von Daten zur Optimierung des Gebäudebetriebs und Ermittlung von Emissionen
- Bauliche Veränderungen der Mietsache durch den Mieter nur unter Einsatz umweltfreundlicher Baumaterialien
- Duldung nachhaltigkeitssteigernder Baumaßnahmen (über die gesetzliche Duldungspflicht nach §§ 555d, 578 Abs. 2 BGB hinaus)[20]
- Einhaltung internationaler sozialer und arbeitsrechtlicher Mindeststandards (gemäß Art. 18 EU-Taxonomie-Verordnung)
- Compliance-Maßnahmen (siehe dazu Kapitel 18.2.4.)

Für folgende Vorgaben an den Mieter werden derzeit in der Praxis meist nur Bemühensklauseln vereinbart:

- Anstreben eines möglichst geringen Verbrauchs von Wasser und Energie bei der Nutzung der Mietsache
- Abfallvermeidung
- Schaffung von Anreizen zur Fahrradnutzung (z. B. Förderung durch Gehaltsumwandlung) und Nutzung von öffentlichen Verkehrsmitteln
- Unterlassen der Gefährdung eines bereits erhaltenen bzw. Unterstützen eines höheren Gebäudezertifikates

---

20   Vgl. auch Kapitel 18.3.2.3.

18.3.2.3   Rechte des Vermieters zur Implementierung von ESG-Maßnahmen, Kostentragung

Bei der Vereinbarung von Regelungen im Mietvertrag, die den Vermieter in die Lage versetzen, während der Vertragslaufzeit ESG-bezogene Modernisierungen und Optimierungen vorzunehmen, stellen sich zwei Probleme: nämlich zum einen die erforderliche Duldung durch den Mieter sowie zum anderen die Kostenbeteiligung des Mieters und damit die Auflösung des sog. Investor-Nutzer-Dilemmas.

18.3.2.3.1   Duldung

Grundsätzlich darf der Mietgebrauch des Mieters während der Mietzeit durch den Vermieter nicht gestört werden. Dieses Grundprinzip folgt unmittelbar aus § 535 Abs. 1 BGB.[21] Bereits aus §§ 535 Abs. 1 S. 2 BGB erfährt dieses Recht auf ungestörten Mietgebrauch jedoch geringfügige Einschränkungen, da die Erhaltungspflicht des Vermieters teilweise ohne eine Störung des Mietgebrauchs (Durchführung von Wartungen und Reparaturen in der Mietsache) kaum ausgeführt werden kann und die der Mieter hinnehmen muss. Für das Wohnraummietrecht hat der Gesetzgeber diese Selbstverständlichkeit in § 555a Abs. 1 BGB noch einmal normiert. Neben Erhaltungsmaßnahmen hat der Gesetzgeber im Bereich des Wohnraummietrechts dem Mieter in §§ 555b ff. BGB jedoch auch die Duldung von Modernisierungsmaßnahmen auferlegt, wenn diese einem dort niedergelegten Zweck dienen, wozu insbesondere auch die energetische Sanierung, die Einsparung von Energie oder Wasser sowie der Klimaschutz im Allgemeinen gehören.

Diese Duldungspflichten gelten über den ausdrücklichen Verweis in § 578 Abs. 2 BGB auch für Geschäftsraummietverträge, in denen sie aber oftmals abbedungen werden. Zur Sicherstellung, dass der Vermieter Maßnahmen zur Erreichung von ESG-Zielen in der Mietsache umsetzen kann, sollten zumindest diese Duldungspflichten nicht abbedungen werden. Es empfiehlt sich darüber hinaus, den Katalog möglicher Sanierungsmaßnahmen über den Wortlaut des § 555b BGB hinaus zu erweitern. Zudem sollte das Sonderkündigungsrecht des Mieters gem. § 555e BGB abbedungen werden.

Neben der Durchführung von Modernisierungsmaßnahmen sind weitere Duldungspflichten denkbar. So sollte es dem Vermieter beispielsweise ermöglicht werden, regelmäßige Objektbegehungen durchzuführen, um Nachhaltigkeits- und Optimierungspotenziale aufzunehmen und auch konkrete Hinweise zur Nutzung durch den Mieter geben zu können.

---

21   Vgl. Lindner-Figura/Oprée/Stellmann Geschäftsraummiete, Kapitel 14. Rn. 93 m. w. N.

18.3.2.3.2   Kostentragung und Investor-Nutzer-Dilemma

Neben regulatorischen Auflagen und Selbstverpflichtungen im Rahmen einer ESG-Strategie sind es in erster Linie wirtschaftliche Interessen, die einen Vermieter zur Vornahme von Modernisierungen veranlassen. So kann eine energetische Modernisierung beispielsweise zur Wertsteigerung der Immobilie und so zu einer (höheren) Rentabilität der Investition des Vermieters führen.

Geht es bei der Modernisierung um die Reduzierung von Verbräuchen und Emissionen oder um die Verbesserung der Nutzung, ist es aber nicht der Vermieter, sondern regelmäßig der Mieter, der von solchen Investitionen während des laufenden Mietverhältnisses profitiert. Ein Mieter handelt jedoch nicht wie ein Eigentümer und nimmt in der Regel selbst keine wesentlichen Investitionen in die Mietsache vor, sondern möchte in erster Linie ohne eigene Kosten von einer nachhaltigen Mietsache profitieren. Der Vermieter will also investieren, profitiert aber selbst nicht. Der Mieter würde profitieren, will aber selbst nicht investieren. Man spricht hier vom sog. Investor-Nutzer-Dilemma.

Der Gesetzgeber hat dieses Problem gesehen und in § 559 BGB für das Wohnraummietrecht eine begrenzte Mieterhöhung nach Modernisierungsmaßnahmen vorgesehen. Diese Vorschrift findet nicht zwingend im Gewerberaummietrecht Anwendung, ist jedoch auch nicht weitgehend genug, um das Investor-Nutzer-Dilemma aufzulösen.

Die Auflösung dieses Investor-Nutzer-Dilemmas kann beispielsweise darüber gelöst werden, dass der Vermieter selbst von den Kosteneinsparungen profitiert. Das wäre dann der Fall, wenn die verbrauchsabhängigen Kosten nicht vom Mieter getragen werden, sondern im Rahmen einer (Teil-)Inklusivmiete vom Vermieter selbst. Solche Konstellationen sind bislang äußerst ungewöhnlich. Gerade bei (nahezu) energieautarken Häusern kann dies aber künftig möglicherweise im Interesse der Parteien stehen und häufiger vorkommen. Bleiben dagegen die verbrauchsabhängigen Kosten beim Mieter, profitiert dieser von den Investitionen des Vermieters. Um den Mieter in diesem Fall zu einer Beteiligung an den Investitionskosten zu motivieren, werden in der Praxis derzeit einige Modelle erprobt, bei denen der Vermieter oder ein Dritter (z. B. Dienstleister von Tools zur Steuerung des Raumklimas) dem Mieter eine Mindesteinsparung garantiert oder Mietreduzierungen gewährt, die die Kostenbeteiligungen des Mieters vollständig abdecken. Ob diese Lösung für die breite Masse der Anwendungsfälle tauglich ist, muss abgewartet werden.

Kostentragungsregeln zu Lasten des Mieters sind aus AGB-rechtlichen Gesichtspunkten immer mit großer Vorsicht anzuwenden. Die vom Mieter zu tragenden Kosten müssen der Höhe nach den Interessen des Mieters Rechnung tragen und dürfen nicht zu einer übermäßigen Belastung des Mieters führen. Insbesondere muss die Kostenbelastung für den Mieter überschaubar sein.[22] In der Literatur wird daher für Kostenbeteiligungen im Rahmen von Instandsetzungen auf die Rechtsprechung zur Abwälzung der Kosten von Kleinreparaturen in der Wohnraummiete verwiesen und vorgeschlagen, solche Kosten der Höhe nach zu begrenzen.[23] Wo diese Grenze verlaufen muss, um eine Unwirksamkeit der Kostenbeteiligung zu vermeiden, ist hierbei völlig offen. In Anlehnung an die Diskussion um die Kostengrenze bei der Beteiligung des Mieters an Instandsetzungskosten dürfte eine Kostenbeteiligung wohl unwirksam sein, wenn sie mehr als 10% der Jahresnettomiete ausmacht. Sind an mehreren Stellen des Vertrages Kostenbeteiligungen des Mieters für ESG-Maßnahmen vorgesehen, sollte sich die Begrenzung einheitlich auf alle solche Kosten beziehen.

18.3.3   Bewirtschaftungsverträge (Property- und Facility Management)

Die Ausgangslage für die Implementierung von ESG-Kriterien in Bewirtschaftungsverträgen ist eine andere als bei Kauf- und Mietverträgen. Bei Bewirtschaftungsverträgen ist die Immobilie nicht die vertragsgegenständliche Leistung, sondern das Erbringen von Dienstleistungen rund um die Immobilie. Deshalb ist es in diesen Verträgen tendenziell einfacher, ESG Kriterien mit dem Property- oder Facility Manager zu vereinbaren.

Bei den ESG-Zielvereinbarungen (z. B. in der Präambel) lassen sich konkret beabsichtigte Senkungen der Treibhausgasemissionen im Immobilienportfolio des Fonds/Eigentümers festhalten.

Das Leistungsbild »grüner« Bewirtschaftungsverträge ändert sich im Vergleich zu traditionellen Verträgen stark, da die Property und Facility Manager die letzten in der Kette von Immobilienfonds, Immobilienportfolio, Grundstücksgesellschaft und Immobilie sind. Der Property bzw. Facility Manager ist es, der die Verbrauchsdaten der Immobilie erheben, speichern und analysieren, Angebote der Baufirmen auf Nachhaltigkeit hin überprüfen sowie die Einhaltung von Nachhaltigkeitskriterien gegenüber dem Eigentümer der Immobilie bestätigen soll usw. Dies alles muss in grünen Bewirtschaftungsverträgen (insbesondere im Leistungsverzeichnis) festgehalten werden. Durch die nachhaltigkeitsbezogenen Leistungspflichten muss der Property Manager viel mehr als früher die langfristige Entwicklung der Immobilie im Blick behalten.

Generell werden die Parteien einen regelmäßigen Austausch über den jeweiligen Entwicklungsstand der EU-Taxonomie-Verordnung einschließlich delegierter Rechtsakte

---

22   Vgl. BGH, Urteil vom 6.4.2005 – XII ZR 158/01 = NZM 2005,3 863; v. Westphalen/Thüsing VertrR/AGB-Klauselwerke, Geschäftsraummiete Rn. 50.

23   V. Westphalen/Thüsing a. a. O., m. w. N.

und technischer Bewertungskriterien im Hinblick auf immobilienbezogene Anforderungen vereinbaren.

Die Dokumenten- und Datenmanagementklauseln werden um Daten, die in Zusammenhang mit der nachhaltigen Gebäudebewirtschaftung stehen und die zur Einhaltung derzeitiger bzw. zukünftiger regulatorischer Anforderungen benötigt werden, sowie um Daten im Zusammenhang mit sog. *Social-and-Governance*-Kriterien ergänzt.

Der Manager hat den Eigentümer bei der Nachhaltigkeitsberichterstattung (z. B. im Rahmen der Offenlegungsverordnung) zu unterstützen. In die Berichtsvorgaben des Managers werden häufig folgende Punkte aufgenommen:

- Lieferung der Verbrauchsdaten (Wärme, Kälte, Strom, Wasser, Abfall)
- Bewertung und Analyse der gelieferten Verbrauchsdaten
- Lieferung sonstiger ESG-relevanter Kennzahlen
- Lieferung von Daten zur Beantwortung der Analyse- und Bewertungsvorgaben Dritter
- Lieferung von Nachhaltigkeitsdaten (ESG) der Assets aufgrund von Mieterabfragen

Der Property Manager sollte sich verpflichten, Kostenreduktions- bzw. Ertragssteigerungspotenziale zu berichten und Optimierungspotenziale bzw. konkrete Verbesserungsvorschläge hinsichtlich Digitalisierung und Nachhaltigkeit im Rahmen der vertraglich definierten Ziele aufzuzeigen. Die Durchführung eines Energiemonitorings für das Gebäude sowie die Erstellung eines Energiekonzepts (nach erfolgtem Energiemonitoring) zur Energieeinsparung können vertraglich vereinbart werden. Auch wird der Property Manager regelmäßig über die Einhaltung der Umweltrechtspflichten berichten.

Im Hinblick auf das Lieferantenmanagement wird der Manager die Nachhaltigkeitsqualifikation der Facility-Management-Dienstleister durch Ausgabe ausführlicher Fragenkataloge jährlich feststellen.

Schließlich kann dem Property Manager auferlegt werden, sich um den Abschluss von »grünen« Mietverträgen für das Objekt zu bemühen. In diesem Fall ist es zu empfehlen, einen Katalog mit zu verwendenden Musterklauseln für solche Mietverträge zu vereinbaren. Weitere Vorgabe an den Property Manager kann sein, dass an bestimmte Mieter, deren Geschäftstätigkeit dem sozialen Aspekt der Nachhaltigkeit widerspricht, gar keine Vermietung oder eine solche nur bei entsprechenden Gegenmaßnahmen erfolgen soll.

In der Vergangenheit wurde versucht, gewisse Vergütungsbestandteile des Property Managers (z. B. Boni) von der Nutzerzufriedenheit im Objekt abhängig zu machen. Um die Nutzerzufriedenheit zu messen, müssten regelmäßige Umfragen bei den Mietern im Property-Managementvertrag vereinbart werden.

Dem Property Manager sollte ein strukturierter Informationsaustausch mit Mietern aufgetragen werden, um die nachhaltige Nutzung der Immobilie zu verbessern (und Kosten zu senken). Die bereits oben für Mietverträge erwähnten Nutzerhandbücher müssen durch Property Manager spezifisch für das gemanagte Objekt erstellt werden (evtl. sogar in Kooperation mit Mietern).

Natürlich wird auch der Bewirtschaftungsvertrag eine Vertragsanpassungsklausel enthalten, der z. B. bei einer Änderung der regulatorischen Anforderungen (EU-Taxonomie-Verordnung etc.) eine Anpassung des Leistungsbildes des Vertrags ermöglicht. Typischerweise sieht der Vertrag dann auch eine Anpassung der Vergütung des Managers bei erheblichen Leistungsänderungen vor (meist wird versucht, prozentuale Wesentlichkeitsschwellen festzulegen).

18.4   Empfehlungen für die Gestaltung von Projekten und Vertragsverhandlungen

Die vorstehenden Ausführungen geben einen beispielhaften Überblick über mögliche Regelungsinhalte von Immobilienverträgen zur Implementierung von ESG-Strategien. Die Erstellung passgenauer Vertragsregelungen erfordert ein konkretes Verständnis der jeweiligen ESG-Strategien sämtlicher Vertragsparteien und der jeweils zugrundeliegenden Prozesse (z. B. Reporting, Compliance, Risikomanagement, Benchmarking). Andernfalls drohen Regelungen ins Leere zu gehen bzw. nicht durchführbar zu sein. Zudem besteht die Gefahr, dass nicht alle Voraussetzungen für die Erreichung der gesetzten Nachhaltigkeitsziele hinreichend vertraglich geregelt sind. Für Immobilienbestandshalter empfiehlt es sich deshalb, Checklisten für die Vertragsgestaltung mit Kriterien und gegebenenfalls Muster- bzw. Beispielsregelungen zu erstellen, die bei der Erstellung und Verhandlung von Verträgen während des gesamten Lebenszyklus einer Immobilie – d. h. während der Planung und Errichtung, bei Transaktionen und in der Bestands- und Betriebsphase – zu berücksichtigen sind. Es gilt insbesondere, den jeweiligen Stand der ESG-Strategie ausreichend abzusichern und hinreichende Grundlagen für zukünftige Entwicklungen zu schaffen.

Vor dem Hintergrund der Komplexität und der Dynamik der voranschreitenden ESG-Transformation empfiehlt es sich, die Anpassung von Vertragsmustern im Gleichlauf mit ESG-Strategieprojekten durchzuführen. Hier bietet sich der intensive und regelmäßige Austausch zwischen den jeweils betroffenen Organisationseinheiten der Vertragspartner und den mit der juristischen Umsetzung beauftragten Rechtsberatern an. Regelmäßige Workshops über Hintergründe und Entwicklungen in den Bereichen Regulatorik und Markt sowie die Möglichkeiten bei der Vertragsgestaltung haben sich in der Praxis neben Jour Fixes in Kernteams bewährt.

Letztlich gilt es, frühzeitig die Kommunikation mit dem Vertragspartner zu suchen, das Verständnis für die verfolgten ESG-Ziele zu schaffen und die Vorteile für alle Vertragsparteien und Stakeholder aufzuzeigen. Dieses gelingt regelmäßig, wenn die Regelungen ein ausgewogenes Nutzen-Lasten-Verhältnis für alle Vertragsparteien vorsehen.

Da ESG-Kriterien in jeder Phase des Lebenszyklus einer Immobilie auch im Hinblick auf die folgenden Phasen relevant sind, sollten alle Immobilienverträge sorgfältig aufeinander abgestimmt werden. Erst wenn alle Beteiligten – unter Einschluss von Dienstleistern, Verwaltern, Mietern, Investoren, Finanzierungsgebern und Versicherungen – gleichlaufenden Verpflichtungen unterliegen, ist ein wirklich nachhaltiges unternehmerisches Handeln sichergestellt.

18.5 Ausblick

Die Implementierung von ESG-Kriterien in Immobilienverträgen wird zumindest auch in naher Zukunft eine Herausforderung bleiben. Zum einen, da der europäische und der nationale Gesetzgeber immer mehr und immer detailliertere ESG-Anforderungen stellen wird, die es bei der Vertragsgestaltung zu harmonisieren gilt. Zum anderen, da immer mehr Vertragspartner ihre ESG-Strategien festgelegt haben werden, die vertraglich in Einklang miteinander gebracht werden müssen. Vertragspartner, die sich bewusst gegen eine Nachhaltigkeitsstrategie entschieden haben, werden als sogenannte Akkordstörer die ESG-Transformation verlangsamen. Die derzeit noch vorherrschenden unbestimmten Rechtsbegriffe und fehlende Rechtsprechung tun ihr Übriges.

Nur wenn eindeutige verbindliche ESG-Anforderungen geschaffen werden, wird es gelingen, gesonderte vertragliche Vereinbarungen zu vereinfachen bzw. ganz entbehrlich zu machen und derzeit bestehende Unsicherheiten etwa bei Auslegungsspielräumen nach der EU-Taxonomie-Verordnung zu beseitigen. Bis dahin gilt es, den komplexen dynamischen Prozess der ESG-Transformation genau zu monitoren und mit allen Stakeholdern und insbesondere den jeweiligen Vertragspartnern gemeinsame vertragliche Lösungen zu erarbeiten.

19 Compliance und Risikomanagement

Nina Günther, Jan Gerd Möller

19.1 Einleitung

19.1.1 Einordnung

Der Begriff »ESG« umfasst neben den Bereichen Umwelt/Klimaschutz (»Environment«) und Soziales (»Social«) auch den Bereich der Unternehmensführung (»Governance«). Eine rechtliche einheitlich geltende Definition des Begriffs Governance gibt es nicht. Das Governance-Kriterium bildet den allgemeinen Rahmen für Unternehmen und ist die Grundvoraussetzung und das Instrument, um die inhaltlichen Nachhaltigkeitsthemenfelder Umwelt/Klimaschutz und Soziales zu ermöglichen.[1]

Nachhaltige Unternehmensführung in der Immobilienwirtschaft beinhaltet die Umsetzung von umweltbezogenen, wirtschaftlichen und sozialen Zielen und Anforderungen auf Objekt-, Portfolio- und Unternehmensebene und erfordert in der Immobilienwirtschaft stets den Ausgleich zwischen allen relevanten Stakeholder-Gruppen wie Investoren, Mietern, Bauunternehmen, Mitarbeitern, NGOs, Banken, Öffentlichkeit.[2]

Neben der Umsetzung der Nachhaltigkeitsthemenfelder umfasst das Governance-Kriterium auch die Unternehmensführung insgesamt. In der Präambel des Deutschen Corporate Governance Kodex (DCGK) wird Corporate Governance als »*der rechtliche und faktische Ordnungsrahmen für die Leitung und Überwachung eines Unternehmens verstanden.*«[3] Zu der Governance eines Unternehmens gehört insbesondere auch die Pflicht zur Sicherstellung der Einhaltung von Recht und Gesetz (Compliance).[4] Compliance ist daher ein elementarer Teil guter Governance.[5]

Dabei ist zu beachten, dass die Governance nicht auf den Bereich Compliance beschränkt ist, sondern darüber hinausgeht. So ist im Rahmen von ESG für die Einordnung einer Investition als eine *nachhaltige Investition* im Sinne von § 2 Ziff. 17

---

1   So i. E. auch Lange in Sustainable Finance: Nachhaltigkeit durch Regulierung? (Teil 1), BKR 2020, 218.
2   Vgl. ZIA Leitfaden »Nachhaltige Unternehmensführung in der Immobilienwirtschaft« Ziffer 2.2.3 (S. 60)
3   Deutsche Corporate Governance Kodex in der Fassung vom 16. Dezember 2019.
4   Vgl. hierzu auch Grundsatz 5 des DCGK: »Der Vorstand hat für die Einhaltung der gesetzlichen Bestimmungen und der internen Richtlinien zu sorgen und wirkt auf deren Beachtung im Unternehmen hin (Compliance).«
5   Altenbach in Semler/v. Schenck/Wilsing, Arbeitshandbuch für Aufsichtsratsmitglieder. § 7 Compliance im Aufsichtsrat Rn. 13, 14 | 5. Auflage 2021.

Offenlegungsverordnung[6] notwendig, dass »*Unternehmen, in die investiert wird, Verfahrensweisen einer **guten Unternehmensführung** anwenden, insbesondere bei soliden Managementstrukturen, den Beziehungen zu den Arbeitnehmern, der Vergütung von Mitarbeitern sowie der Einhaltung der Steuervorschriften.*«

19.1.2   Begriffsbestimmung Compliance

Auch für den Begriff »Compliance« besteht keine allgemeingültige gesetzliche Definition. Eine Begriffsbestimmung enthält der Grundsatz 5 des DCGK, in welchem bestimmt wird: »Der Vorstand hat für die Einhaltung der gesetzlichen Bestimmungen und der internen Richtlinien zu sorgen und wirkt auf deren Beachtung im Unternehmen hin (Compliance).« Diese Begriffsbestimmung stellt eine Art Legaldefinition dar und entspricht auch dem allgemeinen Verständnis dieses Begriffs.[7] Ausgehend von dieser Definition umfasst die Compliance zwei Bereiche, welche sich teilweise überschneiden: die Beachtung gesetzlicher und damit etwaiger behördlicher Vorgaben sowie die Beachtung von internen – selbst gegebenen – Richtlinien und die Frage, wie die Einhaltung dieser Kriterien sichergestellt werden kann.[8]

Unternehmensinterne Richtlinien stellen dabei oft eine Konkretisierung oder eine Umsetzung von gesetzlichen Vorschriften dar, können allerdings auch über gesetzliche Vorgaben hinausgehen und strengere Standards oder gesetzlich nicht geregelte Themen für Unternehmen enthalten. Interne Richtlinien müssen daher stets in Übereinstimmung mit den geltenden gesetzlichen Rahmenbedingungen erstellt werden. Die Geschäftsleitung und die Mitarbeitenden[9] sind dann an diese höheren Standards gebunden und müssen diese, unabhängig von den gesetzlichen Vorschriften, befolgen.[10]

19.1.3   Compliance im Rahmen von ESG

Neben der zwingenden Einhaltung von gesetzlichen Vorschriften umfasst die Compliance im Rahmen von ESG die Einhaltung der freiwilligen Selbstverpflichtung zu nachhaltigem unternehmerischen Handeln und Befolgung der ESG-Vorschriften. »ESG-Compliance« bzw. »nachhaltige Compliance« meint also die Einhaltung spezifischer Rahmenbedingungen, welche die Einhaltung von Nachhaltigkeitsregularien und

---

6   VERORDNUNG (EU) 2019/2088 DES EUROPÄISCHEN PARLAMENTS UND DES RATES vom 27. November 2019 über nachhaltigkeitsbezogene Offenlegungspflichten im Finanzdienstleistungssektor.

7   Vgl. auch Hauschka/Moosmayer/Lösler, Corporate Compliance, 3. A. 2016, § 1, Rn. 2.

8   Hauschka/Moosmayer/Lösler, Corporate Compliance, 3. A. 2016, § 1, Rn. 4.

9   Soweit arbeitsrechtlich wirksam implementiert; vgl. auch Bachmann/Kremer in Kremer u. a., Deutscher Corporate Governance Kodex, 8.A. 2021, Rn. 50.

10   Bachmann/Kremer in Kremer u. a., Deutscher Corporate Governance Kodex, 8.A. 2021, Rn. 43, 47.

-strategien umfassen. ESG-Compliance ist somit eingebettet in die Geschäftsstrategie und die grundlegende Ausrichtung des Unternehmens, die als Teilstrategie eine Nachhaltigkeitsstrategie enthält.[11]

Das hat zur Folge, dass der Umfang der ESG-Compliance stark von der individuellen Umsetzung von Regularien und ESG-Strategien im Rahmen von internen Regelwerken abhängig ist.

Mit Blick auf die für die Immobilienwirtschaft relevante Regulierung sind verschiedene nationale, europäische und internationale Regularien und Standards zu betrachten, insbesondere:

- Offenlegungsverordnung[12]
- Taxonomie-Verordnung[13]
- UN Sustainable Development Goals (SDGs)[14]
- Nationale und internationale Standards wie:
  - BaFin Merkblatt zum Umgang mit Nachhaltigkeitsrisiken
  - UN Global Compact[15]
  - DNK Deutscher Nachhaltigkeitskodex[16]
  - DIN ISO[17] 26000 Leitfaden zur gesellschaftlichen Verantwortung
  - ZIA Zentraler Immobilienausschuss e. V. Leitfaden: Nachhaltigkeit in der Wertschöpfungs- bzw. Lieferantenkette
  - ZIA Leitfaden »Nachhaltige Unternehmensführung in der Immobilienwirtschaft«
  - etc.

Bei der Implementierung etwaiger freiwilliger Nachhaltigkeitskriterien in Unternehmen ist stets zu beachten, dass dies grundsätzlich nur in dem gesellschaftsrechtlichen Rahmen erfolgen kann, der durch Gesellschaftsvertrag oder Satzung vorgegeben ist. Dies betrifft insbesondere, wenn auch nicht abschließend, den Unternehmensgegenstand des Unternehmens (z. B. § 23 Abs. 3 Nr. 2 AktG § 3 Abs. 1 Nr. 2 GmbHG). Im Einzelfall kann daher für die Umsetzung von ESG-Regularien eine Anpassung der gesellschaftsrechtlichen Rahmenbedingungen erforderlich sein.

---

11 Vgl. i.E. auch Bürkle in: Die Nachhaltigkeitsregulierung im Versicherungssektor aus Sicht der Compliance-Funktion, VersR 2020, 1155, 1159.

12 Verordnung (EU) 2019/2088 über nachhaltigkeitsbezogene Offenlegungspflichten im Finanzdienstleistungssektor (»Offenlegungsverordnung«)

13 VERORDNUNG (EU) 2020/852 DES EUROPÄISCHEN PARLAMENTS UND DES RATES vom 18. Juni 2020 über die Einrichtung eines Rahmens zur Erleichterung nachhaltiger Investitionen und zur Änderung der Verordnung (EU) 2019/2088.

14 Https://sdgs.un.org/goals.

15 Https://www.globalcompact.de/de/

16 Https://www.deutscher-nachhaltigkeitskodex.de/

17 International Organization for Standardization.

19.2 Rahmenbedingungen für eine nachhaltige Compliance

Um eine ESG-Compliance für ein Unternehmen herzustellen, ist ein fokussierter Blick auf folgende Themenkomplexe zu richten: Zunächst muss eine nachhaltige Unternehmensstruktur geschaffen, dann müssen die organisatorischen Rahmenbedingungen – mit besonderem Fokus auf ESG/Nachhaltigkeit – eingerichtet und schließlich müssen die jeweiligen Compliance-Anforderungen – ebenfalls mit besonderem Fokus auf ESG/Nachhaltigkeit – eingehalten werden. Dabei sind diese Aspekte nicht alleinstehend zu sehen, sondern in einer Wechselbeziehung zueinander.

In beaufsichtigten Unternehmen sollte die Compliance-Funktion grundsätzlich ihre Aufgaben im Sinne der MaRisk, MaComp, MaGo, KAMaRisk auch mit Blick auf die rechtlichen Anforderungen zur Nachhaltigkeit von Unternehmen des Finanzsektors ausführen.[18]

Von der BaFin wird erwartet, dass sich die von ihr beaufsichtigten Unternehmen mit Nachhaltigkeitsrisiken auseinandersetzen und dies auch dokumentieren.[19]

Darüber hinaus sollten sowohl Unternehmen aus der Realwirtschaft als auch Unternehmen aus dem Finanzsektor, die eine ESG-Compliance anstreben, nachfolgende strukturelle Vorkehrungen treffen.

19.2.1 Schaffung einer nachhaltigen Unternehmensstruktur (Governance i. e. S.)

Grundvoraussetzung für eine ESG-Compliance ist, dass ein Unternehmen zunächst eine nachhaltige Unternehmensstruktur schafft, also eine nachhaltige Corporate Governance im engeren Sinne. Das bedeutet, dass Nachhaltigkeitsprinzipien im Unternehmen implementiert werden müssen. Für Unternehmen der Immobilienwirtschaft spielen hierbei insbesondere die Taxonomie-VO und die Offenlegungsverordnung eine wichtige Rolle. Mit Blick auf Art. 4 Abs. 2 lit. 6 Offenlegungsverordnung ist sogar eine Regelung geschaffen worden, nach welcher die Finanzmarktteilnehmer in die veröffentlichten Informationen eine Bezugnahme auf ihre Beachtung eines Kodex für verantwortungsvolle Unternehmensführung und international anerkannter Standards für die Sorgfaltspflicht und die Berichterstattung sowie ggf. den Grad ihrer Ausrichtung auf die Ziele des Übereinkommens von Paris mit aufnehmen sollen. In Betracht kommt beispielsweise eine Bezugnahme auf den internationalen UN Global Compact oder den nationalen Deutschen Nachhaltigkeitskodex oder den Deutschen Public Corporate Governance-Muster-

---

18 Vgl. BaFin Merkblatt zum Umgang mit Nachhaltigkeitsrisiken Ziff. 5.9.
19 Vgl. BaFin Merkblatt zum Umgang mit Nachhaltigkeitsrisiken Ziff. 1.1.

kodex (D-PCGM) für die öffentliche Verwaltung und öffentliche Unternehmen sowie auf einen unternehmensinternen Code of Conduct (Verhaltenskodex).

Vor der Festlegung der ESG-Strategie und der sich daraus ableitenden Governance- und Compliance-Kriterien, ist zunächst die Einhaltung zwingender nationaler und ggf. internationaler Gesetze und spezifischer regulatorischer Governance-Rahmenwerke (z. B. MIFID II) zu beachten. Zwingende Gesetze stellen stets die Mindestgrenze für jede selbstgeschaffene Regulierung auch mit Blick auf die Nachhaltigkeit dar.

Neben der Einhaltung zwingender regulatorischer Anforderungen gehen die Grundsätze für eine nachhaltige Unternehmensstruktur jedoch weiter. Denn nachhaltige Unternehmensstrukturen umfassen auch internationale und nationale Standards wie die ICGN-Corporate-Governance-Grundsätze, den Deutschen Corporate Governance Kodex und weitere individuelle Anforderungen. Insbesondere sind – soweit nicht bereits zwingende gesetzliche Regularien – Menschenrechte, Arbeitspraktiken, Diversity, Geschäftsethik, Umwelt, Faire Betriebs- und Geschäftspraktiken, Korruptionsbekämpfung wesentliche Punkte.[20]

19.2.2 Nachhaltige Compliance-Organisation

Zur Implementierung der nachhaltigen Unternehmens- bzw. Governancestruktur müssen die im Rahmen definierten Grundsätze und Ziele auch in die Organisation und die Prozesse eines Unternehmens einfließen. Erst eine wirkungsvolle und nachhaltige Organisationsführung ermöglicht es, Maßnahmen zu den inhaltlich orientierten Kernthemen von ESG-Compliance umzusetzen und Nachhaltigkeitsgrundsätze im Rahmen der unternehmensweiten Nachhaltigkeitsstrategie einzuhalten. Das bedeutet, zunächst die formelle Leitung und Steuerung des Unternehmens entsprechend der Grundsatze der Nachhaltigkeit und »Good Corporate Governance« aufzusetzen.

19.2.2.1 Nachhaltige Unternehmenskultur

Grundlage für ein nachhaltiges Compliance-System ist eine entsprechende nachhaltigkeitsorientierte Unternehmenskultur. Wesentlich dafür ist, dass sich die Unternehmensleitung zum einen selbst zu den Nachhaltigkeitszielen ausdrücklich bekennt und in Übereinstimmung mit den ESG-Zielen verhält. Dieser »Tone from the top« bildet die Grundlage zum Erreichen der Nachhaltigkeitsziele. Dabei sollte sich die Unternehmensleitung regelmäßig auch an langfristigen Zielen orientieren, um die Nach-

---

20 Vgl. auch die Kernziele der DIN ISO 26000.

haltigkeitsgesichtspunkte in die Führung des Unternehmens einfließen zu lassen. Die Ernsthaftigkeit einer nachhaltigen Unternehmensführung zeigt sich insbesondere in Kriterien, die sich an beobachtbaren und berechenbaren Ereignissen orientieren.[21]

Daher sollte auch bei der Festsetzung der Vergütung der Geschäftsleitung die Nachhaltigkeit der Unternehmensführung eine Rolle spielen und sich in den persönlichen Zielen der Geschäftsleitung widerspiegeln. Für börsennotierte Gesellschaften ist in § 87 Abs. 1 S. 2 AktG festgelegt, dass eine Ausrichtung der Vergütung an einer langfristigen und nachhaltigen Gesellschaftsentwicklung zu erfolgen hat. Dabei war Intention des Gesetzgebers, dass auch soziale und ökologische Gesichtspunkte berücksichtigt werden sollen, wobei deren Gewichtung vor dem Hintergrund der Verpflichtung des Vorstandes auf das Unternehmensinteresse betrachtet werden muss.[22]

19.2.2.2 Grundlagen für ein nachhaltiges Compliance-Programm

Auch wenn es keine gesetzliche Pflicht zur Einführung eines Compliance-Programms, insbesondere von internen Richtlinien, gibt, so bilden diese doch die Grundlage für die Erfüllung der Compliance-Pflichten, gerade mit Blick auf ESG-Themen. Organe von Unternehmen sind im Rahmen der Legalitätspflicht verpflichtet, zwingende gesetzliche und regulatorische Vorgaben einzuhalten.[23] Ausfluss der Legalitätspflicht ist die sog. Legalitätskontrollpflicht, welche bedeutet, dass die Geschäftsleitungen von Unternehmen dafür Vorkehrungen zu treffen haben, um Rechtsverstöße von anderen Organen – den Mitarbeitenden – zu vermeiden.[24] Allerdings gehen, wie zuvor bereits aufgezeigt, die nachhaltigen Compliance-Prozesse deutlich über das gesetzliche Mindestmaß hinaus, da wesentliche Nachhaltigkeitsaspekte freiwillig, insbesondere im Rahmen der ESG-Governance, zur Anwendung gelangen. Insofern besteht eine Compliance-Pflicht der Geschäftsleitungen, die sich im Bereich ESG bei einer freiwilligen Selbstverpflichtung zu nachhaltigem Handeln auf die ESG-Kernthemen erstreckt.

Das führt dazu, dass Unternehmen Nachhaltigkeitsaspekte hierfür in bestehende Prozesse integrieren und diese anpassen oder neue Steuerungs- und Kontrollprozesse etablieren müssen. Dies beeinflusst sämtliche operativen Arbeits- und Entscheidungsprozesse, wie Investmentprozesse, Auswahl Geschäftspartner/Mieter etc. Aber

---

21 Vgl. S. 110 des ZIA Leitfadens: »Nachhaltige Unternehmensführung in der Immobilienwirtschaft« Ziffer 3.2.4.2 (S. 110)

22 Spindler in MüKo AktG – Nachtrag zum ARUG II, 5. Aufl. 2021, § 87, Rn. 78, Koch in Hüffer/Koch, AktG, 15. Aufl. 2021, § 87, Rn. 27.

23 BGH, Urt. v. 7.5.2019 – VI ZR 512/17 (OLG Karlsruhe), NZG 2019, 939, Altmeppen in Altmeppen GmbHG, 10. Aufl. 2021, § 43 Rn. 6, Hölters in Hölters, AktG, 3. Aufl. 2017, Rn. 54.

24 Grigoleit in Grigoleit, AktG, 2. Aufl. 2020, § 76, Rn. 44.

auch die Kontrollen innerhalb der operativen Prozesse sind mit anzupassen und mit Blick auf die Nachhaltigkeitsaspekte neu zu definieren.

19.2.2.2.1   Umfang der Compliance-Programme

Grundsätzlich ist die Unternehmensführung bei der Ausgestaltung der Compliance-Programme frei. Es sollte ausgerichtet werden an dem Risikoprofil des Unternehmens unter Berücksichtigung der Situation des Unternehmens im Einzelfall (z. B. Größe, Märkte, interne Struktur).[25]

Allerdings bestehen in bestimmten Bereichen auch regulatorische Vorgaben zur Ausgestaltung der Compliance-Programme. So ist für beaufsichtigte Institute nach der MaRisk ausdrücklich aufsichtsrechtlich vorgeschrieben, dass diese über eine dauerhafte und wirksame unabhängig arbeitende Compliance-Funktion verfügen müssen, um den Risiken, die sich aus der Nichteinhaltung rechtlicher Regelungen und Vorgaben ergeben können, durch entsprechende Kontrollen entgegenzuwirken (vgl. AT 4.4.2 MaRisk). Ferner hat die Compliance-Funktion die Geschäftsleitung hinsichtlich der Einhaltung dieser rechtlichen Regelungen und Vorgaben zu unterstützen und zu beraten.

Auch für börsennotierte Gesellschaften wurde mit dem durch das FISG[26] neu eingeführten § 91 Abs. 3 AktG ein regulatorischer Rahmen geschaffen, welcher Vorstände verpflichtet, über die Pflicht zur Einrichtung eines Risikofrüherkennungssystems hinaus ein im Hinblick auf den Umfang der Geschäftstätigkeit und die Risikolage des Unternehmens angemessenes und wirksames IKS und RMS einzurichten.

19.2.2.2.2   Strukturelle Elemente einer nachhaltigen Compliance

Im Rahmen der Implementierung von nachhaltigen Compliance-Programmen führen zudem regulatorische Anforderungen und ESG-Standards dazu, dass bestimmte strukturelle Elemente in die Compliance-Programme aufzunehmen sind.

Ein wichtiges und strukturelles Element für ein nachhaltiges Compliance-Programm ist die Bereitstellung eines Meldekanals durch die Unternehmen, über welchen Missstände, insbesondere mit Blick auf Rechtsverstöße, gemeldet werden können (»Whistleblowing«). Rechtliche Anforderungen an die Bereitstellung eines Meldekanals ergeben sich für Unternehmen aus verschiedenen Regularien. Für den europäischen Raum von besonderer Bedeutung ist insoweit die Hinweisgeberschutzrichtlinie (HinSch-

---

25   Klahold/Lochen in Hauschka/Moosmayer/Lösler, Corporate Compliance, 3. Aufl. 2016, § 37, Rn. 17.
26   Gesetz zur Stärkung der Finanzmarktintegrität (Finanzmarktintegritätsstärkungsgesetz) vom 03. Juni 2021.

RL)[27], nach welcher Unternehmen mit mehr als 50 Mitarbeitern verpflichtet werden, interne Meldekanäle einzurichten, über die Verstöße gegen EU-Recht gemeldet werden können. Mit Blick auf die Immobilienwirtschaft ist dies insbesondere relevant, da auch Themen wie öffentliche Auftragsvergaben, Kartellrecht, Umweltrecht und Datenschutz in den Anwendungsbereich fallen. Daneben bestehen in Deutschland auch weitere spezialgesetzliche Vorschriften, welche die Einrichtung von Meldestellen vorsehen. So haben Unternehmen, die nach dem Geldwäschegesetz zur Einrichtung eines Risikomanagements (§ 4 GWG) verpflichtet sind, nach § 6 Abs. 5 GWG einen Meldekanal zur Meldung von Verstößen gegen geldwäscherechtliche Vorschriften vorzuhalten. Auch nach dem Sorgfaltspflichtengesetz[28], dort § 8, haben nach diesem Gesetz verpflichtete Unternehmen dafür zu sorgen, dass ein unternehmensinternes Beschwerdeverfahren eingerichtet ist, das es Personen, die durch wirtschaftliche Tätigkeiten im eigenen Geschäftsbereich des Unternehmens oder durch wirtschaftliche Tätigkeiten eines unmittelbaren Zulieferers unmittelbar betroffen sind oder in einer geschützten Rechtsposition verletzt sein können, sowie Personen, die Kenntnis von der möglichen Verletzung einer geschützten Rechtsposition oder einer umweltbezogenen Pflicht haben, ermöglicht, auf menschenrechtliche und umweltbezogene Risiken oder Verletzungen hinzuweisen.

Eine weitere zentrale Anforderung für Compliance-Strukturen ist, dass die Compliance-Anforderungen mit Blick auf Nachhaltigkeitsthemen nicht nur für die Unternehmen selbst gelten, sondern im Rahmen von Standards auch auf Dritte, wie Vertragspartner und Zielgesellschaften, ausgedehnt werden.[29] Das hat zur Folge, dass Unternehmen Strukturen in ihre Programme aufnehmen müssen, welche die Prüfung von Zielgesellschaften, Mietern, Property Managern, Zulieferern oder weiteren Dritten (Vertragspartner Due Diligence) in die eigenen Prozesse integriert. Bei der Auswahl von Lieferanten, Mietern, Property Managern und weiteren Geschäftspartnern ist die schriftliche Fixierung einer vorherigen Auswahlstrategie und die vorherige Definition von Maßnahmen im Falle eines Verstoßes gegen den Kodex empfehlenswert. In Betracht kommt die Regelung von Freistellungs- und Schadensersatzansprüchen. Zuletzt sollten in den Verträgen Compliance-Verstöße der Vertragspartner als außerordentliche Kündigungsgründe definiert werden. Das Sorgfaltspflichtengesetz sieht den Abbruch von Geschäftsbeziehungen als Ultima Ratio im Fall von Menschrechts- oder Umweltverstößen vor. Nur durch die vorherige Definition eines solchen Compliance-Verstoßes als einen außerordentlichen Kündigungsgrund kann dieser

---

27   EU-Richtlinie zum Schutz von Personen, die Verstöße gegen das Unionsrecht melden (2019/1937). Die Richtlinie ist bis zum 17. Dezember 2021 in nationales Recht umzusetzen. Nach einem ersten Referentenentwurf zur Umsetzung der Richtlinie in nationales Recht (Hinweisgesberschutzgesetz-E) ist eine Erweiterung des Anwendungsbereichs auch auf sämtliche Straftaten und Ordnungswidrigkeiten sowie auf missbräuchliche Steuergestaltungen vorgesehen.
28   Gesetz über die unternehmerischen Sorgfaltspflichten in Lieferketten vom 11. Juni 2021.
29   Spießhofer, Compliance und Corporate Social Responsibility in: NZG 2018, 441, 444f.

Sorgfaltspflicht im Extremfall nachgekommen werden. Dabei liegt der Fokus einer Vertragspartner-Due-Diligence insbesondere in der Befolgung der ESG-Ziele des Unternehmens und Einhaltung regulatorischer Vorgaben.

Auch die Durchführung von Risikoanalysen wird durch die Regulierung im Bereich der Nachhaltigkeit beeinflusst. Risikoanalysen stellen einen zentralen Punkt eines Compliance-Programms dar, das in allen maßgeblichen Geschäftsabläufen durch angemessene Maßnahmen verankert ist und der Abwendung potenziell negativer Auswirkungen von ESG-Belangen dienen kann. Risikoanalysen bilden die Grundlage für die Implementierung und Weiterentwicklung der Programme. Bereits im Geldwäschegesetz (§ 5 GWG) finden sich Regelungen, wonach die Verpflichteten diejenigen Risiken der Geldwäsche und der Terrorismusfinanzierung zu ermitteln und zu bewerten haben, welche sich für ihre Geschäfte ergeben. Auch im Sorgfaltspflichtengesetz ist nunmehr die Pflicht zur Durchführung einer jährlichen sowie anlassbezogener Risikoanalysen zur Ermittlung von menschenrechtlichen und umweltbezogenen Risiken aufgenommen. Als relevante Risikofelder benennt das Gesetz dabei insbesondere Zwangsarbeit, Kinderarbeit, Diskriminierung, Verstoß gegen die Vereinigungsfreiheit, problematische Anstellungs- und Arbeitsbedingungen (Sklaverei) und Umweltschädigungen.

Die Risikoanalyse betrifft sowohl die Risiken des eigenen Geschäftsbetriebes als auch die der unmittelbaren[30] Zulieferer.

19.2.2.2.3   Transparenz und Berichtspflichten

Weiter bestehen für die Immobilienwirtschaft verschiedene Pflichten zur Transparenz und Berichterstattung mit Blick auf ESG-Themen, welche sich aus verschiedenen Regularien ergeben können.

Zentrales Regelwerk ist insoweit die Offenlegungsverordnung, welche neben verschiedenen Transparenzverpflichtungen insbesondere in Art. 4 Abs. 1 eine Verpflichtung für Finanzmarktteilnehmer enthält, auf ihrer Internetseite Angaben zum Thema ESG auf Unternehmensebene zu machen. Konkret heißt das, dass auf der Unternehmenshomepage folgende Informationen veröffentlicht müssen: Informationen zu ihren Strategien zur Einbeziehung von Nachhaltigkeitsrisiken bei ihren Investitionsentscheidungsprozessen (vgl. Art. 3 Offenlegungsverordnung), Auswirkungen von Entscheidungen, die nicht ESG-konform sind und deren Berücksichtigung bzw. wenn

---

30 Bei missbräuchlicher Gestaltung der unmittelbaren Zuliefererbeziehung oder in Fällen, in denen ein Umgehungsgeschäft mit der Absicht vorgenommen wird, die Anforderungen an die Sorgfaltspflichten bezüglich unmittelbarer Zulieferer zu umgehen, gilt ein mittelbarer Zulieferer als unmittelbarer Zulieferer mit entsprechenden Sorgfaltspflichten.

es keine Berücksichtigung gibt, müssen die Gründe angegeben werden, warum das nicht erfolgt (Art. 4).

Eine weitere Verpflichtung zur Berichterstattung kann sich aus der Regulierung zur CSR-Berichterstattung im Lagebericht ergeben, welche in § 289 b ff. HGB aufgenommen wurde. Die CSR-Berichterstattung beruht auf einer EU-Richtlinie zur Nachhaltigkeitsberichterstattung von Unternehmen, für welche nunmehr ein Vorschlag zur Aktualisierung vorliegt.[31] Nach der Neuregulierung sollen insbesondere die Berichtsinhalte umfassend ausgeweitet und präzisiert werden. Es sollen neue, verbindliche Standards für die Nachhaltigkeitsberichterstattung veröffentlicht werden, die Einheitlichkeit in der Anwendung schaffen sollen. Auch soll der Kreis der einbezogenen Unternehmen erweitert werden. Grundsätzlich sollen in Zukunft alle an einem regulierten Markt in der EU gelisteten Unternehmen (bis auf Kleinstunternehmen), zudem große nicht kapitalmarktorientierte Unternehmen sowie die meisten Banken und Versicherungen verpflichtend über nichtfinanzielle Kennzahlen berichten und somit zu mehr Transparenz über nachhaltige Aspekte beitragen.

Auch werden im Rahmen von ESG-Regularien weitere Berichte eingeführt, um die Transparenz der Unternehmen zu erhöhen. Zu nennen sind dabei als mögliche Berichte: Nachhaltigkeitsbericht, Bericht zur gesellschaftlichen Verantwortung (CSR, s. o.), Fortschrittsbericht des UN Global Compact, Entsprechungserklärung Deutsche Nachhaltigkeitsindex, Entsprechungserklärung Deutsche Corporate Governance Kodex etc.

19.2.2.3 Transformation der ESG-Anforderungen

Die Frage, welche materiell-rechtlichen ESG-Anforderungen Unternehmen der Immobilienwirtschaft konkret zu berücksichtigen und im Compliance-Programm aufzunehmen haben, hängt von dem Geschäftsmodell des jeweiligen Unternehmens und dem relevanten Markt sowie von den jeweiligen durch die nachhaltige Governance gesetzten Rahmenbedingungen ab. Für eine nachhaltige Governance ist es wichtig, dass eine Orientierung an einem international anerkannten Standard erfolgt und dieser in Anwendung kommt. Diese Standards setzen dabei im Rahmen der Festlegung der Kriterien für eine nachhaltige Unternehmensführung unterschiedliche Schwerpunkte und Impulse.

---

31 Vorschlag für eine RICHTLINIE DES EUROPÄISCHEN PARLAMENTS UND DES RATES zur Änderung der Richtlinien 2013/34/EU, 2004/109/EG und 2006/43/EG und der Verordnung (EU) Nr. 537/2014 hinsichtlich der Nachhaltigkeitsberichterstattung von Unternehmen.

Trotz dieser unterschiedlichen Schwerpunkte und Impulse lassen sich mit Blick auf die Immobilienwirtschaft bestimmte Kernthemen identifizieren, welche besondere Relevanz haben. Die Umsetzung und Transformation dieser Anforderungen führt dann wiederum zu Anforderungen an die Compliance der Unternehmen, da diese Regelungen eingehalten und ggf. auch strukturelle Maßnahmen zur Prüfung und Sicherstellung der Einhaltung getroffen werden müssen.

19.2.2.3.1   Environmental

Die Kernthese im Bereich der Umweltziele lässt sich für Unternehmen der Immobilienwirtschaft allgemein so umschreiben, dass diese negative Umweltauswirkungen vermeiden oder reduzieren und Ressourcen effizient nutzen sollten; zudem sollten sie ökologische Grenzen einhalten; Klimaschutz- und Ressourcen-, aber auch Klimaanpassungs- und Biodiversitätsfragen sind durch Umweltmanagementinstrumente anzugehen.[32] Umweltaspekte stehen in der Immobilienwirtschaft bereits längere Zeit im Fokus. Nachhaltige Gebäude haben nicht nur das Potenzial, negative Auswirkungen auf die Umwelt zu beseitigen – zum Beispiel durch einen geringeren Verbrauch von Energie, Wasser und natürlichen Ressourcen –, sondern haben auch einen positiven Einfluss auf die Umwelt, indem sie ihre eigene Energie erzeugen und/oder die Biodiversität erhöhen.[33] Darüber hinaus ist anerkannt, dass der Immobiliensektor im Vergleich zu anderen Sektoren das größte Potenzial für eine deutliche Reduzierung der Treibhausgasemissionen hat.[34] Daher bestehen im Bereich der Immobilienwirtschaft detaillierte Anforderungskataloge für Umweltaspekte. Üblicherweise lassen sich die Anforderungen an Umweltziele in die folgenden übergeordneten Ziele einordnen: nachhaltige Nutzung und Schutz von Wasser- und Meeresressourcen, Übergang zu einer Kreislaufwirtschaft, Vermeidung und Kontrolle von Umweltverschmutzung und Schutz und Wiederherstellung von Biodiversität und Ökosystemen.[35]

Der substanzielle Beitrag zu Klima- und anderen Umweltzielen wird hauptsächlich auf der Immobilienebene, also auf der Asset-Ebene, gemessen. Soweit Umweltkriterien nicht bereits Bestandteil zwingender gesetzlicher Regulierung sind, finden diese mit Blick auf die Immobilienwirtschaft Niederschlag in entsprechenden Zertifizierungskriterien (»Green-Building-Zertifizierung«). Diese Kriterien sind in die internen Prozesse zu integrieren und im Rahmen der Compliance zu beachten und deren Beachtung fortlaufend zu überprüfen.

---

32   Https://www.bmu.de/fileadmin/Daten_BMU/Pools/Broschueren/csr_iso26000_broschuere_bf.pdf
33   Https://www.worldgbc.org/benefits-green-buildings.
34   Https://www.uncclearn.org/wp-content/uploads/library/unep207.pdf, S. 9.
35   In Anlehnung an die Regelungssystematik der Taxonomie-Verordnung.

Soweit für die Einhaltung der Umweltziele Dritte, wie beispielsweise Dienstleister (Asset-, Facility-, Fondsmanager) oder Mieter, relevant sind, ist deren Beitrag zur Erreichung der Umweltziele im Rahmen von vertraglichen Regelungen abzubilden. Dabei sind die Anforderungen an die vertraglichen Regelungen sowie deren Einhaltung mit in die Compliance-Strukturen zu übernehmen. Denn die Nichteinhaltung der entsprechenden Pflichten könnte zu einem Verstoß gegen eigene – interne – Regularien und damit zu einer Non-Compliance führen.

19.2.2.3.2   Social

Der Bereich der sozialen Kriterien im Sinne von ESG ist vielschichtig und nicht abschließend definiert. Regelmäßig versteht man Aspekte wie Chancengleichheit, Schutz von Minderheiten, Verhinderung von Ausbeutung und Diskriminierung, faire Arbeitsbedingungen und die Einhaltung von grundlegenden Arbeitsrechten unter diesem Begriff.[36] Die Taxonomie-VO legt hierfür einen Mindestschutz (Art. 18) fest, bei dem es sich um Verfahren handelt, die von einem eine Wirtschaftstätigkeit ausübenden Unternehmen durchgeführt werden, um sicherzustellen, dass die OECD-Leitsätze für multinationale Unternehmen und die Leitprinzipien der Vereinten Nationen für Wirtschaft und Menschenrechte, einschließlich der Grundprinzipien und Rechte aus den acht Kernübereinkommen, die in der Erklärung der Internationalen Arbeitsorganisation über grundlegende Prinzipien und Rechte bei der Arbeit festgelegt sind, und aus der Internationalen Charta der Menschenrechte, befolgt werden.

Das zeigt, dass Unternehmen ihre bestehende Compliance-Organisation um Nachhaltigkeits- und Menschenrechtsgesichtspunkte zu erweitern haben. Diese Verpflichtung bezieht sich dabei nicht nur auf den eigenen Aktivitätenkreis, sondern auch auf ihre Lieferkette. Dies entspricht nicht zuletzt den Vorgaben des Sorgfaltspflichtengesetzes, welches eine umfassende menschen- und umweltrechtliche Compliance nicht nur im eigenen Tätigkeitsbereich, sondern auch bei der Organisation seiner Lieferketten fordert.

Dies umfasst zunächst die Zuständigkeiten, namentlich die Benennung einen Menschenrechtsbeauftragten oder die Erweiterung des Verantwortungskreises der Compliance-Funktion. Gegebenenfalls hat hier eine Abgrenzung der Zuständigkeiten zu anderen Bereichen im Unternehmen, wie z. B. CSR, zu erfolgen.

Essenziell ist zudem die Durchführung einer erweiterten Risikoanalyse für den gesamten Geschäftsbereich des eigenen Unternehmens inklusive aller Tochtergesellschaf-

---

36   Vgl. Altenbach in Semler/v.Schenck/Wilsing, Arbeistshandbuch für Aufsichtsratsmitglieder, 5. A. 2021, § 7, Rn. 22.

ten sowie aller unmittelbaren Zulieferer anhand länder- und branchenspezifischer Gesichtspunkte im Hinblick auf das Risiko möglicher Compliance-/Menschenrechts- und Umweltverletzungen.

Anschließend ist ein risikobasiertes Überwachungs- und Kontrollsystem zu implementieren, um die Einhaltung der in der Grundsatzerklärung enthaltenen Menschenrechtsstrategie im eigenen Geschäftsbereich überprüfen zu können. Insbesondere muss das bestehende Compliance-System auf die Sicherstellung der Compliance der Geschäftspartner ausgeweitet werden.

Von grundlegender Bedeutung ist die erforderliche Umsetzung der in der Grundsatzerklärung dargelegten Menschenrechtsstrategie in alle relevanten Geschäftsabläufe und -entscheidungen (z. B. Investment-, Beschaffungs- und Vertriebsprozesse). Dies umfasst die Entwicklung oder Anpassung eines internen und externen Verhaltenskodexes (Code of Conduct), interner Richtlinien, Arbeitsanweisungen, Prozessbeschreibungen etc., sowie die Schulung der Mitarbeiter in den relevanten Geschäftsbereichen und die Schaffung eines Bewusstseins für Compliance-Gefahren. Der Schwerpunkt der Prozessintegration sollte dabei auf den Geschäftsfeldern liegen, die für das Risikomanagement als relevant identifiziert worden sind.

Bei Vertragsverhandlungen mit potenziellen Geschäftspartnern ist es ratsam, Verhaltenskodizes zugrunde zu legen, in denen die Compliance- (und insbesondere menschenrechtliche) Erwartungen konkretisiert und verbindlich festgesetzt werden (z. B. einen sog. »Verhaltenskodex für Lieferanten«). In Betracht kommt auch die Aufnahme entsprechender Vertragsklauseln bzw. eine vertragliche Zusicherung eines unmittelbaren Geschäftspartners, dass dieser die eigenen Compliance-Mindeststandards und/oder menschenrechtsbezogenen und umweltbezogenen Anforderungen (z. B. zehn Prinzipien des UN Global Compact) befolgt und entlang der Lieferkette entsprechend adressiert.

Auch sollten angemessene Kontrollmaßnahmen sowie die Durchführung von Schulungen zur Durchsetzung der vertraglichen Zusicherungen des unmittelbaren Zulieferers vorab vertraglich vereinbart und diese anschließend regelmäßig, aber risikobasiert durchgeführt werden, um die Einhaltung der Compliance- und Menschenrechtsstrategie bei dem unmittelbaren Geschäftspartner sicherstellen zu können. In Betracht kommen hier das (wiederholte) Unterzeichnenlassen des eigenen Verhaltenskodexes, das Ausfüllenlassen von Selbstauskünften (z. B. Compliance-Fragebögen), eigene Durchführung von (Standort-)Audits oder Beauftragung externer Prüfer mit Audits, Abhalten von Lieferanten-Workshops etc.

Zudem kommt das Einholen von Nachweisen der Geschäftspartner über durchgeführte Schulungen zu essenziellen Compliance-Themen in Betracht.

19.2.2.3.3   Governance

Das Governance-Kriterium umschreibt auf der einen Seite den allgemeinen Rahmen eines Unternehmens, um im Einklang mit ökologischen und sozialen sowie anderen Kriterien zu handeln. Damit umschreibt es in erster Linie die Transformation der freiwilligen Environmental- und Social-Anforderungen. Darüber hinaus meint dieses Kriterium aber auch die Gewährleistung einer verantwortungsvollen Unternehmensführung im Sinne einer »Good Corporate Govnernance«. Unter dem Begriff der «Good Corporate Governance» wird üblicherweise eine Gestaltung der Entscheidungswege verstanden, die über die rechtlichen Mindestanforderungen hinausgeht und – unverbindliche – Praxisstandards berücksichtigt.[37] Das schließt insbesondere die vorstehend dargestellte Herstellung einer nachhaltigen Unternehmensführung und nachhaltigen Compliance-Struktur mit ein. Häufig werden als Themenfelder Maßnahmen zur Verhinderung von Korruption, Ermöglichung von Whistleblowing, Gewährleistung von Arbeitnehmerrechten, Gewährleistung des Datenschutzes, Steuerehrlichkeit und die Offenlegung von Informationen genannt.[38] Wichtig ist jedoch auch, dass, soweit weitere zwingende regulatorische Anforderungen bestehen, auch diese im Rahmen einer nachhaltigen Compliance zu beachten sind.

Neben der Einhaltung dieser zwingenden regulatorischen Anforderungen haben immer mehr Marktteilnehmer eigene Grundsätze für eine verantwortungsvolle Unternehmensführung entwickelt. Diese Grundsätze umfassen internationale und nationale Standards wie die ICGN-Corporate-Governance-Grundsätze, den Deutschen Corporate Governance Kodex. Für die Immobilienwirtschaft besonderes Regularium ist der Kodex für Baukultur.[39] Mit einem Bekenntnis zum Kodex für Baukultur verpflichten sich die Unternehmen der Immobilienwirtschaft im Rahmen einer Selbstkontrolle, ihre Verantwortung für die Entwicklung gesunder und umweltfreundlicher Lebens- und Arbeitsumgebungen besser wahrzunehmen. Die allgemeinen Prinzipien der Codes umfassen unter anderem Umweltkriterien (z. B. Wiederverwendbarkeit, ressourcenschonendes Bauen und Betreiben) und soziale Kriterien (z. B. Nutzungsmix zur Vermeidung von Konflikten und konsensorientiertes Handeln) sowie einen Lebenszyklusansatz.

---

37 Weißhaupt: Good Corporate Governance bei unternehmerischen Entscheidungen – am Beispiel M&A Inhalt, ZHR 185 (2021), 91).

38 Vgl. BaFin Merkblatt zum Umgang mit Nachhaltigkeitsrisiken Ziff. 2.3, Altenbach in Semler/v.Schenck/ Wilsing, Arbeishtandbuch für Aufsichtsratsmitglieder, 5. A. 2021, § 7, Rn. 22.

39 Https://www.bundesstiftung-baukultur.de/sites/default/files/medien/8349/downloads/210517_kodex_ fuer_baukultur_bsbk.pdf.

19.3 Fazit

Insgesamt kann man feststellen, dass die Unternehmen in der Immobilienwirtschaft aufgrund der ESG-Anforderungen auch neuen und steigenden Herausforderungen im Hinblick auf die Compliance-Funktionen gegenüberstehen. Nachhaltigkeitsanforderungen werden zunehmend Gegenstand zwingender gesetzlicher Vorschriften, welche dann im Rahmen der Compliance-Verpflichtung der Unternehmen berücksichtigt werden müssen. Aber auch die im Wege einer Selbstverpflichtung eingeführten Nachhaltigkeitsanforderungen und -standards führen für die Organe der Unternehmen und davon abgeleitet für die Mitarbeiter dazu, dass auch diese als zwingende Vorschriften einzuhalten und im Rahmen von Compliance-Strukturen zu berücksichtigen sind. Ein dritter Treiber für die Berücksichtigung von Nachhaltigkeitsaspekten ergibt sich wiederum aus den Anforderungen des Marktes. Denn auch Marktteilnehmer sind verpflichtet, im Rahmen der Nachhaltigkeitskriterien diese auch mit Blick auf ihre Geschäftspartner zu beachten.

Mit Blick auf die zukünftigen Entwicklungen ist davon auszugehen, dass die Anforderungen für Unternehmen an eine nachhaltige Governance und damit an eine nachhaltige Compliance steigen werden. Insbesondere ist hierbei zu beachten, dass auf europäischer Ebene eine Initiative für eine Richtlinie zur nachhaltigen Unternehmensführung besteht, durch welche ein stärkerer Fokus auf die nachhaltige Governance insgesamt entstehen wird. Aber auch nationale Bestrebungen führen dazu, dass Compliance-Maßnahmen für Unternehmen stärker in den Fokus rücken. Insgesamt bedeutet dies, dass nachhaltige und wirkungsvolle Compliance-Maßnahmen für Unternehmen der Immobilienwirtschaft unerlässlich sind und an Bedeutung gewinnen werden.

Literatur

Altmeppen (2021): GmbHG, 10. Aufl.

Bachmann/Kremer (2021) in: Kremer u. a., Deutscher Corporate Governance Kodex, 8. Auflage.

Bürkle (2020) in: Die Nachhaltigkeitsregulierung im Versicherungssektor aus Sicht der Compliance-Funktion, VersR 2020, 1155.

Goette/Habersack/Kalss (2021): Münchener Kommentar zum Aktiengesetz, Nachtrag §§ 67, 67a-67f, 87, 87a, 107, 111a-111c,113,162 infolge des ARUG II Band 1a/2a, 5. Aufl.

Grigoleit (2020): AktG, 2. Aufl.

Hauschka/Moosmayer/Lösler (2016): Corporate Compliance, 3. Aufl.

Hölters (2017): Aktiengesetz, 3. Aufl.

Hüffer/Koch (2021): Aktiengesetz, 15. Aufl.

Lange (2020): Sustainable Finance: Nachhaltigkeit durch Regulierung? (Teil 1), BKR 2020, 218.

Semler/v. Schenck/Wilsing (2021): Arbeitshandbuch für Aufsichtsratsmitglieder 5. Aufl.

Spießhofer (2018): Compliance und Corporate Social Responsibility in NZG 2018, 441.

Weishaupt (2021): Good Corporate Governance bei unternehmerischen Entscheidungen – am Beispiel M&A Inhalt, ZHR 185, 91.

ZIA Leitfaden »Nachhaltige Unternehmensführung in der Immobilienwirtschaft«.

Deutsche Corporate Governance Kodex in der Fassung vom 16. Dezember 2019.

https://www.bmu.de/fileadmin/Daten_BMU/Pools/Broschueren/csr_iso26000_broschuere_bf.pdf.

https://www.worldgbc.org/benefits-green-buildings.

https://www.uncclearn.org/wp-content/uploads/library/unep207.pdf.

https://www.bundesstiftung-baukultur.de/sites/default/files/medien/8349/downloads/210517_kodex_fuer_baukultur_bsbk.pdf.

https://www.deutscher-nachhaltigkeitskodex.de/.

https://www.globalcompact.de/de/.

https://sdgs.un.org/goals.

ESG in der Stadt- und Projektentwicklung

20 ESG-Projektentwicklung – Planungs- und Bauprozesse

Thomas Oebbecke

20.1 Einleitung

Die globale Erderwärmung ist eine neue, alles bestimmende Dimension. Sie stellt die Menschheit als Ganzes vor die Herausforderung, schnell, koordiniert und ganzheitlich neue Antworten zu finden. Dies ist in der Menschheitsgeschichte einzigartig und herausragend.

Diese Aufgabe unterliegt einer weiteren, alles überragenden Dringlichkeit, die ebenfalls einzigartig ist. Es ist die verbleibende Zeit, handeln zu können. Alle entscheidenden so genannten »Nicht-Umkehrbarkeitspunkte« sind in Sichtweite und engen den Handlungsspielraum nicht nur extrem ein, sondern lassen nur eine einzige Chance: sofort zu handeln. Mit der Erklärung von Paris und den gesetzten Klimazielen für Erderwärmung bis 2050 wurde ein für jedermann greifbares, reales Bild gezeichnet.

Im Angesicht dieser Dimension und mit dem aktuell zunehmend spürbaren Wunsch nach Veränderung in der Gesellschaft, ist es verführerisch, der Strahlkraft von verheißungsvoll, propagierten Gesamtlösungen zu erliegen. Sie erweisen sich stets als wenig hilfreich. So ist beispielsweise die Digitalisierung nicht die Lösung, sondern zusammen mit allen anderen Ansätzen ein Teil davon. Daher ist es heute umso wichtiger, mit Augenmaß und vielschichtig koordinierten und leistbaren Ansätzen Antworten zu finden und diese umzusetzen.

Im folgenden Kapitel werden die Auswirkungen der »ESG«-Anforderungen auf Entwicklungs- Planungs- und Bau- sowie Sanierungsprozesse beleuchtet.

20.2 Eine Einordnung

Die Reaktionen der Menschen im Umgang mit neuen Anforderungen sind gesellschafts-, kultur- und epochenübergreifend identisch. Sie spiegeln die komplette Bandbreite menschlicher Emotionen wider, die sich von grundsätzlicher Ablehnung auf der einen, bis zur überschwänglichen Begeisterung auf der anderen Seite erstrecken. Um diese Pole und deren Auswirkung auf Entwicklung zu verstehen, empfiehlt sich ein kurzer Blick zurück in die Baugeschichte. Dadurch bekommt man ein Gefühl dafür, mit welchem Maß an Dringlichkeit oder besser Gelassenheit man mit den heutigen Herausforderungen umgehen sollte.

Die Frage, was alte Kulturen, Genies und Geisteshaltungen von der Steinzeit über die Antike bis zur Neuzeit mit den Anforderungen der Gegenwart und der Zukunft zu tun haben, ist berechtigt. Der Blick zurück zeigt, dass der Spannungsbogen aus Bewahrung und Wiederholung von Altbewährtem und vorwärts gerichteten technischen und wissenschaftlichen Innovationen zu jeder Zeit und in jedem Zeitgeist die Treiber für »Best Practice« in der durch Menschenhand gebauten Umwelt waren. Man erkennt, dass sich die Menschen in längst vergangenen Kulturen und Epochen immer den Herausforderungen ihrer Zeit gestellt und diese mit vielschichtiger Weiterentwicklung gegen alle Widerstände gemeistert haben.

Das Einführen von Neuerungen, die initiierten, reglementierten oder ausschlossen, brachte stets Veränderung mit sich. Diese bedingten sich, veränderten, ergänzten oder ersetzten gewohnte und etablierte Prozesse. Deshalb ging mit der Entwicklung des Neuen immer auch das Phänomen einher, dass es anfänglich nur einen kleinen Kreis von Befürwortern gab. Aufgrund der neuen Vorteile bildete sich nach und nach eine kritische Masse an Akzeptanz, die die neue Technologie als Standard akzeptierte. Dieser Prozess wurde durch das Vorantreiben vieler kleiner Entwicklungsschritte, heute würde man den Begriff »Brückentechnologien« verwenden, gekennzeichnet.

Mit dieser steten Weiterentwicklung und der steigenden Akzeptanz ging immer die Notwendigkeit nach Regulierung einher. So wurden in der Geschichte stets durch die Seite der Gesetzgebung Regeln, Verordnungen und Gesetze erlassen, die bereits erreichte Standards zur verpflichtenden Handlungsweise machten. Damals wie heute liegt es in der Natur der Sache, dass die Baupraxis und die Forschung im Sinne von »Best Practice« stets der Gesetzgebung voranging.

20.3   Die Nachhaltigkeit – von der Einführung des Begriffs bis heute

Der Begriff Nachhaltigkeit ist schon über 300 Jahre alt. Er wurde 1713 erstmals durch Hans Carl von Carlowitz (1645-1714) in seinem Werk »Sylvicultura Oeconomica« im Rahmen von Forstwirtschaft definiert. Im letzten Jahrhundert bekam die Idee des Gleichklangs von Ökologie, Ökonomie und Sozialem durch den 1968 gegründeten »Club of Rome« und dessen 1972 veröffentlichten Bericht »Die Grenzen des Wachstums« eine erste klare Definition und dadurch internationale Aufmerksamkeit.

Die Ölkrise 1973 rückte den Begriff und die Einsicht, dass sich Dinge ändern müssen, in das Blickfeld der Öffentlichkeit und war Bestandteil einer ersten breiten öffentlichen Debatte. Diese wurde seinerzeit sehr einseitig auf Umwelt- und Naturschutz fokussiert. Sie führte aber in Deutschland am 22. Juli 1976 zum ersten Energieeinsparungsgesetz, welches am 11. August 1977 mit Inkrafttreten der ersten Wärmeschutzverordnung zum verbindlichen Regulativ wurde. Freiwilligkeit wurde durch staatliche Verordnung ersetzt, was die breite Debatte und auch Bauentwicklungen im Sinne von »Best Practice« stimulierte und in der Immobilienwirtschaft nach sich zog.

Die Wissenschaft und Forschung nahmen sich des Themas im großen Stil an. Aber auch andere Teile der Gesellschaft sprangen auf diese Bewegung auf, was die Gründung der Grünen 1979 in Hessen und dessen erste Regierungsverantwortung im Hessischen Landtag 1985 mit der Vereidigung von Joschka Fischer zum Hessischen Minister für Umwelt und Energie zeigte. Die wissenschaftlich bewiesene Existenz des Ozonlochs im gleichen Jahr und die damit verbundene Erderwärmung heizten die Debatte weiter an. Zum ersten Mal wurde die menschengemachte Erderwärmung in Verbindung mit Dürren und Extremwetterphänomenen gesetzt. Und die Hungerskatastrophen in Afrika ließen die Option des Ignorierens von Natur- und Umweltschutz sowie sozialer Gerechtigkeit nahezu als undenkbar erscheinen.

Man könnte jetzt meinen, dass schon zu dieser Zeit ein breiter Konsens in der Gesellschaft hätte entstehen müssen, doch man hatte bei all den Debatten und Entwicklungen dieser Dekaden den ökonomischen Aspekt zugunsten der Ökologie und der sozialen Aspekte vernachlässigt. Der notwendige Gleichklang und die Erkenntnis, mit ökologisch und sozial sinnvollem Handeln eine Volkswirtschaft und somit zukunftssicheres Wirtschaften zu gewährleisten, war nicht da.

Im Gegenteil. Das in unserer Gesellschaft alles dominierende Korrektiv der Finanzwirtschaft, an dem alle andere Branchen und in besonderer Weise die Immobilienbranche hängt, nahm das Thema nicht auf. Der Spekulationswahn der so genannten »New Economy« von 1997 bis 2000 und die damit einhergehende Verheißung der Globalisierung ließen jahrelang vor allem die immobilienwirtschaftliche Seite weiterhin auf die vermeintlich »sicheren und guten« althergebrachten Methoden und Parameter aufsetzen und zeigten sich wenig wandelbereit. Ökologie und Soziales wurden einfach nur als teuer und nicht bezahlbar bewertet und Nachhaltigkeit war weit weg davon, ein Geschäftsmodell für die Immobilienwirtschaft zu sein.

An Initiativen hingegen mangelte es nicht. So ließen sich sehr vielschichtige Entwicklungen und eine immer breiter werdende Diskussion innerhalb der Bauschaffenden und der Immobilienwirtschaft an sich feststellen. Die Gründung von Green Building Councils gehörten genauso dazu wie die Markteinführung von Bewertungs- und Zertifizierungssystemen von Gebäuden, Infrastrukturen, Betreiberprozessen und Gebäudenutzungen (BREEAM, LEED, DGNB, BNB, CSC etc.). Es war aber schließlich die Immobilien- und Finanzkrise 2008, die erst zögerlich, aber dann mit zunehmender

Wirkung der o.g. Institutionen und Systeme ein Umdenken in der Immobilienwirtschaft nach sich zog.

Aber alle auf Nachhaltigkeit ausgelegten Konzeptionen, Handlungsparameter, Systeme oder Standards waren und sind nicht verpflichtend, sondern beruhen ausschließlich auf Freiwilligkeit. Dies führte bislang dazu, dass, obwohl es einen zunehmend großen Konsens zur Notwendigkeit eines Wandels in der Gesellschaft gibt, echtes Annehmen der Aufgabe nur von einem proportional kleinen Kreis der Gesellschaft umgesetzt wurde und wird. Bislang waren es ausschließlich die Überzeugten, die Mühen und Kosten auf sich nahmen, die nachfolgenden beispielhaft aufgeführten Kriterien zu eigenen Schutzzielen zu erklären und ein ganzheitliches Management dafür aufzubauen und zur Unternehmenskultur zu machen.

   a) E: Messung von CO_2-Emissionen, Erhöhung des Anteils erneuerbarer Energien, Einführung von Umweltmanagementsystemen und Einhaltung von Umweltrichtlinien im ökologischen Bereich;
   b) S: Einführung von Kriterien wie Humankapital, Produkthaftung, Tarifabschlüsse, die Einhaltung von Anti-Diskriminierungsrichtlinien oder Strategien zur Fluktuationsrate der Belegschaft im sozialen Bereich;
   c) G: Einführung von Richtlinien zur Vermeidung von Korruption oder Geldwäsche, Unabhängigkeit des Vorstands, Programme für interne Hinweisgeber oder die Unterzeichnung und Einhaltung von Nachhaltigkeitsstandards in der Unternehmensführung

Seit der »Fridays for Future«-Bewegung und dem Verhalten von großen Industrienationen, wie beispielsweise den Vereinigten Staaten von Amerika unter der Regierung von Präsident Donald Trump (Austritt aus dem Pariser Klimaabkommen) oder Brasilien unter der Regierung von Präsident Jair Bolsonaro (Aufhebung des Schutzes des Regenwaldes) u.a., gibt es einen echten spürbaren Aufbruch in der Gesellschaft hin zu bewussterem Handeln und Konsumieren. Es zeigt sich zum ersten Mal ein mehrheitsfähiger Wunsch nach nachhaltigem, ökologischem und sozialem Handeln, was diese Themen jetzt auch bei den politischen Debatten in den Mittelpunkt rückt und europaweit den zukünftigen Ausgang von demokratischen Wahlen entscheiden könnte.

Aktuelle Initiativen wie »Architects for Future«, die sich dem ganzheitlichen nachhaltigen Planen und Bauen verschrieben haben, sind weitere positive Indikationen. Parameter wie die Abrisswut kritisch zu hinterfragen, mit gesunden und klimapositiven Materialien zu planen und zu bauen, Häuser für eine offene Gesellschaft zu entwerfen, kreislaufgerecht zu konstruieren, urbane Minen zu nutzen und biodiversen Lebensraum zu erhalten oder gar zu schaffen, kommen in breiter Masse in die Umsetzung.

Der Prozess, sich mit neuen Antworten den Herausforderungen der Zeit zu stellen, ist nicht mehr umkehrbar. Aus der Vergangenheit wissen wir jedoch, dass mit weiterem

Aufsetzen auf Freiwilligkeit nicht das Tempo erreicht werden kann, was wir zum Erreichen der Klimaziele benötigen. Deshalb geht es heute u. a. auch darum, der Schräglage zwischen der vorhandenen Einsicht der Unabdingbarkeit von nachhaltigem Handeln und der echten Bereitschaft, etwas zu ändern, Handlungszwang gegenzusetzen und so die Chance auf positive und zügige Änderung zu erhöhen.

20.4   Der »Green Deal« als treibende Kraft

Durch den Ausgang der letzten Europawahl 2019 und der Wahl von Frau Ursula von der Leyen als Präsidentin und dem durch ihre Legislation getriebenen »Green Deal« und die Ernennung von Christine Lagarde zur Präsidentin der europäischen Zentralbank im gleichen Jahr, haben sich jetzt die Gesetzgeber und die Finanzwelt ganzheitlich des Themas angenommen. Die Europäische Kommission hat einen Aktionsplan zur Finanzierung nachhaltiger Entwicklung ausgearbeitet, um die Kapitalflüsse für den ökologischen und sozialen Systemwechsel zu erhöhen. Die Taxonomie-Verordnung der EU ist das Kernstück (siehe hierzu u. a. Kapitel 1). Um der Verordnung Nachdruck zu verleihen, wird die Europäische Kommission verbindlich zum 1. Januar 2022 eine Melde- und Offenlegungspflicht einführen. Nun könnte man der Meinung sein, dass die Berichtspflichten der Verordnung die Projektentwicklungs-, Planungs- und Bauprozesse nur untergeordnet in Teilbereichen oder gar nicht betreffen. Das ist insofern falsch, als dass die Taxonomie und Berichtspflicht auch für alle Unternehmen gelten, die Informationen besitzen, die die o. g. Finanzmarktteilnehmer und großen Unternehmen benötigen, um ihren Meldepflichten nachkommen zu können. Daher werden in Konsequenz alle kleinen oder mittleren Unternehmen, die direkt oder indirekt zur Erfüllung der Aktivitäten dieser Finanzmarktteilnehmer stehen, aufgefordert sein, ihre Daten zur Berichterstellung bereitzustellen. Dies hat somit nicht nur Auswirkungen auf die Bau- und Immobilienbranche, sondern auch auf alle Dienstleistungsunternehmen rund um das Entwickeln, Planen und Erstellen von Gebäuden und Infrastruktur.

Darüber hinaus befinden wir uns mit den Wirtschaftstätigkeiten beispielsweise beim Planen und Bauen im Bereich der Werkverträge, bei denen gesamte Werke geschuldet werden. Ergebnisse dieser Wirtschaftstätigkeiten sind i. d. R. Gebäude und Infrastruktur, welche, wenn noch nicht von den ersten beiden Schutzzielen abgedeckt, sich früher oder später den verbleibenden Schutzzielen stellen müssen. Man ist daher sehr gut beraten, möglichst heute schon ganzheitlich an allen Stellschrauben im Prozess dafür Sorge zu tragen, dass man, wenn der Fall der Messung, Kategorisierung, Überprüfung durch unabhängige Dritte und finale wirtschaftliche Sanktionierung egal zu welchem Thema kommt, bestmöglich aufgestellt ist. Sonst wird es sehr schnell sehr teuer, was das ökologische und dadurch wirtschaftliche »Stranding« eines jeden Assets zur Folge haben könnte.

20.5 Die Verzahnung zur Projektentwicklung Neubau und Sanierung

Die Bewertungskriterien betreffen ganz konkret folgende gebäudebezogenen Aktivitäten:

- Erwerb von Immobilien
- Bau neuer Gebäude
- Sanierung bestehender Gebäude
- Umsetzen von Umweltmaßnahmen in Bestandsgebäuden

Obwohl die Themen Energie und CO_2 die Schwergewichte zur Einbremsung der Erderwärmung darstellen und darüber hinaus auch sehr gut messbar sind, beinhalten die technischen Bewertungskriterien durchaus mehr Themen. Nachfolgend ein Auszug der kumulativen Bedingungen der Verordnung:

- Das Gebäude muss einen Energiebedarf haben, der mindestens 20 % unter dem Grenzwert des nationalen EPC Ratings, also in unserem Fall der EnEV Anforderungen, liegt.
- Das Gebäude muss extremen Regenfällen, Überschwemmungen und erhöhten Temperaturen standhalten.
- Das Gebäude muss über wassersparende Installationen verfügen.
- Mindestens 70 % der auf der Baustelle anfallenden ungefährlichen Bau- und Abbruchabfälle müssen für die Wiederverwendung, das Recycling und für die Rückführung in die Stoffkreisläufe aufbereitet werden.
- Bei der Konstruktion verwendete Bauteile und Materialien dürfen keinen Asbest oder andere spezifizierte Umweltgifte enthalten.
- Das Gebäude darf weder auf kontaminiertem Boden noch in Naturschutzgebieten oder in Gebieten mit hohem landwirtschaftlichem Wert gebaut werden.
- Mindestens 80 % der eingebetteten Holzmaterialien müssen recycelt oder FSC/PEFC zertifiziert sein.

Wesentliche Teile der Artikel der Verordnung sind bereits in den entsprechenden Leistungsphasen der Projektentwicklung und der HOAI (Honorarordnung der Architekten und Ingenieure) abgebildet. D. h., die Leistungsphasen an sich, und zwar sowohl in den sog. Grundleistungen als auch in den sog. besonderen Leistungen, decken aktuelle und künftige Forderungen aus der Taxonomie bereits auf Honorarbasis ab. In diesem Zusammenhang ist bemerkenswert, dass das BGB (BGB § 650p Abs. 2, Änderung zum 1. Januar 2018) bereits neue Leistungen in Ergänzung zur HOAI definiert (LP 0), die zur Erreichung der oben aufgeführten Schutzziele wesentlich sind. Hierbei ist die Implementierung der Nachweisführung für Nachhaltigkeitszertifikate in den frühen Leistungsphasen der HOAI sowie die Forderung nach wirtschaftlicher, ökologischer und sozialer Betrachtung bemerkenswert.

Die nachfolgende Aufstellung zeigt die bereits bestehenden Verbindungen und Verzahnungen zwischen den Anforderungen der Taxonomie und den Aufgabenbeschreibungen aus den Leistungsphasen der Projektentwicklung und Planung und Bauphasen:

Artikel 10 (EU) 2020/852 Wesentlicher Beitrag zum Klimaschutz: • Erzeugung, Übertragung, Speicherung, Verteilung oder Nutzung erneuerbarer Energien. Einsatz innovativer Technologien mit Potenzial für erhebliche zukünftige Einsparungen; • Steigerung der Energieeffizienz; • Nutzung umweltverträglicher Technologien der CO_2-Abscheidung und Nutzungen, die Nettoemissionsminderungen bei Treibhausgasen bewirken; **Artikel 12 (EU) 2020/852 Wesentlicher Beitrag zur nachhaltigen Nutzung und zum Schutz von Wasser- und Meeresressourcen:** • Verbesserung der Wassereffizienz; • Schutzes von verfügbaren Wasserressourcen unter anderem durch die Wiederverwendung von Wasser;	**Projektentwicklung** PE Phase 0 Bedarfsdefinition • Darstellung der Bedarfe PE Phase 1 Standortanalyse • Definition der räumlichen Rahmenbedingungen PE Phase 2 Grundlagenerarbeitung • Standortgutachten, Bodengutachten u. a. • Baumbestandsaufnahme, Schutzgebiete, Energiesparmaßnahmen, Nachhaltigkeit u. a PE Phase 3 Liegenschaftssicherung • Maßnahmen zur Sicherung der Bebaubarkeit PE Phase 4 Bedarfsplanung • Definition der Projektziele, Nutzungsziele, Ökologie, Nachhaltigkeit, Denkmalschutz • Feststellen von wärmeschutztechnischen und energetischen Kennwerten für Bauteile • Dokumentationen zur technischen Gebäudeausrüstung (TGA). • Erhebung der Verbrauchszahlen und Durchführen von Verbrauchsmessungen
Artikel 13 (EU) 2020/852 Wesentlicher Beitrag zum Übergang zur Kreislaufwirtschaft: • Haltbarkeit, Reparaturfähigkeit, Nachrüstbarkeit oder Wiederverwendbarkeit von Produkten verbessern; • Recyclingfähigkeit von Produkten verbessern; • Anteil an gefährlichen Stoffen verringern und gefährliche Stoffe in Materialien und Produkten während ihres gesamten Lebenszyklus ersetzen; • Wiederverwendung, Design für Langlebigkeit, Demontagefähigkeit; • Abfallerzeugung bei Bau und Abriss von Gebäuden vermeiden oder verringern • Einsatz von wiederverwendeten Materialien und Recycling	PE Phase 6 Machbarkeitsstudien • Prüfung der Umweltverträglichkeit PE Phase 7 Vorgaben für Wettbewerbe, Planvergaben • Synthese aus den Phasen 1-6 PE Phase 8 Öffentlichkeitsarbeit • Kommunikationskonzept, Marketingkonzept, Öffentlichkeitsarbeit **Leistungsphasen, Planungs- und Bauphasen Architektur** LP 0 bzw. Zielfindungsphase • Mithilfe bei der Findung von Planungszielen HOAI LP 1 Grundlagenermittlung • Prüfen der Umweltverträglichkeit • Zusammenstellen der Anforderungen aus Zertifizierungssystemen HOAI LP 2 Vorplanung • Klären der wesentlichen Bedingungen (z. B. wirtschaftliche, ökologische, bauphysikalische, energiewirtschaftliche, soziale u. a.) • Beachten der Anforderungen des vereinbarten Zertifizierungssystems • Durchführen des Zertifizierungssystems HOAI LP 3 Entwurfsplanung • Berücksichtigung aller Bedingungen (zum Beispiel wirtschaftliche, ökologische, energiewirtschaftliche, soziale u. a) HOAI LP 4 Genehmigungsplanung • Erarbeiten und Zusammenstellen der Vorlagen von Nachweisen • Nachweise, insbesondere technischer, konstruktiver und bauphysikalischer Art
Artikel 14 (EU) 2020/852 Wesentlicher Beitrag zur Vermeidung und Verminderung der Umweltverschmutzung: • Vermeidung und/oder Verringerung von Emissionen; • Verbesserung der Luft-, Wasser- oder Bodenqualität, bei gleichzeitiger Minimierung aller nachteiligen Auswirkungen auf die menschliche Gesundheit und die Umwelt;	

Artikel 15 (EU) 2020/852 Wesentlicher Beitrag zum Schutz und zur Wiederherstellung der Biodiversität und der Ökosysteme Erhaltung der Natur und der Biodiversität, einschließlich der Erreichung eines günstigen Erhaltungszustands von natürlichen und naturnahen Lebensräumen und Arten oder der Vermeidung einer Verschlechterung;	HOAI LP 5 Ausführungsplanung • Aufstellen einer detaillierten Objektbeschreibung als Grundlage der Leistungsbeschreibung HOAI LP 6 Vorbereitung der Vergabe • Aufstellen von Leistungsbeschreibungen und Leistungsverzeichnissen HOAI LP 7 Mitwirkung bei der Vergabe • Erstellen der Vergabevorschläge HOAI LP 8 Objekt- bzw. Bauüberwachung und Dokumentation • Koordinieren der an der Objektüberwachung fachlich Beteiligten, • Systematische Zusammenstellung der Dokumentation, • Übergabe des Objekts HOAI LP 9 Objektbetreuung • Erstellen einer Gebäudebestandsdokumentation, • Erstellen von Wartungs- und Pflegeanweisungen Erstellen eines Instandhaltungskonzepts

Tabelle 1: Gegenüberstellung der Verzahnung Taxonomie-Verordnung und den bereits existenten Leistungsanforderungen im Rahmen der Projektentwicklung und den Leistungsphasen der HOAI. Quelle: Eigene Darstellung.

20.6 Zertifizierungssysteme als Leitfäden

Eine sehr gute Orientierungshilfe für Entwickler, Planer und Bauschaffende bieten alle etablierten internationalen und nationalen Zertifizierungssysteme und Bewertungsinstrumente (BREEAM, DGNB, LEED u. a.), die auszugsweise in Kapitel 7 dieses Buches beschrieben und in Bezug auf die Treiber analysiert werden.

Alle führenden Systeme decken u. a. alle relevanten Schutzziele ab. Alle Systeme sind ganzheitlich aufgestellt und fördern alle Bemühungen, die höherwertiger sind als die gesetzlichen Standards. Daher bilden sie hervorragende ganzheitliche Leitfäden und Werkzeuge für sinnvolle Maßnahmen, um die Projektentwicklung, das Planen und Bauen sehr zielgerichtet und zukunftskonform aufzusetzen.

Diese Systeme erweitern die Anforderungen und sie können durch die geforderten Nachweisführungen als Grundlage des oben beschriebenen Berichtes dienen, um Nachweispflichten von Daten aller am Projekt Beteiligten nachkommen zu können.

Als besondere Schnittmengen sind beispielsweise die Standortanalyse, die Bedarfsplanung sowie die Machbarkeitsstudien vor dem Hintergrund von Umweltrisiken und deren Auswirkung im Bereich der Projektentwicklung zu nennen. Und im Bereich des Planens, Bauens und Sanierens werden den altbekannten Planungswerkzeugen komplexere Planungswerkzeuge – wie eine Ökobilanzierung, die Berechnung von Lebens-zykluskosten oder die Thermische Simulation – hinzugefügt.

20.7 Fördern und Fordern

Sinnvolle nachhaltige Maßnahmen im Neubau einzuplanen, ist alternativlos und es besteht letztlich die Aufgabe, den Einsatz ökologisch und sozialverträglicher Mittel und ihre evtl. auftretenden Mehrkosten in der Erstellung gegenüber konventionellen Planungen zu vertreten. Dies wird in der Regel über die Betrachtung der End-of-Life-Szenarien der einzelnen Bauteile und deren damit verbundenen Austausch und Er-neuerungszyklen (Kosten) über den Lebenszyklus plausibilisiert.

Bei der Sanierung von Gebäuden greifen zwar die gleichen Prinzipien, aber aufgrund der schon vorhandenen Bau- und Infrastruktur sind die Einsatzmöglichkeiten einge-schränkt. Hier zählt Augenmaß und das Prinzip Hybrid-Lösung; Brückentechnolo-gien bekommen hier ihre eigentliche Bedeutung. Hier ist es zielführend, fortwährend im Rahmen einer Instandhaltungsstrategie Altes, noch Brauchbares individuell und zum richtigen Zeitpunkt in seiner Funktion zu reduzieren und mit Neuem zu ersetzen oder zu ergänzen, um in der Bilanz Energie und CO_2 einzusparen.

Für beide Ansätze gibt es weitere mögliche Leitfäden für richtige Maßnahmen und Orientierungshilfen in Form einer sehr weitgefächerten Förderlandschaft. Das Bun-desamt für Wirtschaft und Ausfuhrkontrolle hat eine Novellierung der förderwürdigen Einzelmaßnahmen herausgebracht: die Bundesförderung für effiziente Gebäude, kurz »BEG«. Die BEG wurde in drei Teilprogrammen aufgestellt:
1. Bundesförderung für effiziente Gebäude – Wohngebäude (BEG WG)
2. Bundesförderung für effiziente Gebäude – Nichtwohngebäude (BEG NWG)
3. Bundesförderung für effiziente Gebäude – Einzelmaßnahmen (BEG EM)

Diese über die BAFA abrufbaren Zuschussprogramme ersetzten mit Wirksamkeit zum 1. Januar 2021 bestehende Programme wie beispielsweise:
- Programm zur Förderung von Energieeffizienz und erneuerbaren Energien im Ge-bäudebereich
- CO_2-Gebäudesanierungsprogramm (Programme Energieeffizient Bauen und Sa-nieren),
- Programm zur Heizungsoptimierung (HZO),
- das Anreizprogramm Energieeffizienz (APEE) und
- das Marktanreizprogramm zur Nutzung erneuerbarer Energien im Wärmemarkt (MAP).

Die BEG NWG und BEG WG (Zuschuss- und Kreditvariante) sowie die BEG EM in der Kre-ditvariante sind zur Abrufung bei der KfW Bank zum 1. Juli 2021 in Kraft getreten. Ab

2023 erfolgt die Förderung in jedem Förderbereich, und zwar wahlweise als direkter Investitionszuschuss des BAFA oder als zinsverbilligter Förderkredit mit Tilgungszuschuss der KfW Bank.

Förderübersicht: Bundesförderung für effiziente Gebäude (BEG)				
	Einzelmaßnahmen von Wohngebäuden (WG) und Nichtwohngebäuden (NWG)	Fördersatz	Fördersatz mit Austausch Ölheizung	Fachplanung und Baubegleitung
Gebäudehülle	Dämmung von Außenwänden, Dach, Geschossdecken und Bodenflächen	20 %		50 %
	Austausch von Fenstern und Außentüren; sommerlicher Wärmeschutz			
Anlagentechnik	Einbau/Austausch/Optimierung von Lüftungsanlagen	20 %		
	Einbau »Efficiency Smart Home«			
	NWG: Einbau Mess-, Steuer- und Regelungstechnik			
	Raumkühlung und -beleuchtung			
Heizungsanlagen	Gas-Brennwertheizungen »Renewable ready«	20 %	20 %	
	Gas-Hybridanlagen	30 %	40 %	
	Solarthermieanlagen	30 %	30 %	
	Wärmepumpen	35 %	45 %	
	Biomasseanlagen	35 %	45 %	
	Innovative Heizanlagen auf EE- Basis	35 %	45 %	
	EE Hybridheizungen	35 %	45 %	
	Anschluss an Gebäude-/ Wärmenetz mind. 25 % EE	30 %	40 %	
	Anschluss an Gebäude-/ Wärmenetz mind. 23 % EE	35 %	35 %	
Heizungsoptimierung		20 %		

Quelle: Bundesamt für Wirtschaft und Ausfuhrkontrolle Stand Januar 2021

Die KFW Bank hat ihr komplettes Kredit- und Zuschussprogramm auf das BEG ange-passt und die bisherige Förderung ersetzt. Die Förderungen gelten für:

- alle Wohngebäude, z. B. für Eigentumswohnungen, Ein- und Mehrfamilienhäuser oder Wohnheime und
- für alle Nichtwohngebäude, z. B. für Gewerbegebäude, kommunale Gebäude oder Krankenhäuser.

Folgende Förderprogramme sind seit dem 01. Juli 2021 abrufbar.

1. Neubau
2. Sanierung von bestehenden Immobilien zu Effizienzhäusern
3. Einzelne energetische Maßnahmen in bestehenden Immobilien
4. Baubegleitung

Die Kredittilgungszuschüsse sind signifikant und es empfiehlt sich, diese sowohl bei jeder Projektentwicklung zu prüfen als auch bei jedem förderwürdigen Neubau- oder Sanierungsvorhaben zu berücksichtigen. So können je nach Ausrichtung des Projektes bis zu 50 % Tilgungszuschuss beim Sanieren von bestehenden Immobilien zu Effizienzhäusern erzielt werden.

Effizienzgebäude	(Tilgungs-) zuschuss
Effizienzgebäude 40	45 %
Effizienzgebäude 40 Erneuerbare-Energien-Klasse oder Nachhaltigkeits-klasse	50 %
Effizienzgebäude 55	40 %
Effizienzgebäude 55 Erneuerbare-Energien-Klasse oder Nachhaltigkeits-klasse	45 %
Effizienzgebäude 70	35 %
Effizienzgebäude 70 Erneuerbare-Energien-Klasse oder Nachhaltigkeits-klasse	40 %
Effizienzgebäude 100	27,5 %
Effizienzgebäude 100 Erneuerbare-Energien-Klasse oder Nachhaltigkeits-klasse	32,5 %

Quelle: Selbsterstellter Auszug aus aktueller Übersicht auf der aktuellen Homepage der KFW

Im Bereich des Neubaus sind bis zu 22,5 % Tilgungszuschuss möglich.

Effizienzgebäude	(Tilgungs-) zuschuss
Effizienzgebäude 40	20%
Effizienzgebäude 40 Erneuerbare-Energien-Klasse oder Nachhaltigkeitsklasse	22,5%
Effizienzgebäude 55	15%
Effizienzgebäude 55 Erneuerbare-Energien-Klasse oder Nachhaltigkeitsklasse	17,5%

Quelle: Selbsterstellter Auszug aus aktueller Übersicht auf der Homepage der KFW

In beiden Gebäudebereichen, egal ob man zum Effizienzgebäude saniert, eines baut oder kauft (projektiert), werden die Höhe der Kredite mit Tilgungszuschuss oder die direkt ausgezahlten Zuschüsse mit 2.000 Euro pro m² Nettogrundfläche und einer Deckelung bei insgesamt max. 30 Mio. Euro sehr umfangreich ausgestattet.

Dasselbe gilt für den Bereich Tilgungszuschuss der nachfolgend aufgeführten Einzelmaßnahmen, bei denen sich der Kreis mit der Förderlandschaft zur BAFA schließt:

Maßnahme	Tilgungszuschuss
Wände, Dachflächen, Keller- und Geschossdecken dämmen	20%
Fenster, Vorhangfassaden, Außentüren und Tore einbauen und erneuern	20%
Sommerlichen Wärmeschutz einbauen oder erneuern	20%
Klima- und Lüftungsanlagen mit Wärme- oder Kälterückgewinnung einbauen, erneuern oder optimieren	20%
Mess-, Steuer und Regeltechnik einbauen, um einen Gebäudeautomatisierungsgrad zu realisieren	20%
Energieeffiziente Innenbeleuchtungssysteme einbauen	20%
Kältetechnik zur Raumkühlung installieren	

Quelle: Selbsterstellter Auszug aus aktueller Übersicht auf der aktuellen Homepage der KFW

20.8   Planerische Maßnahmen

Die regulatorischen Rahmen sind abgesteckt, die Prioritäten identifiziert, die Forder- und Förderlandschaften eingeführt, die technischen »Best Practice«-Szenarien entwickelt und der Zeitrahmen sowie die Ziele gesetzt.

Das bedeutet, dass wir zur Erreichung unserer Klimaziele mit dem Schwerpunkt der CO_2-Reduktion zum einen die gebaute Umwelt energie- und ressourcenschonend projektieren und planen, bauen und sanieren, betreiben und nutzen und zum anderen Techniken im großen Stil einsetzen können, die auf erneuerbaren und regenerativen Energiequellen aufbauen.

In Konsequenz gilt es dann beispielsweise in der Projektentwicklung vorausschauend zukünftige Entwicklungen, was das Thema dekarbonisierte Energieerzeugung Lieferung und Nutzung und damit CO_2-arme oder -freie Infrastrukturen angeht, zu antizipieren und ganzheitlich an allen Phasen im Prozess zur Projektentscheidung mit aufzunehmen.

In der gebauten Umwelt gilt es zuallererst, den gebäudeseitigen Energiebedarf zu reduzieren und CO_2-einsparende oder -freie Anlagentechnik zu planen, bauen und zu betreiben. Im Folgenden werden exemplarisch wesentliche Planungs- und Baubereiche sowie Teilmaßnahmen mit diesem Fokus benannt:
- Entwicklung von flächeneffizienten Raumprogrammen
  - Bedarfs & Funktionsplanung u. à.
- Umsetzung einer umwelteinflussgerechten Planung
  - Wind und Schneelasten, Sonnenstände, Gefahren aus der Natur, Hochwasserschutz, Regenversickerungsfähigkeit erhöhen u. a.
- Herstellen einer energetisch hoch effizienten Gebäudehülle idealerweise mit 20%iger Überschreitung der aktuellen EnEV-Anforderungen oder Ausrichtung an Effizienzzielen der KFW mit analogen Abforderungen
  - Vermeidung von Wärmebrücken, Einsetzen hochdämmender und nachwachsender oder recycelter Dämmmaterialien, Sonnenschutz, Dreifachverglasung u. a.
- Aktivierung der Gebäudehülle zur Solarstrom- und Solarwärmeerzeugung
- Steigerung der Luftqualität und thermischen Behaglichkeit
- Einsatz und Speicherung regenerativer Eigenstromerzeugung und Nutzung
  - Photovoltalk, schadstofffreie Nachtspeichertechnik u. a.
- Einsatz regenerativer Wärme- und Kälteerzeugung
  - Holzpellets, Wärmepumpen, Nutzung von Erd-, Abwasser- und Umgebungswärme, Solarthermie und wassergeführte Heizöfen in Verbindung mit Wärmespeichern (Hybridheizungen) u. a.
- Einsatz moderner Technik und ganzheitliche Digitalisierung von Bau, Betrieb und Nutzung im Lebenszyklus
  - Bussysteme, digitale Zähler (smart meter), digitale ELT (smart building) u. a.
- Planung einer effizienten Ausstattung
  - Wassersparende Armaturen, energiesparende Gerätschaften und Beleuchtung (LED), Vorrichtung für Elektromobilität, energiebewusstes Nutzerverhalten ermöglichen u. a.

In Bezug auf die noch nicht regulierten Schutzziele, die in der Zukunft greifen, ist es ratsam, sowohl bei Neubau als auch bei Sanierungsprojekten folgende Maßnahmen zu beherzigen, die in Teilen auch schon bei den existierenden Bewertungskriterien aufgeführt sind. Diese sind im Wesentlichen die Themen:

- Vermeidung von oder Aus- und Abbau von Schadstoffen
    - Formaldehyd, Faserbetone, VOC`s, Einsatz von Bauökologen und EPD`s u. a.
- Vermeidung und Trennung von Bauabfällen
- Einsparung Trennung und Wiederverwendung von Wasser
    - Regenwasser und Grauwassernutzung, Steigerung der Recyclingfähigkeit, Rückführen in die Stoffkreisläufe u. a
- Das Wiederverwenden von Bauteilen oder recycelten Materialien
    - »Cradle to cradle«-Ansatz verfolgen, Demontierbarkeit, Reparaturfähigkeit u. a.
- Bewahrung der vorhandenen oder Steigerung der Biodiversität
    - Grünflächen schaffen, Ausgleichflächen anbieten, grüne Fassaden und Dächer u. a.

20.9   Fazit

ESG als Überbau mit der EU-Taxonomie und der Offenlegungsverordnung als Treiber und den nationalen Initiativen zielt im Bereich der Projektentwicklung, dem Planen und Bauen, dem Betreiben und Nutzen der existierenden gebauten und der neu zu bauenden Umwelt auf eine signifikante Erhöhung emissionsarmer bzw. -freier Gebäude und Infrastruktur bis 2050.

In der Konsequenz bedeutet dies für all EU-Mitgliedsstaaten, die CO_2-Emissionen in den jeweiligen Immobilien- und Baubranchen als größte Emittenten signifikant zu senken und an allen Stellschrauben dafür zu sorgen, CO_2 einzusparen oder zu vermeiden. Dies geht nur über die ganzheitliche Umsetzung aller Schutzziele, da diese miteinander verzahnt sind und/oder sich gegenseitig bedingen.

Die Antwort der Branche kann nur die Erstellung von und die Sanierung hin zu ganzheitlich ökologisch und sozial sinnvollen Gebäuden mit dem Schwerpunkt eines niedrigen externen Energiebedarfes oder der kompletten autarken Eigenversorgung mit regenerativer Energie sein, die durch die zunehmende lokale externe Versorgung von erneuerbaren Energien gestützt, getrieben und/oder ergänzt werden.

Alle neuen Planungswerkzeuge und Betrachtungsweisen, wie beispielsweise die Anwendung von Ökobilanzierungen, Lebenszyklusbetrachtungen, BIM-Modellen und weitreichende und ganzheitliche Simulationen in Projektierungs-, Planungs-, Bau- und Betriebsabläufen sowie die Zuhilfenahme von Zertifizierungssystemen als Leitfäden und die Nutzung der Förderlandschaft sind zwingend umzusetzen. Nur dann sind wir in der Lage, die notwendige ganzheitlich vernetzte Datenbasis für die Berichtspflichten zu schaffen und mit der Bau- und Immobilienindustrie den richtigen Kurs zur Erreichung der Klimaziele einzuschlagen.

21 ESG-Projektentwicklung – Rechtliche Anforderungen an Bau- und Planerverträge

Sabine Wieduwilt

21.1 Einleitung

ESG wird in Zukunft in der Projektentwicklung, insbesondere auch in der Umsetzung in Bau- und Planerverträgen, eine noch größere Rolle spielen. Bauherren können selbst Adressaten der EU-Offenlegungs- und Berichtspflichten zu ESG sein[1] bzw. können es werden oder werden durch Banken, Käufer oder sonstige Vertragspartner aufgrund von deren Pflichten dazu angehalten, ESG-Kriterien einzuhalten[2]. Zudem gibt es mehr Vorhaben zu Green Bonds und anderen Investitionstreibern als bisher, die sich an der Taxonomie ausrichten.

ESG ist kein einheitlicher Begriff. Nachfolgend setzen wir an den inhaltlichen Vorgaben des Klassifizierungssystems der Taxonomie-Verordnung der EU und technischen Bewertungskriterien an, welche die Kommission für die Umweltziele »Wesentlicher Beitrag zum Klimaschutz« und »Wesentlicher Beitrag zur Anpassung an den Klimawandel« entwickelt hat.

ESG im Bau und den zugrundeliegenden Verträgen kann auf dem Gedankengut für Green Building aufsetzen, da sich viele Themen widerspiegeln, auch wenn sie nicht deckungsgleich sind und es zu Green Building keine einheitliche Definition gibt. Altenschmidt beschreibt Green Building als: »[...] eine Vielfalt von Komponenten, die ein nachhaltiges Gebäude kennzeichnen, [...] aber auch einzelne, in nachhaltiger Weise gebaute oder sanierte Gebäude. Dabei wird zumeist auf eine Lebenszyklus-Betrachtung abgestellt, dessen Summe eine positive Nachhaltigkeitsbilanz ergeben muss. Wichtigster Faktor ist, neben einem nachhaltigen Material und Wassereinsatz sowie einem positiven Einfluss auf die Gesundheit der Bewohner und die Umwelt, die effiziente Energienutzung. Der Gebäude-Lebenszyklus umfasst die Konzeption, Planung, Konstruktion, Nutzung und den Rückbau der Immobilie.«[3]

---

1   Art. 1 Abs. 2 EU-Tax-VO; Art. 19a bzw. 29a CSR-Änderungsrichtlinie.
2   Heintze, ESG – Stolperfalle für Projektentwickler, 29.04.2021, IZ 17/2021.
3   Altenschmidt, in: Mösle, Praxishandbuch Green Building, 2018, S. 20.

Die derzeit bestehenden Vorschriften der Taxonomie-Verordnung der EU und die technischen Bewertungskriterien decken nicht sämtliche Regelungsbereiche von ESG ab und werden aufgrund der Erfahrungen in der Praxis fortgeschrieben werden. Die Vorschriften der EU können für den Bereich Bau – genauso wie für andere Rechtsbereiche – nicht isoliert betrachtet werden, weder in einem deutschen noch einem internationalen Rahmen. Die Verträge in der Projektentwicklung sind so aufeinander abzustimmen, dass sie den sich kontinuierlich fortschreibenden ESG-Kriterien gerecht werden. ESG ist nicht gleich ESG – jedes Unternehmen, jedes Grundstück, jedes Projekt ist den individuellen Gegebenheiten anzupassen.

Nachfolgend heben wir folgende Themen hervor: Rechtliche Einordnung der Bau- und Planer- sowie sonstige Verträge im Bau (Kap. 21.1); Phasen im Bau (Kap. 21.2); Zielvorgaben rechtzeitig definieren und mit ESG-Strategie in Einklang bringen (Kap. 21.3); Weitere Vorgaben zur Nachhaltigkeit neben Taxonomie der EU (Kap. 21.4); Zertifizierung – Vertrag mit Zertifizierungsstelle und Auditorenvertrag (bei DGBN) (Kap. 21.5); Bestimmung der Leistung in den Bau- und Planerverträgen (Kap. 21.6); Daten – Datenaufbereitung; -Sammlung (Kap. 21.7); Building Information Modeling (»BIM«) (Kap. 21.8); Exkurs Baudenkmäler und sonstige besonders erhaltenswerte Bausubstanz und § 105 Gebäudeenergiegesetz (GEG) (Kap. 21.9); Exkurs Photovoltaik (Kap. 21.10); Sonstiges (Kap. 21.11); Zusammenfassung und Ausblick (Kap. 21.12).

21.2   Rechtliche Einordnung der Bau- und Planer- sowie sonstigen Verträge im Bau

Ein großer Teil des Bauvorhabens wird vom Bauherren nicht selbst durchgeführt, sondern an Dritte vergeben. Der Bauherr ist vielfach verantwortlich für alle Bauverträge, Planerverträge und Serviceverträge und schließt häufig zusätzlich Verträge zur Finanzierung, gegebenenfalls bereits zur Vermietung oder zum Verkauf, ab. Im Folgenden sind klassische Vertragsbeziehungen und Vertragstypen im Bau bezogen auf Planung und Errichtung dargestellt, die vom Bauherrn abgeschlossen werden[4].

---

4   Damit sind noch nicht die Beziehungen zu weiteren Beteiligten (zum Beispiel Behörden, Finanzierern etc.) dargestellt.

	Rolle	Tätigkeit	Maßgebliche Vorschriften für Vertragsabwicklung
Planung / Überwachung	Architekt / Fachingenieur / Statiker	Planung, Überwachung Bauausführung, z. B. • Ingenieur für Tragwerksplanung • Ingenieur für Technische Gebäudeausrüstung (TGA), insbesondere Abwasser- und Wasseranlagen (Sanitär), Wärmeversorgungsanlagen (Heizung), Lufttechnische Anlagen (Lüftung), Starkstromanlagen (Elektro) • Sonstige Sonderfachleute	v. a. Architektenvertrag / Ingenieurvertrag, §§ 650p ff. BGB; HOAI.
	ggfls. Generalplaner	Planungs- und Überwachungsleistungen werden gemeinsam vergeben	v. a. §§ 650p ff. BGB; HOAI.
	ggfls. Projektsteuerer	Koordinierungs-/Kontrollaufgaben (Termine, Kosten, Qualität)	Dienstvertrag[5], §§ 611 ff. / Werkvertrag[6], §§ 631 ff. (streitig und einzelfallabhängig, da kein standardisiertes Leistungsbild[7]), 650p ff. BGB (streitig und einzelfallabhängig, da es kein standardisiertes Leistungsbild gibt[8]), AHO[9]

---

[5]   OLG Schleswig Urteil vom 25.03.2020-12 U 162/19 (LG Lübeck), ZfBR 2020, 669; OLG Brandenburg, Beschluss vom 21.01.2020-12 U 69/19, IBR 2020, 248.

[6]   BGH, Urteil vom 25.01.2007 – VII ZR 112/06, IBR 2007, 207.

[7]   Rodewoldt, in Roquette/Schweiger, Privates Baurecht, 3. Auflage 2020, Form. B.IV. Anm. 1-103, Einl., Rn. 3.

[8]   Küpper, in Roquette/Schweiger, Privates Baurecht, 3. Auflage 2020, B. I. Einleitung Rn. 15.

[9]   Standards für Leistungen und Vergütung für das Projektmanagement in der Bau- und Immobilienwirtschaft gem. AHO-Fachkommission »Projektsteuerung/Projektmanagement«, Stand März 2020 (5. Auflage).

	Rolle	Tätigkeit	Maßgebliche Vorschriften für Vertragsabwicklung
Bauausführung	Bauausführendes Unternehmen (Bauvertrag)[10]	Bauausführung: Bauwerke oder Teile (Gewerke), z. B.: • Rohbau • Ausbau • Technik	Bauvertrag • nach VOB/B, ergänzend §§ 650a ff. BGB oder • bei BGB-Bauvertrag §§ 650a ff. BGB; • ggfls. Verbraucherbauvertrag §§ 650i ff. BGB • sofern nicht Bauvertrag: Werkvertrag, §§ 631 ff. BGB
		• Leistungsvertrag, dabei • Einheitspreis • oder Pauschalpreisvertrag (Detailpauschal- oder Globalpauschalvertrag) oder • Aufwandsvertrag • Stundenlohnvertrag oder • Selbstkostenerstattungsvertrag	§ 2 Abs. 2 VOB/B
		Selbst oder durch Subunternehmer • Haupt- und Subunternehmer • Generalunternehmer (sämtliche Bauleistungen selbst oder mit Subunternehmer) Generalübernehmer (sämtliche Bauleistungen mit Subunternehmer)	VOB/B, ergänzend §§ 650a ff. BGB oder §§ 650a ff. BGB bzw. §§ 650i ff. BGB
	Totalunternehmer / Totalübernehmer	Gekoppelter Vertrag (Planung und Bau)	Typengemischter Vertrag

---

10 Alternative Vertragsformen / Modelle: Bauherr; Bauträger; Finanzierungs- und Betreibermodelle; Anlagenbauvertrag; Garantierter Maximalpreis (GMP); Construction Management (CM) / Projektmanagementvertrag. Zu bedenken sind auch öffentlich-rechtliche Verträge (zur Erschließung, etc.).

	Rolle	Tätigkeit	Maßgebliche Vorschriften für Vertragsabwicklung
Lieferung von Materialien	Lieferanten	z. B. • Material • Gerät • Möbel	Kaufverträge, §§ 433 ff. BGB; • Werklieferungsverträge, §§ 650, 433 ff. BGB • Werkvertrag, §§ 631 ff. BGB
Zusätzlich, wenn Zertifizierung angestrebt wird	Zertifizierungsstelle	Zertifizierungsvertrag, z. B: auf der Grundstücks-/Quartiersebene[11] mit • DGNB • BREEAM • LEED	
	Beratung / Planung / Überwachung im Rahmen der Zertifizierung	Tätigkeiten im Zusammenhang mit Zertifizierung, v. a. Beratung zum Erlangen des Zertifikats; Zusammenstellung von Unterlagen, Abstimmung mit der Zertifizierungsstelle, Bezeichnung unterschiedlich je nach Zertifizierungsstelle: • Auditor (DGNB) • Licensed Auditor (BREEAM) • Accredited Professional (LEED)	Je nach Aufgabenbereich – ob Beratung, ggfls. Geschäftsbesorgungsvertrag orientiert nach Dienstvertrag, §§ 675, 611 BGB; oder Erfolg geschuldet ist, dann Werkvertrag vorherrschend, §§ 631 ff. BGB, ggfls. auch Planungsleistungen, dann §§ 650p ff. BGB[12]

21.3   Phasen im Bau

Vielfach orientieren sich Ausführungen zum Bauablauf in der Praxis an den neun Leistungsphasen der Honorarordnung für Architekten und Ingenieure (HOAI)[13]:

	Leistungsphasen nach HOAI (vgl. § 3, Anlagen)
LP 1	Grundlagenermittlung
LP 2	Vorplanung
LP 3	Entwurfsplanung

---

11   Vgl. für die Portfolioebene z. B: GRESB.

12   Dressel, Nachhaltiges Bauen – Herausforderungen in Planerverträgen, NZBau 2021, 224; https://static.dgnb.de/fileadmin/dgnb-system/de/zertifizierung/Leistungsbild-DGNB-Auditor.pdf, Abruf am 17.08.2021, S. 10.

13   Die AHO setzt dagegen auf fünf Handlungsfeldern und fünf Projektphasen auf.

LP 4	Genehmigungsplanung
LP 5	Ausführungsplanung
LP 6	Vorbereitung der Vergabe
LP 7	Mitwirkung bei der Vergabe
LP 8	Objektüberwachung
LP 9	Objektbetreuung

21.4 Zielvorgaben rechtzeitig definieren und mit ESG-Strategie in Einklang bringen

Die ESG-Strategie ist zu Beginn in den Verträgen zu reflektieren.

Die EU-Taxonomie-VO enthält Kriterien zur Bestimmung von wirtschaftlichen Tätigkeiten als ökologisch nachhaltig, um damit den Grad der ökologischen Nachhaltigkeit einer Investition ermitteln zu können (Art. 1 EU-Taxonomie-VO), und stellt damit einen ersten Orientierungspunkt für die inhaltlichen Vorgaben dar. Nach der Taxonomie-Verordnung gilt zum Zwecke der Ermittlung des Grades der ökologischen Nachhaltigkeit einer Investition eine Wirtschaftstätigkeit dann als ökologisch nachhaltig, wenn diese einen wesentlichen Beitrag zu einem der sechs Umweltziele leistet, nicht zu einer erheblichen Beeinträchtigung eines oder mehrerer weiterer fünf Umweltziele führt, unter Einhaltung des festgelegten Mindestschutzes ausgeübt wird und den von der Kommission festgelegten technischen Bewertungskriterien entspricht. Die Bewertungskriterien sind von der EU-Kommission zu entwickeln und fortzuschreiben[14].

Mit Verordnung vom 4. Juni 2021, die zum 1. Januar 2022 in Kraft tritt, hat die EU-Kommission zu zwei Umweltzielen technische Bewertungskriterien entwickelt, dort in Anhang 1 zu »Klimaschutz« und in Anhang 2 zur »Anpassung an den Klimawandel«[15]. Für das Baugewerbe und Immobilien enthalten Anhang 1 und Anhang 2 jeweils sieben[16] Wirtschaftstätigkeiten. Zu den zwei Wirtschaftstätigkeiten Neubau und Renovierung bestehender Gebäude werden nachfolgend Inhalte aus den technischen Bewertungs-

---

14 Art. 9, Art. 10 bis 16, 17, 19 EU-Tax-VO.

15 Delegierte Verordnung (EU) C(2021) 2800 der Kommission vom 4.6.2021 zur Ergänzung der EU-Tax-VO zu Klimaschutz / Klimawandel (»Delegierte Verordnung«, auch »delegierter Rechtsakt« bzw. »technische Bewertungskriterien«).

16 Neubau (7.1); Renovierung bestehender Gebäude (7.2); Installation, Wartung und Reparatur von energieeffizienten Geräten (7.3); Installation, Wartung und Reparatur von Ladestationen für Elektrofahrzeuge in Gebäuden (und auf zu Gebäuden gehörenden Parkplätzen); (7.4); Installation, Wartung und Reparatur von Geräten für die Messung, Regelung und Steuerung der Gesamtenergieeffizienz von Gebäuden (7.5); Installation, Wartung und Reparatur von Technologien für erneuerbare Energien (7.6); Erwerb von und Eigentum an Gebäuden (7.7).

kriterien zusammengefasst, zunächst zum Neubau (a)), nachfolgend zur Renovierung im Bestand (b)). Zu einzelnen Kriterien, die für die Umsetzung im Bau relevant sein können, folgen weitere Ausführungen (c)).

a) Wesentlicher Beitrag zur Verwirklichung des Klimaschutzes – Neubau, Renovierung Bestand

Technische Bewertungskriterien des wesentlichen Beitrags zum Klimaschutz und Vermeidung erheblicher Beeinträchtigungen (DNSH) der weiteren 5 Umweltziele (Anhang 1 des delegierten Rechtsakts EU-Tax-VO Klimaschutz / Klimawandel))		
Wirtschaftstätigkeiten	Neubau (7.1)	Renovierung bestehender Gebäude (7.2)
NACE-Code	F.41.1 und F.41.2, die auch Tätigkeiten mit dem NACE-Code F.43 umfassen	F.41 und F.43
Übergangs-/ ermöglichende Tätigkeit[17]	N./a.	Übergangstätigkeit
Wesentlicher Beitrag zum Klimaschutz		
	Alle Gebäude: [*1] Primärenergiebedarf (PEB) (für Gesamtenergieeffizienz eines Gebäudes) mindestens 10 % unter Schwellenwert für Niedrigstenergiegebäude (§§ 10 ff. GEG als Umsetzungsgesetz für RL 2010/31/EU); und wenn >5000qm: Prüfung und Offenlegung Luftdichtheit und thermische Integrität oder robuste und nachvollziehbare Verfahren zur Qualitätsprüfung; und wenn >5000qm: [*4] Lebenszyklustreibhauspotenzial (GWP) des errichteten Gebäudes für jede Phase des Lebenszyklus berechnet und offengelegt	Renovierung entspricht geltenden kostenoptimalen Mindestanforderungen gemäß anwendbaren nationalen und regionalen Bauvorschriften für größere Renovierungen zur Umsetzung der Richtlinie 2010/31/EU; oder [*2] Verringerung Primärenergiebedarf (PEB) um mind. 30 %.

---

17   Übergangstätigkeit, vgl. Art. 10 Abs. 2 EU-Tax-VO; ermöglichende Tätigkeit, vgl. Art. 10 Abs. 1 i) EU-Tax-VO.

Technische Bewertungskriterien des wesentlichen Beitrags zum Klimaschutz und Vermeidung erheblicher Beeinträchtigungen (DNSH) der weiteren 5 Umweltziele (Anhang 1 des delegierten Rechtsakts EU-Tax-VO Klimaschutz / Klimawandel))		
Wirtschaftstätigkeiten	Neubau (7.1)	Renovierung bestehender Gebäude (7.2)
	Vermeidung erheblicher Nachteile für weitere 5 Umweltziele (DNSH)	
Anpassung an Klimawandel	Robuste Klimarisiko- und Vulnerabilitätsbewertung mit Blick auf voraussichtliche Lebensdauer (vgl. i. E: Kriterien nach Anlage A)	
Nachhaltige Nutzung zum Schutz von Wasser und Meeresressourcen	Produktdatenblätter / Bauzertifikat oder Produktkennzeichnung EU gemäß technischen Spezifikationen nach Anlage E (Referenzwerte für Druck, Temperatur usw. für sanitäre Geräte).	
	Zur Vermeidung von Wechselwirkungen auf der Baustelle: Kriterien Anlage B. UVPG mit Beseitigung der Feststellungen, sonst Ermittlung / Behebung bzgl. Risiken im Zusammenhang mit Erhaltung Wasserqualität; Zustand Gewässer nach Art. 2 Nr. 22 und 23 Verordnung (EU) 2020/852; Richtlinie 2000/60/EG.	k. A.
Übergang zu einer Kreislaufwirtschaft	[*5] Vorbereitung mind. 70 % nicht-gefährliche Bau- und Abbruchabfälle im Bau für die Wiederverwendung / Recycling / sonstige stoffliche Verwertung; Begrenzung Abfallaufkommen; unter Einsatz verfügbarer Sortiersysteme	
Vermeidung und Verminderung der Umweltverschmutzung	Anforderungen an Baubestandteile und Baustoffe, Kriterien nach Anlage C; wenn Bewohner mit Baustoffen in Berührung kommen, weitere Anforderungen zur Zusammensetzung (Formaldehyd; andere krebserregende flüchtige organische Verbindungen); wenn potenziell schadstoffbelasteter Standort: Untersuchung auf potenzielle Schadstoffe unterzogen; Maßnahmen zur Verringerung von Lärm-, Staub- und Schadstoffemissionen während der Bau- oder Wartungsarbeiten	

Technische Bewertungskriterien des wesentlichen Beitrags zum Klimaschutz und Vermeidung erheblicher Beeinträchtigungen (DNSH) der weiteren 5 Umweltziele (Anhang 1 des delegierten Rechtsakts EU-Tax-VO Klimaschutz / Klimawandel))		
Wirtschaftstätigkeiten	Neubau (7.1)	Renovierung bestehender Gebäude (7.2)
Schutz und Wiederherstellung der Biodiversität und der Ökosysteme	Umweltverträglichkeitsprüfung oder eine Bewertung gemäß der Richtlinie 2011/92/EU und erforderliche Abhilfe- und Ausgleichsmaßnahmen zum Schutz der Umwelt umgesetzt; Bei Gebieten/Vorhaben in oder in der Nähe von biodiversitätssensiblen Gebieten (darunter das Natura-2000-Netz von Schutzgebieten, UNESCO-Welterbestätten und Biodiversitäts-Schwerpunktgebiete sowie andere Schutzgebiete) wurde gegebenenfalls eine angemessene Verträglichkeitsprüfung durchgeführt, und auf der Grundlage der Ergebnisse dieser Prüfung werden die erforderlichen Abhilfemaßnahmen[18] ergriffen; Neubau nicht auf bestimmten Flächen: Acker- und Kulturflächen mit mittlerer bis hoher Bodenfruchtbarkeit; Flächen, die als Lebensraum bedrohter Arten dienen; Flächen, die im nationalen Treibhausgasinventar als »Wald« definiert sind.	k. A.
[*6] Mindestschutz zu erfüllen		

---

18   Diese Maßnahmen sollen sicherstellen, dass das Projekt, der Plan oder die Tätigkeit keine wesentlichen Auswirkungen auf die Erhaltungsziele des Schutzgebiets hat.

b) **Wesentlicher Beitrag zur Verwirklichung der Anpassung an den Klimawandel –
Neubau, Renovierung Bestand**

Technische Bewertungskriterien des wesentlichen Beitrags zur Anpassung an Klimawandel und Vermeidung erheblicher Beeinträchtigungen (DNSH) der weiteren 5 Umweltziele (Anhang 2 des delegierten Rechtsakts EU-Tax-VO Klimaschutz / Klimawandel)		
	Neubau (7.1)	**Renovierung bestehender Gebäude (7.2)**
NACE-Code	F.41.1 und F.41.2, die auch Tätigkeiten mit dem NACE-Code F.43 umfassen	F.41 und F.43
Übergangs-/ermöglichende Tätigkeit	N./a.	N./a.
Wesentlicher Beitrag zur Anpassung an Klimawandel		
	Robuste Klimarisiko- und Vulnerabilitätsbewertung mit Blick auf voraussichtliche Lebensdauer	
Vermeidung erheblicher Nachteile für weitere Umweltziele (DNSH)		
Klimaschutz	<u>Gebäude nicht bestimmt</u> zur Gewinnung, Lagerung, Beförderung und Herstellung fossiler Brennstoffe	
	<u>PEB</u> [**3**] übersteigt nicht Schwellenwert für Niedrigstenergiegebäude gemäß der nationalen Vorschriften zur Umsetzung der RL 2010/31/EU, festgestellt durch den EPC. (entsprechend §§ 10 ff. GEG).	k. A.
Nachhaltige Nutzung zum Schutz von Wasser und Meeresressourcen	Entsprechend Anhang 1 für Neubau	
Übergang zu einer Kreislaufwirtschaft	Entsprechend Anhang 1 für Neubau	
Technische Bewertungskriterien des wesentlichen Beitrags zur Anpassung an Klimawandel und Vermeidung erheblicher Beeinträchtigungen (DNSH) der weiteren 5 Umweltziele (Anhang 2 des delegierten Rechtsakts EU-Tax-VO Klimaschutz / Klimawandel)		
Vermeidung und Verminderung der Umweltverschmutzung	Entsprechend Anhang 1 für Neubau	

Technische Bewertungskriterien des wesentlichen Beitrags zur Anpassung an Klimawandel und Vermeidung erheblicher Beeinträchtigungen (DNSH) der weiteren 5 Umweltziele (Anhang 2 des delegierten Rechtsakts EU-Tax-VO Klimaschutz / Klimawandel)		
Schutz und Wiederherstellung der Biodiversität und der Ökosysteme	Entsprechend Anhang 1 für Neubau	k. A.
[*6] Mindestschutz zu erfüllen		

c) **Ausführungen zur Umsetzung der technischen Bewertungskriterien**

Aus den vorstehend von der EU-Kommission entwickelten technischen Bewertungskriterien zur Einstufung der Wirtschaftstätigkeiten Neubau und Renovierung bestehender Gebäude heben wir die folgenden Themen auszugsweise hervor:

aa) Klimaschutz – Primärenergiebedarf (PEB)

– [*1] Wesentlicher Beitrag Anpassung an Klimaschutz / Neubau: Zwecks Einstufung des Neubaus als wesentlicher Beitrag zum Klimaschutz ist nach den technischen Bewertungskriterien (u. a.) erforderlich, dass der Primärenergiebedarf (PEB) mindestens 10 % unter dem Primärenergiebedarf für Niedrigstenergiegebäude liegt, welcher nach dem Umsetzungsgesetz zur Gebäudeenergierichtlinie 2010/31/EU festgelegt ist. In Deutschland ist demnach der Primärenergiebedarf 10 % unter den Vorgaben der §§ 10 ff. Gebäudeenergiegesetz (GEG) für Niedrigstenergiegebäude anzusetzen. Die Gesamtenergieeffizienz wird anhand eines Energieausweises (Energy Performance Certificate, EPC) zertifiziert. Zum Energieausweis vgl. §§ 79 ff. GEG. Bei Errichtung ist ein Bedarfsausweis gemäß §§ 80 Abs. 1; 81 GEG auszustellen.

– [*2] Wesentlicher Beitrag Klimaschutz / Renovierung bestehender Gebäude: Für die Renovierung bestehender Gebäude gelten nach Anhang 1 des delegierten Rechtsakts zur Taxonomie-Verordnung die technischen Bewertungskriterien für den wesentlichen Beitrag zum Klimaschutz. Für die Gebäuderenovierung ist eine Alternative für die Darlegung des wesentlichen Beitrags zum Klimaschutz, dass die Renovierung zu einer Verringerung des Primärenergiebedarfs um mindestens 30 % führt. Der ursprüngliche Primärenergiebedarf und die geschätzte Verbesserung beruhen auf einer detaillierten Gebäudeaufnahme, einem Energieaudit, das von einem akkreditierten unabhängigen Sachverständigen durchgeführt wird, oder einer anderen transparenten und verhältnismäßigen Methode, und werden mittels eines EPC validiert. Nach den technischen Bewertungskriterien soll sich die Verbesserung um 30 % aus einer tatsächlichen Verringerung des PEB ergeben und die Verringerung des Nettoprimärenergiebedarfs an Energie aus erneuerbaren Quellen soll (abweichend zu

§§ 23, 36 GEG) hierbei nicht berücksichtigt werden. Sie kann innerhalb von höchstens drei Jahren erreicht werden.

- [*3] Vermeidung erheblicher Beeinträchtigung Klimaschutz (im Rahmen wesentlicher Beitrag Anpassung an den Klimawandel) / Neubau: Hier sind die Anforderungen Primärenergiebedarf (PEB) für Niedrigstenergiegebäude nach §§ 10 ff. GEG zu erfüllen.

bb) Mehrere Umweltziele – Life Cycle Assessment

- Wesentlicher Beitrag/nicht erhebliche Beeinträchtigung mehrerer Umweltziele: Als Verfahren zur Erhebung der Daten für den wesentlichen Beitrag / die nicht erhebliche Beeinträchtigung von Umweltzielen bietet sich vor allem die Lebenszyklusanalyse an. Die Lebenszyklusanalyse ist die datenbasierte Auswertung eines Gebäudes über dessen gesamte Bau- und Nutzungszeit.

Die Lebenszyklusanalyse umfasst folgende Lebensphasen eines Gebäudes:

- Herstellung (A1-A3)
- Instandhaltung, Ersatz (B2, B4)
- End of Life (EoL) (C3-C4)
- Energiebedarf (B6).

Die Analyse enthält alle Ressourcen, die ein Gebäude über seine ganze Bau- und Nutzungszeit verbraucht. Dabei sind alle Elemente, alle Baustoffe und auch die zum Transport notwendige Energie einbezogen und auch die Kosten für den Betrieb und den Abriss und Entsorgung des Gebäudes enthalten. Idealerweise findet eine Lebenszyklusanalyse oder »Life Cycle Assessment (LCA)« bereits in der Planungsphase, in den Leistungsphasen 1 bis 3, statt, damit sich Einspar- und Optimierungsmöglichkeiten für das Projekt bereits frühzeitig zeigen und einfach und kostengünstig umsetzen lassen.[19] Während der Errichtung des Gebäudes und auch während der Nutzung wird die Datenerhebung für das LCA fortgeführt.

Voraussetzung für die Durchführung einer Lebenszyklusanalyse ist, dass alle Gebäudedaten, auch wenn sie aus verschiedenen Anwendungen stammen, stets konsistent gehalten werden und Änderungen am Modell des Gebäudes automatisch an alle Programme zur Auswertung der Dateien weitergereicht werden.

Der Betrachtungszeitraum einer Lebenszyklusanalyse umfasst innerhalb der Zertifizierungssysteme einen Zeitraum von fünfzig Jahren. Die Lebenszykluskosten berücksichtigen folgende Kostenaspekte:

- Herstellungskosten
- Reinigungskosten
- Wartungskosten

---

19   Braune, Anna/Ruiz Durán, Christine: Life Cycle Assesments – a guide on using the LCA, DGNB Guide April 2018, Stuttgart (DGNB) 2018.

- Instandsetzungskosten
- Rückbau- und Entsorgungskosten.[20]

Diese Kosten lassen sich in ein Modell des Gebäudes eingeben und daraus können die Gesamtkosten des Gebäudes für den vollständigen Lebenszyklus berechnet werden.

Als Grundlage der Berechnung des Lebenszyklus dienen Daten aus verschiedenen Datenbanken, zum Beispiel die vom Bundesministerium des Innern, für Bau und Heimat (BMI) betreute Datenbank Ökobaudat[21], in denen Preise für Baustoffe und Dienstleistungen hinterlegt sind. Ebenso werden Inflation, Preissteigerung bei den Baukosten und Zinsen für die Finanzierung in die Berechnung einbezogen. Die Normen EN ISO 14040 und EN ISO 14044 bilden die Basis für die Analyse und bilden die Definitionen, Begriffe und Arbeitsweisen für die Lebenszyklusanalyse ab. Softwaregestützt lassen sich so verschieden Szenarien (etwa unterschiedliche Ausführungen der Außenmauern und Fensterflächen, verschiedene Arten der Isolierung und Heizung) durchspielen und so herausfinden, welche Variante über die Lebensdauer der Immobilie die geringsten Kosten hat.

cc) Klimaschutz – Berechnung Lebenszyklus-Treibhauspotenzial (GWP)

- [*4] <u>Wesentlicher Beitrag Klimaschutz / Neubau</u>: Für Gebäude mit einer qm-Fläche von über 5000 qm ist eine Voraussetzung, dass das Lebenszyklustreibhauspotenzial (GWP) des errichteten Gebäudes für jede Phase im Lebenszyklus berechnet wurde und gegenüber Investoren und Kunden auf Nachfrage offengelegt wird. Hintergrund ist: 11 % der globalen CO_2-Emissionen entstehen bei der Baustoffherstellung. Die Emissionen aus der Herstellung von Baumaterialien (graue Emissionen) und der dazugehörende Energieverbrauch (graue Energie) sind wesentliche Faktoren für den Klimaschutz von Neubauten. Bei einem Neubau macht die graue Energie etwa 50 % der Energie im gesamten Lebenszyklus der Immobilie aus.[22] Durch klimaschützendes Bauen lassen sich die grauen Emissionen um bis zu 45 % senken. Als Beispiel sei der Holzrahmenbau genannt, der durch die CO_2-Speicherung im Holz die grauen Emissionen sogar um bis zu 83 % senken kann.

  Für Gebäude mit einer Fläche von über »5000 qm« ist das GWP zu berechnen. Für jede Lebenszyklusphase wird das GWP als numerischer Indikator berechnet, der das CO_2-Äquivalent pro Quadratmeter innerer Nutzfläche für ein Jahr umfasst. Der Wert ist der Durchschnitt für ein Jahr in einem

---

20   König, Projekt: Lebenszyklusanalyse von Wohngebäuden. Lebenszyklusanalyse mit Berechnung der Ökobilanz und Lebenszykluskosten, Gröbenzell, 2017, S. 98, https://www.lbb-bayern.de/fileadmin/quicklinks/Quick-Link-Nr-98300000-LfU-Gesamtstudie_Lebenszyklusanalyse.pdf, Abruf am 18.08.2021.

21   Https://www.ökobaudat.de, Abruf am 18.08.2021.

22   Https://bauwende.de/factsheetgraueenergie/, Abruf am 18.08.2021.

Bezugszeitraum von fünfzig Jahren. Die zugrunde liegenden Gebäude-komponenten und Materialien und die Berechnungsmethode entsprechen dem Indikator 1.2 des gemeinsamen Level(s) Frameworks der EU.[23] Sofern ein nationales Berechnungsinstrument vorliegt, das den Mindestkriterien des Level(s) Frameworks entspricht, kann auch dieses anstelle des Level(s) Frameworks genutzt werden. Das GWP wird gegenüber Kunden und Investoren auf Nachfrage offengelegt. In manchen Fällen kommt es vor, dass der Energie- und Ressourcenverbrauch eines Gebäudes im Betrieb bis zu 50 % höher ist, als in der Planungsphase vorgesehen war.[24] Durch frühzeitiges und kontinuierliches Monitoring lassen sich derartige Gaps zwischen Planung und Ausführung rechtzeitig erkennen. Im Betrieb der Immobilie kann das Level(s) Framework genutzt werden, um die Performance eines Gebäudes zu analysieren und mit den ursprünglich gesetzten Zielen zu vergleichen.

dd) Übergang zu einer Kreislaufwirtschaft – Baustoffe, Recyclingfähigkeit

– [*5] Vermeidung und Verminderung Umweltverschmutzung / Neubau und Renovierung bestehender Gebäude: Zur Vermeidung und Verminderung der Umweltverschmutzung« müssen Baubestandteile und Baustoffe die Kriterien in Anlage C zu Anhang 1 und 2 (des delegierten Rechtsakts EU-Tax-VO Klimaschutz / Klimawandel) erfüllen.

Es werden Maßnahmen getroffen, um Lärm-, Staub- und Schadstoffemissionen während der Bau- oder Wartungsarbeiten zu verringern. Bei Baustoffen / Abfall / Demontage ist auf Rückbaufreundlichkeit und Recyclingfähigkeit der verwendeten Baustoffe zu achten.

ee) Soziale Mindestanforderungen / Mindestvorgaben für »S« (Social) und »G« (Governance)

[*6] Jede Wirtschaftstätigkeit: Jede Wirtschaftstätigkeit kann nur dann als ökologisch nachhaltig betrachtet werden, wenn die Wirtschaftstätigkeit unter Einhaltung des Mindestschutzes ausgeübt wird. Bei diesem Mindestschutz handelt es sich um Verfahren, die von einem eine Wirtschaftstätigkeit ausübenden Unternehmen durchgeführt werden, um sicherzustellen, dass die OECD-Leitsätze für multinationale Unternehmen und die Leitprinzipien der Vereinten Nationen für Wirtschaft und Menschenrechte, einschließlich der Grundprinzipien und Rechte aus den acht Kernübereinkommen, die in der Erklärung der Internationalen Arbeitsorganisation über grundlegende Prinzipien und Rechte bei der Arbeit festgelegt sind, und aus der Internationalen Charta

---

23 Https://susproc.jrc.ec.europa.eu/product-bureau/product-groups/412/documents, Abruf am 18.08.2021.
24 Dodd N./Donatello S./Cordella M. (2021), Level(s) – A common EU framework of core sustainability indicators for office and residential buildings, User Manual 1: Introduction to the Level(s) common framework (Publication version 1.1), S. 19.

der Menschenrechte, befolgt werden[25]. Zum Beispiel enthalten die Kernüber-einkommen, die in der Erklärung der Internationalen Arbeitsorganisation über grundlegende Prinzipien und Rechte bei der Arbeit enthalten sind, Regelun-gen über Gleichheit des Entgelts, Verbot von Zwangsarbeit, Verbot von Kinder-arbeit und Abschaffung von Diskriminierung in Beschäftigung und Beruf.[26]

Für die Umsetzung der Verhinderung von Menschenrechtsverletzungen steht in diesem Zusammenhang das Lieferkettengesetz über die unterneh-merischen Sorgfaltspflichten zur Vermeidung von Menschenrechtsverlet-zungen vom 16. Juli 2021[27]. Das Lieferkettengesetz tritt in großen Teilen ab dem 1. Januar 2023 in Kraft. Das Gesetz beinhaltet Sorgfaltspflichten von Unternehmen zur Vermeidung von Menschenrechtsverletzungen (zum Beispiel Kinderarbeit; Sklaverei; ungenügender Gesundheitsschutz für Arbeitnehmer; Arbeitszeiten; Ungleichbehandlung; Vorenthalten von Mindestlohn; bestimmte Umweltverstöße) in der Lieferkette (zum Beispiel Risikomanagement; betriebsinterne Zuständigkeit; regelmäßige Risiko-analyse). Das Gesetz gilt in der Regel für Unternehmen ab 3.000 Mitarbei-tern. Ab 2024 wird der Schwellenwert auf 1.000 Mitarbeiter gesenkt. Es ist abzusehen, dass aufgrund von vertraglichen Abreden die Adressaten des Lieferkettengesetzes ihre Verpflichtungen an Unternehmen mit wenigen Mitarbeitern weitergeben werden.

Zum Mindestschutz gehören eine Vielzahl von Themen. Um die Sozialbi-lanz als Dauerprozess offenlegen zu können, haben die Verträge ebenso in Maßen Berichterstattung vorzusehen. Um »S« (Social) und »G« (Governan-ce) in sämtlichen Verträgen gleichartig abzubilden, bieten sich einheitliche Klauseln / Anlagen an.

21.5   Weitere Vorgaben zur Nachhaltigkeit neben der EU-Taxonomie

Bestehende Verpflichtungen sowie künftige Entwicklungen zu nationalen und EU-Re-gelungen sowie Leitlinien und Selbstverpflichtungen des Bauherrn bzw. von dessen Vertragspartnern, auch auf der Basis von internationalen Vereinigungen oder Organi-sationen[28], sind im Blick zu behalten.

---

25   Art. 3c), 18, 25 EU-Tax-VO i. V. m. Art. 2 Nr. 17, 2a EU-Offl-VO.

26   Didier, Investoren verlangen zuverlässige Daten über Nachhaltigkeit, in: Der Betrieb, https://www.der-betrieb.de/meldungen/investoren-verlangen-zuverlaessige-daten-ueber-nachhaltigkeit/, Abruf am 19.8.2021.

27   Https://www.bgbl.de/xaver/bgbl/start.xav?startbk=Bundesanzeiger_BGBl&start=%2F%2F%2A%5B%40attr_id=%27bgbl121s1278.pdf%27%5D#__bgbl__%2F%2F*%5B%40attr_id%3D%27bgbl121s2959.pdf%27%5D__1629231958624, Abruf am 17.08.2021.

28   Zum Beispiel UN Global Compact, https://www.globalcompact.de/ueber-uns/united-nations-global-compact, Abruf am 19.08.2021; Global Reporting Initiative (GRI), https://www.globalreporting.org/, Abruf

Für Planungs- und Bauprozesse des Bundes sind die Richtlinien für die Durchführung von Bauaufgaben des Bundes (RBBau)[29] sowie der »Leitfaden Nachhaltiges Bauen – Zukunftsfähiges Planen, Bauen und Betreiben von Gebäuden«, herausgegeben vom Bundesministerium des Innern, für Bau und Heimat (BMI)[30], zu beachten.

21.6   Zertifizierung – Vertrag mit Zertifizierungsstelle und (bei DGBN) Auditorenvertrag

Zertifizierung war vor ESG nach EU-Taxonomie im Markt schon lange ein Indikator für Nachhaltigkeit, auch wenn damit die Unternehmen keine Genehmigung erteilt bekamen, da die Zertifizierungsstelle keine hoheitliche Gewalt hat und ihr auch keine hoheitlichen Befugnisse verliehen wurden. Zertifizierung ist für ESG-Konformität oder im Rahmen der Pflichten zur Offenlegung und Berichterstattung nach EU-Verordnungen rechtlich nicht notwendig. Jedoch werden im Rahmen der Zertifizierung wesentliche Daten, die auch für die Berichterstattung nach ESG-Kriterien erforderlich sind, gesammelt und das Projekt durch Experten begleitet, was in vielen Fällen zusätzlichen Abstimmungsbedarf und zusätzliche Kosten der Zertifizierung rechtfertigt.

Wenn Zertifizierung angestrebt wird, sind ergänzende Kriterien für die Erreichung der Zertifizierung eines bestimmten Zertifizierungsgrades festzulegen.

---

am 19.08.2021.

[29]   Bundesministerium für Umwelt, Naturschutz, Bau und Reaktorsicherheit, Online-Fassung Stand 10. Mai 2021, https://www.fib-bund.de/Inhalt/Richtlinien/RBBau/, Abruf am 14.08.2021.

[30]   BMI, Stand Januar 2019 https://www.bmi.bund.de/SharedDocs/downloads/DE/publikationen/themen/bauen/leitfaden-nachhaltiges-bauen.html, Abruf am 14.08.2021.

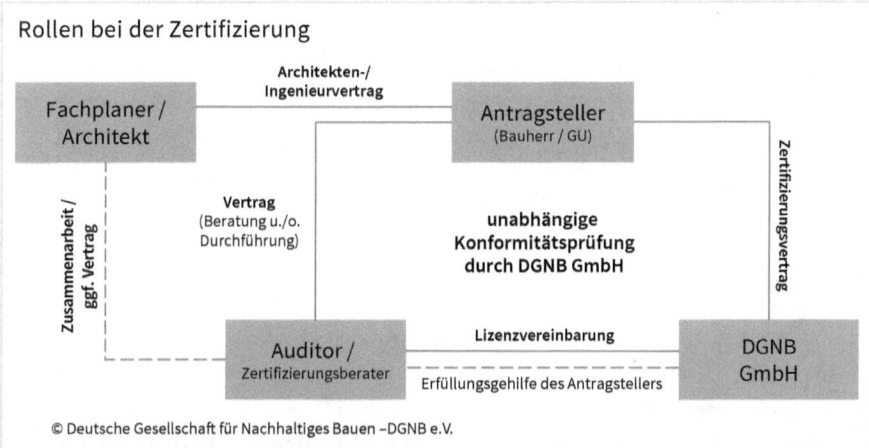

Abb. 21.1: Mögliche Vertragsbeziehungen im Rahmen einer Zertifizierung nach DGNB. Quelle: DGNB GmbH, Leistungsbild DGNB Auditor, Stand 7.01.2021. https://static.dgnb.de/fileadmin/dgnb-system/de/zertifizierung/Leistungsbild-DGNB-Auditor.pdf Abrufdatum: 17. August 2021.

Wenn eine Zertifizierung angestrebt wird, sind ergänzend zu den klassischen Bauverträgen der Vertrag mit der Zertifizierungsstelle und (im Rahmen der Zertifizierung nach DGNB) der Auditorenvertrag abzuschließen.

a) **Zertifizierungsvertrag**

Kerninhalte des Zertifizierungsvertrags zwischen der Zertifizierungsstelle und dem Bauherrn / Antragsteller sind[31]:

- Projekt: Projektbeschreibung, Bauzeit
- Gebäude: Nutzungsprofil, Lebenszyklusphase des Gebäudes
- Zertifizierung: angestrebter Exzellenzgrad, Ablauf von Antragstellung bis Zertifizierung (einschließlich Konformitätsprüfung durch die Zertifizierungsstelle)
- Erklärung Antragsteller zur Errichtung gemäß Antragsunterlagen
- Widerrufsrecht bei Abweichung Gebäude von Antragstellerangaben
- Auditor: Notwendigkeit der Bestellung
- Vergütung Zertifizierungsstelle
- Rechtsnachfolge / Übertragbarkeit Zertifikat
- Mitwirkungspflichten Beteiligte
- Haftungsbeschränkung Zertifizierungsstelle

---

31 Angelehnt an Schlemminger, Nachhaltigkeitszertifikate in Immobilienverträgen, NJW 2014, 3185, 3186.

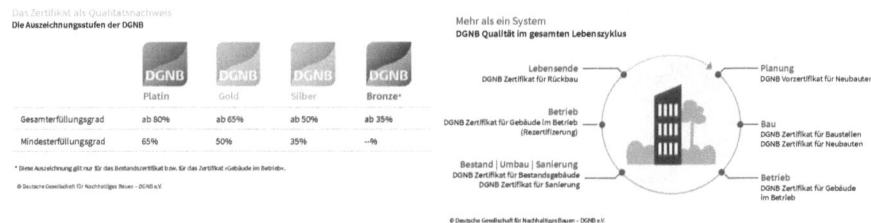

Angestrebter Exzellenzgrad   Lebenszyklusphasen für Zertifizierung

DGNB bietet auch unabhängige ESG-Prüfungen an.[32]

b) **Auditorenvertrag**

Vom Vertrag zwischen dem Auditor und dem Bauherrn / Antragsteller werden nachfolgend Kerninhalte aus dem Leistungsbild des Auditors hervorgehoben[33]:

– Beratung der Kriterien zur Erreichung des Zertifikats der gewünschten Stufe (Vorprüfung zur grds. Zertifizierbarkeit; Zielerreichung Vorzertifikat; Zertifikat)

– Zusammenstellung von Unterlagen zwecks Konformitätsprüfung durch Zertifizierungsstelle

– Abstimmung mit der Zertifizierungsstelle

Zum Teil werden weitere Leistungsinhalte vereinbart, zum Beispiel:

– Fachplanerische Beratung

– Teile der Bauüberwachung

– Ökobilanz

– Lebenszykluskostenberechnung

– Thermische Gebäudesimulation

21.7   Bestimmung der Leistung in den Bau- und Planerverträgen

In Bau- und Planerverträgen sind die Leistungspflichten für jeden Projektbeteiligten auszuarbeiten und Verantwortlichkeiten abzugrenzen. Es ist eine frühzeitige Leistungsbestimmung orientiert an der ESG-Strategie und – sofern Zertifizierung angestrebt ist – den Vorgaben für die gewünschte Zertifizierungsstufe zu empfehlen. Ist eine Fremdnutzung vorgesehen und steht der Nutzer bereits fest, sind die Anforderungen mit den Nutzeranforderungen in Einklang zu bringen. Die nachfolgenden

---

32 DGNB GmbH, https://www.dgnb-system.de/de/services/esg-verifikation-taxonomie/ (Abruf am 18.08.2021).

33 Angelehnt an Schlemminger, Nachhaltigkeitszertifikate in Immobilienverträgen, NJW 2014, 3185, 3187 sowie DGNB GmbH, Leistungsbild DGNB Auditor (Stand 07.01.2021), https://static.dgnb.de/fileadmin/ dgnb-system/de/zertifizierung/Leistungsbild-DGNB-Auditor.pdf, Abruf am 17.08.2021.

Überlegungen zur Erreichung der Klassifikation einer Wirtschaftstätigkeit als ökologisch nachhaltig orientieren sich an den Kriterien zum Erreichen einer Zertifizierung.

a) **Leistungsbeschreibungen und Leistungsverzeichnisse**

Die Leistungsbeschreibung kann als funktionale Leistungsbeschreibung oder als detaillierte Leistungsbeschreibung ausgestaltet sein. Bei sogenannten Globalverträgen ist die Leistungsbeschreibung »nur« funktional umschrieben, d. h., es wird nur der Erfolg vereinbart. Auf dieser Grundlage hat der Auftragnehmer die erforderlichen Leistungen nach Art und Umfang selbstständig zu ermitteln. Bei sogenannten Detailverträgen existiert eine detaillierte, eindeutige und erschöpfende Leistungsbeschreibung samt Leistungsverzeichnis. Mischformen von funktionaler und detaillierter Leistungsbeschreibung sind denkbar.[34]

Für die Zertifizierung und auch für die ESG-Wertung ist empfehlenswert, über die rein funktionale Baubeschreibung mit dem Erfolg »DGNB-Platin Neubau« oder »Wesentlicher Beitrag zum Klimaschutz Neubau« hinauszugehen. Ein Zertifikat einer bestimmten Zertifizierungsstufe ist durch das Erreichen einer Anzahl von Punkten, die für unterschiedliche Maßnahmen vergeben werden können, erreichbar. Für den wesentlichen Beitrag zu einem Umweltziel kann dieses durch unterschiedliche Maßnahmen erreicht werden, im Übrigen auch mit unterschiedlichen Konsequenzen dazu, wie diese Maßnahme auf das ESG-Konto einspielt. Der Verweis auf die Anlagen der HOAI sind unzureichend. Ein Planer könnte mit zu viel Spielraum die Anforderungen an die Qualität seiner eigenen Leistungen niedrig ansetzen zu Lasten (sowie Kosten und Aufwand) von anderen Leistungsstufen und Beteiligten. Das Leistungsbestimmungsrecht des Bauherrn nach § 315 BGB – beraten durch den Auditor – wird im Übrigen als fraglich angesehen, wenn die Parteien eine funktionale Baubeschreibung vereinbaren.[35] Wenn der Planer eine genehmigungsfähige und eine zertifizierungsfähige Planung[36] und eine Planung schuldet, welche für ein Umweltziel einen wesentlichen Beitrag leistet, ist für den Bauherrn daher von Interesse, dass die konkreten Maßnahmen frühzeitig bestimmt werden.

Will der Bauherr Einfluss nehmen auf die Art und Weise der Zielerreichung und auch darauf, dass der jeweilige Vertragspartner seine Verpflichtungen gemessen an der Vergütung nicht zuungunsten der Verpflichtungen der anderen Projektbeteiligten reduziert, wird er so weit wie möglich detailliert die Leistungen aufschlüsseln.

b) **Haftungsmaßstäbe**

Der Bauherr kann sich ohne weitere Konkretisierung der Leistung nicht verlässlich auf die Umsetzung von »technischen Bewertungskriterien nach Taxo-

---

34 Zur Wirksamkeit: Kuchenreuter/Dr. Stangl/Alt in: Risikofeld der Bauvertragsgestaltung, 11. Ausgabe 2007, Ziffer 2.4.4.
35 Dressel, Nachhaltiges Bauen – Herausforderungen in Planerverträgen, NZBau 2021, 224.
36 Dressel, Nachhaltiges Bauen – Herausforderungen in Planerverträgen, NZBau 2021, 224.

nomie« verlassen. Diese stellen nur ein Klassifizierungssystem als Grundlage für eine Bewertung dar und rekurrieren nur in Teilen auf die verlässliche Umsetzung bereits geltenden Rechts und der (allgemein) anerkannten Regeln der Technik. ESG-Kriterien sind ein Klassifizierungssystem. Will der Bauherr deren Umsetzung erreichen, muss er dies in den Verträgen als Leistung / Beschaffenheit vereinbaren.

Das Haftungsregime ist von dem jeweiligen Vertragstyp (vgl. oben Tabelle in Kap. 1)) abhängig. Für die häufigsten Tätigkeiten (Architekt, Ingenieur, ausführende Gewerke) rekurrieren die meisten Haftungsregelungen in den Grundzügen auf das Haftungsregime des Werkvertragsrechts, auch wenn (im BGB seit 2018) die Verträge Bauvertrag, Verbraucherbauvertrag, Architekten- und Ingenieurvertrag bzw. in der VOB/B oder anderen Normen einzeln ausgestaltet sind. Ist Dienstvertragsrecht anwendbar, gilt nicht das Mängelgewährleistungsrecht, sondern der Auftragnehmer (hier »der zur Dienstleistung Verpflichtete«) haftet bei Verletzung einer Haupt- oder Nebenpflicht auf Schadensersatz. Für den Geschäftsbesorgungsvertrag gilt jeweils das Haftungsregime desjenigen Vertragstyps, welcher der Geschäftsbesorgung zugrunde liegt (zum Beispiel Dienstvertragsrecht, Werkvertragsrecht).

Nach »Werkvertragsrecht« greift vor der Abnahme Mängelgewährleistungsrecht nicht und der Auftraggeber kann nur Erfüllung verlangen (Ausnahmen gelten in § 4 Abs. 7 VOB/B). Für den Bauherrn besteht das Interesse, frühzeitig auf Planungsleistungen einzuwirken. Jedoch stehen dem Bauherrn vor der Abnahme keine Gewährleistungsrechte nach § 634 BGB zu, sondern es gelten die Regelungen des allgemeinen Schuldrechts;[37] und die konkrete Disposition seiner Leistungen obliegt bis zur Abnahme allein dem Planer. Rücktritt (§ 323 Abs. 4 BGB) wird zumeist nicht im Interesse des Bauherrn liegen; Anhalten zur Mangelbeseitigung als Minus zum Rücktritt ist auch nicht möglich. Inwieweit dem Bauherrn vor Abnahme vertraglich ein Recht auf Mangelbeseitigung eingeräumt werden kann (außerhalb des VOB/B-Vertrags), ist nicht rechtssicher geklärt. Hinzu kommt, dass Leistungen des Planers lange vor Abnahme durch Bauherrn bzw. Auditor auf ihre Qualität mit Blick auf die Zertifizierung überprüft werden. Wenn der Planer mit reinen Planungsleistungen beauftragt wird, und nicht mit Leistungen der Ausschreibung und Überwachung, muss der Bauherr lange vor tatsächlicher Zertifizierung / ESG-Überprüfung abnehmen (welche zumindest teilweise Fertigstellung voraussetzt) – dies lässt sich nicht vertraglich lösen, sondern nur durch umfassende Beauftragung.[38]

Im Rahmen des Mängelgewährleistungsrechts hat der Besteller zunächst nur das Recht auf Nacherfüllung.[39] Nur nachrangig können Rechte zur Selbstvor-

---

37 BGH, Urteil vom 19.01.2017 – VII ZR 301/13 (OLG München), NZBau 2017, 216.
38 Dressel, Nachhaltiges Bauen – Herausforderungen in Planerverträgen, NZBau 2021, 224.
39 BGH, Beschluss vom 10.10.2018 – VII ZR 229/17 (OLG Nürnberg), ZfBR 2019, 142, 144.

nahme, Minderung, Schadensersatz, Rücktritt geltend gemacht / ausgeübt werden (§§ 650a, 650p, 633ff., 650 g, 650s, 650t BGB; bzw. § 13 VOB/B).

Für die Haftung sind wiederum die Leistungsbeschreibung und das Leistungsverzeichnis entscheidend. Die Sachmängelhaftung knüpft an das Vorliegen eines Sachmangels an (vgl. §§ 633 BGB; 13 Abs. 1 Satz 1 VOB/B). Nach der Definition des § 13 Abs. 1 Satz 2, Satz 3 VOB/B ist die Leistung frei von Sachmängeln, wenn sie die vereinbarte Beschaffenheit hat und den anerkannten Regeln der Technik entspricht. Ist die Beschaffenheit nicht vereinbart, so ist die Leistung zur Zeit der Abnahme frei von Sachmängeln, wenn sie sich für die nach dem Vertrag vorausgesetzte, sonst für die gewöhnliche Verwendung eignet und eine Beschaffenheit aufweist, die bei Werken der gleichen Art üblich ist und die der Auftraggeber nach der Art der Leistung erwarten kann. Der Mangelbegriff des § 633 BGB wird weitestgehend gleichläufig verwendet – dort findet sich der Begriff »anerkannte Regeln der Technik« nicht wieder, diese sind aber auch im Rahmen sämtlicher BGB-Werkverträge (Bau-, Verbraucherbau-, Architekten- und Ingenieur-, Bauträger- und Werkvertrag über Bauleistungen) einzuhalten.[40] Zum Begriff »anerkannte Regeln der Technik«: In der VOB/B wird der Begriff »anerkannte Regeln der Technik« verwendet, in Rechtsprechung und Literatur heißt es vielfach stattdessen »allgemein anerkannte Regeln der Technik«[41]. Die (allgemein) anerkannten Regeln der Technik stellen einen Mindeststandard dar, der einzuhalten ist, es sei denn, dies ist abweichend vertraglich vereinbart. Unter »(allgemein) anerkannten Regeln der Technik« werden sämtliche Vorschriften und Bestimmungen verstanden, die sich in der Theorie als richtig erwiesen und in der Praxis bewährt haben; im Baubereich gehören dazu in erster Linie die DIN-Vorschriften, aber auch z. B. die Einheitlichen Technischen Bestimmungen (ETB), die Bestimmungen des Verbandes der Elektrotechniker (VDE-Vorschriften), die Unfallverhütungsvorschriften der Bauberufsgenossenschaften, auch die Bestimmungen der Arbeitsstättenverordnung über die Beschaffenheit von Treppenanlagen, u. U. auch Hersteller-Richtlinien[42]. Es kommt hierfür auf den Stand bei Abnahme an[43]; wobei der Auftragnehmer Anpassung der Vergütung verlangen kann, wenn sich der Auf-

---

40   Karczewski, Die anerkannten Regeln der Technik im Wandel der Zeit, NZBau 2021, 165.

41   Vgl. differenzierend zum Begriff »allgemein anerkannte Regeln der Technik« und zum Dreiklang unter Einbeziehung von »Stand der Technik« und »Stand von Wissenschaft und Technik«: Seibel, NJW 2013, 3000.

42   Langen/Berger, Einführung in die VOB/B, Basiswissen für die Praxis, 28. Auflage (2020), S. 201 m. w. N. Ähnlich Koenen, BeckOK VOB/B, 43. Auflage 30.04.2021, VOB/B § 13 Abs. 1 Rn. 19-21 m. w. N., schreibt allerdings von »anerkannte[n] Regeln der ›Baukunst‹«. Für kodifizierte technische Normen (wie etwa DIN-Normen) gilt eine Vermutungswirkung zugunsten der Geltung als allgemein anerkannte Regel der Technik, vgl. z. B. Seibel, NJW 2013, 3000.

43   BGH, Urteil vom 14.11.2017 – VII ZR 65/14, NZBau 2018, 207; BGH, Urteil vom 14.05.1998 – VII ZR 184-97 (München), NJW 1998, 2814; a. A. (gegen Annahme des Solls anerkannte Regeln der Technik zum Zeitpunkt der Abnahme auch nach Werkvertrag): Karczewski, Die anerkannten Regeln der Technik im Wandel der Zeit, NZBau 2021, 165.

traggeber auf eine Änderung der (allgemein) anerkannten Regeln der Technik beruft, es sei denn, sie ist eingetreten in einer Zeit, in welcher er im Verzug mit der Nacherfüllung war. Sowohl für den VOB/B Bauvertrag als auch für den BGB-Bauvertrag gilt nach h. M. der funktionale Mangelbegriff, d. h.: Entspricht die Leistung zwar der vereinbarten Beschaffenheit und auch den anerkannten Regeln der Technik, weist sie aber nicht die nach dem Vertrag vorausgesetzte oder die gewöhnliche Verwendungstauglichkeit auf, so ist die Leistung – nach altem wie nach neuem Recht – mangelhaft.[44] Was hat das Vorstehende mit ESG zu tun? ESG-Kriterien fallen nicht automatisch unter vorstehende Kriterien, sodass eine Abweichung zum Sachmangel führt. Um sich auf eine Haftung wegen fehlender Umsetzung von ESG-Kriterien berufen zu können, gilt das zur Leistungsbeschreibung Gesagte: Die Kriterien bzw. die Anforderungen der jeweiligen Vertragspartner sind konkret im Vertrag wiederzugeben.

c) **Anpassungen durch nachträgliche Anordnungen bzw. Öffnungsklauseln, Monitoring und Reporting**

Ziele sind frühzeitig zu definieren. Das einseitige Anordnungsrecht hilft nur bedingt weiter. Die Anpassung ist nicht immer umsetzbar. Sie kann zu Verzögerungen bzw. zu Nachtragsrechten mit wesentlichen Kostensteigerungen auf beiden Seiten führen. Diese können exponentiell höher ausfallen, je später sie im Projekt erfolgen. Im Falle von unberechtigten Änderungswünschen ist der jeweilige Auftragnehmer berechtigt, Bedenken anzumelden und die Durchführung der Maßnahme zu verweigern (§ 650b Abs. 1 BGB, »Zumutbarkeit«, Anordnungsrecht gilt entsprechend gegenüber den Planern, 650q BGB, und ebenso gegenüber dem Auditor, wenn dieser aufgrund seiner Tätigkeit nicht als Berater, sondern als Planer einzuordnen ist[45]; bzw. § 4 Abs. 1 Nr. 4 VOB/B, »unberechtigt oder unzweckmäßig«). Zeitliche Verzögerung ist vorprogrammiert. Zum Beispiel im Falle der berechtigten nachträglichen Anordnung beim BGB-Bauvertrag sowie Architekten- und Ingenieurvertrag ist die Maßnahme durch den Unternehmer nach 30 Tagen durchzuführen (§§ 650b; 650q BGB); bei mehreren Unterbeauftragungen / Einsatz von Subunternehmern bzw. wenn zunächst gegenüber dem Planer und dann nach erfolgter Planung gegenüber dem ausführenden Unternehmen ist durch das gestaffelte Vorgehen mit einer längeren Frist zu rechnen. Auf Auftraggeberseite ist mit weiteren Kostenforderungen zu rechnen (§ 650b Abs. 1 BGB; bzw. § 650q Abs. 2 BGB iVm § 10 HOAI[46]; bzw. §§ 1 Abs. 3, Abs. 4; 2, 4 Abs. 1 Nr. 4 Satz 2 VOB/B). Ebenso gibt es Schwellen, vor deren Erreichen der Auftragnehmer keine Anpassung verlangen kann (nach VOB/B

---

44   Langen/Berger, Einführung in die VOB/B, Basiswissen für die Praxis, 28. Auflage (2020), S. 197 m. w. N.
45   Dressel, Nachhaltiges Bauen – Herausforderungen in Planerverträgen, NZBau 2021, 224.
46   Vgl. zur Vertragsgestaltung für Planer Koeble, Nachträge von Architekten und Ingenieuren unter Berücksichtigung des § 650 q II BGB, NZBau 2020, 131.

z. B. beim Pauschalpreisvertrag bei »erheblicher« Abweichung; beim Einheitspreisvertrag bei Erreichen von Schwellenwerten; vgl. §§ 2 Abs. 2, Abs. 7 VOB/B). Selbst wenn ESG-Ziele und Leistungen frühzeitig festgelegt sind, werden die Parteien ein Interesse haben, Veränderungen zu reflektieren. Bislang hat die EU-Kommission technische Bewertungskriterien für zwei Umweltziele entwickelt. Für die weiteren vier Umweltziele liegen die technischen Bewertungskriterien noch nicht vor. Sämtliche Bewertungskriterien sind mindestens alle 3 Jahre zu prüfen und fortzuschreiben (Art. 19 Abs. 5 UAbs. 3 EU-Taxonomie-VO). Veränderungen nationaler Vorschriften und globaler Entwicklungen sind im Blick zu behalten. In der Vertragsgestaltung ist zu prüfen, ob Öffnungsklauseln ungewünscht in die gesetzlichen Regelungen eingreifen bzw. wegen des Verstoßes gegen die Regelungen gar unwirksam sind. Um zukünftige Entwicklungen zu erfassen, sind Regelungen zu Monitoring und regelmäßigen Berichterstattung zu erwägen.

d) **Kollisionsregelungen**

Die Verantwortlichkeit der Beteiligten ist zu klären, insbesondere auch der Aufgabenbereich des Auditors, sowie Fragen der gesamtschuldnerischen, nachrangigen bzw. sukzessiven Haftung. Zu beachten sind die unterschiedlichen Verjährungsfristen der Beteiligten (Beginn und Dauer – bei »Werkvertragsrecht« nach BGB für Bauwerk regelmäßig fünf Jahre ab Abnahme, § 634a Abs. 1 Nr. 2; differenziert zum Beispiel für Mängelansprüche nach VOB/B, vgl. dort § 13 Abs. 3). Zielkonflikte (zum Beispiel Kostenobergrenze vs. bestimmte Zertifizierung / Erreichen eines wesentlichen Beitrags zu einem Umweltziel durch eine konkrete Maßnahme) im Verantwortungsbereich eines Auftragnehmers sind zunächst gleichrangig zu behandeln. Wenn sich die Ziele diametral widersprechen, wird die Leistung des Planers unmöglich. Der Konflikt wird aufgelöst, indem der Planer zur Leistung verpflichtet bleibt, der Bauherr hat eine Mitwirkungspflicht. Der Planer hat den Bauherrn über die Unvereinbarkeit der Alternativen aufzuklären, der Bauherr hat zu entscheiden, welches der Leistungsziele vorrangig ist. Wenn vor Vertragsschluss erkennbar wird, dass die Ausführung unmöglich ist, droht dem Planer ein Schadensersatzanspruch nach § 311a Abs. 2 BGB.[47].

e) **Schäden, Folgeschäden**

Zu klären ist, inwieweit Schäden durch fehlerhafte Umsetzung der ESG-Kriterien (zum Beispiel Menge an verbautem CO_2) bzw. anzuwendender Verfahren (zum Beispiel fehlender Durchführung einer Lebenszyklusanalyse zur Feststellung des Treibhauspotenzials, die eine erforderliche Offenlegung verhindert) zu ersetzen sind. Zu klären ist, inwieweit Folgeschäden zu berücksichtigen sind, auch für den Fall von Inanspruchnahme wegen fehlerhafter Berichterstattung bzw. Offenlegung, wie auch bei Verletzungen von Selbstverpflichtung, bzw. wenn einklagbare Ansprüche wegen Auswirkungen auf die Umwelt

---

47   Dressel, Nachhaltiges Bauen – Herausforderungen in Planerverträgen, NZBau 2021, 224.

und Gesellschaft entstehen, etwa mit der Folge von Climate Change Litigation mit entsprechenden Folgekosten (Internalisierung externer Kosten). Separat davon wird zu bewerten sein, ob frühzeitig Rückstellungen zu bilden sind und wer daran zu beteiligen ist. Zu prüfen ist, ob jeweils genügend Versicherungsdeckung auch im Zusammenhang mit den konkreten Verpflichtungen besteht, auch für die spezifischen Themen im Zusammenhang zu den ESG-Kriterien. Zu prüfen ist, ob es sich für den Bauherrn lohnt, eine gesonderte projektbezogene Versicherung für sämtliche am Bau Beteiligte abzuschließen.

21.8   Daten – Datenaufbereitung, -sammlung

Für den Adressaten der Offenlegungspflichten und Berichtspflichten nach EU-Vorschriften geht es nicht nur um die Erfüllung von Kriterien, sondern auch darum, berichten und die Erfüllung dokumentieren zu können. Datenaufbereitung ist in der Immobilienwirtschaft kein neues Thema, ebenso nicht, dass für den Neubau tendenziell mehr Informationen vorliegen als für Gebäude im Bestand. Der gesamte Lebenszyklus der Immobilie ist abzubilden und im Blick zu behalten, zum Beispiel auch Baumaterialien aufgrund von Lebenszyklusbetrachtung, s. o. im Rahmen von Neubau / Klimaschutz, oder auch im Rahmen des Umweltschutzes. In den Verträgen abzubilden ist, dass Daten aufbereitet und vorgehalten werden. Vgl. hierzu zum Beispiel das Informationsportal Nachhaltiges Bauen zu Baustoff und Gebäudedatenbanken[48], s. a. den Leitfaden Nachhaltiges Bauen (2019) für Bundesbauten, in dem Anwendungshilfen für die Berechnungen sowie zur Dokumentation und Nachweisführung genannt sind.[49]

21.9   Building Information Modeling (»BIM«)

a) **Was ist Building Information Modeling (»BIM«)?**
Papier ist das BIM von vor 50 Jahren. BIM ist eine Methode, ein Datenträger aller Informationen. Gemeint ist eine durchgängige Digitalisierung aller planungs- und realisierungsrelevanten Bauwerksinformationen in einem virtuellen Bauwerksmodell.[50] Durch die BIM-Methode soll den am Bau beteiligten Personen Zugriff in Echtzeit auf die gleichen Daten gegeben werden – eingeschlossen stetiger Aktualisierung durch BIM. Es wird im 3-D-Modell gebaut, bevor real

---

48   Informationsportal Nachhaltiges Bauen, www.nachhaltigesbauen.de, Abruf am 18.08.2021.
49   Leitfaden Nachhaltiges Bauen, Zukunftsfähiges Planen, Bauen und Betreiben von Gebäuden, Stand Januar 2019, https://www.bmi.bund.de/SharedDocs/downloads/DE/publikationen/themen/bauen/leitfaden-nachhaltiges-bauen.html, Abruf am 14.08.2021, S. 25.
50   Vgl. https://www.engie-deutschland.de/de/magazin/digitalisierung-von-bauprojekten-bim-methode, Abruf am 10.06.2021.

gebaut wird.[51] Die Folge ist die Optimierung des Gebäudes schon während der 3D-Planung durch BIM.[52] Kollisionsprüfungen dienen dazu, Fehler frühzeitig zu erkennen und in der Umsetzung zu vermeiden.[53] Im Projekt besteht die Pflicht des Objektplaners, zur Leistungsphase 9 alle Daten weiterzugeben. BIM stellt eine geeignete Methode dar, die Daten verlustfrei weiterzugeben.[54]

b) **Zielsetzung BIM / Kontext ESG**

ESG ist datengetrieben. Durch genaue Erfassung aller Produkte, die am Bau verwendet werden, soll eine Lebenszyklusbetrachtung des Gebäudes möglich sein, mit Blick auf und für Planung, Bau und Nutzung bis hin zum Rückbau und zur Entsorgung der Bauteile. Dabei soll mit wenig Aufwand die graue Energie für die Herstellung der Materialien ermittelt und schon frühzeitig die Konsequenzen der eingesetzten Produkte auf die Nachhaltigkeit und den Energiebedarf berücksichtigt werden. Durch frühzeitige Simulation und später guten Zugriff auf die Informationen und Daten sollen der Betrieb und spätere Umbau bzw. Modernisierung erleichtert sowie überraschende Kosten vermieden werden.[55]

c) **Hintergrundinformation Bundesbauten und Infrastruktur / Auszüge**

Im November 2013 hat das Bundesministerium für Verkehr, Bau und Stadtentwicklung einen »BIM-Leitfaden für Deutschland« entwickelt.[56] Dieser Leitfaden stellt grundlegende Informationen zu Building Information Modeling (BIM) zusammen und bietet eine erste Annäherung an das Thema BIM. Das Bundesministerium für Verkehr und digitale Infrastruktur (BMVI) hat am 15. Dezember 2015 einen Stufenplan[57] zur Einführung von BIM vorgelegt.[58] In der Folge wurde der Stufenplan fortentwickelt. Im Zusammenhang mit dem »Maßnahmenpaket Bau-

---

51 Liebsch: Building Information Modeling: So verändert BIM die Prozesse, in: Immobilienmanager, 13.02.2017, https://www.immobilienmanager.de/building-information-modeling-so-veraendert-bim-die-prozesse-13022017, Abruf am 19.08.2021.

52 Vgl. https://www.engie-deutschland.de/de/magazin/digitalisierung-von-bauprojekten-bim-methode, letztes Abrufdatum 10. Juni 2021.

53 Liebsch: Building Information Modeling: So verändert BIM die Prozesse, in: Immobilienmanager, 13.02.2017, https://www.immobilienmanager.de/building-information-modeling-so-veraendert-bim-die-prozesse-13022017, Abruf am 19.08.2021.

54 Zu Definitionsansätzen von BIM vgl. Fuß, in: Bock/Zons, Rechtshandbuch Anlagenbau, 2. Auflage 2021, Teil B Kernthemen und Kernregelungen in Anlagenbauverträgen, Rn. 715-717. Zu den Leistungsbildern unter BIM, eingeordnet nach Leistungsphasen: Bahnert/Heinrich/Reinhold, Der Planungsprozess der Objektplanung gem. § 34 HOAI mit BIM, DS 2018, 198.

55 Digitalisierung von Bauprojekten – BIM-Methode als Baustein für Nachhaltigkeit über den gesamten Lebenszyklus, 15.01.2021, https://www.engie-deutschland.de/de/magazin/digitalisierung-von-bauprojekten-bim-methode, Abruf am 10.06.2021.

56 Https://www.bmvi.de/SharedDocs/DE/Anlage/DG/Digitales/bim-leitfaden-deu.pdf?__blob=publicationFile, Abruf am 10.08.2021.

57 Https://www.bmvi.de/SharedDocs/DE/Publikationen/DG/stufenplan-digitales-bauen.pdf?__blob=publicationFile, Abruf am 10.08.2021.

58 Https://www.bmvi.de/DE/Themen/Digitales/Building-Information-Modeling/building-information-modeling.html, Abruf am 10.08.2021.

kostensenkung«[59] der Bundesregierung vom 19. September 2019 hat das BMVI BIM als wichtigen Aspekt der Digitalisierung und Baukostensenkung erwähnt. Im Januar 2020 hat das »Nationale Zentrum für die Digitalisierung des Bauwesens BIM-Deutschland« seine Arbeit aufgenommen.[60] Das BIM-Deutschland wertet Erfahrungen von BIM bei Projekten des Bundes aus, berät die verschiedenen Bundesbehörden bei Planung und Durchführung von Bauprojekten mit BIM und stellt die gewonnenen Erkenntnisse allen Interessierten zur Verfügung. Das Bundesamt für Materialforschung (BAM) entwickelt aktuell eine Plattform zur sicheren Speicherung von Bauwerksdaten[61] und erarbeitet damit die technologischen Grundlagen, um Bauwerksdaten effizient und sicher zu speichern.

d) **Rechtliche Anforderungen**

Die rechtlichen Anforderungen orientieren sich an den tatsächlichen und technischen Herausforderungen zur Umsetzung von BIM.

In der Auftraggeber-Information (AIA / BIM-Pflichtenheft) legt der Auftraggeber fest, welche Leistungen er von seinem Auftragnehmer einfordert, diese sollten möglichst detailliert sein. In einem BIM-Abwicklungsplan (BAP) werden Rollen, Funktionen, Abläufe, Schnittstellen-Interaktionen sowie gemeinsam genutzte Technologien festgelegt. Gegebenenfalls werden die BIM-Projektsteuerung und der BIM-Gesamtkoordinator als zusätzliche Beteiligte / Rollen in den BIM-Ablauf einbezogen.[62] Regelungen für folgende Themen sind zu erwägen, gegebenenfalls als »Besondere Vertragsbedingungen BIM (BIM-BVB)«:

– Aufnahme von BIM als Planungsinstrument in den Vertrag
– Formate – bei Übermittlung von 2-D-Plänen sind diese aus 3-D zu entwickeln
– Klären, ob BIM-Modell allein / vorrangig / nachrangig / ergänzend gilt (v. a. bei Unstimmigkeiten)
– Zu Daten: welche Daten und in welcher Detailtiefe, Datenmanagement, Datenschutz (auch datenschutzkonforme Technikgestaltung)[63], Datensicherheit[64]
– einheitliche Standards der Datenumgebung; Übergabe der Modelle v. a. zwischen den Leistungsphasen durch herstellerneutrale Datenformate

---

59 Https://www.bmi.bund.de/SharedDocs/downloads/DE/veroeffentlichungen/themen/bauen/ massnahmenpaket_baukostensenkung.html, Abruf am 10.08.2021.

60 Https://www.bmi.bund.de/SharedDocs/pressemitteilungen/DE/2020/01/bim-digitalisierung-am-bau.html, Abruf am 10.08.2021.

61 BAM entwickelt Plattform zur sicheren Speicherung von Bauwerksdaten, 17.02.2021, https://www.bam. de/Content/DE/Nachrichten/2021/Infrastruktur/2021-02-17-plattform-bauwerksdaten.html, Abruf am 8.08.2021; Plattform für beweissichere und rückführbare Datennutzung im Bauwesen – Construction Administration Shell [CASPAR]; https://www.bmvi.de/SharedDocs/DE/Artikel/DG/mfund-projekte/caspar. html, Abruf am 8.08.2021.

62 Bahnert/Heinrich/Reinhold, Prozessbeteiligte, Grundlagen und Erläuterungen zur Entwicklung des BIM-Prozessleitbildes, DS 2018, 193, 195.

63 Braun, Datenschutzkonforme Gebäudeplanung mit BIM (Building Information Modeling), ZD-Aktuell 2019, 06644.

64 Krause, in: Roquette/Schweiger, Vertragsbuch Privates Baurecht, 3. Auflage 2020, V.3.f).

oder gemeinsame Schnittstellen (Software individuell, zusammengeführt über Schnittstelle, oder eine Software, open / closed BIM)
- Nutzungsrechte des Auftraggebers an den Fachmodellen
- Schutz von Planungsdaten anhand von Urheberrechten[65] und vertragliche Vertraulichkeitsvereinbarungen[66], Geheimnisschutz
- Leistungszeit, gegebenenfalls Fortbestand der Verantwortung für die Teilplanung, fortdauernde Anpassung[67], da weiterhin an den Fachmodellen geplant wird, Änderungsmanagement[68], gegebenenfalls Verpflichtung zu Behinderungsanzeigen[69]
- Abnahmen / Teilabnahmen (Modelldetaillierungsgrade)
- Zusätzliche / individuelle Ausgestaltung der Vergütung für den Planer?[70]
- Haftungsfragen und jeweilige Verantwortlichkeiten während des Projekts[71]; Softwarefehler
- Versicherung, gegebenenfalls gemeinsame Projektversicherungslösungen[72]
- Vergaberecht[73]
- Vereinheitlichung der Verträge der Projektbeteiligten, soweit möglich und rechtlich zulässig[74]

Nicht adressiert in den meisten Veröffentlichungen sind Schwierigkeiten, denen jüngst die NASA begegnete, als sie die Fotos der Mondlandung rekonstruieren wollte und kein geeignetes Computersystem zum Auslesen der Daten vorfand. Herausforderung für die Zukunft von BIM wird sein, dass die derzeit aktuellen Datenformate und Schnittstellen möglicherweise in zehn Jahren nicht mehr aktuell sein werden. Hinzu kommen die Kosten und Risiken der Vorhaltung von cloudbasierten Datenspeicherungen. Unabhängig von den Implikationen für die Umwelt ist bei der Verwendung von BIM hierfür eine Lösung im Vertrag zu finden.

---

65 Eschenbruch/Grüner, BIM – Building Information Modeling, NZBau 2014, 402, 408.
66 Krause, in: Roquette/Schweiger, Vertragsbuch Privates Baurecht, 3. Auflage 2020, V.3.g).
67 Zur Möglichkeit der iterativen Planung in BIM vgl. Bahnert/Heinrich/Johrendt, Einführung in Building Information Modeling, DS 2018, 191, 193.
68 Eschenbruch/Grüner, BIM – Building Information Modeling, NZBau 2014, 402, 408.
69 Krause, in: Roquette/Schweiger, Vertragsbuch Privates Baurecht, 3. Auflage 2020, V.3.b).
70 Bahnert/Heinrich/Reinhold, BIM: Vorschlag zur Honorierung, DS 2018, 207; Bahnert/Heinrich/Reinhold, Leistungsbilder unter BIM, DS 2018, 203; Krause, in: Roquette/Schweiger, Vertragsbuch Privates Baurecht, 3. Auflage 2020, V.3.e).
71 Krause, in: Roquette/Schweiger, Vertragsbuch Privates Baurecht, 3. Auflage 2020, V.3.
72 Krause, in: Roquette/Schweiger, Vertragsbuch Privates Baurecht, 3. Auflage 2020, V.3.h).
73 Kemper, BIM und Vergaberecht Alte und neue Wege, ZfBR 2020, 36; Dischke, Ausschreibung von BIM-Planungsleistungen darf kleine Büros nicht benachteiligen!, VK Westfalen, Beschluss vom 07.03.2019 – VK 1-4/19, IBR 2019, 342.
74 Krause, in: Roquette/Schweiger, Vertragsbuch Privates Baurecht, 3. Auflage 2020, V.3.; Überlegungen zu Mehrparteienverträgen vgl. Koenen, Die BIM-Methode – eine Herausforderung, auch für Baujuristen, IBR 2016, 2809; Eschenbruch/Grüner: BIM – Building Information Modeling, NZBau 2014, 402, 406ff.

21.10 Exkurs: Baudenkmäler sowie sonstige besonders erhaltenswerte Bausubstanz und § 105 Gebäudeenergiegesetz (GEG)

Im Gebäudeenergiegesetz (GEG) finden sich Vorschriften zur Umsetzung des möglichst sparsamen Einsatzes von Energie in Gebäuden einschließlich einer zunehmenden Nutzung erneuerbarer Energien zur Erzeugung von Wärme, Kälte und Strom für den Gebäudebetrieb (§ 1 Abs. 1 GEG), darunter zum Beispiel auch die Vorgaben zur Umsetzung der Richtlinie 2010/31/EU zur Erreichung des wesentlichen Beitrags zum Klimaschutz für den Primärenergiebedarf (PEB) (zu 7.1 Ziffer 1, 7.2 des Anhang 1 delegierter Rechtsakt zur EU-Taxonomie-VO). Gemäß § 105 Gebäudeenergiegesetz (GEG) kann von den Anforderungen des GEG abgewichen werden, soweit bei einem Baudenkmal, bei auf Grund von Vorschriften des Bundes- oder Landesrechts besonders geschützter Bausubstanz oder bei sonstiger besonders erhaltenswerter Bausubstanz die Erfüllung der Anforderungen dieses Gesetzes die Substanz oder das Erscheinungsbild beeinträchtigt oder andere Maßnahmen zu einem unverhältnismäßig hohen Aufwand führen. Damit kann es dem Bauherrn verwehrt sein, soweit Denkmalschutz nach den landesrechtlichen Vorgaben, Schutz nach der Erhaltungs- und Gestaltungssatzung und sonst besonders geschützter Bausubstanz besteht, die Vorgaben des GEG umzusetzen. Gerichtsentscheidungen zu den Vorgängervorschriften zu § 105 GEG[75] haben aufgrund Einzelfallbetrachtung jeweils entschieden, ob der Denkmalschutz / die Erhaltung oder die Umsetzung der Ziele (jetzt) des GEG vorrangig waren.[76]

Die Befreiung von den Vorschriften des GEG bedeutet nicht per se, dass die Kriterien zum Primärenergiebedarf anders im Rahmen der Taxonomie bewertet werden. Die Taxonomie ist ein Klassifizierungssystem und nimmt keine inhaltliche Bewertung vor. Andererseits knüpft die Taxonomie bzgl. der Kriterien für den Primärenergiebedarf und bzgl. des Einsatzes erneuerbarer Energien an die Umsetzungsakte zur Richtlinie 2010/31/EU an (in Deutschland dem GEG). Die Vorschrift des § 105 GEG ist eine Umsetzung des Art. 4 Abs. 2 der Richtlinie 2010/31/EU »*(2) Die Mitgliedstaaten können beschließen, die in Absatz 1 genannten Anforderungen bei den folgenden Gebäudekategorien nicht festzulegen oder anzuwenden: a) Gebäude, die als Teil eines ausgewiesenen Umfelds oder aufgrund ihres besonderen architektonischen oder historischen Werts offiziell geschützt sind, soweit die Einhaltung bestimmter Mindestanforderungen an die Gesamtenergieeffizienz eine unannehmbare Veränderung ihrer Eigenart oder ihrer äußeren Erscheinung bedeuten würde; [...]*«.

---

75 § 24 Absatz 1 EnEV, § 9 Absatz 1 Nr. 1 a) EEWärmeG; § 4 Absatz 1 Satz 1 a. E. EnEG.
76 Martin/Krautzberger, Denkmalschutz und Denkmalpflege, 4. Auflage 2017, Rn. 338-355 m. w. N. zu Abwägungsfragen bzgl. Solaranlagen, Wärmedämmung, Fensteraustausch.

Parallel zum Bewertungssystem BNB gemäß Leitfaden des BMI für Nachhaltiges Bauen könnte Denkmalschutz eine Berücksichtigung finden. Gemäß dem Leitfaden des Bundes für Nachhaltiges Bauen kann dies im Bewertungsergebnis (nach dem System BNB) Berücksichtigung finden, wenn die zulässigen Verbesserungen der Gebäudeenergieeffizienz aufgrund des Denkmalschutzes begrenzt sind.[77] *»Im Kriterium BNB_BK 4.1.2 sind basierend auf den Zielwerten von Neubauvorhaben geeignete Abstufungen vorgenommen worden, welche die Besonderheiten von Baumaßnahmen im Bestand zweckgerecht berücksichtigen. Um die besonderen Belange und Vorgaben für denkmalgeschützte Gebäude bei der Bewertung berücksichtigen zu können, ist für derartige Gebäude durch einen speziellen Energieberater für Baudenkmale die umgesetzte Gebäudequalität ins Verhältnis zur maximal erreichbaren Qualität nachvollziehbar darzustellen. Hinsichtlich der Bewertung des Wärmedurchgangs werden hierbei drei verschiedene Intensitäten der durch Denkmalschutz und Denkmalpflege vorliegenden Vorgaben unterschieden (siehe Tabelle D3).«*[78]

Vor der Vertragsgestaltung wären die Implikationen des Denkmalschutzes zu prüfen.

21.11   Exkurs Photovoltaik

Erneuerbare Energien, so auch Photovoltaik, können Relevanz für die ESG-Bewertung haben. Photovoltaik kann unter bestimmten Bedingungen für die Berechnung des Primärenergiebedarfs (PEB) angerechnet werden, vgl. §§ 23, 36 GEG, s. a. Art. 3 Abs. 1 i. V. m. Anhang 1 Gebäudeenergierechtlinie 2010/31/EU; Art. 9 Abs. 3b) Richtlinie 2010/31/EU – Verweis auf Art. 13 Abs. 4 Richtlinie 2009/28/EG, was dann wiederum Auswirkung auf die Bewertung von 7.1 Ziffer 1 Anhang 1 (des delegierten Rechtsakts zur EU-Taxonomie-VO Klimaschutz/Klimawandel für den »wesentlichen Beitrag zum Klimaschutz« bzw. auch unter 7.1 Anhang 2 bzgl. »Vermeidung Beeinträchtigung Klimaschutz« haben kann. Zudem stellt die Installation, Wartung und Reparatur von Technologien für erneuerbare Energien, so auch die Installation, Wartung und Reparatur von Photovoltaiksystemen und der dazugehörigen technischen Ausrüstung, einen wesentlichen Beitrag zum Klimaschutz jeweils zu Ziffer 7.6 Anhang 1 und Anhang 2 des delegierten Rechtsakts zur EU-Taxonomie-VO Klimaschutz/Klimawandel dar. Photovoltaik ist aus technischer Sicht (gegebenenfalls Eingriff in die Statik), aber vor allem auch aus rechtlicher Sicht frühzeitig einzuplanen. Ein Ausschnitt der rechtlichen Themen ist nachfolgend aufgelistet:

---

77   Leitfaden Nachhaltiges Bauen, Zukunftsfähiges Planen, Bauen und Betreiben von Gebäuden, Stand Januar 2019, https://www.bmi.bund.de/SharedDocs/downloads/DE/publikationen/themen/bauen/leitfaden-nachhaltiges-bauen.html, Abruf am 18.08.2021, S. 151 ff.

78   Leitfaden Nachhaltiges Bauen, Zukunftsfähiges Planen, Bauen und Betreiben von Gebäuden, Stand Januar 2019, https://www.bmi.bund.de/SharedDocs/downloads/DE/publikationen/themen/bauen/leitfaden-nachhaltiges-bauen.html, Abruf am 18.08.2021, S. 154.

- Fremdnutzung Miete oder Pacht: Die Nutzung des Grundstücks / Dachs zum Zwecke der Errichtung und des Betriebs einer Photovoltaikanlage ist ein Mietvertrag, wobei im Falle der Nutzung der bereitgestellten Anlage meist eine Pacht vorliegen wird.[79]
- Finanzierung und Beleihung:
  - Gegebenenfalls erfolgt getrennte Finanzierung vom Grundstück mit aufstehendem Gebäude (ohne die Anlage) und der Anlage.
  - Zu klären ist, ob eigenständiges Eigentum an der Anlage besteht, welches an die finanzierende Bank sicherungsübereignet werden kann.
  - Für den Beleihungswert kann es u. a. auf den Inhalt des Miet- bzw. Pachtvertrags ankommen (zum Beispiel, ob fortlaufend vergütet wird).[80]
  - Gegebenenfalls wird der Betreiber und die finanzierende Bank (bzgl. der Anlage) eine Dienstbarkeit zur Absicherung gegen das Risiko des Sonderkündigungsrechts nach § 111 InsO / § 57a ZVG verlangen. Für die Dienstbarkeit wird wiederum die finanzierende Bank bzgl. des Grundstücks die Prüfung nach den Vorgaben des vdp verlangen, sofern sie vor der Grundschuld auf dem Grundstück vorrangig eingetragen ist.[81] Im Verwertungsfall ist eine Übertragung der Dienstbarkeit im Regelfall nicht möglich (§ 1092 Abs. 1 BGB), daher wird der finanzierenden Bank und einem von ihr zu bestimmenden Dritten (Vertrag zugunsten Dritter) eine Vormerkung eingetragen.
- Gewerbesteuerrelevanz ist zu klären.
- Möglicher Vorrang von Denkmalschutz ist zu klären.
- Zur Vermeidung u. a. von Nachbarrechten (§§ 906, 1004 BGB) sind wesentliche Beeinträchtigungen durch Blendeffekte zu vermeiden.[82]
- Vertragsbeziehungen zur Errichtung der Anlage[83]; Haftung und Verjährung (divers entschieden und umfassend diskutiert[84]) sind im Blick zu behalten.

Zu ESG: Mit dem Photovoltaikanlagenbetreiber ist zu vereinbaren, dass dieser Auskunft über die Öko- und Sozialbilanz der Anlage – verbaute CO_2-Immission – gibt.

---

79   Miete / Pacht, Lange/Ländner, Errichtung und Betrieb von Photovoltaikanlagen in der zivilgerichtlichen Praxis, EnWZ 2019, 99, 101 m. w. N. BGH, Urteil vom 7.03.2018 – XII ZR 129/16, NJW 2018, 1540.
80   Verband deutscher Pfandbriefbanken (»vdp«) »Auswirkungen auf die Immobilienfinanzierung und Berücksichtigung in der Beleihungswertermittlung, Stand: 19.09.2011«, https://www.pfandbrief.de/site/dam/jcr:a93c492c-02df-4101-aa84-a9813eb052b1/2011_vdp_PV_Anlagen.pdf (Abruf am 13.08.2021).
81   Verband deutscher Pfandbriefbanken (»vdp«) »Auswirkungen auf die Immobilienfinanzierung und Berücksichtigung in der Beleihungswertermittlung, Stand: 19.09.2011«, https://www.pfandbrief.de/site/dam/jcr:a93c492c-02df-4101-aa84-a9813eb052b1/2011_vdp_PV_Anlagen.pdf, Abruf am 13.08.2021.
82   Lange/Ländner, Errichtung und Betrieb von Photovoltaikanlagen in der zivilgerichtlichen Praxis, EnWZ 2019, 99, 103 m. w. N.; Palandt, BGB (Kommentar), 80. Auflage 2021, Rn. 11, 23 zu § 906 BGB. Reflektierte Sonne Stuttgart WuM 2009, 299.
83   Busch/Ruthe, Mängelhaftung und Garantien bei Photovoltaik-Anlagen im Lichte der AGB-Kontrolle, NZBau 2012, 743.
84   § 634a Abs. 1 Nr. 2 BGB BGB (Werkvertragsrecht und 5-jährige Verjährung): BGH, Urteil vom 10.01.2019 – VII ZR 184/17, NJW 2019, 1593; BGH, Urteil vom 2.06.2016 – VII ZR 348/13 NJW 2016, 2876; § 438 Abs. 1 Nr. 3 BGB (Kaufrecht; 2-jährige Verjährung): BGH, Urteil vom 9.10.2013 – VIII ZR 318/12, NJW 2014, 845; OLG Naumburg, Urt. vom 20.02.2014 – 1 U 86/13, NZBau 2014, 560; OLG Schleswig, Hinweisbeschluss vom 26.08.2015 – 1 U 154/14, NJW-RR 2016, 266.

21.12   Sonstiges

Nicht weiter ausgeführt, aber im Blick zu behalten sind zum Beispiel die folgenden Themen:

- Öffentliches Recht – Umwelt-, Planungsrecht etc.
- Entwicklung grüner Patente
- Urheberrechte
- Elektromobilität und Gebäude-Elektromobilitätsinfrastruktur-Gesetz (GEIG) vom 18. März 2021, insbesondere auch steuerliche Implikationen
- Förderung
- Vergabe
- ESG in der Preisgestaltung / Vergütung
- Auswirkung auf den Projektablauf

21.13   Zusammenfassung und Ausblick

Die Zielsetzung, das Leistungsbild und der Projektablauf der Bau- und Planerverträge sind frühzeitig mit der ESG-Strategie in Einklang zu bringen.

Die Taxonomie-Verordnung sowie die derzeit erlassenen technischen Bewertungskriterien der EU-Kommission mit Blick auf die Wirtschaftstätigkeiten Neubau und Renovierung bestehender Gebäude enthalten v. a. Vorgaben zum Umgang mit Ressourcen im gesamten Lebenszyklus, mit Blick auf den Klimaschutz vor allem auch bzgl. Reduzierung des Primärenergiebedarfs und des verbauten CO_2 sowie zu Baustoffen. Zu jeder Wirtschaftstätigkeit ist der Mindestschutz nach internationalen Übereinkommen zu »S«- (Social) und »G« (Governance)-Kriterien zu wahren. ESG erschöpft sich nicht in Taxonomie, andere Vorschriften und Regelungen sind ebenfalls zu berücksichtigen. Für den Bundesbau ist der Leitfaden Nachhaltiges Bauen des BMI zu beachten, auf den auch die Richtlinien für die Durchführung von Bauaufgaben des Bundes (RBBau) rekurrieren.

Vielfach geht eine Umsetzung mit Zertifizierung einher.

ESG ist in Bewegung. Für Veränderungen sind das jeweilige Haftungsregime sowie die Anordnungsrechte im Blick zu behalten. Soweit möglich, sind Öffnungsklauseln / Anpassungen, Monitoring und Berichterstattung vorzusehen.

ESG ist datengetrieben. Als Methode für die Erfassung, Bearbeitung, Prüfung und Übergabe von Datensätzen sowie gemeinsame Erarbeitung durch Projektbeteiligte kann BIM in Betracht kommen.

Besonderheiten sind zu berücksichtigen, so etwa kann durch Denkmalschutz oder besondere Erhaltungswürdigkeit des Gebäudes die Umsetzung der Umweltziele eingeschränkt sein. Vor der Vertragsgestaltung ist zu klären, ob und wie dies in die Bewertung einfließt.

Sollen erneuerbare Energien, wie zum Beispiel Photovoltaik, installiert werden, ist dies neben den kommerziellen und technischen Gegebenheiten frühzeitig rechtlich umzusetzen.

Nicht nur die Bauherren, sondern alle am Bau Beteiligten sind aufgefordert, rechtzeitig ESG in den Verträgen umzusetzen und mitzugestalten sowie wachsam zu sein für künftige Entwicklungen und jeweils Geduld mit den Vertragspartnern zu haben.

22 Nachhaltige Stadtentwicklung

Constantin Alexander

22.1 Siedlungen für Menschen

Auf der Objektebene Immobilie ist eine ESG-Bewertung noch relativ einfach umzusetzen. Doch lassen sich die Ansätze auch auf die Ebene des Quartiers oder der Stadt übertragen? Dieses Kapitel gibt einen Überblick, was nachhaltige Stadtentwicklung überhaupt bedeutet und welches Potenzial in diesem Leitbild steckt.

Nachhaltigkeit ist kein Ziel, sondern ein Weg. Die Beschäftigung mit der Wirkung von Objekten, Strukturen und Prozessen der Stadt- und Raumplanung nach ESG-Kriterien zeigt, wie komplex und dynamisch das Ganze ist. Um die nachhaltige Entwicklung von Immobilien und in ihrem Zusammenschluss Ensembles, Quartieren und Kommunen zu verstehen, lohnt sich ein Blick auf den Ursprung des Begriffs.

1713 veröffentlichte der sächsische Kammeralist Carl von Carlowitz einen Aufsatz[1], in dem er sich mit den Folgen kurzsichtiger Holzwirtschaft beschäftigte. Durch den damaligen Boom der Montanindustrie im Erzgebirge wurde Holz als Rohstoff immer wichtiger: als Baustoff für die Minen, als Brennstoff und Energielieferant sowie als Grundlage für die Häuser der stetig wachsenden Bevölkerung.

Innerhalb kurzer Zeit kam es so zu regelrechtem Kahlschlag in den Wäldern mit enormen Folgen: Holz als Rohstoff wurde immer knapper, die Bodenerosion nahm zu und der Wald konnte nicht mehr so gut Wasser speichern.

Um einen Niedergang der Wälder zu beenden, diese Quelle des Rohstoffs Holz zu erneuern und somit die materielle Basis der davon abhängigen Industrie und Siedlungswirtschaft langfristig zu erhalten, schlug Von Carlowitz eine nachhaltige Bewirtschaftung vor.

Die Idee, pfleglich mit der eigenen Arbeitsgrundlage umzugehen, war damals nicht neu – schon vorher gab es an unterschiedlichen Orten auf der Welt Konzepte in der Landwirtschaft, bei denen Böden geschont und Wasser effizient genutzt wurden.

---

1   Vgl. Von Carlowitz, 1713.

Doch die klare Analyse der Risiken einer nicht nachhaltigen und langfristigen Rohstoff-nutzung und der Folgen kurzfristig ausgerichteter Prozesse in langfristig wirkenden Systemen durch Von Carlowitz brachte den richtigen Impuls zum Umdenken:[2] Der Wald als komplexes System braucht Jahrzehnte bis zur vollen Funktionsfähigkeit oder Regeneration: Nachhaltig ist so ein System dann, wenn Rohstoffgrundlagen nicht übernutzt, Rohstoffe selbst mit positiver Wertschöpfung alloziert werden und Produktivität durch quasi zinsartige Ökosystemleistungen oder Externalitäten entsteht.

22.2   Von der Forstwirtschaft in immer mehr Bereiche von Wirtschaft und Gesellschaft

Heute gehört die Forstwirtschaft allgemein zu einer der Branchen, in der Nachhaltig-keit am ehesten schon Teil der DNA ist[3]. Die Nachhaltigkeit lässt sich an konkreten Aspekten festmachen:

- Erträge werden langfristig erzielt und müssen ganzheitlich betrachtet werden.
- Eingriffe durch den Menschen müssen wohlüberlegt, effektiv und effizient sein.
- Eine hohe Diversität von Stakeholdern mit Bedarfen, Bedürfnissen und Interessen erzeugt zum Teil eine hohe Nutzungskonkurrenz und zwingt zu konstantem inno-vativem Verhalten.[4]
- Es spielen viele Faktoren eine Rolle, damit ein fragiles System funktionsfähig und resilient ist.
- Damit ein System gedeiht, muss es ein funktionierendes bzw. gesundes (ökologi-sches) Umfeld haben, sodass positive Externalitäten wirken können – Regen zum Beispiel.

Es ist komplex und kompliziert. Aber es bietet – im Falle eines Waldes – unzähligen Pflanzen und Tieren einen Lebensraum. Dieser Lebensraum kommt auch uns Men-schen zugute. Neben dem oben erwähnten, bis heute so wichtigen Holz vor allem durch wichtige, sogenannte Ökosystemleistungen – zum Beispiel Sauerstoff und Süß-wasser[5].

Die genannten Aspekte sind nicht nur für das Beispiel Ökosystem Wald relevant. Sie lassen sich – mit ein paar Anpassungen – in kleinem Maßstab auch auf Immobilien übertragen, in großem Maßstab auf Quartiere, Kommunen Agglomerationen.

---

2   Vgl. BMEL, 2019.
3   Vgl. Deutscher Forstwirtschaftsrat e. V., 2021.
4   Siehe: West, 2017: S. 8 ff.
5   Vgl. UBA, 2019.

22.3   Langfristigkeit & Ganzheitlichkeit

Das Versprechen von schnellen Gewinnen im Umfeld von Stadt- oder Raumplanung sollte immer stutzig machen. Die betroffenen Märkte sind überhaupt nicht vergleichbar mit einem dynamischen Umfeld[6], wie man es beispielsweise vom Anlagen- oder Aktienmarkt kennt. Ob Neubau, Konversion oder Strukturwandel – es braucht oft viele Jahre von der Idee zur Realisierung[7]: allein aus genehmigungsrechtlicher Sicht, häufig wegen juristischer Auseinandersetzung, aber auch durch das Zusammenwirken vieler Gewerke in immer komplexeren Projekten.

Bis sich ein Quartier oder eine Stadt entwickelt, kann es mitunter Jahrzehnte dauern. Dynamik ist keine Ausnahme, sondern der Regelfall im urbanen Umfeld. Auch lassen sich viele Faktoren nicht kontrollieren oder bis in Details beeinflussen, was private oder staatliche Entwickler immer wieder erleben müssen. In nahezu jedem Landkreis oder jeder Großstadt gibt es inzwischen mehr oder weniger organisierte NIMBYS[8], die gegen Infrastrukturmaßnahmen protestieren – auch wenn sie sinnvoll sein können und die Menschen vor Ort diese selbst nutzen.[9] Die Motive der Gegner können dabei so individuell sein wie die Projekte, die sie verhindern wollen.[10]

Dabei ist es egal, ob es sich um prominente Großprojekte wie den Bahnhofsneubau Stuttgart 21, den geplanten und verhinderten Google Campus in Berlin-Kreuzberg oder die Elbphilharmonie in Hamburg handelt oder um Windkraftanlagen, Stromleitungen oder Hochwasserdeiche – die zum Teil heftigen Proteste, juristischen Auseinandersetzungen bis hin zu gewalttätigen Auseinandersetzungen sind nicht unbedingt neu. Selbst dem Eiffelturm in Paris – eines der am häufigsten fotografierten Bauwerke weltweit – drohte in seinen Anfangstagen der Abriss.[11]

Um diese Herausforderung zu verstehen, lohnt es sich, auch den Unterschied zwischen Stadtplanung und Stadtentwicklung zu betrachten[12]. Grob vereinfacht umfasst Stadtplanung die Hardware: Wohn- oder Gewerbegebäude, Industrieparks sowie Infrastrukturen für Strom, Wasser, Wärme, Lebensmittel, Müll, Verkehr oder Logistik.[13]

---

6   Siehe: Bertaud, 2018: 349ff.
7   Wieduwilt, 2019.
8   Von »Not in my Backyard«, Englisch für »Nicht in meinem Hinterhof«. Ein etablierter Begriff für Protestierende, die Projekte ablehnen, die in ihrem Umfeld geplant sind.
9   Koch, 2020.
10   Ganz anders verhält es sich aus Sicht des Autors bei Projekten, bei denen klar abzusehen ist, dass ihre Produktivität ökologisch, wirtschaftlich, gesellschaftlich oder technologisch negativ sein werden.
11   Lehnartz, 2014.
12   Vgl. Sinning, 2007.
13   Siehe: van Laak, 2018: 161ff.

Stadtentwicklung hingegen lässt sich mit der Software vergleichen, mit dem also, was in diesen Gebäuden passieren soll und das durch die Infrastrukturen versorgt wird. Es lässt sich durch weiche Faktoren bestimmen: Lebensqualität beispielsweise, Sicherheit, Kultur oder Kreativität.

Nur wenn beide Aspekte ganzheitlich und langfristig betrachtet werden, kann ein nachhaltiges, positives Umfeld entstehen.

22.4   Effektive und effiziente Eingriffe

Eingriffe in gewachsene Strukturen sind auf städtischer Ebene spätestens dann sinnvoll, wenn eine Krise oder Problemlage vorherrscht. Bilanziell lässt sich das gut durch die Balance zwischen ganzheitlicher Wertschöpfung und Schadschöpfung beschreiben.[14]

Die klassische Bewertung von Objekten und Anlagen umfasst meist nur die zwei Dimensionen Rendite (beispielsweise Return on Invest) und Risiko. Eine ganzheitliche Wertschöpfung umfasst hingegen weitere qualitative und quantitative Indikatoren, um die gesamte Wirkung zu messen, beispielsweise auch ökologisch oder gesellschaftlich.

Schadschöpfung hingegen beschreibt sämtliche negative Wirkung, die von einem Objekt bzw. Investment ausgeht, Emissionen wie CO_2 beispielsweise oder andere Externalisierungen. Je mehr Schadschöpfung, desto höher auch das Risiko eines Produktivitätsausfalls.[15] Beispiele für die Verunreinigung oder die Zerstörung natürlicher Grundlagen durch Emissionen, Abfallprodukten oder Versiegelung und die dadurch verbundenen negativen Externalitäten und Ewigkeitskosten gibt es unzählige.

Orientierungspunkte für eine solche nachhaltige Bilanzierung von Wert- und Schadschöpfung lassen sich aus einigen ESG-Ratings aus diesem Buch herausziehen. Andere geeignete Benchmarks sind die Neue Leipzig Charta zur nachhaltigen europäischen Stadt[16], die Publikationen des Wissenschaftlichen Beirats Globale Umweltveränderungen (WBGU)[17] oder die Ansätze des dänischen Architekten Jan Gehl[18] für eine lebenswerte und nachhaltige Stadt. Insbesondere Gehls Ansatz, den Menschen und seine Bedarfe und Bedürfnisse in den Mittelpunkt jeglicher Planung und strategischer Entwicklung zu stellen, bietet eine gute Basis.

---

14   Dieser Ansatz folgt der Logik einer Cash-Flow-Analyse (Thommen/Achleitner, 2021: 572f), ergänzt durch weitere ökologische, gesellschaftliche und ökonomische Indikatoren.

15   Auch der ZIA sieht eine Notwendigkeit, Emissionen nicht mehr nur immobilienscharf zu messen, sondern auf Quartiersebene (ZIA, 2019: 7).

16   Siehe: BMI, 2020.

17   Siehe: WBGU, 2016.

18   Siehe: Gehl, 2015.

Auch der Zentrale Immobilien Ausschuss (ZIA) sieht die Bedürfnisse der Menschen als zentrales Leitbild einer zukunftsorientierten Entwicklung.[19]

Damit eine Immobilie, Quartier oder Kommune eine positive Bilanz haben, bedarf es effizienter und effektiver Eingriffe. Der schonende Umgang mit Ressourcen ist nicht nur betriebswirtschaftlich, sondern auch ökologisch sinnvoll. Wenn dann ein Projekt noch direkt oder indirekt durch Steuergeld finanziert wird, sind Effektivität und Effizienz nahezu unabdingbar. Außerdem greifen dort häufig strenge Regulierungen sowie Compliance-Regeln.

22.5   Viele Stakeholder mit hoher Diversität

Pflanzen, Tieren, Insekten, Mikroben oder Bakterien fügen sich in einem Wald zu einem höchst spannenden Mosaik – mit hoher Diversität. Alles hängt mit allem zusammen, ist hochdynamisch, und nicht immer ist abzusehen, wie eine Veränderung langfristig wirkt. Dies sind alles Aspekte, die sich ohne Probleme auf menschliche Siedlungen übertragen lassen.

Natürlich darf man das Thema Diversität im urbanen Umfeld nicht nur romantisch betrachten, doch ist es ein Thema, auf dass sich die meisten Urbanisten – trotz zum Teil heftiger Diskussionen – einigen können: Stadt und Monokultur funktioniert nicht. Zumindest nicht lange.

Quartiere, die durch eine Funktion geprägt sind, wirken nicht nur öde, sie sind auch durch die Einseitigkeit der Nutzung und die damit verbundenen Abhängigkeiten von wenigen Faktoren fragil.

Der Fokus bestimmter Regionen wie das Ruhrgebiet[20], die ostdeutsche Braunkohle-Region um Halle, Bitterfeld und Leipzig oder das Saarland auf die Industrie wurde im Strukturwandel zu einem Problem. Doch nicht nur dort zeigt sich, welche Risiken Städte eingehen, wenn sie sich zu stark von einer Branche abhängig machen: In Hamburg ist es der Hafen, in Frankfurt war es lange Zeit die Messe. Städte wie Wolfsburg oder Stuttgart spüren jedes Stottern der Automobilindustrie.

Lange Zeit haben solche Cluster gut funktioniert, Jobs geschaffen und ganzen Regionen den Wohlstand gebracht. Doch heute steht nahezu jede Branche am Beginn oder bereits mitten in einer großen Transformation: Digitalisierung, Demografischer

---

19   ZIA, 2019.
20   Siehe: Raphael, 2019: S. 38 ff.

Wandel, Energiewende, Klimawandel, Mobilitätswende – die dominanten Megatrends formen heute die Zukunft und lassen ganz neue Bedarfe und Bedürfnisse entstehen.

Dieser Wandel lässt sich heute schon in den Innenstädten erleben: Durch den Fokus der Citys auf Einzelhandel, Büros und Gastronomie entstanden in den vergangenen Jahrzehnten monotone Areale, die ab abends leer stehen. Spätestens in der COVID-19-Pandemie wurde deutlich, wie fragil dieses Konzept und damit auch die Städte selbst sind. Etwas, dass man in einem Investitionsportfolio nie zulassen würde – ein mögliches Klumpenrisiko –, charakterisiert einen Großteil der deutschen (Innen-)Städte (siehe nachfolgende Tabelle).

Disruption	Megatrend
Einmaliges bzw. zeitlich eingrenzbares Ereignis	Langfristige Entwicklung, z. T. ohne eindeutigen Anfang und Ende
Wirkung z. T. mit Fokus auf Region, Branche o. ä.	Allumfassende Wirkung, in inkrementellen, prozessualen oder exponentiellen Schritten
Ökologische Störung, z. B. Vulkanausbruch, Erdbeben, Überschwemmung	Ökologische Transformation, z. B. Klimawandel, tektonische Verschiebungen
Gesellschaftliche Störung, z. B. Terrorakt oder Krieg	Gesellschaftliche Transformation, z. B. Demografischer Wandel, Globalisierung, Gendershift
Ökonomische Störung, z. B. durch Marktneuordnung, kreative Zerstörung, disruptive Innovationen (siehe Smartphone)	Ökonomische Transformation, z. B. Digitalisierung von Handel und Arbeit, Dekarbonisierung der Industrie
Disruptionen können Teil von Megatrends sein bzw. diese auslösen	Megatrends können Disruptionen erzeugen (z. B. Innovationen), aber auch von diesen beendet werden

Tab. 1: Disruptionen und Megatrends und ihre Eigenschaften

Auch gesellschaftlich sind homogene Stadtteile häufig eine Herausforderung. Quartiere, in denen nur wohlhabende bzw. nur finanziell schwache Menschen leben, schaffen auf ihre jeweilige Art Probleme. Nach den ESG-Kriterien betrachtet wird hier das »S=Social« wenig beachtet.

An Orten, die aufgrund ihrer Nutzung nur an wenigen Stunden des Tages belebt sind, sinkt das Gefühl der Sicherheit. Menschen fühlen sich sicherer, wenn immer etwas los ist. Nicht umsonst finden viele die Plätze in Südeuropa romantisch und behaglich, wohingegen niemand dieses Gefühl in einer deutschen Innenstadt nach 18 Uhr hat.[21] Wissenschaftler und häufig auch die Polizei empfehlen daher, das Paradigma der

---

21   Vgl. Gehl, 2015: S. 110ff.

vergangenen Jahrzehnte zu beenden, wonach Innenstädte vor allem zum Einkaufen und für Büros da sind. Eine nachhaltige Alternative wären mehr Wohnungen, Orte für Sport, Kultur und Begegnungen sowie Einzelhandel für den täglichen Bedarf. So wie die Städte früher waren.

Einer der Gründe für die Funktionstrennung war die sogenannte Charta von Athen, die 1933 von mehreren Architekten und Städtebauern als Antwort auf den Lärm, Schmutz und die Belastungen der Industriemoderne sowie die engen, unhygienischen Wohnungen entworfen worden war. Nach dem Zweiten Weltkrieg wurde die autogerechte Stadt das Leitbild des Wiederaufbaus.

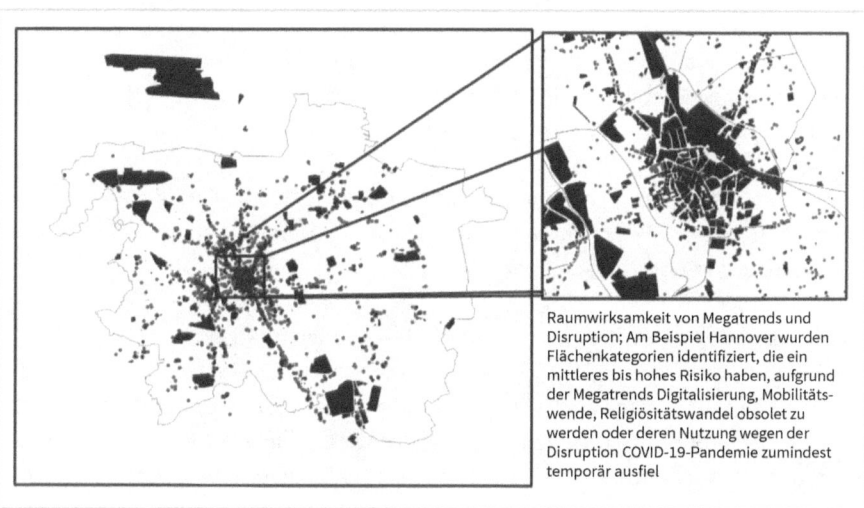

Raumwirksamkeit von Megatrends und Disruption; Am Beispiel Hannover wurden Flächenkategorien identifiziert, die ein mittleres bis hohes Risiko haben, aufgrund der Megatrends Digitalisierung, Mobilitätswende, Religiösitätswandel obsolet zu werden oder deren Nutzung wegen der Disruption COVID-19-Pandemie zumindest temporär ausfiel

Abb. 22.1: Obsoleszenzen und mögliche Risiko-Klumpen am Beispiel Hannovers (Alexander, 2021)

Diese Konzepte haben enorme Pfadabhängigkeiten geschaffen, dabei sind die Voraussetzungen heute komplett anders: Moderne Fabriken müssen weder laut noch schmutzig oder belastend sein (E = Environmental). Inzwischen entstehen immer mehr sogar mitten in Großstädten, ohne dass die Nachbarschaft viel davon mitbekommt. Und auch wenn niemand weiß, ob die Mobilität der Zukunft mit Elektromotor oder Wasserstoffantrieb kommt: Klar ist, dass wir uns am Anfang einer radikalen Transformation befinden. Mobilität und Logistik werden in den kommenden Jahren anders sein und damit auch die Strukturen und Gebäude in den Städten. Denn es ist den Architekten, Städtebauern, Politikern und Verwaltungsfachmenschen (G = Governance) inzwischen klar geworden: Die Diversität der Bewohnenden in den Städten spiegelt sich in der Art wider, wie sich diese bewegen, wie sie einkaufen und wie sie ihre Freizeit verbringen. Und die meisten Menschen in den heutigen Städten besitzen kein Auto mehr.

22.6   Viele Faktoren für Resilienz

Neben Nachhaltigkeit ist wohl Resilienz aktuell eines der größten Buzzwords überhaupt. Und auch wie bei der Nachhaltigkeit lohnt sich eine genauere Betrachtung des Begriffs Resilienz[22], seines Ursprungs und wie er bei der Analyse von urbanen Systemen helfen kann.

Es gibt zwei Bereiche, in denen Resilienz schon lange eine große Rolle spielt: die Werkstoffkunde und die Medizin. In der Werkstoffkunde werden Stoffe als resilient bezeichnet, die durch Benutzung oder hohe Belastung nicht beschädigt werden. Sie kehren immer wieder in ihren Ursprungszustand zurück. Gute Beispiele dafür sind Zuggleise, Stromleitungen oder Wasserleitungen, besonders im Winter. Eine langfristige Stadtplanung kann im technisch-ökonomischen Sinne nur gelingen, wenn die eingesetzten Materialien so widerstandsfähig sind, dass die Infrastrukturen trotz hoher Belastung und schwieriger Externalitäten standhalten.

Ähnlich ist die Bedeutung auch in der Medizin. Dort wird von Resilienz gesprochen, wenn die Psyche sowie das Immunsystem Belastung, Krankheiten, Krisen oder Traumata verdauen können und der Mensch genesen kann.

Übertragen auf urbane Strukturen kann Resilienz bedeuten, dass die Stadt bei Hochwasser oder Starkregen nicht überschwemmt wird. Dass auch große Hitze oder extreme Kälte die Strom- und Wärmeversorgung, die Verkehrssysteme oder die Lebensmittelversorgung und Müllentsorgung nicht zusammenbrechen lassen. Dass die Stadt trotz Wirtschaftskrisen, Unternehmensschließungen, terroristischer Angriffe, Naturkatastrophen oder Krankheiten weiterhin funktionsfähig bleibt.

Gelingt es dann noch, aus diesen negativen Ereignissen etwas Positives zu gewinnen, Strukturen, Prozesse und Gebäude zu verbessern und so die Lebensqualität zu steigern, ist das manchmal sogar nicht nur resilient, sondern antifragil[23]. Der Begriff beschreibt Systeme oder Objekte, die nach Belastung nicht nur in ihren Ursprungszustand zurückkehren, sondern die besser werden mit jeder Beanspruchung. Wie das menschliche Immunsystem oder unsere Städte.

Ein Großteil der menschlichen Siedlungsinfrastruktur und ihren Techniken basiert auf jahrtausendealtes Improvisieren, Verbessern und vor allem Wiederaufbauen:

Dass es heute Kanalisationen gibt, liegt unter anderem daran, dass sich die Menschen nach diversen Cholera-Epidemien an die Technologie erinnerten, die bereits in der An-

---

22   Siehe: Jakubowksi/Kaltenbrunner, 2013.
23   Siehe: Taleb, 2018: S. 55 ff.

tike das Leben in den Städten ermöglichte[24]. Ohne die Verbannung menschlicher Exkremente in den Untergrund der Kanalisation im Paris des 19. Jahrhunderts wäre das Flanieren über die neuen Boulevards nicht möglich gewesen. Georges-Eugène Haussmanns Entwürfe für eine saubere, geordnete Stadt sahen daher neben den bis heute beliebten Außenbereichen auch eine Modernisierung der Stadt durch sinnvolle Infrastruktur vor[25].

Auch bis der Strom sicher und zuverlässig in jedem Haushalt floss, dauerte es viele Jahre und kostete unzählige Katastrophen, die zu heute gültigen Sicherheitsstandards führten.

Nach diesem Prinzip lassen sich zahlreiche weitere Prozesse identifizieren, bei denen Krisen, Rückschläge, Disruptionen und die Megatrends[26] vermeintlich negativ auf den Menschen und seine Siedlungen gewirkt haben, die jedoch langfristig die Situation verbesserten.

22.7   Ohne positive Externalitäten gelingt nichts

Der letzte oben beschriebene Aspekt, der sich sowohl im Ökosystem Wald als auch im System Siedlung findet, ist der der Externalitäten. Lange Zeit wurde der Begriff in der Volkswirtschaft meist dann verwendet, um Wirkungen auf Individuen oder Systeme zu beschreiben, die nicht direkt an den Entscheidungen beteiligt oder in den Prozessen mitgedacht wurden, beispielsweise die Auslagerung von ökologischen oder gesellschaftlichen Kosten bei der Preisbildung für Produkte und Dienstleistungen.

Für Wälder sind Externalitäten u. a. die Sonne, die mit ihrem Licht Photosynthese in den Pflanzen ermöglicht, Wasser, das über Regen ins System gelangt oder aber auch giftige Emissionen, die durch Industrie oder Verkehr entstehen. Externalitäten können dementsprechend positiv und negativ sein.

Für Städte ist die Anzahl von möglichen positiven oder negativen Externalitäten nahezu unbegrenzt – trotzdem sind viele von ihnen wichtig für die Entwicklung. Natürlich zählen ökologische Faktoren wie Klima, Wetter oder die Versorgung mit Lebensmitteln aus dem Umfeld dazu, aber auch gesellschaftliche sowie ökonomische, wie eine übergeordnete Gesetzgebung und ihre Auswirkungen, Investitionen, Konkurrenzen zu anderen Städten oder Regionen, Medienberichterstattung, gewalttätige Auseinandersetzungen oder auch Verschmutzungen.

---

24   Siehe: Rüthers, 2018.
25   Siehe: Sennett, 2018: S. 32 ff.
26   Siehe: Alexander/Schmidt, 2021.

Eine Stadt steht niemals für sich und ist immer auch eingebunden in ein verwaltungs-politisches Geflecht, das inzwischen global gedacht werden muss: sei es durch die Lieferketten für den Einzelhandel, die Ansiedlung internationaler Unternehmen, durch Migration oder ganz simpel durch die Auswirkungen des Klimawandels, der bekanntlich ebenfalls global wirkt.

22.8 Planung und Entwicklung greifen ineinander

Diese Abhängigkeit von Externalitäten für Städte wird noch konkreter, wenn es um das Zusammenspiel von Stadtplanung und Stadtentwicklung geht. Planung umfasst die strategische Planung von konkreten Strukturen im urbanen Raum: also Gebäude, aber auch Infrastruktur wie Wasser, Strom, Internet oder Verkehr sowie deren ökonomische und juristische Legitimation. Es ist gewissermaßen die urbane Hardware. Stadtentwicklung stellt dagegen die Software im urbanen Raum dar: also alles, was sich auf Basis der gebauten Umwelt sowie der juristischen und ökomischen Grundlagen entwickeln kann.

Diese Grenzen verschwimmen immer mehr. Dies ist vor allem in den Agglomerationen zu spüren – siehe die Metropolregionen Hamburg, Berlin, Köln oder München, Rhein-Neckar, Rhein-Main oder Ems oder das sogenannte VW-Bermudadreieck zwischen Hannover, Wolfsburg und Salzgitter.

Es ist schlicht effizienter und effektiver, gewisse Prozesse überkommunal zu denken: zum Beispiel die Versorgung mit Gütern und Dienstleistungen wie Strom, Wasser, Nahrungsmittel, Wohnraum oder Gewerbeflächen, aber auch die Entsorgung und Nachnutzung von Abfall oder Abwasser sowie ganz allgemein Maßnahmen gegen die Auswirkungen von Klimawandel wie Hochwasser, Extremwetterphänomene und Dürre.

Solche Cluster werden gezwungen, für alle Stakeholder nachhaltige und resiliente Strukturen und Prozesse zu entwickeln, die gegenseitigen Externalitäten zu beachten und insgesamt ganzheitlich zu planen. Das Ziel muss ein nachhaltiger und lebenswerter Raum sein, egal ob ländlich oder urban.

22.9 Antifragile, nachhaltige Systeme sind gut fürs Leben – und fürs Geschäft

Was passiert, wenn Bilanzen im Stadtplanungs- und Stadtentwicklungsbereich nicht ganzheitlich und nachhaltig geführt werden, lässt sich seit einigen Jahren in ganz Deutschland deutlich spüren: Durch verfehlte Sparpolitik ist die Verkehrsinfrastruktur zum Teil desaströs. Tunnel und Brücken dürfen nicht mehr benutzt werden, Straßen zerbröseln, Züge können aufgrund kaputter Gleise nur gedrosselt fahren.[27]

Gleichzeitig treten Gemeinden miteinander in Konkurrenz[28], senken Auflagen und Steuerlast oder erhöhen Subventionen, um Unternehmen anzusiedeln und Menschen anzulocken. All dies widerspricht einer ganzheitlichen und nachhaltigen Entwicklung und hat enorme negative Auswirkungen.

Nachhaltigkeit darf aber kein Luxus sein, den man sich leisten können muss. Im Rahmen einer langfristigen Entwicklung von Einzelimmobilien, Infrastrukturen Quartieren oder Kommunen wird es angesichts der großen Herausforderungen wie Klimawandel, Demografischer Wandel oder Globalisierung immer wichtiger, widerstandsfähige Businessmodelle zu entwickeln. Die Bereitschaft von kommunalen und privaten Stakeholdern, den Herausforderungen mit Innovationen und Investitionen zu begegnen und gerade komplexe Probleme anzugehen, muss eine Grundlage jeglichen Handelns sein. Stadtentwicklung ist immer auch Problemlösung[29].

Gelingt es so nicht, lebenswerte, funktionierende und resiliente Orte des Lebens, Arbeitens und Handels zu etablieren, ist das Scheitern vorprogrammiert und damit mitunter der Untergang einer Siedlung. Dafür gibt es genügend Negativbeispiele, nicht nur in der fernen Vergangenheit. Überall auf der Welt finden sich Ausgrabungsstätten oder Wüstungen von vergangenen Zivilisationen und ihren Städten. Diese wurden durch Disruptionen wie Naturkatastrophen oder Krieg zerstört oder aber – und gar nicht so selten – durch einen schlechten Umgang mit Ressourcen oder weil sich die natürlichen Umstände so radikal änderten und die Menschen sich nicht mehr anpassen konnten.[30]

Literatur

Alexander, Constantin (2019): Lösungsproduktion für komplexe Probleme: Transdisziplinäre Informationssammlung als Basis einer nachhaltigen Disruption. In: Kirchberg, Volker (Hrsg.): Stadt als Möglichkeitsraum. Bielefeld: transcript Verlag.

Alexander, Constantin/Schmidt, Anika (2021): Raumpotenziale für eine nachhaltige Stadtentwicklung. In: Dresdner Flächennutzungssymposion Tagungspublikation des Leibniz-Institut für ökologische Raumentwicklung. Berlin: Rhombos-Verlag.

---

27   Siehe BMWI, 2020.
28   Siehe Igel, 2018.
29   Siehe: Alexander, 2019.
30   Diamond, 2006: S. 599 ff.

Bertaud, Alain (2018): Order without Design: How Markets Shape Cities. Cambridge MIT Press.

Bundesministerium für Ernährung und Landwirtschaft (BMEL) (2019): Über 300 Jahre forstliche Nachhaltigkeit. Berlin: BMEL Online. https://www.bmel.de/DE/themen/wald/wald-in-deutschland/carlowitz-jahr.html. Zuletzt aufgerufen am 14. Juli 2021.

Bundesministerium des Innern, für Bau und Heimat (BMI) (2020): Die Neue Leipzig Charta. Berlin.

Bundesministerium für Wirtschaft und Energie (BMWI) (2020): Öffentliche Infrastruktur in Deutschland: Probleme und Reformbedarf. Gutachten des Wissenschaftlichen Beirats beim Bundeswirtschaftsministerium für Wirtschaft und Energie. Berlin.

Von Carlowitz Hans Carl (1713): Sylvicultura Oeconomica, Oder Haußwirthliche Nachricht und Naturmäßige Anweisung Zur Wilden Baum-Zucht. Leipzig: Braun,

Deutscher Forstwirtschaftsrat e. V. (2021): Hans Carl von Carlowitz: Sein Leben und sein Wirken. Berlin: Deutscher Forstwirtschaftsrat e. V. Online. https://www.forstwirtschaft-in-deutschland.de/forstwirtschaft/nachhaltigkeit/hans-carl-von-carlowitz. Zuletzt aufgerufen am 14. Juli 2021.

Diamond, Jared (2006): Kollaps: Warum Gesellschaften überleben oder untergehen. Frankfurt a. M.: S. Fischer Verlag.

Gehl, Jan (2015): Städte für Menschen. Berlin: jovis Verlag.

Igel, Leon (2018): Städte-Rivalität: Was sich nah ist, neckt sich. Frankfurt: Frankfurter Allgemeine Zeitung.

Jakubowski, Peter; Kaltenbrunner, Robert (2013): Resilienz. In: Informationen zur Raumentwicklung, Heft 4.2013: Bonn: Bundesinstitut für Bau-, Stadt- und Raumforschung.

Koch, Hannes (4. Januar 2020): Gemeindebund-Präsident über NIMBYS: Nicht für Windräder entschädigen. Berlin: taz.

Raphael, Lutz (2019): Jenseits von Kohle und Stahl: Eine Gesellschaftsgeschichte Westeuropas nach dem Boom. Berlin: Suhrkamp Verlag.

Rüthers, Monica (2018): Städte im Wandel. Bundeszentrale für Politische Bildung Online. https://www.bpb.de/politik/innenpolitik/stadt-und-gesellschaft/216894/geschichte-der-stadtentwicklung?p=all. Zuletzt aufgerufen am 14. Juli 2021.

Sennett, Richard (2018): Die offene Stadt. Berlin: Hanser Verlag.

Sinning, Heidi (2007): Stadtplanung – Stadtentwicklung – Stadtmanagement. In: Stadtentwicklung: Herausforderung für eine Nationale Stadtentwicklungspolitik. Berlin: VHW.

Taleb, Nassim Nicholas (2018): Anti-Fragilität. München: Albrecht Knaus Verlag.

Thommen, Jean-Paul; Achleitner, Ann-Kristin (2012): Allgemeine Betriebswirtschaft. Wiesbaden: Springer Gabler Verlag.

Umweltbundesamt (2019): Das Konzept der Ökosystemleistungen – ein Gewinn für den Bodenschutz. Positionspapier des Umweltbundesamts. Dessau-Roßlau.

Van Laak, Dirk (2018): Alles im Fluss: Die Lebensadern unserer Gesellschaft. Frankfurt a. M.:
    S. Fischer Verlag.

West, Geoffrey (2017): Scale. London: Weidenfeld & Nicolson.

Wieduwilt, Hendrik (17. April 2019): Warum Bauprojekte in Deutschland so lange dauern.
    Frankfurt a. M.: Frankfurter Allgemeine Zeitung.

Wissenschaftlicher Beirat der Bundesregierung Globale Umweltveränderungen (WBGU)
    (2016): Der Umzug der Menschheit: Die transformative Kraft der Städte. Berlin.

Zentraler Immobilien Ausschuss (ZIA) (2019): Positionspapier: Quartiere der Zukunft. Berlin.

Das Herausgeberteam

Thomas Veith

Thomas Veith ist Partner bei PwC in Frankfurt am Main und leitet den Bereich Real Assets in Deutschland. Nach dem Studium der Volkswirtschaftslehre an der Johannes Gutenberg-Universität in Mainz war er bei einer Privatbank tätig, wo er u.a. für den Ausbau der vorhandenen Fondsplattform mit Investitionen in Deutschland sowie den USA zuständig war.

Bei PwC betreut Thomas Veith Investoren, Projektentwickler und die öffentliche Hand hinsichtlich des gesamten Lebenszyklus der Immobilien und Infrastruktur. Strategische Ausrichtungen, Transaktionen sowie Transformationsprojekte stehen dabei im Vordergrund, in den letzten Jahre verstärkt mit dem Fokus ESG.

Thomas Veith ist Mitglied des EMEA- sowie Global Real Estate Board von PwC.

Christiane Conrads

Christiane Conrads, LL. M., ist Rechtsanwältin und Co-Leiterin der deutschen Immobilienrechtspraxisgruppe bei der PricewaterhouseCoopers Legal AG Rechtsanwaltsgesellschaft (PwC Legal) sowie Leiterin der EMEA Real Estate ESG-Gruppe bei PwC. Sie berät bei nationalen und grenzüberschreitenden Immobilientransaktionen, Projektentwicklungen und Fragen des Asset-Managements. Ein weiterer Beratungsschwerpunkt liegt im Bereich ESG-Strategieberatung einschließlich entsprechender Vertragsgestaltung, u. a. bei Projektentwicklungen, Transaktionen, Gebäudebewirtschaftung und -nutzung.

Nach ihrem Studium der Rechtswissenschaften an den Universitäten Marburg und Köln absolvierte Christiane Conrads einen Masterstudiengang im Europarecht am Kings College London mit anschließendem Referendariat am Oberlandesgericht Köln. Vor ihrer Tätigkeit bei PwC Legal arbeitete sie in einer internationalen Großkanzlei.

Christiane Conrads hat u. a. Arbeitsgruppen mit namhaften Marktteilnehmern geleitet, deren innovative Gebäudebewirtschaftungskonzepte mit dem immobilienmanager-Award in der Kategorie »Nachhaltigkeit« ausgezeichnet wurden. Sie ist Autorin verschiedener Artikel und Veröffentlichungen im Bereich ESG.

Prof. Dr. Florian Hackelberg

Prof. Dr. Florian Hackelberg ist Professor für Immobilienwirtschaft und -management an der Hochschule für angewandte Wissenschaft und Kunst in Holzminden. Zuvor war er als Senior Manager im Bereich Advisory Real Estate bei PricewaterhouseCoopers (PwC) in Berlin und Shanghai tätig.

Nach seinem Bauingenieurwesen- und Baumanagementstudium in Deutschland, England und China promovierte Florian Hackelberg an der Technischen Universität Berlin. Darüber hinaus hat er einen Masterabschluss in International Relations der Universität Cambridge, an der er mit dem Madingley Thesis Award ausgezeichnet wurde.

Prof. Dr. Hackelberg ist Mitglied der Royal Institution of Chartered Surveyors (MRICS), Mitglied der RICS Professional Group Valuation, der Gesellschaft für Immobilienwirtschaftliche Forschung e.V. (gif) und ehrenamtlicher Gutachter des Gutachterausschusses für Grundstückswerte Höxter. Er ist Herausgeber und Autor zahlreicher Bücher und Artikel zu immobilienwirtschaftlichen Themen.

Die Autorinnen und Autoren

Constantin Alexander

Constantin Alexander ist Politikwissenschaftler und hat einen MBA in Sustainability Management. Er unterrichtet nachhaltige und kreative Stadtentwicklung an der Leuphana Universität Lüneburg, erforscht die Auswirkungen von Megatrends und Disruptionen auf Städte und organisiert Bürgerbeteiligungen bei Infrastrukturprojekten in ganz Deutschland.

Roger Baumann

Roger Baumann MRICS blickt auf über 20 Jahre Erfahrung im Immobilien-Consulting und -Investment zurück. Nach seiner Beratungstätigkeit bei pom+Consulting AG war er über 14 Jahre bei Credit Suisse Global Real Estate tätig. Mit der Implementierung von »greenproperty« und der Entwicklung einer Dekarbonisierungsstrategie für über 1.200 Gebäude weltweit hat er das Unternehmen nachhaltig geprägt. Seit Oktober 2019 ist er bei der Zurich Insurance Group als COO & Head Product Development Global Real Estate für Nachhaltigkeit, Finance und Operations sowie die Entwicklung von Anlageprodukten zuständig. Als Verwaltungsrat von Longevity Partners sowie im Rahmen weiterer Engagements setzt er sich aktiv für die Dekarbonisierung der Immobilienwirtschaft ein.

Roger Baumann hat an der ETH Zürich Bauingenieurwesen studiert, an der State University of New York ein MBA-Studium abgeschlossen und ist Member of the Royal Institution of Chartered Surveyors (RICS).

Sven Behrends

Sven Behrends ist Real Estate Tax Partner (Rechtsanwalt/Steuerberater) bei PwC in München. Seine Schwerpunkte liegen in der steuerlichen Beratung, u. a. Strukturierung, Implementierung und Koordination, von Real-Asset-Strukturen (Immobilien sowie Infrastruktur) im In- und Ausland. Er berät insbesondere eine große Anzahl von institutionellen Investoren und Fonds bei grenzüberschreitenden Investments, z. B. Tax Due Diligence, Tax Structuring, SPA-Beratung und Cashflow-Model-Review, unter anderem hinsichtlich der ESG/INREV Tax Code of Conduct relevanten Kriterien.

Sven Behrends ist Mitglied der internationalen PwC Real Estate Investment Management-Fachgruppe, Vorstand beim ZIA/Süd, Autor zahlreicher Fachartikel sowie Referent auf nationalen und internationalen Konferenzen im Bereich Real Assets.

Dr. Mareen Benning-Linnert

Dr. Mareen Benning-Linnert hat nach ihrem Prädikatsstudium der Volkswirtschaftslehre und Tätigkeit als wissenschaftliche Mitarbeiterin am Lehrstuhl für Volkswirtschaftstheorie an der Georg-August-Universität Göttingen zum Interaktionskostenansatz im Bereich Globalisierung und Internet promoviert. Nach Abschluss der Promotion wechselte sie ganz zur Immobilienwirtschaft. Es folgte 2009 die Ausgründung der Immobilienverwaltung Benning in Höxter, NRW, im Bereich REM und Consulting. Seit 2011 ist sie zudem von der HAWK mit der Vertretung des Lehrstuhls für Allgemeine BWL & VWL im Rahmen der immobilienwirtschaftlichen Bachelor- und Masterstudiengänge beauftragt. 2019 wurde sie als Studiendekanin in die Fakultätsleitung gewählt. Die Schwerpunkte ihrer Forschung bilden Fragen zur Markteffizienz der europäischen und asiatischen Finanzmärkte sowie zur Preisblasenbildung der deutschen Immobilienmärkte.

Jens Böhnlein

Jens Böhnlein ist seit März 2020 Global Head of Asset Management der Commerz Real AG und verantwortet zudem seit Oktober 2021 als Generalbevollmächtigter alle Nachhaltigkeitsaktivitäten. Damit ist er für die Steuerung und Weiterentwicklung des globalen Immobilienbestands des Asset- und Investmentmanagement-Unternehmens im Wert von über 14 Milliarden Euro verantwortlich. In diesem Rahmen treibt er auch die Digitalisierung sowie ganzheitliche Ansätze bei der Bewirtschaftung der Gebäude und Flächen aus der Perspektive der Nutzer voran.

Vor seinem Einstieg bei der Commerz Real im Juni 2018 war der studierte Architekt seit 2017 als Global Head Office Solutions & Designs bei der österreichischen CA Immo AG tätig und davor in unterschiedlichen Führungspositionen bei Cushman & Wakefield. Weitere Erfahrungen sammelte Jens Böhnlein bei EY Real Estate, DTZ Zadelhof Tue Leung und JLL.

Martin Brühl

Martin Brühl ist Mitglied der Geschäftsführung der Union Investment Real Estate GmbH in Hamburg. Als Chief Investment Officer verantwortet er deren weltweites Investmentmanagement in rd. 25 Ländermärkten. Sein Ressortbereich gliedert sich in Transaktionseinheiten nach Weltregionen, flankiert durch Spezialistenteams für die Sektoren Einzelhandel, Wohnen, Hotels und Logistik. Als ehemals zertifizierter sowie öffentlich bestellter und vereidigter Sachverständiger liegen seine beruflichen Wurzeln in der Immobilienbewertung und Transaktionsberatung.

Martin Brühl verfügt über 29 Jahre Branchenerfahrung und ist gelernter Bankkaufmann mit Abschluss in Immobilienbewertung und -finanzierung an der City University Business School in London. Er hat für namhafte Unternehmen wie DTZ, Arthur Andersen und Cushman & Wakefield gewirkt. Neben seiner beruflichen Laufbahn hat er Ehrenämter wie das des Präsidenten der Royal Institution of Chartered Surveyors (RICS, 2015 – 2016) und den Vorsitz der Association of Foreign Investors in Real Estate (AFIRE, 2019 – 2021) bekleidet.

Fritz Fromageot

Fritz Fromageot berät bei PwC im Bereich Sustainability Services Kunden zu Fragestellungen des Klimawandels und der energetischen Transformation. Er verbindet Fachwissen aus der Energiewirtschaft mit Erfahrungen in der Managementberatung von Geschäftsbanken, der energieintensiven Industrie und dem Immobiliensektor. Seine Expertise liegt im Bereich von Klimastrategien für die Immobilienwirtschaft und der relevanten Sektordynamik. In seinen immobilienbezogenen Projekten setzt sich Fritz Fromageot intensiv mit den finanziellen Auswirkungen des Klimawandels auseinander (z. B. zur Einbeziehung der Carbon Performance in die Gebäudebewertung oder mögliche Optimierungspotenziale auf Assetebene) und hat aktiv an der Entwicklung des Carbon Value Analysers und des Climate Excellence Real Estate Tools, PwCs proprietäre Software zur Analyse von Gebäuden, mitgearbeitet. Studiert hat Fritz Fromageot Wirtschaftsingenieurwesen an der TU Darmstadt und dem HWI Hamburg.

Oliver Götz

Oliver Götz ist bei der Gothaer Allgemeine Versicherung AG im Bereich Produktmanagement tätig und für den Bereich Komposit Industriekunden verantwortlich. Im Rahmen seiner Tätigkeit erstellt und verhandelt er individuelle Deckungen für Industrie- und Gewerbekunden, einschließlich Gebäudeversicherungen sowie zusätzlicher Deckungen, z. B. für Photovoltaik, Maschinen und Betriebsinhalt.

Nach seiner Ausbildung zum Staatl. gepr. Glasbautechniker und Glasermeister sowie einer Weiterbildung zum Betriebswirt des Handwerks ist Oliver Götz seit 1996 im Gothaer Konzern mit verschiedenen Stationen und Aufgaben vom Spezialaußendienst über Controlling, Schadenbearbeitung bis hin zum Produktmanagement für Gewerbe/Industrie tätig. Die fachliche Betreuung im Bereich Wohnungswirtschaft und Real Estate gehört seit über 20 Jahren zu seinen Aufgaben als Produktmanager.

Nina F. Günther

Nina F. Günther, M. A., ist als Rechtsanwältin im Bereich Legal Corporate/Compliance bei PwC Legal tätig. Sie ist auf die Beratung von Mandanten im Bereich Compliance, Finanzaufsichts- und Kapitalmarktrecht spezialisiert und hat Erfahrung in der Umsetzung von neuen regulatorischen Anforderungen, Durchführung von Risikoanalysen sowie Konzeption von Compliance-Management-Systemen. Darüber hinaus berät sie Unternehmen zu gesellschaftsrechtlichen Fragestellungen und Leitungsorgane zu Compliance-Pflichten. Ein Schwerpunkt ihrer Beratungstätigkeit liegt auf dem Bereich ESG/ Nachhaltigkeit.

Vor ihrer Tätigkeit bei PwC arbeitete Nina F. Günther als Legal Counsel bei einem führenden Asset-Manager im Bereich Kapitalmarktrecht und Aufsicht sowie in der Compliance-Beratung im Bereich Financial Services einer anderen Big-Four. Sie ist Volljuristin und hat einen Master in International Business.

Andreas Hofstätter

Andreas Hofstätter besitzt über 10 Jahre Berufserfahrung im Financial-Service-Umfeld, davon rund vier Jahre in der Beratung von Banken und Asset-Managern mit Schwerpunkt Immobilien und Infrastruktur. Er hat zudem tiefgehende Erfahrungen in der Leitung und Umsetzung von Projekten im Bereich der Entwicklung von Nachhaltigkeitsstrategien auf Unternehmens- und Fondsebene sowie im regulatorischen Umfeld bei der Umsetzung der Anforderungen aus dem EU Action Plan on Sustainable Finance und in der Implementierung von Nachhaltigkeitsrisiken im Umfeld Immobilien und Infrastrukturinvestments. Zu seinen Projekten gehörte u. a. die Betreuung des Markteinstiegs eines Infrastruktur-Impact-Fonds.

Andreas Hofstätter hält einen Master of Arts in European Union Studies und einen Master of Law and Economies von der Universität Salzburg, an der er sein Studium einschließlich eines Studienaufenthalts in der Schweiz absolvierte.

Florian Huber

Florian Huber ist Manager im Bereich Real Estate Advisory bei PwC in Frankfurt am Main und verfügt über mehrjährige Berufserfahrung in der Immobilienwirtschaft. Neben der Entwicklung einer digitalen Plattform für die Immobilienbranche ist er in der Beratung von Immobilienunternehmen mit Fokus auf die digitale Transformation tätig. Vor seiner Tätigkeit bei PwC arbeitete er im Projektmanagement eines großen deutschen Projektentwicklers und im Investment Management.

Florian Huber hält den Bachelor (B. Sc.) der Immobilienwirtschaft sowie den Master (M. Sc.) Real Estate Management der HfWU Nürtingen-Geislingen.

Christopher Jäger

Christopher Jäger hat sich nach seiner Ausbildung zum Versicherungskaufmann und einer halbjährigen Tätigkeit als Sachbearbeiter bei den VGH Versicherungen dem Real Estate Management zugewendet. Nach seinem Bachelor- und Masterabschluss im Immobilienmanagement an der HAWK Holzminden promoviert er derzeit an der TU Berlin zum Immobilien-Portfoliomanagement. Parallel war er im Facility Management der VGH Versicherungen überwiegend mit strategischen Projekten zum Immobilien-Bestandsmanagement und -controlling und anschließend im Risikomanagement mit Fokus auf die risikoadäquate Kapitalallokation tätig. Er arbeitete zudem als wissenschaftlicher Mitarbeiter an der HAWK Holzminden und verwaltet dort aktuell die Professur »Immobilien-, Bestands-, Asset- und Portfoliomanagement«. Neben seiner Tätigkeit an der Hochschule ist Christopher Jäger als freier Wirtschafts- und Unternehmensberater mit dem Schwerpunkt Real Estate Management Consulting (REMC) aktiv.

Dirk Kadel

Dirk Kadel leitet seit 2006 bei PwC die Abteilung Real Estate Valuation, Modeling & Analytics in Frankfurt am Main und verfügt über mehr als 20 Jahre Berufserfahrung in der Immobilienbranche. Von 2003 bis 2005 leitete er die Abteilung Advisory Real Estate bei PwC Österreich in Wien.

Dirk Kadel verfügt über umfangreiche Erfahrungen in der Bewertung von Immobilien, Infrastruktur sowie Maschinen und Anlagen und war für eine Vielzahl von nationalen und internationalen Bewertungsprojekten verantwortlich. Insbesondere liegt sein Schwerpunkt auf der Fair-Value-Bewertung für die Finanzberichterstattung sowie für Steuer- und Finanzierungszwecke.

Dirk Kadel ist Mitglied der Royal Institution of Chartered Surveyors (MRICS) und Architekt. Er hat sein Architekturstudium an der Technischen Universität Darmstadt als Diplom-Ingenieur abgeschlossen.

Prof. Dr.-Ing. Anja Kleinke

Prof. Dr.-Ing. Anja Henrike Kleinke (MBA, M. Arch) ist Professorin an der Jade Hochschule, Studienort Oldenburg, und vertritt das Lehrgebiet Nachhaltige Projektentwicklung und Smart-City-Strategien in der Immobilienwirtschaft. Zudem lehrt sie einzelne Kurse an der Technischen Hochschule Aschaffenburg sowie an der EBS European Business School/EBS Universität Wiesbaden/Oestrich-Winkel.

Bevor sie an die Jade Hochschule berufen wurde, war sie in Hamburg, London, Berlin und Wiesbaden im internationalen Immobilien-Asset-Management, der Projektentwicklung, Planung, dem Bauprojektmanagement sowie der Immobilientransaktion tätig. Ihre Forschungsgebiete betreffen zukunftsfähige Immobilienprojektentwicklungen, darunter einen interdisziplinären Ansatz mit Bezug auf Nachhaltigkeits- und Renditeaspekte sowie Konnektivität wie etwa Impact Investing, Smart City, BIM und Cradle to Cradle. Sie ist Mitglied der Deutschen Gesellschaft für Nachhaltiges Bauen (DGNB) und der Bundesinitiative Impact Investing.

Sebastian Kreutel

Sebastian Kreutel hat in den Bereichen Financial Services/Alternative Investments, als Asset-Manager, im Fondsmanagement und als Portfolio Manager für einen internationalen Private-Equity-Fonds für erneuerbare Energieprojekte gearbeitet und mehr als 15 Jahre Erfahrung im Immobilienbereich. Zu seinen Aufgaben gehörten die Leitung und Durchführung von großen Projekten im Zusammenhang mit der Umsetzung von Anforderungen zum Thema Nachhaltigkeit, dem EU Action Plan on Sustainable Finance, speziell bei Immobilien-Asset-Managern und -Dienstleistern. Zudem betreute er eine Vielzahl von Kunden beim Einstieg in das Retail und institutionelle Fondsgeschäft.

Nach seiner Ausbildung zum Bankkaufmann (IHK) hat Sebastian Kreutel sein berufsbegleitendes Studium zum Master of Finance & Banking (M. Sc.) an der Frankfurt School of Finance & Management absolviert.

Simone Lakenbrink

Simone Lakenbrink, MRICS, Dipl.-Ing., M. Sc. REM-CPM, hat ihr Studium in Dortmund, Wuppertal und Barcelona mit den Schwerpunkten prozessuale Lösungsansätze und Bewertungsmethodiken absolviert. Mit ihren Lehrbüchern »Zertifizierung von Bestandsgebäuden« und »Praxis-Handbuch für nachhaltige Gebäude« hat sie 2009 Maßstäbe zur Nachhaltigkeitszertifizierung gesetzt und treibt als Konformitätsprüferin und Ausbilderin der DGNB das Thema Nachhaltigkeit in der deutschen Immobilienbranche mit an. Ihre Expertise belegt sie durch Nachhaltigkeitszertifizierungen nach LEED, BREEAM und DGNB und war 2012 Mitbegründerin des Deutschen Instituts für Nachhaltige Immobilienwirtschaft (DIFNI).

Sie leitet die »PG Sustainability« der RICS, ist in den Nachhaltigkeitsgremien des ZIA aktiv und Mitglied des Runden Tisches Nachhaltiges Bauen. Seit 2019 ist sie Jurorin für den immobilienmanager-Award in der Kategorie »Nachhaltigkeit«.

Mario Lindner

Mario Lindner, LL. M., ist Diplom-Kaufmann und Rechtsanwalt bei PwC Legal im Bereich Real Estate. Bei PwC Legal berät er bei nationalen und grenzüberschreitenden Immobilientransaktionen und gewerblichen Immobilienfinanzierungen. Ein weiterer Beratungsschwerpunkt liegt im Bereich ESG einschließlich entsprechender Vertragsgestaltungen.

Nach dem Studium der Rechtswissenschaft an der Universität Leipzig und dem Rechtsreferendariat in Sachsen absolvierte Mario Lindner ein Masterstudium an der University of Nottingham, das er mit dem LL. M. in International Banking & Finance Law abschloss. Er hat mehr als 20 Jahre Berufserfahrung als Rechtsanwalt in den Bereichen Immobilienwirtschaft, Finanzierung und Restrukturierung. Berufsbegleitend studierte er Wirtschaftswissenschaft an der FernUniversität Hagen.

Thorsten Loose

Seit 2012 ist Thorsten Loose bei PwC am Standort Düsseldorf im Bereich Transaction Services/Real Assets tätig und betreut als Senior Manager nationale und internationale Investoren bei Real-Estate-Transaktionen, sowohl auf der Käufer- als auch auf der Verkäuferseite sowie in Optionsanalysen. Da das Thema ESG als wichtige Komponente sowohl die Optionen als auch die Transaktionen beeinflusst, ist ESG ein bedeutender Faktor in der Analyse von Kundenprojekten, die er insbesondere im Rahmen der ESG Due Diligence bei Immobilien durchführt.

Thorsten Loose ist Diplom-Kaufmann (Universität Bayreuth) mit den Schwerpunkten Banking & Finance und International M&A und hat ein Masterstudium (M. Sc.) an der BI, Norwegian Business School in Oslo mit Schwerpunkt International Marketing Management abgeschlossen.

Dr. Anne Michaels

Dr. Anne Michaels verbindet fundierte Kenntnisse im Bereich Sustainable Finance mit praktischer Erfahrung bei Geschäftsbanken, Vermögensverwaltern und Versicherungen und ist seit zehn Jahren erfahrene Beraterin zum Thema Nachhaltigkeit. Sie ist

Expertin in den Bereichen Klimastrategie sowie Szenarioanalyse und Klimarisikomanagement. Mit Fokus auf die Schnittstelle zwischen Finanz- und Immobiliensektor befassen sich ihre Projekte u. a. mit Asset Valuation unter Klimarisiken, Green Bonds, der EU-Taxonomie sowie der Ausarbeitung von Unternehmens- und Fondsstrategien.

Bis Oktober 2021 war sie als Senior Managerin bei PwC im Bereich Sustainability Services tätig. Davor unterstützte sie u. a. den Aufbau des Green and Sustainable Finance Cluster Germany e. V. im Rahmen ihrer Anstellung im Frankfurt School UNEP Collaborating Collaborating Centre for Climate & Sustainable Energy. Aktuell leitet Dr. Michaels ihre eigene Boutique Beratung mit dem Schwerpunkt Sustainable Finance.

Dr. Anne Michaels ist Diplom-Betriebswirtin und hält einen Doktortitel der Technischen Universität Ilmenau zum Thema »Finanzielle Implikationen von unternehmerischen Nachhaltigkeitsstrategien«.

Dr. Leila Momen

Dr. Leila Momen ist Steuerberaterin und Senior Managerin im Bereich Real Estate Tax in München/Köln. Sie verfügt über mehr als 20 Jahre Erfahrung in der Beratung von internationalen Steuerstrukturierungs- und M&A-Projekten aus der Inbound- und Outbound-Perspektive für eine Vielzahl von Branchen, einschließlich des Immobiliensektors.

In jüngster Zeit hat sie sich auf M&A-Transaktionen im Immobiliensektor spezialisiert und berät aus steuerlicher Perspektive Unternehmen, institutionelle Investoren und Fonds beim (grenzüberschreitenden) Erwerb und der Veräußerung von Immobiliengesellschaften, der Due Diligence und bei Kaufverträgen. Ihre umfangreiche Erfahrung in der Strukturierung von Transaktionen hat sie um die Strukturierungsberatung im Immobiliensektor ergänzt.

Seit vielen Jahren ist Dr. Momen Autorin zahlreicher Fachartikel und Referentin auf nationalen und internationalen Konferenzen, auch in Bereichen wie Sustainable Finance und ESG (Real Estate) Tax, in denen sie ebenso beratend tätig ist.

Jan Gerd Möller

Jan Gerd Möller ist Senior Manager bei PwC Legal im Bereich Corporate/M&A in Düsseldorf. Er ist spezialisiert auf die Beratung von Mandanten in der Gestaltung der Corporate Governance und der Ausgestaltung und Implementierung von Compliance-Maßnahmen sowie in gesellschaftsrechtlichen Angelegenheiten. Sein besonderer Fokus liegt dabei auf dem Einfluss von Nachhaltigkeit bzw. von ESG auf die Governance und Compliance von Unternehmen.

Jan Gerd Möller hat Rechtswissenschaften an der Westfälischen Wilhelms-Universität in Münster studiert. Nach dem Rechtsreferendariat arbeitete er zunächst in einer mittelständischen Kanzlei und wechselte anschließend zu einer anderen Big-Four-Gesellschaft. Er ist deutscher Rechtsanwalt mit über 17 Jahren Berufserfahrung und zertifizierter Compliance Officer (TÜV).

Jens Müller

Jens Müller ist Chief Executive Officer von BuildingMinds. Das von Schindler im Jahr 2019 gestartete Unternehmen entwickelt zusammen mit Microsoft und Co-Innovationspartnern eine vollständig integrierte Datenplattform für das intelligente Management von Gebäudeportfolios.

Jens Müller hat mehr als 20 Jahre Erfahrung in der IT-Branche und der Führung von Teams. Er war als Vice President Corporate Development & Innovation für das Start-up Relayr sowie in verschiedenen Bereichen bei Cisco tätig. Dabei arbeitete er mit multinationalen Unternehmen wie der Allianz Insurance Group, der Deutschen Telekom, Accenture, Telefonica und British Telecom, um deren Netzwerke, Dienstleistungs- und Technologieportfolios weltweit (weiter-) zu entwickeln.

Nach seinem Wirtschaftsinformatikstudium an der Hochschule für Technik und Wirtschaft in Berlin studierte er an der Duke University General Management (MBA). Zudem absolvierte er das Executive Program »Implications for Business Strategy« an der MIT Sloan School of Management for Artificial Intelligence.

Peter Mussaeus

Rechtsanwalt Peter Mussaeus ist Partner bei PwC und Leiter der globalen und Europäischen Praxisgruppe Energy bei PwC Legal. Er verfügt über achtzehn Jahre Berufserfahrung in der Rechtsberatung mit Schwerpunkt im Energierecht und berät zu nahezu allen energierechtlichen Fragestellungen entlang der Wertschöpfungsstufe, zunehmend auch mit einem Fokus auf die Immobilienbranche und energierechtliche Besonderheiten. Daneben zählen die strategische Beratung von Energieversorgern, die Beratung von neuen Energie(service)anbietern sowie die Gestaltung von Energieverträgen und Projekte im Bereich Erneuerbare Energien zu seinen Schwerpunkten.

Peter Mussaeus veröffentlicht regelmäßig zu energierechtlichen Themen und ist Mitherausgeber des Handbuchs »Verträge der Energiewirtschaft«. Er ist Mitglied im Vorstand des Instituts für Energie- und Regulierungsrecht Berlin e.V. und Mitglied im Beirat des Düsseldorfer Energierechtsinstituts.

Thomas Oebbecke

Thomas A.J. Oebbecke ist Diplom-Ingenieur, M. Sc. Architekt. Seine zentralen Themen sowohl von Studien- als auch von Lehrtätigkeit sind Ökologie und Soziales, die er als Architekt mit Ökonomie in Gleichklang bringt. Mit dem IFC in Peking hat er eine der ersten LEED-zertifizierten Hochhausgruppen verwirklicht. Er setzt konsequent auf Nachhaltigkeit in der Beratung und der Bewertung und hat mit dem »Green Chapter« beim Verkauf des Potsdamer Platzes und der Deutschen Bank einen neuen Standard implementiert.

Als Pilot-Auditor und Fachausschussmitglied treibt er die Akzeptanz und Gesellschaftsfähigkeit der DGNB bei Markteinführung. Mit der Auszeichnung zum IWO Energie Champion, der Gründung des Deutschen Instituts für Nachhaltige Immobilienwirtschaft (DIFNI) und der Markteinführung von BREEAM 2012 setzte er Maßstäbe und institutionalisierte BREEAM über die Integration der DIFNI in die TÜV SÜD 2016.

Prof. Dr. Daniel Piazolo

Prof. Dr. Daniel Piazolo, FRICS, ist Professor für Immobilien- und Risikomanagement an der Technischen Hochschule Mittelhessen (THM). Von 2005 bis 2014 war er Geschäftsführer der MSCI/ IPD Investment Property Databank GmbH und ab 2008 auch Mitglied im Board of Directors der britischen Mutterfirma IPD Ltd. Bis 2005 arbeitete er als Projektleiter im Immobilienbereich bei der FERI, nachdem er von 1995 bis 2002 als wissenschaftlicher Mitarbeiter am Institut für Weltwirtschaft (IfW) tätig war.

Prof. Dr. Daniel Piazolo hat an der London School of Economics und an der Yale University studiert. Er ist Mitglied im Arbeitskreis Immobilien der DVFA, in der Professional Group Valuation der RICS und in der Kompetenzgruppe Immobilienrisikomanagement der gif. Im Wintersemester 2020/2021 war er im Rahmen eines Forschungssemesters an der Bayes (ehemals Cass) Business School, City, University of London, mit dem Forschungsschwerpunkt Verringerungsmöglichkeiten der CO_2-Emissionen von Bestandsimmobilien.

Patrick Prüss

Patrick Prüss leitet bei der Gothaer Allgemeine Versicherung AG den Bereich Produkte und Innovation für Sach-/Haftpflicht und Unfall. Er konzentriert sich neben dem Produktmanagement insbesondere auf Innovationsprojekte mit dem Fokus, das Kundenerlebnis zu stärken. In seiner Rolle befasst er sich intensiv mit dem Einfluss von Nachhaltigkeitsaspekten auf Kundenbedürfnisse und Nachfrage in der Gebäudeversicherung für Privatkunden.

Zuvor war Patrick Prüss in wechselnden Funktionen für die Gothaer Allgemeine Versicherung in den Bereichen Produktmanagement und als Digital Officer tätig. Seine Laufbahn begann er bei der AXA Versicherung AG, nachdem er sein betriebswirtschaftliches Studium an der City University of Seattle, Washington/USA, mit einem Master of Business Administration (M.B.A.) und dem Schwerpunkt Managerial Leadership abschloss.

Johannes von Richthofen

Johannes von Richthofen ist Manager im Bereich Real Estate Valuation, Modeling & Analytics bei PwC in Frankfurt am Main und verfügt über mehrjährige Erfahrung in der Bewertung von Immobilien sowie Maschinen und Anlagen. Zudem berät er Unternehmen bei strategischen Entscheidungen und unterstützt diese mit Business Modelling im Bereich Real Estate.

Nach seinem Studium Bachelor of Science an der Technischen Universität Darmstadt (Wirtschaftsingenieurwesen mit der technischen Fachrichtung Bauingenieurwesen) hat Johannes von Richthofen berufsbegleitend einen Master of Business Administration in der Fachrichtung Internationales Immobilienmanagement an der Akademie der Hochschule Biberach erworben.

Dr. Nicole Röttmer

Als Partnerin bei PwC Deutschland leitet Dr. Nicole Röttmer die Klimaarbeit von PwC und das globale Climate Excellence Methodenset. Weltweit unterstützt sie Klienten dabei, klimabedingte finanzielle Risiken und Chancen branchenübergreifend zu bewerten und Net-Zero-Klimastrategien zu entwickeln sowie Unternehmensgruppen, innovative Klimalösungen aufzubauen, z.B. im Rahmen des Cambridge Institutes for

Sustainability Leadership (CISL), der UNEP FI-Initiative zu TCFD für 22 globale Versicherer und der Arbeit deutscher und europäischer Real-Estate-Unternehmen im Kontext des Finanzforums Energieeffizienz.

In ihrer Arbeit baut Dr. Röttmer auf 20 Jahren strategischer Beratungserfahrung, u. a. bei McKinsey & Company, auf. Als Expertin unterstützt sie Institutionen wie die Energy Efficiency Financial Institutions Group der Europäischen Kommission und UNEP FI, die Science Based Target Initiative for Financial Institutions und das Pilot Lab der European Financial Reporting Advisory Group.

Heike Schmitz

Heike Schmitz ist Partnerin bei der internationalen Kanzlei Herbert Smith Freehills in Düsseldorf. Sie berät Investoren aus der Versicherungsbranche, Fonds- und Asset-Manager zu Investments, Anlageprozessen und allgemeinen aufsichtsrechtlichen Fragestellungen. Darüber hinaus unterstützt sie ihre Mandanten bei der Gründung und Strukturierung von Fonds, beim Onboarding von Investoren sowie beim Vertrieb von Fonds und dem Aufbau von Vertriebsstrukturen in Deutschland und der EU. Ein besonderer Schwerpunkt von Heike Schmitz ist die Beratung von Fonds und Versicherern zu ESG und Nachhaltigkeitsthemen, speziell zu den Vorgaben der Sustainable Finance-Strategie der EU.

Dr. Philipp Schott

Dr. Philipp Schott ist Rechtsanwalt und leitet seit August 2021 die Abteilung Recht und Immobilien bei der Dohle Handelsgruppe, die über 100 Vollsortiment-Supermärkte in ganz Deutschland betreibt. Er hat an der Westfälischen Wilhelms-Universität Münster und in Sheffield/UK studiert.

Nach seinem zweiten Staatsexamen 2013 war Dr. Schott zunächst als Rechtsanwalt bei Clifford Chance tätig, bis er 2017 er zu PwC Legal wechselte, wo er zuletzt als Senior Manager seine fachlichen Schwerpunkte in die Gestaltung von nachhaltigen Immobilienverträgen sowie die Beratung des Einzelhandels setzte. 2020 erfolgte seine Promotion zum Dr. jur.

Friederike Schwarz

Friederike Schwarz berät bei PwC zu den Themen Klimastrategien, Szenarioanalysen und Dekarbonisierungsstrategien. Sie analysiert die physischen und transitorischen

Klimarisiken von Portfolios großer Finanzinstitute über Assetklassen hinweg. Sie legt ihren Schwerpunkt auf die Immobilienwirtschaft und hat das Climate Excellence Real Estate Tool, PwCs proprietäre Software zur Analyse von Gebäuden, mitentwickelt. Daneben berät sie Unternehmen aus der Immobilienwirtschaft und Branchenverbände bei der Integration von klimastrategischen Aspekten in bestehende Unternehmensabläufe, z. B. zum Risikomanagement.

Friederike Schwarz hält einen Bachelor (B. A.) der Dublin City University und der Hochschule Reutlingen (B. Sc.) in International Management sowie einen Mastertitel (M. S.) der Arizona State University und der Leuphana Universität Lüneburg (M. Sc.) in Nachhaltigkeitswissenschaft.

Theresa Stollmann

Theresa Stollmann ist Rechtsanwältin bei PwC Legal und gehört der Praxisgruppe Energierecht an. Sie verfügt über knapp drei Jahre Berufserfahrung in der Rechtsberatung mit Schwerpunkt im Energierecht. Sie berät überwiegend Energieversorger zu rechtlichen Fragen rund um die dezentrale Energieversorgung und Vertragsgestaltung sowie neuen regulatorischen Vorgaben.

Theresa Stollmann hat an der Ruhr-Universität in Bochum Rechtswissenschaften mit Schwerpunkt im internationalen und europäischen Wirtschaftsrecht studiert und ihr Referendariat anschließend mit Stationen u. a. beim Nordrhein-Westfälischen Wirtschaftsministerium und bei der GIZ in Peking absolviert.

Svetlana Thaller-Honold

Svetlana Thaller-Honold leitet seit Juli 2021 den Bereich Nachhaltigkeitsmanagement bei der Gothaer Versicherung. Sie hat Volkswirtschaftslehre, Politikwissenschaften, Geschichte und Romanistik an der Universität Köln studiert. Im Anschluss an das Studium arbeitete sie zunächst in der Privatwirtschaft im Umwelt- und Nachhaltigkeitsmanagement.

Vor ihrer Tätigkeit als Senior Expertin für Nachhaltigkeitsmanagement bei der Gothaer arbeitete Svetlana Thaller-Honold über zehn Jahre als Nachhaltigkeitsberaterin, v. a. für die öffentliche Hand. Sie vertrat das Bundesministerium für Bildung und Forschung (BMBF) in europäischen und internationalen Gremien zur Nachhaltigkeitsforschung, unterstützte das BMBF bei der Einführung des Nachhaltigkeitsmanagements im Ministerium sowie der Koordination seiner Beiträge zur Deutschen Nachhaltigkeitsstrategie und der Erarbeitung der Nachhaltigkeitsziele der Vereinten Nationen.

Ferner betreute sie einen Multistakeholder-Prozess zur Integration von Nachhaltigkeit an Universitäten und Hochschulen.

Sophia Truong

Sophia Truong, LL. M., ist Rechtsanwältin bei PwC Legal mit dem Schwerpunkt auf Energie- und Klimarecht und berät Energieversorger, kommunale Unternehmen und Immobilienunternehmen rechtlich bei der Entwicklung und Umsetzung von dezentralen Energieversorgungsprojekten sowohl im Bereich Strom (PV-Ausbau, Mieterstrom), Wärme als auch Mobilität. Daneben zählen die rechtliche und regulatorische Beratung der Implementierung der ESG-Strategie mit dem Fokus auf Energie und Metering und die Begleitung von Quartiersentwicklungsprojekten zum Schwerpunkt ihrer Tätigkeit.

Nach dem Studium der Rechtswissenschaft an der Universität Leipzig und der Université de Fribourg (Fribourg/Schweiz) absolvierte Sophia Truong ein Masterstudium an der University of Maastricht (Maastricht/Niederlanden) mit Schwerpunkt im Environmental and Energy Law, das sie mit dem LL. M. in International and European Law abschloss. Im Anschluss daran absolvierte Sophia Truong das Referendariat im Bezirk des OLG Düsseldorf, u. a. mit Station in der Deutschen Emissionshandelsstelle des Umweltbundesamtes Berlin.

Alexia Tsiter

Alexia Tsiter ist Managerin und seit 2015 bei PwC in München im Bereich Transaction Services/Real Assets tätig. Im Rahmen von Transaktionen betreut sie internationale Investoren sowohl auf der Käufer- als auch auf der Verkäuferseite in immobilienwirtschaftlichen Fragestellungen. Seit einigen Jahren unterstützt sie Unternehmen auch in der Beratung von Strategien zum Thema ESG, insbesondere bei ESG Due-Diligence-Projekten für Immobilien sowie Infrastrukturanlagen.

Ihr Bachelorstudium hat Alexia Tsiter an der Ludwig-Maximilians-Universität München in Humangeographie absolviert und ihren Master der Immobilienwirtschaft an der International Real Estate Business School (IREBS) und der University of Hong Kong.

Frederik Walbaum

Frederik Walbaum ist Manager im Bereich Real Estate Advisory bei PwC in Frankfurt am Main und verfügt über mehrjährige Erfahrung in der Immobilienwirtschaft. Neben der Entwicklung eines digitalen Ökosystems berät Frederik Walbaum vornehmlich in Projekten im Bereich Digital Real Estate.

Vor seinem Eintritt in das Team der Immobilienspezialisten von PwC war er in unterschiedlichen Bereichen bei Konzernen der Immobilienwirtschaft tätig. Seine Tätigkeiten erstreckten sich vom Brokerage über Asset- bis hin zum Fondsmanagement, u. a. bei JLL, Union Investment und Patrizia, wobei er sich mit Bestands-, Um- oder Neubauobjekten aus den Assetklassen Büro, Einzelhandel, Logistik sowie Hotel und Pflege beschäftigte.

Sein Bachelor- und Master-Studium hat Frederik Walbaum mit der Fachrichtung Immobilienwirtschaft an der Hochschule für Angewandte Wissenschaft und Kunst (HAWK) in Holzminden absolviert und sein Wissen über andere Assetklassen im Zuge eines Auslandssemesters an der University of Hull/UK in Finance & Investment vertieft.

Volker Wergen

Volker Wergen ist Rechtsanwalt und Senior Manager im Team IP, IT und Datenschutz bei PwC Legal und verfügt über zehn Jahre Beratungserfahrung auf dem Gebiet des Datenschutzrechts. Er berät deutsche und internationale Mandanten aller Art, insbesondere zur rechtmäßigen Erhebung und Nutzung personenbezogener Daten sowie dem Aufbau, der Prüfung und Verbesserung konzernweiter Datenschutz-Managementsysteme in internationalen und multidisziplinären Teams.

Vor seinem Wechsel zu PwC Legal war Volker Wergen bei einer internationalen Großkanzlei tätig. Sein Team und er wurden kürzlich erneut von der WirtschaftsWoche als Top-Kanzlei im Datenschutzrecht ausgezeichnet.

Sabine Wieduwilt

Sabine Wieduwilt ist seit 2005 Rechtsanwältin und Partner im Frankfurter Büro der globalen Wirtschaftskanzlei Dentons. Sie ist spezialisiert auf das Core-Real-Estate-Geschäft des Kaufs und Verkaufs, des Asset-Managements sowie der Projektentwicklung von gewerblich genutzten Grundstücken, insbesondere Büros, großflächigem Einzelhandel mit einem Schwerpunkt auf Logistik und Industriestandorte. Sie berät als Expertin im Bereich des Corporate Real Estate nationale und globale Unternehmen in Fragen des Mietrechts, der Einzel- und Portfoliotransaktion sowie in der Restrukturierung von Wirtschaftsstandorten.

Sabine Wieduwilt ist Mitglied der Ausschüsse Logistikimmobilien sowie Corporate Real Estate des ZIA Zentraler Immobilien Ausschuss e. V. Ihre Vortragstätigkeiten und Veröffentlichungen beziehen sich meist auf interdisziplinäre Aspekte für die Immobilienwirtschaft in Zusammenarbeit mit Experten aus anderen Disziplinen (z. B. Energie, Vergabe, Insolvenz, etc.) oder Jurisdiktionen.

Dr. Elaine Wilke

Dr. Elaine Wilke ist selbstständige Beraterin und unterstützt nationale sowie internationale Mandanten zu immobilienwirtschaftlichen Fragestellungen, wie zum Beispiel bei Risiko- und ESG-Compliance Themen, Immobilienstrategien als auch bei der Manager Due Diligence von indirekten, globalen Immobilienanlagen. Davor war sie mehrere Jahre im Kapitalanlagebereich einer deutschen Zusatzversorgungkasse tätig und beriet für PwC mehrere Jahre internationale Mandanten im Bereich Advisory Transaction Real Estate und Real Estate Tax.

Dr. Elaine Wilke studierte Architektur in Hannover und Lincoln, Nebraska/USA, sowie Immobilienwirtschaft und -management in Holzminden. Zudem verfügt sie über einen Abschluss als Immobilienökonomin (EBS) und ist Certified Risk Managerin – Asset Management® DVFA sowie Certified ESG Analystin® EFFAS.